Andreas Fryxell

Geschichte Karl des Zwölften

Andreas Fryxell

Geschichte Karl des Zwölften

ISBN/EAN: 9783743357761

Hergestellt in Europa, USA, Kanada, Australien, Japan

Cover: Foto ©ninafisch / pixelio.de

Manufactured and distributed by brebook publishing software (www.brebook.com)

Andreas Fryxell

Geschichte Karl des Zwölften

Geschichte
Karl des Zwölften

von

Andreas Fryxell.

Nach dem Schwedischen bearbeitet von Anton von Etzel.

Mit dem Portrait Karl's nach Chodowiecki.

Dritte Ausgabe.

Leipzig, 1868.

Verlag von G. Senf's Buchhandlung.

Inhalt.

Erstes Kapitel.

Zweites Kapitel.

Drittes Kapitel.

Viertes Kapitel.

Zehntes Kapitel.

Elftes Kapitel.

Zwölftes Kapitel.

Dreizehntes Kapitel.

Achtzehntes Kapitel.

Neunzehntes Kapitel.

Zwanzigstes Kapitel.

Einundzwanzigstes Kapitel.

Zweiundzwanzigstes Kapitel.

Erstes Kapitel.

Karls Kindheit. — Zeit der Reichsvormundschaft. — Politische Stellung des Reichs. — Umtriebe in Betreff der Mündigkeitserklärung. — Mündigkeitserklärung. — Weiterer Verlauf des Reichstages 1697. — Krönung und Huldigung.

Karls Kindheit. Am 17. Juni 1684, Morgens dreiviertelsieben Uhr, wurde im Stockholmer Schloß das zweite Kind und der älteste Sohn König Karls XI. und der Königin Ulrike Eleonore geboren. Berechnungen zufolge ging in demselben Augenblicke im Westen das Sternbild „der kleine Fuchs" unter, während sich am östlichen Himmelsrande der glänzende Stern „der kleine König oder das Löwenherz" erhob. Der Neugeborene hatte Blut in den Händen und an dem Vormittage der Geburt wüthete ein so heftiger Sturm über Stockholm, daß Sparren und Ziegel von den Dächern geworfen wurden. Man sah in allen diesen Anzeichen die Verkündigung einer ehrenvollen, aber blutigen Zukunft. Der neugeborene Prinz wurde der berühmte König Karl XII.

Bis zum siebenten Jahre verblieb er unter der Obhut seiner Mutter. Ihre Worte und ihr Beispiel gewöhnten ihn an Milde, Gerechtigkeit und Wohlthätigkeit; knieend und andächtig wohnte er den Morgen- und Abendgebeten bei. In dieser Zeit und durch tägliche Uebung erlernte er auch die deutsche Sprache, und durch Erzählungen und Vorzeigung von Kupferwerken die biblische Geschichte. Vier Jahre alt, erhielt er im Jahre 1686 eigene Lehrer. Die Königin reiste mit dem Prinzen nach Upsala, und nach vorhergegangener Prüfung der besonderen Eigenschaften der dortigen Professoren stellte sie drei daraus Erwählte dem Prinzen vor und befahl ihm, den, welchen er zum Lehrer wünsche, zu nennen. Karl

Karl XII.   **1**

reichte sogleich dem Professor der Beredtsamkeit, Andreas Norcopensis, den die Königin Wittwe außerdem befürwortet hatte, die Hand. Er war ein Mann von fünfundfunfzig Jahren, dessen schon ergrautem Scheitel die Achtung der ganzen Hochschule zu Theil ward. Sein besonderer Ruhm bestand in höherer Ausbildung und Verfeinerung der lateinischen Sprache unter den schwedischen Gelehrten. Sonst war er einfach, mäßig, genügsam und schlicht gekleidet, wie es die Sitte verlangte. Dem Zeitgeist gemäß konnte ein so geringer Mann, wie ein bürgerlicher Professor, nicht Lehrer eines schwedischen Kronprinzen sein; Norcopensis erhielt deshalb Titel, Ehre und Würde eines Staatssecretairs und wurde unter dem Namen Nordenhjelm in den Adel erhoben. Der würdige Lehrer bewies eine große Geschicklichkeit, die Anhänglichkeit seines Schülers zu erwerben und seinen Fleiß zu beleben, wodurch bei der leichten Fassungsgabe des Prinzen schnelle Fortschritte gemacht wurden. Bald und fast spielend lernte er lesen und schreiben und die Grundzüge der Erdbeschreibung, Geschichte und Rechenkunst. Schon im Alter von sechs Jahren setzte er Briefe und kleine Rechenexempel auf. Vor der Königin mußte außerdem an jedem Sonntage eine Prüfung über den Inhalt der gehörten Predigt abgelegt werden, was immer umfassender verlangt wurde, je älter der Prinz wurde. Aehnliche Prüfungen stellte Ulrike Eleonore oft Abends über den Unterricht an, den sie selbst mit großer Aufmerksamkeit überwachte.

Am Neujahrstage 1689, sechs und ein halbes Jahr alt, wurde der Prinz der weiblichen Pflege entzogen und erhielt eigene Gemächer und nur männliche Dienerschaft. Gegen den Willen der Königin wurde Erik Lindskjöld zum Gouverneur ernannt. Es wurden schriftliche Verhaltungsmaßregeln in Bezug auf die gesammte Erziehung aufgesetzt; sie zeugen sowohl von dem warmen Herzen Ulrike Eleonore's, als von der Ehrlichkeit und der aufrichtigen Reue Karls XI. über seine begangenen Fehler, und soll nur die Redaction derselben Lindskjölds Feder zuzuschreiben sein. Der Hauptgrundzug der ganzen Vorschrift liegt in dem Befehle: den Prinzen zu lehren, sich selbst und seine Gemüthsbewegungen und Leidenschaften zu beherrschen. Zu diesem Behufe wurde das fleißige Studium der Sprüche Salomonis und des Buches Sirach empfohlen, auch ein eigenes Gebet für den Prinzen aufgesetzt.

In dieſem Jahre erhielt der Prinz auch eigene Reit-, Tanz- und Sprachlehrer. Als Lindſkjöld 1690 verſchied, wurde Gyldenſtolpe zu ſeinem Nachfolger ernannt, auch gegen den Willen der Königin; doch zeigte er in der Behandlung ſeines Schülers ſpäter würdigen Ernſt. Im elften Jahre des Prinzen unterlag ſeine Erziehung wichtigen Aenderungen. Königin Ulrike Eleonore ſtarb. Im folgenden Jahre auch Nordenhjelm, von Jedermann betrauert und vermißt, und nicht am wenigſten von dem Prinzen, der ſich bei dem Begräbniß einfand, dem einzigen eines Privatmannes, dem er jemals beiwohnte. Nach dem Hintritt dieſer beiden Männer wurde die Erziehung Karls mehr vernachläſſigt. Gyldenſtolpe blieb zwar Gouverneur, und Polus und Guſtav Cronhjelm, zwei an und für ſich gelehrte und wohlgeſinnte Männer, wurden nach einander zu Lehrern ernannt, aber eine von Jahr zu Jahr zunehmende Luſt zog den Prinzen, auf Koſten des Unterrichts, zu Jagden, Reitübungen und militairiſchen Spielen, und da er hierin des Vaters Geſchmack begegnete, deſſen größte Luſt derartige Beſchäftigungen waren, begünſtigte dieſer die Neigungen des Sohnes und nahm ihn häufig auf Reiſen mit, wodurch oft die Lehrſtunden ganz unterbrochen wurden. — In der Religion war bei dem Prinzen ein guter Grund gelegt und auch noch ſpäter wurde er angehalten, die wichtigeren ſymboliſchen Bücher und die Reformationsgeſchichte zu ſtudiren. Im mündlichen und ſchriftlichen Gedankenaustauſche über ſolche Stoffe, die Nordenhjelm ſelbſt leitete, bewies ſchon der ſechsjährige Knabe einen dieſem Alter ſehr ungewöhnlichen Scharfſinn.

Die Handſchrift Karls war nie gut und wurde in reiferen Jahren durch fehlende Uebung immer ſchlechter. Auch im Gebrauch der Mutterſprache, die er ſpäter ſehr zu pflegen empfahl, beſaß er keine Geſchicklichkeit; die Briefe waren ſchlecht geſchrieben, ſchlecht ſtyliſirt, dürftigen Inhalts und unorthographiſch. Im Lateiniſchen beſaß er größere Fertigkeit, wennſchon er zur Erlernung dieſer Sprache nur zu bewegen war, indem man ihm vorhielt, daß die Könige von Polen und Dänemark ſie redeten und ein Schwedenkönig doch nicht weniger unterrichtet ſein dürfe. Griechiſch trieb er ſoweit, daß er das ſonntägliche Evangelium in dieſer Sprache las. Franzöſiſch erlernte er auf väterlichen Befehl bis zum Verſtändniß des Geleſenen und Gehörten, wollte es aber nicht ſprechen. Als Lindſkjöld

1 *

dazu ermunterte und sagte, daß es doch schön sei, wenn der König von Schweden künftig mit den aus Paris bei ihm beglaubigten Gesandten französisch reden könne, entgegnete Karl: „Mein lieber Lindskjöld, Ich kann französisch reden und will es noch besser lernen. Wenn ich mit dem König von Frankreich zusammenkomme, will ich mit ihm in seiner Sprache reden; kommt aber ein französischer Gesandter hierher, ist es passender, daß er um meinethalben schwedisch lernt, als ich seinetwegen französisch." Dabei blieb es, doch fand Karl später Vergnügen am französischen Schauspiel und sprach mitunter mit seiner Umgebung und fremden Gesandten in dieser Zunge.

In jüngeren Jahren war die Gesundheit Karls in Folge eines schlimmen Falles etwas schwach, wurde aber durch zweckmäßige Behandlung und Neigung zu Leibesübungen bald wieder gestärkt. Schon im Alter von vier Jahren wohnte er mitunter auf einem kleinen Pferde den Truppenübungen bei, und mit sieben Jahren saß er oft im Sattel, mit dreizehn aber athmen seine Briefe Entzücken über die Lust, seinen „Brillant" und „andere Pferde" im Galopp zu tummeln. Auch an den Freuden und Mühen der Jagd nahm er frühzeitig Theil, schoß, noch nicht acht Jahr alt, den ersten Fuchs, und erlegte, mit Recht Bewunderung über seinen Muth, seine Geschicklichkeit und Sicherheit des Schusses erregend, zwölf Jahr alt, den ersten Bären. Fischfang und Wettrennen theilte er auch als Vergnügungen seines Vaters, mit eigenem großen Genuß aber die militairischen Uebungen. Diese entschiedene Lust am Kriegshandwerk bekundet auch folgendes kindliche Gespräch, das er schriftlich mit Nordenhjelm führte. Nordenhjelm. Ist es nützlich, sich Gefahren auszusetzen? Karl. Ja, aber nicht zu sehr. Nordenhjelm. Wenn wagt man zu viel? Karl. Wenn man Nichts achtet. Nordenhjelm. Wäre es nicht vielleicht das Beste, sich nie in Gefahr zu wagen? Karl. Nein! Dann würde man ein Hase genannt werden. Nordenhjelm. Ist es nicht besser, ein Hase zu heißen und zu leben, als ein Löwe und todt zu sein? Karl. Nein! So zu leben würde eine Schande sein; lieber will ich mit Ehren todt sein. — Die mit sieben Jahren niedergeschriebene Antwort auf die Frage, wie ein braver Mann beschaffen sein müsse: „Er soll milde sein, aber ein Herz in der Brust haben; gegen die Feinde barsch wie ein Löwe, gegen die Vertrauten fromm wie ein Lamm sein!" — zeigt gleichfalls deutlich die Richtung, die Karls Seele schon damals genommen hatte. — Die alten nordischen Kämpen-sagen las der Knabe so gern, daß Lindskjöld den dadurch entstehenden Zeitverlust rügen mußte. Aus diesen Schriften schöpfte er auch den Gedanken an einen Mitregenten, den er schon im achten Jahre durch den Wunsch ausdrückte, einen Bruder zu haben, „der zu Hause bleiben und das Reich regieren könne, während er selbst mit seinen Kriegern in der Welt umherzöge." Bei Lesung des lateinischen Curtius und Cäsar fragte Nordenhjelm den Prinzen, was er von Alexander halte, und er antwortete: „Ich möchte ihm gleich werden!" Nordenhjelm wandte ein: „Er wurde aber nur zweiunddreißig Jahre alt." Karl entgegnete: „Man hat lange genug gelebt, wenn man ein ganzes Königreich erobert hat." Einst betrachtete er in dem Zimmer seines Vaters zwei Pläne, einen von Riga und einen von einer un-garischen Stadt, die die Türken dem Kaiser entrissen hatten; unter diesem stand: „Der Herr gab und der Herr nahm. Gelobt sei der Name des Herrn!" Als der Prinz Dieses gelesen, nahm er einen Bleistift und schrieb unter den Plan von Riga: Gott hat es mir gegeben und der Teufel soll es mir nicht wieder nehmen."

In Folge der so entschieden ausgesprochenen Neigung wurde der Prinz auch schon jung in allen zum Kriegshandwerk gehörenden Wissenschaften unterrichtet. Schon mit sechs Jahren wurde ihm bei Karlberg eine Be-festigung erbaut, in deren Bastionen alle verschiedenen Systeme dargestellt waren, sodaß er sie, mit einem Blicke übersehend, vergleichen konnte. Kanonengießereien und andere Werkstätten des Kriegsmaterials besuchte Karl oft und gern, und war unermüdlich im Fragen und Rechenschaft-verlangen über solche Dinge in den von ihm über Alles geliebten Lehr-stunden Stuarts in der Feldmeß-, Befestigungs- und allgemeinen Kriegs-kunst. In der praktischen Uebung dieser Künste war er aber wo mög-lich noch eifriger, und nahm, so oft es ging, an den vom Vater veranstal-teten Musterungen und Uebungslagern Antheil. Gern trotzte der dreizehnjährige Knabe Hunger, Durst und Beschwerden, wenn er nur im Kampfspiele sein konnte; dann sah man ihn sich mit einer oft sein Leben bedrohenden Kühnheit unter die wild umherstürmenden Reiterschaaren werfen. Mehrmals rettete ihn nur die eigene Kaltblütigkeit aus der Gefahr. Schrammen und Wunden achtete er nicht und bewies eine für seine Jugend merkwürdige Seelenstärke. So reichte er einst, am Tische der Königin, einem großen Hunde ein Stück Brot; dieser fuhr so gierig darauf los, daß er des Knaben Hand stark verletzte. Derselbe hatte jedoch Kraft genug, sich Nichts merken zu lassen. Er band still die Serviette um die Hand und schwieg, bis das unter dem Tuche hervorrinnende Blut die Sache verrieth.

Diese früh entwickelte Seelenstärke zeigte sich auch in anderer Beziehung, oft lobenswerth, oft bedenklich. Die Wärterin hatte das Kind einst auf einen Stuhl gesetzt und ihm das Versprechen abgenommen, dort sitzen zu bleiben, bis sie zurückgekehrt sein würde. Während dessen trat die Königin ein, um den Prinzen zur Predigt abzuholen; er wollte ihr aber durchaus nicht folgen. Die Königin fragte überrascht nach der Ursache, und da erzählte er ihr sein Versprechen und seinen Vorsatz, es zu erfüllen. Dies that er aber auch in weniger anerkennenswerthen Fällen. So blieb er eigensinnig bei einer Behauptung, daß eine gewisse Farbe Schwarz und nicht, wie sie wirklich war, Blau sei, und ferner, daß der Hofmaler Behn einer Meerkatze gleiche; in beiden Fällen vermochte ihn Nichts, seine Aeußerung zurückzunehmen.

Uebrigens war Karl für Tadel empfänglich. So hatte er die Unart, in den Unterrichtsstunden mit dem vor ihm stehenden Lichte zu spielen. Nordenhjelm hatte es ihm verboten und ihn einmal mit dem kleinen Nachtvogel, der in Schweden "Weiberseele" heißt, verglichen, weil dieser beständig um das brennende Licht flattert, wo er es erreichen kann. Eines Abends trug Nordenhjelm die heidnische Lehre von der Seelenwanderung vor. Der Prinz bohrte seiner Gewohnheit nach wieder in das Licht, hörte jedoch aufmerksam zu und sagte endlich: "Es soll mich doch wundern, in welche Art Wesen meine Seele nach der Seelenwanderung einziehen wird?" — Nordenhjelm antwortete: "Wahrscheinlich in eine Weiberseele." — Der Prinz legte augenblicklich die Lichtscheere weg und verfiel nie wieder in seine frühere Gewohnheit. — Alle Fehler und Unarten des Kindes minderte einestheils die Liebe zur Mutter, anderntheils zügelte sie die Furcht vor dem Vater, sodaß der Kronprinz große Hoffnungen erweckte.

Zeit der Reichsvormundschaft. Am 15. April 1697 starb Karl XI. Nach den Anordnungen, die er für die Regierung des Reichs während der Jahre der Unmündigkeit des Königs getroffen hatte, besaß die Königin-Wittwe Hedwig Eleonore zwei Stimmen, und sechs Reichsräthe standen mit je einer an der Spitze der besonderen Verwaltungszweige. In allen Rechtsfragen und auswärtigen Angelegenheiten mußten diese Reichsvormünder die Meinung des Raths einholen und befolgen; in inneren Angelegenheiten konnten sie selbst entscheiden, und sogar gegen den Ausdruck der Meinung des vorher von ihnen befragten Raths. Die ganze Vormundschaftsregierung sollte der Prüfung des Königs unterworfen werden, sobald er mündig geworden. Dieses Testament Karls XI. wurde am Tage nach seinem Tode eröffnet und trat sogleich in Wirksamkeit. Es erregte viel Unzufriedenheit, theils bei solchen Personen, die sich zu diesen Vertrauensposten berufen glaubten und nun nicht erwählt sahen, theils durch den Umstand, daß die Ernennungen absichtlich so erfolgt waren, daß jeder der Ernannten einem ihm fremden Verwaltungszweige vorstand, wodurch er in Abhängigkeit von seinen Collegen oder Untergebenen gerieth, dann, weil der Chef der auswärtigen Angelegenheiten zum Präsidenten erwählt und dem der Gesetzgebung vorgezogen war, wodurch jener, Bengt Oxenstjerna, geschmeichelt, dieser, Nils Gyldenstolpe, aber verletzt war. Ein weiterer Grund zur Unzufriedenheit war die in besonderen Briefen geschehene Ernennung einiger Rathsherren zu einer Art Control-Commission der Reichsvormundschaft. — In dieser Zeit fing auch das innere Parteiwesen wieder an, sich zu regen. Der Adel hoffte, einen Theil seiner Macht und Rechte wiederzuerlangen, den er, wie er glaubte, unter der vorigen Regierung ungerecht verloren habe. Schon in den letzten Lebenstagen Karls XI. setzte sich diese Partei mit dem dänischen Gesandten in Verbindung, um ihm, unter der Bedingung, die früheren Besitzungen wiederzuerlangen, die südlichen Provinzen in die Hände zu liefern. Nach dem Tode des Königs erneuten sie die Vorschläge, gaben aber wenige Tage später alle Gewaltschritte auf, um auf dem Reichstage zu versuchen, gesetzlich wiederzuerlangen, was sie ungesetzlich verloren zu haben meinten.

Politische Stellung. Die politischen Vorfälle dieser Vormundschaftsregierung waren ziemlich unwichtig. Der Rhswicker Frieden wurde
zwar unter Schwedens Vermittelung abgeschlossen, doch ohne daß es
großen Einfluß darauf gewann. Im Allgemeinen suchte man Christinens Vormündern nachzuahmen, nämlich der Einwirkung des Herzogs
von Holstein auf die Regierung entgegenzuwirken und in der berüchtigten
Güstrower Sache Mecklenburg gegen Oesterreich zu schützen. Unter den
Vormündern selbst herrschte Uneinigkeit, die zu Vorwürfen und bitterer
Feindschaft überging, und sogar ein Hinderniß wurde, dem Schaden entgegenzuwirken, den Holland und England durch sein Kaperwesen dem
schwedischen Handel zufügten. Die Regierungen dieser beiden Länder
und Frankreichs suchten auch, sobald sie die ernannten Vormünder kannten, durch sogenannte Freundschaftsgaben sie zu Gunsten ihrer besonderen
Pläne zu bestechen.

Gewiß bedurfte Karl XII. in dieser Zeit noch sehr des Unterrichts, doch wurde derselbe mehr und mehr vermindert. Gleich nach dem
am 5. April 1697 eingetroffenen Tode des Königs luden ihn die Vormünder ein, ihren Sitzungen beizuwohnen, was er auch gewissenhaft ausführen mußte, und wobei er überraschenden Scharfsinn und seine Jahre
überragende Entschiedenheit bewies. Bei dem in diese Zeit fallenden Brande
des Stockholmer Schlosses zeigte Karl ein ruhiges und würdiges Benehmen. Die Königin-Wittwe war sehr bestürzt und niedergeschlagen; der
vierzehnjährige Knabe tröstete die sechzigjährige Großmutter. Als nur
das alte Schloß brannte, erinnerte er sie daran, daß dieses Gebäude doch
auf jeden Fall bald hätte abgerissen werden müssen, und als die Flammen schließlich auch das neue ergriffen, sagte er nur: „Gottes Wille
geschehe, gesegnet sei sein Name."

Umtriebe in Betreff der Mündigkeitserklärung. Das
Testament Karls XI. hatte Nichts über das Mündigkeitsalter bestimmt. In
früherer Zeit galt das achtzehnte Jahr dafür, und man glaubte anfangs, es
würde auch für Karl XII. so gelten, hörte aber bald hier und dort Stimmen, daß der junge König eher mündig erklärt werden würde, und zwar
auf einem dazu berufenen Reichstage. Karl ließ selbst diesen Wunsch
durchschimmern, theils aus dem gewöhnlichen Verlangen eines funfzehnjährigen Knaben, sobald als möglich für einen reifen und **unabhängigen**

Mann zu gelten, theils aus Unwillen über seine Großmutter und über
Bengt Oxenstjerna, dessen Fehler die Fortschrittsmänner jener Zeit dem
Thronerben grell geschildert hatten.   Bei einer Truppenmusterung blieb
Karl einst in tiefen Gedanken versunken stehen, und um die Ursache befragt, antwortete er: „Ich dachte, daß ich es werth sei, selbst
den Befehl über diese raschen Jungen zu führen, und
daß weder sie noch ich von einer Frau regiert zu werden
brauchten." Piper, dem diese Antwort ertheilt wurde, benutzte das
Vertrauen und begann an der baldigen Mündigkeitserklärung zu arbeiten, überzeugt, daß es auch sein Glück sein würde.   Als Gehilfen und
Mitarbeiter weihte er den heftigen fünfundvierzigjährigen Oberstlieutenant Axel Sparre und den Reichsvormund Wallenstedt, der dem Kam-
mer- und Handelswesen vorstand, in seine Pläne ein.   Die allgemeine
Stimmung, die eine sehr günstige Meinung von dem Könige hegte, begünstigte die Sache.   Die Uneinigkeit der Reichsvormünder, unter denen
die Königin-Wittwe, Bengt Oxenstjerna und Gyldenstolpe gemeinsame
Sache machten und überwiegenden Einfluß besaßen und daher von den
übrigen angefeindet wurden, war auch dem Vorhaben glückverheißend,
besonders da die Vormünder, sobald sie Karls Mündigkeitserklärung beschleunigten, hoffen konnten, einer Prüfung und Untersuchung ihrer
Verwaltung zu entgehen.   Der Rath war schon aus Neid gegen die ihm
vorgezogenen und vorgesetzten Vormünder einer Beendigung ihrer Macht
geneigt; die Ritterschaft sehnte sich nach deren Entfernung, in der Hoffnung, daß der neue König, der seine Freigebigkeit schon bewiesen, die Ungerechtigkeiten des Vaters gegen den Stand wieder gut machen würde.
Auch die Armee wünschte ihn bald selbständig auf dem Throne zu sehen,
um unter einem jungen und kriegerischen Könige Lorbern, Geld und
Beförderung zu gewinnen.   Der Bürgerstand übertrug gern und willig
auf ihn das Vertrauen, welches er dem Vater geschenkt hatte.   Bengt
Oxenstjerna, der mit der Sache unzufrieden war, stieß im Innern der
Vormundschaft in letzter Zeit auf so viele Unannehmlichkeiten, daß auch
er deren Auflösung wünschte, um so mehr, da er hoffen durfte, auf die
Königin und seine große Freundeszahl gestützt, mehr Einfluß auf den
jungen König als auf neidische Collegen zu gewinnen.   Am meisten Unwillen über die Sache zeigte Hedwig Eleonore. An Herrschaft gewöhnt,

wollte sie die gewonnene Macht ungern verlieren, und dies um so weniger, als sie einem fünfzehnjährigen Knaben abgetreten werden sollte, der überdies ihrer Person schon damals weniger Wohlwollen bewiesen.

Mündigkeitserklärung. Die meisten Leiter der Angelegenheit glaubten sie durch einen ordentlichen Reichstag bekräftigen und giltig machen zu müssen. Lars Wallenstedt und Piper, die kräftigsten Vorkämpfer der Alleinherrschaft, drängten am meisten auf die Mündigkeitserklärung, sahen aber in Folge ihrer Grundsätze natürlich ein Zusammentreten der Stände nur ungern, da dies Gelegenheit werden konnte, der Macht des Königs eine Fessel anzulegen. Besonders war zu fürchten, daß der gegen die vorige Regierung sehr erbitterte Adel den Reichstag benutzen könnte, die ganze Regierungsform über den Haufen zu werfen. Der von Eigennutz und Freiheitsgefühl erzeugte Wunsch, den schwedischen Reichsständen mindestens ein Scheinleben zu erhalten, die im Testamente Karls XI. klar ausgedrückte Erlaubniß, in der Zeit der Vormundschaftsregierung Zusammenberufungen derselben zu veranstalten und der bisherige Brauch, bei dem Regierungsantritt jeden König seine Stände und Unterthanen um sich versammeln zu sehen, entschied auch dieses Mal, und im Herbst 1697 wurde der Reichstag zusammengerufen, jedoch von den Anhängern der Alleinherrschaft derselbe so ausgelegt, als sei es nur eine Zusammenberufung, um das Land in seinen Vertretern an dem Begräbniß des alten und der Krönung des jungen Herrschers theilnehmen zu lassen. Der Reichstag wurde am 4. November eröffnet. Aus den officiellen Reden, namentlich der Begrüßung der Königin-Wittwe durch den Landmarschall, ließ sich schon erkennen, wo es mit diesem Reichstage hinauswollte. Am 7. November versammelten sich einflußreiche Mitglieder und besprachen die Art und Zeit, wie die Mündigkeitserklärung am Besten durchzusetzen sein würde. Es wurde der folgende Tag dazu bestimmt. Am 8. trat des Morgens die Ritterschaft zusammen; der Secretair wurde weggesendet, um einige Verhandlungen aus dem Archiv zu holen. In Folge dieses Kunstgriffs konnte kein Protokoll geführt werden und die Mitglieder führten Zwiegespräche. Der Landmarschall Gripenhjelm rühmte seinen Nachbarn des hohen Adels mit Wärme die großen und guten Eigenschaften des Königs und sprach offen für die Mündigkeitserklärung, der das Testament Karls XI. kein Hin-

derniß in den Weg lege. Darauf sprang Unteradmiral Graf Axel Lewenhaupt auf und sagte: „Nun, da nach dem, was wir wissen, unser
junger König mit so hohen Tugenden und Eigenschaften begabt ist, sehe
ich nicht ein, warum wir nicht verlangen, daß er die Regierung gleich an-
trete. Mir scheint, daß diese Sache die erste sein muß, die zu erwägen
ist." Gustav Cronhjelm, Karls Lehrer, warf ein: „Das ist eine kitz-
liche Sache, die etwas bedacht werden muß." Lewenhaupt redete sich
immer mehr in Feuer und entgegnete: „Es mag für Sie kitzlich sein, für
uns Andere nicht. Wagen Sie, Sich dem Vorschlag zu widersetzen? Sagen Sie nur ein Wort und ich werfe Sie zum Fenster hinaus!" Hierbei
sprang Axel Sparre auf, stellte sich auf Lewenhaupts Seite und rief:
„Bei einem Könige muß man auf seinen Verstand und nicht auf seine
Jahre sehen." Bei diesen Worten warfen die übrigen Parteiglieder ihre
Hüte in die Luft und riefen: „Es lebe König Karl der Zwölfte!"
So war die Sache von der Ritterschaft entschieden. Die Leiter
des Planes wollten, obschon man über Alles im Voraus bestimmt hatte,
dem Erfolg doch den Schein eines durch warme Unterthanenliebe zufällig
hervorgerufenen Gefühlsausdrucks verleihen, weshalb Gripenhjelm es
sogleich laut in dieser Weise darstellte, und fragte, ob man nicht die anderen Stände zur Theilnahme an dem Entschluß auffordern solle. Dies
wurde abgelehnt, da der Adel zuerst und allein dem Könige dies Vertrauen beweisen wollte, um ihn seinen eigennützigen Absichten günstig zu
stimmen. Jedoch beschloß die Ritterschaft, die Meinung des Raths und
der Vormünder zu vernehmen und sandte den Landmarschall dazu ab.
Bei der Ankunft desselben fand er ihn vollzählig um den König und die
Königin-Wittwe versammelt. Als er sein Begehren vorgetragen, wurde
er nach kurzer Ueberlegung beschieden, in einigen Stunden mit einem
Ausschuß der Ritterschaft zu weiterer Beschlußnahme wiederzukommen.
Zum Ritterhause zurückgekehrt, wählte man den Ausschuß von vierundsiebenzig Personen und beschloß einstimmig, „daß der Stand durch den
Landmarschall demüthig ansuche, daß Se. Majestät sobald als möglich
die Regierung antreten möchte und daß der Stand dieses auf seine Sehnsucht nach Sr. Majestät eigenen Regierung gegründete Begehren keines-
wegs aufgeben würde." Als zu bestimmter Stunde der Ausschuß im
Rathssaale erschien, verließ der König denselben; Gripenhjelm trug sein

Begehren vor und verlangte die Beistimmung des Raths und der Vormünder zu dem Beschluß des Adels.   Dann trat der Ausschuß in einen
Nebensaal ab, und der Rath berieth, wobei sich kein Wort ernstlich dagegen und nur wenige für einen Aufschub zur Befragung der anderen
Stände vernehmen ließen.   Dann ging der Rath, während er den Ausschuß warten ließ, in corpore hinauf zum Könige, um ihm den Wunsch
des Standes vorzutragen und selbst unterthänigst in dessen Bitte einzu-
stimmen, das Gewähren des Verlangens als das größte Glück schildernd,
was Schweden widerfahren könne.   Er hoffte, wenn er dem Könige selbst
und freiwillig das Scepter in die Hand drückte, ehe es der Adel und die
Stände konnten, sich diesen besonders geneigt zu machen. — Karl dankte
für das ihm bewiesene Vertrauen und sagte: „Wennschon ich weiß,
wie schwer die Bürde ist, und daß ich noch davon befreit
sein könnte, so will ich doch, aus Liebe zu meinen treuen
Unterthanen, mich derselben nicht länger entziehen,
sondern ihrem Wunsche gemäß die Regierung antreten
und Gott um seine Hilfe bitten." Hedwig Eleonore ergriff
darauf seine Hand und wünschte ihm Gottes Segen, worin alle anwesenden Herren einstimmten.   Dann kehrte der Rath in den Raths-
saal zurück, rief den Ausschuß herein und theilte ihm mit, daß die Reichsvormundschaft und der Rath in den Adelsvorschlag willigten, aber um
der Einigkeit willen ihn mit den anderen Ständen berathen zu sehen
wünschten, damit der Entschluß als der des Volkes und nicht einer einzigen Gesellschaftsclasse erscheine. — In das Ritterhaus zurückgekehrt,
verbreitete der Bescheid des Ausschusses große Freude; die übrigen
Stände wurden eingeladen, sich am Nachmittage dort einzufinden, was
zu bestimmter Stunde geschah.   Der Landmarschall trug die Sache vor.
Im geistlichen Stande wünschte der Erzbischof Aufschub zu einer Berathung; der Bürger- und Bauernstand ging aber ohne Weiteres auf den
Vorschlag des Adels ein.   Als der Widerstand der Geistlichkeit auch
darauf nicht wich, brach der Adel in harte Worte gegen dieselbe aus
und beendete die Discussion durch den einstimmigen und lauten Ausruf:
„Es lebe König Karl!"   Die Ausschußmitglieder der anderen Stände
stimmten mit ein, und die Sache war entschieden.   Die Ausschüsse kehrten
zu ihren Ständen zurück, deren Plenarmeinung zu vernehmen, die sie

nach zwei Stunden dem Adel beistimmend, mittheilten; die Priesterschaft hatte sich vor der Rückkehr ihres Ausschusses verstreut, weßhalb derselbe erklärte, daß sein Stand, wennschon er ihn nicht befragen könnte, unzweifelhaft in den allgemeinen Wunsch einstimme. Alle vier Standesausschüsse gingen nun zu dem Könige hinauf, der ihnen kurz und einfach antwortete, „daß er dem Wunsch seiner Unterthanen nicht widerstreben wolle, sondern Gott um seine Hilfe bäte und das Regiment anträte.“

Nach der Mündigkeitserklärung, die am dritten Tage nach Eröffnung des Reichstages erfolgte, kam derselbe nur zu einer ohne Berathung angenommenen und im Voraus in den demüthigsten Dankausdrücken abgefaßten Beantwortung der Regierungsübernahme. Das Versprechen des Königs, die Kosten des Begräbnisses seines Vaters sowohl, als auch die seiner eigenen Krönung zu bestreiten, ohne die bei solchen Gelegenheiten üblichen Kronsteuern zu verlangen, und allen anderen Auflagen, als den gewöhnlichen Steuern zu entsagen, hatte Vieles dazu beigetragen, ihm die Stände zu gewinnen, sodaß sie allen seinen anderen Absichten Beifall zollten. Die eigennützigen Bestrebungen bei der Mündigkeitserklärung Karls sahen sich übrigens getäuscht, denn alle Maßregeln Karls XI. zu Gunsten der Alleinherrschaft wurden erneut und eine Beistimmung durch geschickte Manöver und Parteiwirken erzielt und in die Protokolle gebracht.

Nach dem Schlusse des Reichstages blieb der Adelsstand noch zur Berathung seiner eigenen Interessen beisammen; mehrere Gesuche um Wiedererlangung verlorener Rechte und Erleichterung bedrückender Verpflichtungen wurden sämmtlich in mehr oder weniger milder Form abgewiesen, und so der Dienst, den dieser Stand dem Könige durch seine Mündigkeitserklärung geleistet, belohnt. Den funfzehnjährigen König leitete hierbei theils die Furcht, durch Nachgeben den Adel zu stets neuen Versuchen zu ermuntern, die alten Misbräuche und unbilligen Vorrechte, die größten Feinde der Alleinherrschaft, zu erneuern, theils auch Ehrfurcht vor den Einrichtungen seines Vaters und ein von diesem ererbter Widerwille gegen die höheren Stände, und endlich der Wunsch, von vornherein alle an Gehorsam und gänzliche Ergebenheit zu gewöhnen.

Krönung und Huldigung. In Bezug auf die nun bevorstehende Krönung zeigten sich neue Meinungsverschiedenheiten; die äußerste
Partei der Alleinherrschaft, geführt von Lars Wallenstedt und Bischof
Lang behauptete, um die Souverainetät soweit als möglich zu treiben:
„da der König eine unumschränkte Macht ererbt habe, könne er die Krone
aus keiner andern Hand empfangen, sondern müsse sie schon auf dem
Haupte tragen, wenn er sich zur Krönung nach der Kirche begäbe," wie
es auch in Dänemark und Frankreich geschähe. — Karl gefiel dieser Vorschlag und die Günstlinge beschlossen, ihn durchzusetzen. Im Rathe hatten
übrigens die Beschlüsse hierüber schon Erledigung gefunden, ehe noch die
Stände ihre Zustimmung zur Mündigkeitserklärung abgegeben. Man
blieb bei Wallenstedts Vorschlag und Auslegung und ließ auch die bisher
übliche Königsversicherung, die der Krönung vorausging, wegfallen; ein
Ausschuß des Adels, der deren Beibehaltung verlangen sollte, wurde un-
vernommen im Vorzimmer mit dem Bescheide abgefertigt, sich jedes Ver-
suches einer Einmischung in Dinge, die seinen Stand nicht beträfen, zu
enthalten; und der Mittheilung über die Krönung zu warten, ohne darüber weder mit dem Rathe noch den andern Ständen zu berathen.
Auch wurde der Ritterschaft zum großen Aerger untersagt, wie bisher
üblich, sich beritten zur Huldigung einzustellen. Alle Gegenreden brachten
Karl nicht von den einmal gefaßten Vorsätzen ab, und selbst der Drohung
Hedwig Eleonore's, der Krönung unter andern Ceremonien als bisher
üblich gewesen, nicht beiwohnen zu wollen, stellte er nur das Bedauern
gegenüber, deshalb seine Beschlüsse nicht ändern zu können.

Am 27. November übergaben die Reichsvormünder die Regierung
dem Könige, der dabei erklärte, noch vor Entlassung der Stände die Huldigung oder den Salbungsact, der fortan an Stelle der Krönung treten
solle, vor sich gehen lassen zu wollen. Wie die Versuche des Adels sich mehr
Gewalt anzumaßen, zurückgewiesen wurden, beugte Karl jetzt auch den Stolz
des Raths. Bei früheren Krönungen war er in seiner Staatstracht mit
Scharlach-Mänteln und Hermelin-Besatz erschienen; jetzt mußte er unter
dem Vorwande der Landestrauer schwarze Kleidung tragen, sodaß der
Krönungsmantel, den Karl trug, das einzige Purpur bei der Festlichkeit
war. Früher hatten Generale und Obristen den Thronhimmel getragen;
jetzt mußten es Rathsherren thun, wie sie auch an der Tafel dem Könige

statt der Hofleute aufwarten mußten. Es verdroß sie dies Alles, doch
wagten sie nicht, sich zu widersetzen.

Am 13. December fand in Wind und Schneegestöber die Huldigung auf
dem Ritterholme statt. Am Tage darauf erfolgte der Salbungsact. Der
frühere Brauch war hierbei dahin geändert worden, daß nur das Schwert,
der Reichsapfel und Schlüssel von Rathsherren getragen wurden, der König
aber schon während des Ritts nach der Kirche die Krone auf dem Haupte
und das Scepter in der Hand trug, als Beweis, daß er seine Regenten-
würde der Geburt und keiner andern Machtbegabung verdanke. Als Karl,
so ausgerüstet, sich auf sein Pferd schwang, löste sich die Krone vom Haupte,
und da er in der Linken die Zügel, in der Rechten das Scepter hielt, konnte
er nicht nach ihr greifen. Sie glitt ganz ab und würde unfehlbar zu Boden gefallen sein, wenn der Oberstmarschall Steubock sie nicht aufgefangen
hätte. In der Kirche saß Karl mit Krone und Scepter auf einem Throne
im hohen Chore, und trat nach der Predigt zum eigentlichen Weiheact auf
die Stufen des Altars, nahm sich selbst die Krone ab und legte sie neben
das Scepter auf ein Kissen, und beugte die Kniee; dann trat der Erzbischof auf ihn zu und salbte ihm die Stirn und beide Handgelenke unter
den gewöhnlichen Gebeten. Hierauf stand Karl auf, nahm die Krone und
setzte sie sich selbst wieder auf das Haupt, ergriff das Scepter und begab
sich zum Throne zurück, auf ihm das Ende der Feierlichkeit, mit Kanonensalven, Psalmen, Gebeten und dem Segen, abwartend. Die üblichen
Feste und Ceremonien, Schmeicheleien und Glücksjägereien folgten.

Die vorgenommenen Aenderungen wurden nicht genügend gewürdigt, und theils durch die auf den Thronfolger gesetzten Hoffnungen erstickt
theils den schlechten Rathgebern und seiner Jugend zugeschoben; ja in den
bürgerlichen Ständen erregte die Demüthigung des Adels und Raths
Freude. Doch herrschten auch bei Anderen arge Bedenken über das Wagniß, den funfzehnjährigen Knaben mit solcher Macht ausgestattet zu haben, von den altherkömmlichen Rechten der Verfassung abgewichen zu sein,
und das durch die Trauertracht trübe Aussehen des Krönungszuges,
das Fallen der Krone und des Salböls, den Sturm und das Schneegestöber, und die Beschäftigung Karls, während der Salbungspredigt
schwarze Stäubchen von seinem Hermelinmantel zu pflücken, deutete der
Aberglaube als Zeichen einer trüben Zukunft.

Zweites Kapitel.

Karl bei seinem Regierungsantritte. — Bengt Orenstjerna's Sturz. — Bewerbungen um Karl XII. — Die gottorpsche Wuth oder Karl und der Herzog von Holstein. — Pläne über die Thronfolge. — Leitung des Reichs im Frieden.

Karl bei seinem Regierungsantritt. Wenngleich erst funfzehn und ein halbes Jahr alt, war der König doch ziemlich groß, aber schlank und schmächtig. Seine Haut war fein, blühend und glänzend, wie die eines Mädchens. Das verdroß ihn, denn er wollte durchaus mannhaft aussehen, und that alles Mögliche, um sonnverbrannt und wettergebräunt zu werden, ja er legte mit kindischer Eitelkeit vielen Werth auf einige Pockennarben im Gesicht. Seine Kleidung war schlicht; doch trug er bis zu seinem achtzehnten Jahre eine Perrücke. Auch seine Lebensart war einfach, der Gerichte waren wenige und dürftige. Schon jetzt liebte er vor Allem Butterbrot, gebratenen Speck und Dünnbier. Seine Jagderlebnisse übertrafen noch die seines Vaters; Füchse, Wölfe, Elenthiere und besonders Bären waren sein Wild. Anfangs bediente er sich der Feuerwaffe, verwarf sie aber, da sie ihm, als ritterlichem Könige, zu viel Vortheil zu geben schien, und befahl, sich nur des Spießes und Hirschfängers zu bedienen. Oft ließ er sich selbst, nur so bewaffnet, auf Kämpfe ein, die seine Jagdgenossen mit Schrecken erfüllten, wenn sie einen starken Bären aufgerichtet dem noch im Knabenalter stehenden Könige gegenüber sahen. Einst war er mit einem dieser Waldkönige so nahe zusammen, daß dessen Tatzen und Zähne ihm die Perrücke vom Haupte rissen, und Leben und Tod davon abhing, ob Karl genug Stärke und Sicherheit hatte, seine kurze Waffe zu führen. Bald erschienen dem Könige aber auch dies zu leichte Siege; er verwarf die Eisenwaffe und ließ sich und seinen Jagdgenossen lange Holzgabeln machen, mit denen der, aufgerichtet gegen den Jäger anrückende Bär um den Hals gefaßt und rücklings zu Boden gedrückt wurde, worauf sich ein zweiter Jäger auf ihn warf und seine Hinterbeine mit Schlingen umwand. Im Jahre 1700 wurde bei Kungsör eine solche merkwürdige Jagd abgehalten, bei welcher wirklich in ein paarmal vierundzwanzig Stunden vierzehn Stück getödtet oder gefangen wurden. Auch in dem Vergnügen, was

Karl an keckem und langem Reiten fand, glich er seinem Vater. Mehrere
Male stürzte er so mit dem Pferde, daß er Lähmungen in der Seite und
Verletzungen des Gesichts davontrug.   Mitte April 1698 kam er,
nur von einem Pagen und einem Gardecapitain begleitet, in der Nähe
Stockholms an eine Mälarbucht.   Das Eis war schon schwach und haf-
tete nicht mehr überall am Lande, sodaß die Fußgänger nicht mehr
darübergingen.   Karl wollte hinüberreiten und beantwortete die Vorstellungen des Capitains nur mit der Frage: „Hast Du Furcht?"   Wirklich trug sie das Eis, aber am jenseitigen Ufer trennte eine funfzehn Fuß
breite Kluft es vom Lande.   Da der Sprung für die Pferde zu weit und
das Ufer flach war, setzte Karl in das Wasser, das ihm bis an den
Gürtel reichte und gewann mit seinen Begleitern glücklich das Land.

Die kecken Sprünge über Felsschluchten und von steilen Klippen, bei
denen er mehrfach mit dem Pferde überschlug und nur durch ein Wunder
gerettet schien, veranlaßten die originelle Warnung des Stallmeisters
Gustav Hård, in welcher er dem Könige sagte: „Gott hat nun Ew. Majestät zweimal aus solchen Gefahren errettet; kommen Sie durch zu keckes
Reiten zum dritten Male in dieselbe, so ist er wahrhaftig zu entschuldigen, wenn er es nicht wieder thut."   Gefährliche Schlittenfahrten bilden ein eigenes Kapitel in diesen Thaten königlichen Jugendübermuthes.
Oft wurden dabei alle Pferde voreinander gespannt und alle Schlitten
hintereinander befestigt, wo dann der in schnelle Bewegung gesetzte Zug
die gefährlichsten Schwenkungen machte.   Ebenso unnütze Gefahren wurden im Winter 1699 durch halsbrecherische Künste auf ungewöhnlich
steil erbauten Rutschbergen herbeigeführt, brachten den König in schlimme
Lagen und verstümmelten mehr als einen der Genossen seiner Wagnisse.
Auch dem Wassertode war Karl mehrmals nahe, und im März 1706
war er auf einer seiner Reisen soweit unter das Eis gekommen, daß man
ihn nur mit Mühe zu retten vermochte.   Bei allen solchen Unfällen
pflegte er den herzuspringenden Hofleuten nur zu sagen: „Lapperei!"
oder „Bagatelle!" oder am häufigsten in deutscher Sprache: „Es
schadet Nichts!" sodaß diese Rede nach ihm für lange Zeit sprichwört-
lich geworden ist.

Ebenso gefährlich oder vielleicht noch gefährlicher waren die Militair-
übungen. Wie schon unter Karl XI., bediente man sich dabei der Handgra-

naten aus Pappe, die sowohl wie die sogenannten Lustlager, nicht selten Soldatenleben kosteten. Im März 1698 ging es beim Erstürmen einer Schneeschanze so wild her, daß dem Könige selbst die Kleider vom Leibe gerissen wurden und viele Verwundungen vorkamen. Auch Seegefechte wurden eigenthümlich dargestellt. Die Mälar-Yachten wurden mit den Feuerspritzen der Stadt und die Besatzungen mit Handspritzen bewaffnet, durch deren Anwendung man einander zu besiegen und zu vertreiben suchte. Bei einer solchen Gelegenheit fuhr Arvid Horn, bis auf's Hemd entkleidet, in einer kleinen Jolle an die Königs-Yacht und begann deren Besatzung zu bespritzen; dieselbe vertheidigte sich in solchem Maße, daß das kleine Fahrzeug gefüllt wurde und sank. Horn sprang ins Wasser und schwamm neben der Yacht Karls her. Dieser sah ihm lachend zu und fragte, ob es schwer sei, zu schwimmen? Horn antwortete: „Nein, wenn man nur Muth hat." Kaum hörte Karl diese Worte, als er in voller Kleidung ins Wasser sprang und sicher ertrunken wäre, wenn ihn Horn nicht an den Kleidern auf den nahen Strand gezogen hätte. Ein anderes Mal wurden die Trabanten in zwei Abtheilungen zum Kampfe getheilt, die eine vom König, die andere von Horn geführt. Sättel wurden nicht benutzt, sondern man ritt auf dem blosen Pferde und hatte als Waffe starke Haselstöcke. Bei dem Angriffe durfte Niemand geschont werden. Im Handgemenge stürzte der König rasch gegen Horn an und heftige Schläge wurden gewechselt; da Karl aber die von Horn doch zu stark empfinden mochte, richtete er seinen Knüppel gegen das Gesicht desselben und schlug ihn heftig auf ein dickes, unreifes und höchst gefährliches Geschwür, das derselbe an seiner Kinnbacke hatte. Horn sank, von dem furchtbaren Schmerz betäubt, für den Augenblick leblos vom Pferde und verfiel von dem Schlage, der großen Sonnenhitze und Anstrengung in ein heftiges Fieber, das die Wunde brandig machte und ihn dem Tode naheführte. Der König besuchte, aufrichtig betrübt, den Kranken oft, schenkte ihm dreitausend Ducaten Schmerzensgeld und versprach, bei jeder Verwundung Horns den Feldscheer zu bezahlen. Daß übrigens Karl durch solche Spiele nicht nur einen Zeitvertreib, sondern wirkliche Abhärtung und Kriegsvorbereitung suchte und daß ihm diese stets im Sinne lag, bewies er vielfach. Oft stand er Nachts auf und legte sich fast unbekleidet auf die Diele zum Schlaf, und im Jahre 1698 ruhte er drei Nächte hintereinander auf einem Heuboden, um, seinen Worten nach, seinen Körper abzuhärten und ihn zu künftigen Feldzügen zu stählen.

Auch im täglichen Leben machten sich seine Gewaltsamkeit und sein Uebermuth geltend. Mit seinen Günstlingen rang, balgte und schlug er sich, riß ihnen die Perrücken ab und schleuderte bei Tisch rücksichtslos Jedermann, selbst dem würdigen und stattlichen Oberstmar-schall Stenbock, Obstkerne ins Gesicht. Mitunter trat auch eine bedenk-liche Unmäßigkeit hervor, in Folge deren er mit gleichgesinnten Came-raden die Meubel, Leuchter u. s. w. zerschlug, in den Sälen und Gale-rien des Schlosses nach den Marmorstatuen warf und schoß, sodaß ein-zelne dadurch ganz zerstört wurden. Auch hatte er in seinem Zimmer einen zahmen Bären, den er eines Mittags durch eine Kanne Wein trun-ken machte und sich mit seiner Gesellschaft an seinem Turkeln und Springen ergötzte. Das arme Thier kletterte schließlich die Schloßwinde hinauf, stürzte dann durch eine der Bodenluken, zerbrach sich das Kreuz und starb nach einigen qualvollen Tagen.

In näherem Umgange mit seinen vertrauten Freunden gab sich der König sehr frei und ungezwungen; bei allen öffentlichen Handlungen be-obachtete er aber ein so kaltes und ernstes Benehmen, daß es an Steifheit grenzte. Oft war es bei solchen Gelegenheiten unmöglich, seinen Lippen ein einziges Wort zu entlocken. Der Grund hierzu lag nicht in fehlender Geistesgabe, sondern in zu großer Blödigkeit. So setzte sich Karl auch in den Betstunden des Hofes hinter eine Thür, daß ihn Niemand sehen konnte, und ging zu diesen, wie zur Tafel, meist auf einer kleinen Hinter-treppe, damit er so wenig wie möglich bemerkt würde; seine Reisen trat er oft im Schutze der Nacht an. Später änderte sich dies, doch behielt er stets seine Zurückhaltung bei. Diese Eigenschaft trat in einem, besonders bei seinen Jahren, überraschenden Grade hervor, und Alle sprachen mit Erstaunen von der Gabe des sechzehnjährigen Königs, zu schweigen und sich zu verstellen, die soweit ging, daß seine nächste Umgebung weder seine Gedanken noch seine Gefühle ahnte. Dies dehnte sich auch auf die Staatsangelegenheiten aus, und oft wurden wichtige Vorhaben ins Werk gesetzt, ohne daß irgend ein Mensch ein Wort davon vorher gewußt hatte. Dies hing mit einer andern scharf hervortretenden Eigenschaft, seinem ebenso weit gehenden Unabhängigkeitssinn, eng zusammen. Schon im

2*

Februar 1698 wollte er selten noch auf Anderer Rath hören und ließ sich nicht von gefaßten Vorsätzen abbringen. Wer hartnäckige Vorstellungen wagte, wurde angefahren, und oft rief ein guter Rath das Gegentheil hervor, was zuletzt soweit ging, daß man schlaue Berechnungen darauf gründete. Die Glücksjäger in der Umgebung des Throns, Karls theils angeborenes und theils vom Vater anerzogenes Mistrauen und des sechzehnjährigen Jünglings Verlangen, sich als König und Mann von eigenen Entschlüssen und mit der Kraft sie durchzuführen, zu zeigen, gaben die Veranlassung zu diesem Benehmen. Darum wollte Karl auch Alles allein thun und griff Anfangs mit großem Eifer in das Regierungswesen ein. Er war auch sehr empfindlich in Bezug auf die königliche Majestät, und legte seinem Vater das schmeichelhafte Prädicat der altrömischen Cäsaren, „divus" bei.

In den mit dem Blute überkommenen Ideen von Alleinherrschaft wurde Karl durch die Glücksjägerei seiner kriechenden Umgebung und das feile Benehmen des Adels und Raths bei seiner Mündigkeitserklärung und Huldigung bestärkt. Er berief bis zum Jahre 1700 den unter seinem Vater wöchentlich einmal zusammengetretenen Rath nie, sondern machte seine Geschäfte allein und in seinem Schlafzimmer ab, die auswärtigen Angelegenheiten mit Polus', die inneren mit Pipers Beistand betreibend. Nur bei Entscheidung von Rechtssachen durfte der Rath reden, wurde aber geflissentlich in Unkenntniß aller wichtigen Angelegenheiten gehalten, sodaß Truppenbewegungen, Generalissimusernennungen und beinahe der Beginn des Krieges ihm entgingen. Auch wurden in den einzelnen Geschäftszweigen wichtige Veränderungen vorgenommen, ohne daß die Chefs zuvor eine Ahnung davon hatten, so in der Flotte, so in der Instruction an die Gesandten bei fremden Höfen. Auch die Behandlung der einzelnen Mitglieder vom Rathe war sehr streng und wenig höflich; sie mußten lange im Vorzimmer warten, durften in Gegenwart des Königs nur flüstern, nicht, wie bisher, laut sprechen. Einst soll Karl sogar ein paar Herren des Raths zur Thür hinausgewiesen haben; ein anderes Mal legte er in der Sitzung die Beine auf den Tisch, Alles, um das Ansehen und den Stolz dieser wichtigen Corporation herabzusetzen. Im Gegensatz zu seinem durch Widerspruch leicht erhitzten, aber dann Gründen nachgebenden Vater, stand Karl bei den Vorträgen ruhig und uner-

schütterlich da, blieb bei dem vorherbestimmten Beschluß und sagte
kurz und ernst: „Das ist mein Wille!" Nur ein einziges Mal ereiferte
sich Karl XII. so, daß er sich im Zorne vergaß. Salomon Cronhjelm
hatte im Sommer 1697 einige ihm nahegehende Bemerkungen gemacht,
und Karl drohte mit Hieben und Schlägen, wenn er nicht hinausginge.
Cronhjelm wankte nicht, bis ihn der König mit Fußtritten zur Thür
hinausstieß.

Die eigentliche Charakterentwickelung Karls und die schärfere Ausprägung seiner Eigenschaften datirt sich von der Zeit seines Regierungs-
antritts und wird einer besondern Schrift zugeschrieben, die Karl XI.
kurz vor seinem Tode Wallenstedt in einem versiegelten, eisernen Kapsel
zustellte, um sie Karl XII. bei der Regierungsübernahme zu übergeben.
Sie erhielt Ermahnungen und Warnungen in Bezug auf äußere und
innere Politik und wies Karl an, Bjelke und Wrede gut zu beobachten,
aber Piper zu vertrauen. Auch mündlich soll Karl XI. den Sohn vor
dem Eigennutz der Beamten und dem Ehrgeiz des Raths gewarnt und
von ihm verlangt haben, die Zügel selbst in die Hand zu nehmen, und
nur Piper und Wallenstedt zu trauen. Piper wurde demnach auch bald
Günstling, doch weihte Karl auch ihn nicht in alle Pläne ein, sodaß ihn
wichtige Unternehmungen oft überraschten.

In jener Zeit gab es drei verschiedene Parteien, die um Karls
Vertrauen und Gunst buhlten. Die eine bestand aus der Königin-
Wittwe, dem holsteinischen Hause, Bengt Oxenstjerna und den beiden
Schwägern des Letztern, den Wachtmeister, von denen Axel durch die
Rolle des Lustigmachers bei dem jungen König sich einschmeicheln wollte,
wie er es bei dem alten gethan, aber in seinem Plane scheiterte. Hedwig
Eleonore hatte nie ihres Enkels Liebe besessen, und das eigentliche Haupt
der Partei, Bengt Oxenstjerna, fiel bald in Ungnade, und damit war
ihre Macht gebrochen. Ihre Handlungen geschahen entweder nur aus
persönlichem Eigennutz oder im holsteinischen Interesse. Die zweite
Partei bestand aus Bjelke, Wrede und Johan Gabriel Stenbock. Sie
war Frankreich günstig gestimmt und führte den Spottnamen „die französischen Mägen." Ihr hatten besonders die Warnungen Karls XI. ge-
golten. Ihre hocharistokratische Gesinnung ließ sie eine Umgestaltung der
Regierungsgrundsätze in innerer und äußerer Politik wünschen. Aber

Bjelke wurde bald durch Piper und Wallenstedt gestürzt, Wrede so bedroht, daß er sich zurückzog, und Stenbock konnte sich nur durch schlaues Kreuzen so halten, daß er nicht anstieß. Die Hoffnungen auf größern Einfluß mußte diese Partei bald aufgeben. Die dritte siegende Partei führten Wallenstedt, Falkenberg, Wrangel und Piper. Dieser war der Kern, das wußten Alle, wie vorsichtig und zurückhaltend er sich auch benahm. Nach außen hatte die Partei keine bestimmte Richtung, neigte sich aber etwas zu Frankreich. In inneren Angelegenheiten gab sie vor, den Frieden erhalten zu wollen und sich auf Karls XI. Grundsätze zu stützen. Pipers Persönlichkeit drängte aber durch seine außerordentliche Arbeitskraft, Klugheit und Erfahrung alle Parteien und Persönlichkeiten in den Hintergrund und wurde bald Karls Alles in Allem. Der junge König wollte ihn sogleich zu hohen Würden ernennen, er aber, des Neides Art und Macht kennend, verbat sich jede Beförderung, wurde aber ohne sein Wissen Neujahr 1698 königlicher Staatsrath mit dem Range der königlichen Räthe. Sein Genosse Polus wurde ebenso befördert und beide am 3. Januar zuerst in den Freiherrn- und sogleich darauf in den Grafenstand erhoben. Piper war der eigentliche Günstling und hatte aus Klugheit Polus mit hinaufgezogen, um den Neid abzuleiten; sein von Aufwartenden aller Stände überfülltes Vorzimmer bewies jedoch, daß seine Stellung bekannt war.

Ein anderer Günstling war der Kammerpage Klinckowström; von gleichem Alter mit Karl, hatte er einst das Leben desselben gerettet, und war der Einzige, der es ihm im Reiten gleichthat. Er stand so in Gnaden und übte einen solchen Einfluß, daß des Pagen Gunst durch viele Hochstehende gesucht und durch Freundschaftsgaben erkauft wurde, sodaß er, obschon ein arger Spieler, 1702 ein auf die erwähnte Art erworbenes bedeutendes Vermögen hinterließ.

In Bezug auf Erledigung der Regierungsgeschäfte zeigte sich der König sehr verschieden. Anfangs bewies er Fleiß und Eifer, und saß mehrere Stunden hintereinander bei der Entscheidung von Rechtsangelegenheiten. Oft arbeitete er mit Piper von fünf Uhr Morgens bis zum Abende. Bei anderen Gelegenheiten wich er, mehr als recht war, dem Regierungsgeschäft aus und versäumte Vieles. Namentlich zur Zeit der

Besuche des Herzogs von Holstein. Bei der Arbeit selbst zeigte Karl viel Scharfsinn, Gerechtigkeit und selbst Strenge. Die Mitwisser um Mord, Diebstahl u. s. w. sollten mit dem Thäter gleich bestraft werden; Betrüger wurden zum Schandpfahl und zu Festungsarbeit verurtheilt, und ein eines groben Verbrechens schuldiger Prediger mußte bis zum Tode Gassen laufen. Die kurzen und treffenden Antworten und Entscheide von Rechtssachen, die jeden Versuch des Widerspruches sogleich zurückwiesen, zeichneten Karl aus. Er war auch schnell und glücklich im Auffinden der schwachen Seiten bei Personen oder im Ideengang seiner Gegner; ebenso, wenn es galt, mit kurzen und kräftigen Worten einem Widersacher den Mund zu stopfen. Diese Eigenschaften waren es auch besonders, durch die er, ein damals funfzehn- oder sechzehnjähriger Jüngling, zu Jedermanns Ueberraschung glücklich damit zu Stande kam, die alten und erfahrenen Rathgeber seines Vaters zu zähmen und gänzlich niederzuhalten. Etwas trug aber auch hierzu die Achtung vor seinen vielen wahrhaft großen Eigenschaften bei; er besaß aufrichtige Gottesfurcht, unerschütterliche Gerechtigkeit, unverrückbare Worttreue, einen abschreckenden Ernst in Bestrafung des Lasters, wohlthuende Großmuth in Belohnung des Verdienstes und Mäßigkeit und Sittenreinheit, die Liebe und Respect einflößten. In den wenigen Fällen, wo er des Guten zu viel gethan, hatte er sich so weit vergessen, sich unpassend gegen die Königin-Wittwe zu benehmen; nüchtern erkannte er dies und beschloß, nie wieder starke Getränke zu sich zu nehmen und hielt dies bis zum Tode. Einige Male sah man ihn mit Schloßdirnen kosen und scherzen, aber immer nur auf die Art, wie Spielcameraden mit einander sich unterhalten. Die nicht ausbleibenden Personen, die ihn auf die Bahn der Wollust locken wollten, verrechneten sich stark. Unbegründete Gerüchte oder Phantasieerzeugnisse reden von einer Neigung, die er, ohne Erhörung zu finden, für ein Fräulein Fersen gehegt habe, und von den Nachstellungen, die ihm eine fremde Schönheit, Rhoda d'Elleville, in Pagenkleidung bereitet habe, ohne jedoch zum Ziele zu kommen.

Von seiner Mutter und Großmutter hatte er eine gewisse Neigung für die schönen Künste ererbt und blätterte oft stundenlang in den Tessin'schen Kupferstichsammlungen. Auch gab er beträchtliche Summen zu einem Denkmal des Malers Ehrenstrahl. Ebenso zeigte er in gewisser Hinsicht Lust, seine Hofhaltung so prächtig einrichten zu lassen, wie die des Königs von Frankreich. Ausgenommen das tieferwurzelnde Mistrauen und den Eigensinn war zu hoffen, daß reiferes Alter, die edle Denkungsart, Großsinnigkeit und Willenskraft Karls seine Fehler überwinden würden.

Bengt Oxenstjerna's Fall.   Bengt Oxenstjerna's Macht und Ansehen war schon unter Karls XI. Regierung gesunken, doch machte ihn seine staatsmännische Erfahrung, seine Arbeitsamkeit, seine außerordentliche Kenntniß der europäischen Verhältnisse, seine großen Verdienste und namentlich seine Friedensliebe, in der er sich mit dem Könige begegnete, unentbehrlich. Wie viele harte Worte er auch von diesem Monarchen hatte hören müssen, sah er sich doch in dessen Testamente zum ersten Reichsvormund und Leiter der äußern Politik Schwedens ernannt. Aber mit dieses Königs Tode verlor Oxenstjerna seinen Rückhalt. Alter Neid und Feindschaft, selbst seiner nächsten Collegen, richteten sich gegen ihn. Sie erlaubten sich Scherze über seine Vorsicht und schoben sie auf seine vierundsiebenzig Jahre. Seine Vorschläge wurden gemisbilligt, seine Gesuche abgeschlagen. Sein Einfluß minderte sich von Woche zu Woche, und in der letzten Zeit der Vormundschaft sah er sich mehrfach unangenehmen Angriffen ausgesetzt. Der Schutz Hedwig Eleonorens bot keine Hilfe mehr, denn auch der König war ihm abgeneigt, und zwar schon aus des Vaters letzten Lebensjahren. Auch in der ersten Zeit der Reichsvormundschaft zeigte es sich bei den Verhandlungen der Vormünder, daß Karl fast nie einer Meinung mit Oxenstjerna war und ihn überdies nicht liebte. In einer Sitzung derselben, der Karl beiwohnte, waren Alle, bis auf Oxenstjerna, versammelt; Karl machte den Vorschlag, die Berathungen sogleich zu beginnen, Hedwig Eleonore aber wollte die Ankunft des Präsidenten und Wortführers erwarten, konnte jedoch mit ihrem Willen nicht gegen den Karls durchdringen. Diese Kleinigkeiten ließen eine vorhandene und bald noch größer werdende Ungnade vermuthen. Sie trat auch, fast mit dem Tage der Mündigkeitserklärung, ein. Bisher durfte Oxenstjerna, wenn er wollte, vor dem Könige erscheinen, jetzt nur gerufen oder gemeldet; er mußte im Vorzimmer ganze Stunden warten, weil der König mit seinem Widersacher und Nachfolger, Piper, arbeitete oder sprach; ebenso mußte er den bisher dem Könige allein erstatteten

Vortrag über auswärtige Angelegenheiten jetzt in Gegenwart der Ministerialcollegen abhalten.

Diese gegen den alten Mann gerichteten Schläge brachten ihn zu lauten Klagen und ließen ihn mit Rücksicht auf die wichtigen Aenderungen bei der Krönung das Unglück und Verderben Schwedens voraussehen. Er wünschte sich den Tod, um dem Kommenden zu entgehen. Er reiste aufs Land und wurde oder stellte sich krank, was früher in ähnlichen Fällen einen Besuch Karls XI. und daraus hervorgehende Versöhnung nach sich zog, dieses Mal aber diese Folge nicht hatte. Hedweg Eleonore und Grete Wrangel, seine Freundinnen, suchten, jedoch vergeblich, Karl zu erweichen, denn von anderer Seite erhoben sich ihm mehr geltende Stimmen; Piper und Wallenstedt hatten seinen Untergang geschworen und nannten Oxenstjerna „Schwedens Pest!" Es drohte derselbe mit seinem Abschied, soll ihn auch verlangt haben, erhielt ihn aber nicht, wie er voraus wissen konnte, und blieb wegen bedrängter Privatverhältnisse, die ihm das Kanzleipräsidentengehalt unentbehrlich machten, gern im Dienste. Die Friedensliebe Oxenstjerna's, die Quelle der Gnade Karls XI. für ihn, war zweifelsohne gerade die der Ungnade Karls XII. Der entscheidende Bruch geschah im Mai 1698. Pipers Einmischungen auch in die auswärtigen Angelegenheiten müde, versuchte Oxenstjerna, sich desselben durch einen kühnen Streich zu entledigen, und beschwerte sich offen bei Karl hierüber, der jedoch dem zufällig herzukommenden Piper nun geradezu ein solche Einmischung befahl. Als Oxenstjerna auch hierauf noch nicht den Dienst verließ, sagte ihm der König, als er gelegentlich die Schönheit seines Landsitzes rühmte: „Aber Oxenstjerna, wenn Sie das Landgut so schön finden, warum bleiben Sie nicht dort?" — Auch dies half noch nicht ganz; im Jahre 1700 mußten, um Oxenstjerna zu ärgern, erst Wrede zum Theilnehmer an den auswärtigen Geschäften ernannt und Drohungen in Betreff strenger Nachrechnung über die Vortheile und Reductionsnachlässe, mit denen er während der Regierung Karls XI. begünstigt worden, ausgesprengt werden. Als Oxenstjerna hierauf den Geschäften entsagte, begnügte sich die herrschende Partei, da ihr an seiner gänzlichen Vernichtung Nichts lag und sie in ihm einen guten Gegenstand zur Beschäftigung des Königs und des Publicums besaß.

Bewerbungen um Karl XII. Ein junger, durch seine eigene Persönlichkeit ausgezeichneter König, Beherrscher des damals so mächtigen schwedischen Reichs, war natürlich das Ziel aller möglichen Berechnungen der Höfe, an denen es erwachsene unvermählte Prinzessinnen gab. Alle mit und gegen ihren Willen vorgeschlagene Prinzessinnen lassen sich nicht aufzählen, sondern nur die, wegen welcher unterhandelt wurde.

Das erste Angebot kam aus Württemberg und betraf dieselbe Prinzessin, die schon Karl XI. vorgeschlagen war. Sie wurde als zu kränklich zurückgewiesen. Das nächste Angebot war das der Fürstin Sophie Eleonore von Braunschweig-Bevern. Sie war Schwestertochter der Prinzessin Juliane und Enkelin Eleonoren Katharina's, Schwester Karls X., beide durch Leichtfertigkeit und Misgeschick übel bekannt. Der schwedische Hof hatte deshalb stets die nähere Berührung mit dem naheverwandten Hause zu vermeiden gesucht. Die Mutter, Herzogin-Wittwe von Bevern, ließ jedoch gleich nach Karls XI. Tode ihren Wunsch, Stockholm in eigenen Angelegenheiten zu besuchen, zu erkennen geben; da sie aber ihre Tochter mit sich nehmen wollte, durchschaute man leicht ihre Absicht. Die Prinzessin war zwar acht Jahre älter als Karl, aber schön gewachsen, was, wie man bemerkt zu haben glaubte, dessen Geschmack entsprach. Der schwedische Hof und die Regierung wollten aber beide Nichts von dieser Verbindung wissen, und man lehnte auf Grund des Schloßbrandes und des dadurch mangelnden Raumes den Besuch ab. Karl war mit demselben unzufrieden und sagte: „Was will sie hier? Wir haben schon genug solcher Fremden!" Man sprach auch laut und offen aus, der König solle sich die Braut selbst suchen und nicht die Braut den König, doch ließen sich die fürstlichen Damen dadurch nicht abweisen, sondern langten im April 1698 in Stockholm an. Sie wurden sehr lau behandelt, kehrten im October enttäuscht nach Deutschland zurück und die Tochter starb später unvermählt. Das dritte Angebot war das der Fürstin Sophie Louise von Mecklenburg-Grabow, einer gutgewachsenen, ziemlich hübschen Person und drei Jahre jünger als Karl XII. Sie wurde Ende 1699 von ihrer Mutter, der Herzogin-Wittwe, nach Stockholm geführt, reiste aber bald wieder ab und wurde später die dritte Gemahlin des ersten Preußenkönigs. Der vierte Vorschlag betraf die älteste Tochter des erwähnten Königs aus seiner ersten Ehe, Louise Dorothee

Sophie. Sie war zwei Jahre älter als Karl, doch wurde von vielen Seiten eifrig an dieser Verbindung gearbeitet. Der berlinische Hof ließ sich die Sache auch angelegen sein und sandte das Portrait der Prinzessin nach Stockholm; durch schlechte Verpackung erhielt es Schrammen und Löcher, sodaß es Ehrenstrahls Pinsel nach Gutdünken ausbessern mußte. Die Herren vom Rath und später auch Oxenstjerna und Hedwig Eleonore, waren, als sie keine Hoffnung mehr hatten, den König an die Fürstin von Holstein zu fesseln, dem Plane günstig gesinnt, aber Karl blieb unerschütterlich dabei stehen, er habe seinem Vater versprochen, nur eine luthe= rische Prinzessin zu wählen, und deshalb wollte er nicht einmal das oben= erwähnte Portrait sehen. Die Schweden gaben aber nicht eher die Hoffnung auf diese Verbindung auf, bis der Berliner Hof, ärgerlich über die von Karl gemachte Schwierigkeit, diese Prinzessin mit dem Erbprinzen Fried= rich von Hessen, der später König von Schweden wurde, vermählte. Das fünfte Angebot war das Maria Elisabeths, der jüngsten Tochter Christian Alberts von Holstein=Gottorp, und also väterlicherseits des Geschwister= kindes Karls XI. und mütterlicherseits Karls XII. Sie war vier Jahre älter als letzterer und unangenehm in Aeußerm und Umgangsart. Nichtsdestoweniger hatte die holsteinisch gesinnte Hedwig Eleonore schon früh diese Ehe für den jungen Schwedenkönig vorgeschlagen und Oxenstjerna und seine Partei unterstützten sie darin, und ebenso der Herzog Friedrich von Holstein und seine Braut Hedwig Sophie; aber unter den Schweden herrschte ein Widerwille dagegen, wie gegen alles Holsteinische. Dennoch kamen im schlechtesten Herbstwetter, auf Ein= ladung Hedwig Eleonorens, die Herzogin=Wittwe und ihre Tochter nach Stockholm, wo sie im stärksten Schneegestöber im December anlangten und sich dem Spott der Stockholmer aussetzten. Der König empfing sie kalt, sprach kaum ein Wort mit der ihm bestimmten Braut, überging sie bei Austheilung der reichen Neujahrsgeschenke und brachte seine Groß= mutter fast zu Verzweiflung; ja seine Gleichgiltigkeit ging sogar in wirklichen Widerwillen über, so daß er sich plumpe Reden über ihre Häß= lichkeit und besonders ihren großen Mund erlaubte. Da auch die Gro= ßen des Reichs, und namentlich Piper, gegen sie sprachen, waren die an= haltenden und geschickten Intriguen der Königin=Wittwe für ihren Zweck vergeblich, die Prinzessin mußte nach Deutschland zurückkehren und starb

unvermählt. Der sechste Vorschlag ging auf Karls Geschwisterkind,
die dänische Prinzessin Sophie Hedwig, fünf Jahre älter als Karl. Der
erste Gedanke an diese Ehe kam von Frankreich. Es war nämlich die
Rede von einer Verbindung zwischen dieser Prinzessin und Kaiser Joseph
von Oesterreich. Das stimmte nicht mit Frankreichs Plänen, weshalb
Ludwig in Dänemark auf die Vortheile einer schwedischen Heirath aufmerksam machen ließ, die letzterer Macht, den auf Holstein gerichteten Plänen Dänemarks gegenüber, die Hände binden würde. Der Kopenhagener
Hof nahm den Vorschlag eifrig auf. Die große Masse der Schweden
wünschte, aus Achtung und Liebe zu der kurz vorher verstorbenen Ulrike
Eleonore, wieder eine dänische Prinzessin als Königin. Die angesehensten Leute des Reichs unterstützten den Vorschlag, der auch auf dem
Reichstag 1697 als Wunsch aller vier Stände ausgesprochen wurde.
Schweden und Dänen arbeiteten gemeinsam und oft ganz eigenthümlich
an diesem Plane. Durch Bestechung von Mittelspersonen sollten die
Hauptbetheiligten gegenseitig für einander gewonnen werden. Aus Dänemark wurde das Portrait der Prinzessin beschafft und, da es nicht
schön genug gefunden, von Ehrenstrahl verbessert, und viele schwedische
Herren und Damen versprachen, es vor des Königs Augen zu bringen
und alles Mögliche für das Gelingen des Planes zu thun. Sogar die
Kammerdiener übernahmen es, beim An- und Auskleiden durch allerlei
Gespräche das in dieser Richtung ungewöhnlich kalte Gemüth Karls zu
entflammen, und selbst der Leibarzt soll zu diesem Zwecke die Mittel
angewendet haben, die ihn seine medicinische Kunst kennen und anwenden
gelehrt hatte. Die holsteinische Partei arbeitete aber mit ebenso großem
Eifer gegen diesen Plan, doch besaß keine der zu ihr gehörigen Personen großen Einfluß. Nur die außerordentliche Kälte des Königs
machte diesen und alle gleichen Vorschläge zunichte; er hatte einen
förmlichen Widerwillen gegen die Ehe und das weibliche Geschlecht. Wenn
die Königin-Wittwe oder irgend ein Anderer zu dringlich wurde, gerieth
er mitunter in Betrübniß, mitunter in Unwillen, zuweilen aber in wirkliche Angst, was allerlei Verdacht erregte. „Ich will nicht heira-
then; ich bin zu jung, um verheirathet zu werden!" sagte
er oft.

Dänemark verzweifelte endlich an dem Erfolg und wendete sich mehr

einem Bündniß mit Sachsen und Rußland und gegen Schweden zu, wodurch der Eheplan natürlich von selbst zerfiel, wenngleich Dänemark noch
einige Zeit die Unterhandlungen fortsetzte, um seine veränderte Gesinnung
zu verbergen. Aber einige Jahre später, als sich Karl schon in Kriege
versenkt hatte, versuchten kluge Schweden, die Unterhandlungen aufs
Neue einzuleiten, um nur den König in sein Land zurückzulocken, und
selbst die so feindlich gegen Dänemark gesinnte Hedwig Eleonore gesellte
sich 1703 zu Denen, die ihrem Enkel die dänische Gemahlin wünschten.

Im Jahre 1698 soll der König Neigung für das Hoffräulein Lewenhaupt, Enkelin des Feldmarschalls, gefaßt haben. Es scheint aber
nur Achtung und Vertrauen gewesen zu sein, was den stets freigebigen
Karl sie mit Geschenken überhäufen ließ. Sie lehnte übrigens Alles
auf würdige Art ab und verwendete ihren Einfluß nur für Das, was
für den König ehrenvoll und für Schweden nützlich war.

**Die gottorp'sche Wuth oder Karl und der Herzog von
Holstein.** Herzog Friedrich von Holstein war durch seine Mutter der
Vetter Karls XII. und durch seinen Vater der Karls XI. Hedwig Eleonore hatte eine Ehe zwischen ihm und Karls XII. ältester Schwester,
Hedwig Sophie, durchgesetzt. Dies veranlaßte häufige Besuche des Herzogs in Stockholm, die großen Einfluß auf Karl hatten. Die Ankunft desselben im Frühjahr 1698 gab Anlaß, daß Karls schon ohnehin wüstes und wildes Benehmen noch eine viel ärgere Gestalt annahm.
So hetzten sie einmal einen Hasen im Reichssaale, ein anderes Mal ritten
sie auf Einem Pferde am hellen Tage durch Stockholm, der König vollständig bekleidet, der Herzog aber im bloßen Hemde, und hinter ihnen
folgten mehrere andere Hofherren in gleichem Aufzuge, aber mit nackten
Säbeln in den Händen, mit denen sie unter Schreien und Lärmen alle
erreichbaren Scheiben in den durchstrichenen Straßen zerschlugen. Ueberhaupt war das Zerschlagen der Scheiben, bald bei Diesem, bald bei Jenem, unter dem Schutz der Nacht ein Hauptvergnügen, dem selbst der
alte Stenbock, den Karl wirklich hochachtete und liebte, zum Ziele diente.
Auch in anderer Weise hatte der Greis von den Jugendthorheiten arg zu
leiden, denn bald rissen sie ihm die Perrücke vom Kopfe, bald warfen sie
seinen Hut zum Fenster hinaus, und als er wieder heraufgebracht wurde,
zerrissen sie ihn, suchten seinen Degen zu zerbrechen, Alles in Freundschaft

und nur zur Belustigung. Die Schloßfenster und Meubles, selbst die Sitze und Bänke in der Kapelle, die Speiseschüsseln in den Händen der Pagen, Nichts war vor ihren rohen Ausbrüchen sicher. — Thierkämpfe mit Hunden, Hirschhatzen, Ritte auf eingefangenen Thieren, bei welchen Vergnügungen häufig Gefahren eintraten, die nur durch Hilfe ihrer Leute, die dabei selbst das Leben wagen mußten, abzuwenden waren, wurden oft veranstaltet. Ebenso Waffenübungen, die darin bestanden, mit Türkensäbeln Ziegen, Schafen und Kälbern und später Bauerpferden mit einem Hieb die Köpfe abzuhauen. Nicht nur im Schloßhofe, sondern auch in des Königs eigenen Zimmern ging diese Metzelei vor sich, sodaß die Dielen und Wände mit Blut befleckt waren. Daß über derartigen Beschäftigungen der sechzehnjährige König nicht viel an ernste Regierungsgeschäfte dachte, ist natürlich; er jagte sogar in wildem Uebermuth die Beamten zur Thür hinaus.

Den Schlingen, die der Herzog durch leichtsinnige Frauen Karl legte, entging derselbe und ließ sich nicht auf diese Bahn der Ausschweifung locken, desto häufiger aber in Lebensgefahren, die das Ziel des Herzogs von Holstein gewesen sein sollen, um sich durch ein möglicherweise eintretendes Unglück den Weg zum Throne zu bahnen. So fragte eines Tages der Herzog, als man bei einer breiten und tiefen Grube vorüberritt, ob wohl Jemand wagen möchte, hinüberzuspringen. Karl lenkte sogleich sein Pferd zurück, um in vollem Rennen darauf anzusprengen; Einwendungen würden vergebens gewesen sein, weshalb sich Klinckowström, der Lieblingspage des Königs, diesem entgegenwarf und sich die Erlaubniß erbat, es zuerst zu wagen. Karl gab es zu; das Pferd brach, im Sprunge stürzend, das Kreuz, der Page den Arm. Ein anderes Mal forderte der Herzog den König auf, einen Haufen sehr steil aufgestellter Bretter hinaufzureiten. Hans Wachtmeister, der zugegen war, wandte sich zornig zum Herzog und sagte: „Unterlassen Sie das; man sieht Ihre Absicht sehr gut; aber wir haben keinen König, um sich Ihretwegen den Hals zu brechen!" Der Herzog gerieth in Feuer, und schon legten Beide den Hand an den Degen, als sich Karl ins Mittel warf und zu Wachtmeister sagte: „Still, still, lieber Hans! Ich werde nicht hinaufreiten, gieb Dich nur zufrieden, Alter!" Bei einer andern Gelegenheit fuhren der König, der Herzog und derselbe Wachtmeister in einer kleinen

Jolle, die sie selbst ruderten und die nahe daran war, umzuschlagen, weil der Herzog, wie er sagte des Scherzes halber, stets schaukelte. Wachtmeister, der wieder eine böse Absicht gegen Karls Leben vermuthete, legte die Hand an den Degengriff und drohte, den Herzog zu durchbohren, wenn er nicht mit dem gefährlichen Spiele aufhöre. Die Schweden waren nicht an solche Königsvergnügungen gewöhnt und ließen ihr Misvergnügen laut werden. Man nannte das Benehmen „die Gottorper Wuth," und verwünschte den Herzog, da man fürchtete, er werde Karl zu einem andern Erich XIV. machen. Mehrfache Warnungen wies der König heftig zurück; Hedwig Eleonore richtete Nichts aus; Piper, der die wilden Auftritte sehr mißbilligte, wagte Nichts dagegen. Da faßte Wallenstedt den Muth zu einer ernsten Vorstellung, in der er Karl des Volkes Aerger schilderte. Der König hatte ihm mit unerschütterlicher Ruhe zugehört und antwortete kalt und gelassen: „Zum Lohne für das Vertrauen, welches Du mir bewiesen hast, will ich Dir auch mittheilen, was das Volk von Dir sagt. Es behauptet, daß Du der größte Hundsfott in ganz Schweden seiest, und daß ich Dich an den höchsten Baum, der zu finden ist, hängen lassen müßte!" Von da ab fiel auch Wallenstedt in Ungnade und konnte den frühern Einfluß nie wieder gewinnen.

Endlich war die Unzufriedenheit bis dahin gestiegen, daß die Geistlichkeit das Blatt vom Munde nahm. An einem und demselben Tage wurde in allen Kirchen der Stadt über den Text: „Wehe dem Lande, deß' König ein Kind ist!" gepredigt. Es wurde am Hofe erzählt und brachte diesen in Flammen. Die Prediger mußten ihre Predigten einliefern und wurden in Anklagestand versetzt. Später schlug der König ihren Proceß nieder, doch durften sie in Stockholm nicht wieder die Kanzel betreten. Nach dieser Warnung hielt sich Karl ein paar Tage stiller; als er aber das neuvermählte Paar auf seiner Rückkehr nach Holstein bis Schonen begleitete, kamen wieder viele wilde Auftritte vor, wobei er unter Anderm fünf Pferde todt ritt. Eine komische Scene ereignete sich bei Christianstad, wo Karl eine Kuh auf dem Felde mit der Pistole erschoß, als er seiner Gesellschaft, wie in der Regel, weit vorausgeeilt war. Die Bäuerin, der sie gehörte, rief Unglück auf ihn herab und drohte, ihn bei dem erwarteten Könige zu verklagen. Karl wurde verlegen und bot ihr Geld, wodurch sich aber die Frau nicht beruhigen

ließ, sondern lärmte, bis der Zug herangekommen war, wo sie dem präch-
tigst Gekleideten, in dem Wahne, er sei der König, ihre Klage vorbrachte
und mit den Fingern den Missethäter bezeichnete. Der Irrthum war
sehr erklärlich, denn Karl trug auf dieser wilden Jagd durch Schonen eine
eigenthümliche Tracht: auf dem Haupte eine gelbe Perrücke und eine
Mütze, einen einfachen schwarzen Tuchrock, Hose und Weste von Bock-
leder, mit ledernen Knöpfen, Alles zerrissen, oder, wie sein ledernes
Säbelgehänge, ziemlich schmuzig, und im Ganzen nur zwölf Reichsthaler
werth. In diesem Aufzuge ritt er auf schlechten Bauerpferden, meist in
Gesellschaft der niederen Hofbedienten, seinem Zuge voraus, in die Städte
hinein, wo es ihm Vergnügen machte, wenn er, wie oft geschah, vor den
Thoren gefragt wurde, ob der König bald käme. In Malmö sprengte
er hinter Barnekou, auf dessen Pferde sitzend, ein; es, wie ihm angeboten
wurde, allein zu benutzen, hatte er verweigert. Uebrigens zeigte er sich
gütig, gnädig und milde, gestattete Jedem Zutritt und nahm selbst
alle Briefe und Bittgesuche entgegen. Weder damals noch sonst gestattete
er eine Kniebeugung vor seiner Person; aber in den Betstunden der
Truppen ließ er sich selbst auf die Kniee nieder, und zwar auf den blosen
Fußboden und den Kopf gegen den Stuhl gelehnt. Kriegsübungen
waren auch auf dieser Reise das Hauptvergnügen; überall wurden Musterungen abgehalten, Minen gesprengt und dergleichen mehr.

Als der Herzog abgereist und der König nach Stockholm zurückgekehrt war, schien er ein ganz anderer Mensch; still, friedfertig und
in hohem Grade arbeitsam und eifrig in Erfüllung seiner Regenten-
pflichten. Als man ihn jetzt bat, zu ruhen, sagte er: „Nein, es wäre
unrecht, meine armen Unterthanen noch länger auf die Gerechtigkeit warten zu lassen, die sie von mir zu fordern haben." Wenn die Rede auf sein
wildes Leben kam, suchte er es damit zu entschuldigen, daß er dem fremden Herzog die ihm am meisten zusagenden Vergnügungen geschafft habe
und spottete sogar oft selbst dieser Jungenstreiche.

Im Frühling 1699 gerieth der Herzog von Holstein in harten
Krieg mit Dänemark, sodaß er mit seiner jungen Gemahlin nach Schweden fliehen mußte. Das Gerücht seiner Wiederkehr verbreitete großen
Schreck und Unruhe im Lande, theils wegen der Kosten für Unterhaltung
des ganzen holsteinischen Hofes von mehr als funfzig Personen, theils

aus Furcht des erneuten schlechten Einflusses auf den König. Alle Bemühungen den Besuch zu verhindern, waren vergeblich, denn Karl war dem holsteinischen Hause so zugethan, als die Uebrigen es haßten. Er stand lange am äußersten Ende des Ystädter Hafendammes, sehnsüchtig seine Gäste erwartend, wozu die Liebe zur Schwester allerdings das Meiste beitrug. Bei diesem Aufenthalt des Herzogs fielen übrigens nur wenige und gegen das vorige Jahr unbedeutende Streiche vor; dagegen bekam Karl die Laune, einen so glänzenden Hof zu halten, wie ihn Stockholm seit Christinens Zeit nicht gesehen. Es wurden mit unerhörten Kosten und Pracht der dreiundsechzigste Geburtstag Hedwig Eleonore's und andere Feste in erleuchteten Gärten ganze Nächte durch gefeiert, eine französische Schauspielertruppe zur Aufführung der Meisterwerke Moliére's und Corneille's verschrieben, drei große Maskeraden gegeben, deren jede über 40,000 Thaler kostete, die aber auch ihres Anordners Tessin Geschmack und Talent so preisen ließen, daß man in Frankreich Schweden darum beneidete. Dieses Leben dauerte die ganzen Wintermonate von 1699 bis 1700 hindurch und allnächtlich wurde getanzt, welchem Vergnügen sich Karl mit demselben Eifer hingab, wie früher dem Reiten, sodaß er oft von neun Uhr Abends bis neun Uhr Morgens nicht ermüdete und mehrmals die Kleider wechseln mußte. Die Großen des Reichs ahmten das Hofleben nach, und selbst die Stockholmer Geistlichkeit gab dem Hofe üppige Gelage, bei denen die Köpfe, mit Ausnahme Karls, schwer wurden. An das einfache, fast dürftige Hofleben früherer Zeiten gewöhnt, erfreute der Anblick dieser glänzenden Vergnügungen Anfangs die Schweden, als Schutz gegen die Gottorper Wuth, dann aber wunderten sie sich und schließlich waren sie über die unerhörten Ausgaben ebenso mißvergnügt. Da sich aber Niemand dagegen zu stemmen wagte, ließ sich im Frühjahr 1700, an einem Sonntage, den der König durch eine Maskerade feiern wollte, Svedberg die Kanzel und den Dienst des Hofpredigers abtreten und schilderte das Benehmen des Hofes mit so grellen und kecken Farben, daß er selbst bei Karl durchdrang und das beabsichtigte Fest unterblieb. Hiermit wurden überhaupt diese kostspieligen Vergnügungen geschlossen, indem die Nachricht von dem sächsischen Einfall in Liefland nach Stockholm kam.

Pläne über die Thronfolge. Die drei Viertel eines Jahrhunderts währende Theilung der Schweden in zwei Parteien begann

1698; zuerst und bis **1715** hießen sie die schwedische und holsteinische, dann die hessische und holsteinische und endlich die Mützen und Hüte. Anfangs galt der Streit nur der persönlichen Thronfolge; dann mischten sich politische Grundsätze ein und bildeten zuletzt den einzigen Streitpunkt. Den Ursprung der Parteispaltung verursachte das waghalsige Leben des erblosen Königs, das die Frage nahelegte: „Wer soll im Fall des Todes sein Nachfolger werden?" Viele richteten ihre Blicke auf seine Schwester Hedwig Sophie, als älteste und durch ihre Eigenschaften hervorragende Prinzessin. Sie war zwar Gattin des Herzogs von Holstein, doch sah man schon damals das schwedische und holsteinische Fürstengeschlecht fast als eins an. Außerdem war es Hedwig Eleonore's sehnlichster Wunsch, im Fall einer Thronerledigung die Krone in das Holsteiner Herzogshaus zu bringen. Ihre Freunde und Anhänger unterstützten sie und bildeten von 1698 ab eine geschlossene Partei, die einen völligen Kreis um den König bildete und sich seiner ganz zu bemächtigen suchte, und Anfangs nicht ohne Erfolg. Im Volke, hoch und niedrig, herrschte dagegen schon seit Karls XI. Zeit aus verschiedenen Gründen viel Widerwille gegen das Haus Holstein. Hedwig Eleonore hatte, statt wärmere Zuneigung zu gewinnen, durch ihre Parteilichkeit für die Deutschen sich und ihren Schützlingen Unwillen zugezogen, und namentlich durch Verbitterung des Lebens der geliebten Ulrike Eleonore, die als dänische Prinzessin Feindin ihres Hauses war, sich Haß gesäet. Auch die großen Kosten, die Karls XI. Rüstungen zu Gunsten Holsteins dem Lande auferlegt hatten, machten die Sache dieses Hauses unpopulair. Das liederliche Leben des Herzogs, selbst während seiner Werbung um die schwedische Prinzessin, die Art seiner Einwirkung auf Karl, dessen Verschwendung die schwedischen Schatzkammern leerte, um das holsteinische Fürstenhaus zu bereichern, und endlich der Verdacht einer tiefen Berechnung in alle diesem Einzelnen, die ihm den Weg zum Throne öffnen sollte, machten das allgemeine Mißvergnügen überreif, und schon im August 1698 ließ der allgemeine und bittere Haß, aus Anlaß der eben erfolgten Vermählung des Herzogs, hohe und niedere Schweden zu einem geheimen, aber durch Beitritt der vornehmsten Männer des Reichs gestärkten Bündniß zusammentreten, dessen Zweck war, nie eine Ueberlieferung der schwedischen Krone an das holsteinische Haus zu dulden. Auch der Buchstabe des

Gesetzes schützte diesen Beschluß. Das Erbrecht der königlichen Prinzessinnen lag in dem Norrköpinger Uebereinkommen, und dies erkannte
die Thronfolge der Prinzessin zu, welche „die älteste und unver-
sorgt" sei. Nach der Vermählung Hedwig Sophie's, die auch, als
nun zu einem fremden Hause gehörend, aus dem Kirchengebete ausge-
schlossen wurde, war also unwiderleglich Ulrike Eleonore die nächste
Thronerbin. Auf die erst zehnjährige Prinzessin, die so früh ihre Mutter
und bald darauf auch ihren Vater verloren hatte, richteten sich daher die
meisten Blicke mit Vorliebe und Zärtlichkeit, um so mehr, als ihre Großmutter sie, wenn nicht haßte, doch sehr zurücksetzte. Umlaufende Gerüchte
über ihren frommen und demüthigen Sinn vermehrten die Theilnahme
und stärkten den Eifer, der gegen den Herzog gerichtet war, zu ihren
Gunsten.   Im Hintergrunde schlummerte als ferne Triebfeder auch noch
die Hoffnung, unter einer jungen schutzlosen Prinzessin auf die Abschaf-
fung der Alleinherrschaft wirken zu können, wonach sich der Adel aus
größtentheils eigennützigen Interessen, aber auch schon einzelne Persönlichkeiten der bürgerlichen Stände als Vorläufer der später einer Volks-
herrschaft das Wort redenden Freisinnigkeit sehnten.

Leitung des Reichs im Frieden. Die Reichsmaschine war
so gut im Stande, daß das geschilderte persönliche Benehmen Karls nicht
gewaltsame Störungen durch Unterlassungen herbeizuführen vermochte;
eher war dies der Fall durch sein eigenmächtiges und unerwartetes
Eingreifen, wie z. B. als er 1698 den Herzog von Holstein zum Generalissimus der Truppen in Deutschland ernannte und 1699 mehrere Regimenter zu seiner Hilfe gegen Dänemark sandte; ferner durch seine Verweigerung der üblichen Belehnungsfeierlichkeiten wegen Pommerns und
Bremens. Die größte Schattenseite war die Verwaltung des Reichs-
haushalts. Als Erbe reicher Schätze ging es Karl XII. wie vielen Er-
ben: er glaubte sich einer grenzenlosen Verschwendung überlassen zu können. Milde Freigebigkeit gegen Verdienst, Armuth und Freundschaft,
die er, um Danksagungen zu entgehen, oft heimlich ausübte, nahm
große Summen hinweg, größere noch der Schloßbau und die unnütze
Pracht und der Glanz des Hofes, die größten aber die verdammens-
würdigen Verschleuderungen an den Herzog von Holstein, die sich bis
auf kostbare Kronjuwelen und offenbares Reichseigenthum ausdehnten,

und dem Geiz und der Gier desselben, die sich nicht beruhigten, bis die
Schatzkammern Karls XI. geleert waren, neue und gerechte Flüche der
Schweden zuzogen.   In der schlimmsten Zeit der Gottorper Wuth hatte
Karl in nur vier Tagen 20,000 Thaler als Taschengeld erhoben und sie
ausgegeben, ohne daß man wußte, welchen Weg sie genommen; ebenso
schmolz eine große Kiste mit Gold und Juwelen und der ganze Inhalt
des berühmten Gewölbes „der Elephant" in nur zwei Jahren.   Aber
das Schlimmste war, daß große Summen aus der Festungs- und Regi-
mentskassen des Reichs schon im Frieden verbraucht wurden. Um den
Brautschatz Hedwig Sophie's zu bezahlen, wollte Karl sogar einen Theil
Pommerns und Bremens verpfänden; Wallenstedt und Piper aber machten, trotz scharfer Antworten, muthige Gegenvorstellungen, und Letzterer
berief sich darauf, daß dies gegen das Testament Karls XI. stritte,
worauf der König sogleich einwarf: „Wie kannst Du von der Pflicht
reden, des Königs Testament aufrechtzuerhalten?   Du warst es ja
selbst, der mir rieth, dasselbe zu brechen, als ich die Regierung übernahm?"
Diese scharfe, strafende Antwort folgte nur ein halbes Jahr nach der
Mündigkeitserklärung; doch scheint die Verpfändung nicht stattgefunden
zu haben.   Eine Folge dieser verschwendeten Staatsschätze war, als
1699 die Rüstungen zum Schutze Holsteins gegen Dänemark unternommen werden sollten, die Ausschreibung einer Kronabgabe.   Die Stände
wurden selbstredend nicht darüber gefragt und Karl erlegte sie eigenmächtig in ungefähr der Art und Größe auf, wie sie auf den Reichstagen
1686 und 1689 bewilligt worden war.   Karl XI. hatte 1693 ausdrücklich das Reich von ähnlichen Auflagen frei erklärt, und diese Freiheit hatte also gerade sechs Jahre gedauert; die Wiederaufnahme dieser
Last schrieb aber das schwedische Volk mit doppeltem Grunde dem holsteinischen Hause zu; einmal, weil es die Schätze Karls XI. mittelbar
und unmittelbar geleert hatte und dann, weil ihm zu Gunsten dieser
neue Krieg begonnen wurde.

Drittes Kapitel.

Bund gegen Schweden. — Dänisch-holsteinischer Zwist und Schwedens Theilnahme daran. — Kriegsvorbereitungen Schwedens. — Seekrieg gegen Dänemark. — Landung auf Seeland. — Karl XII. in Seeland. — Friede zu Travendal.

Bund gegen Schweden. Seit dem Frieden von Knäröd 1613 hatte Schweden fast ununterbrochen Vortheile über seine Nachbarn gewonnen, und von den meisten beträchtliche Landstrecken erworben: von Rußland Kexholmlän und Ingermanland; von Polen Liefland; von Brandenburg Stettin, Vorpommern und Rügen; von Mecklenburg Wismar; vom deutschen Reich Bremen und Verden; von Dänemark Öfel, Gottland, Jemtland, Herjedalen, Särnadalen, Bohuslän, Halland, Schonen und Blekinge, und überdies große Zugeständnisse zu Gunsten des von ihm geschützten Holsteins. Daher herrschte unter allen Nachbarn ein gemeinsames Gefühl von Rache, Neid und Haß, gestärkt durch Karl Gustavs Versuch, die Ostsee zu schließen und Polen und Dänemark daraus zu verdrängen, eine ernstliche Störung des europäischen Gleichgewichts. Alle klagten über Schwedens rastlose Eroberungspolitik, und vivitur ex rapto (man lebt von Raub) hieß es vom Staat und seinen Gliedern. Jeder harrte der Gelegenheit, das Verlorene wiederzuerlangen. Hierzu schuf die besondere Lage jedes Staates noch geheime Triebfedern: Rußland bedurfte der verlorenen Häfen, Brandenburg Freiheit für seinen Oderhandel, der von Stettin gehemmt wurde; Mecklenburg wollte Wismar mit seinem trefflichen Hafen wiedererwerben, und Dänemark konnte weder zu Ruhe noch Stärke kommen, solange Holstein durch Schwedens Schutz in fast unabhängiger Lage erhalten wurde. Während der Lebenszeit Karls XI. kam die Gesinnung der Nachbarn nicht zum Ausbruch. Sein wohlgerüstetes Heer, seine Kriegsvorräthe und Schätze und sein Muth und Glück, die der Schonen'sche Krieg bewiesen, wurden zu sehr gefürchtet. Bei seinem Tode änderten sich die Aussichten; Hungersnoth hatte 1696 und 97 die Kraft Schwedens im Voraus geschwächt; die reichen Schatzkammern waren geleert und Karls XII. Persönlichkeit, seine scheinbar wenig zu fürchtenden achtzehn Jahre, seine Unbedachtsamkeit und sein Uebermuth erschienen den Nachbarstaaten günstig. Die meisten derselben hatten gerade jetzt kräftige, unternehmende Herrscher: Dänemark Friedrich IV., Polen Friedrich August von Sachsen, Rußland Czar Peter; alle drei zwischen fünfundzwanzig und dreißig Jahren. Derselbe Gedanke scheint gleichzeitig in den drei Reichen aufgekommen. Eifrig aber sehr verschwiegen wurde in den Jahren 1698 und 99 ein Bündniß unterhandelt, das die alten schwedischen Staatsmänner ahnten, aber nicht erforschen konnten. Durch Patkulls Thätigkeit kam das Bündniß zum Abschluß auf die Bedingungen, daß Rußland Ingermanland mit Narwa, das Kexholmlän und soviel als möglich von Finnland; König August Liefland und Esthland, Dänemark die an Schweden verlorenen Provinzen und Beistand zur Unterdrückung Holsteins, Brandenburg Stettin und wo möglich einen Theil von Vorpommern bekommen sollte; dieser Staat hielt sich übrigens noch zurück und wollte dem Bündniß nicht förmlich beitreten, bevor er Erfolge sähe.

Dänisch-holsteinischer Zwist. Dänemarks Angelegenheit trat zuerst in den Vordergrund. Die seit dem Frieden von Roeskilde für Holstein erreichten Freiheiten waren von Zeit zu Zeit angetastet, aber durch Schweden stets vertheidigt worden, denn dadurch wurde Dänemark geschwächt, und die Versuche, die ihm entrissenen Provinzen wiederzuerlangen, wurden verhindert. Herzog Friedrich folgte 1694 seinem Vater, Christian Albert; er war ein Vetter Karls XII. und wurde sein Freund und Schwager. Sein während der Stockholmer Besuche zu Tage getretener Charakter machte sich auch in Holstein geltend. Schon beim Regierungsbeginn reizte er den Kopenhagener Hof. Der Hauptstreitpunkt war der Bau von Festungen ohne Bewilligung des dänischen Königs, seines Lehnsherrn, und die Aufnahme fremder Kriegsmacht. Der Herzog kehrte sich nicht an Dänemarks Weigerung, baute Schanzen und nahm eine geringe Anzahl schwedischer Truppen auf. Hierauf rückten auch Dänen in Holstein ein und rissen die Schanzen nieder, die der Herzog wieder erbaute. Gegenseitige Bundesverwandte und Friedensbürgen suchten vergeblich, zu vermitteln. Der Zustand Schwedens machte seine Einmischung unwahrscheinlich, und Christian V. glaubte die Gelegenheit zur Erdrückung Holsteins günstig. Die Unterhandlungen des Bündnisses begannen mit Rußland und Sachsen. Die polnischen Gesandter Galecki und Patkull kamen

im Geheimen nach Kopenhagen und führten mit der Regierung nächtliche
Unterhandlungen, die dem schwedischen Gesandten ganz entgingen. König
August versprach 8000 Mann Hilfstruppen gegen Holstein und einen
Angriff Lieflands zur Beschäftigung Schwedens. Da starb Christian V.
und Friedrich IV. folgte; jünger und lebhafter, nahm er die Sache noch
eifriger auf; im September 1699 schloß er einen neuen Bund mit König
August, nicht nur zum Schutz, sondern auch zum Angriff. Den über=
legenen dänischen Kräften konnte Holstein nicht lange widerstehen, und
der Herzog floh 1699 mit seinem ganzen Hof nach Schweden, wo ihn
Karl XII. in Schonen erwartete und dem Schutzverlangenden antwortete:
„Weil Ew. Hoheit sich so ganz meinem Schutze vertrauen, verspreche ich
denselben und zwar ganz und gar, und selbst wenn es mir meine Krone
kosten sollte!" Er ließ auch sogleich seine Truppen aus Stade und Wis=
mar in Holstein einrücken. Dieser Entschluß war vom Könige gefaßt und
nur mit Piper besprochen, weshalb Rath und Adel, sowie die Masse des
Volkes, theils aus beleidigtem Stolz, bei so wichtigen Sachen nicht gehört.
zu werden, theils im wahren Interesse für das Land, diesen Schritt tadel=
ten und mißbilligten. Oxenstjerna, der immer gut holsteinisch war, wurde
von dem Herzog gewonnen, nachdem der erste Schritt geschehen, den Karl
ihm selbst nicht mitzutheilen wagte. Schwedens Bundesverwandte, Hol=
land und England, wollten die Fehde abwenden; ihre Bemühungen schei=
terten aber an den Ränken des Herzogs Friedrich, der Karls Ehrgeiz mit
der Vorstellung kitzelte, der Retter Holsteins zu sein, und ihm Furcht vor
der Schande der Wortbrüchigkeit machte, wenn er seine einmal ausge=
schickten Truppen zurückriefe. Da die Kriegslust Karls dazukam und
auf dänischer Seite in dem König Friedrich IV. ebenso viel Abgeneigtheit
zum Frieden vorhanden war, schien es auch nicht viel gewonnen, daß
Karl soweit nachgab, nicht selbst anzugreifen. Die dänische Friedens=
partei unterlag; Oesterreichs Abrathen, Englands und Hollands Droh=
ungen fruchteten Nichts in Kopenhagen, und obschon letzteres erklärte:
„Wenn Dänemark die Festungen Holsteins wieder zerstört, werden auch
wir Dänemark mit bewaffneter Hand angreifen," brach Friedrich, sobald
er die Nachricht von Augusts Angriff auf das schwedische Liefland erhielt,
auf's Neue in Holstein ein.

Kriegsvorbereitungen Schwedens. Karl erfuhr auf der Bärenjagd die Mittheilung von diesem unerwarteten, ohne vorherige Kriegs=erklärung erfolgten Angriff der sächsischen Truppen. Unerschrocken und ruhig wendete er sich zu dem anwesenden französischen Gesandten und sagte ihm lächelnd: „Wir werden König August bald den Weg zurück=nehmen lassen, den er kam," ließ dann die Jagd fortsetzen und nahm deren glückliches Ergebniß als günstige Vorbedeutung. Bei seiner Rück=kehr nach Stockholm war der vorher so wilde Jüngling mit einem Male männlich ernst und hatte eine würdige, feste Haltung. Er sprach zu dem Rathe: „Ich habe beschlossen, nie einen ungerechten Krieg zu beginnen, aber auch nie einen gerechten zu beenden, bevor ich meine Feinde besiegt habe." Auch die kurz darauf eintreffende Nachricht der Theilnahme Rußlands an dem Bündniß gegen Schweden nahm er ruhig hin, ohne ihre ernste Be=deutung zu verkennen. Feste und Lustbarkeiten wichen ernsten, meist krie=gerischen Beschäftigungen. Die Gefahr reifte den König zum Manne und seine Selbstständigkeit brach günstig hervor, denn er trat schöpferisch für seine Zwecke auf, wenig nach dem Brauch unter Vater und Großvater fragend, dessen Werth natürlich die Zeit gemindert. Die europäischen Mächte erwarteten gerade den Ausbruch des spanischen Erbfolgekrieges, und jede der kämpfenden Parteien wollte Schweden oder Dänemark ge=winnen, und suchte Frieden zwischen ihnen zu stiften, um ihnen die Hände frei zu machen. England und Holland zeigten hierin, als Friedensbürgen zwischen Dänemark und Holstein, den größten Eifer, da sie als Seemächte von einem allgemeinen nordischen Kriege für ihren Handel fürchteten, und andererseits, bei seiner Verhinderung, von Schweden als Bundesverwandten Hilfe gegen Frankreich hofften. Ihre Lockungen und Drohungen schei=terten an dem Kriegseifer beider nordischen Könige, und da sie den Aus=bruch nicht verhindern konnten, rüsteten sie kräftig, um die Beendigung zu beschleunigen, schlossen ein engeres Bündniß mit Schweden, und drohten, bei einem fortgesetzten Angriff auf Holstein ihre Flotten gegen Kopenhagen zu schicken. Karl selbst rüstete eifrigst. Die alten Regimenter wurden vollzählig gemacht, neue errichtet. Der geistliche Stand mußte ein Regi=ment Dragoner werben, der Landstand und die übrigen Beamten ein gleiches, die Bürger Stockholms ein Regiment Infanterie, u. s. w. Nach alter edler Sitte stellten die Glieder des hohen Adels freiwillig einige

Compagnien zum Dienst der Krone. Die Truppen aus Finland wurden
zur Vertheidigung von Esthland und Liefland verwendet, mehrere Regimenter von Schweden aus über die Grenze nach Norwegen geworfen, der
größte Theil aber nach Schonen und Pommern geschickt. In Karls-
krone wurde die Flotte so früh wie möglich gerüstet, um nach Süden gegen die Dänen zu segeln, wogegen alle in und um die Hauptstadt befindliche
Handelsfahrzeuge mit Beschlag belegt und auf Kosten der Krone zum
Transport der Heeresvorräthe und von Norden kommender Verstärkungen verwendet wurden. Der Versuch, sich diesem Zwange zu entziehen,
wurde mit starker Geldbuße geahndet. Kein Kauffahrer durfte wegen des
Matrosenmangels Mannschaft erheuern, bevor die Krone ihren Bedarf
entnommen. Die größte Schwierigkeit bot die Erlangung von Geld.
Im Herbst 1699 wurde die erwähnte neue Kriegssteuer auferlegt, die auf
eine Million berechnet wurde; sie reichte nicht hin; der König verlangte
eine inländische Anleihe. Einzelne Glieder des hohen Adels steuerten nach
Kräften bei, Piper, Wrede und Stenbock zusammen 200,000 Thaler, aber
ihr Beispiel wurde nicht sehr befolgt; Stockholms Bürgerschaft lieferte
nur 30,000 Thlr.; Viele verweigerten jede Zahlung. Die Reduction und
Karls XI. Art, die Staatsgläubiger zu befriedigen, waren zu frische, ab-
schreckende Beispiele. Man machte Karl XII. darauf aufmerksam, und
um der Anleihe bedeutenderen Erfolg zu verschaffen, unterzeichnete er am
13. April 1700 das wichtige Document, welches den noch bestehenden
Reductionsverordnungen die Gesetzeskraft nahm. Am selbigen Tage nahm
der König Abschied von seiner Großmutter und seinen Schwestern, um,
wie er sagte, einige Tage nach Kungsör zu reisen. Die Fürstinnen ahnten
eine längere Trennung und waren sehr betrübt. In der Nacht schlich er
sich im Stillen fort, und reiste nach Süden, um sich am Kriege zu betheiligen. Er kam nie wieder in seine Hauptstadt zurück und sah weder seine
Großmutter, noch seine älteste Schwester jemals wieder.

Seekrieg gegen Dänemark. Nach einer schnellen Inspection
der Vertheidigungsanstalten in den westlichen und südlichen Landschaften
kam der König zur großen Flotte, die sich auf dreiundvierzig Kriegsschiffe
belief. Karl kreuzte erst in der Ostsee und fuhr dann nach dem Sunde.
Die dänische Flotte, vierundfunfzig Kriegsschiffe stark, lag bei Helsingör,
wich aber vor der Ankunft eines von Kattegatt kommenden vereinten eng-

lisch-holländischen Geschwaders von dreißig Segeln, welches instruirt war, sich den Schweden anzuschließen, um den dänischen König zu einem Vergleiche zu zwingen, nach Saltholm und Amag zurück. In dem Drogden, dem besten Fahrwasser zwischen Ostsee und Sund, stellten sich die Dänen, um eine Vereinigung der feindlichen Flotten zu verhindern. Karl XII. wollte sogleich zum Angriff schreiten, doch riethen die Admirale wegen der Uebermacht und vortheilhafteren Stellung der Dänen ab, umsomehr, als das Aufsegeln durch Wegnahme der Seemarken erschwert war. Da erwähnte Jemand der engen und gefährlichen Straße Flintrinne an der schonischen Küste, und allen Einwänden entgegen steuerte Karl in dieselbe; einige der größeren Fahrzeuge mußten beschädigt umkehren; die anderen kamen jedoch glücklich durch und vereinigten sich am 7. Juli mit der englisch-holländischen Flotte, wodurch die Dänen gezwungen wurden, sich auf die Rhede von Kopenhagen zurückzuziehen. Hierhin folgte das vereinte Geschwader und begann mit einer Beschießung. Die Dänen hatten sich so schlecht vor der Citadelle aufgestellt, daß sie dieselbe am Schießen hinderten und sich selbst den schwedischen Kugeln aussetzten. Nur hastig ausgerüstete Kanonenprahmen und der seltene Muth des dänischen Admiral Stücken und seiner Matrosen, verhinderten die Erreichung des Ziels der Verbündeten, die ganze dänische Flotte zu verbrennen. So wurde auf keiner Seite etwas ausgerichtet, und ein in Matrosentracht in die Stadt geschickter schwedischer Officier brachte nach Untersuchung der Vertheidigungswerke die Ueberzeugung mit, daß von der Seeseite schwerlich ein Angriff glücken würde. Holland und England wollten auch nicht durch Zerstörung Kopenhagens Schweden ein zu großes Uebergewicht geben, und erklärten daher den Seeangriff gegen die Stadt für zwecklos, wie auch vorher kein holländisches Schiff thatsächlich einen einzigen Schuß abgefeuert hatte. Da erwachte in Karl XII. von Neuem der Gedanke einer Landung; trotz des Abrathens Hollands bestand er darauf, umsomehr, als Rehnskjöld ihn versicherte, dieser Plan sei einer funfzigjährigen Erfahrung des großen Gustavs würdig.

Landung auf Seeland. Zwei Punkte wurden zur Landung bestimmt, die Kjögebucht und Helsingör; die Erreichung der ersteren verhinderten Gegenwinde. Alle in Schonen vorhandenen Truppen wurden in Landskrona gesammelt, ebenso neunzehn Schiffe der Krone und hun-

dert auf den Rheden aufgetriebene zur Ueberschiffung des Heeres. Stuart
untersuchte in einer kleinen Yacht die seeländische Küste. Der wirkliche
Landungsplatz nördlich von Humlebek zwischen Helsingör und Kopenhagen
wurde sehr geheim erforscht, und dagegen von Stuart mit möglichst ge-
räuschvollem Eifer die südlichere Küste gepeilt, wodurch auch die Hauptmacht wirklich von jenem wichtigeren Punkte weggelockt wurde. Am 24.
schiffte sich in Landskrona das Heer mit dem nöthigen Schanzmaterial
zum Schutz der Truppen ein. Den rechten Flügel befehligten der König,
den auf sein Ansuchen der französische Gesandte Guiscard begleiten durfte,
Hans Wachtmeister und Stuart; den linken Rehnskjöld, Arvid Horn und
Pfalzgraf Adolph Johann. Die großen Kriegsschiffe, deren grobes Geschütz die Küsten vom Feinde reinigen sollte, führte Admiral Ankarstjerna.
Mißgünstige Winde hielten die Einschiffung auf; erst um sechs Uhr Abends
des 25. Juli langten die Truppen am bestimmten Platze an; das Admi-
ralsschiff gab sogleich das Angriffszeichen. Die Verzögerung hatte eine
beträchtliche Zahl Dänen, doch größtentheils nur schnell aufgebotene Bauern,
in die Verschanzungen an den Küsten geführt. Ankarstjerna begrüßte sie
heftig mit grobem Geschütz, was die Schanzen nur schwach aus einigen
Feldstücken erwidern konnten. Im Schutze des Feuers begann die Landung in einer Menge Schaluppen und Jollen. Die Ehre des ersten Ver-
suchs war der Garde zuerkannt. Die Sommerdürre hatte den Wasser-
stand vermindert und die Boote fuhren auf, ehe das Land erreicht war.
Einige Officiere sprangen auf dem linken Flügel zuerst ins Wasser, und
wateten, von ihren Leuten gefolgt, dem Lande zu. Noch im Wasser griff
dänische Reiterei sie an, wurde aber geworfen, worauf die Grenadiere festen
Fuß auf dem Strand faßten. Kaum hatte Karl den linken Flügel im
Wasser waten sehen, als er auch selbst hineinsprang; es reichte ihm
bis an die Schultern, aber mit hoch gehobenem Degen drang er, gefolgt
von allen seinen Herren und Soldaten, vor; die dänischen Kugeln pfiffen
bei ihren Köpfen vorbei: „Was ist das für ein Zischen in der
Luft?" fragte der König. „Es ist das Pfeifen der Kugeln!" antwortete
ein alter Krieger. „Gut," entgegnete Karl, „das sei fortan meine
Musik!" Auch die Annäherung des rechten Flügels erschwerte die aus
den Schanzen an's Ufer gerückte dänische Infanterie, die jedoch bald dem
heftigen Anprall der Schweden und den Kanonen der Schiffe weichen

mußte. Die aufgebotenen Bauern flohen bald und ohne Halt bis unter die Mauern Kopenhagens; die dänischen Schanzen wurden von den Schweden genommen, und auf den Knieen legte Karl sein feierliches Dankgebet für den gewonnenen Erfolg ab.

Die Landung war mit nur 5000 Mann bewerkstelligt, und am folgenden Tage gestattete das unruhige Wetter keine Ankunft der Verstärkungen aus Schonen, sodaß ein schneller Angriff die Schweden in große Gefahr gebracht, vielleicht vernichtet hätte. Der dänische General-Lieutenant Schack war zu unentschlossen, obschon die Bevölkerung von Kopenhagen den Versuch verlangte und unterstützen wollte, und am folgenden Tage brachte günstiger Wind Verstärkungen aller Waffengattungen bis zu circa 14,000 Mann, sodaß Karl ohne große Anstrengungen nicht mehr zu vertreiben war.

Karl XII. in Seeland. Sogleich nach der Landung erließ Karl eine Erklärung, daß er nicht als Feind, sondern nur als Bürge des holsteinisch-dänischen Vertrages nach Seeland gekommen sei. Er ermahnte die Landleute, in ihrer Heimath und bei der Arbeit zu bleiben, schickte die gefangenen Bauern zurück, versprach, keine Plünderung zu dulden, baare Bezahlung der aufgebrachten Lebensmittel 2c. Wirklich hielt er dies Alles und strenge Kriegszucht, was die heilsame Wirkung hatte, daß ihn die Bauern, trotz des selbstredend entgegenstehenden Verbots, reichlich versorgten. Dieses kluge Benehmen, seine Milde und Gerechtigkeit bei seiner großen Jugend, sein persönlicher Muth, vereint mit dem Andenken an seine Mutter, die fromme dänische Ulrike, erwarben Karl wahre Liebe der Seeländer. Zum Heeresunterhalt wurden dennoch Ausschreibungen vorgenommen und selbst Brandschatzungen erhoben, von Helsingör eine kleinere Summe und von Kopenhagen 400,000 Thaler. Karl selbst veranstaltete so große Jagden in den Parks des Königs, daß oft die Truppen mit dem leckersten Wild verpflegt wurden. Uebrigens zeigte er große Verachtung aller Vorsichtsmaßregeln und ritt, nur von wenigen Personen begleitet, jeder Gefahr und Hinterlist trotzend, weit umher. Schloß Kronborg hatte eine Besatzung von 900 Mann; dessenungeachtet kam der König einige Male bis an die Stadtthore und hätte, wenn man den Versuch gewagt, leicht gefangengenommen werden können.

In seinem Herzen regte sich jedoch der Wunsch nach größeren Tha-

ten; er gedachte der fruchtlosen Belagerung der vor seinen Augen liegenden
Hauptstadt durch seinen Vater, und beschloß, sie zu unternehmen. Die
Vorbereitungen begannen sogleich nach einem vom General Stuart ent-
worfenen Plane. Das schwedische Lager wurde nach Rungsted, nur andert-
halbMeile von der Stadt verlegt, und in Schonen wurden neue Truppen und
mehr grobe Artillerie gerüstet. Einer um Schonung der Kirchen und Schulen
der Stadt nachsuchenden Deputation, antwortete der König: „Ich werde
mich gegen Eure Stadt so benehmen, wie Ihr Euch gegen mich benehmt.“
Die Stadt rüstete ernst und bewaffnete was sie konnte, und namentlich
führte die Freiheitsertheilung für ihre Person und Familie viele Leibeigene dem dänischen Heere zu. Holland und England setzten sich ernsthaft gegen jeden Versuch einer Eroberung Kopenhagens, bis die Nachricht des zwischen Holstein und Dänemark abgeschlossenen Friedens den
großen Plan aufgeben ließ.

Frieden zu Travendal. In Holstein hatte Dänemark ebenso
unglücklich den Krieg geführt. König Friedrich richtete seine ganze Stärke
gegen Tönningen, die stärkste Festung des Herzogthums, belagerte sie und
wagte einen Sturm, der aber misglückte. Schweden, Holland, Lüneburg
und Hannover sandten als Bürgen der früheren Verträge zwischen Dänemark und Holstein, zusammen etwa 20,000 Mann Unterstützungs-
truppen für den Herzog. Ihr Anmarsch hieß die Dänen die Belagerung
von Tönningen aufheben und sich zurückziehen. Die 8000 Mann, die
König August seinem Versprechen gemäß zur Hilfe Dänemarks schicken
wollte, ließen die übrigen deutschen Staaten nicht durch ihr Gebiet marschiren, weil sie, wenn auch Einige Dänemark begünstigten, den
Kriegsbewegungen im Norden sobald als möglich ein Ende zu machen
wünschten. Gleiches wünschten jetzt vor Allem England und Holland,
die durch den etwaigen Fall Kopenhagens eine Störung des für die Seemächte so wichtigen nordischen Gleichgewichts zu Gunsten Schwedens
fürchteten. Wie sie einerseits Karl XII. im Verfolg seiner Siegeslauf-
bahn hinderten, suchten sie Dänemark, bald durch Drohungen, bald durch
Verheißung milder Bedingungen, zum Abschluß des Friedens zu bringen.
Letzteres geschah; am 8. August wurde der Frieden zu Travendal zwischen
Holstein und Dänemark unterzeichnet, in ihm die alten Rechte des Herzogthums erneuert und von Dänemark demselben die geringe Summe von

260,000 Thalern Kriegskosten gezahlt. Die Unterhandlungen dauerten nur elf Tage. Zu Schwedens Vortheil war nur bedungen, daß Dänemark die Feinde desselben nicht unterstützen dürfe. Karl XII. war, namentlich in Betracht seiner günstigen Stellung unter den Mauern Kopenhagens, das von seiner und seiner Bundesverwandten Flotte seewärts eingeschlossen war, mit dem Frieden, der seiner thatenreichen Siegerbahn ein unerwartetes Ende machte, unzufrieden. Die drohende Stellung König Augusts und Rußlands ließ aber die schwedischen Staatsmänner und Generale darauf hinwirken, und es gelang, Karls Einwilligung zu erhalten, indem man darauf hinwies, daß Schweden keine selbständige kriegführende Macht gewesen, sondern nur als Bürge des Altonaer Vertrags aufgetreten sei, folglich auch England, Holland, Hannover und Lüneburg gleiche Rechtsansprüche auf Ersatz hätten, da auch sie als bewaffnete Mittler aufgetreten. Langsam und unmuthig zog sich Karl XII. zurück, nachdem die ihn unterstützende Flotte ihn allein gelassen und abgesegelt war. Hier faßte er den Entschluß, fortan so wenig als möglich Bündnisse mit fremden Mächten einzugehen, um dadurch nicht im Verfolg seines eigenen Willens und der Benutzung der gebotenen Umstände gehindert zu werden. Unerschütterlich an der endlich getroffenen Verabredung haltend, segelte Karl XII. am 23. August, nach mannigfachen empfangenen und gegebenen Achtungsbeweisen der Bevölkerung Seelands, und einem warmen schriftlichen Abschied von König Friedrich IV., über den Sund zurück, vom staunenden Europa bewundert wegen des seltenen Vereins von Muth und Mäßigung.

Viertes Kapitel.

Feindseligkeiten Rußlands gegen Schweden. — Die Russen beginnen den Krieg. — Karls Reise nach Liefland. — Zug nach Narwa. — Vorbereitungen zur Schlacht. —Schlacht bei Narwa. — Folgen der Schlacht. — Karls Winterquartier von 1700 zu 1701.

Feindseligkeiten Rußlands gegen Schweden. Die Zeit der Parteiung und Uneinigkeit, aus der demetrischen Angelegenheit entstanden, hatte Rußlands Verfall und Polens und Schwedens Machtvergrößerung auf dessen Kosten herbeigeführt. Schwedens Beute war das

Kexholmlän und Ingermanland, um so werthvoller, als der Verluft
des Letzteren Rußland gänzlich von der Oftsee absperrte und ihm so die
Möglichkeit eines unmittelbaren Handels raubte. Dies wurde mit jedem
Culturfortschritt der erften Czaren aus dem Haufe Romanow mehr ge-
fühlt; mehrmals hatten diese durch Kauf oder Krieg Ingermanland wieder zu erlangen versucht; aber Schweden bekämpfte heftig jeden derartigen
Versuch, die Gefahr, einen so mächtigen Nachbar an's Meer gelangen zu
lassen, richtig erkennend. Dieser Punkt war stets der Kern und die Grund-
ursache aller zwischen beiden Staaten ausgebrochenen Kriege. So auch
dieses Mal. Gleich bei seinem Regierungsantritte richtete Peter seine
Blicke auf die Küftenländer, besonders Ingermanland. Er wollte es dem
Mutterlande zurückgewinnen, dem Handel Freiheit von der schweren
Feffel der schwedischen Zölle und freien Zugang zur Oftsee verschaffen,
sein Volk in Berührung mit der europäischen Civilisation bringen und
endlich der Flotte, die er zu gründen bezweckte, und zu der sein Land alle
Rohstoffe bot, einen Spielraum schaffen. Das größte Hinderniß der
Erreichung dieses hohen Ziels waren die feierlichen, oft verbürgten und
bekräftigten Verträge, die Schweden in dem Besitz dieser Küftenlande erhielten, und der mangelnde Grund zum Kriege. Schweden hatte unter
Karl XI. und Anfangs auch unter Karl XII. stets ein gutes Einvernehmen
mit Rußland erstrebt, Gesandtschaften mit dem Czaren gewechselt und
diesen durch reiche Geschenke an Kriegsmaterial gegen die Türken und an
edlem Metall bei gutem Vernehmen zu erhalten gesucht. Der Czar versuchte
deshalb zuerst auf dem Wege der Unterhandlung den Verkauf oder Austausch der erwähnten Küftenländer zu erlangen, wurde aber damit abgewiesen; nun beschloß er, es mit List oder Gewalt durchzusetzen. Auf
einer Reise in den Westen seines Reiches besichtigte er verkleidet
die Befestigung Riga's, und hielt 1698 eine Zusammenkunft mit König
August zum Abschluß des erwähnten Bündnisses gegen Schweden. Ueber
das Ziel und die Theilung der Beute hatte man sich geeinigt, doch wurde
der Besitz Narwa's eine Frage, die leicht dem Abschluß der Vereinigung
hinderlich werden konnte. August wollte es auf Patkulls Rath behalten,
um hierin und in der Narowa eine natürlich geschützte Grenze gegen Rußland zu haben; Peter wollte es aber als Stützpunkt für seinen Handel,
den dieser Fluß vermittelte, nicht aufgeben; schließlich gab König August

nach). Er sollte auch durch einen Angriff Riga's den Krieg beginnen, und Peter erst nach dem Schluß des Türkenkrieges beitreten. Es war gerade eine große schwedische Gesandtschaft in Moskau, als Patkull und Carlowitz dort anlangten, die Details des Vertrags festzustellen. Der dänische Gesandte verbarg sie und die nächtlichen Unterhandlungen wurden so geheim betrieben, daß die Schweden nichts ahnten. Am 8. November 1699 schloß Peter, um Schweden einzuschläfern, mit dessen Gesandten einen neuen Vertrag, worin er den Inhalt der letzten Friedensschlüsse bekräftigte und heilig betheuerte, sie fortan in jedem Punkte zu halten und dem Könige von Schweden im Allgemeinen feste und zuverlässige Freundschaft zu beweisen. Drei Tage später am 12. November schloß er das geheime Bündniß mit August und gelobte: „mit den beiden andern Mächten in Kurzem anzugreifen." Diese Verhältnisse waren übrigens durchschaut und alte schwedische Staatsmänner, wie auch Frankreich, hatten oft vor dem Czaren und seinen Absichten gewarnt, ja England und Holland demselben wiederholt von jedem gewaltsamen Schritt gegen Schweden abgerathen. Deshalb suchte Peter mit dem größten Aufwand von List und Falschheit Schweden zu täuschen. Nach dem wirklich erfolgten Angriff auf Riga tauchte der Verdacht neu und stärker auf, und von Neuem wurden diplomatische Winkelzüge von Seiten Rußlands, und selbst unnöthige mündliche und schriftliche Täuschungen von der Person des Czaren angewendet, ihn zu zerstreuen. Inzwischen hatte Peter einen dreißigjährigen Frieden mit der Türkei geschlossen und seine Truppen an die Grenze Ingermanlands gezogen, und erklärte unmittelbar darauf im August 1700 den Krieg gegen Schweden. Die angeführten Gründe waren höchst unbedeutend, nämlich, daß dem Czaren 1697 auf einer Reise durch Riga unhöflich begegnet worden, das Postwesen beider Reiche Zwistigkeiten veranlaßt habe, die Forderungen einzelner russischer Kaufleute in Schweden nicht beachtet, und endlich der Wagen des russischen Gesandten in Liefland geplündert worden sei.

Die Russen beginnen den Krieg. Nachdem schon Monate vor dem Friedensbruch jede Postverbindung mit Schweden abgebrochen, hatte Peter 60,000 Mann in Nowgorod und Pleskow gesammelt. Fast gleichzeitig mit der Kriegserklärung schickte er diese und andere Truppen gegen Ingermanland und Esthland. Der Einfall geschah am 9. September. Eine Proclamation ermahnte die Einwohner zur Ruhe, versprach

Schutz von Leben und Eigenthum und Baarzahlung der entnommenen Vorräthe; aber die Rohheit des an Krieg mit Kosaken, Tataren und andern halbwilden Völkern gewöhnten Heeres strafte sie Lügen und die schwedische Landschaft wurde gleich anfangs stark geplündert. Am 19. September zeigten sich die Russen vor Narwa und am 1. October begann die Belagerung. Der erste Angriff richtete sich gegen Iwanogrod, das nur 300 Mann Besatzung hatte. Nach wenigen Kanonenschüssen stürmten die Russen muthig gegen die kleine Festung, wurden aber von den Schweden tapfer zurückgeschlagen. Auch ein zweiter wüthender Sturm von 10,000 Mann, wurde mit 3000 Mann Verlust abgeschlagen. Bei Narwa selbst ging es nicht besser; den Befehl darin führte Rudolph Henning Horn; die Besatzung bildeten 1000 Soldaten und etwa ebenso viel bewaffnete Bürger und Bauern. Das 80,000 Mann starke Belagerungsheer führte Peter selbst. Höchstens ein Drittel der Streitmacht bestand aus geübten Soldaten; die übrigen waren neu aufgebrachte Leute. Der Czar war des Sieges so gewiß, daß er einigen Franzosen den Handel in der Stadt unter großen Freiheiten versprach. Er umgürtete Narwa mit zwei Reihen Verschanzungen, die eine gegen die Ausfälle, die andere zur Begünstigung des Angriffs; zwischen beiden lagerte er sein Heer. Die Laufgräben und Kanonaden wurden eröffnet, Pfeile mit Aufforderungen zur Empörung in die Stadt geschossen, und einige Stürme gewagt, die 9000 Mann kosteten. Der Mangel an schweren Geschossen bei den Russen zog die Belagerung so lange hin, daß das rauhe Klima des Spätherbstes sie schwer leiden ließ. Ein Schwede, Capitain in russischen Diensten, Bonnert, verrieth als Ueberläufer die traurige Lage des Heeres und ermuthigte die Schweden, die ihren vollen Vorräthen, dem gehabten Glück bei den Ausfällen, und der Gewißheit, daß König Karl bald käme, so sehr vertrauten, daß Horn der schriftlichen Aufforderung des Czaren, die Stadt zu übergeben, entgegnen ließ: „Ich werde morgen aus dem großen Tintenfaß antworten."

Karls Fahrt nach Liefland. Um seine kriegerischen Absichten noch besser zu verbergen, hatte Peter seinen Kammerherrn Chilkou zu Karl nach Seeland gesendet, um ihm schriftliche Versicherungen unerschütterlichster Freundschaft zu bringen. Der König nahm den Gesandten nach Schonen hinüber und soll, im Verlaß auf seine Botschaft, in Begriff gewesen sein, die Flotte abtakeln zu lassen, und selbst nach Stockholm zu gehen. Da langte plötzlich die Nachricht von dem russischen Einfall in Ingermanland an, und empörte Karl durch die Treulosigkeit umsomehr, als der Krieg nicht formgemäß erklärt war. Die russische Gesandtschaft ward in Schweden gefangen gehalten, wie die schwedische in Rußland; die in Karlskrona und Karlshamn zum Entsatz Lieflands begonnenen Rüstungen wurden beschleunigt, und die Reichsangelegenheiten so schnell als möglich geordnet. Der König war dabei so eifrig, daß er dem schon bis Christianstadt gekommenen Hof aus Karlshamn sagen ließ, er habe keine Zeit, ihn zu empfangen. In dieser Zeit gründete Karl, nach der seinen achtzehn Jahren vorschwebenden Idee der Helden Kaiser Karls, der Artus'schen Tafelrunde und der Kämpen Rolf Krake's und dem Vorbilde des maison du roi der französischen Könige, die unter dem Namen Trabanten so berühmt gewordene Truppe. Ihre Zahl betrug 150 Mann; die Gemeinen waren Fähnriche und Lieutenants und wurden unter den stärksten und muthigsten der Armee ausgewählt, gleichviel ob adelig oder bürgerlich; als Trabanten erhielten sie Lieutenants- oder Capitainsrang in der Armee, 30 Kronen Monatssold, Pferde, Waffen und Kleidung. Ihre Corporale hatten Majors-, ihre Lieutenants Obersten-, und ihr Capitainlieutenant Generalmajorsrang mit 50, 150 Kronen und 100 Ducaten Monatssold. Die letzterwähnte Stelle bekleidete Arvid Horn, und den Oberbefehl übernahm der König.

Als die Truppen Ende Octobers nach Liefland geschickt werden sollten, war das Wetter der Art, daß man Karl dringend abrieth, seine eigene Person der Gefahr einer Seereise auszusetzen, indem seine persönliche Gegenwart nicht nothwendig sei; er wies alle Einwände zurück und erklärte, daß er auf Gott und seine gerechte Sache vertraue. Seine Frömmigkeit gab ihm einen festen Glauben an eine höhere Berufung, und von dieser Zeit her datirt sich unter seinen Kriegern die Ueberzeugung, daß er nicht nach menschlichem Rathe, sondern auf höhere Eingebungen sein jedesmaliges Handeln einrichte. Mit Aberglauben aus der heidnischen und neueren Zeit, Sagen von gefundenen Runenprophezeiungen, Träumen &c. wurde dieser Wahn verstärkt und zeigte sich Karl ganz nützlich. Auf dem Fahrzeuge des Admirals Ankarstjerna schiffte sich der König zur Ueberfahrt ein; daß es nicht auf dem Schiff des General-Admirals Wachtmeister geschah, was diesen sehr verletzte, war ein Rachestreich des Herzogs von Holstein, der es jenem nicht vergeben konnte, daß er ihm so scharfe Worte bei den Verführungen Karls zu waghalsigen Streichen gesagt hatte. Der Herzog selbst wurde, auf Pipers Anrathen, der ihn als Nebenbuhler fürchtete, nach Stockholm zurückgesandt, da es Karl einleuchtete, daß sonst die größte Ehre Dessen, was geschähe, jenem als Generalissimus angerechnet werden würde. Am 1. October stach die zweihundert Fahrzeuge starke Flotte mit dem Könige und 8000 Mann in See. Bis zur kurischen Küste ging Alles glücklich und gut, dann aber warf ein Sturm die Fahrzeuge mehrere Tage umher, sodaß die Soldaten sehr litten, mehrere Pferde erdrückt wurden und der König viel von der Seekrankheit ausstand. Endlich langte Karl vor dem Hafen von Pernau an. Hier verließ er das Kriegsschiff und ging an Bord einer kleinen Yacht, Namens Sophia, um auf ihr in die Stadt einzulaufen. Sie wurde durch sein Gefolge so überladen, daß sie tiefer und tiefer sank und Wasser schöpfte; da schwang sich Rehnskjöld auf sein Pferd, spornte es und sprang in die Wogen. Das erleichterte Fahrzeug hob sich wieder, aber nur mit Mühe konnte der treue Retter des königlichen Lebens der Gefahr entrissen werden. Die übrigen Fahrzeuge langten endlich in verschiedenen Häfen Lief- und Esthlands an und hatten nur wenige Verluste erlitten. Die Flotte kehrte sogleich nach Karlshamn zurück holte weitere 4000 Mann mit der nöthigen Artillerie, und vollendete auch diese noch gefahrvollere Ueberfahrt glücklich.

Zug nach Narwa. In Pernau erfuhr Karl, daß König August, den er fortan für seine ganze Lebensdauer heftig haßte, Riga schon verlassen und Winterquartiere bezogen habe. Dies und die Gefahr für Narwa ließ ihn den beabsichtigten Zug gegen denselben verschieben und nach Reval gehen, um die aus Schweden kommenden Verstärkungen abzuwarten. Durch kleinere Truppenabtheilungen säuberte er das Land von den raubend umherstreifenden Russen. Bei Dorpat eroberte Schlippenbach die Pleskower Fahne, ein den Russen damals so heiliges Wahrzeichen, wie den Dänen der Danebrog und den Schweden das Sanct Eriks-Banner. Gerade als Karl durch ein Thor in Reval einzog, brachte man die wichtige Trophäe durch ein anderes auf der entgegengesetzten Seite herein, ein Zufall, der den Muth der Schweden belebte und den der rechtgläubigen Russen niederschlug.

Zum Sammelplatz seiner Truppen hatte Karl Wesenberg bestimmt,

4*

wohin er sich auch nach einigen Wochen Aufenthalt in Reval, von wo er sich heimlich und fast allein wegschlich, begab. Nachdem die Verstärkungen angelangt, wollte er sogleich Narwa nehmen. Die Russen sollten 80,000 Mann stark sein, und standen in einem befestigten Lager; die schwedische Streitmacht, die verwendet werden konnte, betrug kaum 8000 Mann, die schon sehr durch Mangel und die vorgerückte Jahreszeit gelitten hatten. Zwischen Wesenberg und Narwa waren sieben Tagemärsche durch ein verheertes Land, das kein Dach und Fach, keine Vorräthe, sondern nur sumpfige, fast bodenlose Wege bot. Dazu herrschten die Finsterniß, der Frost und Regen eines schlechten Novembers. Ferner fanden sich auf dem Wege drei nicht zu umgehende Engpässe Purtis, Pyhäjoggi und Selamäggi, von denen Zwei so starke Positionen abgaben, daß geringe Haufen sie gegen überlegene Heere halten konnten. Wenn der Zug mißglückte oder der König geschlagen wurde, waren Esth- und Ingermanland zugleich verloren. Aus diesem Grunde riethen fast alle höhern Befehlshaber, selbst die muthigsten, Stenbock und Rehnskjöld, von dem französischen Gesandten eifrig unterstützt, von dem Wagniß ab. Man bat Karl, mindestens ein oder zwei Tage zu warten, um tausend Reiter von Reval herankommen zu lassen; vergeblich: von einigen jungen Generalen unterstützt, behauptete der König, keinen Tag verlieren zu dürfen, damit sich die Russen nicht von ihrer ersten Ueberraschung erholten.

Nach vorher abgehaltenem öffentlichen Gottesdienst, ließ Karl Jedem im Heere freistellen, falls er den Zug zu gefährlich hielte, ohne Furcht vor Ungnade zurückzutreten, was natürlich dennoch Niemand wagte. Zum Schutze Lieflands wurden 5000 Mann zurückgelassen, und die übrigen 8000 Mann brachen am 13. November nach Narwa auf. Alles unnöthig beschwerende Gepäck wurde zurückgelassen, nur das Unentbehrlichste mitgenommen. Die beiden ersten Tagemärsche fand man noch hier und dort in Schuppen und Hütten Schutz gegen die Winterkälte; das Defilée bei Purtis wurde auch ohne Hinderniß passirt; aber im Osten desselben, war vom 15. November ab das ganze Land so von den Russen verheert und versengt, daß das ganze Heer, ohne Ausnahme, die Nächte unter freiem Himmel bleiben mußte. Die Wege waren oft so morastig, daß die Soldaten fast bis an das Knie einsanken; dabei war die Luft schneidend kalt, und Mangel an Brot und Heu vorhanden. Das Heer erlitt große Verluste.

Am 17. kam man an den Uebergang Pyhäjoggi (heiliger Strom). Peter hatte weder den Rath Gordons, diesen breiten Fluß mit hohen Ufern, die leicht zu vertheidigen waren, zu befestigen, noch den Scheremetieffs, dort mit dem ganzen Heer die Schweden zu erwarten, befolgt, sondern nur den letzteren mit 6000 Mann dahin gesendet. Diese Stärke war auch hinreichend. Eine Haufe Russen hatte den Fluß überschritten, um auf seiner Westseite Streifzüge zu unternehmen; sie stießen auf die schwedische Vorhut und ließen sich in ein Gefecht ein; Karl eilte sogleich selbst hin, und jagte die Russen Hals über Kopf durch das Defilée, wodurch Schrecken und Unruhe unter die ganze Abtheilung kam. Außerdem fingen die Schweden einen esthländischen Bauer, Stefan Rabe, der sie auf einem Umwege in den Rücken der Russen brachte. Um Mitternacht ließ Karl Allarm blasen und seine Kanonen spielen. Die Russen ergriff Verwirrung und Schrecken; Scheremetieff gab seine vortheilhafte Stellung auf und floh kopflos bis in's Lager vor Narwa. Am Morgen des 18. zog Karl unbehindert über den Fluß, hielt am jenseitigen Ufer einen Dankgottesdienst und marschirte sogleich weiter gegen den Paß Selamäggi, den die Russen in ihrem panischen Schrecken unbesetzt gelassen hatten. Das günstige trockenkalte Wetter verwandelte sich jetzt in Schnee und Regen, sodaß das Heer gänzlich durchnäßt wurde. Durchfroren, hungernd und ermattet langte es endlich am 19. bei Lagena, eine und eine halbe Meile vor Narwa, an, und der König ließ sogleich die schwedische Losung schießen, der belagerten und harrenden Stadt seine Ankunft zu erkennen zu geben.

Vorbereitungen zur Schlacht. In Lagena erneute sich die Frage über einen Aufschub des Angriffes zur Erholung der erschöpften Schweden; aber gerade der traurige Zustand seines Heeres, der Mangel der nöthigsten Vorräthe auch nur für ein Paar Tage, daß man nur die Wahl zwischen Hunger und Kampf hatte, schien Karl die Gründe für einen schnellen Angriff zu verstärken, da die Russen weder diesen Zustand noch die numerische Schwäche der Schweden ahnten. Es wurde Gottesdienst gehalten, und durch eine feurige an die Thaten der Väter mahnende Anrede, sowie durch seine Ruhe und die Siegeshoffnung in den blitzenden Augen, entflammte Karl den Muth seiner Krieger, worauf er Alles zur Schlacht auf den folgenden Morgen vorbereiten ließ. In der Nacht recognoscirte Generalmajor

Ribbing die feindlichen Verschanzungen. In der Morgenfrühe des 20. November ritt der König unter den Schüssen der Russen bis an ihre Wälle und besichtigte sie; darauf wurde der Angriffsplan nach Rehnskjölds Vorschlag entworfen.

Ungefähr um zehn Uhr Vormittags stellte Karl seine Schlachtord-nung vor den russischen Schanzen her. Die schwedische Losung donnerte den Landsleuten in Narwa das Signal und den Russen die Herausfor-derung zu. Die Zahl der Schweden überstieg um etwas 8000; die der Russen wird zwischen 38 und 68,000 angegeben. Trotz der jedenfalls großen Ueberlegenheit nahmen sie den Kampf nicht an, sodaß Karl beschloß, sie in ihren Verschanzungen anzugreifen. Das Heer ging etwas zurück und ordnete sich zum Sturm; die dazu ausersehenen Truppen wurden mit bereit gehaltenen Faschinen versehen, und die Grenadiere vorangestellt. Den südlichen Flügel führten Otto Vellingk und Knut Posse; die Garde an ihrer Spitze; den nördlichen Rehnskjöld und Maidel. Am weitesten nach Norden stand Oberst Magnus Stenbock mit einem vollständig abge-sonderten Corps Kerntruppen; zu ihm gesellte sich der König mit den Trabanten unter Arvid Horn. Die Infanterie war in Colonnen zum Sturm formirt, die Feldartillerie und Reiterei dahinter. Die russischen Verschanzungen umzogen Narwa im Halbkreis, die Flügel gegen den Fluß gelehnt, im Norden bei Wepsekole, im Süden bei Joala. Die Schwäche der Schweden erlaubte nur den Angriff von ein Paar naheliegenden Punkten in der ungefähren Mitte der Linie. Ein Paar Raketen waren das Angriffszeichen, zwei Uhr die Stunde des Angriffs, das Feldgeschrei Karls: „Mit Gottes Hilfe!" Den russischen nördlichen Flügel führte Dolgoruky, den südlichen General Weide. Kaum die Hälfte der Russen bestand aus ge-übten Truppen; die andere Hälfte hatte nicht einmal durchweg Feuer-waffen, sondern Keulen, Bogen und Pfeile. Am 18. November war Scheremetieff in übereilter Flucht in den Verschanzungen mit der Nach-richt angelangt, daß der Schwedenkönig ihm mit einem siegreichen Heer von 20,000 Mann auf den Fersen sei. Am 19. langten die Schweden in Lagena an und verbreiteten panischen Schrecken im russischen Heere, der namentlich die Befehlshaber ergriff. Der Herzog Croi, ein wirklich kriegs-erfahrener Soldat, befand sich als Zuschauer im Lager; ihm bot der Czar im entscheidenden Moment den Oberbefehl an, den er nach langer

Weigerung erst auf Peters persönliches und inständiges Bitten annahm. Nachdem die Verhaltungsbefehle ertheilt, verließ Peter mit einigen vornehmen Generalen sein Heer und begab sich in's Innere von Rußland, nach Einigen zu einer Zusammenkunft mit König August, nach Anderen, um weitere 20,000 Mann von Pleskow heranzuholen. Herzog Croi fand, wie er vorausgesehen, wenig Gehorsam bei den Unterbefehlshabern. Als er Karls Schlachtordnung sah, hielt er sie für den Vortrab und wollte diesem 15,000 entgegenschicken, um ihn von den Verschanzungen zurückzuhalten; aber die russischen Generale verweigerten die Ausführung; der scheinbare Rückzug der Schweden zur Formirung der Sturmcolonnen rief bei den Russen den Glauben hervor, die Schlacht sei aufgegeben.

Schlacht bei Narwa. Um zwei Uhr rückte auf das gegebene Zeichen das schwedische Heer vor. Der Tag war bisher klar und rein, aber gerade, als sich die Schweden in Bewegung setzten, trieb eine einzelne dicke Wolke mit starkem Wind und so dichtem Klammschnee und Regengestöber vor ihnen her, daß die Russen, denen sie gerade in's Gesicht trieb, kaum dreißig bis vierzig Schritte vor sich sehen konnten. Wieder riethen einige Generale Karl einen Aufschub, um das Wetter vorbeizulassen; er aber wies ihnen nach, wie es gerade für sie so günstig, als für die Russen ungünstig sei. Diese, die an keinen Angriff mehr glaubten, wurden in der That so geblendet, daß sie nicht eher eine Ahnung vom Feinde hatten, als bis er kaum noch funfzig Schritte von den Wällen stand. Da verschwand die Wolke ebenso plötzlich, als sie gekommen war, und im hervorbrechenden Sonnenschein stürzten die Schweden gegen die Verschanzungen. Die Gräben wurden mit den Faschinen gefüllt, die Wälle erstiegen; die Artillerie unterstützte den Angriff so gut, daß die russische Linie durchbrochen und zu beiden Seiten zurückgeworfen wurde. Dies war das Werk von kaum einer Viertelstunde, worauf die schwedische Reiterei zur Unterstützung der Infanterie durch die Oeffnung sprengte. In den ersten Minuten hatten die Russen versucht, ihre Wälle und ihr Leben zu vertheidigen; dann aber kamen die neuen, unerfahrenen Regimenter in Unordnung. Croi und die Generale suchten sie vergeblich zu halten; sie flohen in völliger Auflösung und theilweise über die Wälle in die Wälder auf der schwedischen Seite, wo Karl mit den Trabanten sie empfing und in das Gedränge zurückjagte. Dadurch gerieth der ganze

nördliche Flügel in die wildeste Verwirrung und stürzte sich auf die Brücke
von Wepseküle; sie brach unter den Flüchtenden und etwa 3000 Russen
begrub der Fluß. Dadurch war der größte Theil des nördlichen Flügels
zwischen dem Flusse und den Schweden zum Stehen gezwungen. Er war
noch stark genug, um, muthig und gut geführt, Karl den Sieg streitig zu
machen, umsomehr da hier die Garderegimenter, tapfer und kriegsgeübt,
dem schwedischen Angriff noch einige Stunden Stand hielten. Die Generale konnten aber die übrige verworrene Masse nicht ordnen. Ihre Bemühungen riefen nur den Haß der Russen gegen die Ausländer hervor;
Mistrauen ließ das Unglück als Verrath erscheinen; laut ausgesprochen,
erzeugte es bald Verzweiflung, und in Wuth und Erbitterung kehrten
sich die Waffen gegen die eigenen Officiere und Soldaten deutscher Geburt; kein Befehl wurde geachtet, Männer und Weiber in den eigenen
Reihen und selbst an der Seite Croi's niedergehauen. Da beschloß dieser,
nach kurzer Berathung mit den Generalen Lange und Allart, sich lieber in
die Gefangenschaft der Schweden zu begeben, als länger der Wuth der
Russen auszusetzen. Mit ihren Adjutanten und ihrer Bedienung sprengten
sie auf die schwedische Seite und ergaben sich Stenbock.

Die Garden des nördlichen Flügels leisteten noch immer verzweifelten
Widerstand. Aus Troßwagen, Zelten ꝛc. wurde schnell eine Art Verschanzung aufgeführt, die sie mit sicheren Schüssen erbittert vertheidigten.
Hier wurde der Kampf am blutigsten in der ganzen Schlacht. Durch die
Heftigkeit des Schießens angezogen, eilte Karl zu dieser Stelle. Um
einem Haufen Leichen auszuweichen, ritt er vom Wege ab, und gerieth im
schnellen Reiten in einen Morast, der so tief war, daß ihm das Wasser
bis zum Halse stieg. Er selbst konnte sich nicht retten; der Zufall führte
ihm Axel Hård nach, dem es mit Hilfe zweier Soldaten gelang, ihn aus
dem Sumpf zu ziehen: doch blieben das Pferd, der Degen und ein Stiefel
im Schlamme stecken. Karl warf sich sogleich auf ein anderes Pferd, und
obschon ganz durchnäßt und von der Novemberkälte erstarrt, eilte er, bar-
fuß und in den bei dem scharfen Ritt durch Büsche und Baumzweige zerrissenen Kleidern, sogleich wieder in das Kampfgewühl. Eine matte
Kugel drang ihm in den Halskragen, an dem sie sich platt drückte, und
das neubestiegene Pferd wurde unter ihm erschossen; ein Officier, Hjerta,
sprang von dem seinen und gab es ihm; Karl schwang sich sogleich in den

Sattel und sagte: „Ich sehe, die Feinde wollen mich in der Reitkunst üben."

Der Kampf an dem Ufer bei Wepsekyle währte noch immer fort.
Der Muth der Verzweiflung stand gegen den des Sieges, bis die Dunkelheit schon einzubrechen begann. Die Schweden hatten größtentheils ihre je
vierundzwanzig Schuß verbraucht, suchten die Munition aus den Patrontaschen der todten Feinde zusammen, und hieben die Russen im Handgemenge
nieder. Indessen fürchtete Karl, daß der feindliche südliche Flügel dem
bedrängten nördlichen zu Hilfe kommen könne. Er befahl deshalb dem
General-Feldzeugmeister Sjöblad, General Maidel und Oberst Stenbock
die Wegnahme einer großen russischen Batterie, die auf einer Höhe zwischen beiden Flügeln stand. Es geschah; worauf der König einen Theil
seiner Truppen, auf diese Kanonen gestützt, eine Stellung einnehmen ließ,
die einerseits die Verbindung mit der belagerten Stadt eröffnete, andererseits beide russische Flügel von einander abschnitt. Als dies die Abtheilung bei Wepsekyle erkannte, sank ihr der Muth, und sie sendete ein Paar
Officiere vor, um Pardon zu erbitten; sie erreichten ihre Bestimmung
nicht, aber der König ließ wegen der zu starken Dunkelheit das Zeichen
zur Einstellung des Kampfes geben. Jeder suchte Ruhe, wo er sie fand,
aber Niemand durfte sich entfernen. Karl ging, noch in den nassen Kleidern, zu einem der Wachtfeuer seiner Garden und hielt einen kurzen,
nothwendigen Schlaf auf dem Schoose eines seiner Soldaten. Die Lage
der Schweden war übrigens noch immer sehr gefährlich. Der nördliche
russische Flügel war, so sehr er auch in Unordnung gerathen, an Zahl
überlegen und zu verzweifeltem Widerstand gereizt. Der südliche Flügel
bei Joala hatte weniger am Kampfe Theil genommen und bildete eine
drohende Macht. Die Schweden selbst waren außer Ordnung. Vellingk
schickte das Garderegiment von seinem Flügel dem Könige zur Hilfe; es
stieß in der Dämmerung auf die Dalekarlier. Beide Truppengattungen
ließen die genommenen russischen Fahnen vorantragen, erkannten sie gegenseitig als feindliche Feldzeichen und feuerten auf einander, was manchen Verlust brachte, ehe sich das Misverständniß aufklärte. Während des Kampfes
waren die Schweden, mit einer Alle in Erstaunen setzenden Mannszucht,
so ausgehungert und erfroren sie auch waren, bei den russischen Zelten
vorübergeeilt; aber jetzt im Dunkel der Nacht suchten sie in denselben

nach Erfrischungen. In dem namentlich reichlich vorgefundenen Branntwein berauschte sich ein Theil so, daß er nicht einmal zur Bewachung der
Gefangenen verwendet werden konnte. Ein russischer Angriff vermochte
daher der Schlacht einen schlimmen Ausgang zu geben; die Russen ahnten
aber die Sachlage nicht und fürchteten einen neuen mörderischen Angriff
der an Zahl überlegen geglaubten Schweden. Am Abend sendete Dol-
goructy ein Ansuchen um Waffenstillstand oder freien Abzug; man wurde
nicht über die Bedingungen einig, und so kam er selbst in Begleitung
Golowins in gleicher Absicht. Sie wurden Karl gemeldet, der noch schlafend am Feuer lag. Er sprang auf und rief: „Schnell mein Pferd!
Ich will so stattlich als möglich aussehen, wenn ich sie vorlasse!" Bald
saß er, von einigen Generalen umgeben, im Sattel. Die Russen wurden
vorgeführt und legten entblößten Hauptes ihre Säbel zu Karls Füßen,
mit der Bitte um Capitulation. Das Uebereinkommen war schnell getroffen, denn die Russen sehnten sich, fortzukommen, die Schweden aber,
sie loszuwerden. Karl saß stolz und ruhig im Sattel, sodaß sein Antlitz
nur den Sieger verrieth. Die Bitte um Rückgabe der gewonnenen Kanonen verweigerte er, bis auf sechs Feldgeschütze, die er gewissermaßen
als Gnadengeschenk gab. Die Generale und Oberofficiere sollten als
Kriegsgefangene, Kanonen, Fahnen, Standarten 2c., als Trophäen und
Beute den Schweden verbleiben, die russischen Soldaten aber über die
schnell herzustellende Brücke im Besitze ihrer Waffen zurückgehen. „Dies
Letzte gebe ich als eine Auszeichnung für die Tapferkeit zu, mit der sich die
Leute vertheidigt haben," sagte Karl. Die Russen nahmen die Bedingungen an, und die Brücke wurde von den Schweden so schnell hergestellt,
daß schon um vier Uhr des folgenden Morgens, lange bevor der Tag die
wirkliche Lage der Dinge verrieth, der nördliche russische Flügel über die
Brücke abzog.

Auf dem südlichen Joala=Flügel stand russischer Seits General
Weide, am äußersten die Reiterei unter Scheremetieff den Schweden Vellingk und Posse gegenüber. Schon bei den ersten Schüssen floh die russische Cavalerie und schwamm oder watete durch den Fluß. Die Infanterie
vertheidigte sich ziemlich tapfer. Einzelne Züge herrlichen Muths wurden
bewiesen; doch fehlen die genauen Aufzeichnungen, da hier der König
nicht kämpfte. General Weide und mehrere Obersten wurden verwundet,

aber beim Tagesschluß war von keiner Seite der Sieg erfochten. Die Russen hielten Kriegsrath, beschlossen, sich für die Begebenheiten des kommenden Tages neu zu verschanzen, und begannen die Arbeit sogleich. Später in der Nacht kam von Dolgorucky die Nachricht seiner Capitulation und des freien Abzugs und der Befehl für General Weide, mit seinem Flügel es ebenso zu machen. Wieder wurde ein Kriegsrath berufen; die fremden Obersten wollten das Gewehr durchaus nicht strecken, ohne einen neuen Kampf gewagt zu haben; aber General Weide, schwer verwundet, schwach und ohne Erfahrung, gab den russischen Officieren nach und beschloß, dem Befehle Dolgorucky's zu gehorchen. Früh am Morgen des 21. November begann Weide die schriftlichen Abzugsunterhandlungen; da die Schweden schon mit dem ganzen nördlichen Flügel fertig geworden, wollten sie hier die Forderungen höher spannen, und man rieth dem Könige, den ganzen Flügel gefangenzunehmen; er aber sagte: „Laßt die Bauerlümmel laufen." Sie erhielten, wie der andere Flügel, freien Abzug, mußten aber die Waffen niederlegen.

Am Vormittag des 21. November wurden die kaum 6000 Mann betragenden Schweden, von denen Viele entweder betrunken, oder von den Mühen der vorhergehenden Tage ermattet und krank waren, und denen es meist an Pulver und Blei gebrach, in einer langen Reihe und einem Gliede aufgestellt, um den Schein eines großen Heeres anzunehmen. Dann begann der Abzug der 10—12.000, zum großen Theil trefflich bewaffneten Russen, die in Unkenntniß der Dinge capitulirt hatten. Mit entblößtem Haupte mußten sie von dem Südende des Lagers eine weite Strecke bei den Schweden vorübermarschiren und ihre Fahnen, Standarten und Waffen ehrfurchtsvoll vor deren Könige niederlegen. Die Oberofficiere blieben als Gefangene zurück; die Mannschaft durfte aber den Weg über die Brücke von Weysekyle fortsetzen. Obschon Niemand die Abziehenden jagte oder sie bedrohte, waren Furcht und Schrecken so groß, daß an der Brücke eine Stockung und Gedränge entstand, sodaß wieder Hunderte in's Wasser stürzten und ertranken.

Folgen der Schlacht. Der Gesammtverlust der Russen betrug über 12,000 Mann; neun Generale, elf Obersten, alle Oberstlieutenants und Majore waren Gefangene. Die übrigen Officiere gingen mit der Mannschaft heim. 149 Kanonen, 32 Mörser, 10,300 Kanonenkugeln,

4050 Musketen, 397 Tonnen Pulver, 146 Fahnen und Standarten und die 262,000 Thaler enthaltende Kriegskasse fielen in die Hände der Schweden. Die ganze Beute hatte den Werth von über dreiundeinehalbe Millionen Livres. Die Zahl der gewonnenen Pferde war so groß, daß die Soldaten sie oft für nur einen Thaler verkauften. Am Tage nach der Schlacht wurden bei Waschnarwa hundertundfunfzig von dem Peipus kommende Boote mit Kriegs- und Mundvorräthen genommen. Die entkommenen Russen richteten sich auf Nowgorod und Pleskow. Bei Augdow stießen sie auf Czar Peter an der Spitze von 30,000 Mann, sodaß er binnen Kurzem mit den Flüchtigen wieder über 50,000 Mann bei den Fahnen hatte. Dennoch wagte er die 6000 Schweden nicht anzugreifen; der Aberglaube hatte seine Völker zu sehr entmuthigt, und die Geistlichkeit der Russen schob den Schwedensieg auf Zauberei und kämpfte mit Gebeten dagegen. Der Czar wurde durch die Nachricht der verlorenen Schlacht sehr bestürzt und saß eine Weile schweigend da; bald aber beruhigte er sich wieder und sagte, die begangenen Fehler offen bekennend, in Freude über den geretteten großen Theil der Truppen: „Ich weiß wohl, daß uns die Schweden noch oft schlagen werden; endlich werden sie uns aber doch lehren, sie zu schlagen." Die Garden belohnte er wegen des tapfern Widerstands bei Wepsekule reich. Dem Auslande ließ er durch die von seinen Gesandten verbreiteten Nachrichten die Größe und Schmach der Niederlage verbergen.

Der Verlust der Schweden betrug 667 Todte und 1247 Verwundete. Alle Befehlshaber und alle Truppen hatten sich gleich ausgezeichnet durch Muth und Ertragung von Beschwerden. Den größten Ruhm trug aber mit Recht Karl XII. selbst davon. Er hatte bewundernswürdigen Scharfsinn, Geistesgegenwart und richtigen militairischen Blick zu seinem schon bekannten Muthe bewiesen, und dies Alles mit achtzehn Jahren. Dazu kam ungeheuchelte Gottesfurcht; bei dem Einzug in das befreite Narwa war seine erste Handlung, in der Kirche knieend Gott zu danken. Die gefangenen russischen Oberofficiere behandelte er mit Milde und beschenkte sie reich für den Verlust ihres Eigenthums. Auch Bescheidenheit bewies er, und strich in der nach Stockholm gesendeten Siegeszeitung jedes Wort zu seinem eigenen Ruhme, oder des Hohns über die Besiegten. Dieses Benehmen, sowie der Sieg selbst änderte die Stellung Schwedens

in den Augen des am Kriege unbetheiligten Europa's. Seine Erobe-
rungslust war über der Ungerechtigkeit des Bündnisses gegen dasselbe und
der vorher nicht angekündigten, heimtückischen Angriffsart der drei verbündeten Herrscher vergessen. Auch traten diese, als mehr oder minder ausschwei-
fend und unzuverlässig bekannt, im Vergleich zu dem worttreuen, gottes-
fürchtigen und ihnen an Muth und Entschlossenheit mindestens völlig
gleichen jugendlichen Schwedenkönig sehr in den Hintergrund. Ganz
Europa war durch die fecken Thaten und das Glück desselben überrascht,
und die leicht empfänglichen Dichter sangen seinen Ruhm in allen Sprachen,
und nützten ihm thatsächlich, indem sie ihn zum allgemein bekannten
Helden stempelten.

Neben diesen guten Folgen führte der Sieg bei Narwa aber auch
andere herbei, welche die Ergebenheit Derer, die Karl persönlich nahe
standen, in manchen Stücken abkühlte, wenn sie auch der Menge unsichtbar
blieben. Er wurde immer gebieterischer, gewaltsamer und eigensinniger;
er fing mehr und mehr an, den Krieg um seiner selbst willen zu lieben,
wurde kälter gegen die blutigen Scheußlichkeiten und sogar gleichgiltig
für die Leiden seiner eigenen Soldaten. In Wort und Brief drückte er
eine rohe Lust an dem Tödten und Morden des Schlachtgetümmels aus,
und fing an, die Russen zu höhnen, und die Aeußerungen seiner Generale
wurden bittere Klagen über die unbesonnenen, hartherzigen Unternehmungen, die er ungefragt und jedem Rath zum Trotze zum größten Verderben seines Heeres unternahm. Das Glück von Narwa, das seinen
eigenen Plan den gegenüberstehenden Meinungen verdienter Generale zum
Trotze krönte, hatte ihm eine beunruhigende Verachtung jeder anderen
Erfahrung und der Kriegstüchtigkeit der Russen beigebracht, sodaß er sich
um Niemand kümmerte und jede Vorsichtsmaßregel außer Acht lassen
wollte. So keimte in dem ersten, reichsten und schönsten Lorber Karls XII.
auch sein und Schwedens späteres Unglück. Der Erfolg von Narwa erzeugte auch in Karl den Vorsatz, mit König August vor seiner Absetzung
keinen Frieden zu schließen.

Karls Winterquartiere von 1700 zu 1701. Ueber die
Benutzung des erfochtenen Sieges herrschte Anfangs Unentschlossenheit.
Der Rath der Tüchtigsten in Karls Begleitung ging dahin, den von
König August angebotenen Frieden anzunehmen, die Winterquartiere in

Rußland aufzuschlagen, dort die inneren Unruhen zu schüren und so Schweden von dieser Seite noch mehr zu sichern, indem man die russische Macht ganz dem schwarzen Meere zudrängte. Der König schien diesen Plan zu billigen und verbot die Verheerung des russischen Grenzlandes, um dem schwedischen Heere, bei seinem bevorstehenden Einbruche, daselbst Aufenthalt und Unterhalt zu sichern. Peter fürchtete diesen Schritt und suchte, durch starke Rüstungen in der Gegend von Pleskow, sich in Stand zu setzen, diesem Angriff zu begegnen. Haß gegen August, gereizte Eitelkeit, auch den dritten Feind in kürzester Frist zu besiegen, die vermeintlich geringe Ehre, die ein fernerer Russenkrieg bot, und die daraus für das Heer erwachsenden Mühen in einem harten Klima und bei seiner Armuth wenig Beute bietenden Lande, brachten Karl zu einem andern Entschluß: er wollte in Liefland bleiben, um sich im nächsten Frühjahr gegen August zu wenden. Die Truppen wurden vertheilt; in der Ladoga- und Newagegend standen Kronhjort und die finnischen Regimenter; Karl selbst, Rehnskjöld und die Besatzung von Narwa unter Rudolph Horn sollten Esthland und Ingermanland, Schlippenbach aber Liefland schützen. Alle Theile machten stets erneute Streifzüge in's russische Gebiet, ohne andere Zwecke als Verheerungen. Hierdurch nahm der Krieg eine gräßliche, grausame Gestalt an. Die Schweden hielten zwar den Ruf ihrer Tapferkeit aufrecht, erlitten aber sehr große Verluste durch die außergewöhnliche Kälte des schneereichen Winters. Die Russen vertheidigten sich verzweifelt, und wurden häufig in ihren Dörfern verbrannt, da sie sich nicht ergeben wollten. Auf einem einzigen Streifzuge, Ende März, verbrannte Schlippenbach über tausend Dörfer, Kronhjort im Laufe des Februar über fünfzehnhundert.

Karl wählte ein unbedeutendes verfallenes Schloß der Familie Flemming, Lais genannt, zum Hauptquartier. Er besuchte weder Narwa noch Riga, Reval oder Pernau, noch das von Lais nicht zwei Meilen entfernte Dorpat. Er besichtigte dagegen Regimenter, die viele Meilen weiter lagen; nicht einmal während des ganzen Winters inspicirte er die Provinzialregierungen oder Civilverwaltungszweige. Das Leben im Hauptquartier war ausgelassen lustig. Jagden, allegorische Feste und Schauspiele, in denen die Feinde gehöhnt und Karl gepriesen wurde, Bauernhochzeiten u. A. m. vertrieben die Zeit des achtzehnjährigen Königs. Stenbock war die Seele der Vergnügungen. Hervorragend darunter war im März die Errichtung einer nach den Regeln der Kunst befestigten Stadt und einer Citadelle aus Schnee, welche Besatzung erhielt, und gegen die ein förmlicher Angriff gerichtet wurde, der mit Stürmung der Stadt und Capitulation der Citadelle endete, und wobei Karl auf geschickte und belustigende Weise durch Stenbock auf die Gefahr zu großer Wagnisse aufmerksam gemacht wurde. Trotz der Vernachlässigung der Regierungsgeschäfte und der häufigen Besichtigungen der Truppen und kriegerischen Beschäftigungen des Königs, die sich jedoch meist auf Drillübungen beschränkten, war für die nicht in den Städten liegenden Regimenter schlecht gesorgt. Sie litten bei ohnehin schlechten Quartieren Mangel an Mundvorrath, Futter, Holz und Hospitälern. Karls Befehle zur Abhilfe nutzten wenig; das Klima und die versäumte Instandhaltung der Wege verhinderten Alles. Seuchen brachen aus und verheerten die Truppen; selbst Karls Bedienung in seinem eigenen Hause wurde ergriffen; der Pfalzgraf Johann erlag. Bei Anbruch des Frühjahrs war nur ein Drittel des Heeres dienstfähig. Die schwedische Heeresverwaltung unter Lagercroan schrieb drückende Auflagen aus, aber das Land vermochte, so ausgesogen wie es war, sie nicht zu leisten; dies führte dazu, daß die Soldaten sich selbst verpflegten, hier und dort sogar auf Befehl, und so wurden die Provinzen Schwedens von schwedischen Soldaten selbst geplündert. Jedermann erkannte den begangenen Fehler, der darin lag, die Winterquartiere nicht in dem offen stehenden russischen Gebiete genommen zu haben, und der Unwille, den die Reduction Karls XI. in den höhern Classen der Liefländer und Esthländer hervorgerufen hatte, wurde jetzt auch so auf die niederen Stände übertragen, daß die Stimmung bedrohlich wurde, und sie in ihrer Verzweiflung an Aufstand dachten.

Fünftes Kapitel.

Krieg gegen August den Starken im Jahre 1700. — Feldzug gegen die Sachsen im Jahre 1701. — Schlacht an der Düna. — Die Winterquartiere von 1701 bis 1703.

Krieg gegen August den Starken im Jahre 1700.
Die eigene große Körperstärke und einfache Theilnahme an ein paar Feldzügen hatten August dem Starken, Kurfürsten von Sachsen, die Einbildung verschafft, ein ausgezeichneter Krieger zu sein, worin ihn historische Schmeichelei bestärkte. Nachdem er durch noch reichere Bestechungen, als Prinz Conti, welcher zweiundeinviertel Millionen darauf verwendet hatte, den polnischen Königsthron erworben, regte sich die Lust nach Kriegsruhm höher in ihm, und der junge Schwedenkönig, wenn auch sein Vetter mütterlicherseits, schien am besten die Kosten tragen zu können. Kurz nach der Königswahl schloß August das Bündniß gegen Schweden. Zu den persönlichen Triebfedern kam noch die Absicht, durch den Kriegsvorwand sächsische Truppen in Polen einzuführen, um mit ihrer Hilfe die Verfassung zu Gunsten des Königthums zu ändern. Der Czar und namentlich Patkull, der sich an Schweden für die ihm angethane Ungerechtigkeit Karls XI. rächen wollte, festigten den unbeständigen Willen Augusts; noch mehr aber ermunterte ihn die Unzufriedenheit, die in Liefland und Esthland herrschte. Der Adel und die deutsche Bürgerschaft haßten die Schweden und setzten sich schon 1699 in Verbindung mit dem in Dresden intriguirenden Patkull; sie versprachen ihm einen Beistand von 24,000 Mann, wenn bei dem Vorhaben für ihre Befreiung von den Schweden gewirkt würde. Durch zwei geheime Agenten wurden nun in Liefland und Esthland Unterschriften gesammelt, um den polnischen König ins Land zu rufen. Die Stimmung gegen die Schweden wurde schlimmer und selbst Drohungen wurden laut, namentlich in Riga, dem August die Freiheiten Danzigs gelobt. Die Ausführung des Planes bot aber große Schwierigkeiten, da von Polen aus selbst mit sächsischen Truppen Nichts ohne Einwilligung des Reichstages unternommen werden konnte, dieser aber, um des Geheimnisses und der Opposition willen, nicht befragt werden durfte. Um zum Ziele zu kommen, zog August die Parteichefs und einflußreichen Großen, Jeden im Geheimen und nicht offi-

ciell, ins Vertrauen und gewann sie; den Führer der Gegenpartei, der ehemaligen Conti'schen Wahlpartei, Cardinal Radziejowsky, durch Bestechung Seitens der Liefländer. Schließlich stimmte man ihm bei, doch unter der Bedingung, das polnische Volk nicht gleich Anfangs in den Streit zu mischen.   Der von Patkull entworfene Plan war, sächsische Regimenter unter dem Vorwande der Beruhigung der lithauischen Parteien und des Baues des Polanger Hafens an die kurische Grenze zu bringen und sie im December 1699 über das Dünaeis nach Liefland zu werfen und Riga zu überrumpeln, welcher Erfolg die Polen zur Theilnahme bewegen sollte.

Auch in Dresden wurde mit ungewöhnlicher Hinterlist daran gearbeitet, den schwedischen Gesandten, Moritz Vellingk, einen tüchtigen und aufmerksamen Diplomaten, zu täuschen.   August selbst und sein erster Minister, Graf Flemming, zeichneten ihn auf jede Weise aus, begehrten seinen Rath und schlugen ein engeres Bündniß zwischen Schweden und Sachsen vor, welches, um es vor Rußland und Dänemark geheimzuhalten, in nächtlichen Zusammenkünften wirklich abgeschlossen wurde. Gleichzeitig wurde aber in noch geheimeren nächtlichen Conferenzen das Dreistaatenbündniß gegen Schweden festgestellt. Am Hofe zu Stockholm überbrachte ein polnischer Gesandter inzwischen die Versicherungen unerschütterlichster Freundschaft.

In Allem glückte es übrigens, trotz des Aufwandes von Schlauheit, nicht, die Täuschung festzuhalten.   Dem Generalgouverneur von Riga, Dahlberg, hatte schon 1697 Peters Besuch und die beabsichtigte genaue Besichtigung der Festung Verdacht erregt, ebenso die Anhäufung sächsischer Truppen in Lithauen und russischer um Nowgorod.   Auch der schwedische Gesandte in Warschau ahnte geheime Pläne und warnte; ebenso die mit ihrem Hause zerfallene Herzogin von Kurland, die Schweden stets geneigt war.   Dahlberg ergriff selbständig Vorsichtsmaßregeln und meldete dieses nach Stockholm; die Sachsen erkannten, daß ihr Geheimniß entdeckt war und verschoben den auf die Weihnachtstage festgesetzten Angriff auf den Februar 1700.   Der sächsische Gesandte in Moskau, General Carlowitz, kam auf einer Reise von dort nach Riga und erbat sich, da er in kürzester Frist wieder zurückkehren würde, von Dahlberg die Erlaubniß, seine Packwagen frei und ungehindert in die Stadt fahren zu dürfen. Da es bewilligt wurde und der Winter die

Sümpfe und Flüſſe gefeſtigt hatte, wurden auf dieſer Rückreiſe ſtatt der
Packwagen Schlitten benutzt, in denen unter Stroh und Decken eine
Zahl gut bewaffneter Grenadiere und alle für einen raſchen, gewaltſamen
Angriff nöthigen Waffen verſteckt waren.   Sobald dieſe Packſchlitten
nach Dahlbergs Erlaubniß undurchſucht in die Stadt gelangt wären,
ſollten die Grenadiere das Thor beſetzen und ein ihnen in kürzeſter Entfernung folgender Trupp von achtzig Dragonern in die Stadt ſprengen,
denen wieder in kurzer Entfernung ein größerer ſächſiſcher Trupp und
endlich das ganze Corps folgen ſollte.   Die Vorſicht Dahlbergs machte den
Plan ſcheitern.   Er hatte Vorpoſten nach der ganzen kuriſchen Seite
ausgeſtellt; ſie durchſuchten die Schlitten, nahmen die Grenadiere gefangen und entdeckten auch die übrigen Truppen zeitig genug, um die Stadt
ſo früh zu allarmiren, daß die davor anlangenden Sachſen ſie vollſtändig
gerüſtet fanden.   Mit Umſicht und Kraft, wenn auch mit Härte,
leitete der fünfundſiebenzigjährige Dahlberg die Vertheidigung.

Ohne Kriegserklärung wurden die eröffneten Feindſeligkeiten, für
die nur lächerliche Scheingründe anzugeben waren, fortgeſetzt, obſchon
König Auguſt die Schuld auf ſeinen Günſtling Flemming wälzen wollte.
Die Riga gegenüberliegende Schanze Kuhbrücke wurde zuerſt, dann auch
die Feſtung Dünamünde genommen und zu Ehren des Königs „Augu-
ſtusburg" getauft.   Dann wandten ſich die Sachſen gegen Riga und begannen, es zu bombardiren.   Die Liefländer benahmen ſich zweideutig
und blieben Zuſchauer des Kampfes, ſtatt, wie die Sachſen gehofft, ſie
zu unterſtützen; nur ein Haufe Leibeigener empörte ſich, weniger gegen die
Schweden, als zur Plünderung ihrer eigenen Gebieter.   Auf die Weigerung des Adels und der Bürgerſchaft, zum Schutz des Landes Dienſte
zu leiſten, legte Dahlberg im Mai 1700 dem Landtage in Riga eine ab-
ſchriftliche Liſte der Namen vor, die ſich durch Patkull dem Könige von
Sachſen angeboten hatten.   Die Betheiligten erkannten theilweiſe an,
daß Patkull ſie zu verleiten geſucht, erklärten aber denſelben für einen Erz-
verläumder, der ihre Namen gemisbraucht, und verſicherten ihre unerſchüt-
terliche Treue für die Krone Schweden.   Da in dieſer Weiſe die Unterſtützung
des liefländiſchen Aufſtandes unterblieb, fühlten ſich die Sachſen zu ſchwach
und gingen unter Flemming und Patkull, bei dem Anrücken einiger ſchwediſchen Regimenter von Narva aus, über die Düna nach Lithauen zurück.

Im Juli 1700 benutzte August den Augenblick, in dem Karl XII. am Tiefsten mit den Dänen verwickelt war, und ging zum zweiten Male mit einem Heere von 16,000 Mann über die Düna. Vellingk hatte ihm 8000 Schweden entgegengeführt, wurde aber zurückgeschlagen und führte einen Theil seiner Truppen nach Riga, den andern nach Pernau. Anfang September begann August die Belagerung Riga's, scheiterte aber wieder an Dahlbergs Tapferkeit. Die Siegesnachrichten aus Seeland, der Travendaler Friede und Karls Rüstungen zur Ueberfahrt nach Liefland ließen August Frieden und als ersten Schritt dazu die Aufhebung der zwecklosen Belagerung wünschen. Vorstellungen der holländischen und englischen Bevollmächtigten über die durch sächsische Bomben erfolgte Vernichtung einiger Magazine ihrer in Riga ansässigen Landsleute gaben den willkommenen Scheingrund. August erklärte, er wolle, um Hollands und Englands Wünsche zu erfüllen, die Belagerung aufheben und sich über die Düna zurückziehen. So endete der zweite sächsische Angriff gegen Liefland im Jahre 1700.

Feldzug gegen die Sachsen im Jahre 1701. Der Sieg bei Narwa machte August noch friedfertiger und ließ ihn den begonnenen Krieg bitter bereuen. Seine Friedenserbietungen scheiterten, so vortheilhaft sie für Schweden auch gewesen, da Karl seine ganze Macht nun gegen Rußland hätte wenden können, an dessen persönlicher Rachgier. Der Czar suchte seinerseits August vom Frieden zurückzuhalten. Im Februar 1701 hielten Peter und August in Birze, auf der Grenze von Kurland und Samogitien, eine Zusammenkunft, in der über die Fortsetzung des Krieges verhandelt wurde. Rußland bot Geld und Leute zu Augusts Unterstützung und versprach, Polen durch Bestechung der Einzelnen und im Allgemeinen durch die Garantie der Erwerbung Lieflands, mit Beistand von 20,000 Russen und zwei Millionen Subsidien, zur Theilnahme an dem Kriege zu bewegen. Auf dieses Uebereinkommen hin wurde beiderseits zu gemeinsamem Angriff der Schweden gerüstet, heimlich aber von jedem der Bundesgenossen Karl ein Separatfriede angeboten, um durch Opferung des andern Schutz für sich selbst zu gewinnen. Karl rüstete seinerseits zu diesem Feldzuge mit außerordentlicher Kraft und Schnelle. Starke Geld- und Mannschaftsausschreibungen trafen das ganze Land. Das Heer erreichte 80,492 Mann, wovon fast 17,000 zum Schutze des Landes

zurückblieben, besonders gegen die russische Grenze gerichtet; 18,000
wurden, um Sachsen zu bedrohen, nach Bremen und Pommern, und fast
45,000 nach Liefland, Esthland und Ingermanland gesendet. Von diesem letztern Hauptheere wurden die Besatzungen und ein kleinerer selb-
ständiger Trupp unter Schlippenbach zum Schutz gegen die Russen zurückgelassen, die Uebrigen im Mai um Dorpat herum zusammengezogen.
Nach vorhergegangenen Waffenübungen wurde am Geburtstage Karls XII.,
den 17. Juni, der Marsch nach Süden über Wolmar und Wenden gegen
Riga begonnen.   Ein Detachement wurde auf Kockenhusen dirigirt, um,
womöglich, die Sachsen dorthin zu locken. Am 7. Juli langte der König
bei dem Hauptheere vor Riga an.   Die Flußübergänge zwischen Riga
und Kockenhusen waren von den Sachsen befestigt, und bei dem Gerücht
vom Anrücken der Schweden, besonders ersterer Stadt gegenüber, die
ganze feindliche Stärke gesammelt. König August hatte bei einem Sturze
den Arm gebrochen und konnte den Oberbefehl nicht selbst führen.   Er
wurde Steinau übergeben, und unter ihm commandirten Patkull und der
Herzog von Kurland.   Das Heer bestand aus 10,000 Sachsen und
19,000 Mann russischer Hilfstruppen.   Auf beiden Seiten wurden beträchtliche Verstärkungen erwartet, aber bevor sie angelangt waren, stand
Karl schon am nördlichen Dünaufer zum Uebergang bereit.   Durch die
Scheinbewegung auf Kockenhusen beirrt, war Steinau mit einigen Truppen dorthin gegangen, sodaß Patkull und der Herzog von Kurland gegen
Riga befehligten.   Sie vertrauten ihrer überlegenen Zahl, ihrer vortheilhaften Stellung, ihren Schanzen und der Tapferkeit der Sachsen so sehr,
daß der Herzog sich vermaß, selbst 300,000 Schweden den Flußübergang
streitig zu machen. Im übermüthigen Sicherheitsgefühl besetzten sie auch
das niedere Flußufer nicht, sondern stellten die Truppen weiter oben auf,
um erst einige tausend Schweden landen zu lassen und sie dann mit
ganzer Stärke zu überfallen und zu vernichten; so hoffte man, Karl
selbst gefangenzunehmen, den man in einem der ersten Boote vermuthete.
Dahlberg hatte eine Menge Fahrzeuge unter den Kanonen Riga's gesammelt und große Fährprahmen verfertigen lassen, die eine größere Zahl
Soldaten und Geschütz aufnehmen konnten und deren Vorderseite mit
Fallklappen versehen war, die aufgerichtet eine Schutzwehr und niederge-
lassen eine Landungsbrücke bildeten.   Karl brachte bei seiner Ankunft

14,000 Mann mit und fand Alles bereit. Der Strom war breit und reißend und auf dem jenseitigen Ufer lagen, wenn auch etwas verstreut, 29,000 Feinde, mit Geschütz wohl versehen und hinter Feldschanzen. Stuart war der einzige schwedische General, der den Uebergangsversuch nicht widerrieth und daher der einzige, dessen Rath galt. Er, Dahlberg und Stenbock ordneten Alles zum Uebergange an.

Die Schlacht an der Düna. Die Tage waren bisher sehr stürmisch und regnerisch gewesen, was den Uebergang erschwerte, worauf der König jedoch nicht achtete, und ihn auf den 9. Juli festsetzte. Am Abend des 8. legte sich der Sturm und der Himmel wurde klar, und man begann sogleich die Einschiffung der Truppen. Allen Einreden zum Trotze bestieg Karl selbst, von Düker, Reutercrantz und Klinkowström begleitet, gleich bei der ersten Einschiffung eines der mit Hanfbündeln im Vorderschiff brustwehrartig geschützten Boote. Um vier Uhr Morgens wurde, unter dem Jubel tausender, die Dächer und Schiffsmasten bedeckender Leute, vom Lande abgestoßen; Boote und Prahme, mit Dünger und nassem Stroh beladen, wurden angezündet und von dem günstigen Winde vor den mit Soldaten besetzten Fahrzeugen dem andern Ufer zugetrieben. Der dicke Qualm verhinderte die Sachsen, das Vorhaben eher zu erkennen, als bis der Fluß zur Hälfte passirt war. Dann begann eine Kanonade von beiden Seiten, wobei die künstlichen Schutzwehren der Schweden sich sehr bewährten. Nach dreiviertelstündigem Rudern und Segeln gelang die erste Ausschiffung von 7000 Mann Infanterie und 600 Reitern, bei Krämershof, eine Viertelmeile unterhalb Riga. Die Gardegrenadiere waren die Ersten am Lande, unter ihnen der König, der sie anredete: „So, meine Burschen, jetzt sind wir hier, und Gott wird uns weiter helfen." Noch bevor diese schwache Landungstruppe sich ganz hatte ordnen können, führte Patkull das sächsische Heer zum Angriffe vor; Karl hatte aber schon die gefährlichsten Punkte mit spanischen Reitern belegt und seine Infanterie dahinter aufgestellt. Der Kampf wurde heftig; die sächsische Reiterei sprengte zum Einhauen gegen den einen Flügel der Schweden vor; nur ein kleiner Theil des Leibregiments und die Leibtrabanten waren ausgeschifft und derselben entgegengestellt; sie leisteten herrlichen Widerstand; das Leibregiment erneute den alten und die Trabanten erwarben neuen Ruhm. Ihr Führer, Arvid Horn, erhielt eine Kugel in das

Kniegelenk, die ihn lebenslang lahm machte, hielt sich aber dennoch bis zum Ende des Kampfes im Sattel. Die Infanterie stand ebenfalls fest und schoß erst aus nächster Nähe, weshalb sie eine mörderische Wirkung erzielte. Die Sachsen mußten solchem Heldenmuth weichen und die russische Hilfstruppe floh bei diesem Anblick, ohne noch kräftig am Kampfe theilgenommen zu haben. In demselben Augenblick kam der Feldmarschall Steinau von Kockenhusen zurück und ordnete die Sachsen sogleich zu einem neuen Angriff, der aber auch zurückgeschlagen wurde. Da sammelte der Herzog von Kurland eine Menge Reiterei und griff damit den schwedischen rechten Flügel an. Wieder gingen ihnen die Trabanten und das Leibregiment entgegen und es entstand ein wildes Handgemenge, in welchem dem Herzoge von Kurland zwei Pferde unter dem Leibe erschossen und er durch einen Kolbenschlag besinnungslos zu Boden geworfen wurde. Auch dieser Angriff mislang und die sächsische Cavalerie wurde abermals zurückgeworfen. Inzwischen war Karl durch mehrere neugelandete Regimenter verstärkt worden; gegen diese führten Steinau und Patkull ihre Truppen zum dritten Male ins Feuer. Die Sachsen fochten verzweifelt und beide Commandirenden wurden verwundet. Der Sieg neigte sich den Schweden zu, und um sieben Uhr war der um fünf Uhr begonnene Kampf in der Hauptsache vollendet. Die Sachsen flohen, einige nach Dünamünde, die anderen der Kuhbrücke zu; diese verfolgte Karl. Sie gaben die Schanze auf, die unterminirt war, und zündeten die Mine an. Die Leitung brannte so langsam, daß das Werk schon von den weiter verfolgenden Schweden verlassen war und das Sprengen desselben fast keinen Schaden verursachte. In eine dicht dabei liegende Dünaschanze hatten sich 400 Russen geworfen: der Oberst Helmersen führte ihnen 500 Schweden entgegen; die Russen wiesen jede Capitulation zurück und wurden, nachdem sie den Schweden große Verluste beigebracht, bis auf den letzten Mann getödtet. Um zehn Uhr war Alles beendet, und Karl, der mit gewohntem Muth überall am Kampfe theilgenommen hatte, sammelte das Heer zum Dankgebet. Der Verlust der Schweden betrug 500 Todte und Verwundete, der der Feinde 1000 Todte, 1500 Verwundete, 1000 Gefangene. Die Artillerie, der Troß und reiche Provisions- und Munitionsvorräthe waren die Beute, die noch größer gewesen sein würde, hätte Karl mehr Reiterei zur Verfolgung gehabt.

Die Folgen dieses Sieges waren groß; die Furcht vor Karl und den Schweden steigerte sich, die Russen flohen in ihr Land zurück, und die Sachsen ohne Halt bis nach Preußen. Ganz Kurland stand offen: Mitau, dessen Hauptstadt, wurde mit bedeutenden Vorräthen, 8000 Musketen, 9000 Paar Pistolen, 13,000 Ellen Tuch und zugeschnittener Kleidung für 7 bis 8000 Mann genommen. Das Land wurde überschwemmt, Kockenhusen bald, und gegen Jahresschluß auch das stark befestigte Dünamünde genommen.

Am 25. Juli 1700 war Karl über den Sund gegangen und hatte den dänischen Krieg beendet. Im October desselben Jahres fuhr er über die Ostsee und schlug am 20. November die Russen bei Narwa. und am 9. Juli 1701 setzte er über die Düna und schlug die Sachsen und Russen. Im Laufe von nicht vollendeten zwölf Monaten hatte der Jüngling drei mächtige Feinde überwunden, und eine so glänzende Kriegsehre knüpfte mit Recht die höchste Bewunderung an seinen Namen.

Die Winterquartiere von 1701 bis 1702. In seiner Erbitterung gegen August wollte Karl die Winterquartiere in Lithauen aufschlagen, gab aber Pipers und Rehnskjölds Vorstellungen, daß dies die Polen eher gegen ihn selbst reizen, als zur Versagung der Unterstützung für August bringen würde, nach, und wählte statt dessen Kurland. War dies gleich polnisches Lehen, so hielt er sich doch dazu berechtigt, weil der Herzog persönlich gegen ihn gekämpft, das Land aber den Sachsen Durchzug gewährt und ihnen wirkliche Hilfe geleistet hatte. Karl rückte deshalb in das Herzogthum ein, besetzte die Festungen und erklärte, sie als Pfand bis zur Beendigung des Krieges zu behalten. Eine schwedische Regierung wurde eingerichtet und unter das Hofgericht zu Dorpat gestellt. Es wurden für den Winter 60,000 Thaler Kriegssteuer und eine Auflage von 6000 Ochsen, 60,000 Tonnen Bier, 1000 Faß Branntwein, 30,000 Tonnen Roggen xc. ausgeschrieben. Ende September waren die Truppen längs der kurisch-samogitischen Grenze vertheilt, auch in diesem Jahre nicht in größeren Städten. Die Quartiere waren eng und schlecht und erzeugten Krankheiten, doch in geringerem Grade als im vorigen Jahre. Die Mannszucht war gleichfalls strenger und wurde besser gehandhabt; Plünderungen waren aufs Nachdrücklichste verboten und Brandstiftungen kamen nur ausnahmsweise vor. Das religiöse Leben wurde sehr

gepflegt und täglich Morgens und Abends-Betstunden gehalten, die nicht
versäumt werden durften.   Auf das Fluchen und das Nennen des Teu-
fels wurde Strafe gesetzt.   Muth und unbedingten Gehorsam mußten
die Prediger nach den von Karl gewählten Texten einschärfen.   Alle
Arten Exercitien wurden vorgenommen, aber jede auf den Rückzug
bezügliche Uebung verboten, denn Karl sagte: er könne nie in Frage kommen, „rasche Jungen gehen im Namen des Herrn nur
vorwärts."   Sich selbst suchte Karl auch wieder, wie seine Krieger,
abzuhärten.   Sein Hauptquartier nahm er in keiner Stadt, sondern auf
dem Schloß Würgen, einige Meilen östlich von Libau.   Für seine Person
wollte er aber weder dort, noch überhaupt in einem Hause wohnen, sondern
die Soldaten und Officiere durch sein eigenes Beispiel lehren, sich der
unnützen Bequemlichkeiten zu entschlagen.   Den October und November
hindurch hielt er sich in dem mitgenommenen Zelte seines kriegerischen
Großvaters Karl Gustav auf.   Es wurde mit Stroh gefüttert, und wenn
die Kälte zu groß war, mit glühenden Kugeln erwärmt.   Uebrigens verbrachte er nicht viele Stunden des Tages darin.   Zu Regierungsgeschäf-
ten zeigte er wenig Lust und arbeitete in der Regel nur eine Stunde, und
zwar in Pipers Zimmer.   Die übrige Zeit saß er auf dem Pferde,
sprengte von einem Quartiere zu dem andern, und zwar in stetem Galopp; war ein Pferd ermüdet, so nahm er das erste beste, welches er
fand und setzte den Ritt fort.   Seine Begleitung bestand in der Regel
aus Klinkowström, einem Gardecapitain und zwei Trabanten.   Je stärker
es regnete und strömte, je sicherer war man, den König im Sattel zu finden.
Einst ritt er über eine Brücke, auf der das Pferd sich scheute und mit
dem Könige ins Wasser stürzte.   Herausgeholfen, setzte sich Karl sogleich
wieder auf und ritt mit durchnäßten Kleidern noch fünf Stunden in der
Kälte der letzten Octobertage.   Seine Belustigungen waren, wie gewöhnlich, kriegerische.   So sollten z. B. der Herzog von Holstein und Dahldorf eines Tages das Zimmer des Erstern gegen einen Angriff des Königs
und Arvid Horns vertheidigen.   Als Karl durch das Fenster eindringen
wollte, stieß er auf Dahldorf und warf ihm eine Handgranate zu, die
denselben stark verbrannte.   Obwohl gereizt, wollte dieser die Granate
doch nicht auf den König zurückschleudern, sondern warf sie statt dessen
Horn ins Gesicht.   Dieser wurde aufgebracht und es entstand ein solches

Handgemenge zwischen Beiden, daß der König und der Herzog sie nur mühsam trennen konnten. Zuweilen ließ sich der König auch zu seiner Ergötzung Komödien vorlesen. Wenn er auch noch an lustigen Streichen theilnahm, ließ er sich doch, jetzt neunzehn Jahre alt, nicht mehr durch den Herzog von Holstein zu solch wunderlichen Aufzügen verleiten wie in Stockholm. Nur das nächtliche Scheibeneinschlagen hatte er beibehalten und richtete es vorzugsweise gegen die Generale, sich darüber freuend, wenn sie dann in der kalten Winterluft liegen und frieren mußten. Sie übergaben ihm deshalb eine scherzhafte Bittschrift, einen königlichen Glasermeister im Hauptquartier anzustellen.

Von diesen Unterhaltungen und Kriegsspielen sehnte sich Karl nach ernster Beschäftigung und beschloß, einen Einfall in Lithauen gegen Oginsky zu machen, der ein eifriger Parteigänger König Augusts war. Die Gefahr des Unternehmens konnte Karl nicht abschrecken. Mit 2 bis 3000 Mann rückte er in Lithauen ein, fast vierzig Meilen von seinem Heere getrennt, und ohne irgend eine Verbindung mit demselben zu unterhalten, und zwar auf allen Seiten von Oginsky's Truppen umschwärmt. Der König drang auf diesem abenteuerlichen und wunderbaren Zuge wirklich bis Kowno vor. Hier ließ er 1800 Mann unter dem Oberst Hummerhielm und wendete sich zurück. Mit nur 50 Trabanten kehrte er schließlich allein nach Kurland heim, durch ein von Oginsky's Kriegern erfülltes Land, und ohne zwischen Kowno und der Grenze nur eine schwedische Truppe zu finden, auf die er sich hätte stützen können. Allen Warnungen entgegnete Karl: „Wenn ich nur neun Trabanten an meiner Seite habe, soll mich kein Mensch hindern können, hinzugehen, wohin ich will," und begab sich wirklich nur mit den 50 Trabanten auf den Rückweg. Inzwischen schwebte das schwedische Hauptquartier, durch alle möglichen Gerüchte erschreckt, wochenlang in großer Angst um den König. Endlich berief Piper einen Kriegsrath, worin beschlossen wurde, Arvid Horn mit den Trabanten und anderen Truppen zur Aufsuchung Karls abzusenden. Es geschah und glückte. Einige Meilen südwärts der kurischen Grenze stieß Horn auf den König und führte ihn ins Hauptquartier zurück, wo er am 30. December nach einer Abwesenheit von einem ganzen Monat anlangte. Später wurde das königliche Hauptquartier in die Stadt Goldingen verlegt.

Sechstes Kapitel.

Entschluß Karls, König August abzusetzen. — Stellung Karls zu den Polen. — Ausspruch des Vorsatzes, König August zu entthronen. — Beginn der Kriegsbewegungen in Polen. — Friedensunterhandlungen. — Sendung der Aurora Königsmark. — Sendung Vitzthums. — Friedensunterhandlungen mit den polnischen Ständen.

Entschluß Karls, König August abzusetzen. Der durch die erlangten Erfolge unumstößlich festgewordene Entschluß Karls, König August zu entthronen, bildet den wichtigsten Wendepunkt in seiner, in Schwedens Geschichte und überhaupt in der des Nordens. Bisher der ungerecht Angegriffene, war er von allgemeiner Theilnahme getragen; jetzt begann man, ihn als Kriegsdämon des nördlichen Europa's zu hassen, und er entfremdete sich die Herzen der Besonneneren. Nichtsdestoweniger behielt er diesen Gedanken bis zu seinem Tode und machte ihn fast zu seiner Lebensaufgabe, deren Erfüllung nachjagend, er sein und seines Landes Unheil herbeiführte, und durch gleichzeitige Schwächung des andern russischen Nachbarn, Polens, dem Moskowiter die Möglichkeit gab, an die Ostsee zu gelangen und dort seine nordische Obergewalt und seinen großen Einfluß auf Europa zu begründen. Die Motive zu dem Entschluß und dem Haß Karls gegen August lagen einerseits theils in seinem Ehrgeiz, der sich das fernste Ziel als das ehrenvollste und den längsten Krieg versprechende vorstellte, theils in seinem Eigensinn und in der Grundverschiedenheit der Charaktere Beider, die den offenen, weiberhassenden Karl den Wollüstling August verabscheuen hieß, der seine Offenherzigkeit mit Lug und Trug, Hinterlist und feilen Ränken verletzt hatte, und anderntheils in der nicht vorhandenen politischen Nothwendigkeit eines Angriffs Seitens des Letztern, wie sie bei Rußland in der Wiedergewinnung der Ostsee und bei Dänemark in der Unterdrückung Holsteins vorlag. Der erste Gedanke der Absetzung tauchte schon 1700 auf, um hiermit Frankreichs Hilfe anzulocken, dem dadurch die Thronaussicht für den Prinzen Conti wieder eröffnet wurde; doch ging dieses nicht auf den Plan ein. Nach dem Siege bei Narwa wurde Karl durch die Falschheit, mit der August den Frieden selbst unter drückenden Bedingungen annehmen wollte, aber gleichzeitig mit Peter über eine energischere Fortsetzung des Krieges correspondirte, noch mehr in dem Vorhaben bestärkt. Alles Gegenarbeiten von Seiten des schwedischen Raths, der Umgebung Karls, der Königin-Wittwe, die Bitten der Bevölkerung seines schon ermatteten Landes, erweichten nicht den eisernen Sinn des hartnäckigen Jünglings, den das Glück, das seine waghalsigen Pläne bisher gekrönt, zu der fast vermessenen Idee brachte, ein von der Vorsehung zur Ausführung ihres Willens erkorenes Wesen zu sein. Noch weniger nützte das Auftreten der fremden Gesandten, um Karl dem Frieden geneigt zu machen. Ihre Vermittelungsversuche ermüdeten ihn so, daß er sie alle aus seinem Lager fortschickte, und fortan nach Stockholm an den ohnmächtigen, nur von seinem eigenen Willen abhängigen Rath wies. Frankreich neigte sich übrigens im Jahre 1701 zu der Partei der jüngeren Officiere, die aus Glücksjägerei, und zu der des als Gesandten so schmählich getäuschten alten Bellingk, der aus Rache zum Kriege rieth, aus Furcht, Schweden würde sich nach gewonnenem Frieden mit Holland und England vereinigen. Nach dem Siege an der Düna wurde Karl noch starrer und August noch nachgiebiger, und zwar so sehr, daß er seinem Thronnebenbuhler, Sobiesky, 300,000 Thaler bot, wenn er ihm den so oft verweigerten Frieden erwirken könne. Ferner schlug er Karl nicht nur den Frieden, sondern sogar ein Bündniß gegen den eigenen Bundesgenossen Sachsens, Preußen, vor, um von diesem Hinterpommern für Schweden und Ostpreußen für Polen zu erkämpfen. Als Alles nicht zum Ziele führte, erklärte August in hohem Tone, „nicht um Frieden betteln, sondern eher sterben, als ohne Ehre leben zu wollen,” — suchte aber nichtsdestoweniger bald wieder einen Vergleich zu erlangen. Alle Vorstellungen in dieser Richtung blieben jedoch unbeachtet, seinem Worte wurde keine Aufmerksamkeit geschenkt und die fremden, unbetheiligten Mächte gaben die eitlen, undankbaren Vermittlungsversuche auf.

Stellung Karls zu den Polen. An die Erfüllung seines Absetzungsplanes hätte Karl kaum jemals denken können, wenn nicht die stete polnische Uneinigkeit und Parteiung ihm einige Aussichten dazu eröffnet hätten. Der eigentlichen Parteiführer waren drei. Zuerst Prinz Jakob Sobiesky, Sohn des Heldenkönigs Johann Sobiesky, dem in seinen letzten Jahren der Undank seiner Landsleute, der sich sogar bis zum Haß gegen seine Wittwe und seinen Sohn steigerte, lohnte. Die Partei desselben war gering an Zahl; er selbst, von Körper klein, verwachsen und geistig kaum mittelmäßig begabt, hatte sich schon bei seines Vaters Tode 1697 in die Arme Schwedens geworfen und durch große Versprechungen Hedwig Eleonore und Bengt Oxenstjerna gewonnen; Karl XII. zog ihn jederzeit Prinz Conti als Kroncandidaten vor. Der zweite war Sapieha, der Sprößling eines alten edlen lithauischen Geschlechts mit stets vererbender kräftiger, aber gewaltthätiger Gemüthsart. Dies, die große Macht und der ungeheure Besitz der Familie entfremdeten und verfeindeten ihr den niedern Adel. Der Haß, dem sich der Neid über die vorzüglichen Aemter, die stets den Sapiehas zufielen, beigesellte, brach endlich bei einem Uebertritt der ganzen Familie zum Lutherthum in offene Feindschaft aus; Klagen vor König und Reichstag folgte ein offenes Bündniß des niedern Adels unter Oginsky, einem geschickten und muthigen Parteiführer, der sich ganz für August erklärte und das Königthum auf Kosten des hohen Adels stärken wollte; seine Erfolge trieben die Sapiehas in Karls Lager, wo sie für den empfangenen Schutz ihren Beistand zur Absetzung Augusts gelobten. Der dritte war Michael Radziejowsky, Sohn des berüchtigten Landesverräthers Hieronymus Radziejowsky. Von großem Wuchse, schön, schlau, von altem Geschlecht, reich, gelehrt, beredt, keck und unternehmend, ohne Beständigkeit und Ehrlichkeit, aber voller Eigennutz, hatte er die höchste Würde des Reichs, nächst der des Königs, die des Erzbischofs von Gnesen und Primas von Polen erreicht und war mit dem Purpur der Cardinäle geschmückt. Er stand oft mit Karl XII. in Briefwechsel, aber bei seinem Wankelmuthe, dem häufigen Gesinnungswechsel, diesem Fehler der ganzen Nation, und dem Eigennutz, der, nach beiden Seiten lauernd, nur den Gewinn der Stunde beachtete, ist nicht zu ergründen, wie weit er aus dem Chef der Conti'schen Partei zum Freunde Karls und Feinde Augusts geworden. Außer diesen, an Persönlichkeiten gefesselten Parteien, bestand noch eine große demokratische im Schoose des eigentlichen Volkes und der Bürgerschaft der Städte. Der liederliche Lebenswandel Augusts stärkte sie, und der schlaue schwedische Gesandte Wachslager knüpfte 1701 Verbindungen mit ihr an, indem er alle Schritte Augusts grell als auf die Einführung der Selbstherrschaft berechnet schilderte. Mit Geld von Stockholm aus unterstützt, erkaufte er so viel Landboten, daß er die günstige Stimmung, die sich auf dem polnischen Reichstag für August zeigte, unterdrückte, und es zu blutigen Auftritten kam. Dem Befehle Augusts, Warschau zu verlassen, wagte er eine Zeit zu trotzen, unter dem Vorwande, er sei, wie bei ihm so auch bei der polnischen Republik beglaubigt, und unter Radziejowsky's Schutz, und als er schließlich weichen mußte, war genug Unzufriedenheit gesäet, um sie rechtzeitig aufgehen zu lassen.

Ausspruch des Vorsatzes, König August zu entthronen. Nach dem Siege an der Düna that Karl den ersten entscheidenden Schritt, indem er gleichzeitig Radziejowsky und dem polnischen Reichstage den Entschluß verkündete, den König August zu entthronen. Die Wirkung dieses Schreibens war seiner Berechnung entgegen. Alle europäischen Staaten, selbst Schweden, tadelten sowohl den Vorsatz, wie die Art, ihn zur Ausführung zu bringen, und der polnische Reichstag, wie das polnische Volk, fühlten sich durch die Einmischung eines Gewaltherrschers in ihre inneren Verhältnisse in ihrem Stolze verletzt, trotz aller zu Gunsten der Republik verschwendeten Phrasen. Schmähschriften, Abrathungen, sogar heftige Drohungen waren die Antworten aus Polen, die Karl aber so wenig beachtete, daß er Ende 1701 in einem neuen Briefe Radziejowsky zu verstehen gab, wie er gesonnen sei, das Ziel der Entthronung auf eigene Hand zu verfolgen.

Beginn der Kriegsbewegungen in Polen. Als Karl XII. die Düna überschritt und Kurland betrat, hatte er, da dieses Herzogthum polnisches Lehen war, eigentlich den Krieg mit Polen begonnen, der bisher nur gegen den Kurfürst von Sachsen, als Angreifer Lieflands, gerichtet war. Das Benehmen des Herzogs und der hervorragenden Polen, die heimlich gegen Schweden gewirkt, und die Gestattung des Durchmarsches waren entscheidende Gründe. Die Unschuldserklärungen von Seiten Polens nach Karls Siegen achtete derselbe ebenso wenig, als die Drohung energischer Kriegführung gegen ihn, falls er die Grenzzeichen des eigentlichen Polens überschreiten würde. Er zögerte nur, um die inneren Intriguen zur Wirkung kommen zu lassen. Als dies der persönlichen Sehnsucht des Königs nach entscheidenden Thaten zu lange währte, unternahm er den romantischen Zug nach Kowno und begann so faktisch die Streitigkeiten mit der Republik selbst, indem er durch Besetzung der Sapieha'schen Güter, wennschon seine Truppen dabei den Befehl hatten, nicht zuerst anzugreifen, Oginsky herausforderte und sich mit bewaffneter Hand in die inneren Verhältnisse Lithauens mischte.

Friedensunterhandlungen. Zur Zeit dieses feindlichen Ueber-schreitens der nördlichen Reichsgrenze war gerade in Warschau der Reichstag versammelt, auf dem August alle Mittel in Bewegung setzte, eine Erfüllung der Drohungen gegen Schweden zu erzielen. Er scheiterte damit, theils in Folge der schwedischen Bestechungen, theils durch die Rach-gier, die eine versagte Beförderung in dem lithauischen Landboten Pac erzeugt hatte. Dieser brach den Reichstag. Ebenso wenig Erfolg wie bei den Ständen hatten Augusts Forderungen, Bitten, Versprechungen bei dem polnischen Senat. Derselbe beschloß, den Wunsch des Reichstages zu erfüllen und die alte Drohung zu wiederholen, falls Karl nicht die Grenze der Republik alsbald verließe.

Sendung der Aurora Königsmark. Auch von den Sena-toren abgewiesen, beschloß nun August, auf eigene Hand Frieden mit Schweden zu suchen, und zwar um welche Bedingung es auch sei, selbst mit Aufopferung eines nicht unbedeutenden Theils polnischen Gebiets. Eine solche Unterhandlung bedurfte einer ebenso geschickten als verschwie-genen Person. Um diese Zeit lebte die berüchtigte Maria Aurora Königs-mark, in ganz Europa bekannt wegen ihrer Schönheit, ihrer Kenntnisse, ihres Witzes und Geistes, aber nicht ihrer Sittlichkeit. Eine Zeitlang Ge-liebte König Augusts, lebte sie, von diesem wankelmüthigen Fürsten ver-lassen, gewöhnlich in Quedlinburg. Sie war jetzt etwa dreißig Jahre alt, aber noch sehr schön und anmuthig. Sie entschloß sich, den neun-zehnjährigen Karl XII. in seinem Winterquartiere, dem einsamen Würgen, tief in Kurland, zu besuchen. Es war zwar allgemein bekannt, daß er alle fremden Gesandten aus seinem Lager weggewiesen hatte und dem weiblichen Geschlecht soviel als möglich auswich. Dennoch beschloß die schöne Aurora dorthin zu gehen, wie sie sagte, um ihrem Schwager Le-wenhaupt, der in sächsischen Diensten stand, Verzeihung und für sich Milderung der schweren Urtheile, welche die Reduction über sie und ihr Geschlecht gefällt, zu erflehen. Die anderen Beweggründe waren leicht zu errathen.

Auf der Reise nach dem Norden kam Aurora nach Warschau, wo sich August zufällig aufhielt. Da entstand in ihm der Gedanke, sich ihrer zu der erwähnten Friedensunterhandlung zu bedienen. Sie erhielt einen Auftrag, dessen Umfang und nähere Bedingungen man aber nicht

genau kennt.   Doch weiß man, daß sie bevollmächtigt und durch Briefe
an Piper und den König, die Freundschaftsversicherungen und Versprechungen vortheilhafter Friedensbedingungen enthielten., beglaubigt war.
Augusts Schreiben an Karl brachte selbst in demüthigen Worten das Erbieten, persönlich vor ihm zu erscheinen und die Bedingungen festzustellen.
Die Gräfin nahm von Warschau den Weg durch Ostpreußen und langte
zur Neujahrszeit 1702 in Würgen an.   Dort wurde sie von Piper wohl
aufgenommen und erhielt eine passende Wohnung und Bedienung. Während
des Wartens auf eine Audienz bei Karl gewann sie leicht dessen Umgebung, da Frieden mit August auch der Wunsch der Schweden war, um
so mehr, als die Erfolge der Russen in Liefland und die bedeutende Niederlage der Schweden eben bekannt wurden.   In der Hoffnung, daß
diese Niederlage Karl zum Vergleich mit August bringen würde, um sich
mit seinen Waffen gegen den Czaren wenden zu können, betrog man sich;
er blieb unbeweglich.   Die Gräfin Königsmark zu empfangen, weigerte
er sich auf das Bestimmteste, trotz aller politischen Lockungen und geist-
vollen wie abgenutzten Versuche einer ausgelernten Kokette.   Selbst eine
erzwungene, aber zufällig erscheinende Begegnung auf offener Straße, bei
der Aurora ihren Wagen verließ und zu Fuß dem Jünglinge eine tiefe
Verbeugung machte, zog ihr kein Gespräch, sondern nur ein Lüften des
Hutes von dem sein Roß anspornenden Könige zu.   Mitte Januar 1702
brach das Heer aus den Winterquartieren auf, und die Gräfin mußte
sich zurückbegeben, ohne mehr als weltgeschichtlichen Hohn und Spott gewonnen zu haben.   Von Preußen aus setzte sie hartnäckig ihre Versuche,
zu Karl zu gelangen, fort; er aber ließ als Antwort und Wink für sie
eine große Zahl liederlicher Weiber, die sich bei dem Heere eingenistet hatten, nachdem sie gezwungen worden, knieend einem Gottesdienst mit strafen-
dem Texte beizuwohnen, schimpflich aus dem Lager treiben. Auch dieses verhinderte nicht, daß sie von Königsberg aus bis Ende März ihre Bemühungen fortsetzte, durch Karls Umgebung sich eine Audienz zu verschaffen, um ihm den wichtigen und geheimen Auftrag, den selbst Piper
nicht wissen durfte, zu übermachen.

Sendung Vitzthums.   August war so viel an dem Frieden
gelegen, daß er, bei Karls Verachtung der Weiberlust und List, nicht alle
Hoffnungen auf der Aurora Königsmark Talente setzte, sondern, während

sie noch in Tilsit war, den sächsischen Kammerherrn Vitzthum in das schwedische Hauptquartier sendete, um ähnliche Schreiben, wie die der Königsmark, dorthin zu bringen. Zu besserer Einwirkung auf Karls Umgebung führte derselbe auch bedeutende Bestechungsmittel an baarem Gelde mit, und soll sein Angebot für den Frieden, Ersatz der Kriegskosten, Kurland und Lithauen bis zum Niemen gewesen sein. Vitzthum langte erst bei dem Heere an, als es schon in Lithauen eingerückt war, und wollte dort sogleich Piper die betreffenden Schreiben zustellen. Dieser verweigerte ihre Annahme, indem er nicht dazu ermächtigt sei, und meldete die Sache dem Könige. Um jeder Friedensunterhandlung zuvorzukommen und nicht durch angebotene vortheilhafte Bedingungen an der Verfolgung seines persönlichen Zweckes gehindert zu werden, erklärte Karl Vitzthum für einen Spion, der den König beleidigt habe, da er, ohne darum anzusuchen, in das Lager gekommen und die Briefschaften nur mit sich führe, um seine Kundschafterabsicht zu verdecken. Er wurde in seinem Zimmer bewacht und ihm seine Papiere genommen, die Karl erbrach und las, aber keiner Antwort würdigte, was August so erbittert haben soll, daß er im ersten Zornesausbruch Karl zum Zweikampf herausfordern wollte. Die Wechsel und Bestechungsmittel wurden Vitzthum wieder überliefert, als er aus dem Lager fortgeschickt wurde. Das Vorhandensein derselben hatte Karl bewiesen, daß man seine Umgebung einer Bestechung zugänglich hielt und bildete sein schon vorhandenes Mistrauen gegen Jedermann und seine Zurückhaltung zum höchsten Grade aus; auch brachte es die Friedenspartei zum Schweigen, da Alle glaubten, ein Wort gegen den Krieg zu äußern, würde sie als von August bestochen erscheinen lassen. Den in erniedrigenden, demüthigen Bittworten abgefaßten Brief Augusts, der die Zerstückelung des Reichs, das ihn zum Könige erwählt, vorschlug, und die, schimpfliche Ausdrücke über das polnische Volk enthaltenden Schreiben der Gräfin Königsmark ließ Karl, von diesen verächtlichen Mitteln tief ergriffen, den polnischen Reichstagsabgeordneten unterbreiten, um sie gegen August zu reizen; dieser erklärte aber mit dreister Stirn die Schreiben für Erdichtungen der Schweden, was immer mehr dazu beitrug, den Plan der Thronentsetzung in Karl unumstößlich zu machen.

Friedensunterhandlungen mit den polnischen Ständen. Die polnischen Stände versuchten, gereizt durch den ihnen mitge-

theilten Entschluß Karls, ihren König zu entthronen, statt der bisherigen
Spitzfindigkeit, daß wohl dieser Krieg führe, das Reich aber Frieden
habe, in hohem Tone sich der Sache ihres Herrschers anzunehmen, boten
sich jedoch an, annoch den Frieden zu vermitteln, wenn Karl zuvor Lithauen
und Kurland räume.   Diese verblendete, übermüthige Sprache erregte
den Hohn der Schweden; die Friedensvermittelung wurde verworfen und
die Gesandtschaft in einer Weise behandelt, die deutlich Karls Mißachtung
des ganzen polnischen Staates bewies.   Gleichzeitig wurde der Adel
Samogitiens in Rossiena zusammenberufen, um die Höhe und Art der
Kriegslasten zu erfahren, die Karl ihnen auferlegte.   Eine solche Aufforderung ihres eigenen Monarchen würden die stolzen Polen mit einem
Aufruhr beantwortet haben; vor dem fremden erschienen sie nur bittend
und auf seinen Befehl ohne Säbel an der Seite.   Die Gesandtschaft der
Stände traf Karl im Monat März in Samogitien und bat um Audienz,
die ihr verweigert, aber nach der Ankunft in Kowno in Aussicht gestellt
wurde.   Unter Scheingründen verweigerte Karl auch hier den Empfang
und verhieß ihn in Grodno, welche Stadt er dann seitwärts liegen ließ
und immer tiefer in Polen eindrang.   Fünf volle Wochen schleppte er
sie in dieser Weise mit sich, ehe er, den Vorstellungen seiner Umgebung
folgend, ihnen Gehör gab.   Der Wortführer der Deputation, Lipski,
wurde vom polnischen Uebermuth und Vaterlandsgefühl zu scharfen Aus-
drücken verleitet, die Karl einen neuen Scheingrund gaben, jeden Vergleich abzuweisen.   In der Gesandtschaft selbst brach inzwischen Streit
und Uneinigkeit aus, sodaß es sogar zum Gebrauch der Säbel kam, wodurch natürlich das Ansehen ihrer Nationalität in schwedischen Augen
noch mehr sank und die begonnenen Unterhandlungen zum Abbruch kamen, worauf Karl erklärte: „Wenn ich in Warschau bin, werde ich den
Polen antworten!" und, ohne die Gesandtschaft zu empfangen, zu einem
andern Heerestheile reiste.   Nach ein paar vergeblichen Versuchen kehrte
die Deputation Mitte Mai zu den Ständen zurück. Schwedischerseits wurde
indessen Nichts versäumt, durch Parteimänner polnischer Nation und
durch Proclamationen die Gemüther zu erhitzen und namentlich den de-
mokratischen Theil des Volkes durch die Versicherung zu gewinnen, daß
Karl als Freund und Vertheidiger der alten Verfassung und Rechte gegen den die Alleinherrschaft erstrebenden König käme.

Karl XII.   ———   6

Siebentes Kapitel.

Feldzug in Polen. — Hummerhjelms Unglück. — Zug nach Warschau. —
Zug nach Klissow. — Schlacht bei Klissow. — Einnahme von Krakau.
— Friedensunterhandlungen. — Karls Beinbruch. — Stenbocks Zug
nach Noth-Rußland. — Feldzug von 1703. — Treffen bei Pultusk. —
Der kleine Prinz. — Friedensunterhandlungen. — Belagerung von
Thorn. — Winterquartiere von 1703—1704.

Feldzug in Polen. Nachdem Kurland ganz ausgesogen war
und die Schweden nicht länger zu ernähren vermochte, brach Karl im Januar 1702 auf, und fiel in Samogitien ein, so den Krieg mit Polen
factisch beginnend, da der Zug über die lithauische Grenze zum Schutz
der Sapiehas gegen Oginsky als von der hohen Politik unabhängig
dargestellt wurde. Durch Kälte und Hunger aufgehalten, erreichten die
Schweden erst am 17. Februar die Stadt Rossiena, und nahmen in ihrer
Umgegend die neuen Winterquartiere ein. Karl legte sein Hauptquartier
nach dem Schlosse Bielowice, und sorgte diesmal selbst eifrig für das
Wohl seiner Truppen.

Hummerhjelms Unglück. Karl XII. hatte bei dem Zug nach
Lithauen im December 1701 ein detachirtes Corps von 1800 Schweden
unter Hummerhjelm in Kowno, dreißig bis vierzig Meilen vom Hauptheer entfernt, und ohne Verbindung mit ihm, stehen lassen. Es machte
einen glücklichen Streifzug und nahm zehn Kanonen, von denen es jedoch
aus Mangel an Pferden nur vier nach Kowno führen konnte, weshalb
Capitain Siegroth nach einigen Tagen an der Spitze von 100 Infanteristen und 100 Reitern unter Major Siegroth, seinem Bruder, abgesendet
wurde, die übrigen zu holen. Die Infanterie war auf zwei Prahmen
den Fluß hinabgeschickt; die Reiterei folgte längs des Ufers; bei ihr befand
sich Hummerhjelm selbst. Nach zwei Tagemärschen sprengte die Reiterei der
Infanterie ungeduldig voran, wurde von Wiesnowiecki, der sie mit
mehreren Tausend Lithauern umschwärmte, gesprengt, wobei Hummerhjelm gefangen und der ganze Trupp in einen Sumpf geworfen ward, indem
nach hartnäckigem Kampfe sämmtliche Officiere und 110 Reiter niedergehauen, 18 schwer verwundet gefangen wurden und aus dem zwei ihr
Heil in der Flucht versuchten, die sie dadurch zu bewirken dachten, daß sie

mit ihren Pferden in den Niemen setzten und zum anderen Ufer schwammen. Nur einer erreichte Kowno, das erlittene Unglück zu berichten; der andere wurde von lithauischen Bauern erschlagen. Wiesnowiecki wendete sich darauf gegen die 100 Infanteristen. Capitain Siegroth suchte auf dem Prahmen vor dem anrückenden Feinde das andere Ufer zu erreichen; doch setzten sich die Fahrzeuge so fest auf den Grund, daß sie nicht loszubekommen waren. Nun richtete Wiesnowiecki ein Kreuzfeuer seiner sechs Geschütze auf die Schweden; doch wurden die Kanonen so schlecht bedient, daß die Kugeln fast keinen Schaden anrichteten, wogegen das langsame, gutgezielte Musketenfeuer die Polen nicht herankommen ließ. Ein Geschütz war bis zum Flußufer hinabgebracht; doch die Bedienungsmannschaft wurde stets so sicher weggeschossen, daß es verlassen dastand. Ein polnischer Oberst brachte unter Trompetenstößen Siegroth die Nachricht von dem Unglück Hummerhjelms und verlangte seine Capitulation, bot aber auf dessen Antwort, sich vertheidigen zu wollen, bis aus dem nahen Kowno Unterstützung käme, freien, ehrenvollen Abzug an. Diesen nahm Siegroth, dessen Mannschaft fast ohne Munition war, an, und erreichte Kowno mit einem Verlust von nur 6 Todten und 9 Verwundeten. Die Lithauer behandelten die Gefangenen auf das Grausamste. Hummerhjelm wurde, in einen polnischen Bock gespannt, in eine Scheune geworfen, in der er ohne Hilfe eines Jesuiten vor Hunger und Vernachlässigung umgekommen wäre. Die Uebrigen wurden in dem Marktflecken Dorßnicki nackt entkleidet und von jungen und alten Weibern gepeitscht.

Als die Nachricht dieses am 14. März erlittenen Unfalls in Rossiena anlangte, brach Karl sogleich nach Kowno auf, unterwegs schwere Brandschatzungen erhebend. Am 30. langte er in Dorßnicki an, besichtigte das Schlachtfeld, ließ die von den Polen in zwei großen Haufen, zur Warnung hart am Wege nur leicht verscharrten nackten Schweden ausgraben, reinigen, bekleiden und in ordentlichen Särgen mit militairischer Feierlichkeit beerdigen. In derselben Zeit kam zufällig Feuer in Dorßnicki aus, und Karl schickte Soldaten dorthin, um den Bewohnern bei Löschung des Brandes zu helfen. Ihnen selbst folgend, erfuhr er an Ort und Stelle die hier den Gefangenen gewordene Behandlung, und befahl nun in seiner Rachgier, statt zu löschen, den Flecken ganz in Asche zu legen, was auch sogleich geschah. Eine Streifpartei wurde gegen eine andere

6*

nahgelegene Stadt Puniz geſendet, aber, von einem Prieſter an die Polen verrathen, erlitt ſie bei ihrer Ankunft einige Verluſte, was dann auch die Einäſcherung dieſer Stadt herbeiführte.

Bug nach Warſchau. Anfangs April wurden die Wege gang-barer und Karl XII. beſchloß, nach Warſchau zu ziehen. Er beſaß zu dieſer Zeit 24,000 Mann; davon ließ er 8000 unter Mörner und Sten-bock zum Schutze Lithauens und Rigas zurück. Abermals wurden auch von ſchwediſcher Seite alle Anſtrengungen gemacht, den Bug abzuwenden; der alte Bengt Orenſtjerna unterſtützte ſie ſterbend mit ſeinen letzten Worten. Vergeblich, der Marſch wurde angetreten, und am 14. Mai langte Karl vor Warſchau an; da er auf dem ganzen Wege nur wenig Widerſtand gefunden, nahm er auch die Hauptſtadt ohne große Anſtrengun-gen, worauf ſogleich auf dem Schloßhof öffentlicher Gottesdienſt abge-halten wurde, dem er ſelbſt kniend beiwohnte. Das Benehmen des Sie-gers in Warſchau war klug und wohlberechnet. Er blieb bei der Be-hauptung, im Intereſſe der Republik gekommen zu ſein, und ſetzte die Kriegsauflage der Stadt nicht höher als 30,000 Thaler an, die er ver-langen zu müſſen erklärte: „da ſeine Schweden nicht von Wetter und Wind leben könnten, und die Polen ſie ernähren müßten, weil ſie die-ſelben in's Land gerufen." Der polniſchen Geſchichte und der Witwe Sobiesky's bewies er große Ehrfurcht, indem er die durch jene und dieſes Geſchlecht geheiligten Stätten aufſuchte, und letzteres, wie die Klöſter der Stadt von Beſteuerung und Einquartierung befreite. Die große Mannszucht der Schweden, welche ſelbſt die der polniſchen Frie-densgarniſonen übertraf, und die perſönliche Sittenreinheit des Königs, die allerdings polniſchem Weſen geradezu entgegenſtand, erregten Bewun-derung; ebenſo das muthige Vertrauen, mit dem Karl allein in Praga, den Vorſtädten, und auf dem Schlachtfelde des dreitägigen Sieges ſeines Großvaters umherritt. Der hohe Gedanke, den die Polen hierdurch von ihm faßten, trug nicht wenig zu ſeinen ſpätern Erfolgen bei. In War-ſchau begannen auch die Friedensunterhandlungen von Neuem, namentlich von der Partei Radziejowsky, wurden aber, gleichzeitig mit beachtens-werthen Mahnungen zur Vorſicht, von Karl unter dem Vorwurf der Feig-heit zurückgewieſen.

Zug nach Klissow. Der durch Schweden verbreitete Glaube an Augusts Erbieten, Karl einen Theil Polens für den Frieden zu opfern, trug jetzt die Frucht, daß der aufgebotene Adel sich wenig zahlreich und säumend bei den Fahnen einstellte, und es sogar dem Könige von dem polnischen Volke verweigert wurde, mehr als 6000 Sachsen in das Reich einzuführen. Das Kronheer aber zeigte, neben seiner schlechten Ausrüstung und mangelnden Verpflegung, schlechten Willen, die Sache des Königs zu unterstützen, der kaum durch einen bedeutenden Geldaufwand zu besiegen war. Nur durch dieses Mittel sah sich August endlich an der Spitze von 24—30,000 Mann. Karl hatte jetzt nur 12,000 Schweden. Sie sollten das 60,000 Einwohner zählende Warschau zügeln und die Uebermacht Augusts abwehren. Nils Gyllenstjerna erhielt den Befehl, mit bedeutender Truppenzahl von Pommern her vorzurücken, und Stenbock und Mörner sollten nur 2000 Mann in Lithauen zurücklassen, und mit den übrigen 6000 nach Polen eilen. Dennoch wartete Karl diese Verstärkungen nicht ab, sondern ging sogleich südwärts August entgegen. Nur Nachtmärsche machend, verbarg er seine Truppenschwäche, und ritt, ungeduldig, persönlich der lithauischen Verstärkung entgegen, traf sie mehrere Meilen rückwärts, ordnete ihre Eilmärsche an, und sprengte allein zum Hauptheere zurück. Am 7. Juli Abends erreichte dies die in vortheilhafter Stellung befindliche sächsisch-polnische Armee. Karl wollte jedem Einwande zum Trotz sogleich angreifen, bis Piper durch den glücklichen Einfall, auf den am 9. eintreffenden Jahrestag der Schlacht an der Düna hinzuweisen, Aufschub erlangte, um denselben Tag in der Geschichte durch zwei Siege zu bezeichnen. Am 8. aber kam, wie er es berechnet hatte, die Verstärkung Stenbocks und Mörners an, die sonst Karl nicht abgewartet haben würde, und der er trotz der dringenden Bitte ihrer Führer nach den erschöpfenden Eilmärschen keinen Tag Ruhe gestatten wollte.

Schlacht bei Klissow. Die Stellung König Augusts war sehr gut gewählt. Das polnische Kronheer stand unter Lubomirski und Siniawski am weitesten rechts auf einem sich lang ausdehnenden Hügel; auf einem zweiten, in der Mitte der Stellung, die ganze sächsische Artillerie; links das sächsische Heer unter August und Steinau; in der Front war ein Bach mit morastiger Umgebung. Die Schweden hatten in der Nacht zum 9. geruht; in der Dämmerung um sechs Uhr Morgens wurde

die Schlachtordnung hergestellt und vorgerückt. Den rechten Flügel führten Karl, Rehnskjöld, Mörner, Horn und Spens; den linken der Herzog
von Holstein, Düker, Vellingk, Stromberg und Nieroth; das Centrum
Lieven, Stenbock und Posse. Es wurden, um den Anmarsch zu verdecken,
die Fahnen, Standarten und Gewehre gesenkt. Angesichts des Feindes
stießen die Schweden auf den undurchdringlichen Morast, mußten sich von
ihm zurückziehen und eine Bewegung nach Osten machen, um ihn zu umgeben, wodurch die Sachsen in die Flanke gefaßt und von der Verbindung mit den Polen abgeschnitten werden konnten. August machte die
Gegenbewegung und stieß im Osten des erwähnten Morastes, am Fuße
des mit seiner Artillerie besetzten Hügels, auf Karl. Im Schutze seiner
Kanonen nahm er eine noch vortheilhaftere Stellung ein. Sein linker
Flügel stützte sich im Westen an den Morast; östlich von ihm stand in
guter und leichter Verbindung das polnische Kronheer, hinter ihm seine
Artillerie auf der Höhe, und in seiner Front lag ein anderer, wenn auch
kleinerer Sumpf. Trotz aller dieser Hindernisse und der feindlichen Ueberlegenheit, der drohenden gänzlichen Vernichtung im Falle eines Unglücks,
wagte Karl den Angriff, da er wußte mit wem und gegen wen er kämpfte.
Das mit glänzender Tracht ausgestattete Kronheer betrachtete, in Folge
des Gerüchtes, August hätte sich mit Karl gegen sie verbündet, um auf
Kosten einiger Provinzen den schwedischen Beistand zur Einführung der
Alleinherrschaft zu erlangen, die Sachsen mit Mistrauen, was diese seiner
bekannten Unzuverlässigkeit halber ihm zurückgaben. Karl kannte dieses Verhältniß und richtete deshalb den ersten Angriff auf die Polen. Der linke
schwedische Flügel, von einiger Infanterie des Centrums unterstützt, rückte
in dieser Richtung vor. Gleich beim ersten Angriff fiel der ihn leitende
Herzog von Holstein tödtlich verwundet. Die Schweden setzten unerschüttert und in gut erhaltener Ordnung den Angriff fort, und nach der
zweiten Salve flohen die Polen nach einem Verlust von nur sechzig Mann.
Von den Schweden schnell verfolgt, war das ganze Heer bald verstreut.
Die Sachsen kämpften mehrere Stunden tapfer; da aber die Flucht der
Polen ihren rechten Flügel entblößt hatte, sahen sie sich zum Rückzug
gezwungen. Ihre Infanterie hatte unter General Schulenburg sich lange
gegen Lieven und Stenbock geschlagen, und König August sich mitten
unter ihnen tapfer blosgestellt; trotz aller Anstrengungen und Schulen-

burgs Geschicklichkeit, mußte aber auch sie den schwedischen Garden weichen. Schwieriger war der Kampf auf dem rechten schwedischen Flügel. Mit Hilfe einer Menge von Reisbündeln gelang es Steinau, an der Spitze eines sächsischen Trupps über den Sumpfbach zu kommen, vorzurücken und die Schweden mit überlegener Stärke, theils in der Flanke, theils in dem Rücken anzugreifen. Als Karl diese drohende Bewegung gemeldet wurde, sagte er: „Laßt sie kommen, ich will sie bald zurückschicken!" Dennoch war die Lage der Schweden einen Augenblick sehr kritisch, aber ihr rechter Flügel bestand aus Kerntruppen, darunter die Trabanten, und die bewährtesten Anführer. Um Steinau's ersten Angriff abzuhalten, schloß die Infanterie und selbst die Cavalerie Quarrées, und brachen die Reiterregimenter nach einander aus diesen zum Anprall gegen die anrückenden Sachsen vor, die sie in ihrer Ueberraschung arg zusammenhieben. Das schwedische Leibregiment und die Trabanten stürzten sich auf die in ihrem Rücken agirenden Sachsen, ohne einen Schuß abzufeuern, warfen durch die Wucht des Angriffs und die Macht ihrer langen Hiebwaffe ein sächsisches Bataillon nach dem andern über den Haufen, und trieben sie, von den übrigen Regimentern unterstützt, über den Sumpf zurück. Jenseit desselben ordnete sie Steinau von Neuem und vereinte sie mit den andern Sachsen, worauf der letzte, blutigste Kampf entbrannte, der jedoch schließlich in eine Flucht des ganzen Heeres überging. Die Schlacht hatte drei bis vier Stunden gedauert. Karl war überall zugegen, wo die größte Gefahr war, nahm aber nicht am eigentlichen Handgemenge Theil. Im Eifer war er abermals so tief in einen Morast geritten, daß ihn der Stallmeister Reutercranz nur mit Mühe wieder herausziehen konnte. Zwischen vier und fünf Uhr Abends waren die Feinde ganz vom Felde verschwunden. Karl rückte in ihr Lager ein, ließ Victoria schießen und ein Dankgebet halten. Am Tage darauf wurden 300 gefallene Schweden beerdigt und 800 Verwundete, so gut es ging, mit Pflege versehen. Die Sachsen verloren 48 Kanonen mit Zubehör, 700 Gefangene, 2000 Todte, Lager, Troß, Fahnen, des Königs Silberzeug, die Kriegskasse, des russischen Gesandten Equipage 2c. 2c. Außerdem wurden 500 Frauen gefangen, die, im Lager anwesend, großentheils auf der Flucht in einen Sumpf geriethen, in dem ihnen das Wasser bis an den Hals reichte. Einige waren aus höherem Stande. Karl ließ

sie vor sich bringen und sagte ihnen: „Ich habe weder Musik noch Schauspiel hier, um den Damen die Zeit zu vertreiben; Sie werden mir also
erlauben, Sie unter sicherer Begleitung nach Krakau zu schicken." Einige
Stunden nach der Schlacht sah man Patkull, der in Hoffnung auf eine
Niederlage der Schweden nach Klissow geeilt war, flüchtig und barhaupt
in den sumpfigen Wäldern umherirren. Da die geringe Stärke der
Schweden keine nachdrückliche Verfolgung der Flüchtigen erlaubte, um
ihren Verlust an Mannschaft zu vergrößern, war der einzige bleibende
Vortheil des Sieges das kühnere Auftreten der Feinde Augusts nach
der neuen Niederlage. Einige Wochen später schickte Karl eine große
Zahl verwundeter oder durch Krankheit dienstunfähiger Leute mit einem
Gnadengeschenk von 20 Thalern nach Schweden zurück.

Einnahme von Krakau. Nach der Niederlage bei Klissow
öffnete Augusts schneller Rückzug den Weg nach Krakau. Nur einige
leichte Truppen umschwärmten Karl. Sie waren nahe daran, ihn gefangen zu nehmen, als er, von Stenbock und etwa zwanzig Officieren begleitet,
recognoscirend auf einen Trupp von 500 feindlichen Reitern stieß.
Tapfer fechtend zog er sich über eine auf seinem Wege befindliche Brücke
zurück. Oberst Dahldorff, Gardecapitain Nils Rosenstjerna, der Kammerpage Klinkowström und Leibknecht Halling faßten Stand auf der
schmalen Brücke und hielten mit wunderbarer Tapferkeit den Angriff der
Polen solange aus, daß der König in Sicherheit kommen konnte. Alle
vier geriethen aber dabei tödtlich verwundet in Gefangenschaft.

Am 31. Juli Nachts langte Karl vor Krakau an. Die Stadt
war schlecht befestigt und noch schlechter bewacht. Ohne Widerstand zu
finden, gelangte Stenbock in die Vorstadt Kazimierz und selbst bis an
das Thor der Stadt. Es hatte eine äußere hölzerne und eine innere
eiserne Thür. Stenbock klopfte an und befahl im Namen des Königs
von Schweden, zu öffnen und die Stadt zu übergeben. Man antwortete,
die Schlüssel seien verlegt, worauf Stenbock den Schloßhauptmann selbst
zu sprechen begehrte, der auch sogleich erschien. Stenbock stellte ihm vor,
daß der Krieg nur zwischen beiden Königen, aber nicht zwischen Polen
und Schweden geführt würde, man also das Thor öffnen möge. Der
Schloßhauptmann verweigerte es. Da drohte Stenbock, im Falle eines
Widerstands würde die ganze Besatzung niedergemacht werden. In dem-

selben Augenblick kam Karl selbst zur Stelle und rief in französischer Sprache: „Ouvrez la porte!" Der Pole hörte, daß es eine andere befehlende Stimme sei, und öffnete einen kleinen Spalt der Thür, um zu wissen wer der Verlangende sei. Im selbigen Augenblick erhielt er einen heftigen Peitschenschlag in's Gesicht, worauf Karl und Stenbock das Thor aufstießen, mit ihrer Begleitung eindrangen, und mit dem Säbel in der Hand die überraschte Wache zwangen, das Gewehr zu strecken. Der polnische Lieutenant wollte eine Kanone lösen, aber Karl riß ihm eigenhändig die Lunte weg. Auch den Schweden wurde zu schießen verboten, um nicht die ziemlich große Besatzung der Stadt unter die Waffen zu rufen. Der Schloßhauptmann floh in das Schloß, in der Absicht, dies zu vertheidigen; aber Karl und ein kleiner Trupp Reiter folgten ihm so schnell, daß sie gleichzeitig mit ihm durch das Schloßthor sprengten und so auch den letzten Halt der Stadt gewannen. Ehe die Bürgerschaft und Besatzung das Vorgefallene merkte, war Krakau erobert; Stenbock ward zum Schloßhauptmann eingesetzt und der Stadt und Umgegend wurden bedeutende Kriegssteuern auferlegt.

Friedensunterhandlungen. Durch die Niederlage von Klissow belehrt, wie er selbst mit polnischer Hilfe Karl XII. nicht widerstehen könne, dachte August mehr als je an einen Vergleich und fand von vielen Seiten Unterstützung, da man Karls Ehrgeiz befriedigt wähnte. Ein neuer Reichstag wurde nach Sendomir berufen und gewährte eben das alte Bild eines polnischen Reichstages. Uneinigkeit, Meinungs- und Privatstreit, Zank, Schlägereien und blutige Angriffe, — wobei der obenerwähnte Lipski als Anhänger Augusts ermordet wurde, — und russische, von Patkull geleitete Bestechungen, ließen Augusts Forderung um kräftigeren Beistand scheitern. Das Resultat aller Anstrengungen war eine Absendung einer neuen Gesandtschaft, um Seitens Polens den Frieden zwischen seinem König und Schweden zu vermitteln, und eine bei dem bewiesenen Mangel an Thatkraft, lächerliche ausschweifende Drohung gegen Karl, ihn gewaltsam aus Polen, Lithauen und Kurland zu vertreiben, wenn er es nicht freiwillig räume und seine Beute zurückgäbe. Karl wies die Vermittelung auf Grund der bisherigen Parteinahme der Polen zurück, versprach aber den Frieden, wenn die Republik ihre Sache von der des Königs trenne, und empfing unter Scheingründen die Gesandtschaft nicht, wußte aber durch

klug angewendete Drohungen und Schmeicheleien zu erlangen, daß
die Republik ihren Truppen verbot, durch Streifzüge die Schweden ferner
zu belästigen. Augusts eigene Friedensvorschläge wurden schwedischerseits
gar nicht angehört, und der österreichische Gesandte Zinzendorf, der immer weitergehende Gebote im Namen desselben überbrachte, aus dem
schwedischen Lager gewiesen, um in Krakau die erst nach Wochen gewährte Audienz zu erwarten. Die vortheilhaftesten Bedingungen für
Schweden wurden durch ihn und gleichzeitig durch die Ratziejowsky'-
sche Partei geboten, scheiterten aber an Karls Haß und feststehendem Entschluß, August zu entthronen. Auch die Schweden, im Reiche sowohl wie im
Lager, sehnten sich nach Beendigung dieses Krieges, das Heer umsomehr,
als traurige Nachrichten über das Geschick der gegen Rußland stehenden
Truppen kund wurden. Die Vorschläge der Staatsmänner, Bitten der
Generale, einzeln und in ihrer Gesammtheit, nach darüber abgehaltenem
Kriegsrath, die Berufungen und Hinweise der Prediger auf die göttlichen
und christlichen Vorschriften, Alles wies Karl mit der Erklärung zurück:
„Meine Ehre, mein Gewissen und die Sicherheit meines Reiches erlauben
mir die Gewährung solcher Wünsche nicht.“ Der Oberhofprediger Thing-
wall predigte bezugnehmend auf eine Aeußerung Karls: „Wenn ich auch funfzig Jahre in Polen bleiben soll, so gehe ich nicht eher aus dem Lande, bis ich
König August vom Throne habe,“ mit muthvollen, scharfen Worten über
die Unversöhnlichkeit gegen die Feinde. Die Predigt machte um so größeren
Eindruck auf Karl, als der geachtete Geistliche nach wenigen Tagen verschied. Karl besuchte sein Sterbebett, weinte heiße Thränen an seiner
Bahre, blieb aber in Hinsicht auf den polnischen Krieg unbeweglich; dagegen suchte er Unterhandlungen mit Rußland, um einen Separatfrieden
oder Waffenstillstand zum Schutz Lieflands, Esthlands und Ingermanlands abzuschließen. Der Beichtvater Jacob Sobiesky's leitete die Angelegenheit, in der Karl so unerwartet weit ging, des sonst gehaßten Patkulls Beistand zu verlangen, ihm zu schmeicheln und Versprechungen
machen zu lassen. An der Rachgier desselben und der Grundbedingung
des Czaren, einen Ostseehafen zu erlangen, was Karl durchaus nicht zu-
geben wollte, scheiterte dieser Plan. Frankreich suchte jetzt den polnisch-
schwedischen Krieg zu erhalten und zu schüren, da August im spanischen
Erbfolgekrieg offen auf Oesterreichs Seite getreten, und Karl ihm nicht

günstig gesinnt war. Ludwig XIV. ging sogar bis zu dem Versuche,
Karl durch Friedensvermittelung mit Rußland freie Hände zu schaffen,
und im schwedischen Lager die Sapiehas und Otto Vellingk für seinen
Zweck zu erkaufen, für den er sogar im Hintergrunde Subsidien bereit hielt.
Bei beiden Königen hatte er Gesandte, sie gegeneinanderzuhetzen; der am
Hofe Augusts wurde verwiesen, und als er nicht gehorchte, verhaftet, der in Karls Lager durch Oginsky gefangen. Die große Masse
der Völker wähnte, in Unkenntniß der Verhältnisse, Karl noch immer für die
gerechte Sache gegen einen trügerischen, wankelmüthigen und treulosen Feind
kämpfend, aber die Staatsmänner und selbst seine eigenen Oberofficiere
fingen an, in ihrer Ehrfurcht und Ergebenheit für ihn schwankend zu werden.

Karls Beinbruch. Da die schwere Reiterei gegen die leicht
berittenen polnischen Schaaren im Nachtheil war, bildete Stenbock eine besondere Truppe Towardschis, aus armen polnischen Edel-
leuten, die zu Karls Partei gehörten. Um ihm einen Beweis ihrer Tüchtigkeit zu geben, veranstaltete er unerwartet einen Scheinüberfall des
schwedischen Lagers. Unter lautem Geschrei brausten sie im Galopp in
die Zeltreihen ein. Der König, der gerade beim Abendessen saß, warf sich
schleunigst auf sein Pferd, um zu sehen, was der Lärm bedeute. In der
Eile ritt er den Zelten zu nahe, sodaß sich das Pferd in die Leinen derselben verwickelte und überschlug. Der König wurde im Gesicht und
Nacken verwundet und brach den linken Schenkelknochen dicht über dem
Knie. Alle, ausgenommen ihn selbst, ergriff Bestürzung. Er sagte:
„Lapperei! Das wird bald geheilt!" Trabanten trugen ihn in das Zelt
des Generals Mörner, das zunächst lag und wo der Verband angelegt
wurde. Karl zeigte kein Zeichen der Schmerzen und ließ sich durch das
Lager tragen, damit die Soldaten sähen, daß keine Gefahr vorhanden sei.
Dann wurde er gegen seinen Willen durch die Trabanten nach der Vorstadt
geschafft, da die Aerzte erklärten, es bedürfe zur Heilung einer größeren
und gleichmäßigeren Wärme, als das bisher von ihm bewohnte Zelt böte.
Als er sah, daß er sich fügen mußte, ließ er erst die Trabanten, dann das
ganze Heer, aus dem Zeltlager in die Stadt quartieren. Die Jugend,
das reine Blut und die geschonte Manneskraft Karls ließen ihn das
Wundfieber und alle Unbequemlichkeiten leicht ertragen, sodaß die Heilung sehr schnell von statten ging. Bald war er soweit hergestellt, daß die

Armee ihren Zug längs der Weichsel fortsetzen konnte. Der größeren
Bequemlichkeit halber schlug man dem Könige die Reise auf einem Fluß-
fahrzeug vor; er ließ sich jedoch eine Tragbahre anfertigen, und blieb in den
Reihen seiner Soldaten. Achtundvierzig auserwählte Gardisten trugen
ihn, je acht einander ablösend. Schon vierzehn Tage nach dem Beinbruch
ließ er sich so durch das Lager tragen, nach fünf Wochen sich in den
Sattel heben, um einige Schritte zu reiten, wobei er jedoch selbst einsah,
daß er von diesem Versuche noch abstehen müsse; in der siebenten Woche
ging er mit der Krücke; in der neunten ritt er im Galopp, und in der
zwölften am Weihnachtsabend warf er die Krücke fort und erklärte sich
für vollkommen hergestellt; doch blieb ein kleines Andenken an dieses
Abenteuer lebenslänglich zurück.

Stenbocks Zug nach Roth-Rußland. Die versprochene
Mäßigung in Erhebung der Kriegsauflagen, Verschonung der Kirchen
und Klöster vor Plünderung, und der Adelsgüter vor Einquartierung,
erhielt Karl bis nach der Schlacht bei Klissow aufrecht. Dann aber führten die Klagen über Noth und Geldmangel in Schweden zu der Nothwendigkeit, aus Schonung für das eigene Land das Heer auf polnische
Kosten zu erhalten, umsomehr als die Polen bei Klissow selbstthätig für
August gegen Schweden aufgetreten waren. Die Geldauflagen wurden
erhöht und vervielfacht; ebenso die ausgeschriebenen Provisionslieferun-
gen. Widersetzlichkeiten dagegen wurden hart bestraft, so wurde z. B. die
Stadt Novomiasto aus diesem Grunde einen Monat nach dem Siege bei
Klissow ganz in Asche gelegt. Die frühere Kriegszucht wurde locke-
rer gehandhabt und Gewaltthätigkeiten in Menge verübt, namentlich in
der August ergebenen Krakauer Gegend, dabei aber die Radziejowsky'-
schen Besitzungen geschont. Nach dem Entschluß des Reichstags zu Sendomir, August zu unterstützen, wurde der Stadt Krakau die Contribution
von 60,000 Thalern aufgelegt und dann noch viel Kirchensilber geraubt.
Während der durch den Beinbruch des Königs seinen Truppen gewährten
größeren Ruhe schickte er Stenbock mit 2500 Mann nach Roth-
Rußland und Volhynien, um Geld, Vorräthe ꝛc. einzutreiben und die Bewohner zu zwingen, sich gegen August zu erklären. So geneigt sie auch Stenbocks Verheißungen, daß Karl sie nur gegen Augusts Alleinherrscherpläne
schützen wolle, hierzu machten, stießen sie die auferlegten Kriegs-

steuern sogleich wieder zurück, und da auch Drohungen nichts halfen, kam
es zur Gewalt, wobei die Güter des Adels und besonders Oginsky's und
Lubomirski's verheert wurden. Auf diesem Zuge wurden auch die gefangenen Lebensretter Karls: Dahldorf, Rosenstjerna und Klinkowström,
wieder befreit. Der König trieb in seinen eigenen Briefen Stenbock zu
stets neuen Plünderungen und Verheerungen an, weshalb sich die Befeh-
lenden, wie die Soldaten unerhörte Dinge erlaubten. In acht Wochen
waren 60,000 Thaler in gemünztem Gelde, 30,000 Thaler in Gold
und Silber, 16,000 Ellen blaues Tuch und ungeheuere Vorräthe an
Hemden, Strümpfen &c., eine werthvolle Beute für das abgerissene Heer,
erpreßt worden. Diese Behandlung empörte Polen gegen die Schweden,
und doch herrschte eine solche Furcht vor denselben, daß sich große Landschaften, welche ohne jede Mühe die vierfache Zahl Krieger ihren Angrei-
fern hätten entgegenstellen können, vor 2500 Mann beugten und sich unter
Karls Schutz stellten. Zu Ende des Herbstes legte Karl die Truppen in
der Gegend von Sendomir und Kasimierz in Winterquartiere, um diese
August besonders zugethane Landschaft vor den übrigen aussaugen zu
können. Er selbst mied wieder die Städte und verlegte sein Hauptquartier in das Schloß Jacobowice, in der Nähe Sendomirs, ein Besitzthum
Lubomirski's.

Feldzug von 1703. — Treffen bei Pultusk. In den ersten
Monaten des Jahres 1703 ruhte der Krieg, aber schon im März brach
Karl aus den Winterquartieren auf und zog, fast ohne auf Widerstand
zu stoßen, nach Warschau, wo das Heer Anfangs April eintraf. August
hatte während dieser Zeit ein nicht unbeträchtliches Heer, theils aus
Sachsen, theils aus Lithauern, die ihm im Allgemeinen mehr ergeben
waren, als die eigentlichen Polen, aufgebracht. Diese Truppen hatten sich
bei der Stadt Pultusk gesetzt, von wo aus sie die Schweden beunruhigten
und die Anhänger Augusts ermunterten. Karl beschloß, sie zu verjagen,
so schwer es auch schien. Pultusk lag auf einer Insel im Narew, und
auf dem Wege dorthin waren verschiedene Wasserläufe zu durchziehen.
Karl ritt selbst zur Recognoscirung aus, und griff darauf die Sache unerschrocken an. Mit einem starken Theile seines Heeres rückte er aus
Warschau, überschritt auf Prahmen und Brücken den Bug und sprang
dabei selbst zuerst mit seinem Pferde ins Wasser, um die auf dem jensei-

tigen Ufer harrenden Feinde zu verjagen. Auf dem weiteren Marsche
fanden sich andere Ströme ohne jegliche Brücken und nicht einmal Holz
in der Nähe, um sie zur Noth herzustellen; Karl ließ deshalb das Fußvolk zurück, und drang mit der Reiterei durch Sümpfe und Wälder vor,
warf hier und dort die angetroffenen Feinde zurück, durchschwamm oder
durchwatete, stets selbst an der Spitze, die übrigen Gewässer, und langte
am 21. April früh Morgens vor Pultusk an, den Feind völlig überraschend. Steinau, der Augusts Heer commandirte, ahnte die Stärke
Karls nicht und erwartete nur ein kleines Scharmützel. Als er aber die
ganze schwedische Reiterei erblickte, vermuthete er natürlich auch die Infanterie zugegen, und ließ seine Truppen sogleich in die Stadt zurückgehen, um sich hinter dem nördlichen zwischen ihm und dem Feinde liegenden Narewarme zu schützen. Karl erkannte den Zweck der Bewegung und
·ließ durch ein Dragonerregiment den fliehenden Feind abschneiden. Es
gelang demselben, mit den Sachsen gleichzeitig die Stadt zu gewinnen
und die Brücke zu besetzen, über welche nach wenigen Augenblicken Karl
an der Spitze der Trabanten und des Leibregiments in die Stadt sprengte.
Lithauer und Sachsen flohen fast ohne Widerstand und gelangten theilweise über die Brücke des Südarmes der Narew, die sie frühzeitig genug
abbrachen, um die heftige Verfolgung der Schweden zu hemmen, wodurch
aber ein großer Theil ihrer eigenen Cameraden abgeschnitten und theils
niedergemacht, oder in den Fluß gejagt, theils gefangen wurde. Feldmarschall Steinau gelang es, sich zu retten, aber der Generallieutenant
von Beust wurde mit einer Anzahl Oberofficieren abgeschnitten. Sie
verbargen sich in einer auf dem Flusse liegenden Mühle und zerschnitten deren
Ankertaue, in der Hoffnung, unbemerkt stromab zu treiben und das jenseitige Ufer zu erreichen. Karl selbst sah das Schwimmen der Mühle
und befahl, sie an's Land zu ziehen, worauf er in eigener Person, doch
ohne sich zu erkennen zu geben, Beust und seine Cameraden gefangen
nahm. Bald war auch die Brücke über den Südstrom wieder hergestellt
und die Verfolgung von Neuem aufgenommen. Der gewonnene Sieg
hatte Karl nur einen Officier und elf Mann gekostet. Der Feind verlor
mehrere Hunderte an Erschlagenen und Ertrunkenen und 700 Gefangene,
eine große Zahl Pferde, Standarten und Mundvorrath und eine kleine
Feldkasse, die Karl jedoch sogleich unter seine getreuen Reiter vertheilte.

August war nicht bei Pultusk zugegen, sondern lag in Marienburg, wo am Tage des Treffens ein Schauspiel aufgeführt wurde, in dem die Schweden den Sachsen unterlagen.

Der kleine Prinz. In dieser Zeit langte im Lager des Königs Prinz Maximilian Emanuel von Württemberg, bekannt unter dem Namen der kleine Prinz, an. Er war 1689 geboren und hatte die Vorliebe seines Geschlechts zum Kriegshandwerk, mit welcher sich eine schwärmerische Ergebenheit für Karl XII. verband, sodaß er, jetzt vierzehn Jahre alt, durchaus in den Dienst des bewunderten Helden treten wollte. Er langte kurz vor dem Treffen von Pultusk im schwedischen Lager an und erklärte dem Könige den Wunsch, an dem Feldzuge theilzunehmen und sich in der Kriegskunst zu üben. Karl antwortete: „Gut, ich will Sie nach meinem Sinne erziehen!" und ließ ihn, so ermüdet er von der Reise war, sogleich sein Pferd besteigen und sich von ihm auf einem überlangen Inspectionsritt begleiten. Der Prinz hielt es gut aus und Karl gewann dadurch eine große Neigung zu ihm. Als der württembergische Gesandte bemerkte, daß ein so junger Herr doch eines besondern Hofmeisters bedürfe, erklärte der König: „Das ist nicht nöthig, ich will selbst sein Hofmeister sein." Auch bewies er in der That sogleich mehr Sorgfalt für diesen Prinzen, als er sonst irgend Jemand bewiesen hatte. Die Soldaten bemerkten dies, legten dem Lieblinge ihres Herrn bald den Namen „der kleine Prinz" bei, und gewannen, als sie ihn kennen lernten, denselben ungemein lieb. In dem Treffen bei Pultusk mußte er seine erste Waffenprobe ablegen. Er war einer der Ersten, der bei Verfolgung eines feindlichen Dragoners in die Stadt drang. Als dieser seines Verfolgers Knabenalter erkannte, rief er ihm zu: „Was, kleiner Junge, willst Du auch schon anfangen, Menschen zu morden?" Der Prinz antwortete mit einem Angriff, der Kampf wurde heftig und er erhielt einen Stich durch den Rock und einen andern in den Stiefel, ehe es ihm gelang, seinen Gegner zu durchbohren. Dann ritt er zu dem Könige zurück und empfing wohlverdientes Lob für seinen an den Tag gelegten Muth. In Folge des vorhergegangenen Rittes und Durchwatens der Flüsse waren die dessen ungewöhnten Füße des Prinzen so angeschwollen, daß ihm nach dem Kampfe die Stiefel von den Beinen geschnitten werden mußten. Einige Wochen später stürzten der König und der Prinz bei einem nächtlichen Ritt in eine tiefe Grube; der Prinz lag unten und der König oben, sodaß Ersterer sehr übel gequetscht wurde und erst nach mehreren Tagen wieder soweit zu Kräften gekommen war, daß er in den Sattel steigen konnte. So knüpften sich die Bande glühender Freundschaft zwischen dem einundzwanzigjährigen Könige und dem vierzehnjährigen Prinzen, ein Bündniß, das, auf gegenseitige schwärmerische Liebe gegründet, durch gemeinsam getheilte Gefahren geprüft und gestählt wurde.

Friedensunterhandlungen. Bei dem in der Nordhälfte Europa's allgemeinen Wunsch nach Frieden zwischen Karl und August begannen die deßfallsigen Verhandlungen bald wieder. Polen blieb sich ganz gleich; ein paar neue Reichstagsversammlungen boten das alte Schauspiel allseitiger, mitunter blutiger Uneinigkeit, und das Resultat war der Beschluß: gegen Karl Blut und Leben zu wagen, und gleichzeitige Absendung einer Gesandtschaft, um einen Vergleich mit ihm nachzusuchen. Nach langen Widersprüchen wurde die ganze polnische Streitmacht aufgeboten, erschien aber so geringzählig, daß sich alle ihre Unternehmungen auf ein paar Scharmützel beschränken mußten, die nur eine härtere Behandlung ihres Landes durch die Schweden herbeiführten, worin diesen die sich zurückziehenden Sachsen Nichts nachgaben. Die immer weitergehenden Vorschläge, die sogar das Versprechen enthielten, daß die Republik mit bewaffneter Hand jeden König von Polen angreifen wolle, der von ihrem Lande aus feindliche Schritte gegen Schweden richte, wies Karl durch geschickte Antworten Pipers ab. Auf seines Anhängers Rafael Leszczinski's Rath verbarg Karl auch jetzt seinen feststehenden Entschluß der Thronentsetzung und gewann dadurch viele Anhänger in Polen, die ihn einem Frieden nun geneigter glaubten, weil die sie beschimpfende Forderung nicht offen als Grundbedingung ausgesprochen war. Augusts eigene Friedensgebote wurden stets lockender für Schweden, und Oesterreich, Holland und England unterstützten ihn. Robinson, der englische Gesandte in Stockholm, mußte mitten im Winter von hier aus in das schwedische Lager reisen, um im Auftrage seiner Regierung Karl die in Schweden selbst herrschende Noth und Misvergnügen zu schildern. Nach langer Zeit erst glückte es, im Frühjahre 1703, demselben, durch Ueberraschung Karls, mitten auf der Landstraße, ein Gespräch mit

dem Könige zu erlangen. Er richtete darin aber ebenso wenig aus, wie
die Gesandten Hollands und Oesterreichs das Geringste erreicht hatten;
eine zweite Audienz wurde ihm nicht bewilligt, und gleichzeitig mußte Piper dem vertrauten Radziejowsky erklären, daß die Entthronung Augusts
die unausweichliche Friedensbedingung sei. Auch die erneuten Versuche
von schwedischer Seite selbst, Pipers energischer Hinweis auf den schon
vollendeten Verlust Ingermanlands, die Grundsteinlegung St. Petersburgs und den darin liegenden erreichten Zweck der Gewinnung eines
Ostseehafens von Seiten Rußlands, dieses für die Zukunft Schwedens
weit wichtigeren Verhältnisses, als die Besetzung des polnischen Thrones,
prallten an Karls Eisenkopfe ab. Später, im Sommer, schloß Schweden
mit Holland ein Bündniß, wonach es nach beendetem Kriege in Polen diesem
Hilfstruppen gegen Frankreich senden wollte; dadurch war in dieser Macht
ein neuer Trieb zur Friedensstiftung entstanden, und es veranlaßte einen
neuen gemeinsamen Schritt mit Oesterreich, das durch das Anbieten der
Reichsfürstenwürde die Sapiehas von Schweden abziehen wollte, und mit
England, das, um Einfluß zu gewinnen, durch Robinson einen zufälligen
Geldmangel in Karls Heere durch Vorschuß decken ließ. Die Basis
waren die polnischen Vorschläge, mit Hinzufügung einer gemeinsamen
Garantie der drei Verbündeten für einen vollständigen Ersatz der schwedischen Kriegskosten. Karls Antwort war ausweichend und er verlangte
zuvor zu wissen, wie die Polen den Frieden mit ihm herzustellen gedächten,
worin die Frage der Entthronung Augusts verborgen lag. Diesen Bemühungen entgegen arbeitete Dänemark durch geheime Aufhetzung der
Polen und Augusts für die Fortsetzung des Krieges und der dadurch
bedingten Schwächung Schwedens; Rußland ebenso zu Gunsten seines
lange erstrebten Ostseehafens, und um Karl und seine Truppen noch
sicherer zu beschäftigen, fing es 1703 an, kräftiger als früher August zu
unterstützen. Auch Frankreich fuhr fort, dem Frieden entgegenzuarbeiten
und namentlich Englands Pläne zu vereiteln. Der Gesandte jener
Macht versuchte wiederholt, eine Erlaubniß zum Aufenthalt im Lager zu
erhalten, drang aber damit nicht durch und wirkte deshalb auch gegen die
Audienz Robinsons. Der Chef des Hauses Sapieha stand geradezu in
französischem Solde und viele Schweden erhielten bedeutende Geldsummen, wie sie Anderen, z. B. Piper, angeboten, aber von ihnen abgelehnt

wurden. Ein Schwede in französischen Diensten, Erik Sparre, wurde nun als geheimer Agent in Karls Dienst gegeben, konnte aber nichts Bedeutendes ausrichten, da jeder seiner Schritte von allen Seiten bewacht wurde; er kehrte deshalb bald wieder nach Paris zurück, hatte aber vorher Oberst Lenck zur Uebernahme seines Postens gewonnen. Die Aufgabe war leicht, denn im Heere stellte sich die Gewißheit heraus, daß nur der Tod Karls die Ausführung des Entschlusses, August zu entthronen, verhindern würde. Preußen trat jetzt gleichfalls mit dem Vorschlage, den Plan, August zu entthronen, fallen zu lassen, aber statt dessen polnisch Liefland und einen Theil Lithauens zu Schweden zu schlagen, hervor, zu dessen Erreichung es, gegen die auf Polens Kosten zu gewährende Entschädigung durch Westpreußen, 30,000 Mann Hilfstruppen stellen wollte. Auch hierauf ging Karl nicht ein.

Belagerung von Thorn. Nach dem Treffen von Pultusk waren die Truppen Augusts zu geschwächt und erschreckt, um den Schweden noch im offenen Felde entgegengestellt werden zu können. Sie schlossen sich in Thorn, einer der wenigen einigermaßen starken polnischen Festungen, ein. Karl eilte ihnen nach und stand schon in der Mitte des Mai vor diesem letzten Schutz der Krone Augusts, in dem die schwachen Trümmer des sächsischen Heeres weilten. Die Besatzung der Festung betrug 4 bis 6000 Mann, die Zahl der Schweden nur 10,000 Mann, die noch dazu nur mit Feldgeschütz versehen waren. Von einer förmlichen Belagerung konnte daher keine Rede sein. Die Stadt wurde nur umstellt, worauf aber die Sachsen die Vorstädte abbrannten und die Werke ausbesserten. Karl befahl, von Riga und Karlskrona aus eine ziemliche Masse schwerer Artillerie und 4000 in Schweden ausgeschriebene Soldaten nach Danzig zu schaffen. Dort wurden sie im Juli und August ausgeschifft und durch Stenbock Karl zugeführt. So schwach ihre Bedeckung und so ungeübt und selbst schlechtbewaffnet diese Truppe war, beendete sie ohne Hinderniß ihren gefährlichen Marsch; Karl begann nach ihrer Ankunft eine förmliche Belagerung und nach dem ersten Bombardement gerieth die Stadt in Brand, sodaß die Bürgerschaft den Commandanten zur Capitulation zwingen wollte. Inzwischen wurde auf einem neu zusammenberufenen Reichstag, unter gleichen Auftritten wie früher, die ganze Landesmacht gegen Karl aufgeboten, erschien aber, aus Trägheit, Eigen-

nutz, Furcht oder Verrätherei, wieder nicht in'nennenswerther Anzahl.
August konnte daher nur auf 5000 Sachsen unter Steinau, das polnische Kronheer von 4000 Mann unter Lubomirski und 6000 Lithauer
unter Wiesnowiecki zählen. Diese Truppen wurden bei Pultusk gesammelt, um längs der Weichsel zum Entsatz von Thorn zu ziehen. Die
Führer waren aber, wie gewöhnlich, uneins, weshalb August die beiden
Polen zu sich berief, mit Hilfe des Bischofs Zaluski sie zu einigen
und kräftigen Entschlüssen zu bringen versuchte, und schließlich auch Lubomirski bewog, jenem Unternehmen seinen Beifall zu zollen. Die schon
im vergangenen Winter von Schweden im Kronheere verwendeten Bestechungssummen, wovon Lubomirski selbst 50,000 Thaler erhalten,
und das Vertrauen Augusts zu Wiesnowiecki trieben jenen zu geheimen
Verbindungen mit Radziejowsky. Unter dem Vorwande, für die Kriegsführung der Lithauer nicht einstehen zu können, verlangte Lubomirski,
auf der einen Seite der Weichsel zu marschiren und Wiesnowiecki und
den Lithauern die andere zu überlassen. Nachdem dies bewilligt war,
erhob Lubomirski einen neuen Streit über das ihm zu überlassende Ufer,
verzögerte den befohlenen Abmarsch dadurch wieder um eine lange Zeit
und, trotz der flehenden Bitten des Bischofs Zaluski, der mit thränendem
Auge die Noth des Vaterlandes vorstellte, blieb er völlig unthätig stehen,
womit sein durch das Geld und die Drohungen der Schweden verderbtes
Heer größtentheils einverstanden war, sodaß Karl sich darauf verlassen
konnte, daß das Kronheer unthätiger Zuschauer der Belagerung von
Thorn bleiben würde. Wiesnowiecki wollte nun mit den Sachsen gemein-
schaftlich gegen die Schweden ziehen, Steinau aber verbat sich jede Ver-
einigung mit den Lithauern, die nur bei Verfolgung eines geschlagenen
Feindes nützen könnten, in ernster Schlacht aber stets flüchteten und
den Bundesgenossen verließen. Die Sachsen operirten also allein in
Streifzügen gegen die Schweden. Die Bewegungen der nun selbständigen
Lithauer wurden aber auch durch Verrath in den eigenen Reihen gehemmt;
Oginsky, der frühere Parteigänger Augusts, war durch Uebergehung bei
Besetzung eines Postens von diesem beleidigt worden und regte die Trup-
pen so zum Aufruhr an, daß sie nicht eher zu verwenden waren, als bis
Oginsky durch eine bedeutende Summe neu erkauft war, worüber aber

7*

die Gelegenheit versäumt und die ordentliche Belagerung durch Karl, der von Stenbock verstärkt worden, begonnen war.

Vor Thorn begann sich Karls außerordentlicher Muth in Uebermuth zu verwandeln, der ihn Gefahren aufsuchen ließ, die unnöthig und schädlich waren. Er ließ sein weites und offenes Lager nicht verschanzen und erklärte: die Vorsicht sei im Grunde nur ein anderer Name für Feigheit. Ohne Grund dazu begab er sich in den Laufgräben mitten ins feindliche Feuer. Einst riß ihm eine Kanonenkugel eine Faschine aus der Hand, die er selbst befestigen wollte. Ein anderes Mal warf ihn eine schwere Kugel mit einem vor ihm stehenden mit Erde gefüllten Schanzkorb um, sodaß er ganz mit Sand überschüttet wurde. Täglich umritt er, absichtlich im Bereich der Kugeln, die Festung, und zwar so, daß er den Feinden kenntlich sein mußte, was auch ihr scharfes Feuern bewies, das jedoch wunderbarerweise wenig Schaden that. Die schwedischen Generale wollten die Erklärung in die Stadt Thorn senden, daß bei fernerem Schießen auf den König, im Falle der Einnahme, Niemand geschont werde. Karl verbot es und sagte: „Die Sachsen haben Recht in dem, was sie thun. Ich bin es, der Krieg mit ihnen führt. Können sie mich erschießen, so ist die ganze Sache aus," und fuhr fort, um die Stadt zu reiten. Sein und seiner Umgebung Zelte ließ er auch im Bereich der von den Wällen kommenden Kugeln aufschlagen, sodaß einzelne Personen darin erschossen wurden; dennoch verbot er die Aufführung schützender Erdwälle. Piper ließ nun in seiner Abwesenheit Heuhausen zur Sicherung der Lagerstätten um dieselben auffahren. Als Karl zurückkehrte, merkte er die Absicht, ließ auch das Heu vor dem Lager des kleinen Prinzen, das stets in seinem Zelte war, und vor dem einiger Dragoner, die gleichfalls darin lagen und deren Pferde schon mehrmals erschossen waren, zum Schutze liegen, vor dem seinen aber wegnehmen, sodaß es den Feindeskugeln so offen blieb, wie vorher. In einer Nacht wollte er gegen den entschiedenen Rath aller Generale und Obersten einen gefährlichen Sturm wagen. Da sagte ein General: „Wenn Ew. Majestät Ihre Truppen so zur Schlachtbank führen wollen, werden wir uns auch blindlings gegen die Mauern stürzen, um mit unserem König gleichzeitig erschossen zu werden." Karl stutzte und der Sturm unterblieb, da die Berathung ihn bis zur Dämmerung aufhielt. Während der Belagerung griffen die von dem geschickten General Brant geführten Parteigänger Augusts häufig die Schweden an, wobei viele bemerkenswerthe Thaten beiderseits vorkamen. So schlug sich der Major Creutz mit 400 tapferen Reitern des Leibregiments durch 7000 Feinde. Indessen schritt die Belagerung gut vor; Karl wollte der bedrängten Stadt nur Capitulation gewähren, wenn sich die Sachsen auf Gnade und Ungnade ergeben würden. Anfangs October mußten sie diese Bedingung annehmen. Die Schweden machten reiche Beute: 96 Kanonen, 9 Mörser, 30 Feldschlangen, 800 Centner Pulver, 8000 Musketen, 276,000 Musketenpatronen und große Provisionsvorräthe, eine Brandschatzung von 100,000 Thalern und alles Silber, was aus der umliegenden Gegend in die Stadt gebracht war, um dort in Sicherheit zu sein. Karl schenkte seinen Officieren die Kirchenglocken, die von der Stadt mit 60,000 Thalern aus ihren Händen ausgelöst werden mußten. Die Befestigungen wurden niedergerissen und gesprengt, um nicht mehr gegen die Schweden dienen zu können. Mehrere Tausende wurden kriegsgefangen; sie wurden gut behandelt und die Officiere beschenkt. Die Gemeinen wurden mit den Felduntüchtigen des Heeres nach Schweden geschickt; die Herbststürme verstreuten aber die Flotte, sodaß einige Fahrzeuge verunglückten, andere in verschiedenen Ostseehäfen landeten und nur wenige die schwedische Küste glücklich erreichten. Den Schweden hatte die Eroberung von Thorn wenig Mannschaft, aber viel Zeit, fünfthalb Monate, gekostet; doch war ihr glücklicher Ausgang sehr wichtig, da nach dem Fall der starken Festung die Polen sie für unüberwindlich hielten und sich in immer größerer Zahl der Partei derselben ergaben. Aus allen Landschaften und Städten gingen leicht große Kriegssteuern ein; Danzig zahlte 100,000 Thaler und Elbing wurde für seine den Schweden bewiesene Abneigung mit einer Brandschatzung von 260,000 Thalern belegt.

Winterquartiere von 1703 zu 1704. Erst wenige Tage vor Weihnachten ließ der König die Winterquartiere in polnisch Preußen und besonders im Bisthum Ermeland beziehen, da diese Gegenden, bisher vom Kriege wenig berührt, am Besten die Truppen verpflegen und die Kriegskosten tilgen konnten. Der König legte sein Hauptquartier in das bischöfliche Schloß Heilsberg und die Trabanten in diese Stadt. Zum

ersten Male seit dem Beginn des Krieges gestattete er sich diese Bequem=
lichkeit und begann eine andere Lebensweise. Die Nächte ruhte er länger
und beschäftigte sich am Tage mehr mit Regierungsangelegenheiten. Zur
Belustigung der Kriegsleute wurden oft Bälle und Feste veranstaltet
und eine Schauspieltruppe aus Stockholm an den kriegerischen Hof ver=
schrieben. Die häufigen Ritte in die Quartiere der Soldaten behielt
Karl jedoch bei. Im November hatte er sich, von sechs bis acht Personen
begleitet, von Thorn aus südwärts nach Großpolen zu Rhenskjölds
Truppen begeben. Ohne Ruhe und Unterbrechung war er zwei Tage
lang geritten, das ermüdete Pferd im nächsten Dorfe durch ein gut be=
zahltes ersetzend. Die ihn begleitenden Trabanten waren nach und nach
zurückgeblieben und nur Klinkowström hatte bei ihm ausgehalten. Der
Ritt war mitten durch ein mit feindlichen Streiftruppen besetztes Land
gegangen. Des Tages darauf wollte er umkehren, und da er keine stär=
kere Begleitung mitnehmen wollte, ließ Rehnskjöld heimlich zuvor den
Weg durch größere Trupps reinigen und decken. Karl machte auf der
Hin= und Rückreise zu seinem Hauptquartier ohne eigentlichen Aufenthalt
vierunddreißig Meilen. Gegen Danzig beabsichtigte Unternehmungen
fallen in diese Zeit, scheiterten aber an dem energischen Einspruch der frem=
den Mächte und dem Umstande, daß Karl sein Entthronungsplan näher
am Herzen lag, als die Gewinnung dieses sichern Waffenplatzes mit seinen
reichen Zugängen und der gesicherten Verbindung mit Schweden. So
kam Danzig mit einer Brandschatzung, der Tilgung einer Schuld aus
den Zeiten Karls VIII. an das Geschlecht Gyllenstjerna und der förm=
lichen Auffage der Treue und des Gehorsams gegen August davon.

In diesem Winterquartiere ereignete sich der traurige Tod Axel
Hårds, des Kammerherrn Karls. Er war einmal an Karls Seite bei den
halsbrechenden Schlittenfahrten in Kungsör schwer beschädigt worden,
bei Narwa Karls Retter, als dieser in dem Moraste versunken war, an
der Düna schwer verwundet, und in Folge davon einer der nächsten und
treuesten Begleiter des Königs. In Heilsberg belustigte er sich mit dem
Könige, Jeder an der Spitze einer Anzahl Genossen, einander anzugreifen
und mit losem Pulver sich gegenseitig zu beschießen. Hård drang durch
Karls Trupp und kam bis dicht an den König, sodaß er ihn gefangennehmen
konnte. Er rief aus: „Wenn ich jetzt ein Feind wäre, was würden Ew.

Majestät machen?" Karl antwortete: „So würde ich's machen!" und schoß sein eben geladenes Pistol auf Hård ab, hatte aber in der Eile vergessen, den Ladestock herauszunehmen. Der durchbohrte Hård sank in seinem Blute nieder und verschied nach zwei Tagen an der absolut tödtlichen Wunde, nachdem er geduldig und ergeben den wehklagenden König getröstet. Karl war außer sich vor Schmerz, und während der Beichte vor dem nächsten Abendmahle floßen bittere Thränen; auch blieb er lange noch verschloßener und düsterer als zuvor und fastete an jedem Jahrestage der unglücklichen Begebenheit.

In seinen Briefen und Befehlen aus dieser Zeit ordnete Karl selbst die unerhörtesten Grausamkeiten an, befahl schonungsloses Aussaugen und Plündern, Erpressungen, Morden und Brennen, und Alles allein aus der Ursache, daß die Polen noch immer nicht auf seinen Befehl ihren gesetzlichen König verlassen wollten. Diese Mittel führten indeßen seinen Truppen reiche Verpflegung und Beute zu und in seine Kriegscassen durch Steuern und Brandschatzungen so große Zuschüße, daß mehrere neue Regimenter geworben und die alten neu bekleidet werden konnten. Erst Ende Mai 1704 brach das Heer wieder aus den Winterquartieren auf. Es bestand damals aus 17,700 Mann Fußvolk, 9500 Mann Reiterei und außerdem 4000 Dragonern, Alle im trefflichsten Zustande.

Achtes Kapitel.

Der Kern der schwedisch-polnischen Partei. — Conföderation in Großpolen und Karls Schutz derselben. — Die Conföderation erklärt König Augusts Thronentsetzung. — Die zu Nachfolgern König Augusts vorgeschlagenen Personen. — Die Conföderation wählt Stanislaus zum König. — Feldzug von 1704. — Zug nach Lemberg. — August nimmt Warschau. — Karl nimmt Warschau wieder und jagt August aus Polen. — Winterquartiere in Rawiz 1704 bis 1705. — Das Jahr 1705 und das Treffen bei Warschau. — Leseczinski's Krönung. — Der Herbst 1705. — Feldzug von 1706. — Schlacht bei Fraustadt. — Karls Zug durch Lithauen, Polesien und Volhynien. — Karl und der kleine Prinz.

Der Kern der schwedisch-polnischen Partei. Bei dem ersten Einfall Karls in Schweden unterstützten fast nur die Sapiehas seinen Entthronungsplan, und zwar nur aus Rachgier, die sie ohne Scheu alles Unglück und alle Erniedrigungen über ihr Vaterland bringen ließ. Zur wirklichen Erfüllung der Absicht vermochten sie überdies nicht viel beizutragen, da sie in ihrer Heimath vorzugsweise gehaßt wurden. Wichtiger war der Primas Cardinal Radziejowski, der zwar stets seinen Haß gegen August behielt, aber doch, eine so mächtige Stütze Karls er auch war, oft vor dessen Plan zurückbebte. Der Dritte im Bunde, und durch diese Stellung wichtig genug, war Swienicki, Bischof von Posen; doch minderte sein Hang zum Trunk seinen Einfluß. Der Vierte war der Kronfeldherr Lubomirski selbst; seine Ansichten schwankten, von Ehrgeiz und Geldbestechungen des Meistbietenden geleitet. Der Fünfte und Einflußreichste war der polnische Großschatzmeister, Rafael Lesczinski, ein redlicher Vaterlandsfreund, von großer geistiger Begabung. Er hatte sich bei der Befreiung Wiens von den Türken 1683 sehr ausgezeichnet und durch Tugend und Tüchtigkeit seine hohe Stellung erreicht. Er, wie sein ganzes Geschlecht, liebte die freie Verfassung Polens in so hohem Grade, daß er den Namen „Volksfreund" führte, und daher hatten ihn die im Jahre 1700 von August gegen dieselbe unternommenen Schritte, die er dessen Kammerdiener im Weinrausche und durch Schmeicheleien entlockt hatte, ins schwedische Lager geführt. Er legte die dem Kammerdiener abgenommene Liste des lithauischen niedern Adels, den August zu Gunsten der Alleinherrschaft benutzen wollte, als deutlichen Beweis der verrätherischen Absichten des Königs, vor. Der Sechste war der Sohn des Letztgenannten, Stanislaus Lesczinski, Woiwod von Posen, ein schöner, kenntnißreicher und milder Herr, den sein Vater zuerst auf diese Seite zog. Das plötzliche und unvermuthete Verschwinden des Vaters und gleichzeitig des verrätherischen Kammerdieners ließen alle möglichen Gerüchte entstehen und erzeugten einen bittern Haß gegen den König in dem sonst frommen Herzen Stanislaus'. Die durch Augusts Treulosigkeit vielfach genährte Neigung der Polen zum Aufruhr war der Grund, auf welchem alle Hoffnungen dieser Partei beruhten.

Conföderation in Großpolen. Gnesen, Radziejowski's Erzdiöcese, Posen, Swienicki's Bisthum, und Stanislaus Lesczinski's Woiwodschaft, sowie der Sitz dieses ganzen Geschlechts waren die Heimath der Partei, deren Hilfe Karl schließlich den Sturz Augusts verdankte. Ihr Adel war durch Rafael Lesczinski's Beweise des beabsichtigten Ver-

fassungsbruchs Augusts erbittert, und zeigte dies nach der Schlacht bei
Klissow, indem er die vom König verlangte Unterstützung des Kronheeres
und die Absendung von Bevollmächtigten zum Reichstag von Sendomir
im Juli 1702 verweigerte. Aber trotz dieser Schritte gebar die Abneigung gegen August noch keine Neigung für die Schweden; die Erpressungen derselben waren nicht das Mittel, für sie zu gewinnen, und
auch die Erklärungen von Rothrußland und Volhynien zu Gunsten derselben ergaben sich, nachdem Stenbock diese Provinzen verlassen, durch deren
Abfall als nur erzwungen. Zu dem Anfangs 1703 ausgeschriebenen
Reichstag in Lublin konnten keine Bevollmächtigten gesendet werden, da
Stanislaus Lesczinski den Landtag Großpolens gebrochen hatte. Ein
großer Theil des Adels reiste selbständig hin, wurde aber ohne Vollmacht
nicht zu den Geschäften gelassen, erhielt keinen Antheil von den großen
russischen und sächsischen Bestechungssummen und wurde durch die Erklärung, Großpolen sei im Aufruhr, erbittert. Voll Haß und Rachgier
machten sie gemeinschaftliche Sache mit dem Cardinal Primas, den Augusts Freunde auf dem Reichstage beschimpft hatten, und wiegelten die
schon gährende Landschaft ganz gegen den König auf; Karls Sieg bei
Pultusk ließ sie auch ihre Gefühle offen zeigen und im Sommer 1703
durch Radziejowski und Stanislaus Lesczinski in den Woiwodschaften
Posen und Kalisch eine sogenannte Conföderation, eine halbgesetzliche
Verschwörung, gründen. Augusts gegen die Besitzungen des Cardinals
und anderer Betheiligten begonnene Verheerungen machten den Bruch
unheilbar und trieben Radziejowski ganz in Karls Lager. Nach einer
dreistündigen Zusammenkunft sandte der König Rehnskjöld mit einer beträchtlichen Stärke an Mannschaft nach Großpolen zum Schutz der Conföderation. Die Provinz wurde schnell von Sachsen und Lithauern gereinigt und die Stadt und Festung Posen von Rehnskjöld genommen. Dies
gab der Partei einen Stützpunkt und Zusammenhang, und sein kluges,
uneigennütziges und feines weltmännisches Benehmen gewann Aller Gemüther und selbst die Bewunderung und Anerkennung der Gegenpartei.
Die Feinde kämpften mit zwei Meuchelmördern gegen ihn, die aber entdeckt und bestraft wurden. Karl ließ durch eine Proclamation der Conföderation Großpolens seinen Schutz verkünden und alle anderen Landschaften auffordern, zur Wiederherstellung der polnischen Freiheit beizu-

treten, unter Androhung harter Heimsuchungen der Gegenpartei. August
hatte den größten Theil des durch den fremden Zwang beleidigten Volkes
noch auf seiner Seite, entfremdete sich aber durch seinen fortgesetzten verschwenderischen und ausschweifenden persönlichen Lebenswandel dasselbe
mehr und mehr, und die schwedischen Erfolge des Herbstes 1703, die
Eroberung Posens durch Rehnskjöld und Thorns durch Karl, führten noch
andere Woiwodschaften Großpolens, Masoviens und Westpreußens der
Leseczinski'schen Conföderation zu.   Bald folgten dann Erbietungen der
Potockis, Oginskys und der Führer des Kronheeres, gegen ausbedungene
Geschenke und Summen baaren Geldes August zu verlassen und der
Conföderation beizutreten.   Nach diesen Erfolgen trat Karl wieder offen
mit dem Entthronungsplane hervor, schlug am 13. December 1703
in einem offenen Briefe ausdrücklich den Prinzen Jakob Sobieski zum
künftigen König von Polen vor und versprach, ihn, falls er gewählt
würde, mit seiner ganzen Macht zu schützen, bis er im ruhigen Besitz
Polens sei.   Dieser Schritt regte die auswärtigen Mächte zu neuen Ein-
mischungsversuchen an, und namentlich England ging darin weit. Königin Anna schrieb eigenhändig und Robinson machte Karl aufmerksam,
daß es ein gefährliches Beispiel sei, einem Volke zu gestatten, seinen König
zu entthronen.   Als Robinson ausgesprochen, antwortete Karl ganz
ruhig: „Es wundert mich, dies von dem Gesandten eines
Staates zu hören, der die Keckheit bis dahin getrieben hat, seinen eigenen König zu köpfen. Das hat sich
England erlaubt, und doch will dessen Gesandter es
mir jetzt zur Last legen, daß ich einen Fürsten entthrone,
der auf jede Art diese Strafe verdient hat." Wie jene
Mächte, begann auch Frankreich das alte Spiel und verwendete neue
Summen für den Zweck, der ohnehin in Karls Denkungsart lag.

**Die Conföderation erklärt König Augusts Thronent-
setzung.** Im Jahre 1704 berief Radziejowski ohne Zustimmung Augusts
einen Reichstag nach Warschau, unter dem Scheingrunde, Frieden mit Karl
zu vermitteln, da dieser erklärt hatte, nur mit der Republik und nicht mit
August unterhandeln zu wollen. Mit Treueversicherungen für August begannen die Verhandlungen, deren Leiter alle offene Anhänger der Schweden
und meist mit Geld erkauft waren. Schwedischerseits waren Horn und der

Gesandte Wachslager nach Warschau gesendet worden, um Karls Interesse zu überwachen. Zu ihrer prächtigen Ausrüstung gehörte eine beträchtliche Waffenstärke, um die Conföderation zu schützen und nach Karls Sinn zu beugen. Dies stellte sich bald heraus, und ein Theil der Polen verlangte deshalb Antheil an der Geldernte; ein anderer suchte sich zu entfernen, wurde aber durch die Besetzung der Ausgänge Warschau's, die Radziejowski und Horn veranlaßt hatte, daran verhindert. Diese Stimmung verlangte schnell kräftige Schritte, um die Schwankenden zu gewinnen und die Gegner zu schrecken. Am 2. Februar legte Horn der Versammlung das schriftliche Verlangen vor, König August zu entthronen, da er unwiderleglich beweisen könne, wie er verderbliche Absichten gegen die Republik hege, und da Karl anders nicht mit dem polnischen Staate unterhandeln würde. Der Reichstag verlangte, die Beweise zu sehen, und am 3. Februar legte Horn die im Jahre 1702 Bitzthum auf seiner Gesandtschaftsreise abgenommenen Briefe vor. Der Cardinal las sie, legte die darin vorkommenden Andeutungen einer möglichen Zerstückelung Polens auf das Schwärzeste aus und hob die wirklich ausgesprochenen Beleidigungen der polnischen Nation besonders hervor. Es hatte die erwünschte Wirkung, und in der Erbitterung beschlossen die Anwesenden, August sogleich Treue und Gehorsam aufzusagen. Eine Schrift wurde darüber aufgesetzt und am 6. Februar unterschrieben. Die zu dieser Zeit erfolgende Gefangennehmung des Prinzen Jakob Sobieski durch August vermehrte die herrschende Erbitterung. Sie geschah auf Patkulls Rath, da man den Prinzen für fähig hielt, August durch Meuchelmord aus dem Wege zu räumen, und ihn andererseits den Plänen Karls und der polnischen Aufständischen entziehen wollte. Er hielt sich in Schlesien auf; August aber achtete die Grenzen österreichischen Gebietes nicht und ließ ihn durch einen Trupp Sachsen überraschen, mit seinem Bruder Konstantin gefangennehmen und erst nach Leipzig, dann auf den Königstein bringen. Diese Gewaltthat wurde zu neuer Aufregung gegen August benutzt; doch geriethen die Unterzeichner der Absetzung, zehn Senatoren und siebenzig Abgeordnete, in Angst über ihren nach Form und Inhalt ungesetzlichen Schritt. August schrieb einen andern Reichstag in Sendomir aus, und hier faßten sechsunddreißig Senatoren und hundertvierunddreißig Abgeordnete den Entschluß, August zu vertheidigen und Radziejowski und seine Anhänger für Landesverräther zu erklären. Dies machte die schwedische Partei zweifelhaft und die öffentliche Verkündigung des Absetzungsbeschlusses wurde von Woche zu Woche verschoben. Karl verstärkte die Besatzung Warschau's bedeutend und erklärte, nur nach wirklich erfolgter Einsetzung eines neuen Königs Frieden machen und diesen mit 500,000 Reichsthalern unterstützen, andernfalls aber neue Brandschatzungen und Verheerungen vornehmen zu wollen. Diese Gründe machten es Horn möglich durchsetzen, daß der Warschauer Reichstag im April öffentlich und feierlich verkündete, daß der polnische Thron durch Augusts Absetzung erledigt sei und nächstens ein neuer König gewählt werden solle.

Zu Nachfolgern des Königs August vorgeschlagene Personen. August fing, durch die Vorgänge auf den Reichstagen bitter gegen die treulosen Polen erzürnt, jetzt an, einzusehen, daß er für den falschen Schimmer ihrer Krone seinen Ruhm, seine Ruhe und das Glück seines Erblandes geopfert hatte, und war darauf bedacht, sich zurückzuziehen, da er, nach eigenem Ausdruck, müde war, Europa das Schauspiel zu geben, aus einer Ecke Polens in die andere gehetzt zu werden; aber Dänemarks und Rußlands eigennützige Rathschläge und des einflußreichen Patkuls Nachgier, wie der Stolz und die Liebe zu dem so theuer erkauften Königstitel ließen diesen Plan scheitern und den vom Unglück verfolgten Herrscher, neuen Lockungen und Vorspiegelungen folgend, in seinem Lande hin= und herziehen, wobei ihn Rehnskjöld so unaufhörlich verfolgte, daß er oft nahe daran war, gefangen zu werden. Im Sommer 1704 eröffneten ihm neue Verstärkungen mehr Schutz und bessere Aussichten. Auf die Nachricht der Gefangenschaft des Prinzen Sobieski sagte Karl: „Es thut Nichts. Wir werden Polen schon einen andern König schaffen!" und bestimmte dazu Alexander Sobieski, den mittelsten dieser Prinzen, einen geachteten und wohlgesinnten Herrn, der das Vertrauen der Polen genoß, es ihnen aber nicht zurückgab und dessen nächste Angehörige den wenigen Ehrgeiz, den er besaß, noch dämpften, indem sie ihm das Gefahrvolle des ihm von Karl und den Polen mehrfach gemachten Anerbietens der Krone darstellten. Er verweigerte die Annahme und begab sich endlich nach Breslau, um noch sicherer der Königswahl auszuweichen. Jetzt schwankten die Gedanken in Betreff der Thronbesetzung hin und her, und selbst Conti's

Wahl kam auf kurze Zeit wieder in Frage, und Gerüchte lassen sogar die Schweden daran gedacht haben, Karl selbst zum Könige auszurufen und dessen Herrschaft durch sein Heer, Aufhebung der Leibeigenschaft und Einführung des Lutherthums befestigen zu lassen, was jedoch seinen eigenen Beifall nicht erlangt hätte, da es ihm schmeichelhafter schien, eine Krone zu verschenken, als für sich selbst zu erobern. Darum ließ er auch erklären, daß kein ausländischer Fürst, sondern nur ein Inländer erwählt werden dürfe. Er verlangte von Radziejowski Vorschläge und dieser nannte den Kronfeldherrn Lubomirski, als den Mächtigsten, Karl Radziwill, als den Reichsten, Johann Piemiazek, als den Klügsten, und Stanislaus Lesezinski, als den Ehrlichsten. Karl antwortete: „An der Spitze der Elephanten geht stets der größte, und das Reich ist glücklich, in dem der Beste zugleich der Größte ist. Darum will ich Stanislaus Lesezinski zum König von Polen haben. Arvid Horn hatte bereits im März 1704 die Augen auf Stanislaus Lesezinski geworfen und ihn unter einem Vorwande zu Karl geschickt, damit ihn dieser näher kennen lerne. Stanislaus stand in seinen besten Jahren, war von angenehmem Wuchs und Aeußern, gutherzig, redlich, lebhaft, voller Kenntnisse und Eifer, konnte jedoch schwerer eine Sache durchführen als einleiten, da wirkliche Kraft und Ausdauer ihm fehlten. Jagd und Tabakrauchen bildeten sein Hauptvergnügen. Das Geschlecht Lesezinski gehörte weder durch sich selbst, noch durch Stanislaus' Gattin, eine Opalinska, zu den vornehmsten und reichsten Polens, daher erregte seine Kroncandidatur manchen Neid und Misgunst. Radziejowski begünstigte ihn Anfangs, wendete sich aber bald der andern Seite zu, bewogen durch eine ihn beherrschende Frau, Towianska, die Lubomirski die Krone verschaffen wollte, um dann ihren eigenen Sohn, den Eidam desselben, als seinen Nachfolger in der Stelle des Kronfeldherrn zu sehen. Als der Cardinal bei Karl gegen den früher begünstigten Lesezinski zu arbeiten begann, fragte ihn dieser, was er gegen denselben einzuwenden habe, worauf er nur antwortete: „Er ist zu jung, um König zu sein." Karl fiel sogleich ein: „Und doch ist er gerade ebenso alt als ich, der ich schon lange Jahre die Krone trage!" Darauf erhielt Horn gemessenen Befehl, die Wahl Lesezinski's soviel als möglich zu betreiben.

Die Conföderation wählt Stanislaus zum König. Das= selbe Spiel der Versprechungen, Lockungen, Bestechungen und Drohun= gen, sowie neue Verheerungen der feindlich gesinnten Landschaften durch Bonde, und namentlich in Ermeland, dem Bisthum des ehrlichen Freundes Augusts, Zaluski, durch Lagercrona, begann von Neuem. Nichtsdestoweniger zögerte die Conföderation, im Bewußtsein ihrer un= geheuren Minorität und des Hasses, der die Sapiehas, als Urheber der schwedischen Pläne, in Warschau selbst unter den Augen der siegenden Feinde verfolgte, und neben ihrer Furcht, sich auch schämend, daß sie gezwungen wurde, in ungesetzlicher Weise, auf Befehl eines fremden Fürsten, ihren König ab= und einzusetzen, und suchte die Wahl zu ver= schieben. Da Horn Nichts dagegen vermochte, entschloß sich Karl, die Sache selbst und durch Waffenmacht durchzusetzen. Verstärkungen aus Schweden hatten sein Heer auf 30,000 Mann gebracht, die in den guten preußischen Quartieren wohl gepflegt und gekleidet waren. Den größten Theil derselben führte er nach Warschau auf das Wahlfeld und ver= suchte, durch neue Versprechungen und Drohungen seinen Willen durchzu= setzen, aber Radziejowski blieb hartnäckig, und selbst Versuche, seine geliebte Towianska zu bestechen, mislangen. Der ganze hohe Adel Großpolens widersetzte sich der Wahl, die der niedere Adel, geführt vom Grafen Gem= bicki, nach Karls Willen leiten wollte. Am 2. Juli sollte die Wahl stattfin= den, bei der, nach Recht und Gesetz, der Cardinal, als Reichserzbischof, das Wort führen sollte, dessen er sich aber weigerte. In einer Zusammenkunft, die Horn am Vormittage des Wahltages mit dem hohen Adel und dem Car= dinal hatte, verlangten die Polen eine förmliche Verbindlichkeitserklärung des Königs von Schweden in Betreff der Freiheiten und Rechte, die er den Polen für den Fall der Königswahl versprochen. Eine vorgelegte Schrift erschien ihnen auch dann noch nicht bindend, als Horn sie, nach heftigen Auftritten, vor ihren Augen unterzeichnete und im Namen des Königs erklärte, bei längerer Verweigerung der Wahl alle Versprechun= gen zurückzunehmen und sich die weiteren Schritte vorzubehalten. Bis auf den Bischof von Posen beharrten die Versammelten auf einem neuen zweitägigen Aufschub, um die Ankunft noch anderer Abgeordneter zu er= warten. Die schwedische Partei gestattete keinen Aufschub, sondern begab sich Nachmittags zwischen drei und vier Uhr auf das Wahlfeld, im We=

sten Warschau's. Große Menschenmassen waren versammelt, aber wenig
Wahlberechtigte. Der Landmarschall Bronitz eröffnete die Versammlung.
Kein Woiwode war zugegen, nur der Bischof von Posen und der lithauische Großschatzmeister, Sapieha, als einziger höherer Beamter; sonst
einige Castellane und eine größere Zahl der Mitglieder des niedern Adels,
geführt durch den Abenteurer Grafen Gembicki. 300 Dragoner und
500 Mann Infanterie hatten schwedischerseits das Wahlfeld besetzt, auf
dem sich auch Horn, Wachslager und eine größere Zahl schwedischer Officiere und deren Diener versammelten. Bronitz wollte die Wahl nicht
ohne Gegenwart des Cardinals und hohen Adels vornehmen; auf Horns
Verlangen, sogleich dazu zu schreiten, beschloß die Versammlung, mindestens die in Warschau Anwesenden noch einmal zur Theilnahme an der
Wahl aufzufordern. Unter allerlei Vorwänden schlugen sie es ab, versprachen aber, nach zweitägigem Aufschub zur Wahl zu kommen; nur der
Woiwod Stanislaus Leszinski erschien sogleich. Horns Bemühungen,
von den übrigen Schweden unterstützt und Gembicki's heftige Reden versuchten inzwischen den niedern Adel gegen den hohen und den Cardinal
zu reizen und Drohungen wurden laut. In Folge der Sendung an
den Cardinal und die fehlenden Wähler erschienen die Abgeordneten
Podlachiens unter Leitung des Landboten Jeruzalski in dem Wahlkreise,
und da sie Schweden in demselben fanden, erhob der Führer laut seine
Stimme gegen dieses Verfahren und machte Sapieha, als Urheber aller
Schande und alles Unglückes des Vaterlandes, bittere Vorwürfe, von
denen er sich selbst durch Horns persönliche heftige Drohungen nicht
abschrecken ließ. Da die Sonne zu sinken begann, nach deren Untergang
keine Wahl stattfinden durfte, wurde der Zank und Lärm immer lebhafter und man verlangte von dem Bischof von Posen, daß er, statt des Primas, zur Ernennung des Königs schreiten sollte. Diesem und ebenso dem
Schwure Horns, es müsse die Wahl stattfinden, und solle man die ganze
Nacht auf dem Felde bleiben, widersetzten sich muthig Jeruzalski und seine
Freunde, unter unerschrockenem Hinweis auf die verletzten Gebräuche
und Gesetze. Seinem edlen Widerstande, der eben durch thätliche Angriffe der Schweden erstickt werden sollte, machte ein Anhänger Leszinski's,
Bronikowski, ein Ende, indem er mit lauter Stimme ausrief: „Die
Kriegslasten sind uns unerträglich; sie hören nicht eher auf, bis die

Königswahl vollzogen ist. Warum zögern wir also? Ich ernenne im Namen des ganzen Großpolens den Woiwoden Stanislaus Leszinski zum König von Polen." Diesen Worten folgten, von den Schweden unterstützt, lauter Jubel, Hurrahs und der Ruf: „Es lebe der König!" Unerschrocken und laut riefen aber die Podlachier Abgeordneten in den Lärmen hinein: „Wir protestiren!" Doch als Horn wüthend befahl: „Laßt uns die Protestirenden hinauswerfen!" erklärte der Bischof von Posen, ohne auf den Protest weiter zu achten, mit lauter Stimme: „Der hochgeborene Herr, Stanislaus der Erste, ist auf Beschluß des Reichs-tages zum König von Polen erwählt." Das Volk jubelte wieder Beifall; die Schweden gaben ihre Ehrensalven; die Podlachier protestirten vor ihrem Abgange von Neuem und der Landmarschall Broniz warf den durch heftiges Aufstampfen bei der Leitung der Verhandlung zerbrochenen Stab unter dem Ausrufe weg: „Wehe, die Freiheit ist verloren!" Der neue König wurde auf ein prächtig geschmücktes Pferd gesetzt und bei Fackelschein in die Hauptstadt zurückgeführt, wo der Bischof von Posen im Dom die Weihe und den Segen über Stanislaus aussprach, nach dessen Beendigung, statt des fehlenden Reichsheroldes, ein Domherr aus-rief: „Es lebe Se. Majestät, Stanislaus der Erste, König von Polen!" welchen Ruf wieder die Hurrahs der Menge und die Salven der an der Kirche stehenden Schweden beantworteten.

In dem Augenblicke, in welchem Stanislaus auf dem Wahlfelde zum Könige ausgerufen wurde, eilte Klinkowström mit dieser Nachricht zu Karl, der in Blonie den Erfolg des Unternehmens abwartete. Tags darauf ritten beide Könige einander entgegen und hielten in Gegenwart Pipers und Sapieha's ein langes Gespräch. Diese von einem Bischof, einem Woiwoden, fünf Castellanen und funfzig bis sechzig Abgeordneten vorgenommene Wahl konnte nur durch Waffengewalt und den Eisenwil-len Karls giltig gemacht werden; da schwedischerseits aber sogleich ener-gische, feindliche Schritte gegen den Cardinal und seine Anhänger unter-nommen wurden, sie auch nicht aus Warschau, wo sie in Horns Händen waren, entkommen konnten, bewirkten Drohungen in wenigen Tagen die Anerkennung des Königs Stanislaus durch Radziejowski, Lubomirski und die übrigen in Warschau anwesenden Woiwoden.

Der Feldzug von 1704. War nun auch der Thronentsetzungsbeschluß Karls durchgeführt, täuschten sich jedoch Alle, die auf Frieden oder nur auf eine Bewegung gegen die Russen zur Befreiung der eigenen Provinzen hofften. Der neue König sollte und mußte von Karl geschützt werden, und die Art der Wahl desselben hatte die Mehrzahl des Volkes, selbst in Großpolen, Augusts Lager zugeführt. Ueberdies begann Rußland jetzt, wo dieser dem Untergange nahe war, ihn ernstlich und mit Thaten statt Versprechungen zu unterstützen, und verwendete in Kopenhagen große Summen an Maitressen und Günstlinge und die ganze Geschicklichkeit des dorthin gesendeten Patkulls, auch Dänemark zum Losschlagen gegen Karl zu bewegen. Die reichen Geldsummen, die Rußland gab, um August den Polen zurück zu erkaufen, wurden im doppelten Interesse gezahlt: Karl zu beschäftigen und seine beiden Nachbarn gleichzeitig zu erschöpfen. Durch diese Unterstützungen sah sich August bald wieder an der Spitze eines Heeres von 23,000 Mann Sachsen, Russen und Kosaken, und bald gingen die Polen zahlreich und unter Führung Lubomirski's und anderer Woiwoden der Stanislaus'schen Partei zu ihm über. Außer dem Schutze lag auch die Kostenlast des neuen Königs auf Schweden, denn die Lecezinski'schen Güter waren zu unbedeutend und zudem zu gänzlich verwüstet, um Geld oder Truppen zur Erhaltung der Königswürde und Macht liefern zu können. Auch der geringe Theil von Polen, der ihn anerkannte, konnte die Mittel nicht beschaffen. Aus schwedischen Steuern und polnischen Brandschatzungen entnahm Karl deshalb den nothdürftigen Unterhalt des neuen Hofes und begehrte, unter dem Befehl der Geheimhaltung, im Juli 1704 von dem geldarmen Schweden zu diesem Zwecke 600,000 Thaler. Außerdem gab er Stanislaus eine Leibwache von 600 Reitern und 600 Infanteristen. Schließlich waren es aber die polnischen Landschaften, die durch Brandschatzungen und Verheerungen beide polnische Könige erhalten mußten, denn Peter verwüstete die Besitzungen der Feinde seines Schützlings, wie Karl die der Gegner des seinen.

Zug nach Lemberg. Lithauen, Kleinpolen, Rothrußland und Volhynien waren die August vorzugsweise zugethanen Landschaften, in denen er auch jetzt mit seinem Heere stand, weshalb Karl beschloß, ihn dort aufzusuchen. Im Juli brach er mit einem starken Heere auf und verfolgte den überall vor ihm zurückweichenden August bis Jaroslaw.

Karl XII.   8

Von hier sendete er nach Lemberg den Befehl, eine Contribution zu zahlen. Galecki führte dort das Commando. Er war es, den August 1702 nach Schweden geschickt hatte, um Karl durch Freundschaftsversicherungen während des Angriffes von Liefland zu täuschen, und er hatte sich später in Danzig und Rothrußland als heftiger Schwedenfeind gezeigt; er ermahnte auch Lemberg zum Widerstand. Die Stadt war zwar nur mit hölzernen Wällen, aber stark befestigt, hatte schwere Belagerungen ausgehalten, erwartete überdies jetzt die Hilfe Mazeppa's und seiner Kosaken und verweigerte daher die Zahlung der verlangten Summe. Darüber aufgebracht, gab Karl die Verfolgung des gegen Warschau rückenden Königs August auf und marschierte rasch auf Lemberg. Infanterie und Artillerie zurücklassend, eilte er mit der Reiterei voraus, um den Feind zu überrumpeln. In der Nähe der Stadt verirrte er sich in einem großen Walde, der so dicht war, daß in der herrschenden Finsterniß eine großer Theil seiner Truppen an Aesten und Zweigen die Hüte und Perrücken verlor. Während eines ungewöhnlich starken Gewitters erreichte Karl einen offenen Platz im Walde, auf dem er Halt und, so gut es ging, Feuer machen ließ. Da sich ein großer Theil der Trabanten und übrigen Reiter verloren hatte, mußten von Zeit zu Zeit die schwedischen Signale geblasen werden, um sie zusammenzurufen. Karl legte sich inzwischen, in seinen nassen Mantel gehüllt, auf die bloße Erde, den Kopf in den Schoos eines seiner Obersten, und, dicht an ihn geschmiegt, ebenso der kleine Prinz. Im strömenden Regen schliefen sie einige Stunden gut und ruhig. Am folgenden Morgen sollte der Sturm mit der durchnäßten und ausgefrorenen Truppe unternommen werden, mußte aber des anhaltenden Regens und der unvollendeten Vorbereitungen halber aufgeschoben werden. Die dadurch gewonnene Zeit benutzte Karl, um selbst den großen Theil neuangeworbener Dragoner in Anwendung der Handgranaten und anderer Kunstgriffe bei einem Sturme zu unterrichten, und fast die ganze nächste Nacht verbrachte er unter Besichtigungen und Anordnungen. Früh am folgenden Morgen, den 27. August, begann der Sturm durch drei Regimenter Dragoner, die an den bedeckten Weg hinansprengten, dann auf ein Signal absaßen, in den trockenen Graben sprangen und jenseits die Wälle erkletterten. Der Umstand, daß die Polen gleich beim ersten Anrücken der Schweden ihr Feuer zu hoch hielten, ermuthigte die Angreifenden und entmuthigte die Vertheidiger so, daß sie vor den die Brustwehren erkletternden, und Handgranaten über dieselbe werfenden Dragonern flohen.   Karl und der kleine Prinz waren, den dringenden Abrathungen der Generale und Obersten entgegen, im ärgsten Handgemenge und unter den vordersten Dragonern auf den Wällen.   Die Polen wollten sich über eine halbabgebrochene Brücke in die Stadt ziehen, aber Karl führte selbst einen Trupp Dragoner so schnell dorthin, daß er gleichzeitig mit ihnen in dieselbe gelangte.   Der ganze Sturm währte blos eine Viertelstunde und kostete den Schweden nur dreißig Mann.   Karl hatte seinen Reitern vierundzwanzig Stunden Plünderung gestattet, widerrief aber auf Veranlassung der um Gnade bittenden Bewohner diese Erlaubniß nach wenigen Stunden. Die Beute betrug 170 Kanonen, reiche Vorräthe, und eine Contribution von 300,000 Thalern, von der jedoch auf Stanislaus' Bitten die Hälfte der Stadt erlassen wurde.   In der Stadt wurde eine Menge türkischer und tatarischer Gefangenen vorgefunden. Karl schenkte ihnen die Freiheit und sendete sie in ihre Heimath zurück, wo sie seinen Ruhm verbreiteten und das Wohlwollen begründeten, mit dem ihn später diese Bevölkerungen aufnahmen. Auch Galecki wurde durch den Trabanten Silferhjelm auskundschaftet. Er bot diesem 100 Ducaten, wenn er ihn entkommen ließe, Silferhjelm schlug aber die Summe aus und lieferte ihn ab. Bei seinem Anblick flammte Stenbocks Zorn auf, da er wußte, daß Galecki in Danzig schlecht von ihm gesprochen und später in Rußland seine Proclamation mit Füßen getreten hatte, und er rief ihm zu: „Aha, Alter, treffen wir uns hier!" gab ihm ein Paar Ohrfeigen und sagte: „Da, dies ist für die Mißhandlung meiner Proclamation!" Als Karl hörte, was vorgefallen, mißbilligte er Stenbocks Benehmen laut. Nachdem die eroberte Stadt sicher gestellt war, lagerte der König seine Truppen vor derselben, um sie ausruhen, aber nicht durch unnütze Bequemlichkeiten verweichlichen zu lassen.

Wiedereinnahme Warschaus durch August. Als Karl, sich von Jaroslaw gegen Lemberg wendete, beschloß August, die Gelegenheit zu benutzen, seine Hauptstadt Warschau zu überrumpeln und wiederzunehmen. Durch eine Scheinbewegung nach Osten verführte er seine Gegner zu der Annahme, er marschiere gegen Breszc, warf sich aber dann mit einer Schwen

kung gegen Warschau, worin der neue gewählte König und seine Anhänger
standen. Zu ihrer Vertheidigung hatte Karl einige tausend Mann unter Meierfeld nach Großpolen geschickt und in Warschau selbst Horn mit 675 Schweden und Lubomirski mit 6000 Polen gelassen. Den Oberbefehl führte Horn
und hatte Karls Versprechen, August nicht aus dem Gesicht zu lassen und,
sobald es nöthig, zu Warschaus Hilfe zu eilen. Die Ankunft Augusts vor
Warschau überraschte daher die Schweden so, daß ein Vortrupp unter
Lejonhjelm nach tapferm Widerstand gefangen und dann, gegen das Versprechen, durch die Kosaken niedergehauen wurde. Als Horn und Stanislaus gegen August vorrücken wollten, verweigerte Lubomirski die 6000
Polen, unter dem Vorwande, nur dem kleinsten Theile trauen zu können,
und ging bald darauf zu August über; wie auch die meisten andern Polen den neuen König im Stiche ließen. Die Mutter, Gemahlin und Kinder desselben mußten so Hals über Kopf fliehen, daß die eine Tochter, die
spätere Königin Maria von Frankreich, Ludwigs XV. Gemahlin, fast in
einem Pferdestalle vergessen wurde; auch Radziejowski war nahe daran, gefangen zu werden. Nur Horn und die Schweden hatten sich in das Schloß zurückgezogen und leisteten, auf 481 Mann zusammengeschmolzen, mit Hilfe
von vier Feldstücken, tapfere Gegenwehr. August hatte 20 bis 30,000 Polen, Russen und Sachsen und mußte dennoch seine Königsburg, obschon sie
keine wirkliche Festung war, mehrere Tage bekämpfen. Er ließ sie beschießen,
sodaß sie auf mehreren Stellen Feuer fing, das jedoch durch stark strömenden Regen und die Anstrengungen der Schweden bald gelöscht wurde. Die
Aufforderung zur Capitulation mit der Androhung eines Sturms, wies
Horn durch Hinweis auf wahrscheinlichen Entsatz zurück. Nun ließ August
die Wasserzugänge des Schlosses absperren und die äußere Mauer mit Theer
und anderem Brennmaterial umstellen, sodaß Horn die Unmöglichkeit län-
gern Widerstands erkannte, und nachdem er dem General Brand vergeblich
vorgeschlagen hatte, auf freiem Felde einen Zweikampf im Großen zu liefern, wobei drei Polen gegen einen Schweden stehen sollten, sich am
26. August gefangen gab, worauf er sich und die Schweden von August mit
großer Achtung behandelt sah. Dieser ließ nun die Paläste aller Anhänger Leszinski's plündern. In des Cardinals Keller fand sich allein für
50,000 Thaler Tokayer. Dann vereinte sich August mit Schulenburg
und fiel in Großpolen zur Verheerung der Güter seiner Gegner ein, und

Meierfeld mußte sich, da er viel zu schwach zum Widerstand war, nach dem befestigten Posen zurückziehen.

Karl nimmt Warschau wieder und vertreibt August aus Polen. Karl hatte von Lemberg nach Volhynien ziehen und Kaminiec erobern wollen, als ihn die Nachricht von dem abermaligen Verlust Lieflands, der Eroberung von Dorpat und der Erstürmung Narwas durch Czar Peter traf. Diese Botschaft ergriff ihn sehr, da er Narwa, als seine erste Eroberung, unzertrennlich von seinem Ruhm hielt; dennoch suchte er seinen Aerger, der sich aber in einem mehrtägigen Fieber Luft machte, zu verbergen. Eine zweite unangenehme Nachricht war, daß August sich Warschau's bemächtigt und Stanislaus verjagt habe; diese aber ließ die erste und die Leiden seiner eigenen Unterthanen über dem verletzten Stolz oder erneuten Haß gegen August vergessen, und Karl sagte nur: „Die Freude soll nicht lange währen, ich werde das begonnene Werk nicht aufgeben." Nachdem die Truppen über vierzehn Tage in der Lemberger Gegend Ruhe genossen, brach Karl Mitte Septembers auf und wendete sich gegen Warschau, im überreizten Zorn mit größter Grausamkeit auftretend. Ohne daß Widerstand geleistet wurde, ließ er die Güter der Anhänger Augusts zerstören und ganze Landstrecken wurden in Asche gelegt. Russischen Gefangenen wurden in dieser Zeit Ohren und Nasen oder die beiden Vorderfinger der rechten Hand abgeschnitten, um sie zum Kriegsdienst untüchtig zu machen. Letzteres rächte sich später, denn Czar Peter vertheilte diese verstümmelt ausgelieferten Krieger in seine Regimenter, wo ihr Anblick die Kameraden lehrte, lieber den Tod, als schwedische Gefangenschaft zu wählen. Bei der Ankunft der Schweden verließ August Warschau und stellte den geschickten General Schulenburg an die Spitze des Heeres. Er wagte nicht, sich den Schweden im offnen Felde gegenüberzustellen, sondern suchte durch Großpolen nach Deutschland zu entkommen. Karl verfolgte ihn mit fast beispielloser Eile. Mehrere Tage hintereinander wurden die Pferde nicht abgesattelt, und er selbst kam nicht aus den Kleidern, schlief auf einem Strohbündel am Wachtfeuer und lebte von grobem Brote und was der Tornister bot. Patkull, der mit russischen Truppen vor Posen lag, gab diese Belagerung auf und vereinte sich mit Schulenburg. Ende Octobers erreichte Karl einen Trupp von 2000 Russen, von denen nach tapferm Widerstande 900 blieben, die andern aber in eine größere Stadt flüchteten, wo sich am folgenden Tage ein heftiger Straßen- und Hauskampf mit Vellingk entspann. Die angebotene Capitulation verwarfen die Russen und fochten bis auf den letzten Mann; die Schweden brannten den Ort aus Rache nieder. Karl selbst hatte an demselben Tage Schulenburg bei Puniz an der schlesischen Grenze erreicht, aber dessen 5000 Mann Reiterei und Fußvolk nur 4 Dragonerregimenter mit ganz ermatteten Pferden entgegenzustellen. Trotzdem griff er kurz vor Sonnenuntergang die Sachsen an, sprengte ihre Reiterei auseinander und gerieth in ein heftiges Handgemenge mit dem Fußvolk. Es focht, mit Schulenburgs gewöhnlichem Geschick geführt, sehr tapfer; dieser wurde selbst mehrfach verwundet und alle seine Adjutanten wurden erschossen. Die Dunkelheit machte dem Kampf ein Ende und im Schutz der Nacht brachte Schulenburg durch eine geschickte Bewegung seine Truppen über die schlesische Grenze. Seine Bitte, die Leichen der gefallenen sächsischen Officiere zum ehrenvollen Begräbniß auszuliefern, schlug Karl als unnütz ab, und fügte hinzu, er habe Befehl gegeben, auch ihn, dort, wo er etwa fiele, zu verscharren. Wie gewöhnlich hatte sich Karl auch nach diesem Treffen, seinen Truppen weit voraus, in einem hart an der Grenze liegenden Bauernhause unter Bedeckung von nur sechs Mann einquartiert. Es wurde Schulenburg durch zwei Bauern verrathen und er beabsichtigte, den König selbst gefangenzunehmen, fand aber nicht dreißig Mann, deren er zu bedürfen glaubte, die ihre Müdigkeit, Furcht oder Ehrfurcht soweit besiegen konnten, sich an diesem Unternehmen zu betheiligen. Schon früher hatte Karl bei seinen Wagnissen vielfache Beweise erhalten, wie der gemeine Mann auch in Feindesreihen, sich an ihm, dem größten S o l d a t e n seiner Zeit, nicht vergreifen mochte. Er selbst hatte übrigens an der Weichsel einen seiner Leibknechte gewaltsam davon abgehalten, hinter einem Steinhaufen hervor auf den arglos am andern Ufer reitenden August zu schießen, und drohte, solches Verfahren mit dem Tode zu strafen. Bei dieser Jagd auf Schulenburg erlitt Karls Herz einen gewaltigen Verlust. Auch Kalisch hatte sich mit seiner Besatzung den verfolgenden Schweden ergeben müssen; nach der Capitulation aber traf ein heimtückisch abgefeuerter Schuß den Liebling Karls, Klinkowström, der unbeschäftigt an Dückers Seite vor den Wällen saß, und tödtete den jungen, schönen Mann augenblicklich. Er hatte von Kindheit an stets treu und redlich dem Könige gedient, alle

Vergnügungen des gleich mit warmer Freundschaft umfaßten Knaben, die Mühen und Gefahren des Mannes getheilt und sogar mehrmals dessen Leben gerettet. Karls Schmerz war tief. Er ließ die Leiche im Heere mit sich führen und später über Pommern nach Schweden bringen. Der treulose Meuchelmord regte die Schweden so auf, daß sogleich zehn der eben gefangenen Sachsen als Sühnopfer für Klinkowströms Schatten erschossen wurden.

Winterquartiere in Raviz 1704 — 1705. Anfang Novembers legte Karl die mehr als je der Ruhe bedürftigen Truppen in die Winterquartiere in den an Schlesien grenzenden Theil Großpolens, weil er theils, noch etwas geschont, bessere Hilfsquellen bot, theils einen Angriff aus Sachsen verhinderte und ihm einen Einfall in dasselbe erleichterte. Solchen Plan ließen aber Piper und die fremden Mächte nicht ausführen. Das Hauptquartier wurde in das von deutschen Lutheranern bewohnte Raviz gelegt; Karl selbst wohnte aber in einem ganz kleinen Hause dicht vor den Thoren der Stadt, und der kleine Prinz, der ein gutes bequemes Quartier in der Stadt hatte, verließ dasselbe und zog in ein Bedientenzimmer, um nur in Karls Nähe zu sein. Im Laufe dieses langen Winters beschäftigte Karl sich viel mit Regierungsangelegenheiten, unterließ aber darüber die langen Inspectionsritte ohne Vorsichtsmaßregeln nicht. Der polnische Parteigänger Smigielski versuchte ihn bei einem solchen wegzufangen, und verbarg sich dazu mit 1200 Reitern in einem Walde, den Karl mit drei Begleitern, ohne Gefahr zu ahnen, passirte, und zwar, gegen alle Gewohnheit, statt in Carriere, im Schritt reitend. Smigielski verkannte ihn aus dieser Ursache und ließ ihn vorüber, seinen Leuten befehlend, sich zur Vermeidung jedes Lärms ganz still zu verhalten. Auch hieraus zog der König keine Lehre und wies alle Warnungen zurück, erklärend, daß ihn l e b e n d Niemand in seine Hand bekommen solle. Im Frühjahr 1705 entstand in Raviz Feuer. Karl eilte hinzu und bestieg selbst das Dach des brennenden Hauses, um mit zu löschen und das Sparrwerk abzuwerfen. Das Brennen der unteren Geschosse ließ jeden Augenblick den Einsturz befürchten, dennoch wies der König eigensinnig jede Bitte zurück, herabzukommen; da stürzte sich der kleine Prinz durch Rauch und Gluth die schon glimmende Treppe hinauf, und dem Flehen dieses geliebten Knaben gelang es, den König zu bewegen, ihm auf die Straße zu folgen, was die

Mahnung an seine Pflichten nicht vermocht hatte. Als sie eben die Thür des
Hauses hinter sich gelassen, brach dasselbe zusammen und eine umstürzende
Feuerleiter warf Karl zu Boden. Alles glaubte ihn getödtet, er sprang
aber, wenn auch leichenblaß und schwer beschädigt, auf, und sagte wie gewöhnlich: „Lapperei! Lapperei!" Gerüchte knüpften sich an diese Feuersbrunst,
von Meuchelmordsversuchen, die durch Gewissenserwachung und wunderbare Einwirkungen gehemmt worden, und machten sie selbst zu einem wohlbe-
rechneten Mittel, Karl in Gefahr zu bringen. Die Nähe Pommerns und
des Leszinskischen Schlosses, worin er einige Zeit prächtigen Hof hielt, machten die Winterquartiere in Raviz sehr lustig und belebt. Es waren selbst
viele schwedische Damen, aus ersterem Grunde angelockt, dorthin gekommen, und der aus der Gefangenschaft ausgewechselte Arvid Horn feierte
sogar hier seine Vermählung mit einer Schwägerin Pipers. Die Bitte
der Prinzessinnen Hedwig, Sophie und Ulrika Elenore, nach Pommern
zu einer Zusammenkunft mit Karl kommen zu dürfen, wies er, unter den
Vorwänden der Geschäftsüberhäufung und der Gefahren der Reise für
jene, zurück.

Das Jahr 1705 und das Treffen bei Warschau. In
den langen Kriegsjahren hatte sich in Polen eine Partei gebildet, die weder August noch Stanislaus anerkannte, sondern die Befreiung des Vaterlandes von Beiden suchte, nebenher aber auch Banden, die Aller Güter
plünderten. Diese alle einigte Smigielski mehr und mehr, und August's
Fahnen folgend, da er diesen, so wenig er ihn achtete als gesetzlichen König betrachtete, bekämpfte er Karl, den er persönlich verehrte, in muthigen, geschickten Streifzügen und that ihm großem Abbruch, nach und
nach viele hundert Schweden tödtend und gefangennehmend. Sogar
Ueberrumpelungen bedeutenderer Städte, wie Marienburg und Warschau,
unternahm er und sprengte vorzugsweise die Landtage der Leszinskischen
Anhänger. Auf beiden Seiten wurden Wunder der Tapferkeit verrichtet.
Zum größeren Kriege hatte Czar Peter versprochen, 12,000 Mann zu
stellen und 200,000 Rubel zur Besoldung der Polen zu zahlen und das
Kronheer durch 40,000 Rubel zu Gunsten Augusts neu bestochen. Um
die Krönung Leszinski's zu verhindern führte Paikul, ein sächsischer General, 4000 Sachsen und 6000 Polen gegen Warschau, worin der Generallieutenant Nieroth mit 2000 Schweden, drei Reiterregimentern und

nur 60 Infanteriſten ſtand. Am 21. Juli überfiel Paikul mit fünf-
facher Uebermacht die Schweden. Die 6000 Polen flohen gleich bei der
erſten Vertheidigung der Schweden; darauf rückten dieſe zum Angriff der
immer noch doppelt ſtarken Sachſen vor und beſiegten ſie nach heftigem
Kampfe durch geſchickte Bewegungen, wobei Paikul und viele Officiere
gefangen, 2000 Mann verwundet oder getödtet wurden; die übrigen flohen. Während des Treffens plünderte ein Hauſe Warſchauer die ſächſi-
ſche Kriegskaſſe, mußte aber ſeine Beute den Schweden ausliefern.

Leſczinſki's Krönung. Die ſo eigenthümlich durch ſchwediſche
Macht durchgeſetzte Wahl Leſczinſki's mußte noch durch die Krönung ihre
Weihe erhalten. Wie alle übrigen Koſten auf Schweden ruhten,
hatte Karl verſprochen, auch die der Krönung zu beſtreiten und ließ deshalb
die Inſignien, Feſttrachten und den übrigen nöthigen Prunk anfertigen. Die
Krönung hätte nach Recht und Brauch in Krakau ſtattfinden müſſen, auch
wollten Stanislaus und die Polen dies, doch beſtimmte Karl Warſchau
zum Schauplatz der Feierlichkeit. Nachdem deshalb Paikul, der den Krö-
nungsreichstag ſprengen wollte, zurückgeſchlagen und gefangen war, wurden durch ſchwediſche Generale die vornehmen Polen, deren ſie habhaft
werden konnten, zur Krönung getrieben. Da der Primas, Radziejowski,
dem geſetzlich die Krönung oblag, durch den Papſt, wegen der Unternehmungen gegen Auguſt, ſeiner Würde entkleidet war, konnte er ſich leicht
dieſer Handlung entziehen, und es wurde der Erzbiſchof von Lemberg
ſchwediſcherſeits dazu bewogen. Der von Stanislaus ſelbſt gewünſchte
Aufſchub bis nach gänzlicher Wiederherſtellung des Friedens oder min-
deſtens nach Vertreibung der Feinde, wurde gleichfalls von Karl verweigert und die Polen zum Nachgeben gezwungen. Am 23. September
legte Stanislaus ſeine Königsverſicherung ab, und am Tage darauf ge-
ſchah die Krönung unter gewöhnlichen Feierlichkeiten, nur daß dabei die
Schweden nicht nur mitwirkten, ſondern überall die Hauptrolle ſpielten.
Den Zug eröffnete die Bedienung des ſchwediſchen Geſandten; die Wache
im Schloß und der Kirche beſtand größtentheils aus Schweden; nur Horn,
Palmenberg und Wachslager durften an der Tafel des Königs ſpeiſen,
die polniſchen Reichsbeamten und Großwürdenträger erſt an einer zweiten;
die Königin wurde nicht vom ſchwediſchen Könige, ſondern von dem Unterthan Arvid Horn geführt. Karl ſelbſt ſah in Begleitung des kleinen

Prinzen und einiger Schweden von einem Balkon in der Kirche der Feier=
lichkeit zu. Kurze Zeit nach der Krönung erkrankte Radziejowski aus
Gram über sein Misgeschick und starb. Karl und Stanislaus ernannten
sogleich den Erzbischof von Lemberg zu seinem Nachfolger. Nach der
Krönung wurde im Herbst 1705 auch endlich der ersehnte Friede zwischen
Schweden und Polen abgeschlossen. Karl verlangte nur die Wiederein=
setzung der Sapiehas in ihren Besitz und ihre Rechte und einige Vortheile
für die Protestanten und den schwedischen Handel. Die Erfüllung der
Versprechungen, für seine Opfer weder eine Landesabtretung noch Geld=
entschädigung zu verlangen, erregte überall als Edelmuth Erstaunen, aber
in Schweden das höchste Misvergnügen.

Der Herbst 1705. Der Friedensschluß führte keinen Frieden her=
bei, denn der größte Theil Polens erkannte weder ihn noch den Unterzeich=
ner an. Augusts Truppen streiften noch überall umher. Stanislaus' Lage
war so bedenklich, daß er die Königin einen Monat nach ihrer Krönung
zu ihrer persönlichen Sicherheit aus Polen nach dem schwedischen Pom=
mern schicken mußte. Czar Peter feuerte August und die Polen stets neu
an und hielt im Spätherbst eine Zusammenkunft mit August, in welcher
dieser den weißen Adlerorden, als ein neues Reizmittel für die eitlen Po=
len, stiftete. Karl verließ seinen durch ihn gekrönten Schützling, seinem
Versprechen gemäß, nicht, und entwarf ganz für sich selbst die Pläne zur
Unterwerfung Lithauens, Polesiens und Volhyniens, die ganz offen blos
August huldigten; nur Großpolen hatte Stanislaus freiwillig, Kleinpolen,
Westpreußen und Masovien aber gezwungen, anerkannt. Das schwedische
Heer stand den ganzen Herbst hindurch fast unbeweglich um Blonnie
herum, nördlich in der Nähe von Warschau. Die Truppen mußten trotz
der Ungunst der Witterung abermals in Zelten lagern und litten unendlich.
Keine Städte und Dörfer wurden damit belegt. Der König begann wieder
die Heizung seines Zeltes mit Kugeln; die Küche lag von demselben so ent=
fernt, daß die Speisen oft gefroren dahin gelangten. So wurden die
letzten Monate des Jahres 1705 verbracht. Dieses Jahr war das thaten=
loseste der bisherigen Feldzüge. Begonnen mit sieben Monat langen
Winterquartieren in Raviz, beendet mit diesen drei Monate andauernden
um Blonnie, erfüllte die beiden dazwischen liegenden die Krönung. Von jetzt
ab änderte Karl seine Kriegsweise dahin, daß er gerade die schwierigsten

Wintermonate zur Ausführung der kecksten Unternehmungen verwendete, und oft im Frühjahr, Sommer und Herbst lange unthätig lag. Verursachte er dadurch dem Feinde große Verluste, erlitten seine Truppen sie noch in höherem Grade, da sie meist in Feindes Land lagen. Die Ursache zu diesem Verfahren war in seiner Lust zu ungewöhnlichen Abenteuern und originellen Thaten begründet.

Feldzug von 1706. In den letzten Tagen des Jahres 1705 überschritt Karl die Weichsel und die östlich derselben liegenden Flüsse mit großen Mühen, indem das Eis auf künstliche Weise durch Strohschichten und darauf gegossenes Wasser tragbarer gemacht werden mußte. Pferde, Menschen und Kanonen gingen verloren, und Karl und der kleine Prinz wurden sogar einmal nur mit großer Gefahr vor dem Ertrinken gerettet. Niemand hatte gewußt, wohin der Marsch, den Karl selbst ostwärts nach Lithauen leitete, ging. Die Truppen litten unglaublich und mußten fast alle Nächte im Schnee bivouakiren; die Pferde wurden fast alle hufkrank und waren kaum noch brauchbar. Am 15. Januar erreichte man den Niemen. Er war gefroren, aber das jenseitige Ufer steil und von den Russen stark besetzt. An der Spitze seiner Garde zog Karl über das Eis, erstürmte das steile Ufer und warf die vielfach überlegenen Russen zurück, worauf ihm der Weg nach Grodno offen stand, wo August mit mehreren Tausend Sachsen und Polen und ungefähr 20,000 Russen unter Ogilvy lag. Karl bot eine Schlacht auf freiem Felde an, aber die Russen zogen sich zurück, da der Czar jede Schlachtannahme streng verboten hatte. Eine ordentliche Belagerung untersagte der harte Winter, der keine Eröffnung von Laufgräben gestattete, einen Sturm aber die niedergebrannten Vorstädte, gut ausgebesserte Mauern und die starke Besatzung der Stadt. Karl legte deshalb seine Truppen in der Umgegend in Quartiere, zur eigenen Erholung und zur Absperrung von Brennmaterial und Provision, woran die mit den Russen ohnehin überfüllte Stadt Mangel empfand.

Schlacht bei Fraustadt. Außer Karls eigenem Heere stand nur noch Rehnskjöld mit 10 bis 12,000 Mann in Großpolen und um Warschau; während jener vor Grodno gegen den scharfen Winter zu kämpfen hatte, verließ August am 18. Januar die Stadt und ging auf der Seite des schwedischen Heeres nach Westen und zog die Polen an sich, sodaß er bald 14 bis 15,000 Mann beisammen hatte. Mit diesen wollte er von Osten

Rehnskjöld angreifen, während Schulenburg gleichzeitig von Sachsen
mit dem neuausgeschriebenen Heere und 6000 in der Gegend stehenden
russischen Hilfstruppen, in Großpolen eindringen und Rehnskjöld von
Westen aus operiren sollte. Mit zwei überlegenen Corps war man
sicher, ihn, durch gleichzeitigen Angriff, zu erdrücken, und Flemming wurde
sächsischerseits schon nach Berlin gesendet, um den Wunsch auszusprechen,
die fliehenden Schweden die Grenze nicht überschreiten zu lassen. Der
Plan wurde ziemlich genau ausgeführt und Rehnskjöld durch das Anrücken beider Feinde überrascht. Die Gefahr des gleichzeitigen Angriffs
erkennend, beschloß er erst den Einen, dann den Andern zu schlagen,
und ging Schulenburg direct entgegen. Dieser wich der Schlacht aus, um
August abzuwarten und nun unternahm Rehnskjöld einen Scheinrückzug
auf Posen, wobei sein Nachtrupp von den drängenden Sachsen Schaden
erlitt, der aber Schulenburgs Generale, wenn auch diesen tüchtigen Führer
nicht selbst, überzeugte, daß Rehnskjöld wirklich nach Posen gehen wolle.
Der russische General Wustromirski bewog nun Schulenburg zu schneller
Verfolgung und womöglich einem Angriff auf Rehnskjöld, da dieser höchstens
12,000 Mann und keine Kanone ihren 20,000 Mann und 32 Feldstücken gegenüberzustellen habe. Als Rehnskjöld seinen Zweck erreicht,
machte er Kehrt und rückte Schulenburg schnell so nahe, daß der Feldschlacht nicht auszuweichen war. Dieser stellte seine Truppen am 3. Februar in vortrefflicher Ordnung bei Fraustadt auf, und belegte die Front
mit verketteten spanischen Reitern, um den ersten schwedischen Angriff abzuhalten. Den Russen traute er unter seinen Truppen am wenigsten und
fürchtete, Rehnskjöld würde, in Kenntniß dieses Verhältnisses, gerade sie
zuerst angreifen. Um dies zu vermeiden, ließ er die Russen ihre roth ge-
fütterten Röcke umkehren, um den rothuniformirten Sachsen zu gleichen,
und den Schweden unkenntlich zu werden. Als Feldgeschrei gab er:
„Macht Alles nieder!" Rehnskjöld erkannte, daß nur ein überraschender
Angriff ihm nützen könne und ein längerer Kampf nicht auszuhalten sei,
da er kein Geschütz besaß. Er redete seine Reiter an, schilderte ihnen die
Lage, verwies auf Gottes oft erprobte Hilfe, und befahl ihnen, bei einem
auf die feindliche Artillerie gerichteten Angriff, auf das Commando: „Nieder!" vom Pferde zu springen und die Kanonen zu Fuß zu nehmen.
Dann ließ er beten, ertheilte das Feldgeschrei: „Mit Gottes Hilfe!" und

ließ unter dem Gesange: „Eine feste Burg!" die Reiterei zum Angriff vorrücken. In Schußweite vor den Geschützen commandirte er! „Nieder Jungen!" die Reiter sprangen augenblicklich ab, und die Kugeln gingen ohne Schaden über die Köpfe weg. Noch ehe sich der Dampf verzogen und ehe die Sachsen den Vorgang begreifen konnten, stürzten die Schweden auf die Kanonen, hieben deren Bedienung nieder oder jagten sie in die Flucht und richteten die Geschütze gegen die Sachsen. Durch einen Ueberläufer auch mit der Stellung der Russen bekannt gemacht, griff Rehnskjöld darauf diese mit bestem Erfolge an. Auch die aus fast lauter Rekruten bestehenden Sachsen waren ohne Uebung und die Reiterei beider Flügel floh augenblicklich, trotz der Anstrengung ihres tapfern General Dünewald, sie zu halten. Die Infanterie stand fest. Schnell rückten die Schweden gegen ihre Front an, durchbrachen und beseitigten die spanischen Reiter und warfen sich mit solcher Gewalt auf die feindliche Linie, daß sie in Unordnung gerieth. Vergebens suchten Schulenburg und die Generale, die Soldaten zu ordnen, denn panischer Schrecken ergriff sie, sodaß sie ihre Waffen wegwarfen. In zwei Stunden war die Schlacht beendet; Schulenburg verlor 7000 Todte, ebensoviel Gefangene, 29 Kanonen und den Troß. Mehrere tausend Gewehre wurden noch geladen vom Schlachtfelde aufgesammelt. Die Schweden zählten 400 Todte und 1000 Verwundete. Rehnskjöld wurde für diesen ruhmvollen Sieg zum Feldmarschall ernannt, zog sich aber durch die nutzlose Niedermetzelung der fliehenden Russen viel Tadel zu. Vertheidigungslos und um Pardon flehend, wurden über 4000 durch die schwedischen Reiter niedergehauen, daß sie reihenweise über eine halbe Meile Wegs deckten; die blinde Wuth der Schweden verhalf Vielen zu einer Rettung durch List. Sie warfen sich zu Boden und stellten sich todt, worauf im Schutz der Nacht über 1500 Mann sich erhoben und nach Deutschland retteten. August stand mit seinen 12 bis 15.000 Mann nicht weit vom Schlachtfeld, wagte aber, durch die Niederlage bei Fraustadt erschreckt, die viel schwächeren schwedischen Truppen, die überdies 7000 Gefangene zu bewachen hatten, nicht anzugreifen, sondern schickte einen Theil seines Heeres nach Grodno und warf sich mit dem anderen nach Krakau.

Karls Zug durch Lithauen, Polesien und Volhynien.
Im Lauf des Februar und März lag Karl still vor Grodno, nur Streif-

corps bald nach dieser bald nach jener Seite schickend, um Vorräthe aufzutreiben und die Anerkennung des neuen Königs zu erzwingen. So wurde
durch Schrecken der größte Theil des niedern Adels und der Bürgerschaft für
Stanislaus' Partei gewonnen, aber dennoch Hunderte von Schlössern und
Höfen verbrannt. Die geringe Schonung, welche die Russen selbst ihrer
Freundespartei bewiesen, unterstützte die Pläne Karls. Was den Bewohnern des ausgesogenen Landes geblieben, war in der Regel vergraben; doch
hatte der Krieg die Schweden viele Kunstgriffe gelehrt, die Verstecke selbst
unter der Schneedecke zu finden. Dennoch trat Noth ein und die Schweden hatten eine größere Zahl Kranker, als bisher in irgend einem Feldzuge; Karl hatte sein Hauptquartier im Kloster Zaludeck; selbst für seinen
Stab, wie für den Hof Leszinski's, wurde der Mangel fühlbar; Oel
und zerlassener Speck mußten die Butter ersetzen, und Soldatenbrot war
das einzige, auch an der Königstafel. Den Russen in Grodno ging es
noch schlechter; zu ihrem großen Mangel trat Kälte, Ueberhäufung der
schlechten Quartiere 2c., und Hunderte starben an Seuchen und Hunger.
Ogilvy suchte seine Verluste zu verheimlichen und begrub große Massen
von Leichen in den Kellern der Häuser, aber das eintretende Thauwetter
verrieth sie durch Verwesung; dann ließ er sie Nachts in den Fluß werfen;
aber schließlich konnte das Elend weder verborgen noch ertragen werden.
Dazu kam die Siegesnachricht aus Fraustadt und raubte den Russen die
Lust zum Widerstand. Ogilvy ließ Pulver, Kugeln und achtzig seiner
größten Kanonen in den Niemen versenken und schickte 4000 Kranke
und Verwundete nach Tykoczin; seine Mannschaft war von 20,000 auf
10,000 Mann geschmolzen. Mit diesen suchte er den Rückweg nach Rußland zu gewinnen. Den geraden Weg nach Osten hatten die Schweden
verlegt, und er mußte mit Umwegen über Tykoczin und Brzesc, den Bug
aufwärts nach Volhynien, und durch diese Landschaft nach Kiew ziehen;
so eilig als möglich trat er den Marsch an. Karl hätte ihn bei Brzesc
abschneiden können; als er aber den Niemen erreichte, hatte der Eisgang
an selbigem Tage die Brücke zerstört und die Russen gewannen einen entscheidenden Vorsprung. Am 4. April brach Karl aus den Winterquartieren ganz auf, ließ Creutz mit einigen Truppen in Lithauen, und zog
selbst rasch gegen Süden. Bei Rozana erreichte er die Grenze Polesiens,
und dessen Sümpfe und Wälder. Die Wege waren grundlos, die Pässe

bei Sielce und Bereza fast uneinnehmbar. Nur wenige Mann nebeneinander konnten den Sumpf passiren; die Brücken waren abgeworfen, die
Hohlwege durch Verhaue gesperrt und hinter denselben standen zahlreiche russische Truppen. Mit unglaublicher Anstrengung gelang es der
Ausdauer der Garde, unter Karls eigener Führung, an das Flußufer zu
gelangen und ein Paar Kanonen gegen den Feind auf dem andern Ufer
wirken zu lassen, während welcher Zeit der König und der kleine Prinz,
Meierfeld und eine Zahl Officiere den Morast durchwateten. Das Wasser
reichte ihnen oft bis unter die Arme und mit Piken mußten sie jeden Schritt
vorher sondiren. Nach den ersten Kanonenschüssen verloren die Russen
vor der Kühnheit des Angriffs den Kopf, und verließen in wilder Flucht
ihre halbvollendeten Verschanzungen. Auch die Naturhindernisse wurden
besiegt und am 24. April rückte Karl in Pinsk, der Hauptstadt Ostpo-
lesiens ein, wo er bedeutende Vorräthe fand und die Truppen ruhen ließ.
Die sumpfige Terrainbeschaffenheit Polesiens, dessen Bevölkerung aus
Jägern bestehend, gut mit Feuerwaffen versehen und energischen Schlages
ist, ließ Karl den Gedanken, durch diese Provinz nach Rußland zu
ziehen, aufgeben. Nach einer Recognoscirung des Sumpfmeeres von dem
höchsten Kirchthurm in Pinsk, sagte der König zu dem ihn begleitenden Jesuitenrector: „Hier sehe ich deutlich mein non plus
ultra geschrieben." Darauf ließ er die Kanonen, Waffen und Munition, die er nicht mitnehmen konnte, zerstören und brach nach einmonat-
licher Ruhe am 23. Mai von Pinsk weiter gegen Süden auf. Am
1. Juni hatte er die Sümpfe hinter sich, kam in das reiche schöne
Volhynien, und nahm am 9. sein Hauptquartier im Schlosse
Jareslawice, zwischen den Städten Dubno und Luck. Die Provinz,
erstaunt über das gelungene Wagstück, durch die polesischen Sümpfe zu
marschiren, unterwarf sich leicht. In der reichen Umgegend wurden
die Truppen mehrere Wochen durch Ruhe und Pflege erfrischt, dazwischen einige Streifzüge bis zur russischen Grenze gemacht, und wie in
Polesien und Lithauen durch Schwert und Feuer die Anerkennung Lesczinski's erzwungen.

Karl und der kleine Prinz. Das Jahr 1706 war vorzugsweise das der Beförderung der innigen Bande zwischen Karl und dem
kleinen Prinzen günstige. Der Errettung aus dem brennenden Hause

folgte in diesem Frühjahre eine andere. Bei der Besichtigung einer Brücke über den Niemen fiel der König bis an den Hals ins Wasser, fand aber glücklich mit den Fußspitzen Grund und hielt sich mit den Armen über dem Ufereise. Die starke Strömung drohte ihn aber jeden Augenblick unter das Eis zu führen. Im größten Schreck liefen alle Schweden von der noch nicht vollendeten Brücke zum Ufer. Der kleine Prinz, noch ein anderer Jüngling, Graf Hans Wachtmeister, und Oberstlieutenant Siegroth legten sich auf den Bauch und versuchten, auf dem schwachen Eise zum Könige zu gelangen. Am schnellsten und weitesten vor war der kleine Prinz und konnte glücklich Karls Hand erfassen. Mit der größten Vorsicht und Anstrengung und Mühe gelang es ihm, unter eigener Lebensgefahr, endlich dem König aus dem Wasser und über das Eis zu helfen. Statt in ein Haus zu seiner Erholung zu gehen, warf sich derselbe mit der gewohnten Redensart: „Lapperei!“ in den Sattel und sprengte mit dem kleinen Prinzen fort. Nach einer Stunde stürzte das Pferd und Karl erhielt einen so heftigen Schlag, daß er kurze Zeit besinnungslos lag, ritt aber dann auf einem anderen Pferde weiter. Beweise der innigsten Liebe gab der König denn auch dem kleinen Prinzen häufiger wie jedem Anderen. Ritt Karl allein aus, ruhte dieser nicht eher, bis er ihn gefunden, und ebenso war es umgekehrt. Während des Aufenthalts in Pinsk hatten sie sich einmal ganze vierundzwanzig Stunden gegenseitig gesucht und verfehlt. Ein anderes Mal sagte ihm der König eines Abends: „Wollen wir morgen früh zu Oberst Creutz reiten?“ Dieser stand in Lithauen. Als der Prinz es bejahte, fügte er hinzu: „Halten Sie sich früh bereit; ja, schon um zwei Uhr. Aber nehmen Sie ein gutes Pferd, denn vor morgen Mittag will ich zwanzig Meilen zurückgelegt haben. Und schweigen Sie vor allen Dingen, denn ich will mich aus dem Zimmer wegschleichen, daß nur wir zusammenreiten. Ihnen mußte ich es ja wohl sagen, sonst wären Sie wieder den ganzen Tag umher geritten, mich zu suchen. Sie sollen es fortan immer wissen, wenn ich ausreite, damit Sie mir folgen können, wenn Sie wollen.“ Der Prinz legte sich in den Kleidern nieder und ritt am Morgen allein mit dem Könige weg. Sie kamen glücklich bei Creutz an, besichtigten die Plätze seiner Siege bei Lachovitz und Kleck, zogen mit gegen die kleine Festung Nieswiez, eroberten sie mit reichen Vorräthen und legten sie, als Besitz des Fürsten Radziwill, eines

Anhängers Augusts in Asche. Dann begab sich Karl auf den Rückweg nach Pinsk, aber eine größere Begleitung mitnehmend. Der Ritt ging jedoch so schnell und scharf, daß, den kleinen Prinzen, den General Meierfeld und zwei Reitknechte ausgenommen, Alle zurückblieben. Der Weg führte sie an einen großen See, zu dessen Ueberschiffung nur schwer ein Boot aufzutreiben war. Karl setzte sich an das Steuer, Meierfeldt und die Reitknechte an die Ruder und der kleine Prinz führte die schwimmenden Pferde am Zügel. In der Mitte des Sees wurden diese furchtsam und wollten umkehren, wobei sie mehrmals den Prinzen fast ins Wasser rissen und das Boot dem Umschlagen nahebrachten. Nur mit Gefahr und Mühe wurde die Fahrt beendet und unter ähnlichen Abenteuern Pinsk wieder erreicht.

Neuntes Kapitel.

Der Feldzug gegen Sachsen wird beschlossen. — Der Einfall in Sachsen. — Der Friede zu Altranstädt. — Schlacht bei Kalisch. — August und Karl in Sachsen und Vollzug des Friedens. — König Stanislaus und die Polen im Jahre 1707. — Karl in Sachsen. — Mißbelligkeiten mit Oesterreich und fernere Politik Karls. — Marlboroughs Besuch bei Karl. — Vergleich zwischen Schweden und Oesterreich. — Karls Abzug aus Sachsen.

Der Feldzug gegen Sachsen wird beschlossen. Schon seit 1702, und namentlich seit der Schlacht bei Klissow, tauchte der Plan öfter auf, August auch in seinen Erblanden zu bekämpfen, und mit der polnischen Königskrone ihn zugleich des Kurhutes, zu Gunsten des Waffenbruders Karls, des der älteren ernestinischen Linie angehörenden Fürsten von Sachsen-Gotha, zu entkleiden. Ludwig XIV. trieb dazu, in der Absicht, dadurch auch Oesterreich, England und Holland in den Krieg zu verwickeln und sich den Kampf mit diesen zu erleichtern. Eine große Anzahl Schweden wünschte es ebenfalls, in der Hoffnung, dem Ziele der einmal von Karl unzertrennlichen Idee der Thronentsetzung dadurch näher zu kommen, und von dieser Seite aus wurde namentlich nach dem Treffen bei Punitz und in Rawiz dahin gearbeitet, Karl auf dieses Kriegstheater zu ziehen. Die Pläne scheiterten an Englands, Oesterreichs und Hollands Gegen-

intriguen, Pipers Abrathen und Karls eigenem Vorsatz, sich nicht mit
noch mehreren europäischen Mächten zu verwickeln, sowie der Kriegsarbeit,
die Polen selbst noch bot; denn die durch Feuer und Schwert gewonnene
Anerkennung und Huldigung des Königs Stanislaus überdauerte fast
nirgends die Anwesenheit der Schweden; mit ihrer Entfernung verlor
sich die ohnehin schwach bindende Kraft des polnischen Treueides.   Die
Frankreich befallenden Unglücksfälle und namentlich der entscheidende
Sieg seiner verbündeten Gegner bei Ramillies belebten den Muth Augusts und seiner Partei, sodaß sie nicht mehr an eine Thronentsagung
dachten, und dem staatsmännischen Blicke Pipers konnten die bald nach
Wolhynien dringenden Nachrichten hiervon ihre Tragweite nicht verhüllen.
Nach schlaflosen Nächten gelang es ihm, Karl den Ernst derselben und
die Wandelbarkeit des Glückes eben an Frankreichs Niederlagen begreif-
lich zu machen, und, auf die Schwächung Schwedens bei gleichzeitiger
Erstarkung Rußlands an der Ostsee im Fall fortgesetzten Krieges hinweisend, den Plan eines von hier aus gegen Rußland zu richtenden Angriffs
gegen den einer Näherung an die sächsische Grenze vertauschen zu lassen.
Vergeblich suchte August, durch Truppensammlungen in Lithauen die
Schweden wieder in diese verwüsteten Gegenden und die Nähe der russischen Macht zu locken.   Nach einer einmonatlichen Ruhe brach Karl von
Wolhynien nach Großpolen auf.   Hier hielt er einen Kriegsrath, in dem
die Ansichten für und wider einen Einfall in Sachsen getheilt waren, bis
der König selbst sich dafür erklärte.   Zum Schutze Polens wurde der
Generalmajor Marderfeld mit 6000 Schweden und 15,000 Polen zurückgelassen.

Der Einfall in Sachsen.   Am 22. August 1706 überschritt
der König mit ungefähr 20,000 Mann, die Oder durchschwimmend,
begleitet von seinen Trabanten, die schlesische Grenze.   Schlesien gehörte dem Kaiser; da dieser aber August wiederholt das Durchzugs-
recht gestattet hatte, nahm sich Karl dasselbe, führte aber mit streng-
ster Mannszucht und möglichster Eile seine Truppen durch dieses Gebiet.
Schon am fünften Tage rückte er in die Erblande Augusts ein.   Schulenburg suchte ihm mit einigen geringen Resten des sächsischen Heeres
Widerstand zu leisten, wurde aber in den Thüringer Wald zurückgeworfen.   Leipzig öffnete seine Thore und Karl nahm sein Hauptquartier in

Altranstädt, einem Adelssitze, nahe dem Schlachtfelde von Lützen. Die erschreckten europäischen Mächte, besonders die gegen Frankreich kämpfenden, beruhigte Karl durch die offene Erklärung, sich nicht in den spanischen Erbfolgekrieg mischen, sondern nur August zum Frieden und zur Entsagung der polnischen Krone zwingen zu wollen. Die Bevölkerung Sachsens war nicht so leicht beruhigt; die Zerstörung Wurzens, Pirna's und das Hausen der Schweden in den Zeiten des dreißigjährigen Krieges waren noch in frischem Andenken; noch hießen die Sturmglocken der Städte „Schwedenglocken" und die Schrecklieder für die Kinder „Schwedenlieder." Diese nun wiederkehren zu sehen, und noch dazu in Begleitung der Polen, erregte das Land ungemein und August steigerte durch Aufrufe die Unruhe, indem er anrieth, neben tapferer Gegenwehr alles Wertheigenthum zu verbergen, und gleichzeitig befahl, das Archiv und die Schätze aus Dresden nach dem Königstein zu bringen. Seine Mutter, eine dänische Prinzessin, flüchtete auf seinen Befehl nach Holstein, seine Gemahlin und sein Sohn zu ihrem Vater nach Baireuth. Die gefangenen Prinzen Sobieski wurden auf dem Königstein untergebracht, und alle Wege bedeckten sich mit Flüchtlingen, die den Bauern und Pferdebesitzern eine Quelle spätern Reichthums wurden und unter andern Leipzig allein 200,000 Thaler einbrachten. Karl suchte durch Proclamationen und namentlich durch strenge und oft grausam geübte Mannszucht, wie durch eigenes kluges Benehmen, die Gemüther zu beruhigen. Als ihm ein Schmeichler eine Liste der Verfasser von in Sachsen über ihn herausgegebenen Schmähschriften zu deren Bestrafung vorlegte, sagte er ruhig: „Laßt sie schreiben, was sie wollen, und uns thun, was wir sollen!" Die in die Zeit der Besetzung Leipzigs fallende Messe befahl er abzuhalten und hielt dabei musterhafte Ordnung, sodaß sie für die Verkäufer die vortheilhafteste seit Menschengedenken war.

Der Friede zu Altranstädt. Die verschiedenen Niederlagen, die erlittene Schmach, der treulose Charakter des Polenvolkes und die eigene ewige Unruhe und Anstrengung in dem Jahre lang andauernden Kriege hatten oft in August den Gedanken erzeugt, dem Beispiele anderer Polenkönige zu folgen und freiwillig dieser Dornenkrone zu entsagen; aber immer hatte der Scheinglanz derselben oder Frankreichs verrätherischer Rath und der einem drückenden Zwange gleichende Freundesschutz des

Czaren diesen Gedanken nicht zur That reifen lassen. Das Erbland
Sachsen war bisher die beste und sicherste Hilfsquelle gewesen. Es hatte
seit Beginn der unruhigen Zeiten 36,648 Soldaten, 819 Kanonen und
über 80 Millionen Thaler dem seinem wahren Interesse fremden Zweck
geopfert. Jetzt war das Land erschöpft; die Bewohner murrten und die
neuausgehobenen Soldaten suchten sich durch Flucht dem Marsch in das
große „Sachsengrab," wie sie Polen nannten, zu entziehen. Länger
konnte August sich nicht unempfindlich gegen das Leiden zeigen, das seinem Lande nur seiner Person halber auferlegt worden war; es auf härtere Proben zu setzen, hieß überdies der Gefahr gegenüber blind sein.
Auswärtige Hilfe konnte er, bis auf die zweideutige Rußlands, nicht
erwarten; denn Dänemark wagte es nicht, Karl anzugreifen, und die
übrigen Bundesgenossen band der Krieg gegen Frankreich; in Polen
selbst machte die Eifersucht auf die Befehlshaberstellen seine Anhänger unthätig und das Kronheer zeigte sich wieder schwankend und neuer Bestechung
zugänglich. In dieser Lage empfing August in Lithauen die Nachricht der
Besetzung Sachsens durch Karl und beschloß ernstlich, den Frieden durch
Ablegung der polnischen Krone zu erkaufen. Er schickte zwei Gesandte,
Pfingsten und Imhof, mit unbeschränkter Vollmacht versehen, an Karl,
im größten Geheimniß, weil der Czar es nicht ahnen durfte, daß er das
Bündniß mit ihm aufgeben und ihn allein der schwedischen Macht aussetzen wolle. Am 1. September erreichten diese Gesandten Karl in Bi-
schofswerda, und die Unterhandlungen begannen, von schwedischer Seite
ebenso geheim betrieben, um der vielleicht hemmend eintretenden fremden
Vermittelung zu entgehen. Schweden vertraten Piper und Hermelin
und in den Zimmern des Erstern fanden die Zusammenkünfte statt.
Jeder weitern Berathung sollte das Geständniß der Treulosigkeit, deren
sich August 1699 gegen Karl XII. und seinen Gesandten schuldig
gemacht habe, vorausgehen, und die Vertreter Sachsens erklärten,
daß „ihr König sich durch böse Rathgeber habe verleiten lassen,
jetzt aber seine Fehler ernstlich bereue und aufrichtigen Herzens Versöhnung und Freundschaft mit dem Könige von Schweden wünsche."
Die erste und Grundbedingung des Friedens war sodann die Abtretung
der polnischen Krone an Stanislaus Lesezinski. Alle Abdingungsver-
suche, wie Ernennung Lesezinski's zum Thronfolger mit hoher Apanage,

Gründung eines Königreiches Lithauen und gleichzeitiger Krieg Polens und Lithauens zur Unterstützung Schwedens gegen Rußland, Vergrößerung des schwedisch-deutschen Besißthums Bremen, Alles schlug Karl mit der Antwort ab: „Memento me esse Alexandrum non mercatorem“ (bedenkt, daß ich Alexander und kein Krämer bin), und dictirte Piper aus dem Kopfe und augenblicklich die unumstößlichen Bedingungen: „Erstens, August entsagt der polnischen Krone und erkennt Stanislaus als polnischen König an, gelobt auch, nicht nach dessen etwaigem Tode oder überhaupt je Ansprüche darauf zu erheben; zweitens, August entsagt jedem Bündniß mit anderen Staaten und besonders dem russischen; drittens, August giebt mit anerkennenden Ehren die Prinzen Sobieski und alle seine Gefangenen frei; viertens, alle schwedischen Ueberläufer, und darunter namentlich Patkull, liefert August zur Bestrafung aus, verzeiht aber denen, die aus seinem Dienst in den schwedischen traten.“ Durch diplomatische Kniffe und die Noth des Vaterlandes bewogen, da Karl Meierfeld mit bedeutenden Streitkräften gegen Dresden schickte, unterzeichneten die sächsischen Gesandten am 14. September dieses Friedensinstrument mit wenigen Modificationen und Zusätzen, wie die Belassung des Titels „König von Polen“ für Augusts Lebenszeit, gegen Rückgabe der polnischen Insignien und Archive und Entbindung des Volkes vom Eide der Treue. Die wichtigste Aenderung war das Verlangen der Gestellung einer völligen Friedensbürgschaft durch Oesterreich, England und Holland innerhalb sechs Monaten und die Belassung des schwedischen Heeres in sächsischen Winterquartieren, wie Besoldung und Verpflegung desselben. Dies war der einzige Gewinn Schwedens für die Jahre während Kriegsführung. Trotz des streng bewahrten Geheimnisses hatten doch die fremden Mächte Ahnung von den Friedensunterhandlungen, und einige Gesandten derselben langten nur wenige Stunden vor oder nach der Unterzeichnung in Altranstädt an. Pfingsten eilte zu August, um die Vertragsbekräftigung zu erlangen. Er traf ihn in Petrikau in Großpolen, und erhielt die förmliche Ratification des Friedens durch August, die bald darauf gegen die Karls ausgewechselt wurde.

Schlacht bei Kalisch. Während der Unterhandlungen war August, von einigen russischen Hilfstruppen und vielen polnischen Parteigängern, sowie einigen sächsischen Regimentern begleitet, von Lithauen

nach Westen gezogen. In Großpolen angelangt, erhielt und unterzeichnete er den Friedensvertrag so geheim, daß Niemand im Heere es
ahnte. Er harrte der Gelegenheit, mit seinen sächsischen Regimentern sich von der Begleitung der Russen und Polen zu befreien. Da
aber der russische General Mentschikow inzwischen die geringe Stärke
des in Großpolen stehenden Marderfeld erfahren, drang er auf einen
Angriff desselben, den August durch allerlei Scheingründe und selbst
durch eine Warnung Marderfelds zu verhindern suchte. Diesem war
durch Karl persönlich Mittheilung über den geheimen Friedensschluß u.d
der Befehl, jedem Kampfe auszuweichen, gemacht, der betreffende Brief
aber Pfingsten anvertraut worden, um ihn erst nach der Ratification in das
schwedische Lager zu befördern. Umstände und die nöthige Bewahrung
des Geheimnisses gestatteten Pfingsten nicht selbst die Beförderung des
Schreibens, welches er statt dessen in Breslau einem schwedischen Unterhändler, Beije, anvertraute, der die Bestellung zu sehr verzögerte, um
einen Zusammenstoß zu verhindern. Inzwischen fuhr Mentschikow fort,
auf einen Angriff zu dringen, und ein von dem sächsischen Oberstmarschall
Pflugk an Marderfeld abgesendetes Schreiben mit der geheimen Mittheilung des Friedensabschlusses fand bei ihm und seinen Officieren keinen
Glauben; dennoch verzögerte sich der Zusammenstoß, und dieses gab
August Gelegenheit, am 17. October eine wiederholte Warnung abzusenden, da er nicht im Stande sei, Mentschikows Kampflust noch über
achtundvierzig Stunden zu zügeln. Marderfeld wurde durch die ausbleibende Benachrichtigung von Seiten Karls in der Annahme bestärkt,
es sei das Vorgeben des Feindes eine sächsische Kriegslist, und bereitete
sich um so entschiedener zum Kampfe vor. Am 19. October fand er
statt. Die Schweden standen im Centrum, Sapieha und Potocki mit
den Polen, die ausdrücklich versprochen hatten, künftig als tapfere Männer zu fechten, auf beiden Flügeln. August stand mit den Sachsen auf dem
linken, Mentschikow mit den Russen auf dem rechten Flügel des Angriffes,
die zu ihnen gehörenden Polen dahinter, in einem zweiten Treffen, da beide
Führer ihrer Treue wie ihrem Muthe mistrauten. Bei dem ersten Zusammenstoß flohen sogleich die von Potocki geführten schwedischen Polen und
eine Stunde später die Sapieha's, sodaß die Schweden allein gegen den vielfach stärkern Feind standen. Das Gefecht wurde fürchterlich blutig und

hartnäckig und überall warfen die Schweden den feindlichen Angriff zurück. August wich schon und Mentschikow war fluchtbereit, als es dem General Brand gelang, Marderfeld in den Rücken zu kommen und den Kampf wieder zum Stehen zu bringen. Oberst Krassau brach sich durch die, den kleinen, eng zusammengeschaarten Kern der Schweden umzingelnden Truppen durch und gewann das freie Feld; die Uebrigen vertheidigten sich so tapfer, daß der Feind nicht direct anzugreifen wagte, sondern außerhalb der Gewehrschußweite Kanonen gegen sie aufführte, wodurch sie gezwungen wurden, sich zu ergeben. Es war das erste größere Gefecht, welches August über die Schweden gewann; sie verloren darin 2500 Mann; es wurde gegen den Willen Augusts und nach geschlossenem Frieden geliefert. Die Russen schlugen aus Freude über ihre Betheiligung am Siege eine Medaille, das erste Gepräge in dem auf schwedischem Boden schon ziemlich bebauten Petersburg.

Karls Entrüstung bei der Nachricht des Treffens bei Kalisch, die ihn den Friedensschluß als neue Kriegslist und Treulosigkeit erscheinen ließ, legte sich bald bei dem Empfang der Darstellung der wahren Sachlage und dem Erbieten Augusts, die Gefangenen und Trophäen zurückzugeben. Inzwischen wurde zur Täuschung der Polen und Rußlands das rechte Verhältniß noch verschwiegen und der Sieg in Warschau von August durch Feste gefeiert, ferner ein Reichstag zur Besprechung weiterer Rüstungen ausgeschrieben, durch Proclamationen die Gerüchte, die doch bereits über den Frieden im Umlauf waren, Lügen gestraft, die feierliche Versicherung abgelegt, als gesetzlich gewählter und gekrönter König von Polen der Republik Leben und Tod zu opfern, und sogar vor Denen, die nähere Kenntniß der Verhältnisse hatten, im Geheimen der Friedensschluß als Kriegslist, um Karl irre zu leiten und Zeit zu gewinnen, dargestellt. So glückte es endlich, Mentschikow und seine Truppen zu entfernen, bevor Karl, um ferneren Verwickelungen zu entgehen, die Ratification des Friedens den fremden Höfen mittheilte. Um die Polen zu gewinnen, gab August auch sogleich Potocki und den gefangenen Parteigängern Karls die Freiheit, sendete ihnen aber Smigielski mit seinen Reitern nach, um sie wieder gefangenzunehmen und Mentschikow zu übergeben, was auch geschah.

August und Karl in Sachsen und Vollzug des Friedens.
Auf diese Weise konnte August endlich Warschau verlassen und eilte
über Krakau, Schlesien, Dresden und Leipzig nach Altranstädt, wo er
am 7. December anlangte. Die Zusammenkunft beider Könige lief
friedlich und sogar freundschaftlich ab; Karl betrachtete sich dabei als
Wirth, ließ deshalb August überall den Vortritt und trat ihm sogar sein
eigenes Schlafzimmer ab, als er die Nacht in Altranstädt blieb. Lange
Gespräche, Besuche und Gegenbesuche und die Artigkeit im persönlichen
Umgange zeigten nicht das Geringste der frühern gegenseitigen Erbitterung. Bald aber verrieth es sich, daß August von Neuem falsches Spiel
trieb. Es wurden von verschiedenen Seiten aufgefangene Briefe desselben
eingeliefert, die abermalige Umtriebe mit Rußland bewiesen. Von einer
Milderung der Friedensbedingungen war daher nicht mehr die Rede, trotz
der immer weitergehenden Demüthigungen und darauf hinauslaufenden
Bitten Augusts. Neue Ausflüchte und neues Leugnen widerlegten die
Geständnisse der nun zu Stanislaus übergegangenen ehemaligen sächsischen Parteigänger Brand, Wiesnowiecki und namentlich von Smigielski
eingelieferte schriftliche Beweise. Immer schärfer zog daher Karl die
Zügel an, ließ die von August noch nicht veröffentlichten Friedensbedingungen in Leipzig drucken und im ganzen deutschen Reiche verbreiten,
drückte das Land und Volk in solcher Weise, daß der Schrecken und die
Furcht es von jedem Aufstandsversuch abhielt, und nahm auch ein ganz
anderes persönliches Benehmen gegen August an. So erzwang er von
ihm am 9. Januar eine erneute Unterschrift der Friedensbekräftigung,
verkehrte aber nicht selbst mit August, verweigerte, an seinem Tische zu
speisen und mit ihm zu jagen, aus öffentlich ausgesprochenem, wenn auch
von ihm selbst wohl nicht geglaubtem Verdacht einer Vergiftung oder Ermordung, erzwang ein Glückwunschschreiben an Stanislaus zu der erlangten polnischen Krone, und drohte offen, wenn die Auslieferung Patkulls etwa durch Begünstigung seiner Flucht verhindert würde, ihn durch
eine höhere Person zu ersetzen. Augusts Gesinnung und Benehmen wechselte unter diesen Umständen häufig; im Zorn ließ er Pfingsten und Imhof
verhaften und die Begünstiger des Friedens seine Schmach büßen, beugte
sich aber dann bald wieder würdelos vor dem Sieger, ihm sogar sächsische Hilfstruppen zu jedem seiner Zwecke anbietend, die Karl aber aus-

schlug, unter dem schnöden Bemerken, mit König August Nichts gemein haben zu wollen. Das sächsische Land wurde inzwischen absichtlich erschöpft, um es für die kommende Zeit völlig kriegsuntüchtig zu machen. Die Bedingung der Besoldung und Verpflegung in Winterquartieren ward ausgedehnt, bis August die bedungene Friedensbürgschaft verschafft hätte, was sich durch Oesterreichs Weigerung und Englands und Hollands Zögerung weit hinauszuschieben schien. Die Mannszucht war zwar streng und die Schweden sollten Alles bezahlen; doch war die Besteuerung so hochgespannt, daß sie Sachsen nicht aufzubringen vermochte. Monatlich wurden 635,000 Thaler beansprucht und nur auf dringendes Flehen bis auf 500,000 Thaler ermäßigt. Das Land wurde zur Verpflegung der Truppenabtheilungen nach einer von Karl bestimmten Taxe in Districte getheilt; dieses Verfahren erzeugte aber so viele Unordnungen und Prellereien, daß die Auflage monatlich zu 834,000 Thaler berechnet werden konnte. Das Flehen des in Verzweiflung gerathenen Volkes, die Fürbitten der fremden Mächte und selbst Leszinski's, mindestens im Frühjahre 1707 Sachsen zu verlassen und in Polen zum Schutz gegen die Russen einzurücken, erweichten Karls harten Sinn nicht, und er erklärte wiederholt, „nicht eher zu weichen, bis das Korn reif wäre und Menschen und Pferde zu leben hätten." Eine fußfällige Bitte der Leipziger Behörden beantwortete er mit den Worten: „Nein, ich weiche nicht eher, als bis ich die gelobte Friedensbürgschaft habe!" Doch ließ er aus Mitleid mehrmals bedeutende Ermäßigungen seiner Forderungen zu; dennoch belief sich der Werth der schwedischen Erpressungen in Sachsen auf 30 Millionen Thaler, wovon 20 Millionen in klingender Münze als Kriegskasse mitgenommen wurden.

Stanislaus und die Polen im Jahre 1707. Nach der Niederlage der Schweden bei Kalisch besaß Stanislaus eigentlich keine Partei mehr in Polen; wenigstens hatte sie keine Waffenmacht zu seinem Schutze, weshalb er auch seine Familie in Stettin ließ, dem Heere Karls nach Sachsen folgte und ohne ihn nicht nach Polen zurückkehren konnte. Dieser rüstete ihn mit Geld aus, dem er, wie der rückkehrenden Furcht vor den Schweden, bald wieder das Wachsen seiner Anhängerzahl verdankte. Die Abhängigkeit von dem schwedischen Schutze raubte ihm aber die dem Königstitel und seinem Volke schuldige Würde. An seiner Tafel saßen nur Schweden, die vornehmsten Polen an einer andern. Ja, der schwache Mann brachte die Schweden und Polen gleichmäßig zum Er= röthen, als er einst Pipers und Rehnskjölds Hände küssen wollte, was jener in ruhigem Stolze duldete, dieser aber entrüstet zurückwies. Nichts= destoweniger enthielt das Beantwortungsschreiben der Gratulation König Augusts eine Sprache des Hochmuths. Persönlich traten beide Könige aber nicht in Berührung; nur begegneten sie sich zufällig auf dem Wege zu Karl, verbeugten sich leicht vor einander, lüfteten die Hüte, sprachen aber kein Wort zusammen. Im polnischen Volke hatte August am Schlusse des Jahres 1706 noch eine ziemlich große Partei; der Frie= densschluß, die Thronentsagung und die ganze Art der erwähnten Vor= gänge hatten aber den Rest der Anhänglichkeit in Schaam und Haß ver= wandelt, der von russischer Seite getheilt wurde. Ein Reichstag kam zusammen, erklärte August für abgesetzt und den Thron für erledigt. Es traten mehrere Candidaten auf und August hatte durch erkaufte Spione sich in Kenntniß der Vorgänge zu setzen und die Zukunft offen zu halten gesucht. Stanislaus bewarb sich dagegen um österreichische Hilfe, um einen Schutz zu erlangen, der sicherer garantirte, wie das Leben des wag= halsigen Karl. Jakob Sobieski buhlte um Peters Schutz und bot diesem seine Tochter als Gemahlin für dessen Thronerben an; dieser selbst aber wurde einmal von Peter als Candidat vorgeschlagen, ein anderes Mal aber Prinz Eugen von Savoyen, der jedoch auf die Ehre dieser Krone verzichtete. Der Czar that alle Schritte, um durch einen neuen polnischen König Karl in neue Kriege zum Schutz Lesezinski's zu verwickeln und in Polen zu fesseln; aber Geld, Drohungen und Versprechungen waren vergeblich verwendet; die Polen konnten zu keinem Entschluß geeinigt werden. Des= halb begannen die Russen eine möglichst große Verwüstung Polens, um Karl den Zug durch das unglückliche Land zu erschweren und gleichzeitig die Kraft eines gefährlichen Nachbars zu brechen. Die entsetzlichsten Ver= heerungen durch Feuer und Schwert vernichteten Güter, Schlösser, Städte, Mühlen und Saaten, und nicht nur der Raub an werthvollen Kunstschätzen und Geräthen, sondern auch Schaaren der jüngeren Leute wurden nach Rußland geschleppt, um die dort durch Krieg oder Klima verwüsteten Gegenden neu zu bevölkern. Eine ausbrechende Pest ver= mehrte das Elend der Hungernden und Obdachlosen und entvölkerte das

Land. Das war der Zustand Polens, als Stanislaus 1707 unter dem Schutze schwedischer Bayonnete dorthin zurückkehrte, um seinen Thron einzunehmen, und das Ende des Krieges, den August mit dem Angriff Lieflands begann und dem Karl das Ziel der hohlen Ehre steckte, nach seinem Eigenwillen die polnische Krone von einem Haupte auf ein anderes übertragen zu haben.

Karl in Sachsen. Wie gewöhnlich, hatte Karl auch in Sachsen sein Hauptquartier, statt in einer Stadt, auf dem Schlosse Altranstädt aufgeschlagen. Sein Hofhalt blieb ebenfalls einfach, und wo die Majestät Pracht verlangte, sah man deutlich, daß sie ihm beschwerlich fiel. Piper mußte deshalb die Honneurs machen und für fremde Fürsten und Gesandte offene Tafel halten. Persönlich war des Königs Tracht und Lebensart so, daß sie, als gegen die Gebote der Sauberkeit verstoßend, getadelt wurde. Es war ein merkwürdiger Contrast, ihn in niedergetretenen Stulpstiefeln, schmuzigen Lederhosen und einfachem blauen Rock August in prächtigen, goldgestickten, mit Perlen und Edelsteinen besetzten Kleidern empfangen zu sehen. Diese Haltung Karls gewann ihm aber vorzugsweise das niedere Volk, das den Grund dazu in einem Haß gegen die reichen Classen suchte, und wähnte, er stiege aus Liebe zu ihnen herab. Der dem bisher in Sachsen fast steuerfreien Adel auferlegte Zwang und die harten Worte, daß gerade die Versäumniß seiner Schuldigkeit es ermöglicht habe, daß die Schweden in Sachsen eingedrungen seien, bestärkte den Bürger= und Bauernstand Deutschlands, soweit er nicht selbst unter dem Kriege litt, in der Liebe zu Karl. Bei der Besichtigung des Lützener Schlachtfeldes, auf dem der König seinen Begleitern die genaueste Kenntniß der Schlacht Gustav II. Adolphs bewies, sagte er bei der Todesstelle desselben: „Ich habe wie er zu leben gesucht. Gott wird mir vielleicht die Gnade erzeigen, auf ebenso ruhmreiche Weise zu sterben." Im Sommer 1707 machte er einen zweiten Besuch auf dem Schlachtfelde, aus Anlaß einer Schrift über die Tödtung Gustav Adolphs; er befestigte sich dabei in der Ueberzeugung, daß sie nicht die That des Herzogs von Lauenburg gewesen sei. Im Februar 1707 besuchte Karl unerwartet Wittenberg, und nachdem er dessen Merkwürdigkeiten besehen und sich der Stadt sehr milde und gnädig gezeigt hatte, betete er knieend auf Luthers Grabe und ritt sodann wieder zurück. Während das Hauptquartier in Altranstädt war, hielt sich Aurora Königsmark eine Zeitlang in Leipzig auf und wendete sich in einem schönen, poetischen und geistreichen Gedicht an Karl, worin sie seinen Ruhm pries, ihn aber bedauerte, daß er der Freuden entbehre, und schließlich ein Wort zu Gunsten des Liebesgottes einlegte und sich als dessen Priesterin anbot. Piper legte auf ihre dringende Bitte Karl die Verse vor, die er aber ganz unbeachtet ließ. Als einige Zeit darauf jener die Vermählung einer seiner Schwägerinnen mit General Meierfeldt in Leipzig feierte, bat die Gräfin Königsmark um eine Einladung, und da Piper Karl um Beiwohnung des Festes ersuchte, fragte er denselben, ob die Gräfin vor ihm erscheinen dürfe; dieser gestattete es, aber dennoch unterblieb es, weil die Vortrittsfrage nicht zu entscheiden war, da, der Geburt nach, Aurora einen der ersten Plätze hätte einnehmen müssen, Karl dies aber nicht gestatten wollte, da sie eine verächtliche Person und es ganz gleichgiltig sei, ob eine solche einem Könige oder einem gemeinen Kerl diene. Die reichen sächsischen Kriegssteuern erlaubten nicht nur, das zerlumpte schwedische Heer neu zu bekleiden und die rückständigen Besoldungen auszuzahlen, — die Oberofficiere hatten fast drei Jahre Nichts erhalten, — sondern gestatteten auch, aus dem Ueberschuß den Soldaten eine Sparbank zu bilden, in der einige Regimenter eine Kasse von 40 bis 80,000 Thalern besaßen. Auf andere Weise wurde die Ruhe in diesen Winterquartieren sehr schädlich, denn die nahen Städte verbreiteten große Sittenlosigkeit im Heere und eine ungeheure Zunahme von Krankheiten. Dies reizte Karl zu größter Strenge gegen die Soldaten, und Fehler dieser Art und Plünderungen wurden meist hart bestraft. Einst fand er einen Soldaten beim Berauben eines Bauern beschäftigt und fragte ihn aufbrausend: „Was hast Du diesem Bauer genommen?" Der Soldat antwortete unerschrocken: „Majestät, nur einen Puter; Sie aber seinem Herrn eine Krone!" Karls Zorn war entwaffnet. Lachend beschenkte er den Bauer und sagte zu dem Soldaten: „Denke daran, mein Freund, daß ich von dem Reiche, das ich seinem König nahm, Nichts für mich behielt."

In Sachsen verstärkte Karl sein Heer, theils durch die aus Schweden anlangenden Rekruten, theils aber auch durch Werbungen, die bei seinem Kriegsruhm ihm Tausende, Hohe und Niedere, zuführten. Seine

Truppenzahl war auf diese Weise auf 44,000 Mann angewachsen. An der Spitze eines solchen Heeres flößte Karl XII. bei der Unkenntniß seiner Pläne allen Mächten Furcht ein. Zehn Fürsten und dreißig Gesandte suchten ihn in Altranstädt auf. Die aufständischen Ungarn unter Ragoczi suchten seine Hilfe gegen Oesterreich mehrmals nach. Ausgezeichnete Deutsche, darunter Leibnitz, baten offen um sein Auftreten zu Gunsten der Freiheit gegen die Gewaltthaten Ludwigs XIV.; doch auch dieser suchte durch Bestechungsversuche der Umgebung Karls und Hinweis auf das schwedisch-französische Bündniß im dreißigjährigen Kriege den König zu einem solchen zu bewegen, um so Deutschland zu beherrschen. Aber Alle scheiterten in ihren Plänen, und nur die Mißhelligkeiten mit Oesterreich boten ihm eine schwere Versuchung zu einer Wendung seiner Politik.

Mißhelligkeiten mit Oesterreich und fernere Politik Karls. Die mehrfach während des polnischen Krieges von Seiten Oesterreichs dem bundesverwandten Könige August bewiesene Hilfe durch Ueberlassung tüchtiger Officiere und der gestattete Durchmarsch seiner Truppen zum Angriff und auf der Flucht hatten in Karl Mißstimmung gegen diese Macht erzeugt, und, von Frankreich und den schlesischen Protestanten geschürt, dachte er 1706 thatsächlich an die Aufstellung der Forderung, die Kaiserwürde wechselweise durch einen protestantischen und einen katholischen Fürsten bekleiden zu lassen. Oesterreichs Anerkennung Leszinski's versöhnte Karl nicht, und der Zwist nahm eine so ernste Gestalt an, daß wirkliche Forderungen auf verschiedene Streitpunkte basirt wurden. Erstens war in einer Schlägerei in Breslau, die durch Verhinderung schwedischer Werbungen entstanden, ein Corporal erschlagen worden, wofür Karl Genugthuung verlangte; zweitens hatte der kaiserliche Kammerherr Graf Zobor mit dem schwedischen Gesandten in Wien, Strahlenheim, über den polnischen Krieg und Stanislaus und Karl einen Wortwechsel gehabt, der in Thätlichkeiten ausgeartet war und Strahlenheims Abreise zur Folge hatte. Der Kaiser ließ ihn durch Eilboten zur Rückkehr einladen, Zobor verhaften, ihm den Kammerherrnschlüssel nehmen und einen förmlichen Proceß einleiten; aber Karl begnügte sich nicht damit, sondern verlangte Zobors Auslieferung zu eigener Bestrafung, was der Kaiser, als gegen seine Würde streitend, verweigerte; drittens hatten sich die 1500 durch List dem Gemetzel nach der Schlacht bei Fraustadt entkom-

menen Ruffen durch Schlefien nach Sachfen geflüchtet, wo fie Auguft, als
in feinem Dienst ftehend, befoldete.   Nach dem Altranftädter Friedens-
vertrage entzogen fie fich durch eine neue Flucht der Auslieferung und
gingen durch Böhmen und die öfterreichischen Erblande nach Südruß-
land. Nachdem fie faft im Elend verkommen waren, hatte der Kaifer ihre
Flucht unterftützt, bis fie in Polen den Czar Peter erreichten.   Dies
erklärte Karl als Bruch der Neutralität und verlangte von Oefterreich
die Auslieferung diefer Ruffen, fich nicht an die Unmöglichkeit einer Forderung kehrend.   Viertens war die Befetzung des Bisthums Eutin ein
ernfter Streitpunkt.   Es war durch einen Todesfall im holftein-gottorp'-
fchen Haufe erledigt und mußte nach den beftehenden Verträgen wiederum
einem Fürften diefes Gefchlechts zufallen.   Herzog Chriftian Auguft,
Bruder des bei Kliffow gefallenen Schwagers Karls und Vormund Karl
Friedrichs, des in Stockholm lebenden Schweftersohns Karls, für den er
als Adminiftrator das Herzogthum verwaltete, erhob Anfprüche auf das
Bisthum.   Im Befitz eines nur geringen Antheils der gottorp'fchen
Güter, bewirkte Schweden die Durchfetzung feiner Wahl, um ihn im
Genuß des reichen Bisthums fefter zu ftellen.   Um das holfteinifche
Haus zu fchwächen, veranftaltete aber Chriftian IV. von Dänemark, unter Beiftand öfterreichischer Intriguen, eine neue Bifchofswahl, die auf
feinen Bruder, den dänischen Prinzen Karl, fiel. Nun verlangte Karl XII.
von Oefterreich unbedingte Anerkennung der Wahl des Herzog-Admini-
ftrators. Fünftens boten eine Anzahl Bittfchriften fich bedrängt glauben-
der Proteftanten willkommene Vorwände, auf Grund der Verletzungen
des weftphälischen Friedens fich Einmischungen in die innere Regierung
des öfterreichischen Kaiferreichs zu geftatten.

Gleich übermüthigen Trotz erlaubte fich Karl, geftützt auf fein in
Deutschland ftehendes fieggewohntes, jetzt zahlreiches und auf deutsche
Koften gut genährtes Heer, gegen Preußen, verlangte Beftrafung eines
Officiers, der mit feinen Kenntniffen das Artilleriewefen des Czaren un-
terftützt hatte, und trat mit Gewaltmaßregeln gegen die in Berlin feinen
Abfichten und Plänen zuwiderwirkende Preffe auf.   Ja, bis gegen den
römischen Stuhl richtete er feine vermeffenen Pläne und erhob in vollem
Ernfte verschiedene Anfprüche auf die Hinterlaffenschaft Chriftinens, na-
mentlich der Krone und des Scepters, die von ihr der heiligen Madonna

in der Lorettokapelle geschenkt waren, und ihre von schwedischem Gelde
gekauften Kunstschätze. Ja, er forderte sogar vom Papste Schadenersatz
für die lange Dauer des polnischen Krieges, der durch die Anreizungen
Augusts zu stets neuem Widerstande römischerseits hervorgerufen wäre.

Marlboroughs Besuch bei Karl. Der deutsche Kaiser und
der Papst, die ersten und vornehmsten Fürsten Europa's, widersetzten
sich natürlich lange einer solchen Demüthigung, wie sie der Siegesüber-
muth des vom Glücke verwöhnten jungen Mannes ihnen zumuthete;
Frankreich aber suchte die täglich wachsende Spannung zu erhalten und
durch Schmeicheleien und andere niedrige Mittel seinen höchsten Wunsch,
einen offenen Krieg entbrennen zu sehen, zu erreichen. Die gegen Frankreich verbündeten Mächte bemühten sich dagegen, auf jede Weise den
Bruch zu verhindern, und der große englische Feldherr Marlborough stattete im April 1707 zu diesem Behufe selbst einen Besuch bei Karl ab.
Ein eigenhändiger Brief der Königin Anna und große Summen zur
Bestechung einflußreicher Schweden sollten ihn bei seinem Zwecke unterstützen. Schon auf dem Wege erfuhr Marlborough in Berlin, daß die
Gesinnung der Letzteren mit seinem Auftrage so übereinstimmte, daß
sie Karl zur Rächung der verwüsteten Provinzen ihres Vaterlandes gegen
Peter reizten und von der Einmischung in die Verhältnisse West- und
Südeuropa's abzögen. Karls Beschäftigungen in Altranstädt und die
Gespräche mit ihm bestärkten den englischen Feldherrn, daß er Ueber-
redungskunst und die Bestechungsmittel sparen könnte; da aber sein Eigennutz und seine Gewissenlosigkeit letztere nicht wieder zurückgeben ließen,
entstand daraus das entehrende Gerücht, daß die schwedischen Staatsmänner in englischen Sold getreten seien, um Das durchzusetzen, was
ihnen ihre Pflicht gebot und wohin sie längst gewirkt, ehe Marlborough
vor Karl erschienen war. Große Menschenmassen waren in Altranstädt
versammelt, um die Zusammenkunft der größten Heerführer jener Zeit
zu sehen, sodaß ein paar Regimenter beordert werden mußten, die Ordnung aufrechtzuerhalten. In Karls Zimmer geführt, begann Marlborough das Gespräch mit großen Schmeicheleien, das Handschreiben der
Königin Anna überliefernd und versichernd, daß sie sich nur durch ihr
Geschlecht hätte abhalten lassen, durch einen Besuch bei Karl selbst ihre
Bewunderung vor ihm an den Tag zu legen. So geschmeichelt sich Karl

auch fühlte, antwortete er nicht in gleichem Tone, sondern war während des kurzen Gesprächs höchst einsilbig. Beide paßten wenig zusammen; dem König erschien Marlborough zu fein und geziert für einen Krieger, und dieser suchte in Karls geradem Wesen, seiner dürftigen Kleidung und Lebensweise ein berechnetes Bemühen, die Aufmerksamkeit und Bewunderung des großen Haufens zu erregen. Er hielt persönliche Eitelkeit mehr, als wirkliche staatsmännische Ansichten, für die Triebfedern in Karls Unternehmungen.

Vergleich zwischen Schweden und Oesterreich. Wenn auch der Besuch Marlboroughs die Furcht vor einer unmittelbaren Einmischung Karls in den spanischen Erbfolgekrieg vermindert hatte, wirkten doch alle Kräfte dahin, den Kaiser zur Nachgiebigkeit in Bezug auf dessen Wünsche zu bewegen. Der erste Streitpunkt wurde erledigt durch die Zahlung einer Entschädigung von 4000 Thalern seitens der Stadt Breslau an die Wittwe des erschlagenen Werbecorporals; zweitens wurde Graf Zobor in der That Karl überliefert, doch von diesem, nach dadurch erlangter Befriedigung seines Stolzes, sogleich, ohne weitere Strafe, auf freien Fuß gesetzt; drittens bewirkte der Kaiser vom Czar Peter die Rückgabe von 1500 gefangenen Schweden für die durch die österreichischen Erblande entkommenen Russen; der vierte und fünfte Streitpunkt verzögerten sich länger, und Karl stand, durch Görtz, den Freund Christian Augusts, bewogen, im Begriff, 3000 Mann schwedischer Hilfstruppen zur Wiedernahme Eutins nach Holstein zu schicken, als Pipers Bemühungen, im Verein mit Holland und England, der Angelegenheit eine andere Wendung gaben. Letztere Mächte fürchteten die Folgen eines neuen schwedisch-dänischen Krieges so, daß sie dem dänischen Prinzen Karl eine sehr hohe Jahresentschädigung sicherten, wenn er seine Ansprüche auf Eutin aufgäbe. Der Prinz that es und der König von Dänemark mußte nachgeben. Schließlich willigte der Kaiser Joseph auch in die Demüthigung, die Anerkennung der Bischofswahl des dänischen Prinzen zu Gunsten der des Herzogs Christian August zurückzunehmen. In dieser Zeit, der Mitte des Sommers 1707, entstand eine neue drohende Verwickelung. Frankreichs Heere waren nach und nach überall von den Verbündeten geschlagen worden; diese hatten bereits einen Theil des südlichen Frankreichs inne und drohten, Toulon zu nehmen. Da schickte

Ludwig XIV. einen mit Bestechungsmitteln reich versehenen Gesandten nach Altranstädt, um Karl zum Angriff gegen Oesterreich zu bringen. Einerseits band diesen das feierliche Versprechen, in Deutschland die Neutralität zu bewahren die Hände, andererseits war aber der Zorn gegen Oesterreich so groß, daß er Frankreich doch retten wollte. Karl ließ deshalb dem schlauen und mächtigen Herzog Victor Amadeus II. von Savoyen im größten Geheimniß mittheilen, wenn er zur Eroberung Toulons beitrüge, würde er augenblicklich durch einen Angriff auf Oesterreich dem Kriege eine andere Wendung geben und ihn der gewonnenen Vortheile berauben. Der Wink wirkte und der Herzog machte zum Nachtheile seiner Bundesgenossen die Belagerung von Toulon erfolglos. Dies trug nicht wenig zur Vergrößerung der Spannung mit Oesterreich bei, und Karl nahm eine von allen seinen Freunden gemißbilligte stolze Sprache an. Ja, er ließ dem schwedischen Rath in Stockholm die Frage vorlegen, ob er nicht seine Waffen zur Bekämpfung des Katholicismus verwenden solle, was dieser aber verneinte. Andererseits wollte auch der Stolz des Kaisers es jetzt zum Bruche bringen, aber Marlborough gelang es, im Interesse des bisher glücklichen Erfolges gegen Frankreich, den Kaiser zu weiterm Nachgeben zu bewegen. Er sendete seinen Kanzler, Graf Wratislaw, zu Karl, der ihn Anfangs im Uebermuth nicht empfangen wollte, schließlich aber ihn zur Schlichtung der holsteiner Frage in erwähnter Weise bewog. Die schwierigste Frage blieb aber noch unerledigt, nämlich die Abwägung der Rechte der Protestanten gegenüber denen der Katholiken; alle schwedischen Staatsmänner, Stanislaus, England und Holland suchten Karl zu bewegen, seine ungerechtfertigten, zu hohen Forderungen herabzuspannen; letztere Mächte verweigerten die Bürgschaft für den Altranstädter Frieden vor einer Versöhnung mit Oesterreich; doch Alles blieb vergeblich; der König war so aufgebracht über die Zögerungen des Kaisers, daß er in wenigen Tagen seinen gedrohten Angriff auszuführen beabsichtigte. Die daraus erwachsende Gefahr für Schweden, der Krieg mit dem Kaiser und wahrscheinlich seinen Bundesgenossen, die Unsicherheit und der fast gewisse Bruch des Altranstädter Friedens, die ungehinderten Angriffe Rußlands, das vorzugsweise darauf hinwirkte, Karl in Deutschland zu verwickeln, um sich an der Ostsee auf schwedische Kosten festzusetzen und seine Macht zu erweitern, veranlaßten

Karl XII.   10

Piper und Hermelin zu den größten Anstrengungen um Karls Eigensinn zu brechen, was ihnen nach unsäglicher Mühe insoweit gelang, daß für Oester-reich ein neuer Aufschub und Bedenkzeit erwirkt ward. Diese benutzten England und Holland dazu, den Kaiser zur Nachgiebigkeit zu bewegen, und gleichzeitig mit der Bewilligung der schwedischen Forderungen von Sei-ten Oesterreichs unterzeichneten sie die Bürgschaft für den Altranstädter Frieden. So wenig sich Karl selbst seiner Erfolge zu rühmen pflegte, konnte er es doch diesmal nicht unterlassen, Piper in Bezug auf ihre entge-gengesetzten Ansichten und seine Warnungen vor dem Einfall in Sachsen zu sagen: „Siehst Du, nun sind wir ein ganzes Jahr in Deutschland ge-wesen. Der Friede mit dem König August und alle anderen Zwistigkeiten sind geschlossen, meine Ansprüche an Sachsen und Oesterreich befriedigt, und ohne einen neuen Feind gewonnen zu haben, sind wir bereit, nach wohlausgerichteter Sache, das gefürchtete Sachsen zu verlassen."

Karls Abzug aus Sachsen. In der Mitte des Augusts ord-nete Karl für alle seine Truppen einen Buß- und Bettag an, ließ den im Lager anwesenden Frauen die Rückkehr nach Schweden befehlen, und gab so die Absicht des Aufbruches zu erkennen, ohne daß jedoch irgend Je-mand ahnte, gegen wen der Marsch gerichtet werden würde, denn noch war der Zwist mit Oesterreich nicht gänzlich beendet. Am 21. unterzeichneten die kaiserlichen Gesandten die schwedischen Forderungen und verhießen schleunige Ratification derselben, und im Vertrauen darauf setzte Karl den Abmarsch bereits auf den 23. August fest, strenge Mannszucht und Bezah-lung aller Schulden befehlend. Karl hatte noch nie ein so starkes und glänzendes Heer besessen. 24,500 Mann Dragoner und Reiter und 20,000 Mann Infanterie, Alle gut gekleidet und genährt, vollständig be-soldet und die Mehrzahl mit beträchtlichen Summen in den Regiments-sparkassen. Alles Kriegszubehör und schwere Feldgeräth war in reich-lichem Maße und bestem Zustande vorhanden. Aber ein bedenklicher Um-stand war es, daß viele ausgezeichnete Truppenführer, wie Horn, Sten-bock, Nieroth, Burenskjöld, das Heer aus Kriegsermüdung, Unzufrieden-heit und Ahnung einer Wendung des Glücks in Folge des nicht zu beseiti-genden königlichen Eigensinnes, verlassen hatten und nach Schweden zurück-gekehrt waren. Doch blieben Rehnskjöld, Creutz, Dücker und Andere bei dem Könige. Mit ihnen und diesem Heere brach er nach Osten auf und überschritt bei Meißen die Elbe. Auf dem Wege nach Dresden speiste er zu Mittag während das Heer Halt machte, und eilte, vom Herzog Christian August und einigen Officieren, Trabanten und Reitknechten, im Ganzen von acht Personen, begleitet, auf einem Spazierritt, dessen Ziel er nicht angab, nach Dresden hinein. Am Schlage angelangt, gab er sich für einen Trabanten, Namens Karl, und den Herzog Christian August für einen Trabanten Wrangel aus, und gewann mit den übrigen, gleichfalls namhaft gemachten, Personen freien Eingang in die Stadt. Auf dem Markte angelangt, erkannte sie der Günstling Augusts, Graf Flemming, der zufällig an dem offenen Fenster seines Hauses stand, und eilte hinaus, des Königs Füße unter tiefen Verbeugungen umfassend. Große Volksschaaren versammelten sich, durch die Flemming Karl nach dem Schlosse führte. August, der sich leidend befand, war noch am Nachmittage im Schlafrock, eilte aber in dieser Tracht sogleich seinem unvermutheten Gaste entgegen. Nach Umarmungen und einem halbstündigen Gespräche zog er sich zurück, um sich anzukleiden und Karl auf einem Ritte um die Festungswerke zu begleiten und ihm das Zeughaus, die Ställe und die Reitbahn zu zeigen. Nach vierstündigem Aufenthalte in der Stadt kehrte Karl, unter Kanonensalven von allen Wällen und von August eine halbe Meile Weges begleitet, zu seinem Heere zurück, das durch die zufällige Nachricht eines Sachsen, Karl sei in Dresden, sehr beunruhigt war und Tages darauf wirklich erfuhr, daß August seinen Rath berufen hätte, zu entscheiden, ob und wie dieser vertrauensvolle Besuch des Schwedenkönigs zu benutzen sei.

Von Dresden marschirte Karl in östlicher Richtung nach Schlesien. Hier sollte die Ratification des Vergleichs mit Oesterreich vollzogen werden, und die Schweden so schnell als möglich das kaiserliche Gebiet verlassen, auch von den Einwohnern nur Getränke für die Mannschaft und Futter für die Pferde, auf Requisition kaiserlicher Beamten, erhalten; sonst aber für drei Wochen Lebensmittel mit sich führen. Beiderseits wurden die Versprechungen gehalten; am 2. September ward die Ratification ausgewechselt, von der kaiserlichen Regierung in allen ihren Staaten verkündet, und Karl eilte so schnell durch Schlesien, daß er schon am 9. September in Polen einrückte, wo er in der Gegend westlich von der Weichsel fast drei Monate verweilte.

In dieser Gegend bleibend, bewohnte der König fast den ganzen Herbst hindurch den kleinen Ort Slupza, und lebte in seiner gewohnten Weise, Abenteuer suchend und findend. So ritt er z. B. eines Tages auf einem ganz schmalen und engen Pfade, der sich hart an dem Warthafluß hinzog und zur Linken von steilen Sandhügeln begrenzt wurde. Plötzlich fiel es ihm ein, zu seinem Vergnügen diesen Abhang hinaufzureiten; aber gleich bei den ersten Schritten verlor das Pferd durch die Steilheit der Böschung das Gleichgewicht, überschlug sich und schleuderte Karl weit in den Strom, aus dem ihn der Trabantencorporal Olof Segerskjöld nur mit Mühe und Anstrengung an den Rockschößen herauszog. Die ernsteste Beschäftigung in dieser Zeit war die Vorbereitung zu dem Kriege gegen Rußland, dem der verbürgte Altranstädter Friede mit Erreichung der Entthronung Augusts alle Hindernisse aus dem Wege geräumt hatte.

Zehntes Kapitel.

Russischer Feldzug von 1701. — Schwedischer Angriff auf Archangel. — Kleinere Kriegsbewegungen in Liefland. — Treffen bei Erastfehr. — Russischer Feldzug von 1702. — Schlacht bei Sagnitz. — Russische Eroberung von Nöteborg. — Feldzug von 1703. — Die Russen nehmen Nyenschanz. — Die Russen zeigen sich zuerst in der Ostsee. — Die Russen nehmen Ingermanland. — Kämpfe an der finnischen Grenze. — Kriegsbewegungen in Liefland. — Anlage von St. Petersburg. — Der Feldzug von 1704. — Erster schwedischer Versuch gegen Petersburg. — Zerstörung der schwedischen Peipusflotte. — Die Russen nehmen Dorpat. — Die Russen nehmen Narwa. — Feldzug von 1705 und Angriff von Petersburg. — Feldzüge von 1706 und 1707. — Politische Folgen des Krieges gegen Rußland.

Russischer Feldzug von 1701. Schon in der Zeit des Jahres 1701, die Karl in den Winterquartieren zu Lais verbrachte, fielen einzelne Scharmützel mit den Russen vor, und als er im Juni gegen König August nach Süden aufbrach, vertraute er Cronhjort die Vertheidigung Finnlands an, ließ Liefland im Schutze Schlippenbachs und Riga unter Stuart, sowie die kleine Kriegsflotte, die in dem Ladoga- und Peipussee erbaut war und wurde, unter Admiral Nummers. Nach dem schwedischen Siege bei Narwa beunruhigte Czar Peter diese Truppen

wenig, und suchte sogar mehrmals durch fremde Vermittlung Frieden zu
erlangen; was jedoch an Karls Abneigung und der Frage über Ueberlassung
eines Ostseehafens scheiterte. Die immer klarer und bestimmter hervortre-
tende Absicht Karls, August abzusetzen, und die Verwendung seiner besten
Kräfte zu diesem Zwecke belebten die nach der Niederlage der Russen bei Narwa
zu einer Ungereimtheit gewordenen Hoffnungen aufs Neue. In richtiger Erkenntniß der Verhältnisse wendete sich Peter nicht gleich mit größter Kraft
gegen die Ostseeprovinzen, da ihre Eroberung, oder nur Ueberschwemmung
Karl gereizt und gegen ihn gezogen haben würde, sondern beschloß, durch
stets wiederholte Angriffe und kleine Neckereien die Schweden ebenso allmälig zu schwächen und ermüden, wie dadurch sein eigenes Heer an eine
ordentliche Kriegführung und den Kampf mit den gefürchteten Schweden zu
gewöhnen, und gleichzeitig Karl durch den Wahn der fortdauernden Ohnmacht und Unbedeutendheit der Russen immer tiefer in Polen zu verwickeln. Inzwischen wurde dem Heere alle Sorgfalt des Czaren zugewen-
det; heimkehrende Flüchtlinge und neu ausgehobene Rekruten vervollständigten es; von August entliehene deutsche Officiere mußten es ausbilden und
seine Waffenfähigkeit erhöhen; in Holland wurden Gewehre bestellt, und
auf den Landseen eine Anzahl kleiner, vertheidigungsfähiger Ruderschiffe
gebaut. Die bei Narwa verlorenen Kanonen wurden durch neue, aus
Kirchenglocken gegossene, ersetzt. Den Unwillen des Volkes über eine solche
Verwendung derselben entwaffnete Peter durch die Erklärung, absichtlich
dieses heilige Metall zu wählen, um dadurch die neue Waffe zu segnen
und glücklichere Erfolge über die Ketzer herbeizuführen, und die Liebe der
Bedienung mehr an das Geschütz zu fesseln. Auch durch Bündnisse mit
fremden Mächten suchte sich Peter zu stärken, und außer seinen gegenseitigen Verpflichtungen mit August schloß er im Frühjahr 1701 durch eine
Gesandtschaft nach Kopenhagen einen Bund mit Dänemark, der, ohne Aufstellung einer drohenden schwedischen Macht am Sunde von Seiten des Raths
in Stockholm und ohne Englands und Hollands Vermittlung und Karls
Sieg an der Düna, zu neuer Betheiligung Dänemarks am Kriege gegen
Schweden geführt haben würde. Die Kräfte des Czaren allein überstiegen
aber bedeutend die Schlippenbachs in Liefland, die sich auf nur 12 bis
16,000 Mann beliefen, worunter fünf Siebentel aus neu ausgehobenen und
geworbenen Infanteristen bestanden.

Schwedischer Angriff auf Archangel. Während des ganzen 17. Jahrhunderts hatte der Hafen von Archangel die einzige unmittelbare Seeverbindung Rußlands und Westeuropa's gebildet und war in diesem Kriege um so wichtiger, weil der letztere die mittelbare Ein= und Ausfuhr Rußlands durch die Häfen Nyen, Narwa und Riga hemmte. Nach diesem Punkte hin richteten sich also zuerst die Absichten der Schweden gegen Rußland. Ein Bürger Wasa's machte den Vorschlag, an der Spitze der finnischen Landbewohner durch die wüsten und sumpfigen Gegenden der Nordostgrenze Finnlands nach Archangel zu ziehen, und erhielt wirklich von Karl die nöthigen Waffen, ohne daß jedoch dadurch der Plan zur Ausführung gebracht wurde. Ein zweiter ging nach Stuarts Entwurfe dahin, 10 bis 12,000 Schweden auf kleinen Kriegsschiffen und finnischen Scheerenbooten durch die Newa in den Ladogasee und von dort durch den Swir= und Onegasee bis Powenetz zu führen und sie weiter über Land nach Soma am weißen Meere zu dirigiren, wo größere schwedische Kriegsschiffe sie aufnehmen und seewärts gegen Archangel führen sollten. Die deutlich zu erkennenden Gefahren ließen diesen Plan gegen den dritten ausgeführten vertauschen. Im März 1701 befahl Karl den Abgang einer kleinen Flotte aus Gothenburg, direct nach Archangel, zu dessen gänzlicher Zerstörung und Erbeutung alles dort vorhandenen Brauchbaren. Im Juni segelten mehrere Fregatten, im Ganzen etwa acht Fahrzeuge, aus Gothenburg ab; der Zweck der Expedition war aber nicht genügend verheimlicht, und England und Holland, die bedeutenden Gewinn aus dem Archangeler Handel zogen, benachrichtigten die Russen von dem schwedischen Vorhaben, das sie zu verhindern wünschten. Alle Vorsichtsmaßregeln wurden getroffen, und die schnell verstärkte Festung auf einen Angriff vorbereitet. Die schwedischen Schiffe brauchten bei ihrer Ankunft Lootsen, und nahmen zwei sich dazu anbietende russische Fischer an, welche absichtlich dieselben irreleiteten, sodaß zwei derselben an einem Sandriffe strandeten. Einer der Lootsen wurde augenblicklich niedergestoßen und der zweite so schwer verwundet, daß auch sein verstellter Tod geglaubt wurde und er sich später durch diese List retten konnte. Inzwischen hatten sich die Russen zur Vertheidigung gerüstet und durch Feuersignale die Bevölkerung zu Hilfe gerufen, sodaß die Absicht der Schweden gegen die Stadt ebensowohl, wie die ihrer Einfahrt in die Dwina vereitelt wurde. Nach der Zerstörung einiger Uferdörfer und Salinen, und Sprengung ihrer gestrandeten Fahrzeuge kehrten die Schweden nach Gothenburg zurück. Peter eilte sogleich selbst nach Archangel, befestigte es stärker und belohnte den muthigen und listigen Fischer, der es mit eigener Lebensgefahr gerettet hatte, mit Ehren und Reichthümern.

Kleinere Kriegsbewegungen in Liefland. In Liefland waren die Schweden gleich nach Karls Abmarsch durch mehrfache Einfälle beunruhigt worden, und zur Abschreckung neuer Unternehmungen richtete Oberstlieutenant Liewen mit 50 Reitern und 200 Mann Infanterie einen Angriff gegen den Grenzort Petschori, warf die 800 Mann starke russische Vorhut zurück und machte beträchtliche Beute. Während des Rückmarsches umzingelte ihn die russische Hauptmacht von 8000 Reitern, gegen die er sich tapfer vertheidigte, aber sich dennoch hätte ergeben müssen, hätte der Lärm des Gefechts nicht 100 schwedische Reiter herbeigezogen, die mit dem Schlachtruf: „Es lebe König Karl!“ die Russen so erschreckten und in Unruhe brachten, daß sie sogleich die Flucht ergriffen. Im Juni machte Cronhjort von Finnland aus, von den dortigen Bauern begleitet und verstärkt, einen Plünderungszug nach Rußland hinein. Im September überschritt südlich vom Peipus ein starkes russisches Heer die liefländische Grenze. In drei Colonnen griff es, mit zweiunddreißigfacher Ueberzahl drei schwedische isolirte Detachements bei Rappin, Chasariz und Ranke an, und lieferte ihnen unglaublich blutige Gefechte, deren bedeutendstes bei dem, von der Verbindung mit dem Hauptcorps ganz abgeschnittenen, Posten Rappin in zwölfstündigem Kampfe 2000 Russen kostete; die schwedische Macht betrug hier 300 Reiter und 200 Infanteristen, geführt von Gottlieb Roos, gegen die 16,000 Russen standen; nur dreißig Schweden geriethen schwer verwundet und ermattet in Gefangenschaft; alle übrigen wurden niedergemacht. Die beiden anderen Detachements wurden von der Hauptmacht unterstützt und schlugen die Russen zurück, welche die durchzogenen Gegenden gräßlich verheerten, aber vor Ueberschreitung der Grenze 500 Mann verloren.

Treffen bei Erastfehr. Nach diesem verunglückten Zuge hielten sich die Russen in beträchtlicher Anzahl still bei Pleskow. Kurz vor Weihnachten, während Karls abenteuerlichen Zuges nach Lithauen, benutzte der russische General Scheremetjeff die damals bei den Schweden

herrschende Anstrengung und Festfreude zu einem unerwarteten Angriffe der
in und um Erastfehr stehenden Schweden. Er setzte 20,000 Mann Infanterie und 30 Kanonen auf 2000 Schlitten und brachte sie glücklich so
unvermuthet nach Erastfehr, daß es kaum gelang, Schlippenbachs Frau
und Kinder aus dem Hauptquartiere zu retten. Die Schweden sammelten sich bald und schlugen mehrere Angriffe der Russen zurück; vor deren
stets nachkommenden Verstärkungen beabsichtigte Schlippenbach, eine rückwärts liegende Stellung einzunehmen. Die Infanterie begann die Bewegung, und die Reiter sollten dieselbe decken. Die Rekruten der letzteren
misverstanden den Rückzug, erschraken und nahmen in gänzlicher Auflösung
die Flucht. Vergeblich versuchten ihre Officiere, sie zu hemmen; sie warfen
sich fliehend auf die Infanterie, brachten auch diese in Unordnung und
überließen sie ohne Hilfe und Stütze dem überlegenen Feinde. Vergeblich
kämpfte sie mit äußerster Tapferkeit, die Soldaten zerrissen schließlich ihre
eigenen Fahnen und zerbrachen deren Stöcke, um sie nicht in des Feindes
Hände gerathen zu lassen und wurden fast alle niedergemacht. Nur zwei
Soldaten und einige Officiere, darunter ihr Führer Liewen, bemächtigten
sich umherirrender Pferde und entkamen im Pulverdampfe. Es waren
1200 Schweden und gegen 7000 Russen geblieben. Dieser Sieg war
für die Russen ungemein wichtig, da er den Schweden den bis dahin an-
haftenden Zauber der Unüberwindlichkeit in den Augen des abergläubischen
Volks raubte. Die Freude war übergroß; Scheremetjeff wurde vom
Czaren zum Feldmarschall und Ritter des Andreasordens ernannt und
große Belohnungen ausgetheilt. Peter äußerte sich über diesen Sieg:
„Gott sei Lob, jetzt haben wir es soweit gebracht, daß
zwei Russen einen Schweden schlagen können. Noch einige
Jahre und wir werden sie Mann gegen Mann bekämpfen
können. Nach dem Siege hatte Scheremetjeff beabsichtigt, Dorpat zu belagern, gab dies aber im Plane der ganzen Kriegsführung, bei der Nachricht von Karls Rückkehr nach Kurland, auf und begnügte sich mit der
Verwüstung der nächstliegenden Gegenden vor seinem Rückzug über die
russische Grenze. Die Schweden hatte ihre Niederlage sehr entmuthigt,
sie in ihrem Selbstvertrauen erschüttert und Rußlands sich entwickelnde
Kraft dargelegt. Sie begehrten Verstärkung und baten um Rückkehr
Karls mit der Hauptmacht; jene kam, aber in zu geringem Maaßstabe

und drei Wochen nach der Niederlage, Mitte Januar 1702, zog Karl von
Kurland südwärts nach Polen gegen August, Liefland sich selbst überlassen.

Russischer Feldzug von 1702. Die diesjährigen Kriegsbewegungen begannen auf dem Peipussee. Die Schweden hatten auf diesem
eine Flotte leicht bewaffneter Fahrzeuge vollendet und von Karlskrona
aus bemannt. Im Winter ging sie die Embach hinauf und legte sich unter die Mauern von Dorpat zum Schutze gegen etwaige Angriffe mit
Hilfe des Peipuseises. Auch Peter hatte auf der Ostseite des Peipussees
eine ähnliche Flotte erbaut. Ende Mai 1702 kamen über hundert dieser
Fahrzeuge in den Peipus. Der schwedische Marinecapitain Löscher
führte ihnen vier zwar kleine, aber gegen die russischen große und stark bewaffnete Fahrzeuge entgegen. In einem ziemlich langen Kampfe verloren
die Russen viele Leute und mußten schließlich fliehen. Im Sommer wurde
die schwedische Galliot „Virat" während einer Windstille von der russischen
Ruderflotte umringt und, nachdem sie ihre Kugeln verschossen, geentert. Als
eine große Anzahl Russen am Bord derselben waren, sprengte ihr Führer,
der Capitain Hökeflycht, sich und die Feinde mit ihr in die Luft.
Für den Landkrieg bereiteten sich beide Heere tüchtig vor; Peter zog namentlich wieder viele fremde Officiere in seine Dienste, und sein Reich bot
ihm hinreichende Geldmittel, die er gut zu nutzen verstand. Unter Scheremetjeff rüstete er gegen 50,000 Mann zum liefländischen Feldzug. Schlippenbach hatte ihm etwa 8000 Mann entgegenzustellen. Horn erbat sich
im April von Riga aus Verstärkung von Karl; doch erst auf Schlippenbachs wiederholtes Ansuchen sendete der König 700 Mann der in Lithauen unter Mörner und Stenbok stehenden 8000 und zog den Rest
derselben nach Polen, wohin auch das pommersche Heer beordert wurde,
das dann aber dorthin zurückging. Später im Jahre wurde Maidel mit
einer Anzahl finnischer Truppen nach Polen gezogen, und ließ sich bei seinem Marsche durch Liefland bewegen, 600 Mann zur Verstärkung daselbst
zurückzulassen, was Karl sehr übel aufnahm und ihm scharf verwies, da
er, noch durch den Sieg bei Narwa geblendet, einen Schweden unter 100
Russen gleich einem Löwen unter 100 Schaafen hielt. Dieser Wahn erzeugte bei der erwähnten Hilflosigkeit Schlippenbachs und Cronhjorts den
Befehl für jenen, mit seinen 6 bis 8000 Mann zum Angriff gegen die
Russen vorzugehen und seien sie auch 100,000 Mann stark.

Die Schlacht bei Sagniz. Der Zeitpunkt des Sommers 1702, in dem Karl von Warschau nach Krakau rückte und auch die Truppen aus Lithauen an sich zog, schien Peter zum Angriff des verlassenen Lieflands günstig. Von Pleskow aus überschritten 40,000 Russen die Grenze; Schlippenbach zog sich hinter die Embach zurück, nahm dort eine Stellung ein und ließ die Mehrzahl der Brücken abbrechen. Der Sommer hatte aber fast den ganzen Strom ausgetrocknet; die von Osten kommende Hauptmacht überschritt ihn leicht und griff schnell die Schweden in der Front an, während eine andere Colonne von Süden ihr in die Flanke und Rücken drang. Am 19. Juli, Morgens begann der Kampf, nachdem Schlippenbach knieend eine Morgenandacht hatte verrichten lassen; er war hart und schwer; doch begannen die Russen nach einigen Stunden zu weichen, sodaß die sie verfolgenden Schweden mehrere Kanonen und Fahnen nahmen. Eine größere russische Abtheilung wurde an eine Stelle der Embach gedrängt, die sie nicht überschreiten konnte; da ließ sie die Verzweiflung wieder Kehrt machen und den Kampf mit Heftigkeit erneuern. Bald erhielt sie Verstärkung, vor der die neugeworbenen schwedischen Reiter wieder, wie bei Erastfehr, die Flucht ergriffen und die Infanterie in Unordnung brachten. Schlippenbach konnte sie nicht zum Stehen bringen, und alle seine Adjutanten blieben auf dem Platze. Die Infanterie kämpfte noch lange mit altem Muthe, mußte aber, nachdem der größte Theil gefallen, sich ergeben. Die Schweden verloren 40 Officiere, darunter drei Regimentscommandanten und 2000 Mann, die Russen eine noch größere Zahl, hatten aber seit langer Zeit die ersten schwedischen Trophäen, 15 Kanonen und 16 Fahnen, gewonnen. Vergeblich suchte Schlippenbach, vor dem Ostseestrande die Reiter noch einmal zu sammeln; sie flüchteten bis in die Mauern Pernaus. Hier, und namentlich in Reval zog er sodann die Reste seiner Truppen an sich, blieb jedoch zu schwach, sie in freiem Felde noch einmal gegen den Feind zu stellen. Das wehrlos den Russen offen stehende Liefland wurde von ihnen entsetzlich verwüstet, und was nicht mitzuschleppen war, verbrannt und zerstört, alle Viehheerden getödtet, 20,000 Pferde und viele Tausende von Menschen mit über die Grenze und letztere als Leibeigene in ferne Provinzen geschleppt. Auch die Nachricht dieser die Freuden des Sieges von Klissow trübenden Niederlage bewog Karl nicht, dem Flehen Lieflands um Schutz Gehör zu geben. Bei diesen Verheerungen griffen die Russen das Schloß Marienburg an, dessen Commandant, Hauptmann Wulf, dasselbe, nachdem die Russen, trotz tapfrer Gegenwehr, eingedrungen, in die Luft sprengte. Aus der kleinen um das Schloß liegenden Stadt nahmen die Sieger unter ihrer Beute die im Hause des deutschen Predigers Glück als Magd dienende Frau eines schwedischen Dragoners mit, die später von der Leibeigenen einiger ihren Besitz austauschender Generale die Gemahlin Peters und die nach ihm selbstherrschende Kaiserin Katharina I. wurde.

Russische Eroberung von Nöteborg. Nachdem nun die schwedische Macht in Liefland gebrochen, wendete Peter seine Waffen gegen die Ladoga= und Newagegend, als den Punkt, wo die Ostsee am tiefsten in Rußland eindringt, und der Hafen am besten anzulegen war. Diese Gegend vertheidigte Cronhjort als Landshauptmann von Nylandslän. Er war durch Tapferkeit und Kraft ausgezeichnet, sodaß die Finnen seinen Namen, in „Kurnahjort" corrumpirt, für die Bezeichnung dieser Eigenschaften in ihre Sprache aufnahmen. Der Rath in Stockholm und Karls Umgebung glaubten ihn aber, seines Alters und seiner Grausamkeit wegen, nicht mehr diesem Posten gewachsen, der König hielt ihn jedoch noch. Seine Hauptthaten in diesem Kriege waren weitausgedehnte Verwüstungen russischer Districte. Zum Schutze der finnischen Ostgrenze hatten die Schweden die Festungen Kexholm und Nöteborg und eine kleine Flotte im Ladogasee. Diese durchkreuzte denselben, verheerte die russischen Ufer und zog sich im Nothfalle unter die Kanonen beider Festungen zurück. Während der Dauer dieser Verhältnisse konnten die Schweden den Russen in dieser Gegend ziemlich leicht jeden Fortschritt wehren. Bei Olonetz, an der Südostseite des Ladoga, hatte Peter eine Werfte angelegt, auf der sein Eifer und persönliche Beaufsichtigung bald den Bau einer Flotte kleinerer Kriegsfahrzeuge bewirkten. Mit Hilfe dieser in Kurzem den Schweden überlegenen Macht glückte es den Russen im Laufe des Sommers, die schwedischen Fahrzeuge unter Nummers die Newa hinab in die finnische Bucht zu treiben, wo sie sich unter die Kanonen Wiborgs legten. Nöteborg (Nußburg) lag auf einer Insel, die die Form einer Haselnuß hat, woher der Name, in der Ausmündung der Newa aus dem Ladoga, und beherrschte Fluß und See gleichmäßig. Es war seiner Wichtigkeit entsprechend stark befestigt und unter einem Oberstlieutenant Schlippenbach mit 400 Mann beseßt. Ende September, als die Folgen der Niederlage bei Sagniß noch von den Schweden nicht verwunden waren, führte Scheremetjeff 14,000 Russen in die Nachbarschaft Nöteborgs, und schloß bald darauf die Festung von allen Seiten ein. Die vornehmsten Russen schlossen sich der Belagerung an, bei der sich Peter selbst als Bombardiercapitain und Mentschikow als sein Lieutenant betheiligten. Cronhjort schickte der Festung auf ihre Bitte Major Lejon mit 400 Mann als Entsaß. Die zu schwache Truppe wurde zurückgeworfen; doch gelang es Lejon selbst, sich mit 50 Grenadieren durch die Russen bis vor die Festung zu schleichen. Die Thore derselben waren so fest verrammelt, daß sie nur mittelst Tauen in die obern Kanonenlöcher gehißt werden konnten. Sie fanden die Besaßung schon auf 225 Mann geschmolzen und die Mauern sehr beschädigt. Das Angebot einer Capitulation wies Schlippenbach zurück, und auf ein Bittschreiben der in Nöteborg anwesenden Officierfrauen, ihnen freien Abzug zu gewähren, antwortete der Czar selbst schriftlich: er wolle nicht so grausam sein, ihnen den Schmerz einer Trennung von ihren Männern zu machen; wollten sie abziehen, so möchten sie gütigst ihre Männer mitnehmen. Nach einer fortgeseßten Beschießung zeigten sich drei starke Breschen, und eine schwer zu löschende Feuersbrunst erleichterte den Angriff am 12. October. In dieser Nacht liefen die Russen Sturm. Die 170 Mann der Besaßung besetzten die Wachen und nur vier blieben außer ihnen zur Erhaltung der Communication zurück. Der erste Sturm dauerte von ein Uhr Nachts bis sechs Uhr Morgens, wurde aber abgeschlagen; mit neuen Truppen wurde ein zweiter unternommen, der von sechs bis zehn Uhr Vormittags dauerte, aber auch misglückte; auch ein dritter, wieder mit frischen Truppen, bis drei Uhr Nachmittags fortgeseßter, hatte den Muth und die Standhaftigkeit der Schweden noch nicht bezwingen können. Da ließ Peter hartnäckig einen vierten unter Mentschikoffs eigener Leitung vorbereiten. Die Schweden waren inzwischen durch den vierzehnstündigen Kampf ermattet, hatten ihre Handgranaten und Munition verschossen, sodaß sie sich schon der Steine zur Vertheidigung bedient hatten; außerdem waren viele Waffen unbrauchbar geworden, und wenn auch solche hinreichend in den Vorrathsgewölben vorhanden waren, konnten sie nicht herbeigeschafft werden, weil die Wälle von der zusammengeschmolzenen Mannschaft nicht verlassen werden durften. In einem Kriegsrathe wurde Lejon, der die Festung, wie

Marienburg, mit den Feinden in die Luft sprengen wollte, überstimmt, und Capitulation angeboten. Der Czar nahm sie an und gestattete freien Abzug mit klingendem Spiel, fliegenden Fahnen und vier Kanonen. Lejon unterschrieb selbst diese ehrenvollen Bedingungen nicht. Es konnten nur 83 waffenfähige Mann die Festung verlassen; 156 waren krank und verwundet. Schlippenbach wurde, trotz der ehrenvollen Vertheidigung, später durch Horn in Narwa verhaftet, weil er Lejons Rath verworfen und die Capitulation angenommen hatte. Die Beute der Russen bestand aus 128 Kanonen, 4780 Handgranaten, 1117 Musketen; das Wichtigste war aber der Besitz des Platzes und der Festung, die Peter, in Erkenntniß ihrer Beherrschung des Ladoga, der Newa, der finnischen Bucht und Ingermanlands, in „S c h l ü s s e l b u r g" umtaufte. Der neue Sieg erregte in Rußland große Freude und wurde von Peter geschickt benutzt, seine Truppen zu belohnen und zu bestrafen, wo sie es durch Muth oder Feigheit verdienten; in Schweden, und selbst in Karls Lager erregte er große Bestürzung. Piper wagte nur nach getroffenen Vorsichtsmaßregeln dem Könige den Verlust mitzutheilen; dieser suchte ihn jedoch zu beruhigen und sagte: „Tröste Dich, lieber Piper! die Feinde haben ja den Platz nicht mit sich nehmen können!" Uebrigens verrieth es sich, trotz seiner Verstellungskunst, wie nahe ihm der Verlust ging, und er sagte bei mehreren Gelegenheiten: „Die Eroberung von Nöteborg sollen mir die Russen einst theuer bezahlen."

Feldzug von 1703. Der Feldzug von 1703 begann mit dem Neujahrstage, an dem eine Streifpartei der Russen die Vorstädte Narwas überraschte, und sie und die umliegende Gegend verwüstete. Etwas später überschritten mehr als 1000, von einem Priester geführt, auf Schlittschuhen von Osten her den Ladoga, verwüsteten, nach einigen Scharmützeln mit den Schweden, die Gegend um Kexholm, und zogen sich wieder zurück. Im Osten des heutigen Petersburg mündet von Norden her der kleine Fluß Ochta in die Newa, und an seiner Mündung hatten die Schweden zur Beherrschung der letzteren eine Schanze angelegt, um welche, der günstigen Handelslage des Platzes halber, die Stadt Nyen oder Nyenskans entstanden war, die bald zu herrlicher Blüthe gedieh, und eine Vorläuferin des wichtigen Handelsplatzes Petersburg war. Dem Geiste des Czaren entging dies nicht, und er machte die Freiheit der Newa, der Pulsader Rußlands, und die Verbindung mit der Ostsee zu

seinem ersten und vornehmsten Augenmerk, zum Herzpunkt seiner Meister-
thaten. Im Herbst 1702 hatte er den ersten erfolgreichen Schritt mit
der Eroberung Nöteborgs gethan und schon im März 1703 stand er mit
einer bedeutenden Macht vor Nyen; in kluger Berechnung in so früher
Jahreszeit, um durch die Eislager in der finnischen Bucht Verstärkungen
von Karlskrona abzuschneiden. Die schwedische Besatzung betrug gegen
800 Mann unter dem kränklichen Oberstlieutenant Apellof. Er verwarf
die Capitulation, mußte aber nach drei tapfer abgewiesenen Stürmen am
4. Mai die Festung übergeben. Nun war der Czar Herr der ganzen
Newa und konnte an ihrer Mündung Petersburg gründen.

Die Russen zeigen sich zuerst in der Ostsee. Die Regierung in Stockholm verkannte die Gefahr nicht und krachte, troß der starken
Kriegsauflagen und den 6 bis 7000 Mann, die sie in diesem Frühjahre
ausheben und nach Polen senden mußte, eine kleine Flotte auf, die Nummers zum Entsaß Nyens führte, die aber gerade erst an dem Tage der
Uebergabe vor der Newa anlangte. Um sie in den Fluß und in seine Gewalt zu locken, ließ Peter von der Festung die schwedische Losung schießen.
Nummers ließ sich Anfangs täuschen und sendete zwei Kriegsschiffe mit
vierundzwanzig Kanonen in den Fluß, die jedoch wegen des Anbruchs der
Nacht in der Mündung Anker warfen. Peter selbst und Mentschikoff
sammelten schnell dreißig Fahrzeuge, theils Fischerboote, theils Ladoga-
schaluppen, und ruderten die Newa hinab. In der Mündung theilten sie
sich; eine Hälfte ging gerade den Schweden entgegen, die andere um Wa-
sili-Ostrow herum, um jenen in den Rücken zu kommen. In der nächsten Morgendämmerung begann der Angriff. Die schwedischen Schiffe
suchten, zur Flotte und diese, zu ihnen zu kommen, aber das enge Fahrwasser verhinderte die Flucht wie den Entsaß. Troß tapferer Gegenwehr
und guten Gebrauchs der Kanonen führten Peter und Mentschikoff die
Russen hart an die Schiffe und nach verzweifelter Gegenwehr wurden beide
Fahrzeuge genommen; von 77 Mann Besatzung waren noch 19 kampf-
fähig. Es war dieser Sieg eine schnelle Frucht der Eroberung Nyens,
und das erste Mal, daß sich die Russen seit dem Frieden von Stolbowa,
1617, kriegerisch auf der Ostsee zeigten. Peter ertheilte sich selbst und
Mentschikoff für diese That den Andreasorden. Nummers fühlte sich zu einer
Landung zu schwach und kehrte unverrichteter Sache nach Schweden zurück.

Die Russen nehmen Ingermanland. Unmittelbar nach diesen Erfolgen wendete sich Peter gegen Ingermanland, dessen Eroberung nun leicht wurde, da weder bedeutende Festungen noch starke Truppenmassen darin waren. In wenigen Wochen war das ganze Land in seinen Händen. Damit begann die Reihe der Verluste, welche von 1702 bis 1715 durch die Kriege Karls XII. dem Reiche Schweden die Hälfte seines Umfanges und die glänzendsten Eroberungen seiner siegreichen Zeiten entrissen. Peter sah sich endlich an der Ostsee, somit sein Hauptziel erreicht, und verkannte die Wichtigkeit dieses Umstandes nicht, für den Karl in dem Siege über die Sachsen bei Pultusk Vergessen fand.

Kämpfe an der finnischen Grenze. Diese Eroberungen näherten Rußland immer mehr der finnischen Grenze und erregten daher großen Schrecken in dieser Provinz. Viele Wochen vergingen unter Kampfvorbereitungen und wiederholten Unterstützungsversuchen, die der Rath in Stockholm, mit Rücksicht auf den Maidel ertheilten scharfen Verweis für die an Liefland überlassenen 600 Rekruten, nicht selbständig zu senden wagte, sondern erst von Karl, der jetzt zwischen Warschau und Thorn stand, die Zustimmung dazu begehrte. Zur Selbstbewaffnung und Vertheidigung waren die durch Aushebungen, Kriegssteuern, Einquartierungen u. s. w. erschöpften Bauern nicht geneigt; die Militairbesatzung war seit fast drei Jahren nicht besoldet, sodaß sich ganz Finnland von Schweden und dessen König verlassen glaubte. Im April und Mai gingen große Schaaren Bauern und Soldaten zu Peter über, der sie wohl empfing, ordentlich besoldete und sogar Ersatz für die schwedische Schuld gab. Die Lage der Provinz war entsetzlich und der Landshauptmann Cronhjort lag vor Sorge und Kummer in Wiborg krank im Bett. Erst im Juni hatte er einige Tausend Mann zusammen und unternahm einen Streifzug, wobei er 14 russische Schaluppen und eine Anzahl Russen, die sich in ein Dorf geworfen hatten und nicht ergeben wollten, verbrannte. Im Juli richteten die Russen einen Angriff gegen Wiborg und überschritten zum ersten Male in diesem Kriege die alte finnische Grenze. Seewärts führte Peter seine Ruderflotte gegen dasselbe; von der Landseite her aber nahte sich Mentschikoff mit 60,000 Mann; die schwierigen Waldungen und Sümpfe ließen ihn aber nur mit 35,000 Systerbäck erreichen. Hier stieß er auf Cronhjort mit 4000 Schweden,

Die russische Cavalerie begann den Angriff, und hinter derselben stand die Infanterie, die den Befehl hatte, jeden fliehenden Reiter niederzuschießen. Dieses Mittel half, und die durch die muthige schwedische Abwehr schon in Unordnung gerathenen Regimenter warfen sich verzweifelt mit solcher Macht gegen die Cavalerie Cronhjorts, daß sich diese unter den Schutz ihrer Kanonen und Infanterie zurückziehen mußte. Gegen diese ließ nun Mentschikoff sein Fußvolk anrücken und formirte die Cavalerie zum zweiten Treffen, mit dem Befehl, alle Fliehenden niederzuhauen. So wurde der Kampf blutig und währte acht Stunden, worauf sich die Schweden langsam und in so guter Ordnung zurückzogen, daß Mentschikoff sie nicht anzugreifen wagte. Bei diesem Kampfe waren die Russen zum ersten Male in europäischer Art und nicht, wie sonst, auf asiatische Weise, mit Lärm, Geschrei und Unordnung, zum Angriff geschritten. Inzwischen war Peter mit seiner Flotte in die Bucht von Wiborg gelangt und wollte die Belagerung beginnen; da aber Cronhjort seine Truppen hineingeworfen hatte und von anderer Seite Verstärkungen erwartete, begnügte er sich mit Verheerung der Ufergegenden und kehrte, wie auch Mentschikoff mit der Landarmee, über die russische Grenze zurück.

Kriegsbewegungen in Liefland. Nachdem Finnland verlassen war, sendete Peter seine Truppen gegen Esthland und Liefland, um, wie es hieß, den König von Polen zu unterstützen. Hier stießen sie auf wenig Widerstand. Allein Ende Juni zerstörte Löscher auf dem Peipussee zwanzig Fahrzeuge der russischen Flotte und landete später bald hier, bald dort auf der Ostküste, verbrannte große Holzvorräthe und vierzig bis fünfzig Dörfer mit der Ernte in Scheuern und auf dem Halme, soweit er kommen konnte. Er behielt den ganzen Sommer das Uebergewicht auf dem erwähnten Wasser. Zu Lande ging es anders. In Reval lag Schlippenbach mit 3500 Mann, in Narwa Horn und in Dorpat Skytte mit schwachen Besatzungen, und Keiner stark genug, im offenen Felde dem Feinde entgegenzutreten. Herrliche Tapferkeitsbeweise konnten die Russen, welche, die Festungen umgehend, das Land schonungslos verheerten, nicht abhalten, Tausende der Bewohner in die Leibeigenschaft mitzunehmen und andere Tausende unter scheußlichen, der Schilderung widerstrebenden Qualen, die sich bei schwedischer Geburt des Gefangenen noch verschärften, zu tödten.

Anlage von St. Petersburg. Die Absicht Peters bei dem Kriegsbündnisse gegen Karl war die Erreichung des Meeres, darum die Bedingung, bei der Beutetheilung Narwa zu erhalten. Die Stadt war stark, schon durch den Handel reich, und die Lage einerseits günstig, andererseits aber dadurch, daß sie sich an der Westgrenze und dem äußersten Punkte gegen das durch dieselbe Theilung Polen zugesprochene Esthland befand, ungünstig. Der Gewinn der Newamündungen ließ daher den Plan aufgeben, und diesen Punkt, als mehr im eigentlichen Rußland liegend und gleich gut mit dem Onega- und Ilmengebiet verbunden, vortheilhafter für einen Stapelplatz des nördlichen Rußlands an der Ostsee erscheinen. Das eroberte Nyen schien Peter zu eng, im Flusse zu weit hinauf für das bequeme Ansegeln zu liegen, und so faßte er den Entschluß, die Inseln in der Mündung des Stromes selbst zu bebauen. Niedrig und morastig, waren sie die Wiege von Krankheiten, und nur durch arme Fischer theil- und zeitweise bewohnt. Fast unmöglich schien die Besiegung der Hindernisse, um festen Grund zu Gebäuden zu erlangen; aber in Dem, was er für das Heil seines Volkes und Landes erkannt, war Peter ebenso standhaft, wie Karl hartnäckig in Allem, was sein Eigenwille erfaßte. Nichts vermochte den Czaren zurückzuschrecken, und mit überraschender Kraft und Schnelligkeit, mit eiserner Geduld und mit, um des Zweckes halber, weniger zu tadelnder Tyrannei wurde der wichtige, w e l t w i c h t i g e B e s c h l u ß gefaßt. Am 4. Mai war Nyen erobert worden; am 17. wurde der erste Grundstein Petersburgs gelegt. Auf dem „die Lustinsel" genannten Eiland, bisher mit drei Fischerhütten versehen, wurde zuerst ein hölzernes Gebäude für den Czaren selbst errichtet, in dem er das Fortschreiten seines Werkes betrieb und überwachte. Nächstdem wurde die Insel befestigt, und zwar mit dem Material der sogleich niedergerissenen Mauern von Nyen. Dieses kleine Werk, zum Schutze der Einfahrt in den Fluß, erhielt den Namen des Apostels, sowie des Gründers, und wurde der Kern des heutigen St. Petersburgs. Eine andere Insel, Retusari, das heutige Kronstadt, wurde zum Schutz der tausende, aus allen Gegenden des russischen Reiches zum Zwangsbau getriebenen Menschen mit 2000 bewaffneten Russen besetzt. Zwei Tage später langten schwedische Schiffe an und beschossen die Insel. Die Besatzung brach ihre Zelte ab und verbarg sich hinter Steinhausen und im Walddickicht; die Schweden wähn-

ten sie nach St. Petersburg zurückgekehrt und landeten mit unzureichender
Macht, sodaß sie von den hervorbrechenden Russen überrascht und zur
Flotte zurückgeschlagen wurden, die ihr Vorhaben der Zerstörung des
Werkes aufgab, das Peter nun um so mehr betrieb. Es kostete über
100,000 Menschen das Leben; aber schon im ersten Jahre war die erwähnte Festung vollendet und manches Haus erbaut. Im November
langte das erste Schiff, vom Czaren persönlich in den neuen Hafen ge-
lootst, vor der jungen Stadt an. Den Angriffen der Feinde zu sehr blosgestellt, begann der Czar, seine Schöpfung auch gleich durch Befestigung
der äußern Einfahrt aus dem finnischen Busen zu sichern. Er ruderte
persönlich hinaus und peilte die Tiefe, bis er, südlich von Retusari, den
seinem Zweck günstigen Grund in einer Sandbank fand, zwischen dem
und der Insel selbst das tiefste Fahrwasser und der beste Segelstrich ging.
Die große Insel zu befestigen, erforderte für jetzt zu viel Zeit; darum
ließ er sogleich die erwähnte Sandbank in Angriff nehmen; auf dem Eise
wurde das nöthige Material herbeigeschafft und dann unter dasselbe versenkt. Trotz der mangelnden Hilfsmittel und der durch Lage und Klima
gebotenen Schwierigkeiten, erhob sich lothrecht aus dem Wasser, drei Monate nach ihrem Beginn, eine Festung, die mit drei Reihen Kanonen die
Einfahrt nach St. Petersburg beherrschte. Sie ist das heutige Kronslott,
dessen erster Bau wieder 8000 Menschen und mindestens ebenso viele
Pferde kostete. Ein Feldzug mit Karls ganzer Macht gegen dieses, selbst
in Schweden verschieden und nicht seiner Bedeutung entsprechend beurtheilte
Vorhaben gerichtet, hätte diese Arbeiten wieder vernichten können, aber der
König nahm, wie wir gesehen, das Friedenserbieten Augusts nicht an,
und bewies, wie klar und scharf Peter ihn erkannt hatte, als er
mit solcher Keckheit, weder Zeit, noch Geld- oder Menschenopfer achtend,
auf seines Gegners Gemüthsart fußend, sein riesenhaftes Werk begann.

Der Feldzug von 1704. Nachdem der Czar nun festen Fuß
an der Ostsee gefaßt hatte, warf er sich mit verdoppeltem Eifer auf das
Seewesen, und in Holland gekaufte und auf den eigenen Werften gebaute
Schiffe gestatteten ihm schon im Frühjahr 1704, mit einer Flotte von beinahe 40 Segeln in der Ostsee aufzutreten. Er selbst war bei Allem thätig
und suchte auch durch von Patkull geleitete Bestechungen in England,
Holland und Dänemark diese Staaten zum Angriffe auf Schweden zu rei-

zen. Karl hatte die erste Hälfte dieses Jahres sein Heer in Westpreußen aufgestellt, aber die Nähe und leichte Verbindung erfüllten dennoch nicht die Hoffnung der Liefländer, ihn Etwas zu ihrer Entsetzung unternehmen zu sehen. Sein einziges Ziel, die Entthronung Augusts, hatte ihn so verblendet, daß er alle Erfolge der Russen mit kalter Verachtung ansah, sie noch für dieselben von den Tagen von Narwa hielt und behauptete, „daß russische Krieger nicht die geringste Beachtung verdienten." Ja, er verbot übermüthig die Ausrüstung von Linienschiffen gegen die neugeschaffene Flotte und erklärte ein paar Fregatten dazu als überhinreichend. Peter verstärkte dagegen seine für Liefland bestimmten Truppen. Der Generalgouverneur von Esthland, de la Gardie, suchte dringend um Verstärkung an; der Rath wagte er zwar sie bei Karl zu befürworten, doch mit geringem Erfolge; die im Lande ausgehobenen Rekruten mußten nach Polen gesendet werden, um das dortige Heer auf 30,000 Mann zu bringen.

Erster schwedischer Versuch gegen Petersburg. Auf dem Eise der finnischen Bucht statteten sich inzwischen Russen und Schweden feindliche Besuche in Finnland und Ingermanland ab, doch ohne bedeutende Folgen. Aber im Sommer langte Admiral de Pron mit einem Linienschiffe, fünf Fregatten und fünf Brigantinen aus Karlskrona an, um die mit der neuen Festung und der russischen Flotte Schweden bedrohende Gefahr im Keime zu zerstören. Bei seiner Ankunft fand er aber Kronslott schon stark armirt und die zweiundvierzig Galeeren, sieben Fregatten und mehrere andere Fahrzeuge starke Flotte unter dessen Schutze. Für diesen Feind erkannte er sich zu schwach und ging nach Wiborg, wo Maidel an der Stelle des verstorbenen Cronhjort befahl. Sie entwarfen einen Plan zu gemeinschaftlichem Angriffe auf Petersburg. De Prou schiffte 1000 Mann ein und segelte nach Kronstadt, von wo sich die russischen Schiffe zufällig entfernt hatten. Sie landeten auf der Insel, schlugen die dort befindlichen 1500 Russen und zerstörten alle begonnenen Werke. Die weitere Fahrt nach Petersburg wagte de Pron aber nicht zu unternehmen, und so unterließ auch Maidel, der von Wiborg über Systerbäck dorthin gelangt war, den überlegenen Feind anzugreifen und zog sich über die finnische Grenze zurück, an welcher in diesem Jahre nichts weiter unternommen wurde.

Zerstörung der schwedischen Peipusflotte. Für Liefland war die Beherrschung des Peipus von größter Wichtigkeit; bisher waren aber Peters bedeutende Anstrengungen zu diesem Ziele vergeblich gewesen. Der Commandant, Löscher von Hertzfeld, hatte mit größter Umsicht, Wachsamkeit und Muth gegen die Russen gekämpft, ihre Unternehmungen vereitelt, Liefland geschützt und seine eigene Flotte von vier auf vierzehn Fahrzeuge gebracht. Gegen ihn richtete Peter seine Hauptanstrengungen in diesem Feldzuge. Schon im Winter baute und rüstete er auf der Ostseite des Peipussee's eine Menge Fahrzeuge, und mit dem beginnenden Frühjahre führte er sie nach Westen, die Embach hinauf, um die unter den Kanonen Dorpats liegende schwedische Flotte einzuschließen. Am 4. Mai wollte Löscher mit dieser auslaufen, um die Russen zu treffen, und feierte den Abend zuvor auf der Flotte mit einem lärmenden Abschiedsfest. Die Kanonenschüsse, welche die siegeshoffenden Trinksprüche begleiteten, verriethen den Russen den Vorgang und ließen sie die größten Vorsichtsmaßregeln treffen. Der Fluß wurde mit verketteten starken Balken gesperrt, dahinter die Schaluppen und auf den Ufern beider Seiten das mitgeführte starke Landheer aufgestellt. In der Morgendämmerung führten Wind und Strom Löscher mit seinen Fahrzeugen den Fluß hinab. Sie wurden gewarnt, hofften aber im Weinesmuth, die Versperrungen zu durchbrechen und die Russen zu erdrücken. Es gelang ihnen nicht, und da sich die Schiffe in dem engen Strome hintereinander legen mußten, konnten sie sich nicht hinreichend unterstützen und waren einzeln dem mörderischsten russischen Feuer ausgesetzt. Auf den Ufern standen 9000 Russen, gegen 250 schwedische Soldaten und 320 Matrosen; erfolgreiche Vertheidigung und Rückzug waren gleich unmöglich, da Wind und Strom auf die Russen zutrieben. Die rettungslose Lage ließ ein paar Hundert Schweden den verzweifelten Versuch wagen, ans Land zu springen und sich nach Dorpat durchzuschlagen, was ihnen auch gelang. Die Uebrigen blieben beinahe Alle und ein Schiff nach dem andern wurde genommen; Löscher sprengte sich mit dem seinigen, als es voller Russen war, in die Luft. Von jetzt ab besaß Schweden nie mehr ein Schiff auf dem Peipussee.

Die Russen nehmen Dorpat. Nun ließen die Russen von der Ostseite des Peipus Mannschaften und Vorräthe zur Belagerung von

Dorpat und Narwa nach Westen führen. Schlippenbach rückte zum Entsatz mit 1800 Mann aus Reval aus. Peter schickte ihm 8000 Mann entgegen; vor dieser Uebermacht zogen sich die Schweden zurück, wurden
aber von den Russen erreicht und zum Kampfe gezwungen. Der größte
Theil der Mannschaft bestand aus ausgehobenen Liefländern, die augenblicklich flohen, worauf auch die Schweden zerstreut wurden. Nur 200
Reiter hielten zusammen und folgten Schlippenbach in geordnetem Rückzug nach Reval; dort löste sich aber alle Ordnung und Mannszucht auf
und die schwedischen Reiter hausten im eigenen Lande ebenso wie die
feindlichen Russen. Schlippenbach erklärte sich hinsichtlich der Rettung
Lieflands rathlos. Dorpat und Narwa hatten nun von keiner Seite
Hilfe zu erwarten. Aus ersterer Stadt flohen schon drei Tage nach Zerstörung der Peipusflotte die Frauen, und Anfangs Juni war sie von
einer russischen Streitkraft von fast 20,000 Mann umringt. Oberst Skytte,
ein besonders herzhafter Krieger, vertheidigte die Stadt aufs Aeußerste.
Er brannte zuerst sein eigenes Haus und dann alle Vorstädte nieder.
Am 7. Juli hatte die Belagerung begonnen und bald zeigten sich Breschen.
Am 13. Juli Abends sieben Uhr begann der Sturm. Skytte kämpfte
tapfer, wurde aber von einer matten Kanonenkugel am Kopfe getroffen
und ohnmächtig vom Platze getragen. Tiesenhausen und Taube setzten
die Vertheidigung ebenso tapfer fort, bis Skytte in der Nacht um zwei
Uhr sich erholt hatte und den Befehl wieder übernahm. Die Besatzung
schmolz zusammen; 700 waren schon geblieben und die Anderen verloren
den Muth, da die Russen immer neue Truppen ins Feuer brachten. Endlich war aller Widerstand vergebens und gegen Morgen verlangte und
erhielt Skytte ehrenvolle Capitulation, der zuwider aber die Russen die
schwedische Mannschaft mishandelten. Peter zog in Dorpat ein und fand
132 Kanonen; die Belagerung hatte aber 5000 Mann gekostet.

Die Russen nehmen Narwa. Nach Schlippenbachs mislun-
genem Versuch zum Entsatz Narwa's führte Oberst Rehbinder 600 Mann
von Reval dorthin. Weitere 1200 Mann hatte de Prou im April von
Finnland aus hinüberzubringen versucht, fand aber die Narwamündung
durch Peters Wachsamkeit so befestigt, daß er nicht eindringen konnte
und nach Reval segeln mußte, um seine Truppen auszuschiffen; dennoch
verfügte Horn beim Beginn der Belagerung über ein Truppencorps von

gegen 5000 Mann. Vorräthe waren durch den Rath in Stockholm hinreichend gesendet, und wenn auch ein großer Theil von den Russen abgesperrt wurde, so gelangten sie doch der Hauptmasse nach glücklich in die
Stadt. Dennoch schien Narwa, den großartigen Rüstungen Peters
gegenüber, verloren, da Karl, mit der Wahl Stanislaus' beschäftigt, weder selbst zu Hilfe kam, noch hinlängliche Mannschaft sendete. In der sich
allein überlassenen Stadt commandirte noch immer Rudolph Horn, der
gerade hier schon im Jahre 1700 persönlichen Ruf gewonnen, wie in
früheren Zeiten seine Ahnen; überhaupt knüpften sich an Narwa die
Erinnerungen der ehrenvollsten Siege Schwedens. Im April und Mai
wurde die Stadt immer enger eingeschlossen. Unter Scheremetjeff und
Peter selbst standen 30,000 Russen vor der Festung; dieser reiste
stets zwischen dem gleichzeitig belagerten Dorpat und hier hin und her.
Es erhoben sich Stimmen gegen die Eroberung dieser Städte und
Esthlands, unter andern die Patkulls, da man glaubte, Karl würde
den Wurzelpunkt seines Ruhmes nicht im Stiche lassen; der Czar aber
baute auf den Eigensinn desselben, der ihn auch wirklich in der Zeit dieser
schweren Gefahr nach Lemberg zog, um am Fuße der Karpathen dem von
ihm gemachten Könige Anerkennung zu erzwingen. Im Laufe der Belagerung erfuhr Peter, daß Horn von Reval Entsatz erwartete. Er
baute darauf eine Kriegslist. Zwei seiner Regimenter waren, den Schweden ähnlich, in Blau gekleidet. Einem Dragonerregimente ließ er nun
auch blaue Mäntel machen und sendete alle drei im Geheimen auf den
Weg nach Reval hinaus. Am folgenden Tage schossen dieselben die
schwedische Losung, die Horn, in der Meinung, es sei der erwartete Entsatz, sogleich beantwortete. Als man kurze Zeit darauf von Narwa aus
die blaugekleidete Truppe sich nähern und die Russen in größter Eile
und scheinbarer Unordnung ihre Zelte abbrechen und derselben zum
Kampfe entgegenrücken sah, sendete Horn 150 Reiter und 800 Infanteristen aus der Festung, um den vermeintlichen Entsatz aufzunehmen.
Die schwedischen Cavaleristen wurden sogleich von den blauen Regimentern umringt und niedergehauen; die Infanterie aber bemerkte es zeitig
genug, um sich in die Festung zurückzuziehen. Nach dieser Ueberlistung
ließ Horn die Vorstädte abbrennen und bereitete sich auf den ernstesten
Kampf vor. Die Erbietungen einer Capitulation, die ihm Peter mit der

Nachricht von Schlippenbachs Niederlage und dem von Skytte schriftlich
bezeugten Fall Dorpats machte, wies er zurück. Indessen waren die
Laufgräben beendet und die Beschießung währte Tag und Nacht. Am
2. August wurde die, auf losem Sandgrund erbaute, Bastion „Ehre,"
deren Mauern schon durch die Menge der Kugeln stark beschädigt waren,
eingeschossen. Sie stürzte in sich zusammen, füllte den davor liegenden
Graben und öffnete den Stürmenden eine fast hundert Mann breite
Bresche. Peter bot, zur Vermeidung unnützen Blutvergießens, schriftlich
wieder eine ehrenvolle Capitulation an, die Horn, ebenfalls schriftlich,
mit unnützem Spott und Hohn abwies, seine bei der Eroberung von
Narwa gewonnene Kriegsehre der dort erlittenen Schande Peters und
der Russen gegenüberstellte und die Hoffnung auf eine Erneuerung derselben aussprach. Diese am 8. August gewechselten Briefe spornten durch den
Aerger über die darin enthaltenen Anspielungen den Eifer Peters in Betrei-
bung der Belagerung nur noch mehr an, und die ununterbrochene Beschießung
verursachte der Stadt an Häusern und Menschen ungeheuren Schaden.
Am 10. August, zwei Uhr Nachmittags, wurde der Sturm begonnen.
Die Russen drangen mit großer Tapferkeit in die Bresche ein; eine darunter angelegte Mine sprengte Hunderte in die Luft, aber sogleich nahmen Neue ihre Stelle ein. Der Kampf war unglaublich blutig und eine
große Anzahl schwedischer Officiere fiel in der Bresche selbst. In einer
Stunde hatte der überlegene Feind den Eingang in die Stadt erzwungen,
wo sogleich die scheußlichsten Scenen der Plünderung, der Zuchtlosigkeit
und des Mordens begannen. Es waren bei dem Sturm und Kampf in der
Stadt 3000 Russen, 1500 Schweden und 600 Bewohner der Stadt getödtet worden; das Blut floß in den Rinnsteinen und erst nach drei Tagen
konnten die Straßen von den Leichen und Verwundeten gereinigt werden,
die von beiden Seiten schonungslos in den Strom geworfen wurden.
Peter hatte das Blutbad wie die Plünderung streng verboten, aber die
Officiere vermochten nichts über ihre Truppen. Mit ihnen eilte er mit
entblößtem Degen durch die Straßen und gebot die Rückkehr zur Ordnung, vermochte sich aber nicht eher Gehör zu verschaffen, als bis er gegen
fünfzig der seine Befehle nicht achtenden Plünderer eigenhändig erstochen
hatte. Nachdem es ihm so gelungen war, die Mannszucht wieder herzustellen, eilte er auf das Rathhaus, in dem die Stadtbehörde versammelt war,

warf seinen Degen auf den Tisch und sagte: „Sehet dieses Schwert! Es ist nicht vom Blute Eurer Mitbürger gefärbt, sondern von dem meiner eigenen Leute, die ich für Eure Rettung geopfert habe!" Rudolph Horns Schicksal wurde hart; vor Peter geführt, machte ihm dieser bittere Vorwürfe über den höhnischen Abweis der Capitulation und erhitzte sich dabei so, daß er ihm einen Backenstreich gab. Dann ließ er ihn in dasselbe Gefängniß bringen, in welches Horn selbst Schlippenbach für die Uebergabe von Nöteborg gesteckt hatte, und aus dem ihn der Czar erst jetzt befreite. Bei Wasser und Brot saß er so zwölf Tage in einem unterirdischen Gewölbe, nachdem er zuvor Augenzeuge gewesen, wie die Leiche seiner vor Kurzem verstorbenen Gattin aus ihrem Sarge gerissen, gemishandelt und in den Strom geworfen wurde, um das Kupfer desselben zu erhalten. Später wurde er nach Moskau gebracht, wo er mit gemeinen Verbrechern Jahrelang gefangengehalten wurde. Narwa's Fall führte nach wenigen Tagen den Iwanogorods herbei. Es war mit 200 Mann unter Stjernstrale besetzt, die, ausgehungert und ermattet, jeder Drohung trotzend, die Uebergabe verweigerten, bis Peter, voller Bewunderung ihrer Tapferkeit, einen höchst ehrenvollen freien Abzug gestattete. In Narwa und Iwanogorod hatte Peter 432 Kanonen, 11,200 Musketen, 35,000 Kanonenkugeln und 1725 Gefangene erbeutet, und den Makel, der dem Namen Narwa für die russische Geschichte anhaftete, bedeutend verwischt. Mentschikoff wurde Generalgouverneur von Stadt und Land und bereitete Peter einen triumphirenden Einzug, der an dem Tage stattfand, an dem Karl das Winterquartier in Rawiz bezog. In Schweden entstand ein unerquicklicher Streit über die Ursache des unglücklichen Verlustes dieser so mit Schwedens Ehre verwachsenen Stadt. Jeder schob dem Andern die Schuld zu, die Alle wohl im Herzen auf Karl wälzten. Der Unwille heftete sich jedoch so auf die Staatskanzlei, daß der Chef derselben, Wrede, förmlich vor dem Rathe in Anklage versetzt wurde. Man ließ den Proceß fallen, weil Wrede, nach einem Gerücht, die Gattin Pipers durch ein Jahrgehalt bestochen hatte, wohl aber auch, weil er jedenfalls die Schuld nicht allein trug, und 1710 suchte sich die Staatskanzlei vor den Ständen von dem Verdachte grober Unterlassungen zu reinigen.

Feldzug von 1705 und Angriff auf St. Petersburg. Das

Jahr 1705 verwendete der Czar hauptsächlich auf Sicherung seiner in
den beiden vorhergegangenen Jahren gewonnenen Erfolge. Das er-
schreckte Schweden ging jetzt angriffsweise vor, und auf Karls Befehl
sollten 6000 Rekruten gegen die neuen Anlagen von Kronslott, Kronstadt
und St. Petersburg geschickt werden. Schon im Januar führte Oberst
Armfeldt eine beträchtliche Anzahl über das Eis der finnischen Bucht, um
die russischen Werke zu überrumpeln. Zur Verheimlichung des Zweckes
wurde der Marsch Nachts unternommen; doch verirrte sich die Truppe in
der Dunkelheit, sodaß sie sich in der Dämmerung südlich von Kronstadt,
nahe der ingermanländischen Küste, befand. Armfeldt sah sich von den
Russen hier entdeckt, nahm seine Vorsichtsmaßregeln und schritt zum
Angriff. Obschon darauf vorbereitet, konnten die Russen die Landung
und Verbrennung der Kronstädter Gebäude, zweier im Eise festliegender
Kriegs- und mehrerer anderer Schiffe nicht verhindern. Gegen Kronslott
vermochte man Nichts auszurichten und Armfeldt kehrte wieder nach
Finnland zurück. Kurz darauf schickte Maidel einen berühmten Parteigänger, Kivikas, mit 500 finnischen Schlittschuhläufern gegen Nöteborg, woselbst sie elf eingefrorene russische Fahrzeuge verbrannten, von
denen mehrere Kanonen führten. Gegen die Festung konnten sie Nichts
unternehmen, verheerten aber ihre Umgegend. Ein zweiter Angriff auf
St. Petersburg wurde von der Seeseite versucht. Auf Admiral Ankarstjerna's Vorschlag hatte Karl dem Rathe befohlen, die Mittel zu beschaffen, mit einer starkbewaffneten Flotte im Sommer die russischen
Anlagen zu zerstören. Es erforderte dies 350,000 Thaler, und Wrede
versicherte, die Cassen seien erschöpft; der Rath erklärte daher dieses, wie
alle kleineren Unternehmungen in dieser Gegend, selbst bei momentan
erzieltem Erfolge, gegenüber der russischen Uebermacht und der Beharr-
lichkeit Peters für unnütz und suchte Karl mit dem ganzen Hauptheer
hierher zu lenken. Der König verharrte aber, im Verfolg seiner Pläne in
Polen und fortdauernder Verachtung der Russen, bei dem einmal erlassenen
Befehl. Im Spätfrühling segelten mehr als 20 Kriegsschiffe mit 462
Kanonen und 2340 Mann, ohne die Matrosen von Karlskrona, nach
Wiborg. Hier sollten sie noch 1000 Mann Infanteristen einnehmen;
Maidel versagte jedoch dieselben, weil er keinen Befehl von Karl erhalten
habe und sie selbst besser verwenden könne, da er gleichzeitig mit Ankar-

stjerna's Angriff auf Kronstadt landwärts gegen Petersburg rücken wollte. Die ganze Flotte segelte direct auf Kronstadt und versuchte am 7. Juni, zu landen. Das Wasser war so seicht, daß die schwerbelasteten Boote kaum anlegen konnten. Während die Kanonen inzwischen das Ufer von den Russen zu reinigen suchten, legten sich diese flach auf den Boden, deckten sich gut hinter dessen Unebenheiten und hielten zwei mit Kartätschen geladene Kanonen bereit. Sobald die Schweden aus den Booten ins Wasser sprangen, erhoben sich die Russen und begrüßten sie mit mörderischen Musketensalven und Kartätschenschüssen, sodaß sie das Feuer nicht auszuhalten vermochten, wieder ins Wasser zurücksprangen und Rettung in den Booten suchten. Mehrere derselben känterten beim Hineinklettern der Mannschaft; andere, überladen, versanken; kurz, der ganze Angriff mißglückte und kostete einige kleinere Fahrzeuge und gegen 900 Todte. Bald darauf, am 25. Juni, langte Maidel selbst mit unge= fähr 5000 Mann vor Petersburg an, stieß aber auf eine überlegene und durch vollendete Festungswerke geschützte russische Abtheilung. Da über= dies Ankarstjerna schon von Kronstadt abgesegelt war, konnte er Nichts ausrichten und kehrte nach Finnland zurück. Ankarstjerna kreuzte darauf in der finnischen Bucht und unternahm am 15. Juli, um das Fehlschla= gen seines frühern Planes zu rächen, einen dritten Angriff auf Kron= stadt. Aber noch weit vom Strande, gerieth er auf eine Untiefe, über die selbst die Boote nicht hinwegkommen konnten. Die Schweden spran= gen ins Wasser, um ans Land zu waten, fanden aber die Untiefe durch eine unmöglich zu überschreitende Stromrinne von diesem getrennt und wurden von den wieder gut gedeckten Russen mit mörderischen Salven aus 15 mit Kartätschen geladenen Kanonen beschossen. Nach dem Verlust von 600 Mann und mehreren Booten mußte auch dieser Versuch aufge= geben werden. Durch Kreuzen im finnischen Busen suchte nun Ankar= stjerna den schnell aufblühenden russischen Handel zu zerstören und brachte wirklich durch Prisen die Kosten seiner Ausrüstung auf. Erst im December kehrte er, nachdem er durch Mangel, Krankheit und Stürme viel Mannschaft verloren, nach Karlskrona zurück. Der Erfolg dieses Kriegsjahres war für die Russen um so wichtiger, als sie, wie die Schwe= den selbst, einsahen, daß in dem Heere derselben der alte Muth und die Entschlossenheit und bei den Anführern die Einigkeit nachgelassen hatte, wo des Königs Persönlichkeit sie nicht zusammenhielt und den einzelnen Bewegungen Nachdruck verlieh.

Feldzüge von 1706 und 1707. Der Feldzug von 1706 wurde für diese Gegenden weniger bedeutend, da Peter in der ersten Jahreshälfte seine Hauptkräfte in Polen concentrirte und Karl auf seinem abenteuerlichen Zuge durch Masovien, Polesien und Volhynien entgegenstellte. Die ganze Kraft und Aufmerksamkeit war dort erforderlich, denn in dem schon so starken Petersburg und Kronstadt und für die hinter den Kanonen Kronslotts liegende junge russische Flotte bedurfte es keines großen Heeres zur Vertheidigung. Die schwedische Landmacht war auch jetzt in diesen Gegenden zu schwach, um Gegenrüstungen zu erfordern. Unbekleidet und unbesoldet gelassen, hätten die Truppen in Liefland die noch in ihrem Besitz befindlichen festen Orte gegen keinen ernsten Angriff halten können. Maidels finnisches Heer war größer und besser gerüstet, aber doch nicht hinreichend für ein bedeutenderes Unternehmen. Zweimal fiel es jedoch schon im Winter in Rußland ein und drang, zerstörend und plündernd, einmal sogar bis Olonetz vor, mußte aber jedes Mal vor der Uebermacht zurückweichen. Ein Angriff gegen Petersburg sollte wieder, im Verein mit Ankarstjerna's Flotte, auf ausdrücklichen Befehl Karls, gegen den Einspruch des Raths in Stockholm und selbst des Admirals, unternommen werden. Im Juli führte Ankarstjerna wirklich vierzehn Schiffe auf die Rhede von Kronstadt, innerhalb deren die zwei- bis vierfach stärkere russische Seemacht lag. Dieselbe wagte nicht, gegen die schwedische Flotte auszulaufen; aber auch diese unternahm es nicht, etwas gegen die russische und die sie schützende Festung auszuführen, sondern begnügte sich mit Kreuzfahrten in dem finnischen Meerbusen, bei welcher Gelegenheit sie eine bedeutende russische Vorrathsflotte theils aufbrachte, theils verbrannte, oder auf den Strand trieb. Aehnlich ging es Maidel bei seinem Versuche gegen Petersburg. Er kam glücklich über die Newa, erkannte aber in der Nähe der Stadt die dort anwesende Truppenzahl als zu stark und kehrte unverrichteter Sache nach Wiborg zurück. Diese Stadt war jetzt der wichtigste Waffenplatz und die Hauptfestung Schwedens in dieser Gegend. Von ihr gingen alle Unternehmungen der Jahre 1705 und 1706 aus; der Czar erkannte die aus solcher Nachbarschaft Petersburg drohende Gefahr und beschloß, seine Angriffe gegen sie zu richten. Der

Marsch des schwedischen Hauptheeres aus Polen nach Sachsen im Sommer 1706 gab Peter Gelegenheit, die Masse seiner Truppen in Polen zu verringern und statt dessen 20,000 Mann gegen Wiborg zu werfen. Die Belagerung begann am 11. October und mit gutem Erfolg, da die Stadt sehr von Bomben, Feuer und Hunger zu leiden hatte. Der Mangel an Lebensmitteln bei den Belagerern und die Annäherung Maidels aus dem innern Finnland mit Verstärkung und Vorräthen zwang diese aber bald zum Aufgeben ihres Vorhabens und zum Rückzug, den die abergläubischen Finnen der Offenbarung eines alten Weibes in Wiborg zuschrieben, die im Traume den Befehl zur Reinigung der zum Viehstall benutzten alten Stadtkirche und zur Absingung eines bestimmten Psalmen in derselben erhalten haben wollte.

Im Jahre 1707 ruhten fast alle Kriegsbewegungen im Bereiche der finnischen Bucht. Peter selbst erwartete den Angriff Karls und seiner Hauptmacht, und schonte, um ihm kräftiger entgegentreten zu können, sein Heer und seine Kriegscasse, und auch die erschöpften Schweden suchten durch Ruhe ihre Kräfte zu einem entscheidenden Kampfe zu stärken.

Politische Folgen des Krieges gegen Rußland. In allen Feldzügen gegen Rußland von 1701 bis 1704 hatten die Schweden beträchtliche Verluste erlitten: die Herrschaft über den Ladoga und Peipus, die Flotte auf demselben, ganz Ingermanland und den größten Theil von Liefland und Esthland. 1705 und 1706 hatten sie vergebliche Anstrengungen gemacht, diese Verluste auszugleichen. Die Regierung in Stockholm und der König maßen sich die Schuld gegenseitig bei; aber hauptsächlich lag sie in dem eigensinnigen Beharren des Königs, das Hauptheer in Polen zu lassen. Ein Fehler war ferner der Mangel eines Oberbefehls; die selbstständigen Commandanten mußten uneins werden; auch erwuchs aus der Vernachlässigung der Truppen die Ueberzeugung, daß sie verlassen seien, und daß Widerstand zwecklos sei, wodurch Muth und Kraft erlahmten. Falsche Regierungsmaßregeln entfremdeten die Bevölkerungen der Ostseeprovinzen; das Ausfuhrverbot des Getreides, seit dem Jahre 1700 zur Fürsorge für das Hauptheer erlassen, entzog Esthland und Liefland bedeutende Einkünfte und lieferte gerade den Feinden in den großen Massen des Getreides die Mittel zu kräftigerer Fortführung des Krieges. Peters Auftreten war ungemein klug und tief durchdacht. Die ihm nach dem ersten Theilungsplan mit August zugesprochenen Länder, namentlich das zum Meere führende Ingermanland, wurden schonend, milde und rücksichtsvoll behandelt, der August zugesprochene Antheil, Esthland und Liefland, Anfangs ausgesogen und verwüstet, um den möglichst großen Vortheil des Augenblickes zu ziehen und den künftigen Nachbar für lange Jahre zu schwächen. Beide Länder trugen die Lasten des Krieges und wurden durch Verschleppung der Leute und selbst der Bewohner zur Leibeigenschaft in fremde Provinzen entvölkert. August erkannte und beklagte dieses Verhältniß, konnte es aber in seiner großen Abhängigkeit vom Czaren nicht ändern. Nach seinen entscheidenden Niederlagen zwang ihm Peter einen neuen Theilungsvertrag auf, der, bis auf die früher polnischen Theile Lieflands, Rußland die ganze schwedische Länderbeute und in einem geheimen Artikel sogar einige ehemals polnische Häfen zusprach. Eine bessere Behandlung dieser Gebiete hielt mit diesen Aenderungen gleichen Schritt und milderte den Haß der Bevölkerung gegen die grausamen Russen, sodaß sie, des Friedens und der Nähe wegen, lieber diese anerkennen, als für die Schweden, deren schwache Vertheidigung gerechte Erbitterung erzeugt hatte, kämpfen wollten.

Elftes Kapitel.

Der kurische Krieg 1702. — Feldzug von 1703 und Treffen bei Schagarini. — Der Feldzug von 1704. — Die Schlacht bei Jakobstadt. — Schwedische Eroberung von Birze. — Feldzug von 1705. — Gefecht bei Gemäuerthof. — Feldzüge von 1706 und 1707. — Rückblick auf den kurischen Krieg.

Der kurische Krieg 1702. In Kurland hatte Karl 1702 bei seinem Abzug nach Lithauen und Polen eine nicht unbeträchtliches Corps stehen lassen. Den Oberbefehl hatte Stuart erhalten; doch litt dieser beständig an seiner bei der Landung auf Seeland empfangenen Wunde und überließ deshalb die verschiedenen Märsche seinen Obersten, am häufigsten Graf Adam Ludwig Lewenhaupt. In Lithauen stand eine andere Truppenabtheilung von mehreren Tausend Mann unter den Generalen Mörner und Stenbock, unterstützt von Sapieha und seiner polnischen Partei. Gegen diese beträchtliche vereinte Macht wagten die Anhänger Augusts im Frühling und Frühsommer 1702 nichts Ernstliches zu unternehmen. Ende Juni zogen, wie erwähnt, Karl Mörner und Stenbock in beschleunigten Märschen in die Krakauer Gegend. In Lithauen blieb jedoch eine kleine Anzahl Schweden zurück, da Sapieha ohne solche Stütze sich dort nicht zu halten getraute. Nach dem Abmarsch der Haupttruppe begann auch Oginski sogleich seine Angriffe gegen denselben, aber ohne viel Erfolg. Als Karl neue Truppen zu dessen Unterstützung aus Kurland heranzog, wagte Sapieha nicht länger, in dem ihm feindlichen Lithauen zu bleiben. Jetzt rührte sich Oginski auch ernsthafter; Angriff folgte auf Angriff, einundzwanzig vom Mai bis December. Die Vertheidigung der Schweden leitete meistens Lewenhaupt, und zwar mit stetem Erfolge. Er war ein Neffe des berühmten Feldmarschalls Lewenhaupt, durch die Reduction verarmt; auf schwedischen und deutschen Universitäten tüchtig herangebildet, vereinte er mit ausgezeichnetem persönlichen Muth die höhere Kriegskunst der Oranischen und Gustavischen Schule, die er in mehreren Feldzügen in Ungarn und Holland erworben hatte. Er basirte Alles auf Vorsicht und Berechnung, mistraute stets dem Glück und Zufall, und suchte bei Märschen und beim Kampfe seinen Soldaten Mühe und Gefahr, wo sie nicht unbedingt nöthig waren, zu ersparen. In diesem, sowie in einer angenehmen, feinen Umgangsweise, war er der gerade Gegensatz der Kriegsschule Karls; dieser erkannte seine Tüchtigkeit, trat ihm aber nie näher, da die Grundverschiedenheit ihrer Charaktere sie trennte.

Feldzug von 1703 und Treffen bei Schagarini. Oginski's Scharmützel, meist mit Niederlagen endend, eröffneten das Jahr 1702. Er suchte namentlich in der Festung Birze einen Stützpunkt für fernere Unternehmungen zu gewinnen, um ihm aber zuvorzukommen, sendete Stuart Lewenhaupt gegen dieselbe. Die weite Entfernung, grundlose Wege und Schneestürme ließen diesen jedoch hierzu zu spät kommen. In der Nähe des fünffach stärkern Feindes angelangt, — Oginski führte 2500 Russen und 4000 Polen und Lewenhaupt nur 1300 Mann, — beschloß dieser, ihn anzugreifen. Lewenhaupt zog sich zurück; Oginski eilte ihm aber so schnell nach, daß er ihn am Abend des 18. März erreichte und zum Treffen bei Schagarini zwang. Früh am 19. stellte Lewenhaupt

seine Truppen und deren fünf Geschütze in möglichst guter Schlachtordnung auf, ließ beten und ertheilte Karls gewohnte Losung: „Mit Gottes
Hilfe!" Oginski formirte sich gerade in seiner Front, die Russen im
Centrum, aber, was Lewenhaupt nicht entging, zu eng. Vor denselben
standen, hinter spanischen Reitern, elf Kanonen, und hinter ihnen war
eine starke Wagenburg gebildet. Auf beiden Flügeln befanden sich die Polen.
Als Oginski erkannte, daß sich die Schweden auf eine förmliche Schlacht
einlassen wollten, beschränkte er sich auf die Defensive. Um acht Uhr
rückten die Schweden mit dem lauten Rufe: „Mit Gottes Hilfe!" vor;
die Russen feuerten ihre Kanonen gegen die Angreifenden ab; aber die Kugeln gingen zu hoch, besonders da sich das Terrain für die Schweden günstig
senkte, sodaß sie, fast ohne jeden Verlust, hart an den Feind kamen.
Dann stürzte sich Major Wrangel, an der Spitze der Grenadiere, auf die
spanischen Reiter; als er Hand an den ersten legte, tödtete ihn eine
Kugel; der Oberstlieutenant Bauer stand zu Fuß, da ihm schon zwei
Pferde unter dem Leibe erschossen waren, neben ihm, und die Mannschaft
war ihnen so dicht auf dem Fuße nachgefolgt, daß binnen Kurzem die
spanischen Reiter auseinandergerissen und umgehauen worden waren und
die Schweden sich ungehemmt auf die Russen stürzen konnten. Nach
einem sehr blutigen Handgemenge zogen sich diese in ihre Wagenburg
zurück, aus der sie die verfolgenden Schweden erst nach hartem Kampfe
vertreiben konnten. Die Polen machten, wie es Lewenhaupt vorausgesehen,
von beiden Flügeln den Versuch, seine Flanken zu umfassen, wurden aber
leicht zurückgeworfen, worauf sie ruhig dem Kampfe und der Niederlage
der Russen zusahen, ohne ihnen zu helfen, bis sie sich nach derselben mit
ihnen in der Flucht vereinten und gleichzeitig das Feld räumten. Es
hatte dieser Sieg Lewenhaupt 40 Mann, den Russen 600 gekostet, außer
der Menge Flüchtiger, die von den plündernden Bauern erschlagen wurden. Die Beute bestand in 11 Kanonen, 45 Fahnen, 500 Troßwagen
mit allen möglichen Bedürfnissen belastet, und der Kriegscasse mit 6000
Thaler klingender Münze, die sogleich unter die Truppen vertheilt
wurden. Lewenhaupt ward für diesen Sieg zum Generalmajor und Un-
terstatthalter von Riga an Stelle des krank in ein Bad gehenden Stuart
ernannt. Oginski getraute sich nicht wieder, Lewenhaupt anzugreifen
und zog sich nach Polen zurück, um sich mit Augusts Truppen zu ver-

einigen, dessen lithauische Parteigänger, wo sie sich auch in diesem ganzen Jahre rührten, geringen Erfolg fanden.

　　Der Feldzug von 1704. Im Frühjahr 1704 gab der Sieg bei Schagarini und der Rückzug Oginski's Sapieha neuen Muth, nach Lithauen zurückzukehren und sich mit Lewenhaupt in Verbindung zu setzen. Bald darauf kehrten aber auch Wiesnowiecki und Oginski als Führer der Gegenpartei zurück, und zwar mit zahlreicheren Truppen als im vorigen Jahre. Bald nach der Wahl Lesczinski's erhielt Lewenhaupt von Karl den Befehl, die Anerkennung desselben in Lithauen zu erzwingen. Lewenhaupt drang in das Land ein und Oginski und Wiesnowiecki zogen sich stets vor ihm zurück; der Landtag wurde einberufen, Stanislaus gehuldigt und die Dörfer der ungehorsamen Edelleute, über zwanzig, verbrannt. Dies war das einzige Mal, daß Lewenhaupt in dieser Weise verfuhr, und zwar auf Karls Befehl. Eine sich nähernde beträchtliche russische Streitmacht zwang die Schweden sodann zum Rückzug ins befestigte Mitau. Die von Peter gesendete Hilfstruppe hatte durch das Gefecht bei Schagarini die Polen mißachten gelernt und weigerte sich, sich mit ihnen zu vereinen, bevor dieselben nicht durch einen besondern Eid angelobt hätten, tapfer zu fechten, anstatt sich zurückzuziehen oder zu fliehen. Der Eid wurde geleistet und die vereinte Truppe rückte gegen die Festung Seelburg an der Düna, die Graf Lindskjöld mit 300 Schweden besetzt hielt. Lewenhaupt und Sapieha eilten sogleich zu ihrem Entsatz, nachdem sie eine Scheinbewegung gegen das von Wiesnowiecki's Leuten besetzte Birze gemacht hatten, herbei. Diese hatte die Polen so erschreckt, daß sie das feste Schloß nicht gegen die Schweden halten zu können vermeinten und seine reichen Schätze auf Wagen luden, um sie zu Wiesnowiecki nach Seelburg zu schicken. Der ganze Zug stieß unvermuthet auf Sapieha's Leute und wurde genommen. Er bestand aus 36 Tonnen Pulver, 300 Wagen mit Mundvorräthen, 24,000 Thalern baaren Geldes und reichem Silbergeräth. In Folge dieses Unfalls und der Gewißheit der Annäherung der Schweden, verließen die Belagerer Seelburg. Es waren 6000 Russen und fast 10,000 Polen; die Schweden zählten dagegen 3085 und Sapieha's Polen etwas über 3000 Mann; dennoch beschloß Lewenhaupt, den doppelt überlegenen Feind anzugreifen, jagte ihm nach und erreichte ihn endlich am 26. Juli bei Jakobstadt.

Schlacht bei Jakobstadt. Eine halbe Meile von dem Heere Wiesnowiecki's recognoscirte Lewenhaupt, von Sapieha begleitet, von einem Berge aus die feindliche Stellung, und da Letzterem vor der Uebermacht die Lust zum Angriff verging, erklärte er ihm, die Polen im zweiten Treffen, hinter den Schweden, aufstellen, und erst nach beendetem Kampfe die leichten Reiter zur Verfolgung vornehmen zu wollen, womit sich Sapieha freudig einverstanden erklärte, da dies für seine Leute passe und er so ihrer Treue sicher sein könne. Nach Herstellung der Schlachtordnung und abgehaltenem Psalmengesang ließ Lewenhaupt in geschlossener, gerader Linie vorrücken; einige Bataillone erhitzten sich und kamen zu früh ins Gefecht. Anfangs hatten sie Erfolg, weshalb der Sohn Sapieha's, dem Befehle zuwider, mit einer Abtheilung Polen vorrückte, um an dem scheinbar schon gewonnenen Siege theilzunehmen. Der in dieser Weise aus dem Zusammenhange gekommene Angriff wurde abgeschlagen und die Schweden mußten sich zurückziehen, worauf die Polen, Alles verloren wähnend, schleunigst flohen. Der junge Sapieha floh gleich vom Felde weg sieben Meilen gegen Riga zu, stets ausrufend: „Die Schweden sind bis auf den letzten Mann erschlagen!" Der zurückgeschlagene schwedische Flügel hielt indessen bald wieder Stand und rückte gleichzeitig mit den übrigen Bataillonen in bester Ordnung von Neuem vor. Nach den ersten den Angriff unterstützenden schwedischen Kanonenschüssen flohen die feindlichen Polen nach einander und ließen ihre Hilfstruppe, die 6000 Russen, allein gegen Lewenhaupt fechten. Von der in ihrer Front untergehenden Sonne geblendet, konnten diese nicht deutlich erkennen, wo und wie stark die Schweden anrückten, die noch keinen Schuß abgefeuert hatten und, die Infanterie in der Mitte, dicht aneinandergeschlossen, hart an die feindliche Front heranrückten, da es Lewenhaupts Ernst und Strenge gelungen war, den übergroßen Eifer zu zügeln. Aus kürzester Entfernung gab die ganze Front eine gleichzeitige Salve, deren Erfolg sich nach dem Verziehen des Pulverdampfes so gewaltig zeigte, daß das Feld mit Todten und Verwundeten übersäet war und nur ein kleiner Ueberrest Russen sich in die Wagenburg flüchtete. Von hier vertrieben sie Sapieha's leichte Reiter nach tapferer Gegenwehr und richteten ein entsetzliches Blutbad unter ihnen an. Der Sieg kostete den Schweden 60 Mann; über 3000

Feinde lagen auf dem Felde, und Lewenhaupt machte 400 Gefangene und erbeutete 23 Kanonen, 39 Fahnen und 300 Troßwagen.

Schwedische Eroberung von Birze. Von Jakobstadt aus wendete sich Lewenhaupt sogleich gegen die zwischen Riga und Mitau liegende Festung Birze, deren polnische Besatzung die Schweden oft beunruhigt hatte, jetzt aber durch den Sieg erschreckt war. Sie bestand aus 800 geübten Soldaten, die mit allen Bedürfnissen reich versehen waren und binnen Kurzem 1000 Russen als Entsatz erwarteten. Die um die Festung liegende Stadt war aus Fürsorge für sie ganz niedergebrannt worden. Lewenhaupt hatte weder Mörser, noch grobes Geschütz, und konnte es auch nicht leicht aus dem entfernten Riga herbeischaffen, um so weniger, als die Nähe des Spätherbstes die Belagerungsarbeiten erschwerte. Aus Schonung für seine Leute beschloß er, von Birze ab- und die Winterquartiere zu beziehen, als ihm ein aus der Festung entflohener schwedischer Gefangener verrieth, daß in derselben Furcht und Rathlosigkeit keine ernste Vertheidigung erwarten ließen. Mit verstelltem Eifer ließ Lewenhaupt augenfällige Vorbereitungen zu einem Sturme treffen und gleichzeitig von Sapieha ein angeblich in dessen eigenem Namen und aus eigener Anregung verfaßtes Warnungsschreiben in die Festung schicken, worin dieser seinen Landsleuten vorstellte, wer ihnen gegenüberstände, und sie, um unnützes Blutvergießen zu vermeiden, warnte, es aufs Aeußerste kommen zu lassen. Die Antwort kam sogleich zurück und drückte, dankbar für die Sorgfalt, die Sapieha den Landsleuten widme, die Bitte um eine Capitulation aus. Sie wurde sogleich geschlossen. Die Besatzung erhielt freien Abzug, Lewenhaupt aber die Festung mit 40 Kanonen. Darauf verlegte er seine Truppen in die Winterquartiere und das Jahr verlief ohne weitere ernste Kriegsbegebenheiten.

Der Feldzug von 1705. Die wiederholten Erfolge Lewenhaupts bewogen Peter, seinen anerkanntesten Feldherrn, Scheremetjeff, mit 20,000 Mann gegen denselben abzusenden, um ihn, der nur 7000 Mann, und diese sehr zersplittert, hatte, von Riga abzuschneiden. Der Anmarsch der Russen konnte nicht geheim genug gehalten werden und Lewenhaupt zog seine Truppen rechtzeitig zusammen. Sie bestanden fast nur aus geübten schwedischen Soldaten, die lange Ruhe und Pflege gestärkt hatte.

Schlacht bei Gemäuerthof. Am 16. Juli stellte sich Lewenhaupt bei Gemäuerthof in Schlachtordnung, den anrückenden Feind
zu erwarten. Erst spät am Nachmittag wurde er sichtbar. Mit offenen
Worten schilderte der General seinen Schweden die große Uebermacht der
Russen, verwies sie aber auf die Heldenthaten der ersten Einnahme von
Narwa. Dann ließ er beten und mit der alten Losung: „Mit Gottes
Hilfe!" zum Angriff schreiten. Der Kampf wurde hartnäckig, langwierig
und so verwickelt, daß er schwer im Bilde wiederzugeben ist. Anfangs
wurde der linke schwedische Flügel geworfen; kurz darauf drang aber der
rechte vor und fügte den Russen viel Schaden zu; der Führer desselben,
Oberst Horn, bezahlte diesen den Sieg begründenden Vortheil mit dem
Leben. Zuweilen waren die Kämpfenden völlig durcheinander gerathen.
Eine russische Abtheilung war in den Rücken der Schweden gelangt und
plünderte den Troß, sodaß das zweite Glied derselben Kehrt machen und
gegen sie feuern mußte, während das erste in der Front gegen den Feind
kämpfte. Vier Stunden währte dieser Kampf, der auf beiden Seiten mit
äußerstem Muthe ausgefochten wurde, und in dem Lewenhaupt das
glänzendste Talent in Leitung der Evolutionen und Herstellung der Ordnung bewies. Die dreißig Patronen der Schweden waren bald verschossen
und die Munition aus den Taschen der gefallenen Russen hielt auch nicht
lange vor; da stellte Lewenhaupt mit Mühe, aber auch mit Erfolg, die schwedische Linie wieder her und führte sie zu einem entscheidenden Angriff mit der
blanken Waffe. Diesem konnten die Russen nicht widerstehen. Scheremetjeff
war schwer verwundet und das ganze Heer ergriff die Flucht, den eigenen
Troß überlaufend und plündernd, und die gemachten schwedischen Gefangenen tödtend. Der Sieg kostete den Schweden 1500 Mann; die Russen
verloren 6000 Mann, 13 Kanonen, 8 Fahnen und den größten Theil
ihrer Bagage. Dennoch nannten die Russen in ihren Berichten die Niederlage nur ein Scharmützel mit zweifelhaftem Erfolg; Karl aber ernannte unter rühmender Anerkennung Lewenhaupt kurz darauf zum Generallieutenant. Um sich zu rächen, zog Peter im September ein neues
Heer von 40,000 Mann zusammen, um den glücklichen Gegner zu überraschen und zu erdrücken. Im größten Geheimniß ließ er des Tags
ruhen und nur des Nachts marschiren, vermochte aber dennoch die Bewegung den Kundschaftern der Schweden nicht zu verbergen, sodaß

Lewenhaupt seine Truppen in und um das stark befestigte Riga zeitig
genug zusammenziehen konnte, um den Angriff erfolglos und gefährlich
zu machen. Als Peter diese Nachricht erhielt, saß er gerade beim Mittagstisch, stach das Messer wüthend in den Tisch und rief aus: „das hat ihm
der Teufel eingegeben!" und befahl, den Marsch auf die kleinen Festungen
Mitau und Bauske zu richten. Sie waren, ganz gegen den Willen Lewenhaupts, der sie nicht besetzen wollte, mit zu schwachen Kräften belegt, um
nicht ohne Mühe von den Russen genommen zu werden, worauf Peter
ganz Kurland überschwemmte. Später im Herbst brachten aus Finnland
gekommene Verstärkungen das um Riga liegende Heer auf ungefähr
10,000 Mann; doch das mitgebrachte Geld reichte um so weniger, da nach
der Verwüstung Lieflands und Kurlands für die ganze Truppenstärke
die Vorräthe gekauft werden mußten, und die Kaufleute weder Karl
noch der schwedischen Krone ferneren Credit geben wollten. Auf seinen
eigenen Namen erhielt Lewenhaupt endlich einen solchen für 30,000
Thaler, sodaß er den Truppen dafür den Winterunterhalt verschaffen konnte.

Feldzüge von 1706—1707. Der längere Aufenthalt, den
Karl, während er die polnischen Provinzen durchzog, um die Anerkennung
Leszinski's zu erzwingen, in Lithauen nahm, ließ die Russen fürchten,
zwischen ihm und Lewenhaupt eingeschlossen zu werden, weshalb sie nach
Sprengung der Werke von Mitau und Bauske nach Smolensk und Kiew
zum Schutz des eigenen Landes aufbrachen, sodaß Lewenhaupt Herr von
ganz Kurland und den angrenzenden Districten war. Jetzt zum General
der Infanterie und Statthalter von Riga ernannt, benutzte er die Ruhe
zu einer Reise nach Stockholm, um seiner Provinz die nöthigen Mittel zu
beschaffen, kehrte aber bald darauf nach Riga zurück. Im Herbst unternahm er einige Bewegungen gegen Lithauen und Wiesnowiecki, dessen
Mannschaft ihn auf alle mögliche Weise in einen Hinterhalt zu locken
suchte, da sie ihn im offenen Felde nicht besiegen konnte. Nachdem die
Russen abgezogen waren, begannen die Lithauer, mehr und mehr zu
Stanislaus überzugehen, weshalb auch die unbedeutenden Kriegsbewegungen des Jahres 1706 immer mehr abnahmen. Die des Jahres 1707
wurden noch unwichtiger, besonders da es, wenn auch mit vieler Mühe,
Lewenhaupt glückte, die Wiesnowieckis und Sapiehas zu versöhnen, wo-

durch jene in Stanislaus' Lager geführt und demselben das Uebergewicht in Lithauen verschafft wurde, da Oginski in seinen fortgesetzten Kämpfen zu Gunsten Augusts nirgends Vortheil erlangen konnte. Im Spätherbst unternahmen die in Dorpat stehenden Russen mehrere Streifzüge gegen Riga, wurden aber jedesmal durch Lewenhaupts Truppen zurückgeworfen.

Rückblick auf den kurischen Krieg. Der kurische Krieg von 1702 — 1707 ist die glanzreichste und fleckenloseste Episode der Heldenzeit Schwedens unter Karl XII. Lewenhaupts Kriegssystem wurde von dem herrlichsten Erfolge gekrönt und mit der geringen Macht von höchstens 10,000 Mann waren die glänzendsten Erfolge über ungeheure Uebermacht errungen. Seine Vorsicht, Sorgfalt, und Liebe für das Wohl seiner Soldaten hatten in ihnen den Muth ungetrübt erhalten, die Verachtung jeder Gefahr im Augenblick der Entscheidung gesteigert und so den Erfolg im Voraus gesichert. Seine umsichtige Milde in Behandlung auch der feindlichen Gegenden, die ihn jedoch nicht abhielt, die nöthigen Kriegssteuern und Auflagen streng einzutreiben, und die Vermeidung unnützer Grausamkeiten erhielten in seiner Armee einen sittlicheren Zustand und eine bessere Mannszucht, ermöglichten eine gesichertere Verpflegung und erwarben ihm die Liebe der verwalteten Provinz, sodaß die Kurländer sich für „Schlechte Schweden, aber gute Lewenhaupter!" erklärten.

Zwölftes Kapitel.

Friedensunterhandlungen zwischen Rußland und Schweden 1707. — Zug nach Lithauen 1708. — Zug durch Masovien. — Eroberung von Grodno. — Russische Kriegsvorbereitungen. — Karls Kriegsplan gegen Rußland. — Mazepra bietet Karl seine Hilfe an. — Die Türkei bietet Karl Hilfe gegen Rußland an. — Lithauische Winter= und Frühjahrsquartiere 1708. — Sommerfeldzug 1708. — Schlacht bei Holosfin. — Zug über den Dnieper. — Treffen bei Malatize. — Zug in die Ukraine und einbrechendes Unglück Karls. — Mißglückter Zug Lewenhaupts. — Schlacht bei Lisna. — Zug durch Severien. — Mißglückter Zug Lagercrona's nach Starodub. — Mazeppa's Aufstandsversuch mißglückt. — Karls Gemüthszustand.

Friedensunterhandlungen zwischen Rußland und Schweden 1707. Der Zeitpunkt, in welchem Karl XII. mit seinem siegreichen Heere in Sachsen lag, war für Rußland ein kritischer. Alle Anzeichen bewiesen, daß derselbe sich mit ganzer Macht gegen dieses wenden würde, um seine Verluste zu rächen, und Polen fand sich einsam und verlassen. Auf Dänemark konnte er nicht rechnen; die Versuche, Schweden in Deutschland zu verwickeln, August auf dem polnischen Thron zu erhalten oder Lesczinski in Polen einen neuen Gegenkönig zu geben, waren fehlgeschlagen, die polnische Nation durch die russische Behandlung empört und ihr bitter verfeindet, und die Absicht, durch 30,000 nach Pommern geschickte Russen Karl dorthin zu ziehen, an der Verweigerung des Durchmarsches durch Preußen gescheitert. Unter solchen Umständen suchte der Czar im Februar 1707, zuerst durch Vermittlung des französischen Gesandten, bei Karl den Frieden nach, den dieser aber verweigerte, da er das Ansuchen für eine List hielt. Im Juni und August wiederholte er auf gleiche Weise das Friedensangebot, das letzte Mal schriftlich, mit der Bitte, Karl möge Ort und Zeit für die Unterhandlungen bestimmen und den russischen Unterhändlern freies Geleit zusichern, da Peter gegen Persien kriegerisch vorzuschreiten beabsichtige. Karl verwies alle Unterhandlungen auf den Zeitpunkt seiner bevorstehenden Anwesenheit in Polen. Eine schwedische Partei, vorzugsweise Piper, rieth entschieden zum Frieden und suchte Karl selbst durch strenge Ermahnungen seines Beichtvaters dazu zu bewegen. Vergeblich, der Glaube an die Unzuverlässigkeit des Czaren, nicht aber an die der von Schweden gemachten Eroberungen, desgleichen die zweideutige Ehre der Anerkennung Lesczinski's, ließ den König jeden Gedanken an Frieden mit dem Czaren verwerfen, und sogar die Absicht durchschimmern, sich als endliches Ziel die Absetzung desselben in gleicher Weise wie die Augusts, und aus gleichem Grunde, nämlich der Unzuverlässigkeit hinsichtlich seiner Versprechungen, vor Augen zu führen. Im October 1707 machte Peter einen neuen, auf bestimmte Friedensbedingungen basirten Vorschlag. Er wollte die Details der Einigung der Gesandten überlassen und sich mit Nöteborg, Petersburg, der Newa und einem schmalen Landstrich an ihren beiden Ufern begnügen. Karl entgegnete: „Lieber will ich den letzten Schweden opfern, als Nöteborg abtreten!" In der That waren die an der Newa schon gemachten Eroberungen ein unbedingtes Hinderniß für den Frieden, denn das Fußen am Ostseestrande war für die Zukunft Rußlands die Lebensbedingung und die Existenz Petersburgs der Knotenpunkt für die Ehre Peters, wie auch für die Karls, da

das Daſein deſſelben allein das Andenken eines Sieges über ihn und eine
Drohung für Finnland und eine Gefahr für das ſchwediſche Uebergewicht
im Norden blieb. Wirklich ſchien auch Karl anfangs ſich zu einem Feldzug in den Oſtſeeländern vorzubereiten und ließ einen Angriffsplan durch
den Generalquartermeiſter Gyllenkrook ausarbeiten, den er durch Lithauen
gegen den Peipus, Pleskow und Nowgorod richten wollte; dennoch ſchien
alle dem eine andere Abſicht zu Grunde zu liegen, denn Gyllenkrook erhielt den Befehl: „Arbeite mir einen ſchriftlichen Marſchplan aus von
Leipzig nach . . . .‟ Hier ſtockte der König, aus Furcht, ſeine Abſicht zu
verrathen, und fügte dann lachend hinzu, ... „nach allen Hauptſtädten
Europa's.‟ Gyllenkrook vollzog den Befehl, ſetzte aber obenan und mit
großen Buchſtaben: „Weg von Leipzig nach Stockholm!‟ Der König
merkte die Abſicht und ſagte: „Ich ſehe wohl, wohin Ihr mich führen
wollt, aber ſo bald kommen wir nicht nach Stockholm.‟ Die Idee der
Abſetzung Peters wurzelte inzwiſchen immer feſter in Karl und verrieth
ſich in unbewachten Augenblicken durch gewagte Aeußerungen, ſodaß der
preußiſche Hof ſchon im Winter 1707 davon in Kenntniß geſetzt wurde.
Zu Stanislaus äußerte ſich Karl namentlich mehrmals ganz unumwunden in dieſer Beziehung, wies alle Bitten deſſelben um Frieden und endliche Ruhe für Polen zurück, und nannte den Prinzen Sobieski als die
für die Würde eines neuen ruſſiſchen Czaren geeignete Perſönlichkeit.
Wie die fremden Höfe, ahnte und erkannte auch das Heer dieſen neuen
Entſchluß Karls mit allen ſeinen faſt gewiſſen unglücklichen Folgen, und
daher lichteten ſich die oberen Stellen deſſelben und viele tüchtige und noch
manneskräftige Generale verließen vor einem beginnenden Feldzug den
auf der Höhe ſeiner Macht und Ehre ſtehenden König. Auch der nun
ſechzigjährige Piper fühlte ſich gedrückt und beunruhigt über die Tragweite der Abſichten des Herrſchers, deſſen Machtbeſitz und Alleingewalt er
mit ſo großem Eifer erweitert hatte. Er bat um ſeinen Abſchied und erklärte, gern drei Viertheile ſeines Vermögens zu opfern, um den Reſt in
Ruhe im Vaterlande verzehren zu können. Karl konnte aber ſeinen außerordentlichen Geiſt, ſeine Arbeitskraft, Kenntniſſe und Erfahrungen um ſo
weniger entbehren, als die ſieben Kriegsjahre nicht im Stande geweſen
waren, ſeine Kenntniß der innern Angelegenheiten Schwedens und der
Regierungskunſt zu erweitern, die er im Alter von 18 Jahren mit aus

Stockholm genommen. Karl erkannte übrigens selbst die Schwere und Wichtigkeit des Entschlusses, nach Rußland zu ziehen, sowohl für Schweden als für seine Person. Je näher er der Ausführung rückte, desto schwerer schien sie ihn zu bedrücken und er zeigte sich ernster, schweigsamer und gedankenvoller als je.

Zug nach Lithauen 1708. Als Karl im Anfang September 1707 von Sachsen in Großpolen anlangte, legte er sein zahlreiches, gut gerüstetes Heer vier Monate lang unthätig im Westen der Weichsel in Quartier, wodurch Polen große Leiden verursacht wurden, da die in Sachsen verwöhnten Schweden, um es eben so wie dort zu haben, sich schwere Erpressungen und Plünderungen erlaubten. Trotz der Bitten und Klagen des Königs Stanislaus, welcher behauptete, die Schweden verführen ebenso wie die Russen, sah Karl ihren Gewaltthätigkeiten durch die Finger, da sich in ihm, wie in der ganzen Nation, eine dem Ekel gleichende Verachtung gegen Alles, was polnisch war, eingewurzelt hatte, die allerdings durch die Erfahrungen von ihrem jämmerlichen, niedrigen und treulosen Benehmen erklärt ward. Die Umgebung Karls und die Generale suchten durch alle Mittel denselben zu bewegen, den Angriff gegen Lithauen zu richten, um ihn abzuhalten, wie im polnischen Kriege, keck und unvorsichtig gleich in die Mitte des feindlichen Landes einzudringen. Im December wurde zum Aufbruch gerüstet. Man versuchte, die Weichsel zu überbrücken; das Treibeis gestattete dies jedoch nicht, weshalb Karl den Winter und tragbares Eis abzuwarten beschloß. Die Festigkeit des Eises ließ jedoch zu lange auf sich warten und er suchte sie daher durch die gewöhnlichen Hilfsmittel: mit Stroh und Brettern, früher herbeizuführen. Auf solcher Brücke überschritt er in den letzten Tagen des Jahres den Strom nicht ohne Gefahren und Verluste, und vier seiner Generale wären beinahe zu gleicher Zeit Opfer des Uebergangs geworden. Auf dem Ostufer fanden sich gute Vorräthe von Lebensmitteln und Futter, und Gyllenkrook befürwortete Winterquartiere in dieser Gegend; der König aber befahl den Weitermarsch nach Lithauen, in der kältesten Jahreszeit durch ein verwüstetes Land. In Polen wurde der Generalmajor Krassau mit 8000 Schweden zurückgelassen, um Stanislaus und seinen Thron zu schützen.

Zug durch Masovien. Aus der Gegend von Wladislaw, wo der Weichselübergang stattgefunden hatte, wählte Karl nicht den gewöhn-

lichen Weg längs des Bug und der Narew, welche Gegend allerdings von
den Russen ausgesogen war, sondern den noch nie von einem Heere be-
tretenen nördlichern, längs der preußischen Grenze, der durch weite Wälder und Sümpfe führte, deren halbwilde Bevölkerung kaum jemals von
den eigenen Herrschern gezügelt worden war und sehr gut mit dem Feuergewehr umzugehen wußte. Am 1. Januar 1708 brach er von der
Weichsel auf und sah sich nach einigen Tagen in dem unbekannten Terrain, in dem jede Wohnung verwüstet und die Wälder voller Verhaue
und Feinde waren. Mehr als eine Nacht mußten der König, die ihn be-
gleitende Kanzlei, die Generalität und das Heer im Schneegestöber unter
freiem Himmel zubringen. Ungeheure Wachtfeuer wurden dann rings
um die Lagerstätten angezündet, und, um die Truppen munter zu halten,
die ganze Nacht mit Pauken und Trompeten musicirt. Die Schwierigkeiten dieses Zuges kosteten viele Menschenleben und so viele Pferde, daß
die Bagage zurückgelassen werden mußte. Ueberdies zeigten sich die Bewohner der ganzen Gegend durchweg feindlich, und die Versuche, sie zu
gewinnen, blieben erfolglos. In Bäumen und Büschen verborgen, erschossen sie viele Schweden und hätten beinahe den König selbst getroffen.
Selten gelang es, sie zu erreichen, sodaß Karl den grausamen Befehl ertheilte, jeden Bewohner, dessen man habhaft werden könne, zu hängen,
und alle Häuser niederzubrennen. Der Befehl wurde befolgt, und als
Creutz einst fünfzig dieser Bauern aufgebracht, wurden sie gezwungen,
einer den andern aufzuhängen, sodaß zuletzt nur Einer übrigblieb, den
ein Schwede dann erschoß. Schließlich sammelte sich eine große Schaar
dieser Waldbauern um einen Anführer und bot Karl eine Unterhandlung
über den Durchzug durch ihr Gebiet gegen eine Geldentschädigung an.
Der König stellte sich selbst dazu an dem bezeichneten Orte ein, und als
der Bauernführer, ein großer schöner Mann, mit dem Hemd über den
Hosen und zwei Büchsen über den Schultern, hinter einem Verhaue stehend, ihm in hochtrabenden und vermessenen Worten erklärte, daß er den
Durchzug durch ihr Land nur gegen Geldentschädigung und Gestellung
einiger Officiere als Geiseln gestatten wolle, befahl der König seinem
alten Leibjäger Mäns Lenk, ihm heimlich eine Kugel zuzuschicken, um
die Bauern das Strafbare des Unterhandelns mit Königen zu lehren.
Der Schuß tödtete den unglücklichen Führer auf der Stelle und brach

den Muth seiner Genossen mindestens für größere, zusammenhängendere Hemmungsversuche gegen den Marsch des schwedischen Heeres.

Eroberung von Grodno. Auf die Nachricht, daß Karl über die Weichsel gegangen und einen Winterfeldzug beabsichtige, eilte Peter zu seinen in Lithauen versammelten Truppen und zog 70,000 Mann zusammen, um die Schweden zu verhindern, über den Niemen zu gehen; er selbst eilte den übrigen Truppen mit 9000 Reitern voraus, bis nach Grodno, und ließ die dortige Brücke mit 2000 Mann besetzen. Als Karl erfuhr, daß der Czar selbst in Grodno und es überdies sein Namenstag war, beschloß er, diesen durch einen Angriff zu feiern. Von dem kleinen Prinzen und Rehnskjöld begleitet, warf er sich, an der Spitze von 800 auserlesenen Reitern, in gestrecktem Galopp gegen die von den Russen besetzt gehaltene Brücke, schoß selbst einen feindlichen Officier nieder, rannte einem andern den Degen durch den Leib und schlug durch die Tapferkeit seiner Leute und den durch die Ueberraschung erzeugten Wahn der Russen, es folge das ganze schwedische Heer, nach kurzem Handgemenge dieselben in die Flucht. Die einbrechende Finsterniß gestattete ihm aber keinen Angriff auf die Stadt; er brachte daher mit seiner Reiterei die Januarnacht vor den Wällen unter freiem Himmel zu, dem Lärmen der in Folge des Angriffes die Stadt räumenden Russen lauschend. Mit Tagesanbruch begaben sich Peter und Mentschikoff durch das Nordthor nach Wilna, und zwei Stunden darauf zog Karl von Süden her in die Stadt ein. Als später am Tage sich das wahre Verhältniß auch vor den Russen aufklärte, sendete der Czar 3000 Reiter zurück, um im Schutze der Nacht die Schweden zu überfallen und womöglich den König gefangenzunehmen. Um elf Uhr Abends gelangten sie bis zur Stadt; Karl und die Schweden ruhten schon und nur dreißig Mann waren auf der Wache am Thore; ihr kräftiger Widerstand hielt glücklich die Russen so lange auf, bis die Schüsse ihre Cameraden geweckt hatten. Karl, der, wie oft, in den Kleidern geschlafen, war einer der ersten auf der Straße; ein Russe setzte ihm die Muskete dicht vor die Brust und drückte ab, aber sie versagte, und es gelang dem Könige, sich zu befreien. In der ganzen Stadt herrschte Verwirrung und Kampf; der kleine Prinz und Rehnskjöld geriethen in einen Trupp Russen, folgten ihm, der Dunkelheit vertrauend, bis er auf Schweden stieß und mit ihnen in Kampf gerieth, an dem sie sich, die Waffen gegen den Feind kehrend, betheiligten. Nach kurzem, aber heftigem Treffen wurden die Russen wieder aus der Stadt geworfen und Peter wendete sich nun dünaaufwärts, seinen Truppen befehlend, jedem ernsten Kampfe auszuweichen, statt dessen aber das Land völlig zu verwüsten, um so das Vorschreiten der Schweden zu erschweren.

Russische Kriegsvorbereitungen. Diese Kriegsweise wurde zur allgemeinen Richtschnur genommen; alle offenen Schlachten sollten vermieden, aber alle größeren Flüsse durch Zerstörung der Brücken und Vertheidigung der Uebergänge und aller Defilées so lange als möglich als Haltpunkte behauptet werden. Städte, Dörfer, Mühlen und die vorgefundenen Vorräthe wurden verbrannt; die Ostseeprovinzen, die Peter zum Kriegstheater auserwählt wähnte, wurden entvölkert, um sie, im Falle der Rückgabe, dem Feinde möglichst nutzlos gemacht zu haben. Die waffenfähige Jugend, Handwerker und Gewerbtreibende wurden Ende des Winters 1708 auf langen Korbschlitten und Wagen tief ins Innere Rußlands geführt. Am 9. Februar wurde z. B. in Dorpat von den Kanzeln verkündet, Jeder müsse in acht Tagen seinen nicht leicht transportabeln Besitz veräußern, und dann nach Rußland hinüberziehen, wo der Czar Wohnsitze und Erwerb verspräche. Die Verkaufsclausel war Form, denn wo Alles verkaufen mußte, gab es keine Käufer, und wo die Russen ein Hundertstel des Werthes zahlten, wurde es als Großmuth gepriesen, da sie bald Alles in unentgeldlichen Besitz nehmen konnten. Am 19. Februar fand bei scharfer Kälte der Auszug statt, von dem weder Greis noch Säugling, Reicher oder Armer, Kranker oder Sterbender ausgenommen war. Mit der Tagesdämmerung begann der Zug von Wagen, Schlitten, Schleifen, meist viele aneinander gebunden, mit Menschen, kleinem Vieh und leichtem Hausrath, und währte, nach einer gewissen Ordnung geleitet, ununterbrochen bis zehn Uhr Abends. Am folgenden Tage wurden auf russische Kronkosten die Kirchenglocken, Kupfer- und Bleiplatten der Dächer, Kronleuchter u. A. m., zu Kriegszwecken weggenommen, die Festungswerke gesprengt, und die Stadt niedergebrannt, die rauchenden Trümmer aber nach wenigen Tagen von leibeigenen Bauern und Soldaten nach Schätzen durchwühlt, wobei man endlich auch an die Grüfte der Kirchen und Gottesäcker ging, um die Leichen ihres Schmucks zu berauben. So wie in Dorpat ging es noch in mehreren anderen Städten zu; aus Narwa und Ingermanland wurden allein einundsiebenzig Familien nach Wologda und siebenundsiebenzig nach Kasan geschleppt. Während dieser systematischen und klug berechneten Verwüstung Lief- Esth- und Ingermanlands, ließ Peter, in geradem Gegensatze, die keck auf schwedischen Boden in der Zeit des entschiedensten Siegeszuges Karls erbaute Hafenstadt Petersburg, in Erwartung des mit größerer Macht als je zurückgekehrten Gegners, verstärken und verschönern, im unerschütterlichen Vorsatz, mit ihr zu stehen oder zu fallen. Er bewies darin einen Muth, eine Kraft, eine Hartnäckigkeit, die mit der Karls XII. wetteiferte, sich aber eines besseren und würdigeren Zieles bewußt war.

Karls Kriegsplan gegen Rußland. Bei der Verschwiegenheit und Zurückhaltung Karls war es schwer zu sagen, welchen Plan er im Großen zur Bekämpfung Rußlands entworfen hatte. Schon mehrmals war in ihm der Gedanke erwacht, durch die Ukraine nach Moskau zu gehen und 1704 nach der Wahl Stanislaus' hatte er durch solchen Ausspruch sich den Hohn Peters und Patkulls zugezogen. Der Zug nach Lemberg führte ihn der Ausführung dieses Planes näher; doch rief ihn der Erfolg Augusts, der seinen Gegenkönig aus Warschau verjagt hatte, von dort zurück. Im Sommer 1706 nahte er sich zum zweiten Male jenen Gegenden und schien von Volhynien aus einen Zug gegen Kiew zu beabsichtigen, den auch nur die veränderten Umstände verhinderten. Als im Sommer 1707 der Plan einer Absetzung Peters sich in dem Eisenkopfe Karls festsetzte, verlangte die Ausführung desselben einen entscheidenden Angriff auf Moskau, das Herz von Rußland, und es handelte sich nur noch um die Frage, auf welchem Wege: ob über Nowgorod, Smolensk, oder durch die Ukraine.

Mazeppa bietet Karl seine Hilfe an. Das Wort Ukraine bedeutet Grenzland, und bewohnt war der schlichtweg so bezeichnete Landstrich von der Völkerschaft „Kosaken" (d. h. Umherziehende Leute), die erst seit Kurzem begonnen hatten, das Nomadenleben mit festen Wohnsitzen zu vertauschen. In der Nähe der Stadt Bialacerkiew, in der polnischen Ukraine, lag das Stammgut des armen adeligen Kosakengeschlechtes Mazeppa. Iwan Stefanowitsch, 1644 diesem Hause geboren, kam als zwanzigjähriger Jüngling an den polnischen Hof, wo er, witzig und unternehmend,

schnell Gutes und Schlechtes lernte. Wohl gewachsen, schön und liebens-
würdig, wurde er der Günstling einer schönen und vornehmen Frau, deren
Gemahl nach Entdeckung des Verhältnisses ihn auf den Rücken eines neu
eingefangenen Pferdes binden, das er in Freiheit setzen ließ; der Instinct
leitete das auch aus der Ukraine stammende Thier dorthin zurück, wo es
von Kosaken eingefangen und der Hungernde und von der Erschütterung
betäubte Jüngling befreit und gepflegt wurde. Nach anderen Berichten
wäre aber Mazeppa von dem Großfeldherrn von Polen mit einer Botschaft an die Kosaken geschickt und von seinen Landsleuten festgehalten
worden. Gewiß ist es, daß sein Muth, seine Schlauheit und seine höheren Kenntnisse ihn bald zu einem ihrer ausgezeichnetsten Anführer machten und eine Ehe mit einer der reichsten und vornehmsten Kosakenwitwen
seine Macht bald erweiterte. Der Hetman Samöilowitsch Samuscha trat
Mazeppa seine Würde ab, und seines Nebenbuhlers in Hinsicht der Gewalt,
Palei, wußte Mazeppa sich durch eine Anklage, welche dessen Verbannung
nach Sibirien zur Folge hatte, zu entledigen. Durch die in dem Türkenkriege
den Russen, ihren Oberherren, geleisteten Dienste waren Mazeppa und
seine Kosaken in große Gunst beim Czaren gerathen; persönliche lau-
nische Behandlung von Seiten des ungebändigten Selbstherrschers beleidigte aber den Stolz des hochstrebenden, selbst an unumschränkte Macht über
Andere gewöhnten Jünglings, und er, wie seines Volkes wilder, natio-
neller Freiheitssinn, sehnten sich, das Joch der russischen Oberherrschaft
zu brechen. Ueberdies war Mazeppa römisch = katholisch, und erst kurz
vor seiner Erwählung zum Hetman der Kosaken zum griechischen Glauben übergetreten. Im Jahre 1705 von Peter mit einem Kosakenheer
nach Polen geschickt, gerieth er dort mit den Jesuiten in Verbindung, die
seine nie erloschene Liebe zu dem römischen Glauben wieder anfachten und
ihn in dem Vorsatz eines Aufstandes gegen seinen der griechisch = unirten
Kirche angehörigen Herrscher bestärkten. Auf diesem Zuge verliebte er
sich auch, wennschon einundsechzig Jahre alt, in eine polnische Fürstin,
Dulskaja, die, eine eifrige Anhängerin Lesczinski's, ihn dieser Partei zu-
führte, sodaß er schon damals im Geheimen versprach, diesen König zu
unterstützen, wenn Karl ihm helfen wolle, sich zum selbständigen Herrn
der Kosaken und Fürsten von Severien zu machen. Die Unterhandlungen führten jedoch noch zu keinem Schlusse. Geschickt arbeitete Mazeppa

inzwischen an seinem Plane, das ihm untergebene Volk gegen die russische Oberherrschaft zu reizen. Der offene und wortschnelle Czar war leicht zu Aeußerungen zu verleiten, die seine Absicht verriethen, die Freiheiten der Kosaken zu beschränken; hiermit hielten, auf Mazeppa's zweideutigen Rath, die Einführung deutscher Kleidung und überstrenge Bestrafung selbst kleiner Vergehen gleichen Schritt, und gerade alle diese Umstände wendete der schlaue Urheber bei seiner Rückkehr in die Ukraine auf so ge= schickte Weise zu seinem Zwecke an, daß er sich dem Ziele näherte, ohne daß der mindeste Verdacht entstand. Im Herbst 1707 hielt Mazeppa die Gelegenheit für den nun reifen Plan günstig. Ein mit dem Interdict belegter Bischof von Bulgarien führte in der Verkleidung eines Bettel= mönchs geheime Unterhandlungen mit Karl und Stanislaus. Mazeppa versprach, sobald Karl mit seinem Heere den Dnieper oder die Desna überschritten habe, loszubrechen, 7000 in der Ukraine stehende Russen zu tödten und sich mit 20 bis 30,000 Kosaken mit Karl zu vereinigen und durch Severien nach Moskau zu ziehen, während Stanislaus gleichzeitig Kiew oder Smolensk, und das schwedisch = liefländische Heer St. Peters= burg angreifen sollte. Karl traute den Kosaken keine größere Brauchbar= keit zu, als zur Verfolgung geschlagener Feinde zu dienen, und wollte überdies die Ehre des Sieges, den er noch mit den Schweden allein zu erkämpfen gewiß zu sein glaubte, nicht mit Mazeppa theilen. Er verwarf deshalb den Plan, dem er Scharfsinnigkeit nicht absprechen konnte; Stanislaus mußte ausweichend antworten und Alles auf den Zeitpunkt verschieben, den Karl selbst als günstig bezeichnen würde. Die Unter= handlung ruhte während mehrerer Monate im strengsten Geheimniß, denn außer den drei Hauptbetheiligten wußten nur Piper, ein polnischer Senator und der erwähnte Bischof um die Angelegenheit.

Die Türkei bietet Karl Hilfe gegen Rußland. In der Türkei wurden die Vorgänge in Rußland und Polen mit gespannter Aufmerksamkeit verfolgt. Karls Persönlichkeit stand durch seinen leuch= tenden Muth und seine Tapferkeit jedem der kriegerischen Muselmänner hoch, um so mehr, als seine Siege die Erbfeinde, Russen und Polen, ver= nichteten. Der tüchtige und umsichtige Großvezier Jussuff brannte vor Begierde, das im letzten Kriege an Rußland verlorene Asow wiederzuer= werben und sich an Peter für die Verluste seines Vaterlandes zu rächen.

Der Zug Karls gegen den gemeinsamen Feind, 1707, schien die gün=
stige Gelegenheit zu bieten. Eine türkische Gesandtschaft wurde nach
Polen gesendet, unter dem Scheingrunde, Stanislaus zur Krone zu be=
glückwünschen und mit Schweden ein Handelsbündniß abzuschließen, in
Wahrheit aber, um ein Uebereinkommen wegen eines gemeinsamen Vor=
schreitens gegen Peter zu treffen. Anfangs wollte die Türkei nur Sta=
nislaus Hilfstruppen senden, versprach aber, sowie Karl ins südliche
Rußland eintreten würde, ihm mit einem bedeutenden Heere krim'scher
Tataren zu Hilfe zu kommen. Karl nahm diese Gesandtschaft wohlwol=
lend auf, ließ sie auf schwedische Kosten prächtig unterhalten und be=
schenkte ihren Führer mit sechshundert Ducaten, entließ sie aber schließlich
mit unentschiedener, ausweichender Antwort.

Lithauische Winter= und Frühjahrsquartiere 1708.
In den ersten Tagen des Januars 1708 verließ das Heer Karls Grodno,
wohin es bald nach der Einnahme dieser Stadt ihm nachgekommen war,
und somit war Denen die Hoffnung geraubt, welche glaubten, daß von
hier der kürzeste und nächste Weg nach Liefland eingeschlagen werden würde.
Mitte Februar traf es in Smorgonie, der berühmten Geburtsstätte der
Mehrzahl aller Bärenführer, ein. In der Stadt und Umgegend ein=
quartiert, gönnte Karl den Truppen einige Wochen Ruhe, da der Eis=
gang und Frühjahrsregen die Flüsse und Wege ungangbar gemacht hat=
ten. Mitte März war aber diese Gegend so aufgezehrt, daß eine so große
Truppenmasse nicht mehr zu erhalten war und die Winterquartiere nach
Radoskowice verlegt werden mußten, wo das Heer wieder, und zwar bis
Anfang Juni, still lag. Die ganze Zeit hindurch gab es Scharmützel,
wobei es einmal den Schweden glückte, drei Wagen mit geprägtem Gelde
zu erbeuten, das Mentschikoff in Polen erpreßt hatte. Aber auch hier
wurde der Mangel bald sehr groß, und in den Quartieren, wie auf den
Märschen, fehlte es an den nöthigen Bequemlichkeiten. Der König selbst
entsagte, um das Beispiel der Entbehrung zu geben, dem geliebten
Schwachbier und begnügte sich mit Wasser. Wein gab es im ganzen
Lager nur noch für die schwer Erkrankten. Die Soldaten hatten häufig
nur die Nahrung, die sie den Bauern abzupressen oder aus den Verstecken
hervorzuholen wußten. Die Pferde wurden mit dem welken Baumlaub
und der Rinde von jungen Zweigen, altem, unter dem Schnee überwin=

tertem Gras und Veilchenblättern gefüttert. Schnell wechſelnde, erſtar-
ren machende Kälte und brennende Hitze erzeugten ſchlimme Seuchen,
und unter den Hunden, die von dem Heere nie ganz zu trennen waren,
und Pferden, eine gefährliche Waſſerſcheu. Mehrere Tauſend Leute und
Pferde wurden Opfer dieſes Winterzuges, und im ähnlichen Maße litten
die ſchon ſeit mehreren Kriegsjahren bald von Ruſſen, Polen, Sachſen
oder Schweden mishandelten Bewohner Lithauens. Ueber 30,000 Per-
ſonen ſuchten, obdach= und beſitzlos, in der Fremde den Frieden und die
Sicherheit, die ihnen ihre Heimath, deren Jugend außerdem nach Rußland
geſchleppt war, nicht bot. Die Beſchäftigung Karls in dieſen Winterquartieren war die Einführung und Uebung eines von ihm ſelbſt für ſeine Truppen ausgearbeiteten neuen Reglements, und die Unterhandlungen und Vorbereitungen für die nächſte Zukunft, die alle im Lager Anweſende, wie
ganz Schweden und halb Europa, ſpannend beſchäftigte. Die Truppen
ſtanden an der Grenze und nach Liefland führte ein Marſch von vierzehn
Tagen; dieſe Hoffnung war aber mit dem Ausmarſch aus Grodno ge-
ſchwunden, da von hier ein kürzerer Weg dorthin geführt hätte; ob aber
nun der Weg nach Norden, nach Pleskow und Nowgorod, wo bei Polock
ein Theil der ruſſiſchen Truppen hinter der Düna ſtand, eingeſchlagen
würde, ſtand in Ungewißheit, bis endlich nach Radoskowice aufgebrochen
wurde. Von hier konnte der Marſch nur noch über Smolensk nach
Moskau gehen; der Feind war an der Bereſina aufgeſtellt; oder auch den
Weg nach Südoſt in die Ukraine, der auf einem Umwege in das Herz des
Reiches führte. Das Ungewöhnliche in letzterer Richtung ſchien bei der
Luſt Karls an Außerordentlichem ſchon für die in ſeinen Charakter
Eingeweihten entſcheidend, und da die Nachricht von einem unter den
doniſchen Koſaken und gleichzeitig in Aſtrachan unter ehemaligen Strelitzen ausgebrochenen Aufſtande das Lager erreichte, zweifelte Niemand, daß
Karl die dem Wohle Schwedens entſprechende Politik, die im Wiedererwerb
ſeiner Oſtſeeküſten und Zurückdrängung der Ruſſen von dem Meere beſtand, gegen die perſönliche fallen laſſen würde, die ihn trieb, mit
Hilfe natürlicher oder künſtlich erzeugter Uneinigkeit den Czaren zu entthronen und durch einen Andern zu erſetzen. Dieſe Erkenntniß erzeugte
im Heere, ſelbſt unter den älteſten, kriegsgewohnten Officieren, eine
düſtere Misſtimmung; denn nur der eiſerne Körper des fünfundzwanzig=

jährigen Königs vermochte, durch die brennende innere Lust an Mühen, Entsagungen und Abenteuern gestählt und von dem seinen Geist und seine ganze Kraft anspannenden Ziel getrieben, sich des Gefühls einer Sehnsucht nach Ruhe und Frieden zu entschlagen. Piper verlangte aufs Neue seine Entlassung, aber wiederum vergeblich. Eine Zukunft von neuen, schwereren Leiden für alle Tapferkeitsbeweise, und nur egoistischer Zwecke halber, erzeugte Niedergeschlagenheit fast bei Allen; selbst der kleine Prinz, der französische Gesandte Bonnac, Lewenhaupt, Gyllenkrook und fast die ganze Umgebung Karls wirkte, wie in einer Verschwörung, darauf hin, daß Karl das Heer zur Wiedereroberung der Ostseeküste verwenden möge, obschon sie noch kein anderes Ziel kannten, als den directen Weg nach Moskau, da Karl die wahren Pläne schlau in Aeußerungen dieses Sinnes verbarg. Alle Mittel wendeten sie an, selbst Berufungen auf alte Prophezeiungen und Träume, aber Alles vergeblich; eine Anzahl Glücksjäger und junger, übermüthiger Officiere kämpften mit gleichen Waffen gegen jene für Das, was in Karls Eigensinne längst fest beschlossen war. Ihnen gesellte sich auch Rehnskjöld zu, aus Eifersucht auf einen wachsenden Einfluß Lewenhaupts, und er erntete Karls höchste Gunst durch dieses wenig Vaterlandsliebe verrathende Benehmen. Inzwischen entwarf der König seinen Plan dahin, das wohlgerüstete Heer, wie es ihm noch nie in einer so beträchtlichen Stärke zu Gebote gestanden, dergestalt zu verwenden, daß sein gefährlicher Nachbar gleichzeitig an mehreren Punkten bedroht würde. Lybecker sollte von der finnischen Grenze mit 14,000 Mann gegen Petersburg und dann gegen Nowgorod operiren; hierhin sollte gleichzeitig auch Lewenhaupt mit 11,000 Mann und mit reichen Vorräthen aufbrechen, um sich später nach Osten zur Verstärkung des Hauptheeres zu wenden, welches von Lithauen aus in die Ukraine eindringen und so gegen Moskau vorrücken würde. In Severien und der Ukraine selbst sollte Lewenhaupt sodann die Kosaken und Tataren an sich ziehen und nach Moskau zu Karl führen.

Sommerfeldzug 1708. Als Vorbereitung für die Eröffnung des Feldzugs in Rußland hatte Karl, um die dortige Stimmung für sich zu bessern, in Radoskowice eine bedeutende Zahl russischer Gefangener mit großer Milde behandelt und frei in ihr Vaterland zurückkehren lassen, da sie außerdem schwer zu bewachen und kaum zu ernähren waren. Am

6. Juni brach das schwedische Heer von Radoskowice auf, schlug die öst-
liche Richtung ein und erreichte am 18. die Beresina, deren jenseitiges
Ufer stark mit Russen besetzt war. Axel Sparre führte einige Regimenter
nordwärts, gegen Borisow, wo die Ufer morastig und schwer zugänglich
waren, um die Russen dorthin zu locken, während Karl die übrigen
Truppen schnell nach Süden und bei Brodziee über den Fluß führte,
worauf die Russen überall wichen, sodaß auch Sparre bei Borisow denselben überschreiten konnte.   Hier, an der Beresina, ließ Karl sämmtliche
Weiber, die sich bei dem Heere eingefunden hatten, auf dem Westufer
zurück, mit dem gemessensten Befehle, zu warten, bis der letzte Mann das
Ostufer erreicht hätte, dann aber sofort die Brücken abbrechen, hierauf die
Weiber nach Polen zurückkehren und den Marsch fortsetzen. Diese List half
ihm aber Nichts, denn die Frauen trieben bald Fahrzeuge auf, mit denen
sie den Strom überschritten, und nach einigen Tagen trafen sie wieder
bei den Soldaten ein.   Bei dem Stromübergange legte der kleine Prinz
eine neue Probe seiner Ergebenheit für den König an den Tag.   Sie
waren, von wenigen Officieren begleitet, den Strom hinaufgeritten, um
zu recognosciren; einige im Buschwerk des jenseitigen Ufers versteckte Kosaken schossen nach ihnen, und da Karl nicht aus dem Bereich der Kugeln
weichen wollte, ritt Prinz Max mit einigen Officieren noch etwa zwanzig
Schritte näher an das Ufer, um, wie er sagte, die Gefahr und die Kugeln
von dem Könige abzulenken.   Dies traf ein, denn sogleich richteten sich
die Schüsse gegen ihn; eine Kugel traf ihn in die linke Seite des Bau-
ches und ging bei der rechten Hüfte wieder heraus.   Um den Kosaken
nicht zu zeigen, daß er getroffen war, hielt er sich fest im Sattel und
sagte: „Meine Herren, ich habe mein Theil bekommen!"
und ritt mit jenen zurück.   Bestürzung und Trauer waren allgemein;
da der Schuß aber quer durch den Körper gegangen war, ohne edle
Theile zu verletzen, bewirkten das junge und reine Blut des Prinzen und
die zarte und persönliche Pflege des Königs die gänzliche Wiederherstellung des Verwundeten.   Der Plan Karls, von Brodziee aus nach Mohilew zu gehen, wurde durch Unwegsamkeit der Gegend und Aufstellung von 8 bis 10,000 Russen in lauter kleinen Abtheilungen an allen
Pässen und Flußübergangspunkten vereitelt.   Der Marsch gegen den
Dnieper wurde unter unsäglichen Mühen angetreten; die Brücken über

die Gewässer und Sümpfe waren abgebrochen, die Wege zerstört und durch dichte Verhaue gesperrt, die stets erst von den im Hinterhalt sie vertheidigenden Feinden gesäubert werden mußten. Diese umschwärmten außerdem die Schweden in großen und starken Abtheilungen, sodaß sich die Truppen auf dem Marsche nicht ausbreiten durften, sondern dicht ge-schlossen halten mußten, weshalb oft den Tag über nicht mehr als eine Meile zurückgelegt wurde. Obdach und Nahrung bot die Gegend fast gar nicht und der größte Theil des Heeres mußte hungernd die Nächte unter freiem Himmel zubringen, häufig auf sumpfigem Boden und be-ständig von feindlichen Kugeln bedroht, während das eigene Pulver zu mangeln begann. Am 28. Juli wurde endlich Holofsin erreicht. Die Unzufriedenheit im russischen Reiche und die durch die Furcht gesteigerten Oppositionsversuche des Altrussenthums gegen die Maßregeln Peters be-wogen diesen noch einmal zum Angebot eines vortheilhaften Friedens, der, nachdem Karl einige Zeit an eine Ausfechtung des Streites durch einen Zweikampf gedacht hatte, von ihm mit Uebermuth zurückgewiesen wurde, indem er als Vorbedingung jeder Unterhandlung die Zerstörung Petersburgs hinstellte.

Schlacht bei Holofsin. Holofsin oder Golowtschin ist ein kleiner Flecken an dem Westufer des Wabis oder Babiec, der von Osten her in die Drusa oder Drutsch, den Nebenfluß des Dnieper, fließt. Hier hatten die Russen 25,000 Mann unter Scheremetjeff und Mentschikoff gesammelt, die sich bei der Ankunft der Schweden auf die Ostseite des Flusses zurückzogen und dessen Ufer zur Erschwerung des Ueberganges mit starken Verschanzungen und Verhauen versahen. Als am 28. Karl mit der Vorhut Holofsin erreichte, hatte er, wie gewöhnlich, nur eine ganz geringe Mannschaft bei sich, mit der er den Flußübergang nicht wagen konnte. Der gewonnene Vorsprung war so bedeutend, daß bei den schlechten Wegen mehrere Tage erforderlich waren, um eine beträcht-lichere Truppenzahl an sich zu ziehen. Die Russen beunruhigten den König nicht und er benützte die Zeit zu genauer Recognoscirung und Feststel-lung seines Schlachtplanes. Endlich langten am 3. Juli 4000 Mann an, und mehr abzuwarten, vermochte keiner der Generale bei Karl durch-zusetzen; am folgenden Morgen sollte der sechsfach stärkere Feind ange-griffen werden. Das russische Heer stand auf dem Ostufer des Wabis

in zwei, durch einen sich auf abschüssigem Terrain hinziehenden Wald ge-
sonderten Theilen; vor dem Walde lag ein von den Russen für un-
durchdringlich gehaltener Sumpf. Den rechten Flügel befehligte Rönne, den
linken Golz. Schützte sie einerseits der Sumpf, so trennte er sie doch auch
andererseits, und auf diesen Fehler baute Karl seinen Angriffsplan. Auf
einem Hügel, der einen ausspringenden Winkel des Wabis ausfüllte, ließ
er, dem erwähnten Sumpfe gerade gegenüber, bei Abendnebel und während der Nacht, in solcher Stille, daß die Russen nicht das Geringste
merkten, eine Verschanzung aufwerfen, die er mit grobem Geschütz besetzte. Um drei Uhr des Morgens, am 4. Juli, fingen in dichtem Nebel
und Platzregen die Kanonen an, gegen die Russen, namentlich deren linken Flügel, zu spielen, der bald vom Ufer zurückwich. Hierauf warf sich
Karl, ohne die Vollendung der Brücken abzuwarten, an der Spitze der
Garde und anderer Kerntruppen in den Fluß, und durchwatete diesen,
wie den jenseitigen tiefen Morast, mit unsäglicher Mühe. Bei der Erreichung des andern Ufers war, obschon die Soldaten die Gewehre und
Patrontaschen in die Höhe gehalten hatten, die Munition naß geworden,
denn das Wasser war ihnen oft bis an die Schultern gestiegen und die
Kleider und Waffen waren dick mit Schlamm bedeckt. Vor ihnen stand
der ihnen vielfach überlegene linke Flügel unter Golz, hinter starken Verschanzungen und mit hinreichender, trockener Munition versehen. Vor
dem Feinde angekommen, rief Karl: „Ein Schurke, wer schießt!"
und stürmte mit der blanken Waffe gegen denselben an. Die schnell hintereinander gegebenen Salven des Feindes thaten wenig Schaden, da sie,
in falscher Berechnung des abfallenden Terrains, zu hoch gingen, und
Karl erhielt bald Unterstützung von den über die nun vollendeten Brücken
nachgekommenen Regimentern. Der Kampf wurde hartnäckig; die Russen
zogen sich in den Wald zurück und benutzten den Schutz desselben gut zu
ihrer Deckung, mußten aber endlich auch von hier vor dem nachdringen-
den schwedischen Fußvolk weichen, worauf sie sich schließlich in wilde
Flucht auflösten. Unterdessen war auch die schwedische Reiterei von
Rehnskjöld über den Fluß geführt worden und hatte die sie zehnfach überlegene russische Cavalerie angegriffen. Auch dieser Kampf wurde sehr
heiß. Die Schweden, namentlich die Trabanten, theilten sich in kleine
Trupps von zehn bis zwölf Mann und griffen so ganze Schwadronen an,

und auf diese Art glückte es Rehnskjöld, nach siebzehn wiederholten Angriffen, die Gegner in die Flucht zu schlagen. Der rechte von Rönne commandirte Flügel der Russen hatte einen Versuch gemacht, dem linken zu Hilfe zu eilen, wurde aber durch den Wald, Morast und die schwedische Batterie daran verhindert und zurückgeschlagen; bei der Flucht des letztern zog er sich geordnet vom Schlachtfeld zurück. Karl betrachtete diesen Sieg als seinen ehrenvollsten, und wirklich bewies er, neben seiner gewohnten Tapferkeit, zum ersten Male in der Anordnung, in der Trennung der Feinde durch Befestigung des erwähnten Hügels und darin, daß er nur einen Flügel angriff und durch den schnellen Bayonnetangriff dem Feinde das Verdorbensein der Munition verbarg, ein höheres Feldherrn= talent. Daß er sich nebenher wieder selbst am ärgsten Handgemenge be= theiligte, braucht kaum noch erwähnt zu werden. Gleich nach Durch= watung des Morastes sah er, daß dem Gardecapitain Erik Gyllenstjerna eine russische Kugel den Arm zerschmettert hatte; alsbald sprang er von seinem Pferde, half dem Verwundeten hinauf und kämpfte zu Fuß weiter. Der kleine Prinz wurde schon im Anfang der Schlacht abermals ver= wundet, stürzte sich aber dessenungeachtet wieder in den Kampf. Ein russischer Officier rief ihm zu: „Komm her, wenn Du Muth hast!" Max sprengte dem Russen, der sein Pistol auf ihn abschoß, aber fehlte, entgegen und stieß ihm augenblicklich den Degen bis an den Griff in die Seite. Kurz darauf wurde des Prinzen Pferd unter ihm erschossen; er sprang jedoch, obwohl verwundet und vom Sturze erschüttert, sogleich wieder auf und bestieg eins der Handpferde Karls, zur ferneren Theilnahme am Getümmel. Namentlich die Reiterei vollbrachte herrliche Thaten. Der Junker der Leibdragoner war erschossen und die Standarte in Feindeshand ge= rathen; der Lieutenant Konrad Sparre saß sofort mit einem Drittel seiner Compagnie ab und drang zu Fuß in den Feind ein, verzweifelnd um die Wiedereroberung der Trophäe kämpfend, die ihm auch, als der Führer der Compagnie, Capitain Ribbing, mit der übrigen Mannschaft zu Hilfe kam, gelang, doch erst, nachdem er selbst am Kopfe verwundet und nach dem Verluste der halben Compagnie. Eine andere Compagnie zählte nur dreizehn Dragoner nach dem Kampfe und dem Fahnenjunker Gerner war die Standarte in der Hand abgeschossen, er selbst verwundet und ihm zwei Pferde unter dem Leibe getödtet worden. Dieser Muth

war aber auch in erbitterte Unmenschlichkeit ausgeartet; nur dreißig
Russen wurden gefangen, alle Uebrigen getödtet, welchem Thun weder
Befehle noch gute Worte des Königs ein Ende machen konnten. Die
Schweden hatten nach der höchsten Angabe 1200, die Russen 4000 Mann
verloren; der Kampf hatte mehrere Stunden gedauert. Kurz darauf
langte Peter bei seinen Truppen an und freute sich des Berichtes über diese
Schlacht, dessen mehrstündige Dauer, gegen Karls eigene Führung, er als
einen Beweis der steigenden Tüchtigkeit seines Heeres ansah. Um diese
zu steigern, ließ er alle Russen, die Feigheit bewiesen und Wunden im
Rücken erhalten hatten, vor der Front der Regimenter versammeln und
den siebenten Mann zur Strafe erschießen. Im Ganzen wurden vier-
undsechzig Soldaten auf diese Weise zur Warnung der Uebrigen getödtet.

Zug über den Dnieper. Auf dem Schlachtfelde von Holossin
gönnte Karl seinen Truppen einen Tag der Ruhe, worauf er dann den
Marsch gegen den Dnieper fortsetzte. Den letzten Versuch, ihn soviel als
möglich in der Nähe Lieflands zu halten, ausweichend, dirigirte er denselben
in die Nachbarschaft der Ukraine und rückte am 8. Juli in das von den
Russen verlassene Mohilew ein. Hier fanden sich bedeutende Vorräthe, und
Karl gönnte seinem Heere eine monatliche Rast, um zugleich Lewenhaupts Ankunft und Mazeppa's Aufstand abzuwarten. Dieser wollte
jedoch das Spiel nicht eher beginnen, als bis die Schweden in größerer Nähe
bei ihm seien, und da sich jenes Ankunft verzögerte, so ging Karl, der
Unthätigkeit müde, am 5. August über den Dnieper und später ostwärts
nach Czerikow an der Soza, so die Mitte zwischen Lewenhaupt und Mazeppa haltend, ohne von einem derselben etwas zu hören. Der Czar
stand mit einem beträchtlichen Heere bei Mstislawl, und Karl hoffte, ihn
zur Schlacht zu zwingen, weshalb er nordwärts zog und am 29. August
Malatize erreichte. Auch dieser Marsch war wieder sehr schwierig und
Peter suchte, ihn möglichst verderblich zu machen. Schlau lockte er Karl
anfangs immer weiter, ließ ihn ungehindert den Dnieper sowie die
Soza überschreiten, um ihn immer weiter von Liefland zu entfernen, und
machte keinen ernsten Versuch, ihn zurückzutreiben, ließ ihn aber beständig
durch leichte Streiftruppen umschwärmen und Jeden, der sich vom
Haupttrupp entfernte, wegfangen oder erschießen; die kleineren Brücken

über die Flüsse und Bäche ließ er abbrechen, die Wege zerstören, jedes
Obdach, was die Gegend darbot, und selbst die Wiesen und Felder, nie-
derbrennen, sodaß der ganze die Schweden umgebende Luftkreis in Rauch
gehüllt war.   Der Mangel an Obdach wurde um so fühlbarer, als sich
gerade dieser Sommer durch unaufhörliche starke Regenschauer auszeich-
nete und die Truppen gleichzeitig mit dem Boden, auf dem sie ruhen
sollten, durchnäßt wurden.   Häufig gab es nur rohe und ungesunde
Speise und zuweilen mußte man sich mit Korn vom Felde begnügen, das,
statt gemahlen, zwischen Steinen gequetscht wurde.   Schwere Seuchen
brachen aus und man hatte keine Arzeneien; dabei ließ sich das russische
Heer nicht zum Stehen und zur Annahme einer offenen Schlacht zwingen, sondern zog sich, sobald die ununterbrochenen Scharmützel ernster
zu werden drohten, in die Wälder und Sümpfe zurück, woher der Czar
und seine Truppen den schwedischen Spitznamen Sumpfpeter erhielten.   Von Mohilew hatte Karl eine Anzahl wichtiger Befehle und Ur-
kunden nach Stockholm abgefertigt, und darauf trat eine lange Pause
jedes Briefwechsels mit der Heimath ein; die an ihn gerichteten, wie die von
ihm abgesendeten, verhinderten die Feinde, an ihren Bestimmungsort zu
gelangen.   Die Lage des Königs begann, bedenklich zu werden und ein
unglücklicher Ausgang wurde prophezeit.   Peter ermahnte Dänemark und
König August von Neuem zu einem Angriffe auf Schweden, da „Karls
Fall nicht mehr fern sein könnte.“

Treffen bei Malatize.   Nachdem Karl Malatize erreicht hatte,
schlug er sein Lager in einer Gegend auf, deren eine Seite von einem
Moraste begrenzt wurde, durch den der Fluß Tschornaya-Napa fließt.
Generalmajor Roos lag mit einigen Regimentern von dem übrigen Heere
ziemlich entfernt und nahe an der Grenze des Morastes; Peter beschloß,
sie zu überfallen und zu vernichten.   Karl ahnte es und befahl Roos,
sich näher an das Hauptheer zu ziehen, aber zu spät.   Als die Truppen
am Morgen des 31. August gerade, in Ausführung dieses Befehls, mit
dem Abbruch und der Verpackung der Zelte beschäftigt waren, überfielen
die Russen sie unvermuthet.   Diese hatten aus Stroh, Wurzel-, Strauch-
werk und Geniste Matten und Bündel geflochten, auf denen sie in der
dunkeln Nacht und Morgendämmerung in tiefster Stille unbemerkt über
den Morast und bis an die Schweden gekommen waren, ehe sich diese zur

Vertheidigung hatten ordnen können. Von der ersten Salve schon schwer
mitgenommen, warfen sich dieselben hinter die Zeithaufen und Bagagewagen und vertheidigten sich sehr tapfer, aber mit großem Verlust. Der
Kampf währte bereits mehre Stunden, blutig für beide Theile, und die
Russen waren nahe am entscheidenden Siege, als endlich Entsatz vom
Hauptheere kam, den Karl und Prinz Max, durch das Schießen aufmerksam gemacht, herbeiführten. Die Russen wichen nun zurück; doch
schrieben sich beide Theile den Sieg zu; dem russischen Anführer
Galitzin verlieh Peter den Andreasorden, zog sich aber bis hinter Smolensk zurück. Karl folgte und bei dieser Jagd fiel bei dem Dorfe Ra-
jowka, nahe an der damaligen russischen Grenze, ein neues scharfes
Scharmützel vor. Karl, Rehnskjöld und der kleine Prinz ritten nebeneinander, als sie in einiger Entfernung eine große feindliche Reiterschaar
entdeckten. Sie anfangs für Kalmücken haltend, sendete der König ihnen
nur wenige Reiter entgegen; da diese aber zurückmeldeten, es sei geschulte
Cavalerie, beorderte Rehnskjöld mehr Truppen herbei; aber Karl und der
kleine Prinz setzten sich an die Spitze des sie begleitenden Regiments und
sprengten so scharf auf den Feind ein, daß der erste Anprall dessen Reihen
durchbrach. Aber stärker, als sie es erwartet hatten, umringten diese die
Schweden bald und trennten den König und Prinzen von einander. Die
von Karl geführte Schwadron wurde bis auf den letzten Mann niedergehauen; ihn selbst rettete anfangs nur seine Waffentüchtigkeit, dann der
Staub und Pulverdampf, der ihn nicht als Feind erkennen ließ, als er
sich ruhig verhielt. Er folgte den russischen Reitern, als sei er einer der
ihrigen, bis er auf einen andern Trupp Schweden stieß, mit denen er sich
zu einem neuen Angriff vereinte. Nach wenigen Augenblicken war er
wieder umringt und die neuen Cameraden, wie die früheren, getödtet;
ihm selbst war das Pferd erschossen, sodaß er zu Fuß kämpfte. Zwei
seiner Adjutanten, die an seine Seite gelangten, Hård und Rosenstjerna,
blieben; als der Letztere vom Pferde sank, schwang sich Karl auf dasselbe
und stürzte wieder in das Getümmel; zum dritten Male nahe daran, gefangen zu werden, wurde er durch den Major Lind gerettet, der gleich
darauf erschossen wurde. Auch der kleine Prinz wurde umzingelt und
verlor den größten Theil seiner Leute, schloß sich aber gleichfalls den
Russen an und verstellte sich so gut, daß ihm ein Officier derselben ohne

Verdacht auf die Schulter klopfte und rief: „Rasch vorwärts!" Beide
stürzten dann den Schweden entgegen; nahe bei diesen rannte der Prinz
dem Russen den Degen in die Brust und stürzte, von Feinden und
Freunden beschossen, da er noch nicht erkannt war, hinüber zu den Schweden.   Die Ankunft der Leibtrabanten und eines andern Reiterregiments
machte dem Streit ein Ende und beide Theile zogen sich mit großen Verlusten zurück.   Wie Karls stets bewiesener Muth bei der Belagerung von
Thorn in Uebermuth umschlug, der später in wahre Sehnsucht nach Gefahren ausartete, die ihn, einem Spieler gleich, jeden Augenblick sein Leben einsetzen ließ, um es zu neuem Wagniß zu retten, trat jetzt eine vierte
Phase seiner Tapferkeit und Kampfbegierde ein.   Bei Grodno zuerst und
besonders bei diesem Gefecht begann seine Lust, sich, wie jeder gemeine
Reiter, an dem Gemetzel der Schlacht zu betheiligen und eigenhändig die
Feinde niederzuschießen oder zu durchbohren, was natürlich die Gefahren
so vermehrte, daß Alle, die seinen Charakter kannten und wußten, daß
Warnungen gerade das Gegentheil bewirkten, sicher voraussahen, er
würde nicht mit dem Leben davonkommen.   Dieser Glaube verbreitete
sich bis nach Schweden und es bildete sich dort eine mächtige Partei, die
für den Fall seines zu vermuthenden Todes daran arbeitete, die Herrschaft des Reiches seiner Schwester Hedwig Sophie zuzuwenden.

Zug in die Ukraine und hereinbrechendes Unglück Karls.
Wie zuvor in Mohilew, wartete Karl in der Gegend südlich von Mstislawl lange vergeblich auf die Ankunft Lewenhaupts mit seiner Hilfstruppe von 11,000 Mann.   Seine Lage war schwierig; mit der kleinen
Armee von 30,000 Mann, die er noch bei sich führte, durfte er sich nicht
der ganzen Macht des Czaren blosstellen, und Mazeppa sendete eine
Mahnung nach der andern, seinem Versprechen gemäß an die Desna zu
ziehen, da er sonst fürchten müsse, von den Kosaken verlassen zu werden.
Wieder versuchte Gyllenkrook ihn nach Witersk und so näher an Liefland und Lewenhaupt zu dirigiren; aber die Furcht, daß dies einem Rückzuge gliche, ließ Karl den Rath verwerfen.   Piper und Rehnskjöld waren
nach und nach in Feindschaft gerathen und arbeiteten sich entgegen, wennschon jetzt auch dieser des Erstern Meinung über die Gefahr des Verzugs
einer Umkehr nach Liefland theilte.   Karl verwarf sie übrigens entschieden, und da sich die Wege nach Moskau durch Zerstörung und Besetzung

mit den besten russischen Truppen versperrt zeigten, mußte sich Karl nach
dem Südosten wenden, wohin ihn überdies Aussichten auf Verbindung mit
den verschiedenen Kosaken, Tataren und Türken lockten. In der Mitte des
Septembers hielt er einen förmlichen Kriegsrath über die Zeit des Auf=
bruchs, begegnete darin aber nur dem Wiederhall seiner eigenen, sich und
die schwedische Kraft und Tapferkeit überschätzenden und die Russen un=
klug verachtenden Ansichten, aus Rehnskjölds und Meierfelds Mund,
gegenüber der besonnenern Meinung Pipers und Gyllenkrooks, noch acht
Tage auf Lewenhaupt zu warten, um ihn zu retten und sich selbst durch
seine Truppen und Vorräthe zu stärken. Am 15. September wurde die
Gegend um Mstislawl verlassen, und nachdem aller unnützer Troß ver=
brannt worden war, noch innerhalb der Grenze Polens südwärts gezogen
und nach ungefähr acht Tagen in die russische Landschaft Severien ein=
gerückt, wohin eine beträchtliche Truppenmacht unter dem Generalmajor
Lagercrona zur Besetzung der Stadt Starodub vorausgeschickt war, da Ma=
zeppa versprochen hatte, dort bedeutende Unterstützung und Vorräthe
aufzuspeichern. Von dieser Zeit ab datirt die Kette von Unglücksfällen,
die fortan über Karl hereinbrach und die schließlich so groß wurde, daß
sie sein bisheriges Glück, dessen Maß sich selten in der Geschichte wieder=
findet, überwog. Statt des Sturzes der Czarengewalt vor seinen sie=
genden Waffen, für die er den Sommer und Herbst 1708 bestimmt,
wurde diese Zeit der Beginn von dem Sinken seiner eigenen Macht und der
seines Reiches. An dem Hofe von Konstantinopel hatte ein Wechsel der
Ansichten stattgefunden; der Großherr mißbilligte die Unterhandlungen
des Veziers mit Schweden und verbot jeden Angriff auf Rußland durch ein
türkisches oder tatarisches Heer. Karl erhielt diese Nachricht zu spät, um
den eigenen Anfall auf das Herz Rußlands zu unterlassen. Der Auf=
stand der Strelitzen in Astrachan griff nicht um sich, und statt daß er einen
bedeutendern Theil der Kräfte des Czaren beschäftigt hätte, unterdrückte
ihn Scheremetjeff leicht und nachhaltig. Die sich empörenden donischen
Kosaken wurden von Dolgorucky mit 12,000 Russen erschreckt und,
über die Verrätherei ihres Führers, der sich nun aus Furcht erschoß,
aufgeklärt, verließen sie die Fahne des Aufruhrs und leisteten dem Czaren
einen neuen Eid der Treue. Auch diese Nachricht erhielt Karl erst in der
Ukraine. Das Mißvergnügen und die Unzufriedenheit des Altrussen=

thums mit Peters Neuerungen und Europäisirung schwand vor dem anrückenden Heere, und gerade entgegengesetzt den Polen, schaarten sich
die einzelnen Parteien der Russen um das Vaterland und den Fürsten,
in seiner Noth alle Uneinigkeit vergessend und opferbereit zu seiner Vertheidigung, wie die gleichgiltige Verwüstung des eigenn Besitzthums der
Reichen und Armen bewies, um nur den Feind nichts finden zu lassen,
als Hunger und Noth. Der Sommer, auf dessen Milde und Trockenheit
gerechnet worden war, zeigte sich seit Jahren ausnahmsweise kalt und
naß und ein harter Winter folgte ihm. Die große Flotte, welche zur
Zerstörung der Anlagen Peters in Ingermanland mitwirken sollte, fand
keine Mittel zu ihrer Ausrüstung, und nur ein kleiner Theil derselben
konnte von Ankarstjerna in die finnische Bucht geführt werden, wo wi-
drige Winde sie vor Reval festhielten, sodaß sie, ohnehin zu schwach, sich
mit den Russen zu messen, diese ungehindert in die Ostsee segeln lassen
mußte, wo sie eine Menge nach Stockholm bestimmter Fahrzeuge nahmen,
bei Borgå beträchtliche Truppenmassen landeten, die Stadt einnahmen
und plünderten, ihre Kauffahrteiflotte verbrannten, die älteren Bewohner tödteten und die jüngeren mit dem übrigen Raube nach Rußland
führten.

Lybeckers Zug gegen St. Petersburg misglückt. Wichtiger noch und Karls großen Plan gänzlich durchkreuzend, da es ein entscheidender Bestandtheil des Angriffes gegen die russische Macht war, zeigte
sich das Unglück des gegen Petersburg und womöglich Nowgorod bestimmten finnischen Heeres. Generalmajor Georg Lybecker, in Karls
Geschichte traurig berühmt, führte dasselbe. Nach unbekannter Jugend
und zwanzigjähriger übersehener Dienstzeit in der Reiterei, durcheilte er
von 1703 bis 1708 die Bahn des Glückes und sah sich, nachdem er
1704 und 1705 in Polen ein paar glückliche, aber nicht ausgezeichnete
Streifzüge geführt hatte, ohne daß man wußte, welchen inneren Eigenschaften und Verdiensten er es zu verdanken habe, zum Freiherrn und
Oberbefehlshaber des finnischen Heeres ernannt. Dieses bestand aus
14,000 Mann, mit Waffen und Pferden, aber nicht mit Mundvorrath
gut versehen; auch war es erst Ende August fertig ausgerüstet. Die Bestimmung desselben war Jedermann unbekannt, da Karls Befehle versie-
gelt waren und erst beim Aufbruche mitgetheilt werden durften. Dies

geschah, und Ende August zog Lybecker von Wiborg gegen die Newa und
überschritt den Fluß, trotz des russischen Widerstandes. St. Petersburg,
das gut mit Vorräthen und Mannschaft versehen war, wagte er nicht
anzugreifen und wendete sich gegen eine andere in dieser Gegend stehende
russische Mannschaft. Seine eigenen Leute bestanden großentheils aus
Rekruten, die bald in Unordnung geriethen und Verluste und Schande
herbeiführten. Seine Vorräthe waren schnell aufgezehrt und das Land
verwüstet und gebrandschatzt, sodaß nach wenigen Tagen die Nahrung nur
aus Pferdefleisch und Wasser bestand. In das eigentliche Rußland einzu=
dringen und die vielen und stark befestigten Städte und die Truppen, die
Petersburg umgaben, hinter sich zu lassen, wagte Lybecker nicht und
wendete sich statt dessen nach Ingermanland, fand aber hier dieselben
Verheerungen und gleichen Mangel, der, im Verein mit einem vierzehn
Tage anhaltenden Regen, seinen Truppen vielen Nachtheil zufügte. In
Ingermanland eroberte Lybecker die kleine Festung Koporie mit verschie=
denen Vorräthen. Durch einen ihm listig in die Hände gespielten Brief
des russischen Befehlshabers Apraxin, der die Gewißheit einer russischen
Verstärkung von 40,000 Mann zum Angriff der Schweden enthielt, ge=
täuscht und erschreckt, eilte Lybecker an die Küste, zog die Flotte Ankar=
stjerna's herbei und bat denselben, das Landheer zu retten und nach
Finnland hinüberzuführen. Vergeblich rieth dieser zu einer Vertheidi=
gung; Lybecker betrieb die Einschiffung bei stürmischem Wetter mit sol=
cher Hast, daß 6000 Pferde zurückgelassen und gelähmt oder erschossen
werden mußten. Apraxin, der Lybecker nachfolgte, fand, am Strande
angelangt, noch 8 bis 9000 Mann, meist Sachsen, die in Thorn zu
Kriegsgefangenen gemacht und unter die schwedischen Fahnen gesteckt wor=
den waren; sie wurden nach tapferer Vertheidigung fast Alle gefangen
oder niedergemacht. Die glücklich an Bord gekommenen Truppen wurden
in Wiborg ausgeschifft und, der Mehrzahl nach, in ihre Heimath entlas=
sen. Der ganze Verlust der Schweden betrug über 3000 Mann. Die
mit dieser Unternehmung geschwundenen Hoffnungen erregten Karls
Zorn in hohem Grade, doch nicht gegen Lybecker, der sich in merkwürdiger
Gunst erhielt und zwei Jahre darauf zum Generallieutenant ernannt
wurde, sondern gegen die Staatskanzlei, der er den Vorwurf machte, das
finnische Heer zu spät und zu schwach gerüstet und versorgt zu haben.

Die Staatscommissarien und ihre Kinder mußten den daburch entstande-
nen Schaden ersetzen.

Misglückter Zug Lewenhaupts. Noch bedeutender für den
glücklichen Ausgang des Feldzuges Karls mußte die Zuführung der Lewenhaupt'schen Verstärkung von Riga her werden. Große Rüstungen wurden
in dieser Hinsicht gemacht; von Schweden kamen Waffen und Kleider
und aus Kur= und Liefland wurde alles Brauchbare genommen. Die
Mannschaft stieg auf 11,000 Mann; Kriegs= und Mundvorrath war
auf sechs Wochen und länger, sowohl für Lewenhaupts, als auch für
Karls Heer vorhanden; jede Compagnie führte zehn Vierspänner mit sich.

Auch das Ziel des Lewenhaupt'schen Marsches sollte geheim bleiben.
Die Unruhe vor dem Antritt desselben, die vielen Abschiedsgesuche von
Officieren, die sonst mit Hingebung an diesem Befehlshaber hingen, und
der Andrang nach dem Garnisondienst in Riga bewies deutlich, daß
dasselbe geahnt wurde. Lewenhaupt ertheilte nur auf wichtige Gründe
hin Urlaub und Abschied und suchte auf alle Weise die Gefahren und
Mühen des befohlenen Vorhabens zu vermindern und zu verbergen.
Mitte Mai langte der General aus dem Lager des Königs in Radoskowice
in Riga an und betrieb mit wachsendem Eifer die Ausrüstung seines
Heeres. Am 26. Mai schickte ihm der König den Befehl, in den ersten
Tagen des Juni von Riga aufzubrechen, gegen die Beresina zu marschiren und dort neuere Instructionen abzuwarten; aber dieser Befehl erreichte
Lewenhaupt, wegen der Unsicherheit der Wege zwischen Karls Hauptquartier in Radoskowice und Riga, erst am 7. oder 8. Juni, sodaß der Abmarsch erst Ende dieses Monats stattfinden konnte, da die von Karl befohlenen Vorräthe zuvor beschafft werden mußten, die ein mindestens
ebenso wichtiges Erforderniß für das Hauptheer waren, als die Mann-
schaftsverstärkung. Sogleich abgefertigte Eilboten sollten diese Verzugs-
nachricht dem Könige überbringen. In den letzten Junitagen wurde
endlich der Marsch angetreten. Er stieß schon durch den beschwerlichen
Transport der ungeheuren Bagagewagen, an denen alle Augenblicke
Etwas brach, wodurch Aufenthalt verursacht wurde, auf große Schwierigkeiten. Gegen Lewenhaupts Willen hatte Karl jedem Regimente befohlen, sich selbst zu versorgen; aus diesem Grunde war die Ordnung
nicht aufrechtzuerhalten; die Obersten gewöhnten sich an Ungehorsam und

entfernten sich beim Aufsuchen der Quartiere zu weit, sodaß Lewenhaupt
sie mit Mühe und Zeitverlust sammeln und zu dem Hauptcorps zurückführen mußte, damit die nie rastenden russischen Streiftruppen sie nicht
umzingelten und vernichteten. Auf solche Weise und bei den durch Regen
grundlos gemachten Wegen wurde täglich nur eine kleine Entfernung zurückgelegt und erst um die Mitte des Septembers der Dnieper erreicht. Die
Ausführung der Befehle des Königs hatten die zwischen beiden Heeren stehenden Russen zu verhindern gewußt; da Lewenhaupt aber Gründe zu der
Vermuthung hatte, er habe sich südwärts gewendet, wollte er bei Mohilew
den Dnieper überschreiten, wodurch er jedenfalls sich von Peter entfernt und
Karl genähert hätte. Ein von den Russen bestochener Jude brachte ihm jedoch die Nachricht, daß Mohilew niedergebrannt und die Brücke abgebrochen
sei, weshalb Lewenhaupt nun Sklow zum Uebergangspunkt wählte, von
wo Karl am jenseitigen Ufer nur wenige Meilen entfernt stand. Dort
am 17. September angelangt, trafen im Laufe des folgenden Tages drei
am 14., dem Tage des Abmarsches nach der Ukraine, gleichzeitig entsen-
dete Eilboten mit der Nachricht dieses Abmarsches und dem Befehl bei
ihm ein, auf die bestmöglichste Art über den Dnieper und die Soza zu
setzen und Karl nach Starodub zu folgen. Dieser Befehl setzte die Hilfstruppen der ganzen vielfach überlegenen Macht Peters aus, von jeder Aussicht auf Unterstützung durch zwei vom Feinde leicht zu haltende Flüsse
getrennt. Seiner Absicht, sich im Westen des Dnieper zu verschanzen und
seine reichen Vorräthe zum Vortheil Karls zu erhalten und zu vertheidigen, durfte er, gegenüber dem gemessenen königlichen Befehle, dem Hauptheer sich anzuschließen, nicht folgen. Er sagte deshalb zu seinen Cameraden: „Jetzt gilt es Leben oder Tod, doch bleibt uns Nichts übrig, als
mit Gottvertrauen dem Könige zu gehorchen." Dieser am 14. ausge-
fertigte königliche Befehl war übrigens, aus unaufgeklärten, jedenfalls aus
Feindschaft gegen Lewenhaupt fließenden Gründen, von der Kanzlei bis in
die Nacht zum 17. zurückgehalten worden; nachdem er ihn am 18. empfangen, sammelte der General sogleich seine Truppen, führte sie am 21. und
22. bei Sklow über den Dnieper und zog am Fluße entlang so schnell und
geheim, als nur immer möglich war, gegen Süden, um der Aufmerksamkeit der russischen Truppen zu entgehen. Ein von ihm bestochener jüdi-
scher Vermittler machte Peter glauben, daß er noch auf dem Westufer des

Dnieper stehe, wohin dieser dann auch persönlich einen Theil des Heeres führte, während Scheremetjeff mit einem andern Theile Karl gegen Severien nachfolgte. Noch ehe der Czar alle seine Truppen über den Dnieper geführt, gewann er Kenntniß des wahren Verhältnisses, kehrte, im höchsten Aerger über den ihm gespielten Betrug, um und eilte in größter Eile den Schweden nach, einen Infanteristen hinter jedem Reiter aufsitzen lassend. Nur sieben Tage hatte Lewenhaupt, trotz der schwer zu führenden Bagage von immer noch mehr als tausend Wagen, zu dem von Sklow weit entfernten Propoisk gebraucht, und am folgenden Tage würde es seinem hohen Feldherrntalente geglückt sein, seine Truppen bei Propoisk über die Soza zu führen und zu retten. Peter aber, von keinem Troß gehemmt, eilte ihm mit solcher Geschwindigkeit nach, daß schon am 26. September seine Vortruppen die schwedische Nachhut erreichten. Diese schlug jene am 27. zurück, wobei gegen 1500 Russen auf dem Platze blieben und worauf Lewenhaupt seinen Marsch fortsetzte. Die unaufhörlichen Verstärkungen der Russen waren so dirigirt, daß General Bauer und Peter zu beiden Seiten und General Schütz hinter den Schweden marschirten. Unaufhörlich fechtend, erreichten diese endlich am 28. September Abends vier Uhr Lisna, zwei Meilen von Propoisk, wohin falsche, von den Russen bestochene Führer Lewenhaupt auf krummen, wegen der niedrigen Lage durchweichten Wegen irregeleitet hatten. Da die Russen jetzt gleichzeitig von allen Seiten vorrückten, war der vom Czaren auf alle Fälle beabsichtigten Feldschlacht nicht auszuweichen. Weiter vorzudringen konnte Lewenhaupt nicht hoffen, sendete aber die Hälfte des Trosses, von einigen Reiterregimentern bedeckt, auf dem Wege nach Propoisk fort und bereitete sich, ebenso wie Peter, in der Nacht zur Annahme der Schlacht.

Schlacht bei Lisna. Am Morgen des 29. begann der auf beiden Seiten mit außerordentlichster Tapferkeit ausgefochtene Kampf, der bis zum Einbruch der Nacht andauerte. Drei- oder viermal stürmten die Heere gegen einander an, sich mit wechselndem Glücke vor- und zurückdrängend. Es standen etwa 8000 Schweden, mit Wind und Schnee im Gesicht, gegen die dreifache Zahl Russen. Ihre größere Ordnung und Kriegstüchtigkeit würde ihnen den Sieg verschafft haben, wenn nicht Peter selbst, in Erkennung der Wichtigkeit dieser Stunde, die

größten Anstrengungen gemacht hätte; überall war er mitten im Kampfgewühl, ordnete und leitete die einzelnen Abtheilungen und ließ durch
Kosaken und Kalmücken hinter denselben jeden Russen, der einen Flucht-
versuch machte, tödten. Trotzdem war um drei Uhr Nachmittags noch
kein entscheidender Vortheil erkämpft; doch eilte kurz darauf der General
Bauer mit 4000 Mann frischer Truppen Peter zu Hilfe, und mit diesen
erneute er um vier Uhr den vierten und letzten Angriff. Die am Tage
zuvor zur Deckung des Trosses abgesendeten Reiterregimenter hatten aus
dem anhaltenden Kanonendonner erkannt, daß eine entscheidende Schlacht
geliefert wurde, und waren Hals über Kopf auf Lewenhaupts Befehl diesem zu Hilfe gestürmt, die Abtheilung Russen über den Haufen werfend,
die schon den Weg nach Propoisk besetzt hatte. Durch ihren rechtzeitigen
Beistand und die außerordentliche Tapferkeit aller seiner Truppen gelang
es der ebenso außerordentlichen Ruhe und Feldherrnbegabung Lewenhaupts, den Kampf bis zum Einbruch der Dunkelheit aufrechtzuerhalten.
Die Nacht gebot beiden Theilen Ruhe. Beide Heere hatten stark gelitten;
die Fortsetzung der Schlacht traute Lewenhaupt seinen erschöpften Truppen um so weniger zu, als der Czar in der Nacht wieder 15,000 Mann
Verstärkung an sich zog. Nach abgehaltenem Abendgebete ließ er deshalb die Regimenter ordnen und trat in der Dämmerung sogleich den
Marsch nach Propoisk an. Die Dunkelheit vermehrte aber die durch den
Kampf verursachte Unordnung im Troß; die vielen Hunderte von Wagen
fuhren ineinander und versperrten sich und den nachfolgenden Truppen
den Weg. Um diese wenigstens zu retten, ließ Lewenhaupt alle Pferde
von der verfahrenen Artillerie und den Wagen ausspannen und machte
damit sein Fußvolk beritten; um den Officieren ein gutes Beispiel zu
geben, entäußerte er sich zuerst seines eigenen Wagens. Die Kanonen ließ
er in einen Morast versenken und die reichen Vorräthe verbrannte er.
Hinter und unter dem Schutze dieses Brandes setzten die Schweden den
Weg nach Propoisk fort, woselbst sie am folgenden Tage, von den Russen
fast ungestört, ankamen. Dort ereilten sie aber große Schaaren derselben
und Propoisk war schon niedergebrannt und seine Brücken abgerissen.
Weder eine Möglichkeit zur Vertheidigung oder Ueberschreitung der Soza
sehend, verbrannte Lewenhaupt auch den hierher vorausgesendeten Theil
der Bagage und zog den Fluß entlang nach Süden, um eine Furth zum

Uebergange aufzusuchen und sich Karl zu nähern. Eine Anzahl Infanteristen ging den Regimentern verloren, da sie sich in den preisgegebenen Vorräthen so betrunken hatten, daß sie im Rausche und der Verzweiflung sich zu ihrer Vertheidigung in einen Kirchhof warfen, den angebotenen russischen Pardon ausschlugen, sich gegen ihre eigenen Officiere wendeten und solange kämpften, bis Alle, mit Ausnahme von einem Paar, die sich durch Schwimmen über die Soza retteten, niedergemacht wurden. Eine andere Abtheilung von 1500 Mann hatte sich in der nächtlichen Dunkelheit verirrt, wurde von ihren Landsleuten getrennt und weit in die Wälder hineingeworfen. Da sie weder die Stellung des Königs noch die von Lewenhaupt eingeschlagene Richtung kannte, begab sie sich auf eigene Hand nach Liefland und es gelang ihr wirklich, sich in dem fremden Lande und durch die feindliche Bevölkerung glücklich bis Riga durchzuschleichen. Lewenhaupt selbst war von Propoisk aus mit den Truppen nach Süden gezogen, um Karl aufzusuchen. Am Abend des 30. Septembers hatte er noch keine Furth durch die Soza gefunden. Dunkelheit und äußerste Ermattung erlaubten den Truppen nicht, weiter zu ziehen. Selbst todtmüde, mit geschwollenen Armen und Beinen, von einem Prellschuß getroffen, war Lewenhaupt so matt und krank, daß er vom Pferde gehoben werden mußte. Er ließ bei einem kleinen Dorfe, am Strande der Soza, Halt machen und erwartete jeden Augenblick, angegriffen zu werden, was nur Tod oder Gefangenschaft zur Folge haben konnte. Ein blinder Lärm ließ einige Hundert Reiter in den Fluß setzen, um sich wo möglich auf das jenseitige Ufer zu retten, und hierbei ließ sie der Zufall eine seichtere Stelle finden, welche die Schweden, durch Freude neu belebt, in kurzer Zeit auf das andere Ufer führte, von welcher Zeit an sie von den Russen in Frieden gelassen wurden. Diese blieben auf dem Westufer der Soza zurück. Der Verlust der Russen in der Schlacht bei Lisna belief sich auf 3000 Todte und 4000 Verwundete, nach der höchsten Angabe; von den Schweden waren 1800 gefangen, 1500 nach Riga, gegen 6000 nach Sewerien entkommen und 1600 geblieben. Ein Hauptunglück war der Verlust des reichen Mund- und Kriegsvorraths in der Stunde, wo man seiner am meisten bedurfte, und dies verursachte unausgesetzt neues Unglück. Peter sagte mit Recht, daß „der Sieg bei Lisna die Mutter des Sieges bei Pultawa, und diese

Schlacht nur ein Kinderspiel gegen jene gewesen sei." Auch hatte in allen Kriegen Karls keine Feldschlacht eine solche Anstrengung erfordert und so lange gedauert. Natürlich vermehrte sie das russische Selbstvertrauen in dem Maße, wie sie das schwedische erschütterte. Peter feierte den unter seiner Heerführung errungenen Sieg durch reiche Belohnung seiner Krieger und küßte im Entzücken die Wunden, die der General Bauer in dem letzten hartnäckigen Kampfe erhalten hatte.

Zug durch Severien. Auf dem fortgesetzten Zuge durch die severischen Wälder hatten die niedergeschlagenen und erschöpften Truppen Lewenhaupts durch Kälte und Mangel mehr zu leiden, als durch die Feinde. Je mehr sie sich Karl näherten, desto mehr zeigten sich auch die Russen von Neuem, und wenn sie auch immer wieder zurückgeworfen wurden, setzten sie doch die Schweden in eine verzweifelte Lage, da diese durchaus nicht wußten, in welcher Richtung sie das königliche Heer suchen sollten, obgleich sie von Lisna aus schon sechzig Meilen weit durch feindliches Land geirrt waren. Am 11. October, als der Herbsttag bereits dunkelte, entdeckte Lewenhaupts Spitze in einem Walde hier und dort ausgestellte Feldwachten, die sie für Russen hielt, bis die abgelauschten Zurufe und Commandoworte sie als Schweden erkennen ließen. Es war eine Abtheilung von dem Heere des Königs und die ersehnte Verbindung erreicht, unter Gefühlen, die sich nach dem Wechsel der Freude bei der ersten Ankunft und der Betrübniß bei der Erkennung des unglücklichen Zustandes der Ankommenden nicht beschreiben lassen. Statt neuen Muth und Hoffnung brachte das Lewenhaupt'sche Heer dem Karls Entmuthigung und Ahnung baldigen Unterganges. Lewenhaupts persönliches Schicksal wurde sehr traurig. Sein Charakter und seine Kriegsweise hatten nie mit der des Königs übereingestimmt und böswilliger Neid das Misverhältniß sehr verschlimmert. Karl, der die erlittenen Unglücksfälle eines Schlippenbach, Lybecker und Lagercrona leicht verzieh, zeigte Lewenhaupt nicht dieselbe Nachsicht. Anfangs wohl aufgenommen und für die bewiesene Tapferkeit seines Heeres, deren Ruhm den König mehr erfreute, als ihn die erlittenen Verluste betrübten, gelobt, änderte sich bald die Art seiner Behandlung. Er wurde ohne Befehl und Beschäftigung gelassen und im ganzen Feldzug bis Pultawa kaum einmal verwendet, weshalb man ihn im Hauptquartier spottend „den Freiwilli-

gen des Heeres" nannte. Ja, bald ging Karl soweit, die des ausgezeich=
neten Feldherrn würdige That der Rettung seiner Infanterie auf den
Pferden der verlorenen schweren Artillerie und des Trosses als schmäh=
liche Flucht vom Schlachtfelde laut zu mißbilligen, die 1500 Mann,
die sich von Lisna nach Riga durchgeschlichen hatten, zu Feldflüchtigen
zu stempeln und die darunter befindlichen Officiere als Fahneneidbrüchige
in Anklagestand zu versetzen.

Misglückter Zug Lagercrona's nach Starodub. Mitte
Septembers war Karl in Severien eingezogen, und das Versprechen
Mazeppa's, der die Festungen Norwgorod = Sewersk und Starodub mit
Kosaken besetzt hielt, ging dahin, sie Karl zu übergeben. Letztere war
das Thor Severiens und lag in reicher, gute Quartiere und Verbindung
mit Mazeppa erleichternder Gegend. Es wurden einige Tausend Mann
dorthin vorausgeschickt und ihre Führung, nachdem Karl viele andere
Generale verworfen hatte, ohne Weiteres dem von Rehnskjöld vor=
geschlagenen Lagercrona übergeben. Er war ein Mann ohne jedes krie=
gerische Verdienst und ohne gute Eigenschaften, der nie Muth, als im
Wortwechsel und schimpfenden Zank, bewiesen. Ohrenbläser und An=
schuldiger, unterhielt er den König durch Geschwätz und boshafte Ver=
leumdungen Anderer, bestärkte jede Meinung und Ansicht desselben und
setzte sich dadurch so in Karls Gunst fest, daß dieser ihn höher achtete, als
Rehnskjöld und Piper, und am häufigsten in seinem Zelte die Zeit ver=
brachte. Das ganze Officiercorps war darüber betrübt und erbittert,
denn Alle haßten Lagercrona. Da er nie eine andere Beschäftigung ge=
habt hatte, als die Provisionsvorräthe des Königs zu beschaffen, spottete
man über seinen Rang als Generalmajor, und dies bewog gerade Karl,
ihm das Commando und Gelegenheit zu geben, die Spötter zum Schweigen
zu bringen. Am 16. September verließ Lagercrona das Heer, nachdem
er Gyllenkroofs Anweisungen über den Weg zu seinem Ziele in Hoch=
muth zurückgewiesen hatte. Er ging im Süden über die Soza nach
Severien und ließ sich von russischen Bauern einen bessern und nähern
Weg, als den von Gyllenkroof vorgeschriebenen, anweisen, der sich aber
soviel weiter erwies, daß er zwei Tage später, als ihm vorgeschrieben war,
in Starodub ankam. In dieser Stadt führte Skoropadzki, einer der
vornehmsten Unterbefehlshaber und Anhänger Mazeppa's, den Befehl.

14*

Ein offener Verhaltungsbrief des Letztern gab Skoropadzki zweideutig die Weisung, die Truppen, die zuerst vor den Thoren der Stadt anlangen und Einlaß begehren würden, aufzunehmen, und im Geheimen war hinzugefügt, daß damit nur die Schweden gemeint seien. Skoropadzki hatte anfangs an den Anzettelungen Mazeppa's theilgenommen, aber in den letzten Zeiten durch die Nachrichten von dem Mißglücken des donischen Aufstandes, Lybeckers und Lewenhaupts Unglück und der gefährlichen Lage des schwedischen Hauptheeres andere Ansichten gewonnen und, um sich der voraussichtlichen Bestrafung der russischen Beförderer der Unternehmungen Karls zu entziehen, beschloß er, dem Czaren Alles zu verrathen. Er sendete gleichzeitig Eilboten an den nächsten russischen General, Iffland, um sich Verstärkung zu erbitten, und die erwähnten Bauern, die Lagercrona auf dem weitern Wege irreführen mußten. Am späten Nachmittage langten die Schweden vor Starodub an; die Russen, die Mazeppa's Absichten nicht gekannt hatten, waren weit entfernt und hatten daher noch nicht anlangen können, obschon sie der Bote Skoropadzki's erreicht hatte. Lagercrona wartete inzwischen eine Einladung der bundesverwandten Kosaken ab, die Stadt zu betreten; statt diese abzusenden, rüstete man zur Vertheidigung. Nach der königlichen Vorschrift erwartete Lagercrona einen friedlichen Einlaß und brachte, gegen den Rath seiner das Verhältniß durchschauenden Obersten, welche sich der Stadt sogleich bemächtigen wollten, da die Kosaken wenig Widerstand zu leisten wagen würden, die Nacht unthätig außerhalb der Mauern zu, um am folgenden Tage zu unterhandeln. In derselben Nacht aber erschienen vor den entgegengesetzten Thoren die zur Verstärkung herbeigerufenen Russen und begehrten Einlaß, den Skoropadzki sogleich gewährte, da er, wie mit seinen Wünschen, jetzt auch mit Mazeppa's Verhaltungsbrief, wenigstens dem Buchstaben nach, übereinstimmte. Sie besetzten sogleich die Wachen und Mauern und schossen die russische Losung, zum Zeichen, daß sie Herren dieses Schlüssels Severiens seien. Die Stadt gewaltsam zu nehmen, war nicht gut möglich, und Lagercrona zog vollkommen unverrichteter Sache zurück. Die in Starodub befindlichen reichen Vorräthe kamen, statt Karl, der darauf seine Berechnungen gegründet hatte, den Russen zu Gute, und ohne Stützpunkt konnten die Schweden ihre Winterquartiere nicht in dieser Gegend aufschlagen. Anfangs wollte der

König den Berichten über das Ungeschick seines Günstlings nicht glauben;
als ihm aber das Unglück bewiesen wurde, äußerte er mißvergnügt, „Lagercrona habe sich wie ein Narr benommen," schenkte ihm aber dann, um
der Gewissenhaftigkeit willen, mit der er dem Buchstaben des Befehls in
Hinsicht der Einnahme der Stadt gefolgt, seine Neigung in gleichem
Maße wie früher.

Mazeppa's Aufstandsversuch mißglückt. Die letzte Aussicht auf Hilfe für den Plan Karls lag nun noch in dem Beistande Mazeppa's. Sieben Monate waren vergangen, seitdem dieser sich angeboten
hatte und abgewiesen worden war, und die Umstände jetzt sehr verändert.
Das damals starke, ausgeruhte Heer Karls war sehr vermindert, erschöpft
und entmuthigt; die Länder, in denen der Krieg spielen sollte, waren von
den Gegnern systematisch verwüstet, die damals sehr gegen Rußland ge-
reizten Kosaken am Don besiegt und die Unteranführer Mazeppa's, mindestens in ihrem Eifer, sehr abgekühlt. Im Frühjahr 1708 waren
die früher von Karl zurückgewiesenen Unterhandlungen wieder ange-
knüpft und führten später zu einem förmlichen Bunde, der von schwedischer Seite durch des Königs große Gabe, seine Absichten und Gedanken
zu verbergen, und andererseits durch die kaum ihres Gleichen habende List
und Ausdauer Mazeppa's, im größten Geheimniß bewahrt wurde. Dieser
bisher lebhafte und kräftige Mann stellte sich plötzlich von seinen drei-
undsechzig Jahren und Krankheit beschwert und heuchelte einen Zustand,
der ihm nur mit Mühe zu gehen und stehen gestattete, und oft lag er
lange Zeit im Bett und ließ sich, wenn er fremden Besuch erwartete, mit
Pflastern und Umschlägen bedecken. Inzwischen befestigte er seine drei
Hauptstädte, Starodub, Romne und Hadjatsch, stärker und sammelte in
erster reiche Mundvorräthe, wie er öffentlich erklärte, um sie im Kriege
gegen die Schweden zu verwenden. Im Geheimen rettete er aber seine
Schätze nach der polnischen Stadt Biala-Cerkiew, wohin er beim Mißglücken seines Aufstandes zu flüchten gedachte. Trotz aller Schlauheit
durchschauten ihn drei vornehme Kosaken und begaben sich zum Czaren,
um ihm mitzutheilen, was sie glaubten. Dieser setzte ein festes Vertrauen
in die über zwanzig Jahre bewährte Treue Mazeppa's, hielt ihn für zu
gebrechlich, um gefährliche Pläne zu schmieden und schickte deshalb die
Angeber dem Verrathenen gefesselt, als böswillige Verleumder, zur Be-

strafung zu.   Mazeppa ließ zwei derselben auf das Grausamste zu Tode martern; den dritten schickte er nach Sibirien. Um aber die fortdauernde Verbindung mit Karl noch mehr zu verbergen, ließ er in allen Kirchen seines Landes Gebete gegen die ketzerischen Schweden halten und durch Kundmachungen die Kosaken ermahnen, ihre Vorräthe und Kostbarkeiten zur Sicherung gegen das fremde räuberische Gesindel gut zu vergraben. Diese Maßregel war verfehlt, indem sie bei den in Unkenntniß der Verhältnisse stehenden Kosaken den Glauben an die Wahrheit der Gebete und Bekanntmachungen und dadurch Furcht und Haß gegen die Schweden erzeugte, worin der wirkliche Plan Mazeppa's später ein großes Hinderniß fand.   Von den Unterbefehlshabern waren auch nur wenige in denselben eingeweiht; die Unglücksfälle der Schweden machten diese schwankend, und als Skoropadzki in Starodub beim Nahen der Gefahr die Sache Mazeppa's verließ, glaubte dieser nicht, wie er es gewollt, Karls Ankunft im Süden der Desna abwarten zu müssen, sondern erhob die Aufruhrfahne. ·Er ging sogleich selbst nach Norden über die Desna, Karl entgegen, aber zu spät. Statt 30,000 Mann, auf die er gerechnet, hatte er nur 5000 aufgebracht, die noch in der Meinung standen, gegen und nicht für die Schweden zu kämpfen.   Erst als diese ihnen sichtbar waren, erklärte Mazeppa in offenen, kräftigen Worten an seine Hordenführer das Verhältniß und mahnte sie in aufregender Weise zur Befreiung der Ukraine von dem tyrannischen Joch des Czaren, der die Rechte der Kosaken so vielfach verletzt habe.   Angesichts der schwedischen Waffen wagten die Hordenführer nicht, sich zu widersetzen, und legten auch in wenigen Tagen dem neuen Bunde mit den Schweden, in Gegenwart der vornehmsten Generale derselben, einen feierlichen Treueid ab, flüchteten aber, sowie sich ihnen Gelegenheit bot, zu ihren Landsleuten und den Russen, sodaß nur einige Hundert Mann zurückblieben.   Mazeppa wurde öffentlich und feierlich von Karl empfangen, der sich an seiner lebhaften und witzigen Umgangsweise sehr erfreute; ihre Gespräche führten sie lateinisch.   Die erste Nachricht des Aufruhrs erhielten die Russen durch die Botschaft Skoropadzki's an General Iffland, dem zufolge dieser sogleich die Festungen Starodub und Nowgorod-Sewersk besetzte.   Als Karl später selbst vor ersterer anlangte, fand er 10,000 Russen darin, sodaß er sie nicht angreifen konnte, und von dort nach

Nowgorod-Sewersk marschirt, sah er auch diese stark besetzt und durch Niederbrennung der Vorstädte zur Vertheidigung gerüstet, in Folge dessen die Schweden ebenfalls an ihr vorüberziehen mußten. Peters Zorn und Aerger war um so größer über diesen Aufruhr, als durch denselben sein in der That außerordentliches Vertrauen getäuscht worden war. Bedeutende Truppenmassen gingen sogleich nach der Ukraine ab; ein Theil derselben, unter Galtzin, nahm Biala-Cerkiew und die dort befindlichen Schätze Mazeppa's, zwei Millionen Gulden an Werth; die Uebrigen führte Mentschikoff in die Hauptstadt der Kosaken, Baturin, wo in dem prächtigen Schlosse reiche Vorräthe aller Art für die Schweden und Kosaken aufgespeichert waren. Die Stadt wurde von ihm mit Sturm genommen, ehe Karl sie zu erreichen vermochte, eine bedeutende Zahl ihrer Einwohner und einige Tausend, Mazeppa anhängende Kosaken niedergemacht und die Leichen der Vornehmsten, auf Bretter genagelt, in den Strom geworfen, um die Nachricht über den Ausgang des Aufruhrs hinunter in das Land der Kosaken zu tragen. Nachdem hierauf alles Brauchbare fortgeschleppt war, wurde die Stadt angezündet und in einen Schutthaufen verwandelt; in einer andern Stadt Mazeppa's Bild durch die Gassen geschleift und schließlich verbrannt. Die Kosaken suchte Peter selbst durch Versprechungen zu gewinnen. Ein in seine Hände gefallener Brief Mazeppa's, worin dieser Stanislaus als Lockung das Versprechen gab, die Kosaken unter seine Hoheit zu stellen, wurde in unzähligen Abschriften verbreitet und wirkte unwiderstehlich. Bis auf wenige Horden, die Mazeppa treu blieben, fiel der größte Theil aller Kosaken Rußland neu zu und wählte den Angeber jenes, Skoropadzki, zum Hetman. So war die letzte Hoffnung geschwunden, die beim Beginn des Jahres Karls Stolz geschmeichelt und ihn in dem gewagten Vorhaben dieses Zuges bestärkt hatte.

Karls Gemüthsstimmung. Merkwürdig war des Königs Gemüthsstimmung und Haltung in dieser Zeit. Schon vom Beginn des Jahres 1708 war er oft zerstreut und träumerisch; aber es verriethen sich große und vermessene Gedanken, die nur nach einem neuen Ziele suchten, um nach der Absetzung Peters weitern Ruhm und Ehre zu ernten. Norwegens und der preußischen Ostseeküste Eroberung war zu gering; eine neue gewaltsame Ordnung der Verhältnisse des deutschen

Reiches schien ihm ein würdigeres Ziel.   Nur ahnend und folgernd ver=
mochten die beobachtenden Staatsmänner seine Pläne zu durchdringen,
denn er blieb still, unerschütterlich ruhig, ein glänzendes, aber finsteres
und geheimnißvolles Räthsel.   Da brachen die Sommer= und Herbst=
unfälle über die schwedischen Heere herein, und Karl, der bisher, vom
Erfolg verwöhnt, wie auf einer Lustbahn das höchste Ziel der Ehre er=
reicht und so stets seinen Gesichtskreis und seine Ansprüche erweitert
hatte, erkannte mit einem Male die ganze Tiefe des Abgrunds vor sich.
Er schauderte vor den Folgen, die ihm so plötzlich näher unter die Augen
traten, schwindelte am Rande des Abgrunds und zögerte zum ersten Male
in seinem Leben, und gerade in dem Augenblicke, wo diese Zögerung das
Unheil vermehrte.   Schwankend und ungewiß, bekannte er in dieser Zeit,
daß er nicht wisse, was er thun solle; jedem wohlmeinenden
Rathe aber trat der alte ungebeugte Eigenwille hemmend entgegen.
Die Schlag auf Schlag hereinstürmenden Unglücksnachrichten und das
Bewußtsein, durch die gebrochene Willenskraft sie mit verschuldet zu ha=
ben, erzeugten in dem sonst unerschütterlichen und eisenfesten König eine
früher nie verspürte Gemüthsunruhe, die namentlich in Severien seinen
Tagen die Freude und seinen Nächten den Schlummer raubte.   Vergeblich
suchte er seine Bekümmerniß zu beherrschen und zu verbergen.   Oft stand
er mitten in der Nacht auf und begab sich in das Zelt eines seiner höhe=
rer Officiere, oder berief diese zu sich, um in stundenlangem Gespräch
über gleichgiltige Dinge und ohne im Entferntesten den Gegenstand seiner
Furcht zu berühren, die nagende Unruhe seines Gewissens zu beschwichti=
gen.   Mit der Ueberzeugung des Scheiterns aller seiner Hoffnungen
schwieg dasselbe; die unerschütterlichste Kälte zog in das Gemüth Karls
ein und verließ ihn, mit nur wenigen Ausnahmen, während seines ganzen
Lebens nicht wieder.   Der schnelle, plötzliche Wechsel vom höchsten Glück
zum Unglück ist der Wendepunkt in der Geschichte seines innern Men=
schen; das ohnehin kalte Herz war zu Erz erstarrt.   Die Mahnungen
der höhern Macht, nicht auf die Unerschütterlichkeit seiner Kraft zu bauen,
den Traum der Gerechtigkeit seiner Sache aufzugeben, waren an ihm
vorübergegangen.   Karl XII. dachte nicht an sein Volk, dem die Seg=
nungen des Friedens das dringendste Bedürfniß waren, dem er Wunden
geschlagen, die Jahrhunderte zum Verharschen bedurften, dachte nicht

an den Glanz seines Reiches, dessen schwer errungene Provinzen er zu feindlicher Beute werden ließ, sondern beharrte in dem gefährlichsten Irrthume der Könige, ihre persönliche Auszeichnung und ihren Ruhm mit dem ihres Volkes und Reiches zu identificiren. Hartnäckig und unbeugsam, das wohlerkannte Unrecht nie eingestehend, keinen Schritt zurückgehend, ertrotzte und wagte er fürderhin Alles, sich selbst wie sein Volk, und schritt unerbittlich fort auf der Bahn, die ihn zu dem seltenen Ziele des geschichtlichen Anstaunens, aber nicht der, Achtung und Liebe umschließenden Bewunderung machte.

Dreizehntes Kapitel.

Der Winter in der Ukraine. — Unglücklicher Zug nach Hadjatsch. — Zug nach Wepryk. — Zug nach Krasnokutsch. — Stimmung der schwedischen Truppen. — Bund mit den Zaporoger Kosaken. — Pultawa und seine Belagerung. — Vorbereitungen zur Schlacht. — Schlacht bei Pultawa. Erster Kampf. — Zweiter Kampf. — Flucht an den Dnieper. — Karls Flucht über den Dnieper in die Türkei. — Gefangennahme des schwedischen Heeres bei Perewoloczna.

Der Winter in der Ukraine. Von den schweren Leiden, welche der Marsch durch die severischen Wälder über Karls Heer herbeigeführt und die den Weg mit Leichen von Pferden und Menschen besäet hatten, sollte die fruchtbare und gut bebaute Ukraine dasselbe befreien. Die dortigen Verhältnisse zeigten sich viel günstiger, aber die schnell und stark zunehmende Kälte erheischte Winterquartiere. Die Hoffnung, sie in der Gegend von Starodub und Nowgorod-Sewersk zu finden, war gescheitert, und Karl wendete sich nach Baturin. Am 5. November wurde die Desna überschritten. Sie hat sehr hohe, steile Ufer, an denen die Soldaten sich theilweise an Tauen hinablassen und anderntheils an den Abhängen zu dem Flußbett hinabrutschen mußten. Auf schnell zusammengefügten Flößen setzte man über den Strom, dessen jenseitiges Ufer mit zahlreichen Feinden besetzt war. Der Kampf wurde heftig und langwierig; drei- bis viermal mußten den schon übergeschifften Leuten neue Patronen zugeschickt werden. Endlich glückte es den Schweden, einige Feldstücke auf dem hohen Ufer aufzustellen und die Russen mit Traubenschüssen zu

vertreiben. Der Verlust war auf beiden Seiten beträchtlich, doch erreichte Karl in dem Flußübergange seine Absicht und fand den Weg nach
Baturin offen. Bei dieser Stadt angelangt, hatte die vor wenigen Tagen
erfolgte Einäscherung derselben durch Mentschikoff die Aussicht auf Vorräthe und Winterquartiere zerstört. Der König setzte, auf Mazeppa's
Rath, den Marsch nach Süden fort und erreichte am 18. November die
kleine Stadt Romne. Hier und in den umliegenden Dörfern und Flecken
erholten sich die übel zugerichteten Schweden in ziemlich guten Winterquartieren. Sich zu größerer Bequemlichkeit weiter auszubreiten, verbot
die drohende Gestalt, die der Krieg jetzt annahm. Durch Proclamationen
voll Lüge und Wahrheit und das Angebot von dreitausend Rubeln für
einen General, tausend für einen Obersten und im Verhältniß hinab bis
fünf Rubel für einen jeden schwedischen Soldaten, der lebend eingebracht,
und drei für den, der erschossen würde, wurden die Kosaken sehr aufgeregt. Eine Gegenproclamation Karls hatte keinerlei Wirkung, besonders
da das Blutgeld zu wohl auf den Eigennutz dieser Völkerschaft berechnet
war. Das abnehmende Ansehen der Schweden, ihre geringe Zahl und
ihr entblößter Zustand machten die Lage derselben kritisch, um so mehr,
als die durch sie verzehrten Vorräthe bald den Kosaken selbst gebrachen.
Um sich der umwohnenden Horden zu versichern, gebot Mazeppa den
Häuptlingen, ihre Frauen und Schätze vor den Russen nach Romne zu
flüchten. Die Mehrzahl erkannte die Absicht und gehorchte nicht. Bald
wurde das Verhältniß zwischen den Schweden und Kosaken durchaus
feindlich; diese verriethen deren Vorhaben an die Russen und leisteten letzteren Beistand gegen Karl. Alle Schweden, die sich von der Armee entfernten, waren rettungslos verloren. Daher begannen diese, den Krieg
wieder wie in Polen zu führen; alle Ortschaften wurden niedergebrannt
und verwüstet, die Bewohner, ob Krieger, ob nicht, besonders wenn es
Russen waren, grausam getödtet. Diese griffen die Schweden unablässig
an und beide Theile erlitten dadurch oft große Verluste, die das schwedische Heer, da es keinen Ersatz bekam, täglich verminderten. Mazeppa
erkannte die ihm in dem voraussichtlich unglücklichen Ausgang drohende
Gefahr, suchte einmal bei Stanislaus Schutz und Hilfe und bot sogar
ein anderes Mal Peter an, ihn, gegen vollständige Verzeihung und Wiedereinsetzung in seine Würde, Karl und seine Generale gefangen zu überliefern.

Unglücklicher Zug nach Hadjatsch. Zur Vermehrung des Unglücks der Schweden trat mit dem Ende 1708 ein so bedeutender Schneefall und so große Kälte ein, daß sie, Beobachtungen zufolge, die seit einem Jahrhundert stattgehabte überschritt. Dörfer verschneiten in der Art, daß die Bewohner verhungerten, und noch schlimmer, als die bis in das südlichste Europa dringende stille Macht des Winters, welche die Tajomündung, Venedigs Canäle und den reißenden Rhonestrom auf Tage mit Eis belegte, wirkten die eisigen Winde, die auf den offenen Ebenen der Ukraine ungehindert rasten. Das Wild und die Vögel erfroren auf den Feldern. Der Schnee lag vom 30. September bis zum 25. März und die Verbindung zwischen den verschiedenen Ortschaften wurde oft tagweise ganz unterbrochen. Einen Monat hindurch hatten bereits die Truppen in der Gegend von Romne im Winterquartier gelegen, da mißfiel dasselbe plötzlich dem Könige und er beschloß, das Heer in die Gegend von Hadjatsch zu verlegen. Rehnskjöld stimmte ihm bei; Gyllenkrooks und Pipers ernstes Abrathen blieb fruchtlos; am 17. December wurde der Marsch von Romne nach Hadjatsch angetreten. Die Schweden waren für diese Jahreszeit sehr schlecht gekleidet, denn die guten sächsischen Uniformen waren längst zerlumpt und gegen Das vertauscht, was man von polnischen, russischen oder kosakischen Leichen hatte erbeuten können. Der Mangel an Schuhen und Strümpfen hatte genöthigt, die Füße mit Schaffellen zu umwickeln. Die Vortruppen des Heeres erreichten Hadjatsch am Abend des 18. Decembers, als gerade die schrecklichste Kälte eintrat. Alles strömte in Eile der Stadt zu, um Wärme und ein schützendes Obdach zu finden. Die Mauern hatten aber nur ein Thor, in dem sich bald Wagen und Kanonen so verfahren hatten, daß es ganz mit Menschen und Pferden, lebend und todt, verstopft war. Die Soldaten krochen zwischen den Rädern, Pferdefüßen und Leichen hindurch, um nur unter Dach und Fach zu kommen, doch gelang es am ersten Abend nur einem sehr kleinen Theile. Die Uebrigen mußten in dem gräßlichen Schneetreiben und der schneidenden Kälte nicht nur diese Nacht, sondern Viele auch noch den folgenden Tag und die folgende Nacht unter freiem Himmel zubringen, ehe es gelang, die großen Massen allmälig durch das kleine Thor zu bringen. In diesen Prüfungsstunden wurden Tausende, hoch und niedrig, von Frostleiden auf Lebenszeit befallen; Karls Nase erfror und mußte durch Reiben mit Schnee wieder belebt werden. Es erfroren nahezu viertausend Mann, im Tode noch steif auf ihren Pferden sitzend, gegen einen Baum oder Bagagewagen gelehnt, da die erstarrten Glieder ihnen keine Bewegung mehr gestatteten, und der bis zum Rausch genossene Branntwein, statt dauernde Stärke und Wärme zu verleihen, den Tod nur schneller und sicherer herbeiführte. In der Stadt wurde es noch schlimmer; ein Drittel derselben lag in Asche und der Rest konnte bei Weitem nicht ein so großes Heer bergen; fast jedes Haus war ein Lazareth, in dem erfrorene Glieder amputirt wurden, und oft irrten schwer Erkrankte und im Fieber Rasende obdachlos auf den Straßen umher. Karl nahm sein Hauptquartier, wie gewöhnlich, nicht in der Stadt selbst, sondern in einem nahe dabeiliegenden Hause. Fried- und ruhelos, sehnte er sich nach neuem Kampfe und beschloß gleich ein neues Unternehmen.

Zug nach Weprik. Weprik, ein an und für sich unbedeutender Platz, nach Art aller Kosakenburgen auf einem Hügel angelegt und mit Verpfählungen und Erdwällen umgeben, nur eine Meile von Hadjatsch entfernt, diente den Russen als Stützpunkt bei ihren steten Beunruhigungen der Schweden. In einem Eilzuge wollte sich Karl dorthin begeben und es durch gewaltsamen Angriff zerstören. Fünf Tage nach der Ankunft in Hadjatsch, am Weihnachtstage, mußte Grüllenfroof am eigenen Tische des Königs, in dessen und Rehnskjölds Gegenwart, trotz seiner ergreifenden Einsprüche und Aufforderungen zur Umkehr nach Romne, für die er sogar Rehnskjöld gewann, die Marschentwürfe ausschreiben, da Karl, der es selbst versucht hatte, aus Mangel an Ortskenntniß nicht damit zu Stande kam. Am Weihnachtsabend brach der König selbst nach Weprik auf; die dort stehende russische Abtheilung zog sich zurück, warf aber zuvor etwa dreitausend Mann in die Burg. Der beabsichtigte Sturm mußte wegen Mangel an Aerzten und Leitern aufgeschoben werden, währenddessen sich Karl in ein nur eine halbe Meile entferntes Dorf begab. Die Kälte nahm an diesem Abende wieder in entsetzlicher Weise zu, sodaß selbst Raubvögel mit bloßen Händen ergriffen werden konnten. Der König erfror wiederholt das Gesicht; eine Kriegsbewegung konnte nicht unternommen werden, weshalb in dem Dorfe der Weihnachtsgottesdienst gefeiert wurde. Nur der kleinste Theil der Truppen kam unter Dach. Die

Uebrigen umflechten Zäune und Gitter mit Stroh, um sich Schutzwehren und Decken gegen die eisige Kälte im freien Felde zu schaffen und gruben sich dahinter in dem Schnee ein. Wieder ereilte viele Hunderte und eine Zahl Ochsen und Pferde der Tod und Tausende erfroren die Glieder. Indessen ließ der König die Besatzung in Weprik auffordern, sich als Kriegsgefangene zu ergeben, und fügte übermüthig hinzu: widrigenfalls würde er sogleich stürmen, die Besatzung niederhauen und den Comman=danten im Thore aufhängen lassen. Würdig antwortete derselbe, „er sei vom Czaren zur Vertheidigung der Festung bestimmt; sei es sein Loos, nach kräftigem Widerstande zu unterliegen, so sei er überzeugt, der König von Schweden schätze die Kriegerehre und Tapferkeit zu hoch, um einen Ueberwundenen so hart zu behandeln." Diese Antwort ward viel be=sprochen, von Gyllenkrook belobt und von Lagercrona als verschärfender Grund zur Strafe des Erhängens angegeben. Letzterer hinterbrachte dieses Gespräch dem Könige, und dieser fing bald darauf an, in Gyllen=krooks Gegenwart, gleichsam für sich, doch nur um diesen zu reizen, halb=laut zu singen: „Klein Weprik, klein Weprik, dein Commandant soll hängen!" Nachdem die Kälte etwas nachgelassen hatte, machte der König mehrtägige Streifzüge in der Umgegend und kam am 6. Januar wieder nach Weprik. War während Karls Abwesenheit auch die Burg umschlos=sen, hatte der Commandant doch die Zeit gut benutzt, die Thore von innen mit Dünger und Erde verschüttet, die Wälle durch ähnlich ausge=füllte Schanzkörbe verstärkt und ihre Außenseiten mit Wasser begossen, sodaß sie eine spiegelglatte Eisdecke bildeten und sehr schwer zu ersteigen waren, stete Schießübungen mit seinen Leuten gehalten und sie angewie=sen, ihre Schüsse nur gegen Officiere und besonders unternehmende Feinde zu richten. Eine neue drohende Aufforderung zur Uebergabe beantwor=tete er wie die vorige. Der König hatte mit Uebergehung Gyllenkrooks den Plan zu dem beabsichtigten Sturme entworfen; als aber dieser, dem Tag und Stunde verheimlicht worden waren, ihn dennoch erfuhr und sich freiwillig einstellte, ließ ihm Karl durch Rehnskjöld denselben vorlesen und fragte, ob er einen Einwand hätte. Gyllenkrook antwortete: „Es ist ja doch Alles entschieden!" ließ sich aber dann durch wiederholtes An=dringen dennoch bewegen, den Rath zu ertheilen, mindestens die Träger der Sturmleitern durch Schanzkörbe und Faschinen zu schützen, da der

Sturm am hellen Tage unternommen werden solle. Karl verwarf es als
unnützen Kram und versicherte, daß er die Wälle mit Kanonen von allen
Russen reinigen werde. Am 7. Januar in der Mittagsstunde begann der
Sturm. Das vorzugsweise als tapfer bekannte Dragonerregiment des
Obersten Albedyhl sollte denselben eröffnen; dasselbe sprengte, Letzterer
an der Spitze, gegen das Thor an, und wirklich gelang es, dieses halb zu
öffnen. Die ganze Besatzung eröffnete aber nun aus nächster Nähe einen
so mörderischen und dichten Kugelregen, daß die nicht getroffenen Dragoner zurücksprengten und durch keine Mühe ihrer Officiere wieder zum
Angriff zu bringen waren. Darauf drang das Fußvolk vor und die
Kanonen spielten gegen die Wälle, aber nicht mit dem von Karl erwarteten Erfolg, vielmehr fügten viele der Kugeln, von den glatten Eisflächen
abprallend und rück- und seitwärts fliegend, den eigenen Leuten beträchtlichen Schaden zu. Die Schießübungen der Russen verriethen sich durch
die große Sicherheit, mit der die Officiere und Leiterträger erschossen
wurden, sodaß nur sehr wenige Leitern an die Wälle gelegt werden konnten. Die sie erkletternden Schweden wurden mit Kugeln, Steinen und
siedendem Wasser überschüttet, drangen aber trotz ungeheurer Verluste
vorwärts; Einzelne erreichten sogar die Brustwehr, wurden aber sogleich
niedergeschossen oder hinabgestürzt. Die Officiere thaten, was sie vermochten, aber ohne Erfolg zu erzielen. Feldmarschall Rehnskjöld und
Generalmajor Stackelberg wurden verwundet, drei Obersten, zwei Oberstlieutenants und dreiundvierzig Officiere erschossen. Nach langem vergeblichen Kampfe wurde Karl genöthigt, seine Truppen zurückzuziehen. Er
hatte tausend Mann geübter und erprobter, abgehärteter Krieger, die
durch Nichts zu ersetzen waren, eingebüßt. Am Abend ließ der König,
nicht in seinem eigenen Namen, sondern in dem eines seiner Generale,
durch einen Unterhändler dem russischen Commandanten anrathen, sich
freiwillig kriegsgefangen zu geben, da die Festung sich, trotz aller Tapferkeit,
nicht halten könne, und bei fernerem Widerstande nach der Eroberung Alles
niedergemacht werden würde, während die Besatzung jetzt gut behandelt
und im Besitz ihres Eigenthums gelassen werden solle. Das Anerbieten
wurde angenommen. Die Beute bestand in vier Kanonen, aber nur sehr
geringen Vorräthen. Nach der Uebergabe der Festung ließ der König in
einer bessern Regung, ganz seiner Drohung entgegen, dem tapfern Com-

mandanten, als Anerkennung und Belohnung, seinen Degen einhändigen,
und kehrte dann nach Hadjatsch zurück, voller Unruhe und Mißmuth,
trotz des Gelingens dieses Unternehmens. Beide Züge, nach Hadjatsch
und Weprik, hatten zusammen siebentausend Schweden das Leben und
einer großen Zahl Glieder und Gesundheit gekostet.

Zug nach Krasnokutsch. Den ganzen Winter von 1709
füllten Streifzüge aus, die in beständigen wechselseitigen Einzelangriffen
bestanden, deren Zweck russischerseits nur Ermüdung und Vernichtung
der Feinde war, schwedischerseits aber darauf hinausging, sich der Russen
zu erwehren und das Feld bis zum Sommer zu behaupten, wo man Verstärkungen von Polen her erwartete.

Beide Parteien litten unendlich, sowohl im Kampfe, wie namentlich
von der Kälte; aber die größere Zahl der Russen machte deren Verluste
schon an und für sich weniger empfindlich und nachwirkend, als die der
Schweden, und leichte Zufuhr, Kenntniß des Landes, Volkes und der
Sprache begünstigten sie überdies. Wenn nicht an Muth, blieben doch
die Schweden ihren Gegnern an Kriegsgeübtheit überlegen, aber es zeigte
sich fortan ein verändertes Auftreten derselben in der Kriegsweise; es
wurden jetzt in den Kämpfen, in welchen sie Sieger blieben, nur sehr
wenige Gefangene gemacht, während desto mehr Feinde fielen. Unter
den einzelnen Kriegsthaten leuchten einige hoch hervor; andere sind traurige Erinnerungen für die Schweden; große Betrübniß verursachte es,
als das tapfere Albedyhl'sche Dragonerregiment von 16,000 Russen
unter Scheremetjeff umringt und theils niedergehauen, theils gefangen
wurde.

Das wichtigste Unternehmen dieser Zeit war ein Zug des Königs
mit elf Reiter- und zwei Infanterieregimentern nach Osten, um die
Ukraine von den Russen zu reinigen und in das eigentliche Rußland einzufallen. Am 11. Februar erreichte er die Stadt Krasnokutsch und stieß
hier auf die Russen. An der Spitze seiner Trabanten und einiger anderer
Reiterregimenter schlug Karl sie zurück und jagte, nur von ersteren gefolgt, ihnen soweit nach, daß er sich dabei weit von dem übrigen schwedischen Heere entfernte. Plötzlich machten die Russen Halt und in Kurzem
war der König von einer sehr überlegenen Zahl umgeben. Die Trabanten
fochten mit dem Muthe der Verzweiflung, und als die erschöpften Pferde

sich nicht mehr zu rühren vermochten, sprangen sie aus dem Sattel, um=
gaben zu Fuß den König und suchten, ihn zu vertheidigen. Schon lagen
zehn Mann todt auf dem Platze, als Taube's Dragoner rechtzeitig zu
ihrer Hilfe heransprengten. In unwiderstehlichem Angriff trieben sie die
Russen zurück und befreiten Karl aus dem Gedränge. Er wollte sie so=
gleich zu einem neuen Angriff führen; die Dragoner aber weigerten
sich und nahmen ihn, halb gegen seinen Willen, mit zurück aus dem un=
gleichen Kampfe. Inzwischen aber hatte dieser Vorfall die ganze Mann=
schaft in Unordnung gebracht, die nur mit Mühe durch den Generalmajor
Kruse eben beseitigt war, als die Nachricht, daß Karl mitten unter den
Feinden sei, dieselbe erreichte. In rascher Bewegung drangen sogleich
alle Regimenter vor, bei welchem Anblick sich die Russen zurückzogen und
den Schweden das Feld bei Krasnokutsch überließen. Es waren in dem
Gefecht 200 Russen und 140 Schweden geblieben. Karl wollte noch
tiefer in Rußland eindringen und der Czar fürchtete sehr für Woronesch,
wo seine Pontusflotte lag. Aber der Sieg bei Krasnokutsch war theuer
erkauft, und das am folgenden Tage plötzlich eintretende Thauwetter
trieb die Flüsse schnell über ihre Ufer und überschwemmte Wege und Fel=
der, sodaß es unmöglich war, an größere Kriegspläne zu denken und
der König zu den in der Ukraine zurückgelassenen Truppen zurückkehrte.
Dieser Rückzug war aber eines der schwierigsten Unternehmen in den
Kriegen Karls. Die großen Ebenen der Ukraine glichen weiten Seen.
Mehrere Tage hintereinander mußten die Truppen im Schneewasser wa=
ten, oft bis zur halben Kniehöhe. Mitunter war auch des Nachts kein
trockener Lagerplatz zu finden und ein oder das andere Regiment mußte
deshalb im Wasser oder im mit Wasser getränkten Schnee stehen bleiben.
Die Bäche, Ströme und andere Vertiefungen, die, unter der Wasser=
fläche verborgen, nicht eher bemerkt wurden, bis die Leute darin versan=
ken, boten ernste Gefahren dar. Die Eismassen, welche am Tage zuvor
die stärksten Lasten getragen hatten, waren jetzt so morsch, daß sie unter
der Artillerie und den Truppen zusammenbrachen. Am schwierigsten
war die Strecke zwischen Kolomak und Budissin, durch die, wegen ihrer
tiefen Lage, ein hoher Damm geführt war, auf dem der Weg entlang
lief. Jetzt stand aber das Wasser höher als dieser Damm, sodaß man
kaum seine Lage zu erkennen vermochte. Als der Marsch über ihn

angetreten werden sollte, dämmerte es bereits. Die Trabanten eröffneten den Zug; hinter ihnen folgte die Reiterei in dichtgeschlossenen Gliedern, dann die Troßwagen und das Schlachtvieh. Wer einen Fehltritt that, war in der Regel verloren, und dieses Schicksal traf in der sich mehrenden Dunkelheit, dem Gedränge und der Verwirrung eine Menge Menschen und Wagen. Es war ein ununterbrochenes Hilferufen und Angstgeschrei, sodaß der König den noch vor dem Damme stehenden Truppen befahl, den folgenden Tag abzuwarten. An diesem begann man mit Hinüberschaffen der schweren Artillerie, womit es jedoch noch schlechter ging, als am ersten Tage, da der Damm von dem Zuge des vorigen Tages schon zertreten und beschädigt war. Das ganze Heer brauchte zweimal vierundzwanzig Stunden zu seinem Uebergange, und die an der Spitze befindlichen Truppen hatten, um sich und die nachfolgenden Truppentheile gegen die Feinde zu schützen, die ganze Zeit am äußern Ende des Dammes in Schnee und Regen warten müssen. Auf dem fernern Zuge waren noch mehrere Flüßchen mit großer Mühe zu überschreiten. Das Heer erlitt fühlbare Verluste an Menschen und mußte den größten Theil des Trosses mit dem Privateigenthum der Officiere und Soldaten, da es denselben nicht mitschleppen konnte, den Flammen übergeben. Das Resultat dieses letzten Zuges war die Verheerung eines Umkreises von sieben Meilen; denn des Königs Brauch und Befehl in diesem Winter war die Einäscherung aller genommenen Wohnsitze. Ende Februar langte Karl in Buditsch an. Hier und zwischen der Worskla und dem Psiol, zwei Nebenflüssen des Dnieper, nahm er neue Quartiere und ließ die Truppen von den erlittenen Beschwerlichkeiten des Winterfeldzuges ausruhen, da die Wege durch die starken Frühlingsfluthen völlig unbrauchbar geworden waren.

Stimmung der schwedischen Truppen. Die Lage des Heeres fing an, im höchsten Grade besorgnißerregend zu werden. Von den 35,000 Mann, mit denen Karl in Rußland eingebrochen war, und zu denen noch die 6000 ihm von Lewenhaupt zugeführten Leute kamen, waren kaum noch 20,000 übrig; die meisten Regimenter waren auf 600 bis 700, einzelne auf nur 200 Mann zusammengeschmolzen. Beim Auszug aus Sachsen hatte sich der König sechs Generaladjutanten erwählt, wohl das schwierigste Amt im Heere. In diesen Tagen fiel der Letzte derselben. Die meuchlerischen Schüsse der Landleute, die täglichen

Karl XII.   15

Angriffe der überlegenen Russen, die Unmöglichkeit, Hilfe aus dem Vaterlande zu erhalten, die Kälte, der Mangel an Kleidung, der Hunger, dies Alles waren sichere Bürgen nahen Unglücks. Kaum waren noch die nöthigsten Lebensbedürfnisse zu beschaffen; statt des Salzes verwendete man Pulver und der Wein reichte nicht einmal zum Abendmahl für die Sterbenden. Der Feind stand so nahe, daß die ihre Pferde zur Tränke führenden Reiter oft gefangen wurden. Ueberhaupt waren nur noch sehr wenige Pferde vorhanden, da die aus Deutschland mitgenommenen den Strapatzen und dem Klima erlegen waren. Die Nachrichten aus der Heimath blieben aus und die abgesendeten Staffettenreiter kehrten zurück, da sie nicht durch die Streiftruppen der Russen zu kommen vermochten, und fast hundertfunfzig Meilen directer Entfernung zwischen Karls und dem nächsten schwedischen Heere lagen. Die Sehnsucht nach dem Frieden und der Heimath wurde immer lebendiger und der Ausdruck dieses Gefühls drang oft zu des Königs Ohren, bewirkte aber höchstens Unzufriedenheit oder gar Spott und Hohn. Einst reichte ein alter erprobter Soldat ihm ein Stück des elenden, mit fremden Stoffen vermischten Brotes, das fast die einzige Nahrung der Leute war. Karl verzehrte ein Stück, gab das Uebrige dem Soldaten zurück und sagte: „Es ist schlecht, aber es läßt sich essen.“ Bei einer andern Gelegenheit ritt er an einem Krankenwagen vorüber, auf dem ein junger Gardefähndrich, Namens Piper, lag, der bei Hadjatsch die Füße erfroren hatte. Der König hielt und fragte nach dem Zustande des Jünglings. Dieser klagte, daß er nicht gehen könne und die Hacken und Zehen zum größten Theile wegseien. „Pah, Lapperei, Lapperei!“ entgegnete Karl und fügte, das Bein über den Sattelknopf hebend und auf das halbe Fußblatt zeigend, hinzu: „Ich habe welche gesehen, die den Fuß bis hierher verloren haben, und wenn sie den Stiefel ausgestopft hatten, konnten sie wieder gehen, wie früher.“ Im Fortreiten sagte er, wie zu sich selbst: „Es ist doch Schade um ihn, er ist so hübsch und jung!“ Ueber einen aufgefangenen Brief Peters an König August, worin dieser, im Hinblick auf das fast vernichtete Heer Karls, zu einem neuen Angriff auf Polen ermahnt wurde, hohnlachte er und achtete der Drohungen so wenig als seiner Krieger Noth. Letzteres ging auch aus einem Schreiben Karls an seine Schwester hervor, worin er zwar der Kälte, des Mangels und der Strapatzen als

außerordentlich gedachte, den Winter aber gerade dadurch, daß stete Ab-
wechselung und Zeitvertreib vorhanden gewesen, als sehr lustig schilderte. Die Liebe seiner Soldaten erhielt sich der König, trotz seiner Härte
und Herzlosigkeit für sie, die um so greller hervortrat, als die von Lewenhaupt bisher geführte Truppe an diesem Führer das Gegentheil gewohnt war. Sie wurden über den Anblick seiner eigenen Bedürftigkeit,
seiner Entsagung jedes bessern Genusses und jeder Bequemlichkeit vergessen; Karl selbst lebte ebenso elend und litt ebenso viel als sie, und
zwar, nach ihrer schlichten Meinung, zur Vertheidigung des Vaterlandes
gegen einen falschen, unversöhnlichen Feind; genug, um den muthigen
Cameraden und Genossen ihrer Gefahren zu lieben. Anders verhielt es
sich mit den Officieren im Heere und in der königlichen Kanzlei. Hier
wußte man, wie sehr Karl Schuld an der Verlängerung des Krieges und
der Herbeiführung des jetzigen Unglücks war; hier erkannte man die wahren Triebfedern und urtheilte weniger mild. Eine große Zahl Tage-
bücher, Kriegsjournale und Briefwechsel der betheiligt gewesenen Beamten
und Officiere aus diesem Feldzuge sind erhalten, und verrathen, statt
jeder Spur von Zuneigung und warmer Ergebenheit, nur Unwillen über
den Eigensinn des Königs, mit dem er sein Volk opferte. Das tägliche
Aufsuchen von Lebensgefahr erzeugte den oft geradezu ausgesprochenen
Verdacht, daß Karl den Tod durch eine feindliche Kugel suche, um den
auch von ihm vorausgesehenen unglücklichen Ausgang nicht zu überleben.
Auch noch in einer andern Hinsicht gaben sich unter den Truppen bedenk-
liche Zeichen kund. Die Noth hatte die Mannszucht aufgelöst und die
über Gebühr angestrengten Soldaten begannen, durch massenhaft bewiesenen Ungehorsam sich neuen Mühen und Gefahren zu entziehen, wie
z. B. Albedyhls Dragoner bei Weprik und Taube's bei Krasnokutsch
gegen den König selbst. Auch massenhafte Desertionen zu den Russen
sowohl, als in die Heimath, kamen namentlich bei den geworbenen Truppen vor. Ueber die nächste Zukunft wurden verschiedene Pläne entworfen. Der der Mehrzahl der Generale und Pipers ging dahin, über den
Dnieper zurückzugehen und Verbindung mit Stanislaus und Krassau zu
suchen, und Peter selbst ergriff, durch diese Aussicht geängstigt, Schritte
gegen die Ausführung dieses Planes, die unnütz waren, da dieser an
Karls Eigensinn und seiner Furcht, es sähe derselbe einer Flucht ähnlich,

gescheitert war. Er wollte in der Ukraine bleiben, die Stadt Pultawa
als Stützpunkt erobern, von dort aus die Russen vertreiben und Verstärkungen an sich ziehen. Die Unsicherheit des Erfolges und die Gewißheit
der Gefahren, die ihm selbst Rehnskjöld und Mazeppa nachzuweisen suchten, vermochten das unerschütterliche Festhalten an diesem neuen Plane
nicht zu ändern. Während des Aufenthaltes in Kolomak, auf dem Zuge
nach Krasnokutsch, hatte eine scherzhafte Erwähnung der nahen asiati-
schen Grenze von Seiten Mazeppa's den Gedanken in Karl erzeugt, auch
bis dahin vorzudringen, lediglich um des Glanzes willen, seine Waffen
auch in einen fernen Welttheil getragen zu haben. In der That befahl
er Gyllenkrook, die Marschrouten dorthin zu entwerfen, und nur die
ernsten Einwände desselben und die Versicherungen Mazeppa's, daß er
mit der Nähe Asiens nur gescherzt habe, ließen diesen Gedanken dem
abenteuersüchtigen Haupte wieder entfallen.

Karls Bund mit den Zaporoger Kosaken. Die auf den
Inseln zwischen den Katarakten und Stromschnellen des Dnieper hau-
sende republikanische Genossenschaft der Zaporoger (d. h. Wasserfall-
Inselbewohner) Kosaken, die, in Ehelosigkeit verharrend, sich nur durch
Knabenraub ergänzte und ein wildes Jagd-, Fischer- und Räuberleben
führte, hatte Karl zu seiner Unterstützung ausersehen. Bald unter Polens, bald unter Rußlands Oberherrschaft stehend, hatten die Zaporoger
für keinen dieser mächtigeren Nachbarstaaten Anhänglichkeit, und die nach
Gutdünken der Menge selbstgewählten und oft abgesetzten Anführer
waren fremden Absichten leicht zugänglich. Gleichzeitig mit seinen Kosaken und durch gleiche Mittel hatte Mazeppa die Zaporoger gegen Rußland aufgeregt und sie zu dem Versprechen bewogen, die Schweden bei
ihrer Annäherung mit achttausend Mann zu unterstützen. Peter ahnte und
fürchtete ihren Abfall und erkaufte ihre Neutralität in dem beginnenden
Feldzuge, mit deren Zusage sie freiwillig Drohungen und Schmähungen
gegen die Schweden und Mazeppa verbanden, mit sechzigtausend Gulden.
Nichtsdestoweniger schlossen sie gleich darauf mit Mazeppa und Karl ein
neues Bündniß, worin sie, gegen Verschonung ihres Landes von den Kriegslasten und Auswirkung völliger Unabhängigkeit desselben, thatkräftige Unterstützung gegen Rußland zu leisten versprachen. Jetzt besuchten die vornehmsten Zaporoger Mazeppa und Karl zur Bestätigung des Bündnisses,

wurden von ihnen gut aufgenommen und mit so vielen Geschenken, daß sie die sechzigtausend Gulden Peters überstiegen, entlassen. Persönlich hatten sie des Königs Neigung nicht zu gewinnen vermocht, da er das Laster des Trunks gründlich haßte, und der Rausch den Zaporogern Lebensbedürfniß war. Sie kamen übrigens dieses Mal den Bedingungen des Bündnisses nach und nahmen sogleich die südlich von Pultawa liegenden Orte ein, während Karl nördlich von dieser Festung lag.

Pultawa und seine Belagerung. Nachdem die stärksten Frühjahrswasser verlaufen waren, begannen die Kriegsbewegungen aufs Neue. Das schwedische Heer besaß jetzt blos noch 18,000 Mann unter den Waffen und nur 30 Kanonen; das Pulver war fast kraftlos, da es mehrmals naß und wieder trocken geworden war. Die Luft der ganzen Gegend wurde durch die vielen auf den Feldern liegenden todten Körper, die in der zunehmenden Wärme zu verwesen begannen, verpestet; die verwüstete Gegend bot keinerlei Hilfsmittel mehr dar; der Feind drang immer näher und gönnte dem zwischen den Strömen Dnieper, Psiol und Worskla eingeklemmten schwedischen Heere keine Ruhe, während Mordbrenner die überfüllten Quartiere desselben anzündeten. Und dennoch schrieb Karl am 30. März, kurz nach dem Rückzug von Krasnokutsch, an Stanislaus: „Ich und das Heer sind in ganz guter Lage; der Feind ist in allen Treffen geschlagen und verjagt." Ob wirkliche Blindheit über die Lage seiner Truppen, prahlender Uebermuth, oder ihm sonst fernliegende Falschheit diese Worte dictirten, ist unentschieden; jedenfalls verlangte der König durch Absendung einer Botschaft Unterstützung von Polen sowohl, als von dem dort zurückgelassenen schwedischen Corps Krassau's. Beide standen weit im Norden Großpolens und waren in so entschiedener Uneinigkeit, daß wenig Hilfe von ihnen zu erwarten war: Krassau trat sogleich den Marsch nach Süden an, bedurfte aber zur Zurücklegung der Entfernung bis zur Grenze der Ukraine, ohne daß ihn ein Feind aufhielt, einen Monat Zeit. Mit dem Chan der Tataren angeknüpfte Unterhandlungen scheiterten, trotz des guten Willens desselben, da der schwedische Unterhändler den Sultan nicht bewegen konnte, den Angriff auf Rußland gutzuheißen. Europa betrachtete Karl XII. als verloren und König August rüstete sich zu einem neuen Angriff auf Polen. In dem Heere wirkten überdies jetzt russische Bestechungen und die bisher Mazeppa treuen Kosaken gingen ins feindliche Lager über; eine Zahl polnischer Walachen folgte ihnen und die Uebrigen zeigten bedenkliche Widersetzlichkeit; der Kern des Heeres, die Schweden, blieb zwar seiner Fahne treu, versank aber in eine düstere, hoffnungslose Stimmung. Beschäftigung mußte der Armee unter diesen Umständen gegeben werden. Das naheliegende Pultawa war der bedeutendste Handelsort dieser Gegend; im Winter hätte es Karl leicht erobern können, versuchte es jedoch nicht, sondern blieb, in seiner Abneigung gegen die Winterquartiere in größeren Städten, in der ausgehungerten Nachbarschaft stehen. Peter benutzte die Versäumniß, verstärkte die Festungswerke bedeutend und legte eine zahlreiche Garnison in die Stadt. Das Bündniß mit den Zaporogern erzeugte in diesen und in dem Könige den Wunsch, Pultawa zu nehmen, um mit diesem Stützpunkt die Verstärkungen aus Polen abzuwarten. Mazeppa's, wie fast aller einflußreichen Schweden Ansichten waren dem Plane entgegen; doch knüpfte jener auf Karls Wunsch verrätherische Unterhandlungen mit dem russischen Commandanten von Pultawa, Gberzif, an, die jedoch bald entdeckt wurden und zur Ersetzung desselben durch einen tapfern, treuen russischen Obersten, Kollin, führten. Außerdem stellte Peter das ganze russische Hauptheer Pultawa gerade gegenüber, auf der Ostseite der Worskla auf, und bedrohte jede Unternehmung gegen dasselbe mit schleunigem Entsatz. Gyllenkrooks Hinweise auf die unerhörten Schwierigkeiten, den Mangel an Material und alle anderen dagegen sprechenden Umstände vermochten nichts gegen den Entschluß des Königs, Pultawa zu belagern, auszurichten; Pixer und Hermelin, selbst Siegreth und Hardt stimmten jenen Einwendungen, aber ebenso vergeblich, bei. Nur Rehnskjöld erklärte: „es sei des Königs Wille, ein Vergnügen zu haben, mit dem er sich belustigen könne, bis König Stanislaus käme," und Karl fügte hinzu: „Gyllenkrook, Ihr seid unschuldig an der Sache und ihrem Ausgange; Wir nehmen die ganze Verantwortlichkeit auf Uns, versichern aber, daß die Sache gut und schön enden soll."

Am 1. Mai begann die förmliche Belagerung, und die Vertheidigung der Stadt setzte Karl und Rehnskjöld, die in übermüthigen Worten die Uebergabe nach dem ersten schwedischen Schuß prophezeit hatten, in

Erstaunen. Die Belagerungsarbeiten hatten, trotz des Eifers, mit dem sie betrieben wurde, geringen Erfolg. Einige kleinere Stürme wurden gewagt, aber abgeschlagen; bei einem derselben gelangte man bis an die Wälle, fand sie aber von Stadtbewohnern jedes Alters und Geschlechts mit allerlei Waffen, in muthiger Unterstützung der Besatzung, vertheidigt. Eine schon zum Sprengen vollendete und gefüllte Mine der Schweden verrieth ein Fähndrich, der die Compagniecasse verspielt hatte und bestraft werden sollte, den Russen, sodaß diese durch eine Gegenmine in dieselbe eindrangen und sich der Ladung bemächtigten. Karl nahm sein Quartier in einem der Festung so nabeliegenden Gebäude, daß die Kugeln oft in dessen Wände eindrangen, und setzte sich bei Ermunterung der Belagernden steten Gefahren aus. Aber Alles war vergeblich; Peter drang über die Worskla und warf über tausend Mann neue Verstärkung, Jeder mit einem bedeutenden Vorrath von Pulver und Kugeln beladen, in die Festung. Theils durch ungefüllte Bomben, die hinüber- und herübergeschossen wurden, theils durch Kosaken, die nächtlich den Fluß durchschwammen, blieb die Festung in brieflichem Verkehr mit den außenstehenden russischen Abtheilungen. Diese erhielten auch fast täglich Verstärkungen und zählten schließlich achtzigtausend Mann; anfangs hatte Mentschikoff den Befehl geführt, später übernahm ihn der Czar selbst. Scharmützel fielen täglich mit wechselndem Glück vor, doch wurden die Schweden mehr und mehr zusammengedrängt, behielten aber immer noch einige Feldwachen auf dem Westufer der Worskla, gegen den Dnieper. Der Mangel an Munition ließ die Belagerer nur sehr sparsam ihr Feuer verwenden und sie suchten die russischen Kugeln von den Feldern zum Wiedergebrauch auf; aus der Festung wurden die Laufgräben um so heftiger beschossen. Als viele Zaporoger in diesen geblieben, verweigerten die Uebrigen die Arbeit an denselben, die sie überdies für ein ihrer unwürdiges Sclavengeschäft erklärten. Auch die Schweden litten viel, besonders durch den Verlust beinahe aller Ingenieuroffiziere, der sich auf keine Weise ersetzen ließ. Die Lage des Heeres wurde, da die Sommerhitze auch leichte Wunden brandig machte, immer schwieriger. Bald gebrach es auch an Nahrungsmitteln, selbst an Pferdefleisch und Brot; eine Kanne Branntwein kostete zwölf Silberthaler. Die Soldaten verlangten in der Verzweiflung einen Kampf, um eine Aenderung herbeizu-

führen. Pultawa sowohl als der auf dem andern Flußufer stark ver=
schanzte Czar konnten aber nicht angegriffen werden. Karl hielt einen
Kriegsrath, der aber wegen getheilter Meinung zu keinem Resultate führte.
Da trieb die eigene Unruhe den König am Abend des **16.** Juni zu Le=
wenhaupt, dem er bisher kein Wort gegönnt, den er sogar mit absicht=
licher Vernachlässigung behandelt hatte. Er fand ihn bei seinem uner=
warteten Eintritt in den Kleidern schlafend. Auf Karls Bitte um Rath
gab er anfangs ausweichende Antworten; da der König aber nicht abließ,
sich sehr herzlich zeigte und das Ansuchen stets erneuerte, schlug Le=
wenhaupt vor, sich nicht mehr um Pultawa zu kümmern, sondern mit
ganzer Kraft dem Feinde entgegenzugehen, erkannte aber bald, daß der
König damit nicht einverstanden war, Pultawa nehmen und gleichzeitig
Peter schlagen wollte, und daß dies schon so fest bei ihm stand, daß es
nicht der Mühe lohnte, noch ein Wort darüber zu verlieren.

Karl wird verwundet. Um elf Uhr Abends war das Gespräch
beendet; Karl hatte aber keine Ruhe gewonnen und ritt in Begleitung
Lewenhaupts im Dunkel der Nacht zwecklos am Flußufer umher. Als
der Tag, der **17.** Juni, Karls Geburtstag, anbrach, ritt er noch näher
an den Rand des Strombettes, in den Bereich der sie bald umsausenden
feindlichen Musketenkugeln. Lewenhaupt bat und mahnte ihn in ernsten
Worten, weder seine eigene Person noch das Leben irgend eines Soldaten
fortan so völlig nutzlos bloszustellen; es war vergeblich. Gleich darauf
wurde das Pferd des Generals verwundet, und die deshalb von diesem
wiederholte Warnung schnitt der König mit den Worten ab: „Lapperei,
Sie werden schon ein anderes Pferd finden!" und ritt absichtlich im
Schritt noch näher in den Bereich der feindlichen Kugeln, worauf Lewen=
haupt betrübt, aber ruhig und entschieden sagte: „So darf kein Unter=
officier blosgestellt werden, noch weniger ein General; Ich reite meines
Weges!" Wirklich wendete er sein Pferd und ritt zurück, worauf Karl
ihm langsam folgte. Kurz darauf machte der Feind einen ernsten Ver=
such, über den Strom zu gehen; der König warf sich ihm an der Spitze
einer kleinern Abtheilung entgegen und jagte ihn zurück. Dann ritt er
wieder am Ufer entlang, und als er sich endlich zur Rückkehr umwendete,
traf ihn eine der vereinzelt abgefeuerten Kugeln. Sie drang in den Hacken
des linken Fußes ein, durchbohrte das ganze Fußblatt und blieb zwischen

den beiden ersten Zehen stecken. Karl ließ sich Nichts merken, aber einer
seiner Diener sah das Blut durch den Stiefel tropfen und erkannte die
Sachlage, umsomehr, als die Kräfte des Königs zu schwinden began=
nen und er erblassend sich zum Lager zurückwendete. Unterweges begeg=
nete er Lewenhaupt, der erschrocken ausrief: „Gott tröste uns, nun ist
es geschehen, was ich immer gefürchtet und vorausgesagt!" Karl ant=
wortete: „Es ist nur der Fuß. Die Kugel sitzt noch darin, aber ich
werde sie ausschneiden lassen, daß es nachzischt." (Er ritt sodann in die
Laufgräben, ertheilte seine Befehle an Sparre und Gyllenkroof und kam
erst nach einer Stunde in seinem Hause an. Der Fuß war so geschwol=
len, daß der Stiefel unter großen Schmerzen abgeschnitten werden mußte;
die Knochen des Fußblattes waren zerschmettert, sodaß durch tiefe, qual=
volle Schnitte die Splitter herausgenommen werden mußten. Karl er=
munterte den unruhigen und geängstigten Feldarzt mit den Worten:
„Schneide zu, schneide zu, es schadet Nichts!" (Er duldete auch keine
fremde Handleistung, sondern hielt den Fuß selbst und sah der Operation
unverwandten Blickes zu, ohne sich den Schmerz besonders merken zu
lassen. Als später die Ränder der Wunde schwollen, trug der Arzt hin=
sichtlich der schmerzhaften Operation des Wegschneidens Bedenken und
wollte das wilde Fleisch mit Höllenstein wegbeizen; da nahm der König
selbst die Scheere und schnitt die angegriffenen Theile hinweg. Die große
Hitze ließ die Wunde brandig werden, sodaß das Knie ergriffen wurde
und man für das Leben des Königs fürchtete, oder mindestens die Am=
putation des Fußes besorgte. Das Uebelste war, daß Karl, wie ge=
wöhnlich, Arznei verweigerte und es langer Anstrengung bedurfte, ihn
zum Einnehmen eines schweißtreibenden Mittels zu bewegen, welches den
Brand beseitigte, worauf auch die Wunde besser zu heilen begann. Wäh=
rend der König gezwungen war, das Bett zu hüten, mußte ihm sein Ta=
feldecker, Hultman, altnordische Sagen und Thaten der Ritter des Mit=
telalters erzählen. Vorzugsweise fand er Behagen an dem Leben Rolf
Götrefsons und seinem Siege über den russischen Riesen auf der Insel
Retusari und der Unterjochung Rußlands und Dänemarks.

Vorbereitungen zur Schlacht. Die Zahl der Russen bestand
jetzt aus 80,000 Mann, mit 130 bis 150 Kanonen und hinreichender
Munition; den Befehl führten Peter, Scheremetjeff, Mentschikoff, Rönne,

Bauer und Andere. Die Schweden zählten in Allem 18,400 Mann und 6 bis 12,000 Zaporoger; Kanonen besaßen sie nur 30 Stück, und die Munition war in so geringem Maße vorhanden, daß nur 4 Feldstücke mit in den Kampf genommen und die übrigen beim Troß gelassen wurden; eine Folge der Verachtung der Artillerie, welche seit Rehnskjölds Sieg bei Fraustadt Platz gegriffen hatte. Peters Plan ging, trotz seiner Ueberlegenheit, auf Verweigerung der Schlacht aus; er wollte Schritt vor Schritt gegen Pultawa zurückweichen, stets neue Verschanzungen aufwerfend, die den Angriff der Schweden verhindern sollten. Dann aber beschloß er, unter allen Vorsichtsmaßregeln auf das Westufer der Worskla hinüberzugehen und die Schweden von Pultawa zurückzudrängen. Dieser Uebergang wurde am 17. Juni mit einem Scheinangriff im Süden der Stadt begonnen. Es war dies derselbe, den Karl kurz vor seiner Verwundung zurückschlug, und gleichzeitig wurde nördlich der Festung ein ernster Versuch begonnen, den Rehnskjöld aus Mangel an Fußvolk nicht genügend verhindern konnte, sodaß eine ziemlich beträchtliche russische Truppenzahl auf dem Westufer festen Fuß faßte und sich stark verschanzte. Die nächsten Tage vergingen unter Hin- und Hermärschen beider Theile, bei denen die Feindschaft zwischen Lewenhaupt und Rehnskjöld Angesichts des ganzen Heeres offen ausbrach, um so nachtheiliger für Beide und das ganze Heer, als an diesen Tagen für das Leben des Königs gefürchtet wurde. Am 24. rückte das russische Heer, das nun ganz auf der Westseite der Worskla stand, näher an Pultawa und nahm ein neues Lager ein, das sogleich stark verschanzt und in den beiden folgenden Tagen durch davorliegende, schnell aufgeworfene, sich gegenseitig unterstützende Redouten, jede mit 400 Mann und mehreren Geschützen besetzt, verstärkt wurde. Die Schweden rückten, von der nicht abzuhaltenden Hungersnoth getrieben, mehrmals aus und boten, in Schlachtordnung aufgestellt, den Kampf an, den Peter jedoch nicht annahm. Am 26. hielt Rehnskjöld, dem Karl den Oberbefehl über das ganze Heer ertheilt hatte, einen Kriegsrath ab, in dem Lewenhaupt und seine Partei für Aufhebung der Belagerung und augenblicklichen Angriff sprachen. Da der König dies nicht wollte, wurde, trotz der entgegenstehenden Bedenken, beschlossen, den Angriff der Russen nicht abzuwarten, sondern ihn selbst zu beginnen. In Folge dessen mußten 3000 Mann in den Laufgräben zum Schutz derselben, 2400 zum Schutz der Bagage und der zurückgelassenen Geschütze und 1200 zur Deckung im Rücken und zur Vertheidigung einer südlicher liegenden Stelle der Worskla stehen bleiben, sodaß zur Schlacht selbst nur 12,800 Schweden und die Zaporoger zu verwenden blieben. Am 27. Juni recognoscirte Peter nach einem kleinen Scharmützel die Stellung seines und des schwedischen Heeres und ließ durch Scheremetjeff vier neue Schanzen aufwerfen und besetzen. Nach dem Abendgebete an diesem Tage berief Karl alle Generale zu sich und theilte ihnen den unter Rehnskjölds Leitung mit dem Beginn des folgenden Morgens auszuführenden Angriffsplan mit. In der Abenddämmerung wurden die Truppen in Schlachtordnung aufgestellt und die Cavalerie mußte satteln. Der König ließ sich den verwundeten Fuß neu verbinden, zog den gespornten Stiefel auf den andern und ließ sich, den blanken Degen in der Hand, durch die Reihen der Truppen an die Spitze der Garde tragen. Dort versammelten sich Piper, Rehnskjöld, Lewenhaupt und die meisten Generale um die Tragbahre des Königs und versuchten, die kurzen Stunden der trüben, ungemein dunkeln Nacht im Schlummer zu verbringen.

Schlacht bei Pultawa. Erster Kampf. Bald nach Mitternacht gab Rehnskjöld den Befehl zum Aufbruch: das Feldzeichen war Stroh am Hut und das Feldgeschrei das gewohnte: „Mit Gottes Hilfe!" Zum ersten Male aber wurde das Morgengebet beim Beginn der blutigen Arbeit unterlassen. Bei dem Abmarsch entstand in der Dunkelheit einige Verwirrung, in Folge deren Rehnskjöld seinen Zorn gegen Lewenhaupt ausbrechen ließ. Bald war die Ordnung hergestellt und bei Sonnenuntergang stand das Heer vor den neuen Feldschanzen der Feinde in Kampfbereitschaft. Die Reiterei des linken Flügels führte Creutz und bei ihr hielten sich in der Regel der König und Rehnskjöld auf. Das Fußvolk und Centrum führte Lewenhaupt, die Reiterei des rechten Flügels Schlippenbach. Vor dem linken Flügel führte Sparre und vor dem rechten Roos eine Sturmcolonne gegen die feindlichen Schanzen. Die Heftigkeit ihres überraschenden Angriffs mit der blanken Waffe sollte die Artillerie und den Munitionsmangel der Schweden ersetzen. Beide Flügel rückten gleichzeitig vor. Sparre hatte hinreichenden Raum, seine Kräfte zu entwickeln, eroberte beim ersten Angriff einige der Schanzen und hieb deren Besatzung nieder. Roos' Angriff war mißglückt. Statt ihn zu

unterstützen und seinen Erfolg abzuwarten, beging Karl, auf Pipers
Rath, „das Eisen zu schmieden, während es noch heiß und die Russen nicht
zur Besinnung kommen zu lassen," den Fehler, Creutz zur Verfolgung
der fliehenden Russen abzusenden. Dies warf die Schlachtordnung über
den Haufen und zog den spätern Verlust der Schlacht herbei. Rehnskjöld eilte, sowie er es bemerkt hatte, auf diese Stelle, und, das Nähere
hörend, rief er wüthend Piper zu: „Führe Du den Krieg mit der Feder,
ich führe ihn mit dem Degen; wäre Se. Majestät nicht gegenwärtig,
würde ich Dich für diesen Rath bezahlen!" Der König sagte begütigend:
„Nicht so, Rehnskjöld, nicht so!" und der Feldmarschall mußte schweigen.
Creutz warf anfangs die hinter den Schanzen stehende russische Reiterei,
verfolgte sie eine halbe Meile nach Norden und würde sie in einen Morast
und die Worskla gedrängt haben, wäre nicht der Befehl vom Könige gekommen, sich, mit Zurücklassung der russischen Geschütze, westwärts auf
eine Waldhöhe zurückzuziehen. Hierdurch gewann die russische Cavalerie Zeit, sich wieder zu sammeln und neu zu ordnen. Lewenhaupt wirkte
nun mit der Infanterie gegen die russischen Feldschanzen, deren Geschütze
seine Glieder lichteten. Zwei Schanzen vermochte er zu nehmen und
führte dann seine Bataillone, ostwärts der übrigen, bis an die Südseite
des befestigten Lagers der Russen. Er fand diese nicht sehr stark, und da
die feindliche Cavalerie durch Creutz' Angriff vertrieben und von dem
Fußvolk, das auf der noch schlechter befestigten Nordseite des Lagers
stand, abgeschnitten war, beschloß er einen Bayonnetangriff gegen dasselbe. Bei den Russen herrschte Unruhe, und schon wurden die Bagagewagen bespannt, da Peter einen Augenblick unschlüssig gewesen sein soll,
ob er nicht über die Worskla zurückgehen müsse. Bevor aber Lewenhaupt
zum Angriff schreiten konnte, sendete Karl auch ihm den Befehl, Halt zu
machen, wodurch die Russen abermals Zeit und neuen Muth gewannen. Die
Ursache zu diesen hemmenden Befehlen lag in dem verunglückten Unternehmen des Generals Roos. Schon beim ersten Angriff hatte ihn ein
Engpaß verhindert, mit seiner ganzen Stärke gleichzeitig anzugreifen,
weshalb die Russen hier der ersten Ueberraschung besser widerstanden und
die Vertheidigung regelrechter als gegen Sparre leiten konnten. Zwei-
oder dreimal stürmte Roos, wurde aber jedes Mal zurückgeschlagen und
verlor viele Mannschaft und besonders viele Officiere. Inzwischen war

das übrige schwedische Heer vorgerückt und er außer Verbindung mit
demselben. Peter erkannte diesen Fehler und sendete Mentschikoff mit
10,000 Mann vor, um Roos von den übrigen Truppen ganz abzuschneiden. Dieser stieß zuerst auf die Reiterei des rechten Flügels, sprengte
dieselbe, nahm Schlippenbach gefangen und setzte dann den Marsch gegen
Roos fort, der seine gefährliche Lage erkannt und schon den König um
Unterstützung gebeten hatte. Als er, dieselbe erwartend, ein starkes
Corps auf sich zukommen sah, wähnte er, es sei die Hilfe und sendete ihr
einen Capitain, Namens Funk, entgegen, der von Weitem Schlippenbach,
den Mentschikoff mit sich genommen hatte, erkannte, gerade auf ihn zuritt
und in einigen Augenblicken auch gefangen war. Deshalb erhielt Roos
keine Warnung, bis die vielfach stärkeren Russen sich auf seine schon durch
die Stürme auf die Schanzen geschwächten Truppen warfen. Diese
vermochten keinen Widerstand zu leisten, sondern flüchteten sich in
eine der kleineren, leerstehenden Schanzen, die bald umzingelt und gestürmt wurde, wobei der größte Theil der Schweden fiel, die Uebrigen
aber in Gefangenschaft geriethen. Als Creutz und Lewenhaupt Halt gemacht, sandte Rehnskjöld Lagercrona und Sparre ab, um zu sehen, wie
es mit Roos stände. Sie vermochten nicht, durch den Feind zu dringen;
doch meldete Sparre, zu Rehnskjöld zurückgekehrt, Roos kämpfe tapfer,
und fügte hinzu: „Wenn er das aber auch mit sechs Bataillonen nicht
thäte, dann könnte er zum Teufel gehen". Dies Alles verursachte in der
Anordnung große Verwirrung und der schon den ganzen Tag verstimmte
Feldmarschall schien nicht zu wissen, was er thun sollte. Zwei ganze
Stunden standen die schwedischen Truppen, oder rückten hin und her,
ohne Ziel, Leitung und Zusammenhang. Da erhielt Lewenhaupt den
Befehl, links an den von Creutz besetzten Hügel zu marschiren und Front
gegen das russische Lager zu nehmen. Indem er diese Bewegung aus-
führte, stürzte Rehnskjöld, in dem Wahn, er thäte es aus eigenem An-
trieb, auf ihn zu und schrie ihn zornig an: „Sie benehmen sich nicht
wie ein treuer Diener des Königs!" Ruhig klärte Lewenhaupt das Verhältniß durch den erhaltenen Befehl auf. Kurz darauf kam Karl an
Ort und Stelle und Rehnskjöld fragte ihn, ob er der Infanterie diese
Bewegung befohlen habe. Des Königs Gesicht wurde feuerroth, aber er
antwortete: „Nein!" doch so, daß Jeder erkannte, daß der Befehl dennoch

von ihm gekommen sei. Nun machte der Feldmarschall seiner Erbitterung noch mehr Luft, indem er sagte: „Ja, so macht's der Herr immer; ich kann nicht thun, was ich will. Gäbe Gott doch, der Herr ließe mich regieren." Karl nahm den Verweis schweigend hin. Die schon begonnene Bewegung war überdies nicht mehr zu hemmen und die Schweden wurden in einer sich von Nord nach Süd ausdehnenden Linie gerade gegen die Brust des feindlichen Lagers zum Angriff aufgestellt. Der günstige Augenblick war aber verloren; das plötzliche Halten von Creutz und Lewenhaupt, die nicht zu verkennende Unentschiedenheit, der Verlust von Roos, dies Alles hatte den anfangs schwankenden Muth der Russen gehoben. Peter führte seine sämmtlichen Truppen und zahlreiche Artillerie aus dem Lager ins freie Feld und stellte sie in Schlachtordnung dem kleinen schwedischen Heere zum entscheidenden Kampfe um die Herrschaft des Nordens gegenüber. Es war neun Uhr des Vormittags.

Zweiter Kampf. Die Zahl der Russen belief sich auf 32,000 Mann Fußvolk, auf 100 mit Allem wohlversehene Geschütze und eine starke Reiterei. Die schwedische Infanterie zählte nur 4000 Soldaten, durch Hunger und Anstrengungen ermattet, mit wenigem verdorbenen Pulver, ohne Unterstützung von Artillerie und ohne Schutz von Reiterei, denn diese hatte Rehnskjöld hinter das Fußvolk, statt an den Flügeln, aufgestellt. Die Stimmung der Schweden war gedrückt, düster und ohne Siegeshoffnung. Karl hatte sich den ganzen Morgen im Kampfe umhertragen lassen, mit dem Degen in der Hand, und die Soldaten durch Zuspruch zu ermuntern gesucht. Zwei Pferde waren bereits vor seiner Tragbahre erschossen worden, ebensoviele Trabanten, die ihm zur Seite gingen, und einige Träger. Endlich zerschmetterte eine Kugel die Bahre selbst; aber der Tafeldecker Hultman band sie mit einigen Halfterstricken wieder zusammen. Während der Zwischenzeit der beiden Kämpfe ruhte der König einige Augenblicke, trank einen Becher Wasser und ließ sich einen neuen Verband anlegen. Dann befahl er, ihn zu der neuen Aufstellung zu tragen, und den Truppen, gegen die russische Stellung anzurücken. Rehnskjöld selbst brachte Lewenhaupt diesen Befehl, rief ihm auf seine gewöhnliche, verletzende Weise denselben entgegen und machte hierauf Kehrt, um wieder zum Könige zurückzureiten. Aber von dem Ernste der Stunde ergriffen, wandte er sich nochmals zurück und bot in würdiger,

milder und versöhnender Stimmung Lewenhaupt eine ehrliche Freund-
und Bruderschaft an, welche dieser auf edle Weise und mit Wärme annahm, worauf er mit dem Ausrufe: „Dann in Jesu Namen vorwärts;
Gott stehe uns in Gnaden bei!" der Infanterie den Angriff befahl.
Wegen des verdorbenen Pulvers verbot er, eher zu schießen, als bis man
hart am Feinde sei.   Sobald die Russen das Vorrücken bemerkten, öffneten sie eine Menge Lücken in ihrer Front, aus denen Kartätschenladun-
gen das Feld fegten. Schon die erste Salve warf ein halbes Regiment nieder;
aber so stark auch die Schweden litten, drangen sie doch blind vorwärts.
Im Bereich der russischen Musketen wurden die schon geschwächten Reihen
immer mehr gelichtet; aber dennoch stürmten die Ueberlebenden vor, nahmen sogar einige Kanonen und drängten den Feind zurück.   Da erst
befahl Lewenhaupt, Feuer zu geben; die Salve hatte jedoch wenig Wirkung, knallte kaum und die Mehrzahl der Schüsse versagte. Darauf brach
die kleine Schaar in die russischen Reihen ein und focht im blutigsten
Handgemenge.   Mehr als die Hälfte der Mannschaft, fast alle Oberofficiere und Capitaine blieben; Lewenhaupt, Sparre und Hård thaten
Alles, um den Muth zu beleben; Karl ließ sich selbst wieder ins Feuer
tragen.   Eine Kugel zerschmetterte die Bahre derart, daß er zu Boden
stürzte.   Die Soldaten, die es sahen, glaubten ihn todt, und dies vermehrte die Unordnung.   Da ließ sich der König, als er die Verwirrung
und beginnende Flucht bemerkte, auf gekreuzte Piken legen, in die Höhe
heben und rief in Verzweiflung: „Schweden! Schweden!" Sein Zuruf
blieb fruchtlos und Niemand hörte auf ihn. Jetzt kam Rehnskjöld herbei-
gestürzt und rief: „Majestät, unser Fußvolk ist aufgerieben! Jungen,
seht zu, daß ihr den König rettet!"   Dann stürzte er wieder ins Kampfgewühl und wurde gleich darauf gefangengenommen. Alle Ordnung
war aufgelöst; hier und dort drangen kleine Haufen Schweden kämpfend
aus den russischen Reihen hervor, irrten aber hin und her, ohne zu wissen, was sie thun sollten, da ihre Officiere gefallen waren.   Lewenhaupt
suchte sie durch Bitten, Drohungen, Fluchen, Schlagen zusammenzuhal-
ten und zu sammeln.   In der Nähe des Königs rief er: „Im Namen
Jesu, Jungen, steht; laßt uns den König nicht verlassen!"   So gelang
es ihm, einige Reiter zusammenzubekommen, die sich um Karl schaarten
und ihn fortzuführen suchten.   Von den vierundzwanzig Trägern des

Königs waren einundzwanzig erschossen und er selbst nahe daran gewesen, gefangengenommen zu werden. Als der Major Wolffeld dies noch recht= zeitig bemerkte, setzte er Karl auf sein eigenes Pferd; derselbe entkam glücklich; Jener aber wurde von den Kosaken in Stücke gehauen. Auf den Hals des Pferdes niedergebeugt und wegen der Erschütterung stark aus dem verwundeten Fuße blutend, ritt Karl nun von dem Schlacht= felde und fragte Lewenhaupt: „Was sollen wir nun thun?" Dieser ant= wortete: „Es bleibt Nichts übrig, als unsere Leute im Lager zu sam= meln, soweit es sich thun läßt." Der Rückzug wurde darauf angetreten, aber in großer Verwirrung, da auch die Reiterei in Unordnung gerathen war, die Officiere, aus Mangel an Gehorsam, derselben nicht steuern konnten, der Feind nachdrang und nahe daran war, die Schweden zu um= zingeln und von ihrem Lager abzuschneiden, wobei er noch einen beträcht= lichen Theil Gefangene machte, und als, wie Karl bei den Schanzen vor= überritt, eine Kanonenkugel seinem Pferde ein Bein abschlug. Da die Russen ihnen dicht auf der Ferse waren, sprang der Vicecorporal der Trabanten, Gjerta, selbst schon verwundet, vom Pferde und hob den König mit Mühe hinauf, sodaß derselbe entkam. Gjerta vermochte sich auch noch auf einem vorüberkommenden Handpferde zu retten. Auf dem weitern Ritte löste sich Karls Verband und schleppte im Schmutze nach. Die Wunde blutete so heftig, daß Hultman, trotz der eiligen Flucht, so gut es ging, einen andern anlegen mußte. Die Beunruhigungen durch die Russen ließen nach und die sich immer mehr ansammelnde Reiterei bot nun hin= länglichen Schutz. Peter hatte seinerseits ebenso thätig in den letzten entscheidenden Kampf eingegriffen. Eine Kugel war ihm durch den Hut gegangen, eine andere in den Sattel gedrungen. Auch Katharina begab sich unter die Kämpfenden, legte den Verwundeten Verbände an, reichte ihnen Stärkungen und sprach ermunternde Worte; Mentschikoff waren drei Pferde unter dem Leibe erschossen worden. Solchem Muth und solchen Anstrengungen war es gelungen, die überraschende Ordnung bei den Russen zu erhalten, der der Sieg zu danken war. Der Verlust der Russen soll 1300 Todte, der der Schweden 3000 Todte und 2000 Gefangene betragen haben, unter letzteren Rehnskjöld, 4 Generalmajore, 5 Obersten, 6 Oberstlieutenants, 4 Majore, 30 Hauptleute und Rittmeister, 56 Lieute= nants, 60 Cornets oder Fähndriche. Piper, der während der Schlacht dem

Könige gefolgt war, wurde im Kampfe von ihm getrennt und begab sich mit den übrigen Herren der Kanzlei freiwillig nach Pultawa, sich als Gefangener meldend. „Wo ist mein Bruder Karl?" rief Peter aus, als er nach beendeter Schlacht die zerschossene Bahre und die Gefangenen bringen sah. Er nahm Letztere mit allen Beweisen der Achtung auf, sprach seine Ueberraschung aus, daß Niemand einen Plan der Schlacht anzugeben wußte, und über das Wagniß, mit so schwacher Macht so weit in Feindes Land zu ziehen, äußerte aber nichts Herabsetzendes über seinen Nebenbuhler und dessen Kriegsart. An den Grenzen Schwedens würden die 13 bis 14,000 Krieger, die Karl nach der Niederlage noch blieben, verstärkt worden sein und der Kampf wieder haben beginnen können; hier in der Ukraine, von allen Vorräthen und Hilfsmitteln entblößt und getrennt, waren auch sie unrettbar verloren.

Flucht an den Dnieper. Aus unerklärlichen Gründen ließ Peter die zu ihrem Troß und dem Lager entkommenen Schweden den ganzen Nachmittag unangetastet, wodurch sie einstweilen gerettet wurden; denn bei der völligen Rathlosigkeit und dem wilden Durcheinander würde der erste Angriff vernichtend geworden sein. Nachmittags sehr zeitig langte Karl im Lager an und stieß auf Meierfelds Wagen, in dem dieser und Hardt verwundet lagen. Nicht der mindeste Klagelaut war bisher über des Königs Lippen gekommen: jetzt aber sagte er: „Helft mir vom Pferde und in den Wagen." Dann fuhr er zu seinem Zelte, ließ den Verband erneuen und aß ein Stück kaltes Fleisch. Mehrmals fragte er nach dem kleinen Prinzen, Rehnskjöld und Piper; anfangs konnte ihm Niemand Nachricht geben; endlich aber erhielt er die Gewißheit ihrer Gefangen= schaft. „Gefangen!" rief er aus, „gefangen, und bei den Russen; lieber noch bei den Türken!" Einige Tataren hat= ten sich nämlich erboten, ihn über den Dnieper zu führen. Dann ließ er Lewenhaupt rufen und fragte ihn, was er thun solle. Dieser rieth ihm, es zu machen wie er bei Lisna gethan; die Pferde der Bagagewagen und der Artillerie für das Fußvolk zu nehmen, Munition und Vorräthe durch diese zu retten und das Uebrige zu verbrennen. Der König schwieg mißmuthig, denn gerade diese That von Lisna hatte er oft laut und absichtlich streng getadelt. Nach einem kurzen Nachdenken schickte er Lewenhaupt mit einem unbedeutenden Auftrage fort und befahl den Rückzug des ganzen Heeres

Karl XII.   **16**

mit allem Troß und Kanonen gegen die Worskla, ohne Lewenhaupt
weiter über seine Absicht aufzuklären. Etwas später zogen die Truppen
mit fliegenden Fahnen und klingendem Spiele von Pultawa ab, der
König, mit Hård an seiner Seite, im Wagen Meierfelds. Der Zug ging
südwärts gegen den Dnieper. Im Morgengrauen des folgenden Tages,
den 29., kam der König nach Nowa-Schanzara, wo der Arzt den Verband besichtigte und Karl gleich darauf fest einschlief. Mit vollem Anbruch des Tages zeigte sich auch bereits der Feind. Dücker weckte den
König und sagte: „Der Russe naht. Wenn Ew. Majestät befehlen, müssen wir weiter gehen." Karl antwortete: „Ja, ja; macht, was Ihr
wollt!" Darauf wurde der Zug fortgesetzt, und nun ergriff Creutz das
von Lewenhaupt vorgeschlagene Mittel und verbrannte den schweren
Troß, um mit den Pferden das Fußvolk beritten zu machen, was die Flucht
derart begünstigte, daß die Russen weit zurückblieben. Oberstlieutenant
Silfverhjelm, der einige Tage vorher einen Auftrag in dieser Gegend gehabt hatte, versicherte, daß man leicht über den Dnieper kommen könne;
dies veranlaßte, den eingeschlagenen Weg weiter zu verfolgen. Am 30.
Juni Nachmittags hatte man Perewoloczna, einen unbedeutenden Ort am
Ufer dieses Stromes und der Einmündung der Worskla, erreicht. Es
war ein enges Städtchen, in dem die kleine Zahl der Schweden nicht
einmal Platz hatte; Höhen umgaben es ringsum. von denen zwölf- und
achtzehnpfündige Kanonen jeden Punkt beschießen konnten. Im Süden
sperrte der gewaltige Dnieper, im Osten die hier gleichfalls sehr breite
Worskla und im Westen, nur wenig entfernter, der ebenso schwer zu überschreitende Psiol den Weg, sodaß der Punkt einem Sacke glich, dessen
einziger Ausweg durch einen Morast zwischen Hügeln und durch den in
jedem Augenblick zu erwartenden überlegenen Feind versperrt war. Die
Aussicht auf den Stromübergang über den eine Viertelmeile breiten und
sehr reißenden Dnieper war sehr gering, da Rehnskjöld und der König, in
dem Wahne der Unmöglichkeit ihrer Niederlage, keinerlei vorbereitende Anstalten für einen Rückzug getroffen hatten, und Peter in der Siegeshoffnung
schon im Voraus versucht hatte, den Feinden jeden Ausweg zu versperren,
weshalb er bereits vor einigen Tagen Perewoloczna hatte abbrennen
und alles Material zum Floß- oder Brückenbau wegführen lassen. Holz
gab es zwar noch; aber an Tauwerk, Nägeln, Ankern rc. zur Erbauung

einer Brücke fehlte es gänzlich, namentlich auch an Zeit zu jeder Arbeit, da der Angriff der Verfolger stündlich zu erwarten stand. Denselben zu= rückzuschlagen, war keine Hoffnung vorhanden, da zu dem Munitions= und Artilleriemangel die Ungunst der Stellung und völlige Niederge= schlagenheit und Unzuverlässigkeit der Truppen kamen. Die Ordnung war nicht zu erhalten und Gyllenkrook sprach dem Könige die Ueber= zeugung aus, daß die Leute, statt sich zu vertheidigen, das Gewehr strecken würden. Karl verließ sich aber auch jetzt noch auf ihren Muth, sein Glück und seine persönliche Zauberkraft für das Gemüth der Schweden und behauptete: „Sobald die Soldaten mich an ihrer Spitze reiten sehen, werden sie mit derselben Tapferkeit wie früher kämpfen." Das Benehmen der Mannschaft zeigte aber, daß sie nur an Mittel dachte, über den Fluß zu kommen, und sie bemächtigte sich gewaltsam auch der Hölzer zu Flö= ßen, die der König zum eigenen Gebrauch und anderen Zwecken be= stimmt hatte.

Karls Flucht über den Dnieper in die Türkei. Als die Unrettbarkeit des Heeres Allen einleuchtend war, galt es, den König zu bewegen, es sogleich zu verlassen. Diese Aufgabe war nicht leicht. Le= wenhaupt machte ihm anfangs allein und flüsternd, auf die schonendste Weise für seinen Stolz, den Vorschlag und bat, auf den Knien liegend, ihn doch anzuhören. Karl weigerte sich zuerst entschieden; als Lewen= haupt aber ernst auf die Pflichten gegen das Vaterland und auf die Er= möglichung eines nicht ganz schimpflichen Friedens hinwies, machte er Ausflüchte und erklärte, Schweden brauche den Frieden, der ihm aufge= zwungen würde, nicht anzuerkennen und zu halten, nahm aber diese Rede dann, als nicht ernst gemeint, zurück, da Lewenhaupt erklärte, das Wort des Königs würde dem Volke heilig sein. Als dann auch Axel Sparre hinzukam und sich dem Bittenden anschloß, hieß Karl Beide hinausgehen und rief: „Laßt mich zufrieden!" Nach ihrem Fortgang ging Creutz zu dem Könige, und da er ebenso entschieden bat und kräftig sprach, besann sich derselbe, willigte ein, das Heer zu verlassen und sich über den Dnieper setzen zu lassen. Als die Vorbereitungen getroffen wurden, erbot sich ein tatarischer Capitain, der die Gegend kannte, das Heer über die Worskla und durch die Steppe nach der Krim zu führen. Lewenhaupt hinter= brachte den Vorschlag dem Könige und verzichtete auf die Ehre, ihn selbst

16*

begleiten zu dürfen, was Karl ihm antrug, um zu versuchen, die wenigen
Truppenreste zu retten und mindestens Glück und Unglück mit dem Heere
zu theilen.　Die Meldung, daß sich russische Streiftruppen schon an der
Worskla zu zeigen begönnen, beschleunigte die Anstalten zu Karls Flucht.
Lewenhaupt wurde zum Oberbefehlshaber der noch vorhandenen Truppen
ernannt.　Die Gelder der in Sachsen eingerichteten Regimentscassen sollten unter die Leute vertheilt werden und jeder Soldat vom Troß soviel
Munition und Provision erhalten, als er zu tragen vermöchte.　Zu seiner
Begleitung erwählte sich der König die Generalmajore Sparre und Lagercrona, die Obersten Hård, Hjerta, Daldorff, Grothusen und Gyllenkroof, den Staatssecretair Müllern mit einigen seiner untergebenen
Herren und eine Anzahl Diener.　Zur Bedeckung wurden einige Truppen bestimmt, die nicht an der Schlacht von Pultawa theilgenommen
hatten, und natürlich außerdem die Trabanten und Einspänner, sodaß
die ganze Truppe sich auf etwa 1500 Mann belief, wozu noch eine Anzahl Officiere und Soldaten der übrigen Regimenter kam, die ohne Befehl sich auf die eine oder die andere Art über den Fluß halfen.　An der
Flucht nahmen ferner Mazeppa, sein kleiner Hof und ein großer Schwarm
Zaporoger Theil, sodaß das ganze Corps 3000 Mann betrug.　Die Art
der Ueberfahrt war verschieden.　Die von dem König auserwählte Mannschaft wurde auf großen Prahmen übergefahren, die Gyllenkroof aus der
Worskla in den Dnieper schaffen ließ; die Zaporoger schwammen neben
oder hinter ihren an dem Zaume, der Mähne oder dem Schweif gehaltenen Pferden, und ihrer Geschicklichkeit und Gewöhnung zu solchen Ueber-
gängen glückte es auch, viele schwedische Pferde an das andere Ufer zu
schaffen.　Die auf sich selbst angewiesenen Flüchtlinge waren in ihren
Mitteln erfinderisch; unter dem Beistand der Zaporoger wurden die
Deckel, Räder ꝛc. der zerbrochenen Troßwagen in Fahrzeuge verwandelt und an Stricken oder sie ersetzenden Weidenruthen von den Schwimmenden gezogen, bei welchen kecken Versuchen selbstredend die große Mehrzahl ertrank.　Am Abende des 30. Juni trat Mazeppa, mit seiner Gesellschaft und zwei von ihm noch aufgesuchten Fäßchen voll Ducaten aus
seinem frühern Besitz, die Ueberfahrt an.　Auch Karl führte sein silbernes
Tafelgeschirr und große Summen klingender Münze, aus den in Sachsen
genommenen Schätzen herrührend, mit sich.　Erst spät in der Nacht ge-

schah der Aufbruch; Lewenhaupt nahm Abschied von ihm, küßte ihm die Hand, gelobte, sein Möglichstes zur Rettung der Truppen zu thun, und empfahl ihm dann seine Frau und Kinder, für die der König zu sorgen versprach, falls es ein Unglück nöthig machen sollte. Dann wurde derselbe an das Ufer geführt, an dem ihn zwei lange, aneinandergebundene Boote erwarteten, in welche sein Wagen gesetzt wurde, sodaß in jedem derselben zwei Räder standen. Um Mitternacht stießen sie vom Strande ab und wurden von Trabanten ans andere Ufer gerudert.

Gefangennahme des schwedischen Heeres bei Perevoloczna. Ein Versuch, die Truppen unmittelbar nach des Königs Abfahrt im Dunkel der Nacht zu ordnen, mislang. Sie arbeiteten, keinem Befehle gehorchend, am Flußufer an der Zubereitung aller erdenklichen Mittel zur Ueberschiffung des Flusses, oder lagen, von Hunger, den Mühen der vorigen Tage und der Verzweiflung überwältigt, im Schlummer oder in starrer Gleichgiltigkeit. Die Vertheilung der Cassenantheile, der Munition und Vorräthe wurde deshalb von Lewenhaupt und Creutz bis zum Anbruch des Tages verschoben, und Beide legten sich bis dahin, in Mäntel gehüllt, in dem Zelte des Königs auf den Boden zur Ruhe. Mit Sonnenaufgang weckte Creutz Lewenhaupt und Beide versuchten von Neuem, die Truppen zu sammeln; doch gehorchten auch jetzt nur sehr Wenige, und diese mit dem Gepräge der Muthlosigkeit im Antlitz. Alle Mittel, die Zügel wieder zu erfassen, schlugen fehl. Noch in der Morgendämmerung hatte Mentschikoff mit 9000 Reitern, die 6000 Mann Fußvolk auf ihren Pferden mit aufsitzen ließen, die Höhen rund um Perevoloczna erreicht. Um die Ermattung seiner Pferde und Mannschaft zu verbergen, ließ er die verschiedenen Berge mit Trompetern und Trommlern besetzen und von allen Seiten Märsche schlagen und blasen, sodaß unter den Schweden wirklich der Glaube herrschte, es sei das Gros der russischen Armee, über 30,000 Mann, bereits angelangt. Mentschikoff schickte einen Generaladjutanten mit der Aufforderung zur Capitulation an Lewenhaupt, der bei der herrschenden Stimmung und Lage der Schweden durch einen Kampf Nichts zu gewinnen hoffen konnte, und der deshalb bestrebt war, durch Unterhandlungen Vortheile zu erzielen. Drei der tapfersten Officiere, Generalmajor Creutz, Oberst Düker und Capitain Douglas, wurden in dieser Absicht von ihm ins russische

Lager gesendet. Hier bemerkten sie sofort die zahlreiche Artillerie, Cavalerie und Infanterie und die vortheilhafte Stellung Mentschikoffs, der
auf einem Hügel Platz genommen hatte, von dem er sehr gut die Lage
und die gänzliche Hilflosigkeit der Schweden zu erkennen vermochte. Derselbe bot im Auftrage des Czaren, zur Vermeidung unnützen Blutvergießens, eine Capitulation an. Creutz antwortete gemessen, aber stolz
auf den Werth der oft erprobten Tapferkeit der Schweden hinweisend,
daß nur von ehrenvollen Bedingungen die Rede sein könne; Mentschikoff
entgegnete würdevoll und den Gegnern die höchste Achtung bezeigend,
wies aber auf ihre jetzige Hilflosigkeit und die völlige Nutzlosigkeit des
im besten Falle beiden Theilen viele Leute kostenden Kampfes hin und
verlangte die Ergebung in Kriegsgefangenschaft, Ablieferung der Waffen
und Vorräthe, Auslieferung der Zaporoger und Aufrührer, gegen Belassung der Montur und des Privateigenthums der Gefangenen. Mit
diesen Bedingungen kehrte Düker zu Lewenhaupt zurück, der, theils um
Zeit für Karls Flucht zu gewinnen, theils um diesen wichtigen Entschluß
nicht allein zu fassen, die Oberofficiere zu einem förmlichen Kriegsrath
zusammenberief. Die flüchtigen Schweden wurden in ganzen Schaaren von
den Russen eingebracht und desertirten in größeren und kleineren Haufen
in die Reihen des Feindes; die Zahl der Russen war nicht bekannt, aber
die Gewißheit einer großen, nachrückenden Verstärkung vorhanden; die
Schweden zählten 13 bis 14,000 Mann, meist Reiterei, darunter aber
5000 Kranke und Verwundete. Die Mehrzahl der Officiere bezeugte
überdies die vollkommene Auflösung der Bande der Disciplin und die
Unzuverlässigkeit der Leute. Lewenhaupt ließ sie deshalb befragen, ob
sie sich gegen den Feind vertheidigen wollten; nur einige Regimenter
versprachen es offen; andere entgegneten, warum man sie jetzt befrage,
während es früher immer nur geheißen: „Vorwärts, Jungen!" Hieraus
und aus Allem ging hervor, daß das Versprechen einer kräftigen Vertheidigung größtentheils nur aus Scham vor einer andern Antwort hervorgegangen und auf die Truppen wenig Verlaß war. Auf eine neue
Anfrage Mentschikoffs nach Lewenhaupts Entscheid erbat sich dieser, um
der Flucht Karls halber, noch eine Stunde Bedenkzeit, und erklärte während derselben den versammelten Officieren: „wie er dem Ruhme entsage,
der ihm aus der Vertheidigung erwachsen würde, die ihm noch bis zum

letzten Augenblick für seine Person eine ehrenvolle Gefangenschaft sichere,
und, um seines Gewissens willen, nicht die unglücklichen Heeresreste zur
Schlachtbank führen wolle, und deshalb, da er sowohl, wie das Heer, bewie=
sen hätte, daß sie Pulver und Blei nicht scheuten, zu capituliren gedächte."
Sämmtliche Generale und Obersten pflichteten ihm bei, und als Ment=
schikoff erklärte, nicht länger warten zu wollen, wurde am 7. Juli Mit=
tags die Capitulation auf obige Bedingungen abgeschlossen. Die un=
glücklichen Zaporoger, die ihrem Geschick überlassen waren, versuchten
ihr letztes Heil in der Flucht über den Strom; aber die Schweden stellten
sich jetzt willig bei ihren Fahnen ein, um die Vortheile der Capitulation
lieber zu genießen, als die Gefahren und übermenschlichen Mühen der
weitern Flucht auf sich zu laden. Es führte diese Capitulation von Pe=
revoloczna in die russische Gefangenschaft 1 General, 3 Generalmajore,
11 Obersten, 14 Oberstlieutenants, 20 Majore, 50 Rittmeister und
Capitaine, 300 Lieutenans, 320 Cornets und Fähndriche und 13 bis
14,000 Mann Unterofficiere und Gemeine. Aber nicht die Zahl allein
giebt den Maßstab für den Verlust, da es eine durch so viele siegreiche
Feldzüge erprobte und abgehärtete Kerntruppe war, deren Muth und
Kriegstüchtigkeit alles bisher Erlebte übertraf. Karl trauerte tief über
ihren Verlust, äußerte aber kein Wort der Reue oder des Bekenntnisses
über sein eigenes Verfahren, daß er es selbst gewesen, der, vielfach gewarnt,
unbeugsam Schritt vor Schritt sein Heer in eine Lage gebracht hatte, die
früher oder später unausbleibliches Unheil für dasselbe herbeiführen
mußte. Er beschuldigte, Rehnskjöld über den Verlust der Schlacht von
Pultawa vertheidigend, Lewenhaupt und die Oberofficiere, die sich in
Erfüllung ihrer Pflicht nicht hinreichend angestrengt hätten, und zeigte
sich über Gyllenkrook, der sie zu vertheidigen wagte, sehr mißvergnügt.
Ja, er ging soweit, die Officiere, die seit der Schlacht bei Pultawa den
Russen entkommen waren, als fahnenflüchtig und eidbrüchig, jeder neuen
Anstellung im Dienste der Krone für unwürdig zu erklären, und setzte,
wegen der Capitulation von Perewoloczna, Lewenhaupt obenan auf die
Liste. Es wurde sogar ein wirklicher Prozeß gegen diesen Feldherrn er=
hoben und drei Jahre fortgesetzt. Prinzessin Ulrike Eleonore bat Karl
um Gnade für denselben; er schrieb aber aus Bender am 14. December
1712 seiner Schwester abschlägig und behauptete, „daß Lewenhaupt sich

schimpflich benommen und einen unheilbaren Verlust herbeigeführt habe, und daß ohne dessen Capitulation die Truppen nach Oczakow und von dort nach Polen zur Vereinigung mit Krassau hätten geführt werden können."

Das Schicksal der Zaporoger wurde traurig. Schon vor der Schlacht von Pultawa hatte Peter eine bedeutende Heeresmacht gegen ihre Inseln gesendet, der es gelungen war, ihre Wohnsitze und Festungen zu erreichen und zu zerstören und Tausende ohne Gnade zu tödten. Auch die jetzt aufgebrachten Gefangenen wurden grausam und nur als Empörer behandelt, viele sogar gerädert. Mehrere versuchten deshalb, sich in den Uniformen gebliebener Schweden ein milderes Loos zu verschaffen, was ihnen jedoch, da sie meist erkannt wurden, nur selten gelang. Peter feierte den Sieg so festlich, als er es vermochte, und umarmte entzückt und öffentlich den Obersten Kollin, den tapfern Vertheidiger von Pultawa. Auf dem Schlachtfelde, das den Namen „der schwedische Kirchhof" erhielt, ließ er eine Denksäule errichten. In Moskau hielt er einen Einzug, bei dem die Schweden, unter Vorführung ihrer Artillerie und Trophäen, in den Reihen der Russen marschiren mußten. Seine ganze Lebenszeit hindurch feierte er den Sieg bei Pultawa, dessen Wichtigkeit er mit den gleich nach Beendigung des Kampfes geschriebenen Worten: Jetzt liegt der Grundstein von St. Petersburg fest und unerschütterlich!" charakterisirte. Ueber den ganzen Krieg äußerte er: „Die Nothwendigkeit für das Wohl meines Reiches ließ mich den Krieg ungerecht beginnen. Weil aber Karl in seinem Uebermuthe jeden Friedensantrag und Vergleich zurückwies, habe ich schließlich Gott, die Gerechtigkeit und den Sieg auf meine Seite bekommen." Thatsächlich war jetzt Schweden das über hundert Jahre mit Auszeichnung geführte Scepter der Herrschaft des Nordens entrissen, und die von den östlichen Nachbarn gegen dasselbe gerichteten Kriege wurden fortan in den eigenen Grenzen des Landes geführt.

Vierzehntes Kapitel.

Flucht vom Dnieper zum Bug. — Reise vom Bug nach Bender. — Karl in Bender 1709. — Friedensvorschläge. — Der Beschluß, in Bender zu bleiben. — Karls Lebensart und Umgebung in Bender. — Türkische Intriguen und Kriegserklärung an Rußland. — Kriegsrüstungen der Türken. — Einfall in Polen. — Der große russisch-türkische Krieg 1711. — Der Frieden am Pruth. — Karl und der Großvezier Mehemet. — Jussuff wird Großvezier; zweite Kriegserklärung gegen und zweiter Frieden mit Rußland.

Die in der Nacht zum 1. Juli und am Morgen desselben auf das südliche Ufer des Dnieper übergesetzten Schweden und Zaporoger gingen nicht gleich von dort aus weiter. Sie waren zu ermüdet und bedurften nothwendig einiger Stunden Ruhe. Auch wollte Karl soviel Flüchtlinge als möglich an sich ziehen und das Schicksal seiner auf dem andern Ufer bleibenden Truppen abwarten. Am Vormittage erhielt er die Gewißheit, daß diese von den Russen eingeschlossen waren und bald darauf auch die Nachricht von deren Capitulation. Nun ließ er alle Fahrzeuge zerstören und ordnete seine Leute zur Fortsetzung der Flucht. Er selbst fuhr mit dem verwundeten Obersten Hård in einem, Mazeppa in einem andern Wagen, ebenso einige andere hohe Officiere und Beamte. Jeder Lärm war verboten, um den verfolgenden Russen keine Spur zu geben. Bei Sonnenuntergang brach der Zug auf; nur der Compaß und die Kosaken, die jeden Sumpf und Hügel kannten, dienten als Führer auf der waldlosen Steppe. Der Wagen des Königs brach in dem weichen Boden und man mußte ihm eine Pferdebahre anfertigen, die er wechselweise mit einem der anderen Wagen benützte. Gegen Mitternacht wurde einige Stunden geruht; dann ging es weiter. Am 2. Juli bot das hohe, saftige Gras der baumlosen Steppe den ermatteten Pferden gute Nahrung, aber die brennenden Sonnenstrahlen und Hunger und Durst quälten die Mannschaft entsetzlich, bis ihnen ein Sumpf durch faules, stinkendes Wasser am Abende Erquickung bot. Die Nacht war sehr kalt, der folgende Tag wieder sehr heiß. Am Mittage fand man eine gute Quelle und reiche Weide, aber der Hunger hatte die äußersten Grenzen erreicht, sodaß Jeder die unbedeutendsten Lebensmittel ängstlich verbarg, um sie

nicht theilen zu müssen; selbst für Karl war nur etwas Hafersuppe aufzutreiben. Die Kosaken schlachteten die müden Pferde und aßen das
warme Fleisch roh. Die Zahl der Fliehenden verminderte sich, da die
Erschöpfung Viele zurückhielt, und die Pferde, die auf der Weide nicht
von den ermüdeten Besitzern geschützt wurden, verliefen sich in großer
Zahl. Der kleine Rest, der die Flucht fortsetzte, fand am 4. Juli in
dem hohen Grase ein wildes Kirschengesträpp, dessen halbreife, saure
und bittere Früchte wenigstens ihren Durst etwas stillten. Ein paar
Rebhühner und Steppenschafe wurden geschossen und über in der Sonne
getrocknetem Pferdemist, Schilf und Gras gebraten, um halbgar dem
Könige und den hohen Officieren zur Stillung des Hungers gebracht zu
werden, während sich die Uebrigen mit ebenso zubereitetem oder mürbe
gerittenem Pferdefleisch begnügen mußten. Am 5. gelangte man zum
Flusse Bug, der die türkische Grenze bildet. Das Land war öde und
wild; es drangen sogar einmal Wölfe mitten unter die Leute ein. Karl
schickte jetzt Stanislaus Poniatowski und Otto Klinkowström nach
Oczakow, um von dem dort residirenden Pascha die Erlaubniß auszu-
wirken, die Grenze zu überschreiten, und ihn zu bereden, Fahrzeuge be-
reitzuhalten, um die Schweden sogleich über den Fluß zu setzen, sobald
sie ihn erreicht hätten. Nach vielem Verhandeln versprach der Pascha,
den König und einige der ihm nächststehenden Herren zu retten; die
Schweden und Kosaken aber, erklärte er, nur auf eine von Konstantinopel
eingeholte Erlaubniß das Reich betreten lassen zu können. Am 6. Juli
hatte der ganze Zug das Ufer des Bug erreicht. Ein Boot langte an,
um den König überzusetzen; er erklärte aber, sich nicht von seinen Un-
glücksgefährten und Landsleuten trennen zu wollen. Der Pascha beharrte aber bei seiner Weigerung, auch diese aufzunehmen und verbot
den Stadtbewohnern auf das Entschiedenste, die Boote zu ihrer Ueberfahrt herzuleihen. Lebensmittel wurden den hungernden Leuten zugeführt, aber zu übertriebenem Preise verkauft, z. B. ein Schaf zu zwölf
Ducaten. Die Türken drängten sich um Karl, dessen Heldenthaten und
kriegerischer Ruf schon lange zu ihnen gedrungen waren, und wurden
durch seine auch im Unglück stolze Haltung entzückt. Nichtsdestoweniger
suchten sie sich auf seine Kosten zu bereichern und verlangten z. B. sechzehn Ducaten für jede über den Fluß zu setzende Person. Hierauf be-

mächtigten sich die Schweden gewaltsam einiger Boote und setzten sich
allein über, dann jedoch für jede Person zwei Ducaten Entschädigung
zahlend.   Durch einen neuen Besuch bei dem Pascha und ein Geschenk
von zweitausend Ducaten glückte es Poniatowski schließlich, die still-
schweigende Billigung zur Ueberfahrt aller Schweden zu erlangen.   Die
geringe Zahl der Boote ließ dies jedoch so langsam bewirken, daß noch
ein Theil zurückgeblieben war, als sich am 9. die Russen zu zeigen begannen.   Nach Lewenhaupts Capitulation hatte nämlich der Czar sechstausend Reitern befohlen, den fliehenden Karl zu verfolgen; doch hatten dieselben lange nicht über den Dnieper kommen können; dann verirrten
sie sich in der Wüste, welchem Umstande es wohl zuzuschreiben ist, daß der
König und seine Begleiter nicht gefangengenommen wurden.   Als sie jetzt
endlich den Bug erreicht hatten, stand Karl mit acht- bis neunhundert
Mann noch auf dessen nördlichem Ufer, bestieg aber, da er nun nicht mehr
zögern durfte, ein wartendes Boot und setzte, von vier oder fünf Herren
begleitet, über den Strom.   So viele Schweden Fahrzeuge bekommen
konnten, folgten ihm.   Der Uebrigen Loos wurde traurig.   Ungefähr
dreihundert wurden in den Fluß gejagt, fünfhundert gefangengenommen
und mußten denselben Weg durch die Wüste wieder nach Rußland zurückkehren, wobei der größte Theil den Strapazen erlag.   Ein kleiner Theil
hatte sich vor den nahenden Russen in dem dichten Uferschilf versteckt, von
wo sie nach deren Abzug, halbverhungert und kaum kenntlich, wieder
hervorgeholt wurden.

Reise vom Bug nach Bender.   Nach diesen Verlusten blieben Karl nur noch gegen fünfhundert Schweden, der letzte Rest des so
glänzenden Heeres, das vor zwei Jahren von Polen und Liefland aus
gegen Rußland gezogen war.   Dieselben waren überdies erschöpft und
größtentheils krank durch Mühen und Wunden.   Uebermäßiger Genuß
der jetzt reichlich zugehenden Lebensmittel erzeugte eine gefährliche rothe
Ruhr, welche die durch die Niederlagen und Flucht hervorgerufene Muthlosigkeit verschlimmerte.   Nur Karl machte darin eine Ausnahme; auch
blieb er fast allein, trotz seiner Verwundung, von der Krankheit verschont.
In seinen Briefen an Ulrike Eleonore aus dieser Zeit erwähnte er der
Schlacht von Pultawa nur vorübergehend und als „einen zufällig
eingetretenen Verlust, den er bald wieder gutzumachen

hoffe," und an Stanislaus Leschinski schrieb er, daß „diese Nieder=
lage nicht so wichtig wäre, um nicht wieder gut gemacht
werden zu können, und daß er (Karl) ihm bald mit be=
deutender Unterstützung zu Hilfe kommen würde." Durch
Gesandtschaften an den Sultan und den Tatarenchan suchte er jetzt deren
Freundschaft nach und gab dabei vor, die bei Pultawa geschlagene Armee
sei nur eine kleine Abtheilung des in Polen und Deutschland stehenden
Heeres, sodaß er die Möglichkeit habe, große Gegendienste zu leisten.
Vom Bug aus zog der König gegen Oczakow, betrat aber diese Stadt
niemals selbst und ließ auch sein Lager nicht darin aufschlagen, da der
Pascha, trotz der empfangenen Ducaten, sich ziemlich ungeneigt zeigte,
wofür er später einer Bestrafung durch die türkische Regierung unterlag.
Karls geliebte Schwester, Hedwig Sophie, die verwittwete Herzogin von
Holstein, war am 11. December 1708 in Stockholm verschieden.   Die
Nachricht langte erst nach einem halben Jahre, am 20. Juni 1709,
vor Pultawa im schwedischen Lager an.   Der in Folge seiner vor wenigen
Tagen geschehenen Verwundung eingetretene lebensgefährliche Zustand
des Königs bewog Piper, den Brief zu unterschlagen und er verbot, des
traurigen Ereignisses zu erwähnen.   Nach dem Verluste der Schlacht und
auf der Flucht hatte Niemand das Herz, dem schon so hart vom Schicksal
getroffenen König mit der Todesbotschaft wehe zu thun.   Jetzt, vor
Oczakow, erwähnte Jemand der hochseligen Herzogin Hedwig So=
phie, und die an diesen Ausdruck geknüpften Fragen Karls enthüllten ihm
die traurige Nachricht, die ihn tief ergriff.   „Ach, meine Schwester,
meine Schwester!" rief er ein paarmal hintereinander aus, und zog
sich den Mantel über das Gesicht, um den Ausbruch seiner Trauer zu
verbergen.   Man sah jedoch, wie er die Hände rang und schluchzend
Thränen vergoß.   Dies erregte um so größere Aufmerksamkeit, als man
ihn eben erst mit unveränderten Zügen die tiefen Schmerzen einer schwe=
ren Wunde und einer ihn und sein Reich zerschmetternden Niederlage,
eines verlorenen Heeres und einer qualvollen und schimpflichen Flucht
hatte ertragen sehen.   Dies Alles hatte er in der Zeit von einem Monat
erduldet, ohne durch ein Wort, einen Laut oder eine Miene das geringste
Zeichen von Schmerz oder tiefer Trauer zu verrathen.   Mit dem Tode
der Schwester war der sonst Unbesiegte besiegt, und es währte mehrere

Tage, ehe er seine gleichmäßige und gewohnte Gemüthsverfassung wie-
dergewinnen konnte.

Nach einigen Tagen wurde aus der Gegend von Oczakow aufgebrochen und anfangs an den Ufern des schwarzen Meeres, dann den
Dniester aufwärts nach Bender gezogen. Diese Reise war wegen des
Wechsels von Hitze und Kälte, der Oede des Landes und des Wasser-
mangels mit vielen Schwierigkeiten verknüpft. Außerdem fügten die
Schwärme von Heuschrecken, die das Land verwüsteten, Pferden und
Menschen beträchtlichen Schaden zu. Auch nahmen die Krankheiten so
überhand, daß Viele wieder auf dem Marsche zurückbleiben mußten. Da
die Schweden aber noch Geld besaßen, folgten Kaufleute dem Zuge,
und ließen, wenn sie auch nur schlechte und theure Waaren führten, keinen
drückenden Mangel entstehen; aber ein Trunk des warmen, nach dem
ziegenledernen Schlauche schmeckenden Wassers kostete zwei Groschen. In
Oczakow waren von den Vermögenden eine Menge einfacher, tatarischer
Wagen mit Filzdecken gekauft worden, unter denen die Nächte im Schutz
gegen den Regen und die Mittagsstunden gegen die Sonne verbracht
wurden, während sie außerdem zum Transport der Vorräthe dienten.
Das Unglück des Königs hatte an sich selbst und aus Furcht vor dem
Ehrgeiz und der Macht des Czaren großes Aufsehen und Theilnahme
bei den benachbarten Fürsten erregt. Der Tatarenchan bot Karl durch
eine Gesandtschaft seine Hilfe an, falls ihm der Sultan diese gestatte;
auch schenkte er dem Könige einen mit vier Pferden bespannten Wagen
und ein kostbares Zelt, wofür dieser dem Gesandten tausend Ducaten
gab, welche Summe auch der Gesandte Jussuffs, des Pascha's von Bender, erhielt, der gleichfalls Zelte, Pferde und eine Einladung in diese
Stadt brachte. Jussuff selbst, ein kräftiger Greis, war von jeher der
Bewunderer Karls und ein Feind der russischen Macht gewesen, die ihm
durch die Eroberung von Asow nähergerückt war. Er war es auch, der
1707 die Unterhandlungen mit den Schweden eröffnet hatte. Jetzt nahm
er auch den König so ehrenvoll als möglich auf. Dort, wo Karl das
Ufer des Dniester zuerst betreten sollte, ließ er zwei große, prächtige Zelte
aufschlagen, das eine zum Schlafzimmer, das andere zum Speisesaal des
Königs, und den Boden derselben, um ihn gegen Feuchtigkeit zu schützen,
hoch mit trockenem Sand und darübergelegten Teppichen bedecken. Auch

für die Begleitung und die Soldaten des Königs wurden Zelte aufgeschlagen. Eine glänzende Ehrenwache zog Karl entgegen und führte
ihn feierlich in dieses Lager, wo sich dann unter dem Donner der Kanonen der Pascha selbst im höchsten Glanze, aber zur Bezeigung größerer
Ehrfurcht zu Fuß, einfand, ihn im Namen des Sultans begrüßte und
die Schlüssel der Stadt überreichte. Karl nahm es sehr freundlich auf,
weigerte sich aber, sein Quartier in Bender selbst zu nehmen und wollte
lieber in dem schon bezogenen Lager bleiben. Da dieses auf der Nord-
ostseite des Stromes lag, war die Möglichkeit vorhanden, daß die Russen
durch einen schnellen Einfall in das türkische Gebiet den gefährlichsten
Feind ihres Vaterlandes unvermuthet überfallen und wegfangen konnten,
ehe ihm die Türken, die in der südwestlich vom Dniester liegenden Festung
standen, zu Hilfe zu eilen vermochten. Diese Gefahr reizte gerade Karl zum
Bleiben; aber den dringenden Bitten des Pascha's, „sein weißes Haupt
zu berücksichtigen, da dieses dem Sultan für das Leben und die Sicherheit des königlichen Gastes verantwortlich sei," bewog ihn zum Nachgeben. Die Zelte wurden im Südwesten des Flusses, auf einer besonders
üppigen und mit Blumen und Fruchtbäumen bedeckten Wiese aufgeschlagen, die auf drei Seiten vom Dniester umgeben war.

Karl in Bender 1709. Die türkische Regierung zeigte sich
sehr gastfrei gegen den weltberühmten Flüchtling. Zu seinem täglichen
Unterhalt wurden fünfhundert Reichsthaler ausgesetzt und die Lebensmittel und das Pferdefutter in natura geliefert. Mit diesen Mitteln
wurde ein regelrechter Hof mit Königstafel, Marschallstafel, Kanzlei und
Wachen, mit Morgen- und Abendgebet und sonntäglich drei Gottesdien-
sten, zu denen Trommeln und Trompeten riefen, eingerichtet. Die schwedische Umgebung des Königs bildeten 5 Generale, 38 Stabsofficiere,
55 Hauptleute, 24 Trabanten, 20 Prediger, 28 Herren der Kanzlei
mit ihrer Bedienung und den Soldaten, zusammen gegen vierhundert
Mann, wozu später noch viele andere Anhänger des Königs: Polen, Zaporoger und Schweden kamen, die sich aus der Gefangenschaft befreit
hatten, wodurch die Schaar oft auf mehrere Tausende stieg. Als sich der
in diesen Gegenden nicht immer milde Winter nahte, wollten die Schweden ihre Zelte in Bretter- und Erdhütten verwandeln, und Karl ließ sich
durch Jussuffs Warnungen, im Frühjahre sich nicht der Dniesterüber-

schwemmung, welche die ganze von ihm jetzt bewohnte Halbinsel unter Wasser zu setzen pflege, bloszustellen, von diesem Vorhaben nicht abhalten. Selbst das Anerbieten der ihn schwärmerisch verehrenden Türken, durch tiefe Gräben seine Wohnung zu schützen, wies er als unnütz zurück. Die im Jahre 1710 zufällig ausbleibende Ueberschwemmung und die dadurch abgewendete Gefahr von dem Lager des ohnehin wegen seiner Mäßigkeit, seinem Abscheu vor dem Weine, der Frömmigkeit und Regel= mäßigkeit seines öffentlich geübten Gottesdienstes, seiner verschwenderischen Freigebigkeit und stolzen Haltung im Unglück bewunderten Königs ließ die Türken den Wahn fassen, Karl sei ein übernatürliches Wesen, worin sie der Umstand, daß eine im Lager befindliche Zahl zahmer Hirsche dem= selben auf Tritt und Schritt folgte, noch bestärkte. Sie gaben ihm un= zählige Beweise ihrer Achtung.' Einst klopfte ihm ein alter Türke auf die Schulter und sagte: „Warum hat uns Allah nicht solchen Herrn gegeben? Mit Dir an der Spitze würden wir Muselmannen die ganze Welt erobern." Durch solche Erlebnisse wurde in Karl der merkwürdige Entschluß erzeugt, vorläufig in der Türkei zu bleiben.

Friedensvorschläge. Während der Flucht von Pultawa nach Perevoloczna hatte Karl durch den Generalmajor Meierfeld dem Czaren den Frieden und Gefangenenaustausch vorschlagen lassen, dieser aber geantwor= tet, die veränderten Umstände müßten auch den Frieden ändern, und die Bedingungen wolle er erst später bekanntmachen, da er noch hoffe, Karl selbst gefangenzunehmen. Als dieser glücklich die Türkei erreicht hatte, sprach er die Forderung dahin aus: Liefland, Esthland, Ingermanland, Wiborg und Karelen sollten ihm zufallen, Mazeppa und seine Anhänger ausgeliefert und August als König von Polen anerkannt werden. Als die Schweden diese Forderungen für übertrieben erklärten, gaben die Russen zu erkennen, daß man sich in den Unterhandlungen über manches Andere noch vergleichen würde. Karl wies aber diese Ansprüche, als un= billig und keiner Unterhandlungen werth, gänzlich zurück. Der Ent= rüstung desselben über den Antrag, Mazeppa auszuliefern, zu begegnen, erinnerte Peter daran, wie König August gezwungen worden wäre, Patkull, der viel weniger Verbrecher sei als Mazeppa, den Schweden auszuliefern. Dieses alten Hetmans Kraft war aber durch das erlittene Unglück und das Scheitern seiner Pläne und Macht ganz gebrochen. Er war seit der

Ankunft in Bender meist krank und endete bald sein unruhiges und jetzt unglückliches Leben. — Verschiedene Vorfälle und russische Unternehmungen vermehrten die Spannung zwischen Peter und Karl von neuem. Besonders that dies der Versuch, Letzteren wegzufangen. Der Hospodar der Moldau wollte, durch russisches Geld bestochen, den König, der, wie gewöhnlich, mit ganz geringer Begleitung lange Ritte in einsame Gegenden bald auf diesem, bald auf jenem Ufer des Flusses unternahm, verrathen. Der Plan wurde entdeckt und der König vorsichtiger.

Der Beschluß, in Bender zu bleiben. Briefe beweisen es, daß Karl anfangs gewillt war, Bender bald zu verlassen, um nach Pommern oder Schweden zurückzukehren. Die Folgen seiner Verwundung verhinderten es. Die Mühen und körperlichen und geistigen Leiden seit der Schlacht von Pultawa verschlimmerten die Wunde, sodaß sie bald wieder anfing, brandig zu werden. Der Eigensinn des Königs, die Mittel, welche ihm sein Arzt Neumann verschrieb, nicht zu nehmen, machte die Heilung schwieriger. Erst die bestimmte Erklärung desselben, das Bein sonst abnehmen zu müssen, sodaß der König weder werde reiten noch gehen können, bewirkte, daß Karl die Medicin einnahm. Neumann unterwarf dann den Fuß aufs Neue einer schmerzvollen Behandlung, schnitt eine Menge wildes Fleisch weg und nahm einen schon geschwärzten und angefressenen Knochen heraus. Erst Mitte September war der König soweit hergestellt, daß an eine Weiterreise zu denken war. Inzwischen hatte er Gyllenkrook mit einigen hundert Schweden gegen die polnische Grenze gesendet, um Nachricht von Krassau einzuholen und ihm den Weg zu bahnen. Gyllenkrook berichtete jedoch, daß der Weg durch Polen von umherschwärmenden Russen sehr unsicher gemacht werde, und die Freunde König Augusts, der gleich nach der Schlacht von Pultawa nach Polen zurückgekehrt und als König aufgenommen war, sich entschieden feindlich zeigten. Die Russen nahmen auch kurz darauf Gyllenkrooks kleinen Trupp gefangen, wobei sie sich einen rechtswidrigen Einfall ins türkische Gebiet erlaubten. Gleichzeitig bemühte sich Karl, die türkische Regierung zu bearbeiten, daß sie sich mit ihm gegen ihre Erbfeinde, die Russen und Polen, verbinden möchte, denn von Neuem hatte er sich das Ziel der Verjagung Augusts, neben dem der Rache an Rußland, gesteckt. Die Gedanken an die Rückkehr nach Schweden verbot sein Stolz, der ihm nicht gestattete,

nach neun durch glänzende Siege gefeierten Jahren, zum ersten Male im
zehnten als Schiffbrüchiger auf dem Meere des Glücks zurückzukehren
und der Hauptzug seines Gemüthes war, lieber zu brechen, als sich zu
beugen. Schon auf dem Wege nach Oczakow hatte er einen Gesandten
an den Sultan geschickt, ihn gegen Peter zu reizen und die Aussicht auf
Rache für Asow zu zeigen. Die Aufgabe dieses Gesandten war, den Türken die durch die Russen der Türkei drohende Gefahr klar zu machen,
und den Sultan zu bewegen, Karl in Stand zu setzen, sicher durch Polen
in seine Ostseeprovinzen zu gelangen, um sein dortiges Heer zu verstärken und an dessen Spitze im Verein mit König Stanislaus und den Türken wieder in das Herz Rußlands zu dringen. Dieser Plan war auf der
Flucht von Perewoloczna nach Oczakow entstanden und führte von 1710
bis 1713 zu den jährlich erneuten Befehlen Karls, von Schweden aus
ein Heer zu seiner und der Türken Unterstützung nach Polen zu senden.
Außer dem Karl vergötternden türkischen niederen Volke, das jetzt noch
von Mitleid für den Unglücklichen bewegt wurde, gefiel dieser Plan
einer großen Partei der Vornehmen, die in Rußlands Eroberungen am
schwarzen Meere eine wirkliche Gefahr für das Vaterland erkannten. Zu
ihr gehörte der Tataren-Chan, dessen Eifer noch durch persönlichen Haß
gegen den Czaren und schwedisches Geld gestachelt war, und der jetzt
fünfunddreißigtausend Mann Unterstützung bot. — Eine andere Partei
versprach Hilfe, nur um durch Einschüchterung des Czaren Zugeständnisse zu erlangen; eine dritte glaubte, durch Begünstigung der schwedischen
Pläne die herrschenden hohen Beamten zu stürzen, um sie dann zu ersetzen. Der Vezier und die Minister redeten, theils aus Ueberzeugung,
theils durch Rußland gewonnen, zum Frieden, und hatten daher alle
diese Parteien gegen sich, deren Lärm die Friedliebenden so einschüchterte,
daß sie schwiegen, und Karls Beschlüsse und Hoffnungen sich immer fester
setzten. Die muhamedanische Tugend der Gastfreundschaft und die ge-
schmeichelte Eitelkeit, den berühmtesten Helden der Christenheit zu dem
größten Feind derselben seine Zuflucht nehmen zu sehen, ließen den Sultan in der ersten Aufwallung eines Edelmuths versprechen, Karl, unter
dem Schutz einer hinreichenden Macht in seine schwedischen Besitzungen
zurückzuführen. Dieser griff sogleich das Versprechen auf, hielt sich fest
und unerschütterlich daran und suchte, den Sultan dadurch zu größerer

Hilfsleistung zu zwingen. Die Zahl von funfzigtausend Mann, welche die Schweden verlangten, schien aber den Türken zu groß, da die Polen das Einrücken eines solchen Heeres als Friedensbruch ansehen würden, und die Unterhandlungen zogen sich in die Länge. Die Anhänger Leszinski's, die durch Augusts Rückkehr bedroht waren, unterstützten Karls auf die Türkei basirten Plan. Führer dieser Partei waren jetzt Potocki, Grudzinski und der Generalmajor Stanislaus Poniatowski, der freiwillig die Sendung an den Sultan auf sich nahm. — Im Anfang August 1709 verrieth Karl zuerst die Absicht, in der Türkei zu bleiben, indem er von der Unmöglichkeit sprach, seine Cameraden unbeschützt in den Händen der Türken zu lassen, und die sonst stets aufgesuchten Gefahren einer Rückkehr an der Spitze derselben ins polnische Gebiet vorschützte. In diesem stand übrigens, außer der, von ihm gewiß leicht gestärkten und ermuthigten Partei Stanislaus', Krassau mit achttausend Schweden, und hatte sich bereits nach Lublin gezogen, sodaß er ihm leicht in der Gegend von Kamieniec begegnen konnte. — Die durch die Niederlage von Pultawa erschreckten Regierungen Englands, Hollands, Oesterreichs und Frankreichs wünschten, den drohenden Untergang Schwedens aufzuhalten, und suchten das Rettungsmittel in Karls baldiger Rückkehr. Sie machten ihm Anerbietungen, diese zu erleichtern. Frankreich wollte ihn durch eine Flotte abholen und über Marseille oder Toulon und dann auf dem Landwege nach Schweden schaffen. Müllern, der vornehmste Staatsmann Karls, nach Pipers und Hermelins Gefangenschaft, rieth ab, um das Vaterland nicht in Verbindlichkeit gegen Frankreich gerathen zu lassen, und ihm dadurch das Mistrauen seiner Bundesgenossen zuzuziehen. England und Holland erboten sich gleichfalls, alle Schweden mit einer Kriegsflotte abholen zu lassen. Dieses Anerbieten wies Karl gegen Müllerns Anrathen ab, unter dem Vorwande, beschlossen zu haben, sich nie dem Meere anzuvertrauen. Später begründete er sein Ablehnen gegen Holland darauf, daß der türkische Hof einen anderen näheren Weg vorgeschlagen habe, der vielleicht benutzt werden würde. Oesterreich erklärte, Karl, nicht nur ungehindert, sondern mit den Ehren eines Freundes und großen Königs durch Ungarn und Deutschland ziehen lassen zu wollen, und wirklich hatte der Kaiser schon die Befehle für das Verhalten seiner Generale und hohen Beamten bei dem Empfange des Gastes

erlassen. Das Zureden Müllerns und der übrigen Umgebung Karls, so=
wie seiner Prediger, konnten keinem dieser Pläne eine Zustimmung ver=
schaffen. Den Ermahnungen, wie nothwendig des Königs Rückkehr dem
Vaterlande sei, setzte er nur die Wiederholung entgegen: „Der Sultan
muß sein Versprechen einer guten Bedeckung durch Polen halten, und
nur diesen Weg will ich einschlagen." — König Stanislaus war, in der
Stunde der Noth von den Polen verlassen, nach Pommern geflohen, und
ließ von dort aus Karl den Wunsch vortragen, die Krone, die ihm nur
so große Trübsal und vieles Unglück gebracht habe, niederlegen zu kön=
nen, damit das wahre Wohl Schwedens nicht der Rettung eines unglück=
lichen Freundes seines Königs geopfert werden möge. Karl antwortete von
Bender aus: „Wenn er nicht länger König von Polen sein will, werde
er bald einen Anderen dazu machen." — Schon Ende 1709 fing das
Verhältniß Karls zu dem Sultan an, sich zu trüben und weniger gut zu
werden, da sich die türkische Regierung in die polnischen Angelegenheiten
mischen wollte. Der Sultan forderte nämlich von Karl für das Geleit
durch Polen die Anerkennung Augusts, die derselbe aber entschieden ver=
weigerte. Die dadurch verletzte und ermüdete türkische Regierung wünschte
den kostspieligen Gast bald los zu sein. Ein Geschenk von zehntausend
Ducaten als Reisegeld, und zwanzig Reitpferden, deren eins für den
König kostbar gesattelt war, sollte Karl einen Wink darüber geben; der=
selbe behielt zwar das Geld sowie auch die Pferde, erklärte aber, nicht
eher die Abreise anzutreten, bis die versprochene Bedeckung eingetroffen
sei, da das Gerücht ginge, August ließe ihm in Böhmen, Schlesien und
den angrenzenden Ländern auflauern. Nun wurde die türkische Regierung
verlegen, da die Erfüllung des im ersten Eifer gegebenen Versprechens leicht
zu Krieg mit Peter und August führen konnte. Um dem zu entgehen
schlug der Großvezier Ali im Mai 1710 vor, den König und alle Schwe=
den mit neun Kriegsschiffen von der Dniestermündung abholen, und in
jeden von ihm gewünschten christlichen Hafen führen zu wollen. Karl wies
es dankend zurück und mahnte den Sultan, ihn, gemäß seines ersten
Versprechens, mit hinreichender Macht durch Polen nordwärts an die
schwedische Ostsee bringen zu lassen.

Karls Lebensart und Umgebung in Bender. Die Lebens=
art Karls in Bender war ziemlich gleichförmig. Jede Stunde hatte ihre

bestimmte Beschäftigung. Morgens und Abends wurde in der Bibel ge=
lesen und Psalmen gesungen; der Kanzleiarbeit folgte die kurze Mittags=
mahlzeit. Ein Vormittags = und ein Nachmittagsritt wurde oft so lang
und stark ausgedehnt, daß zwei oder drei Pferde ganz ermüdet wurden;
zwischen beiden lagen soldatische Uebungen; die Nachtruhe suchte Karl
oft in den Kleidern, und selbst ohne die schweren Stiefel sich ausziehen
zu lassen. Der Briefwechsel und die eigentlichen Regierungsangelegen=
heiten ließen ihm viel Zeit übrig, die meist mit kriegerischen Gegenständen
ausgefüllt wurde. Er entwarf Reglements und übte sie mit der kleinen
an Ort und Stelle befindlichen Truppe ein, und füllte eigenhändig zwei
dicke Bände mit Ausarbeitungen von Feldzugsplänen. Oft spielte er
auch Schach mit Poniatowski und Grothusen. Fabrice, ein Abgesandter
und Beobachter von Görtz, brachte ihn dahin, die Tragödien Corneilles
und Racine's zu lesen, worunter ihn vor Allem Mithridates fesselte, da
dessen Muth im Unglück und Hartnäckigkeit gegen die Feinde seinem
gleichgesinnten Charakter entsprach. Auch las er den Boileau; als er
aber auf einige harte Ausdrücke wie: „Thor und Rasender," auf Alexan=
der angewendet, stieß, riß er das betreffende Blatt in Stücke und wollte
das Buch, als eine Verunglimpfung des Helden, den er sich als Ideal
aufgestellt, nicht wieder in die Hand nehmen. Der Tafeldecker Hultman
mußte unermüdlich die alte Sage von Gideon und Maxibrandar vorlesen,
in der Karl Verwandtschaft mit seinen Schicksalen fand. Oft, wenn der
König des Nachts nicht schlafen konnte, ging er zu einem der in seiner
Nähe wohnenden Herren, erlaubte ihm nicht, das Bett zu verlassen,
sondern setzte sich darauf oder daneben, und verplauderte eine Stunde
nach der andern mit ihm. Im Ganzen wurde er viel herablassender und
sogar lustiger, als früher. Mitunter schlich er sich, wenn die Herren
nicht in ihren Zimmern waren, in dieselben, untersuchte ihre Kleider=
schränke und zerriß oder verbrannte die Manschetten, Kragen, Schuhe
oder feineren Kleider, die nicht mit der Einfachheit übereinstimmten, die
in seinen Augen allein dem schwedischen Manne und Krieger geziemten.
Auch Müllern und dessen Secretaire wurden diesem Verfahren unter=
worfen, und büßten ihre Schuhe und Pantoffeln ein, bis sie die schweren
Soldatenstiefel anlegten. Karl selbst nahm nie an besserer Verpflegung
Theil; wenn aber bei seinem geliebten Günstling Grothusen Gastmahle

veranstaltet waren, kam er zuweilen hin, stellte sich außen an das Fenster und sah zu, wie sich die Anderen belustigten. Gut gemeinten Widerspruch nahm er geduldig genug auf; den Abmahnungen des Hofpredigers Schult, so lange in der Türkei zu bleiben, hörte er oft still zu, wurde aber auch zuweilen ärgerlich und befolgte sie nicht. Einige Generale, besonders Daldorff, erlaubten sich, den Zug in die Ukraine scharf und bitter zu tadeln; dies nahm Karl nie übel, sondern vertheidigte denselben auf's Lebhafteste, und bat sie, nur Geduld zu haben, sie würden die guten Folgen desselben schon erkennen. — In anderer Beziehung hielt er seine Würde in überraschender Weise und mit so großer und entscheidender Sicherheit aufrecht, als ob er noch an der Spitze der Macht und des Glückes stände. Trotz der Wiederanerkennung Augusts von Seiten der Polen, mußte der in Stettin landesflüchtig lebende Stanislaus sich König von Polen nennen, und die Schweden durften nur so von ihm reden. Nach dem Tode Mazeppa's ernannte Karl aus eigenem Antriebe ihm einen Nachfolger in seinem Anhänger, dem Kosaken Philipp Orlich, der in Bender Hetmann genannt und sich als solcher geberden mußte, wenn schon er keinen Zoll Landes besaß und sogar unter seinen Landsleuten nur auf einige Tausend landesflüchtige Personen zählen konnte. Am 10. October 1710 erließ Karl einen offenen Brief an die Zaporoger, worin er ihnen verhieß, wie es Schwedens Könige stets gethan, sie zu schützen und nicht eher mit Rußland Frieden zu schließen bis sie und ihr Hetmann Orlich von dem russischen Joche befreit seien und ihre Würde, Selbstständigkeit und Grenzen wiedererlangt hätten. — Die Verbindung mit Schweden war anfangs sehr gering. Kaum jeden Monat wurde ein Eilbote dahin abgefertigt, und es vergingen lange Zeiten, ehe man von dort einige Briefe erhielt. Erst Ende 1710 wurde zwischen Bender und der ordentlichen österreichischen Post in Ungarn eine Art Verbindung durch Eilboten hergestellt. Doch wurde diese Gelegenheit seltener zur Versendung als zum Empfang der Nachrichten benutzt. Ueberhaupt liebte Karl es nicht, daß seine Umgebung brieflich mittheilte, was man in Bender mache, und verbot Einzelnen das Absenden von Briefen ganz. Sein Hof mußte die kaum jede vierte Woche mit den Eilboten abgefertigte Post so geheim halten, daß nur die Beauftragten es ahnten und die Uebrigen keine Gelegenheiten hatten, ihre Privatbriefe mitzusenden. Auch erbrach er oft aus Neugierde die ankommenden und abgehenden Briefe seiner Umgebung, weshalb sich diese, wie die Beantworter, bei ihrem Schreiben sehr in Acht nehmen mußten. — Während dieses ruhigen Lebens wurde der König etwas beleibter und sein sonnverbranntes Gesicht erhielt wieder eine weißere Färbung. Seine Laune war beständig gut und zu lustigen Streichen und Erzählungen aufgelegt. — Die Mittel zur Bestreitung seiner Ausgaben erhielt er auf mannigfache Weise. Von der aus Sachsen mitgenommenen Kriegskasse war Peter ein Theil bei Pultawa entgangen, und Mazeppa hatte 160,000 Ducaten hinterlassen, von denen Karl 40,000 zurückbehielt; außerdem zahlte der Sultan 500 Thaler täglich, schenkte ihm später die erwähnten 10,000 Ducaten Reisegeld, und machte ihm im Laufe des Jahres 1710 noch sehr bedeutende Darlehen, wie auch der holsteinische Hof 100,000 Thaler lieh. Frankreich lieferte gleichfalls 1709 und 1710 Geld. Ein großer Theil dieser Summen wurde zu Bestechungen bei den Intriguen in Konstantinopel verwendet, das Uebrige von dem Könige und seinem ebenso freigebigen Schatzmeister Grothusen vertheilt.

Nach den Verlusten, die Karl bei dem Aufbruch aus Sachsen und am Tage von Pultawa in seinem Umgangskreis erlitten, nahmen bisher unbemerkte Personen die Stellen der hochgestellten Männer in der Kanzlei und im Heere ein. Die auswärtigen Angelegenheiten übernahm der Staatssecretair, spätere Hofkanzler Müllern, ein kenntnißreicher, erfahrener, redlicher und arbeitsamer Mann, aber schüchtern und unentschlossen. Er wagte zwar mitunter, dem Könige zu widersprechen, aber nicht mit hinreichendem Nachdruck. Karl schätzte seine Ehrlichkeit, hielt aber nicht viel von seinen Ansichten und seiner Kraft. Zuweilen ließ er ihn in Unkenntniß der wichtigsten Staatsangelegenheiten.

Die inneren Angelegenheiten waren Kasten Feif anvertraut, dem Sohn eines kleinen Krämers und Tochtersohn eines Weinschenken in Stockholm. In seiner Jugend war Kasten Feif Hutmacherlehrling gewesen. Durch eine saubere Handschrift machte er bei Piper sein Glück, zeigte sich arbeitsam und der finnischen Sprache kundig. Rehnskjöld benutzte ihn gleichzeitig und zwar als Späher im Hause seines Brotherrn Piper. Er war klein von Wuchs, mäßig, aber eigennützig und treulos. Ausgelassene Streiche erwarben ihm die Gunst Karls, welche der in allen

Gefahren bewiesene Muth und die stete Bereitwilligkeit, des Königs Pläne auszuführen, noch befestigte. Die geheimen Nachrichten, die Karl aus Stockholm erhielt, gingen durch Feifs Hand, und während des Aufenthalts in der Türkei lag die Leitung der innern Angelegenheiten Schwedens größtentheils ihm ob. — In Feifs Briefen finden sich einige achtungerregende Züge, falls sie wahr und nicht verstellt sind. So schrieb er 1715, als Karl gegen sein eifriges Abrathen eine erhöhte Zolltare eingeführt, die ihm als vermeintlichem Urheber viel Haß zuzog, an Reenstjerna: „Laß das Volk das glauben; es ist besser, daß es seinen Unwillen auf mich, als auf den König wirft."

Unter den schon früher Karl nahestehenden Kriegern hielt sich A x e l S p a r r e in Bender in gleicher Stellung und Denkungsart, muthig und zuweilen übermüthig, munter und offen, aber ohne großen Einfluß. Ein anderer Günstling war der Generalmajor K a r l G u s t a v H å r d, der beschuldigt wird, Der gewesen zu sein, dessen Schmeicheleien den König in allen, auch den unüberlegtesten Plänen bestärkt hätten. Ein Dritter war der oftwähnte A n d e r s L a g e r c r o n a, dessen Ansehn zwar in etwas gesunken, der aber doch noch dreist in seinen Verspottungen und Verleumdungen war. Das bei seinen Landsleuten ungestraft geglückte Verfahren wendete er jetzt auch auf den Tataren-Chan und den Pascha von Bender an, die ihn im Aerger den „schwedischen Narren" nannten und bei Karl anklagten, worauf Lagercrona sie so anschwärzte und so darauf drang, daß der König ihre Absetzung vom Sultan begehre, daß dieser seinen neuen Liebling Grothusen beauftragte, das Verhältniß zu untersuchen. Der Bericht desselben fiel zu Gunsten des Pascha's und Chans aus, worauf Lagercrona im giftigsten Zorne die schwärzesten Verleumdungen über alle drei vorbrachte. Karl, dessen Herz durch die Angriffe auf Grothusen verletzt wurde, zeigte durch ein höhnisches Lächeln, wie wenig er auf die gehörten Worte gäbe; Lagercrona war aber so verblendet, daß er es übersah und Grothusen zum Lügner stempelte. Da flammte des Königs Zorn heftiger auf, als es je zuvor geschehen. Mit dunkelrothem Gesichte griff er zur Feuergabel, warf sie aber gleich wieder fort, und sagte: „Ich sollte Dir die Knochen zerschlagen. Aber scheer' Dich fort und zeige Dich nie wieder vor meinen Augen." Am Tage darauf fiel Lagercrona Karl zu Füßen und bat um Gnade, aber er antwortete: „Nein, es ist einmal gesagt und soll dabei bleiben." Das durch den Hofprediger Auriwillius, bei dem Lagercrona vor der Abreise das Abendmahl nehmen wollte, vorgetragene Gnadengesuch wurde gleichfalls zurückgewiesen, da Karl dessen Reue für eine Maske erklärte; der Sturz war unheilbar, und Niemand bedauerte ihn, da der Gestürzte fast Jedem geschadet hatte; der König selbst äußerte, daß „er froh sei, diesen Schandfleck seines Volkes los zu sein." Später wurde Lagercrona noch der Unterschlagung von Regimentsgeldern und Actenstücken beschuldigt und der Proceß von einem besonders niedergesetzten Gerichte bis 1717 fortgeführt. Er starb 1739.

Oberst Grothusen, ein schwelgerischer, verschwenderischer, prachtliebender Mann, schlauen und berechnenden Sinnes, erhielt sich troß dieser Gegensätze die heiße Liebe des Königs durch sein einschmeichelndes Wesen, durch kluge, selten kräftige Widersprüche wagende Vorsicht, und namentlich durch die Gabe wißigen Scherzes, die Karls unangenehme Geschäfte würzte. Hierzu kam eine gewisse Uebereinstimmung mit der Neigung des Königs zu Verschwendung und ritterlichen Abenteuern; vor allem Uebrigen aber eine wirkliche und warme Ergebenheit für die Person Karls. Ferner war er durch seine Kenntniß der türkischen Sprache sehr nüßlich und fast unentbehrlich. Keiner unter den Günstlingen hatte daher in Bender so großen Einfluß; er wurde der Schaßmeister des Königs. Wie er dies Geschäft versah, zeigt folgender Rechnungsabschluß über die Verwendung von 60,000 Thalern. Er schrieb einfach: „10,000 Thaler an Schweden und Janitscharen auf Befehl des Königs ausgezahlt, der Rest von mir verbraucht." Karl lachte darüber und sagte: „So liebe ich es von meinen Freunden Rechnungen zu sehen. Wenn Müllern uns 1000 Thaler nachweisen soll, läßt er mich ganze Bogen lesen; da halte ich mehr von Grothusens lakonischer Rechnungsart." Einem alten Officier, der den König tadelte, daß er Grothusen so große Summen gäbe, antwortete derselbe: „Ich gebe das Geld immer nur Solchen, die es anzuwenden verstehen." Grothusen hatte auch großes Talent, Darlehen aufzutreiben; die Nachlässigkeit in der Rückzahlung erschütterte aber bald das Vertrauen zu ihm und dem König, sodaß oft hundert Thaler für funfzig oder gar zwanzig empfangene geschrieben werden mußten, besonders in der letzten Zeit in Bender und Demotika. Fabrice schrieb darüber: „In Bezug auf unnüßes Geldverschwenden sind der König und Grothusen so gute Cameraden, wie ein Paar Marktdiebe." — Jedoch fällt hierbei nicht der geringste Schatten von Eigennuß auf Grothusen; vielmehr hat er selbst dem Könige zu dessen Gebrauche auf seinen eigenen Namen 250,000 Thaler aufgetrieben.

Der Wichtigste in der Umgebung Karls war aber doch der Pole Stanislaus Poniatowski, ein kecker, unternehmender, brauchbarer und hochherziger Mann, der nebenher demüthig und geschmeidig war, und eine außerordentliche Gabe besaß, jeden Menschen richtig zu behandeln. Er war Oberst der Leibwache Lesczinski's und diesem mit ungewöhnlicher Treue zugethan. Für Karl hegte er ein gleiches Gefühl der Ergebenheit und bewunderte seine Heldenthaten mit einer fast schwärmerischen Entzückung. Aus diesen Gefühlen schrieb sich seine lebhafte Theilnahme an den Unterhandlungen Karls mit der Türkei her, ohne welche wahrscheinlich Nichts dabei herausgekommen wäre. Sein nie erkaltender Eifer, seine nie ermüdende Kraft und sein nie verzweifelnder Muth ließen ihn bis 1717 daran glauben, Karls und Lesczinski's Glücksstern wieder aufgehen zu sehen. Die russisch = türkische Partei in Konstantinopel haßte ihn und bedrohte oft sein Leben, nachdem Bestechungsversuche und Drohungen vergeblich bei ihm angewendet waren. Karls Vertrauen zu Poniatowski wurzelte in obigen Eigenschaften, in gleicher Gemüthsart, und in der Uebereinstimmung ihrer Ansichten. Auch er hatte für des Königs Zwecke auf seinen eigenen Namen 120,000 Thaler aufgenommen und bei den türkischen Unterhandlungen verwendet.

Der 1710—1714 an Karls Hof zur Wahrung der holsteinischen Interessen und Görtz' Privatvortheil unterhaltene Holsteiner Fabrice, stand, als froher, lebenslustiger, schlauer und erfinderischer Mann, bei Karl sehr gut angeschrieben, und erreichte daher seinen Zweck leicht und schnell.

Das Jahr 1710 in Bender. Während des unglücklichsten Jahres der schwedischen Geschichte, in welchem die Russen Riga, Pernau, Reval, Wiborg und Kexholm nahmen und die Pest einen großen Theil des eigenen Landes verheerte, beschäftigte sich Karl nur mit Versuchen, den Sultan zum Krieg gegen Rußland zu reizen, indem er ihm die von dem Czaren drohenden Gefahren zeigte. Mit Hilfe eines französischen Renegaten, Namens Goin, der als Arzt im Harem Einfluß gewonnen hatte und einer Jüdin, die das Vertrauen der Sultanin Valide besaß, gelang es endlich Poniatowski, der alten Sultanin Mutter Briefe von dem schwedischen Hofe zuzustellen. Durch einen Ungar, Horvath, wußte er auch die Hofdiener der Sultaninnen mit stets erneuten Schilderungen der Heldenthaten Karls zu entflammen, sodaß schließlich alle Damen des Serails für dieselben schwärmten, und stets dem Sultan die Frage vorlegten: „wann er dem schwedischen Löwen helfen würde, den russischen Czaren zu verschlingen?" Die Favoritsultanin ging in ihrem Entzücken so weit, daß sie, ganz gegen alle türkische Sitte, mehrere Briefe an Poniatowski und selbst an Karl schrieb, worin sie ihm ihren Beistand versprach. Bestechungen an dem türkischen und tatarischen Hofe unterstützten Poniatowski's Wünsche noch mehr.

Türkische Intriguen. Der russische Gesandte Tolstoi arbeitete Poniatowski mit gleichem Eifer und Mitteln entgegen. Der Großvezier Ali unterstützte ihn, entweder aus Ueberzeugung, oder durch Bestechung gewonnen, und wirkte bei dem Sultan auf die Entfernung Karls, besonders nach einem Zwist mit dem schwedischen Gesandten Neugebauer. Das erwähnte Reisegeschenk des Sultans 1709 vergrößerte Ali auch für seine Person durch die Gabe von fünf kostbaren Pferden. Trotz der fußfälligen Bitte Jussuf Pascha's, verweigerte Karl die Annahme derselben, mit den Worten: „Ich nehme keine Geschenke von meinen Feinden," und reizte so den mächtigen Vezier noch mehr. Schließlich ließ er eine Schrift aufsetzen, um die Vortheile eines Krieges mit Rußland und die Falschheit des Großveziers nachzuweisen. Der französische Gesandte ließ sie ins Türkische übersetzen, und nach vieler vergeblichen Mühe gelang es, sie durch einen armen, alten Türken dem Sultan auf einem Gange nach der Moschee zu überreichen. Der Sultan ließ zwar den Ueberbringer des Briefes nicht nach türkischer Sitte verhaften und bei erwiesener Falschheit der Anklage tödten, schenkte aber derselben keine Aufmerksamkeit, und erhielt Ali die frühere Gunst. Erst später gelang es den Bemühungen der Sultanin Valide, des Tataren-Chans, des Günstlings Kumurgi, der Neider und Privatfeinde, sowie der Nachricht von dem Siege Stenbocks bei Helsingborg, das Maß zu füllen und Ali zu stürzen. — Nuuman, aus dem alten türkischen Heldengeschlechte Kiuprili, ein durch Muth, Rechtschaffenheit und Kraft in Ansehen stehender

Mann, wurde sein Nachfolger. In Hinsicht Schwedens folgte er den
Ansichten seines Vorgängers, wollte jedoch durch den Schein kriegeri=
scher Absichten Rußland schrecken und machte deshalb für Karl günstige
Demonstrationen, setzte Rußlands hochstehende Freunde ab, und unter=
nahm sogar bedeutende Rüstungen. Dem Versprechen einer Schutztruppe
von 40 bis 50,000 Türken als Geleit Karls durch Polen setzte Peter die
Drohung entgegen, dieselbe mit August gemeinschaftlich als Kriegserklä=
rung aufzunehmen, aber gleichfalls mit diesem gemeinschaftlich zu ge=
statten, daß ein türkisches Geleit von 500 bis 3000 Mann Karl durch
Polen in seine Staaten führe. Der Vezier und die schwedisch=türkische
Partei stellten sich, als ob man das Erbieten Peters für eine List
halten müsse, und Nuuman erklärte keck, mit 100,000 Mann gegen
Rußland auftreten zu wollen, suchte aber in der Wirklichkeit dem Kriege
auszuweichen und auf Karls Abreise durch Ungarn zu wirken. Privat=
feindschaft abgesetzter, unredlicher Beamten, und pflichtgetreue Weige=
rung, ungesetzlichen Absichten des Sultans beizustimmen, führten nach
wenigen Monaten Amtsthätigkeit die Verabschiedung Nuumans herbei
und vereitelten alle seine Pläne. — Nun wurde der Pascha von Syrien,
Mehemet Baltadschi, d. h. Mehemet der Holzträger, Großvezier. Er
war ein geborener Italiener, Renegat, anfangs Holzträger im Serail
und dann zu anderen Geschäften gebraucht, bis er des ausschweifenden
Sultans Aufmerksamkeit erregte und sich durch dienstwillige Hingebung
seine Gunst in so hohem Grade erwarb, daß er früher schon einmal
mit dem Großveziersamte bekleidet wurde. Er war kein Krieger, und
wünschte daher, sich selbst überlassen, den Frieden, verbarg aber, von
der Kriegspartei auf seine jetzige Stelle erhoben, seine Ansichten, und
stellte sich, als wünsche er den Krieg. Die niederen Volksclassen und
Janitscharen sehnten sich im Ernste danach, theils aus Ehrfurcht vor
Karl, theils aus Haß gegen die Russen. Von Nuuman war diese Volks=
stimmung, um den Czar zu schrecken, künstlich gesteigert, sodaß sie jetzt,
von den angesehenen Freunden Karls unterstützt, nicht mehr zu hemmen
war. An der Nordgrenze des Reichs erhoben sich überdies Klagen über
Gewaltthaten der Russen, und durch sie ausgeführte Anlage von Festun=
gen. Als dies in der Rathsversammlung des Sultans erwogen wurde,
sendete Karl, gerade zur schicklichsten Zeit für ihn, eine Darlegung der auf

spätere Zeit verschobenen großartigen und weitaussehenden Pläne Peters gegen das Land der Kosacken bis zum schwarzen Meere, das Tatarenreich auf der Krim, und von dort aus endlich auf Konstantinopel. Cederhjelm hatte während seiner Gefangenschaft in Moskau diese Instruction für die Diplomatie, durch Bestechung eines Beamten aus der Kanzlei, erhalten und nach Stockholm gesendet, von wo sie über Wien an Karl gelangte, der sie ins Türkische übersetzen und dem Sultan vorlegen ließ. Dieser erklärte darauf dem Czaren den Krieg und ließ den russischen Gesandten in das Staatsgefängniß der sieben Thürme werfen.

Kriegsrüstungen der Türken. Im Jahre 1711 rüstete der Sultan auf drohende Weise, da ihm 280 Schiffe mit 35 — 37,000 Matrosen, eine Artillerie von 14,000 Mann und ein Heer von 150,000 Türken und 200,000 Tataren zu Gebote standen. Siegesgewiß stellte er die Rückgabe Asows mit allem Zubehör, eigne Zerstörung der neuen russischen Festungen, Räumung Polens, Anerkennung Stanislaus' und Nöthigung Augusts dazu, Unabhängigkeit aller Kosakenstämme, Niederreißung Petersburgs und Rückerstattung aller von Schweden eroberten Provinzen und Trophäen, als Friedensforderung. Der Vezier erklärte, den Säbel in der rechten, den Schwedenkönig an der linken Hand, an der Spitze von 100,000 Mann, diesem den Weg bahnen zu wollen, wohin er wünsche. Solche Sprache vermochte auf Peter, der seit dem Siege bei Pultawa auf der Höhe seiner Macht war, natürlich nichts auszurichten. August versprach dem Czar, sein, den Türken jetzt entschieden überlegenes Heer von 200,000 Mann durch Sachsen und Polen zu unterstützen, und die türkischen Tributfürsten Kantemir von der Moldau und Brancovan von der Walachei ließen sich auf verrätherische Anregung der Rajahs zu Gunsten Peters, ihres glaubensverwandten Befreiers, ein. Auf der nördlichen Seite hatte außerdem Peter sich 1710 schon des ganzen Lieflands und Esthlands mit allen Festungen bemächtigt, und sich durch verschiedene Uebereinkommen die Ergebenheit der Einwohner gesichert. Auch in Finnland hatte er Wiborg und Kerholn in seiner Gewalt und wußte, daß die Verheerungen der Pest und des langen Kriegs Schweden bis zur Unmöglichkeit eines starken Angriffs erschöpft hatten. Er antwortete daher ebenso hochfahrend, daß er seine Hauptstadt nach Konstantinopel verlegen und den Sultan gefangen nach Petersburg schicken

würde. — Auch die Schweden ließen es an solchen Prahlereien nicht fehlen.
Axel Sparre schrieb: „Wir Schweden sind zwar jetzt während des Win=
ters unsichtbar; im Frühjahr werden wir aber wie die Schwalben wieder
hervorbrechen." Karl selbst wies auch die wieder aufs Neue angebotene Ver=
mittelung Oesterreichs, Englands und Hollands hin und verließ sich auf
die Macht und das schriftliche Versprechen des Sultans: ohne seinen Bei=
tritt keinen Frieden zu machen, das er auf seiner Brust mit sich trug. In
Hinblick auf diese Hilfe drohte er, August von Neuem verjagen, Stanis=
laus sein Königreich zurückzugeben und auf demselben Wege, auf dem er
gekommen, durch Rußland und Polen zurückkehren zu wollen, um „der
ganzen Welt zu zeigen, was er ausrichten könne." Seine
geringe in Bender befindliche Mannschaft rüstete er auf's Trefflichste, und
schickte den Befehl nach Stockholm, alle in Bremen, Wismar und Schwe=
den anwesende Truppen unverzüglich nach Pommern zu senden, um mit
Krassau vereint zu werden, und zur augenblicklichen Verwendung bereit
zu sein. Da die geliehenen Gelder schon verausgabt waren, verlangte
Karl aus Schweden 300,000 Reichsthaler zur Unterstützung seiner Pläne.

Einfall in Polen. Schon im Monat Januar brachen 30 bis
34,000 Tataren unter dem Sohne ihres Chans, 6000 Kosaken unter
dem neuen Hetmann Orlik und 3000 Polen unter Potocki in Polen
ein, um die Russen und König August daraus zu verjagen und Stanis=
laus wieder in sein Reich einzuführen. Man hoffte auf die Rückkehr der
Freunde desselben, sobald sich Potocki zeigen würde. Eine Proclamation
Karls wies auf die früheren Thaten Schwedens für die Ehre und Frei=
heit Polens, die beibehaltenen alten Gesinnungen und die gerechten Hoff=
nungen auf den Beistand der Türken und Tataren hin und schilderte die
Falschheit Augusts, die der jetzige Bruch des Altranstädter Friedens neu
beweise, sowie die vom Czaren drohenden Gefahren. Die Polen ant=
worteten in einem bitteren Gemisch von Wahrheit und Lüge, worin sie
Karls Ehrgeiz und Vermessenheit und Leszinski's würdeloses Benehmen
scharf geißelten. Indessen unterstützte Karl den Einfall in Polen soviel
er konnte, theils dadurch, daß er 70,000 Thaler von dem ihm von dem
Sultan geliehenen Gelde dazu hergab, theils durch Ueberlassung vieler
Schweden seiner Umgebung. Er selbst folgte dem Auszuge zwei Tage=
reisen, kehrte aber dann wieder nach Bender zurück. Das ganze Kriegs=

unternehmen blieb übrigens auf einen großartigen und scheußlichen Ver-
heerungszug beschränkt, dem die Anhänger Augusts ebenso unterworfen
wurden, wie die Russen, sodaß große Theile der polnischen Ukraine, bis
nach Bratslaw hinauf, geplündert und verheert, und 10,000 Polen als
Sclaven in die Tatarei geführt wurden. Nach diesen Thaten eilten die
Tataren wieder zurück in ihre Heimat und die einzige Folge des Zuges
war erhöhter Haß der Polen gegen die Schweden und Stanislaus.

Der große russisch-türkische Krieg 1711. Der eigentliche
Krieg begann erst später im Frühjahre. Vom Vezier selbst geführt, rückte
das türkische Hauptheer von Konstantinopel aus. Poniatowski gesellte
sich ihm zu, um ihm mit seinem Rath und seiner Erfahrung beizustehen.
Ein zweites bedeutendes Heer unter Führung des Schweden Hård wurde
gegen Asow und die dortigen russischen Befestigungen gesendet, weil ein
Officier des Czaren, Namens Sperrenter, sich erboten hatte, diese
Festung den Türken zu übergeben, sobald sie davor angelangt sein würden. Der Plan war völlig entschieden, aber das unvermuthete Ende des
Krieges verhinderte seine Ausführung. Peter zog, zur Schonung seiner
eigenen Lande auf Kosten Polens, durch dieses Land und brach bei Serofa,
westlich von Bender, durch Ueberschreitung des Dniester in die Moldau
ein, wodurch er Karl von der Verbindung mit Polen und den Türken
abzuschneiden drohte. Der Vezier lud deshalb den König, seiner größeren Sicherheit und zur Besichtigung der Truppen, ein, zu seinem Heere
zu kommen. Karl sah aber, um dem Scheine einer Furcht vor den Russen
auszuweichen, und weil er es seiner Würde nicht entsprechend hielt, einen
ersten Besuch bei dem Vezier zu machen, und sich bei einem Heere aufzuhalten, dessen Befehl er nicht führte, von diesem Plane ab. Als Poniatowski den abschlägigen Bescheid brachte, sagte Mehemet zu dem Tataren-
Chan: „Das habe ich erwartet. Der stolze Ungläubige fürchtet, uns zu
viel Ehre zu erweisen." — Vom Dniester wollte Peter, gegen die Warnungen Scheremetjeffs, über den Pruth, die Donau und den Balkan gegen
Konstantinopel marschiren, trat auch den Marsch, da die Hospodaren
der Moldau und Walachei Lebensmittel zu beschaffen versprochen, man
auch hoffen durfte, in Braila große Vorräthe wegzunehmen, schließlich die
Griechen in der Türkei wiederholt um Beistand baten, wirklich an. Aber
schon zwischen Dniester und Pruth litten die Truppen so von Hunger

und Durst, daß schwere Krankheiten Tausende hinwegrafften. Die Vor-
räthe in Braila waren lange nicht so groß, als man erwartet hatte und
das dorthin gesendete russische Heer wurde von den Türken abgeschnitten.
Der Hospodar der Walachei wagte bei der Annäherung des Veziers nicht,
die Partei des Czaren zu ergreifen und sein Volk blieb dem Sultan treu.
Außerdem zog der Tataren-Chan mit großen Schaaren den Türken zu
Hilfe. — Peter erkannte und bekannte die Gefahr seiner Lage und sagte:
„Ich habe mich desselben Fehlers schuldig gemacht, wie mein Bruder
Karl, bin zu tief in Feindes Land gezogen und habe zu wenig für die
Lebensmittel meiner Truppen gesorgt." Auch in der Hoffnung auf Kan-
temir und die Moldauer glich Peter Karl in seinem Verhalten zu Mazeppa
und den Kosaken, und Kantemir mußte, wie dieser, in der Stunde der
Entscheidung, von seinem Volke verlassen, in das fremde Lager fliehen. —
Das Heer des Veziers war auf Poniatowski's Rath über die Donau ge-
gangen und von Süden aus gegen Peter gerückt, während der Tataren-
Chan von Osten herzog. Das durch Hunger und Krankheit geschwächte
russische Heer war bald von vielfach überlegenen und wohl versehenen Feinden umringt, und so eng umzingelt, daß es nur in dicht geschlossenen
Quarrées vordringen konnte. Endlich war auch dieses mühsame Marschiren unmöglich und der Czar mußte unweit Husch, in einer Biegung des
Pruth, von allen Seiten bedroht ein Lager beziehen. Peter stand auf dem
Westufer, südlich von ihm der Vezier mit dem türkischen Hauptheere,
nördlich das mächtige Tatarenheer hinter einem Moraste, und im Osten
des Flusses Potocki mit einigen Tausend Polen und gegen 20,000 Tataren auf hohem Ufer, von wo aus ihre Kanonen ungehindert das russische Lager beschossen. Einige tapfere Versuche Peters, sich durchzuschlagen, misglückten; dennoch mußten sie einen neuen wagen, da ihr Lager
zu eng, der Boden desselben stellenweise so weich war, daß sie bis an
die Knöchel einsanken. Mangel an Lebensmitteln war eingetreten und Wasser kaum aus dem Flusse zu holen, da feindliche Kugeln dies fast unmöglich machten; Futter fehlte gänzlich, sodaß Hunderte von Pferden fielen
und in der starken Hitze durch schnelle Verwesung die Luft verpesteten.
Die feindlichen Kugeln zwangen im Lager selbst zur äußersten Vorsicht;
Peters Zelt mußte in eine Grube gestellt werden, um sein Leben zu sichern.
Ein Angriff hätte die Russen vernichten müssen, da ihr einziger Schutz

lose Erdwälle und lange Reihen todter Pferde waren, und in zwei oder
drei Tagen hätte auch der Hunger die Ruſſen ſchon gezwungen, ſich zu
ergeben. Sie waren in der Lage Lewenhaupts und der Schweden bei
Perewoloczna. — Peter entſchloß ſich, einen letzten verzweifelten Verſuch
zu wagen, ſich an der Spitze von 10,000 Reitern durch den Feind nach
Rußland zu ſchlagen. Er ſah voraus, daß das Wagniß mißglücken könne
und ſchilderte dem ruſſiſchen Rath ſeine traurige Lage in einem Briefe,
worin er erklärte, wahrſcheinlich erſchoſſen oder gefangen zu werden. In
jenem Falle befahl er: „den Würdigſten ſogleich zu ſeinem Nachfolger
zu ernennen", in dieſem aber, „keinem ihm zugehenden, ſelbſt eingenhän-
digen Befehle aus ſeiner Gefangenſchaft zu gehorchen." Nachdem dies
Schreiben beendet, ſchloß er ſich in ſeinem Zelte in düſterer Verzweiflung
ein, und verbot Jedem den Eintritt, um am folgenden Morgen den letzten Schlag zu unternehmen.

Der Frieden am Pruth. In einem ruſſiſchen Kriegsrathe, an
dem auch Katharina Theil nahm, wußte dieſe ihren Plan, eine Beſtechung
des Veziers zu verſuchen, durchzuſetzen und auch, trotz Peters Verbot,
vor ihm zu erſcheinen und ihm die Einwilligung abzuſchmeicheln. Durch
begeiſterndes Zureden brachte ſie dann von Officieren und Soldaten eine
Summe auf, die im Verein mit ihrem eignen Schmuck den Werth von
200,000 Ducaten erreichte, und die genügend war, den Großvezier und
ſeine vornehmſten Rathgeber zu gewinnen, ſodaß er, ohnehin auf Karl
erzürnt, trotz des Tataren=Chans und Poniatowski's Abrathen, einen
Frieden ſchloß. Rußland ſollte danach Aſow und die umliegenden Gegenden zurückgeben, die neuen Feſtungen zerſtören, die Koſaken für unabhängig erklären, mit ſeinem Heere umkehren und die Schweden ungehindert in ihr Vaterland zurückziehen laſſen. Als Poniatowski die Hand
Mehemets noch im Augenblick der Unterzeichnung des Friedensvertrags
aufhielt, und an Schwedens Vortheil mahnte, ſagte dieſer: „Da Schweden ſeinen Krieg begonnen hat, mag es ihn auch durch eignen Frieden
ſchließen," unterſchrieb und ließ die Ruſſen den Rückzug antreten. —
Poniatowski hatte die ſchwierige Lage der Ruſſen durch Eilboten erfahren
und Karl auffordern laſſen, ſo ſchnell als möglich zur Stelle zu kommen.
Dieſer war Tag und Nacht geritten, langte aber erſt ein Paar Stunden
vor dem Abmarſch der Ruſſen am Pruth und zwar auf der Oſtſeite des

Flusses, wo Potocki stand, an. Hier übersah er die Hilflosigkeit des russischen Heeres, erhielt aber gleichzeitig die Nachricht des eben abgeschlossenen Friedens, durch zwei Paschas, die der Großvezier zu seiner Aufwartung abgesandt hatte. Sogleich setzte er auf einer Fähre über den Strom und ritt ins türkische Lager. Der Großvezier kam ihm eine Viertelmeile entgegen und stellte sich an die Spitze seiner dort aufgestellten Leute. Karl lenkte sein Pferd hart an die Reihen derselben, ritt aber, obschon er den Großvezier sehen mußte, dicht bei ihm vorüber, ohne ihn zu grüßen, statt dessen mit Poniatowski, der ihn begleitete, sprechend. Dann sprengte er schnell auf Mehemets Zelt zu, stieg dort ab und setzte sich auf den obersten Platz des Divans, dicht neben Muhameds Fahne. Der Großvezier folgte ihm mit seiner vornehmsten Begleitung und setzte sich auf die andere Seite. Nachdem dann alle übrigen Türken, auf Karls Verlangen, sich, gegen den Willen des Großveziers, hatten entfernen müssen, entstand ein Wortwechsel zwischen dem König und Mehemet, wobei jener diesem die geballte Faust unter die Nase gehalten und sich absichtlich mit seinen Sporen in dessen Mantel verwickelt haben soll; so daß derselbe zerrissen sei; aber weder dies, noch Einreden und Bitten bewogen den Vezier, den Frieden rückgängig zu machen. Beide begaben sich dann in das Zelt des Tataren-Chans; auch hier waren die Bemühungen Karls vergeblich und er kehrte am folgenden Morgen nach Bender zurück. — Peter, dem die Annahme des Friedens unerwartet kam, da er, wie alle seine Generale, die Thorheit einsah, daß man ihn dem sichern Untergange immer noch glimpflich entgehen ließ, eilte freudig mit seinem Heere in sein Reich zurück, das seine geschwächten und zu sehr angestrengten Truppen mit Mühe erreichten. — Trotz all seiner Fehlgriffe und seines Uebermuths sah Karl sich plötzlich durch eine unvermuthete Schicksalswendung auf dem Punkte, seinen gefährlichsten Feind und Schwedens Hauptgegner in Folge der eignen Fehler desselben gänzlich vernichten zu können; da aber trat eine geborne schwedische Unterthanin, die ehemalige Wittwe eines seiner Soldaten, muthig und klug eingreifend auf, und rettete den Czaren und die russische Macht. Der klare blendende Sonnenstrahl verschwand ebenso schnell, als er hervorgebrochen, und das Glück entriß ihm die angebotenen großen Gaben ebenso plötzlich. Aber auf Karls Gesicht und in seinem Benehmen war

nicht die geringste Spur von Freude oder Trauer über diesen doppelten
Wechsel zu bemerken gewesen.

Karl und der Großvezier Mehemet. Mehemet scheint nie
ein aufrichtiger Freund des Königs von Schweden gewesen zu sein, und
wurde es noch weniger nach dem Frieden am Pruth. Er wußte, daß er
dessen Hoffnungen getäuscht und sich seinen Unwillen zugezogen hatte,
und suchte deshalb seine baldige Abreise aus der Türkei zu bewirken.
Anfangs jedoch im Guten. Der Czar hatte am Pruth geloben müssen,
Karl ungehindert sowohl durch Rußland als durch Polen reisen zu
lassen. Durch gleich darauf abgeschickte Gesandtschaften wirkte er in Polen und Oesterreich dasselbe Versprechen aus. Dann ließ er Karl hiervon
benachrichtigen, stellte ihm 5 — 6000 Tataren und Türken als Begleitung und Schutz zur Verfügung, und ließ ihn zur Abreise mahnen.
Der König entgegnete aber, daß er dazu einer größeren Bedeckung und
eines neuen Darlehns von 600,000 Thalern bedürfe. Der Vezier bot
ihm 150,000 an; aber der König beharrte dabei, er brauche die ganze
Summe, für deren Bewilligung, wie für die übrigen Freundschafts-
beweise er ewig dankbar sein, und die er redlich zurückbezahlen würde; erhielte er sie aber nicht, so wolle er in der milden türkischen Luft bleiben,
bis er sich das Geld von Wien beschafft habe, um so mehr als Peters
und der Polen Versprechungen nicht zuverlässig seien. Auch die dann
vom Vezier vorgeschlagene Reise durch Deutschland wies Karl als unsicher ab, da Kaiser Joseph gestorben und bis zur Neuwahl König August
der mächtigste Fürst Deutschlands sei. In eigenhändigen Briefen suchte
er den Sultan zu bewegen, sein Gesuch um Geld und Truppen zu be-
willigen, und den Vezier der eigennützigen Vernachlässigung der schwedischen und türkischen Interessen im Frieden am Pruth anzuklagen. —
Einzelne dieser Briefe wurden aufgefangen und dem Vezier vorgelegt; dieser
erkannte die ihm drohende Gefahr und beschloß, einen Kampf auf Leben
und Tod zu wagen. Die Russen benutzten dies Verhältniß und verbreiteten, auf Karls elfjährige Abwesenheit aus Schweden gestützt, das Gerücht, dieser sei längst abgesetzt, und ein Bündniß mit einem solchen
Fürsten sei wenig ehrenvoll. Ebenso legten sie das, in Folge der durch
Pest und Geldmangel verhinderten Ausrüstung, unterbliebene Einrücken
der 30,000 Schweden in Polen, welches Karl für den Beginn des

Jahres 1711 versprochen hatte, als Treulosigkeit oder Machtlosigkeit aus, was die Wahrheit seiner Entthronung bekräftige. Hierauf fußend, schickte der Vezier, sich keck den Schein gebend, als sei Karls Abreise entschieden, gegen 300 Wagen und 900 Pferde, nebst großen Vorräthen und einem Pascha mit 6000 Mann zur Bedeckung, nach Bender, um die Nothwendigkeit des augenblicklichen Antritts der Reise herbeizuführen. Das Mittel schlug aber fehl, denn Karl erklärte, den ersten Türken, der ihn mit Gewalt zur Abreise zwingen wolle, niederzuschießen. Dahin wollte es der Vezier nicht kommen lassen, sondern ließ entschuldigend zu erkennen geben, es läge gar nicht in seiner Meinung, ihn zur Abreise zu zwingen, sondern nur, ihn dazu in Stand zu setzen. — Nun suchte er seinen Zweck auf andere Weise zu erreichen. Karls Briefwechsel, besonders mit Konstantinopel, wurde fast unmöglich gemacht; seine türkischen Dolmetscher wurden entfernt, Gard und Poniatowski von den noch versammelten türkischen Heeren fortgeschickt, die Ehrenwache von Janitscharen, die bisher dem König zu Diensten stand, und die 500 Thaler Tagegelder eingezogen, schließlich sogar ein Verbot erlassen, dem schwedischen Lager Zufuhr zu bringen. Zu diesen von dem Vezier herbeigeführten Unannehmlichkeiten gesellten sich noch natürliche Schwierigkeiten. Im Sommer 1711 stieg, wie es vorausgesagt war, der Dniester über seine Ufer und setzte das schwedische Lager unter Wasser. Als das Wasser zu steigen begann, suchten die Schweden um die Erlaubniß nach, auf das einige hundert Ellen höher gelegene Ufer, bis zum Dorfe Warnitza rücken zu dürfen; Karl verweigerte das Gesuch und wollte selbst dem Elemente trotzen. Seine Leute gehorchten seinem Befehle aber nicht und zogen, von der Nothwendigkeit getrieben, Einer nach dem Andern auf das höhere Ufer. Der König blieb ärgerlich allein in seinem Zelte und watete darin umher, bis ihm das Wasser über das Schienbein stieg. Dann flüchtete auch er, der Letzte von Allen, und ließ sein Zelt neben die bei Warnitza aufschlagen. Gegen den Vezier zeigte er sich noch eigensinniger. Die Janitscharenwache ersetzte er durch seine eigenen Soldaten. Den Hofhalt ließ er nach Wegfall der Tagegelder weit prächtiger einrichten, und den beiden täglich gedeckten Tafeln auch eine dritte für Fremde hinzufügen. Das nöthige Geld brachte Grothusen durch sein Anleihesystem auf, da das erschöpfte Schweden, trotz der Befehle des Königs, nur wenig zu

senden vermochte. — Mehemet wurde daüber so aufgebracht, daß er bei
dem schwedischen Gesandten, Funk, auf das Heftigste auf die Abreise des
Königs drang; ja er drohte sogar, ihn gebunden auf einem Wagen fort=
führen zu lassen. Gegendrohungen des Gesandten beantwortete er mit
dessen und einiger anderen schwedischer Herren Verhaftung, versuchte
dann aber noch einmal, auf Karl friedlich einzuwirken. Zwei Paschas
wurden nach Bender gesendet, um den König zur Abreise zu bestimmen
und, wenn er nicht gutwillig darauf einginge, einige Worte von Gewalt
fallen zu lassen. Karl erhielt Kenntniß von diesem Auftrage und beschloß,
die Gesandten einzuschüchtern. Dreißig Dragoner mit aufgeschraubten
Bayonneten wurden vor seinem Zelte aufgestellt, und die Paschas muß=
ten diese drohende Reihe passiren. Außerdem wurde ihnen beim Eintritt
in das Zelt bedeutet, ihre Zunge zu wahren, denn bei dem ersten unpassen=
den Worte, das des Königs Würde verletze, sollten ihnen die Leibtra=
banten ihre Bärte absengen. Die verblüfften Paschas berührten den
ernsten Theil ihres Auftrages nur bescheiden und erhielten die Antwort,
daß Karl auf des Sultans Versprechen baue, der Gewalt Gewalt ent=
·gegensetzen und sich lieber tödten, als zur Abreise zwingen lassen würde.
Hierauf wurde das ganze Lager näher um das königliche Zelt aufgeschla=
gen und mit leichten Verschanzungen umgeben, sowie ein tüchtiger Vor=
rath von Kugeln und Pulver herbeigeschafft. Seinen Leuten sagte der
König: „Jungen, alle die uns angreifen wollen, werden erfahren, daß
sie es mit richtigen Burschen zu thun haben.“ — Die beiden Paschas
entschuldigten sich bei Mehemet und riethen ihm einen persönlichen Ver=
such an. Derselbe schrieb Karl in lateinischer Sprache eine Widerlegung
seiner Zögerungsgründe, und machte auf die nun schon acht Wochen be=
reit gehaltene Begleitungstruppe aufmerksam, die länger warten zu lassen
eine Unart gegen den Sultan sei. Als Karl sich wieder weigerte, berief
der Vezier einen Divan der vornehmsten Beamten und stellte ihnen die
Lage der Dinge zur Berathung vor. Die Mehrzahl drang auf Entfer=
nung der Schweden, und Mehemet stellte dies dem schwedischen Gesandten
Funk als Wunsch des Sultans mit entschiedenster Androhung von Ge=
walt vor. Dieser und die meisten seiner Landsleute sahen nun ein, daß
von den Türken Nichts mehr zu hoffen sei und riethen dem Könige an,
sich in des Sultans Willen zu fügen und die Rückreise anzutreten. Karl

kehrte sich aber nicht an das Veziers Zorn und sagte, seine Reitgerte schwingend und hohnlächelnd: „Lapperei! Lapperei!" Dies Alles geschah im Herbst 1711. — Das russische Heer war kaum in Sicherheit, als von russischer Seite Schwierigkeiten gemacht wurden, Asow zu übergeben und Polen zu räumen, weil Karl noch immer in der Türkei weile. Diesen Umstand benutzten die schwedische Partei und des Veziers Feinde, um den Sultan, der anfangs mit dem Frieden am Pruth ganz einverstanden gewesen, zu erzürnen und zu überführen, daß Unverstand oder Eigennuz den Friedensschluß übereilt hätten. So wurde die Stimmung in Konstantinopel gegen Mehemet gewendet, und dieser, davon in Kenntniß gesetzt, wagte nun nicht länger, dem bis zur Verzweiflung entschlossenen Schwedenkönige zu trozen, sondern suchte Versöhnung, und bot demselben die Tagegelder wieder an. Karl verweigerte jedoch die Annahme derselben, erklärend, bevor er nicht wisse, daß sie vom Sultan kämen, verletze es seine Hoheit, von einem Großvezier abhängig zu sein. Um recht deutlich zu beweisen, daß er noch nicht sobald abzureisen gedenke, ließ er im Herbst 1711 zwischen Warnitza und Bender ein neues, geräumiges Steinhaus beginnen, wozu er von einem Engländer 30,000 Thaler lieh. Es enthielt mehrere Säle und Zimmer, und die Mauern wurden, um als Festung dienen zu können, anderthalb Ellen stark aufgeführt; das Innere ließ Karl, ganz gegen seine Gewohnheit, nur seiner Armuth zum Troze, mit der ausgesuchtesten Pracht einrichten; kostbare französische und türkische Tapeten bedeckten die Wände, Teppiche den Fußboden, golddurchwirkte Stoffe die Divans. Erst mit dem Jahresschlusse war das Haus zu beziehen, und bis dahin hatte, troz der schon starken Kälte, der König sein Zelt nicht mit den Holzhütten, die ihm seine Umgebung anbot, vertauscht. Nahe bei dem am Weihnachtsabend bezogenen Hause waren besondere feste Gebäude für die Kanzlei, Küche, Silbervorräthe, Schaffnerei, Keller und zwei große Ställe errichtet, in denen hundertundzwanzig Pferde standen. Rings umher ließ sich dann die Umgebung Karls kleinere Häuser erbauen, und diese umgaben in guter städtischer Ordnung die Hütten der Trabanten, Dragoner und der übrigen Schweden; weiter davon standen ähnliche der Polen, Walachen und Zaporoger. Die ganze Anlage wurde Karlopolis oder Neu-Karlsstadt genannt. Der König hielt dort förmlichen Hof, und von dem Altan

ſeines Hauſes gaben zwölf Trompeter die Zeichen zum Gottesdienſt, den
Gebeten und den Mahlzeiten. — Inzwiſchen gelang es, da die Erfüllung
der in der Stunde der Noth dem Czaren abgedrungenen Friedensbedingungen ſich verzögerte, den Intriguen des Günſtlings Kumurgi und der ſchwediſchen Serailpartei, den Sultan lebhaft gegen Mehemet einzunehmen,
wozu das Wagniß des ſchwediſchen Geſandten, Celſing, ihm eine An-
klageſchrift gegen den Großvezier zuzuſtellen und einen Plan der Lage
des ruſſiſchen Heeres am Pruth, der deutlich bewies, wie dies und die
Perſon des Czaren in der Türken Hände geweſen, das ſeinige beitrug.
Der franzöſiſche Geſandte unterſtützte Karls Intereſſe mit Rath, That
und Geld, da König Ludwig, aus Furcht, Peter möchte ſich mit England und Holland verbinden, dieſem einen neuen Türkenkrieg zu erregen
wünſchte. Die Folge ſolcher vereinten Anſtrengung war die endliche Abſetzung Mehemets und ſeiner Freunde.

**Juſſuf wird Großvezier, zweite Kriegserklärung gegen
und zweiter Frieden mit Rußland.** Da die Feindſchaft gegen
Karl eine Haupturſache zu dem Sturze Mehemets war, ſtellte ſich ſein
Nachfolger Juſſuf anfangs demſelben ſehr ergeben, und ließ ihm ſogleich
ſeinen früheren reichlichen Unterhalt zugehen; im Herzen war er aber,
wie faſt alle türkiſche Beamte, der Sache der Schweden feindlich geſinnt,
und er beklagte unumwunden, daß der nordiſche König dem Sultan ſchon
über drei Millionen Gulden gekoſtet habe. Auch er ſuchte des Königs
Abreiſe herbeizuführen und brachte den Seeweg über Frankreich in Vor-
ſchlag, ließ auch auf Karls Weigerung, auf dieſelbe einzugehen, ein Wort
von der Nothwendigkeit ernſter Mittel fallen. — Die ruſſiſchen Ausflüchte
bezüglich der zu erfüllenden Friedensbedingungen und die aufgefundenen
Beweiſe der Beſtechung der hohen Beamten reizten den Sultan immer
mehr auf, ſodaß es den Bearbeitungen des franzöſiſchen Geſandten, Poniatowski's, der in Karls Namen verſprach, im nächſten Jahre die in Polen
befindlichen Ruſſen von Norden her mit 30,000 Schweden anzugreifen, und
des Tataren-Chans gelang, den Sultan dahin zu bringen, Rußland im
December 1711 aufs Neue den Krieg zu erklären und Karl 600,000
Thaler und die verlangten 50,000 Mann Bedeckungstruppen zuzuſagen.
Beim Empfang dieſer Nachricht ſchenkte der König der in Bender befindlichen türkiſchen Muſik vierhundert Ducaten. — Der drohende Krieg er-

schreckte nicht nur alle türkischen Beamten, die darauf drangen, sich mit der Erfüllung des Pruth=Friedens zu begnügen, sondern auch England und Holland. Poniatowski, sehr mit dem Serailleben vertraut, hielt aber des Großherrn Haß gegen Rußland und dessen Neigung für Karl aufrecht. Im Divan kam es zu lebhaften Debatten; der Großvezier und fast alle Stimmen waren für den Frieden; der Sultan erklärte aber: „Er wolle, koste es, was es sei, gegen Rußland ziehen, oder die Regierung nieder=legen." England und Holland gaben durch ihren Gesandten ein Schrei=ben ab, worin sie gelobten, Karl frei und sicher nach Schweden zu schaf=fen und den Czaren zur Erfüllung des Pruthfriedens zu vermögen. Als der Vezier ihm diese Schrift vorlegte, zerriß sie der König und rief aus: „Ich werde, mit dem Säbel in der Hand, Rußland zwingen, seine Verspre=chungen zu erfüllen, und was meine Abreise betrifft, so geht dies nur den Sultan und mich an, aber nicht den holländischen und englischen Gesandten." — Inzwischen glückte es dem Vezier und seiner Partei, durch verschiedene Hindernisse die Eröffnung des Feldzuges zu verschieben, bis Englands und Hollands Vorstellungen, sowie Dänemarks und König Au=gusts Drohung, Separatfrieden mit Schweden zu schließen, Peter be=wogen, den Türken Asow zurückzugeben. Dieser Schritt ermuthigte die Friedenspartei, die dem Sultan bewies, daß der Volkswunsch Ruhe sei, und zog den Tataren=Chan, der nun Rußland nicht so sehr zu fürchten hatte, von Karls Interesse ab. Außerdem bewiesen fast alle fremden Ge=sandten Achmet, daß Schweden nicht im Stande sei, 30,000 Mann nach Polen zu senden, wie es der König versprochen, und so erlosch des Sul=tans Kriegslust, und am 15. April 1712 wurde der Friede zwischen Rußland und der Türkei auf die früheren Bedingungen erneuert. Die schwedische Partei sah sich also abermals in ihren Erwartungen getäuscht; doch gab sich der König den Schein, als wäre sein Muth, seine Hoffnung unerschüttert. Er schrieb an Stanislaus: „Ich habe nie Viel auf den Türkenkrieg gesetzt und beunruhige mich daher nicht sehr über den neuge=schlossenen Frieden. Der Sultan hat auf alle Fälle eine hinreichende Be=deckung zur Rückkehr versprochen. Haben Sie also guten Muth. Mit Gotteshilfe wird Alles zu unserer Freude enden."

Funfzehntes Kapitel.

Karls Pläne für 1712. — Grudzinski's Einfall in Polen. — Vorschlag zu einem deutsch-protestantischen Fürstenbündniß unter Karls Leitung. — Türkische Intriguen zur Abreise Karls. — Der Sultan beschließt den dritten Krieg gegen Rußland und schließt den dritten Vergleich im Herbst 1712. — Unterhandlungen der Türken mit Karl. — Vorbereitungen zur Erzwingung seiner Abreise. — Das Gefecht (Kalabalik). — Karls Gefangenschaft in Bender. — Reise nach Timurtasch.

Karls Pläne für 1812. Der zweite Friede mit Rußland erschütterte Karls Vorsatz, in der Türkei zu bleiben, ebensowenig, als der am Pruth geschlossene. Er hoffte immer noch, den Krieg wieder veranlassen zu können, und auf einen Angriff auf König August durch ein bedeutendes aus Schweden nach Pommern geschafftes Heer, mit dem ein von seiner Begleitung ausgeführter Einfall in Polen Verbindung suchen sollte, endlich auf ein Bündniß der Türken und protestantischen Fürsten Deutschlands gegen den katholischen August, das er dazu benutzen wollte, Stanislaus sein Reich wieder zu verschaffen.

Grudzinski's Einfall in Polen. Als der Sultan mit dem Beginn des Jahres 1712 wirklich regen Eifer für Karls Sache gegen Rußland zeigte, sammelten sich um den Schwedenkönig Schaaren von Tataren, Kosaken und Polen, sodaß sie einschließlich seiner eigenen Leute bis auf 12,000 Mann anwuchsen, die als ein unabhängiges, nur ihm gehorchendes Heer die Grundlage seiner Berechnung bildeten. Besolden und unterhalten konnte er sie zwar nicht selbst; doch hatte der Sultan in günstiger Stimmung versprochen, sie in der Moldau und in der Umgegend von Bender einzuquartieren. Das immer an Mannschaft zunehmende Truppencorps überließ sich großer Zügellosigkeit und war durch die strengsten Befehle des Königs nicht von Plünderung, Nothzucht und Mord zurückzuhalten, sodaß die Moldauer bittere Klagen vor den Sultan brachten und dieser, aufgebracht über den Mißbrauch der Gastfreundschaft, befahl, diese Truppen augenblicklich aus seinem Reiche zu verjagen. In derselben Zeit wurde der Frieden mit Rußland, unter der Voraussetzung, daß Karl auf seiner Rückreise durch Polen keine Unruhen anstifte, abermals vollzogen. Karl stellte sich jedoch, als ob er diese

Bedingung nicht kenne, und da seine Truppen unter allen Umständen die
Moldau verlassen sollten, beschloß er, sie nach Polen zu senden und zu
versuchen, was er für Stanislaus thun könne. Als sie jedoch erfuhren,
daß Karl vom Sultan verlassen, er aber ernste Absichten mit ihnen habe,
schmolz diese Mannschaft schnell bis auf fünftausend Mann zusammen.
Zum Anführer dieser wurde Grudzinski, der seit 1704 zu Leszinski's
Partei gehörte, erwählt. Er sollte versuchen, sich Pommern und dem
von dort aus operirenden Stenbock zu nähern. Im Monat Mai brach er
aus der Moldau über Sniatin in Polen ein und erließ eine Proclamation,
worin er erklärte, von Karl und Stanislaus abgesendet zu sein, Polen
von dem Drucke Augusts und der Russen zu befreien. Lügen wurden
dabei nicht gespart, Karls hochherzige Liebe für die Republik gepriesen,
sein Nachfolgen mit weniger Mannschaft, falls die Stimmung für, und
sein Angriff mit 100,000 ihm vom Sultan zur Verfügung gestellten
Tataren verkündet, falls sie gegen ihn sei. Die übliche Unbeständigkeit
der Polen und Augusts gewohnter Leichtsinn hatten das gegenseitige Mistrauen wieder geschürt und neue Unzufriedenheit erzeugt; hierzu gesellte
sich die Furcht vor Karl, was bewirkte, daß Grudzinski, der rasch und
kräftig vorschritt, unerwartet gute Erfolge erzielte. Nirgends wagte man,
ihm ernsten Widerstand zu leisten, und bald wuchs sein Heer auf 15,000
Mann und drang bis gegen Posen und Thorn vor, wo es Stenbock zu
finden hoffte; dieser aber überschiffte erst im September die Ostsee. In
der Gegend von Posen wurde Grudzinski daher im Juni sowohl von den
Russen als Polen umringt und so geschlagen, daß sich sein ganzes Heer
auflöste und er selbst mit wenigen hundert Mann über die schlesische
Grenze fliehen mußte; wodurch die anfangs so glücklich begonnene Unternehmung ein Ende fand, und Karl nur Drohungen blieben.

**Vorschlag zu einem deutsch = protestantischen Fürsten=
bündniß unter Karls Leitung.** Im März 1712 suchte Karl durch
seinen Gesandten an verschiedenen kleinen Höfen Deutschlands, Hjelm=
borg, die Fürsten gegen die zu große Macht der Kurfürsten bei der Kai=
serwahl aufzureizen und zu veranlassen, Truppen anzuwerben und zu
seiner Verfügung zu stellen, um durch seinen Beistand ihr gleiches Recht
mit den Kurfürsten geltend zu machen. Gleichzeitig versuchte er die Protestanten gegen August zu hetzen, und die ihm als Kurfürsten von Sachsen

zustehende Reichsverwesung während der Thronerledigung streitig zu machen, weil er Katholik sei. Auch gegen die, muthmaßlich dann auf den König von Preußen fallende Wahl zu dieser interimistischen Herrschaft agitirte er durch Hjelmborg, wegen seines reformirten Bekenntnisses, und wies auf das darin gegen die lutherisch-evangelischen Fürsten liegende Unrecht hin, da diese in Augsburg und beim westphälischen Friedensschluß ganz besonders gegen das Papstthum gewirkt hätten. Schwedens große Verdienste um die deutsche, besonders die evangelische Freiheit, und Karls Auftreten 1707 in Schlesien zu Gunsten seiner protestantischen Waffenbrüder, wurden die für ihn in Bewegung gesetzten Hebel und, je nach der Stellung der Höfe, von seinem Gesandten benutzt. — Um den eigenthümlichen Plan durchzusetzen, befahl der König auch die Anwerbung einiger besonderer Regimenter in Deutschland, und ließ zur Beschaffung des nöthigen Geldes seinen Privatbesitz in Zweibrücken verpfänden. An der fehlenden Einwilligung der übrigen pfälzischen Agenten und anderen Hindernissen scheiterte das Vorhaben, dem sich übrigens um so weniger deutsche Fürsten geneigt zeigten, als das Gerücht umlief, Karl würde an der Spitze von 80,000 Tataren in Deutschland einrücken. Bis zum Juli zogen sich die Unterhandlungen hin, wurden dann aber bis auf Weiteres aufgeschoben und endeten resultatlos.

Türkische Intriguen zur Abreise Karls. Nach dem Aprilfriedensschluß ließ der Sultan Karl in einem eigenhändig untersiegelten Briefe, als seine persönliche, entschiedene Meinung, die Rückreise in seine Staaten für den kommenden Winter befehlen. Den Weg sollte er nach dem stets ausgesprochenen eigenen Wunsch durch Polen und unter Bedeckung des Tataren-Chans und des Pascha's von Bender nehmen, sich aber jeder Friedensstörung und Unordnung enthalten. Poniatowski, der mit Gefängniß bedroht war, und alle seine türkischen Freunde sich zurückziehen sah, bewog Karl, sich zu stellen, als beabsichtige er, den Wunsch des Sultan erfüllen, und nicht auf den hochfahrenden Ton der Türken zu achten, im Gegentheil seine Dankbarkeit für die bewiesene Gastfreundschaft auszudrücken. Dem fügte er jedoch das Verlangen von 200 Wagen, 4—500 Pferden und 1200 Beuteln oder 600,000 Thalern hinzu. Aus Sehnsucht, die Schweden loszuwerden, wollte der Sultan diese Forderungen gewähren, nahm aber gleichzeitig noch einen stolzeren Ton an und drohte mit ernsten Maßregeln, nachdem er vorher noch einen Versuch gemacht hatte, die Rückreise über Salonichi und seewärts nach Frankreich zu lenken. Karl dagegen bestand nun um so mehr auf dem Weg durch Polen, als sich diesem wieder Schwierigkeiten entgegenthürmten, indem der österreichische Hof, um einen neuen Krieg zu verhindern, den Sultan bat, die Schweden nicht dies Land betreten zu lassen, sondern durch Un=garn zu führen. Ebenso erklärten August und die Republik jetzt aufs Bestimmteste, Karl den geforderten Durchzug nicht mehr zu gestatten. Nachdem nämlich die Türken seiner müde geworden, war er ihnen sowohl wie dem Czaren ein weniger gefährlicher Feind in der Türkei, als außer=halb derselben. Sie thaten daher jetzt Alles, um ihn dort zurückzuhalten, und August pflegte triumphirend zu sagen: „Ich habe meinen Bären in Bänder (Bender) gebunden." Das eigensinnige Verharren Karls veran=laßte den Divan oft, Maßregeln gegen ihn zu berathen, und rief einer=seits den Gedanken hervor, er beabsichtige, die Türkei zu verrathen, wie man andererseits auch dem Gerüchte wieder Glauben schenkte, daß er ein von Schweden vertriebener königlicher Abenteurer sei. Karls Be=nehmen in dieser Zeit zeigte manche Widersprüche. Aus Mangel an Hilfsquellen litten seine Umgebungen viel, oft wahre Hungersnoth, und dann zeigte er sich zur Rückkehr nach Schweden geneigt, verwarf aber die Reise zur See und den Weg durch das befreundete Deutschland, und bestand auf dem durch Polen. Auch wollte er den Zeitpunkt der Ab=reise nicht früher setzen, als Stenbock in Pommern angelangt sei, wohl in der Hoffnung, die Türken dann noch einmal zum Krieg gegen Rußland veranlassen zu können.

Der Sultan beschließt den dritten Krieg gegen Rußland, und schließt den dritten Vergleich im Herbst 1712. In dieser Absicht wendete Karl die früheren Mittel an, und bediente sich neuer Gründe; so eines angeblichen Planes des Czaren und Augusts, sich zu Kaisern des Morgenlandes, einschließlich der Türkei, und des Abendlandes zu machen. In den Versprechungen ging man bis zum Anbieten von Ka=miniec und Podolien an die Türkei. Der dritte, wirklich einschlagende und auf die türkische Regierung wirkende Grund war das endliche Ein=treffen der Truppen Stenbocks in Pommern, die thatsächliche Kriegs=ursache aber, das Fortbelassen der russischen Truppen in Polen, das gegen

beide Friedensschlüsse stritt, aber gerade jetzt für Peter doppelt wichtig
war, da es ihm Kosten ersparte, Polen schwächte und die Verbindung
mit seinem Pommern angreifenden Heere gestattete. Als keine Scheingründe für die längere Verzögerung des Abmarsches gefunden wurden,
gab der Grudzinski'sche Angriff einen willkommenen Anlaß, die Räumung
Polens, allen Versprechungen entgegen, von Neuem zu verschieben. Dies
benutzte Karl und seine Partei, den Sultan wiederum gegen Peter zu
reizen. Abgesandte mußten sich im Geheimen von dem Zustande der Dinge
in Polen unterrichten, und da sie, trotz der Bestechungsversuche der Partei des Veziers und der Russen, zu Gunsten der Schweden berichteten, er-
grimmte der Großherr über Peters Treulosigkeit und ließ den Gesandten
desselben in das Schloß der sieben Thürme werfen. Einen ernsteren Bruch
suchte der Großvezier zu verhindern, aber er wurde von dem ihm ohnehin
zürnenden Sultan entlassen und durch den Pascha Soliman ersetzt. Darauf ward, gegen die Meinung fast aller Räthe des Sultans, aber unter
dem Einflusse des schwedischen und französischen Gesandten, im Herbst
1712 abermals der Krieg an Rußland erklärt, in dem Achmet selbst seine
Truppen anführen wollte. Gleichen Schritt mit diesen Plänen hielt die
wiedererwachte Freundschaft für Karl, dem er wiederum nicht nur die verlangten 1200 Beutel, sondern auch noch 70,000 Türken und Tataren versprach, um mit ihnen die Russen aus Polen zu vertreiben, während sie der
Sultan im eigenen Lande angriffe. — Die ewigen Wechsel in der türkischen
Politik und die erschöpfenden nutzlosen Rüstungen hatten aber einen Umschwung in der Ansicht des Volkes erzeugt, und dies hatte nicht nur Lau-
heit im Erfüllen der großherrlichen Befehle zur Folge, sondern rief selbst
in den niederen Classen einen ernsten Unwillen gegen Karl, den man als
Urheber dieser Verhältnisse ansah, hervor. Die wochenlange Waffenruhe
Stenbocks in Mecklenburg wurde von der russischen Partei als ein Verrath an der türkischen Sache, als ein Separatfrieden der Schweden dargestellt, und mit der neuen Erklärung Stanislaus', seine Krone zu Gunsten Augusts niederzulegen, in Verbindung gebracht. Ja es erzeugte sich
sogar der Glaube, Karl erwarte nur Stenbocks Heer in Bender, um mit
den Polen und Russen als Bundesgenossen über die Türken herzufallen.
Diese Gerüchte, die erkannte Unlust seines Volkes zu einem neuen Krieg,
das ernste Abrathen auch des neuen Großreziers und des englischen und

holländischen Gesandten bewogen den Sultan endlich zu Eingehung eines dritten Vergleichs mit Rußland und zur Bestätigung des Pruth- friedens.

Unterhandlungen der Türken mit Karl.   Drei und ein halbes Jahr waren nun nicht nur Karl und sein Hof, sondern auch seine oft tausend Mann betragende Mannschaft mit schweren Kosten von der Türkei erhalten worden, und seit mindestens anderthalb Jahren hatte ihm der Sultan gerathen, die ihm gebotenen Gelegenheiten zur Rückreise zu benutzen, der König aber sich stets der Erfüllung dieses gerechten Wunsches entzogen.   Ganz Europa tadelte ihn als undankbar, eigen- sinnig, unklug und pflichtvergessen gegen sein eigenes wie gegen das fremde Reich und schämte sich des Mißbrauchs des Gastrechts; selbst in Schwe- den erhoben sich nur wenige Stimmen, sein Benehmen als Muth und Festigkeit zu preisen, die einem Helden lieber mit Ehren unterzugehen, als sich fremdem Willen zu fügen erlaubten.   Die Türken sahen sich aber jetzt an der Grenze ihrer Geduld; der Vezier erklärte, keine andere Mitthei- lung mehr von den Schweden anzunehmen, als die ihrer baldigen Ab- reise; Achmet aber wünschte, ihn noch einmal im Guten dazu zu bewegen. Der zu seiner Begleitung bestimmte Tataren-Chan und der Pascha von Bender sammelten um diese Stadt Geleitstruppen von 10,000 Mann, und überdies bewog der Sultan König August und die polnische Republik abermals, einen freien Durchzug für Karl und seine Bedeckung zu bewil- ligen und sogar durch Geiselgestellung zu sichern.   Zur Bezahlung der Schulden verhieß er Karl auch die begehrten 1200 Beutel und beschenkte ihn außerdem reich mit Wagen, Pferden und Speisebedürfnissen.   Das Geld war dem Pascha schon am 10. November zugesendet worden, sollte aber dem Könige erst im Augenblick der Abreise überliefert werden.   Er ließ es durch Grothusen von demselben verlangen, und nach langer Wei- gerung mußte dieser ihn zur Auszahlung zu bereden, jedoch erst, nachdem sowohl Karl im Voraus in die Anordnungen des Sultans für die Abreise und den Marsch durch Polen eingewilligt, als auch Grothusen im Namen des Königs eidlich und schriftlich erklärt hatte, sie würden zu der von dem Tataren-Chan festgesetzten Stunde abreisen und während des Marsches durch Polen keine Bewegung zu Gunsten Stanislaus' vornehmen oder sich nur daran betheiligen.   Mit der erhaltenen Summe bezahlte Karl, statt

sich zur Abreise zu rüsten, seine Schulden, und nicht, wie es der Pascha
bewirken wollte, nach dem empfangenen Gelde nebst Zinsen, sondern
nach dem Wortlaut der unglaublich hohen wucherischen Verschreibungen.
Ein sehr großer Theil wurde auch an die in Bender anwesenden Polen
gegeben, um sie Stanislaus treu zu erhalten, und so war die erlangte Summe bald verausgabt und der König dreist genug, von dem
Sultan ein neues Darlehn von 1000 Beuteln zu verlangen. Die Reise-
vorbereitungen der Schweden wurden nur so lange mit sichtlichem Eifer
betrieben, als ihnen das Geld noch nicht ausgezahlt war, und als beim
Eintritt des Frostes der Pascha daran erinnerte, daß dies die Zeit der
festgestellten Abreise sei, vertröstete ihn Grothusen, während Karl die
Ausflüchte der zu schwachen Bedeckung und selbst das Mistrauen gegen
den Tataren-Chan wieder hervorholte. Die Unbequemlichkeiten, welche
die steigende Kälte den nun schon Wochen lang wartenden Tataren verursachte, bewogen den Chan, am 10. December durch seinen Sohn dem
König erkennen geben zu lassen, daß in Folge des getroffenen Ueberein-
kommens der Tag zur Abreise auf den 15. December festgesetzt sei. Karl
antwortete, er würde nächstens Bescheid geben und sendete am 11. December dem Chan eine ausweichende Entgegnung. Ein unerquicklicher
Briefwechsel entstand zwischen dem Chan, dem Könige und Müllern, der
gerechte Vorwürfe einerseits und leere Ausflüchte andererseits enthielt und
schließlich in gegenseitige Gewaltandrohung ausartete. Der Pascha, der
des Sultans bestimmten Befehl durch die Geldauslieferung verletzt hatte,
beschwor Karl, um seines grauen Hauptes willen, ihn, da man durch die
neue Geldforderung in Konstantinopel sein Vergehen kenne, vermöge
seiner Abreise vom Tode zu retten, umsomehr, da er fürchten müsse, nun
entschiedenen Zwang gegen ihn angewendet zu sehen. Auch dieses erzielte
keine günstigere Antwort, und der Pascha verrieth das Geschehene an den
Tataren-Chan, worauf Beide durch Eilboten dem Sultan berichteten, wie
der König sie überlistet und das Geld verschwendet habe und wie er des
Großherrn Befehle, sowie auch sie und ihre Leute, mit solcher Verachtung
behandle, daß dadurch ein Aufstand drohe. Diese beiden Boten langten
unmittelbar nach Karls Begehren des neuen Darlehens in Konstantinopel
an und brachten den Sultan und dessen Minister so auf, daß beide
schwedische Gesandten, Funk und Poniatowski, verhaftet wurden. In

einem Divan, dem der Sultan selbst vorsaß, was selten geschah, setzte er das Sachverhältniß auseinander; die Rathsversammlung beantwortete seine Frage, ob die jetzige Anwendung von Gewalt zur Erzwingung der Versprechungen Karls gegen den Koran und für die Fürsten Europa's beleidigend sei, mit „Nein!" und die Muftis sprachen ihn von aller Verantwortlichkeit frei. In Folge dessen befahl Achmet dem Tartaren-Chan und dem Pascha, noch einen gütlichen Versuch bei Karl zu wagen, schlage der fehl, ihm die Tagegelder, Ehrenwache und Lebensmittel vorzuenthalten, und bliebe auch dies ohne Wirkung, ihn mit Gewalt, lebend oder todt, nach Adrianopel zu bringen. Um diesem Befehle mehr Nachdruck zu geben, war noch eine Nachschrift für den König selbst hinzugefügt, die ihm von Seiten des Sultans rieth, die günstige Jahreszeit zu benutzen und freiwillig die Rückreise anzutreten, wenn er nicht andere Maßregeln ergriffen sehen wolle.

Am 25. December 1712 langte das Schreiben des Sultans in Bender an. Bei den Janitscharen erregte es Zweifel und Mißvergnügen, aber bei der andern türkischen Bevölkerung große Befriedigung, und es wurden Freudenfeste über die baldige Befreiung von den lästigen Gästen und ihrer fast ebenso lästigen Bedeckung veranstaltet. Dem Könige selbst machte der Pascha erst nach abgehaltener Berathung mit dem Tataren-Chan am 2. Januar 1713 officielle Mittheilung über das Schreiben des Sultans. Anfangs war das Gespräch höflich und Karl versprach zu reisen, wenn er seine Vorbereitungen beendet und die vom Sultan verlangten 1000 Beutel erhalten hätte. Der Pascha drang auf die Bestimmung des Tages und endliche Erfüllung der durch Müllern und Grothusen gemachten Versprechungen, sich dabei auf das Schreiben des Sultans berufend. Karl entgegnete ihm, er möge dem Befehle seines Herrn gehorchen, er selbst fürchte keine Drohungen, und schloß mit den Worten: „Werde ich angegriffen, so werde ich mich vertheidigen, und mit diesem Bescheid magst Du Deines Weges gehen." Hierbei drehte er ihm den Rücken zu. Der Pascha eilte hinaus, warf sich aufs Pferd und jagte zornig und spornstreichs davon. Fabrice begegnend, rief er diesem zu: „Alles ist verloren; der König will keine Vernunft annehmen; man wird wunderbare Dinge zu sehen bekommen!" Im Lager der Schweden fand Fabrice große Bestürzung; nur der König spielte ruhig mit Grot-

husen Federball und betrachtete ihn mit Hohnlächeln, doch ohne ein Wort
zu sprechen. Bis auf Generalmajor Hard, der dadurch den friedliebenden Grothusen zu verdrängen hoffte, hatten alle Officiere Karl gebeten,
nachzugeben. Nach neuer Berathung des Pascha's und des Chans wurden
am 3. Januar der Unterhalt und die Ehrenwache Karls zurückgezogen.
Das Dorf Warnitza mußte von den dort wohnenden Schweden, Polen
und seinen eigenen Bewohnern geräumt werden, wurde mit viertausend Tataren belegt und das Lager von allen Seiten eingeschlossen. Bei
dieser Gelegenheit ging bereits ein großer Theil Zaporogen und Polen,
theils aus Furcht, theils um fernern Unterhalt zu bekommen, zu den
Türken über. In Folge dieser Schritte ließ Karl neunzehn seiner schönsten vom Sultan erhaltenen Pferde erschießen und sagte: „Wenn er mir
sein Heu fortgenommen hat, brauche ich auch seine Pferde nicht mehr."
Den Tataren war das Fleisch der schönen, wohlgenährten Thiere eine
willkommene Gabe. Die Janitscharenwache ersetzten wieder schwedische
Dragoner und um die wichtigsten Theile des Lagers begann man, Verschanzungen anzulegen. Der gefrorene Boden erlaubte aber den Bau von
Erdwällen nicht. Die einzelnen Gebäude wurden deshalb durch Bar-
ricaden von ineinandergeschlagenen Wagen, Karren, Tonnen, Betten
und Anderem mehr geschützt, und die Zwischenräume mit Pferdemist,
soweit dieser ausreichte, verstopft. Das Königshaus ward mit Pfahlwerk abgesperrt und in diese Verschanzung sämmtliche Mannschaft gezogen. Am 4. wurden diese Arbeiten fortgesetzt, und um zu beweisen, wie
wenig er die Drohungen des Paschas fürchte, ritt Karl in die Stadt
Bender, was er während des freundschaftlichen Verhältnisses nie gethan
hatte. Leicht konnte er gefangen oder angegriffen werden; zur Gewalt
wollte jedoch der Pascha noch nicht schreiten, weshalb er ihn ungehindert
die Straßen durchstreifen ließ; dagegen schnitt er ihm durch strenge Verbote jede Zufuhr ab. Durch den holsteinischen und englischen Gesandten,
Fabrice und Jefferies, erneute er die Versuche, Karl im Guten umzu-
stimmen. Dieser nahm sie und ihre Vorschläge mit Aerger und Hohn
auf und ließ schließlich durch sie erklären, sein Lager sei befestigt und
zum Empfang der Feinde bereit, er aber auch gewillt, billige Bedingungen anzunehmen, wenn sie gebührend vorgetragen würden. Jefferies zog
sich verletzt zurück, aber Fabrice wagte noch, auf Müllerns Bitten,

einen neuen Versuch, bis ihn Grothusen versicherte, daß er Alles gethan, um der Sache eine günstigere Wendung zu geben, Karl aber seine Phantasie durch die Vorstellung eines so außerordentlichen Kampfes erhitzt habe, daß er dieser romantischen Lust zur Liebe entschlossen sei, das Aeußerste zu wagen. Am 7. Januar theilten Jefferies und Fabrice den Türken das Resultat ihrer mehrtägigen Unterhandlungen mit. Der Tataren=Chan wollte nun mit Ernst einschreiten, da es voraussichtlich kein anderes Mittel mehr gebe; der Pascha aber erbot sich zu persönlichen großen Opfern, welche Fabrice zu einem neuen Vermittelungsversuch bestimmten, den der König durch die Erklärung beantwortete, wenn der Befehl zur Gewalt dem Sultan nicht untergeschoben wäre, so sei er ihm durch Lügen entlockt, und er wolle eine Aenderung desselben bewirken. Dann befahl er lächelnd, Fabrice möge den Türken mittheilen, in wie guten Vertheidigungsstand er sich gesetzt habe. Nach Beendigung der Unterhandlung mit Müllern und den übrigen Herren beschloß Fabrice, die Sache dadurch zum Guten zu wenden, daß man ihr den Schein gab, die Türken suchten um ihrer selbst willen einen Vergleich nach. Der Chan und der Pascha willigten in diesen Plan und schickten zwei Gesandte mit diesem Verlangen an Müllern, der den durch diese verstellte Demuth geschmeichelten König dahin bewog, die Eröffnung von Unterhandlungen zwischen jenen und Müllern und Grothusen zu gestatten. Am 9. begannen diese in Grothusens Wohnung. Die Türken stellten die Gründe zur Abreise dar und baten Müllern, sie dem Könige vorzutragen. Er fand denselben beim Schachspiel und mußte, da Karl ahnte, was er wolle, warten, bis die lange dauernde Partie beendet war, worauf er so günstig als möglich das Gesuch der Türken entwickelte. Karl blieb unerschütterlich bei der Antwort, „nicht eher reisen zu können, bis er mehr Geld vom Sultan oder aus Schweden erhalten habe. Sei er fertig, würde er die Türken benachrichtigen.“ Mit diesem Bescheide kehrten die Gesandten sehr entrüstet zurück. Am 10. Januar erlangte Fabrice durch Bitten und Drohungen in einer Berathung mit dem Chan und dem Pascha abermaligen Aufschub der Gewalt, für die namentlich der Erstere sprach. Wieder wurde von Beiden ein Eilbote an den Sultan abgesendet, um den Stand der Dinge zu berichten und anzufragen, wie weit sich die Gewaltmaßregeln ausdehnen dürften. Am 11. berichtete Fabrice Karl

diese neuen Vorgänge, die derselbe als Beweis nahm, daß sie des Sultans Willen überschritten, und erklärte, daß auch er dem Sultan geschrieben habe, und dies gewiß die Bestrafung des Chans zur Folge
haben würde. Gegenseitig suchten sie sich vergeblich für ihre Ansicht zu
gewinnen. In Abwartung des großherrlichen Bescheids verging die Zeit
vom 12. bis 29. Januar ohne wichtige Vorfälle.

Beim Beginn dieses ernstlichen Bruches war das schwedische Lager,
durch seine regelmäßige Verpflegung verwöhnt, nur auf eine Woche ver-
proviantirt, und da Karl entschlossen war, sich, im Falle der Noth, durch
einen Ausfall Lebensmittel zu schaffen, wußte Fabrice, durch eigene Bürgschaft, jüdische und türkische Kaufleute zu Lieferungen zu bewegen, die
nach Scheingefechten mit den bezahlten Janitscharen eingeschmuggelt wurden, wobei der Chan und der Pascha durch die Finger sahen. Oft wählte
man die Nacht zu solchen Unternehmungen; oft fanden sie am hellen
Tage statt, und binnen Kurzem war Karl für sechs bis sieben Wochen
wohl versehen, und hatte sogar auf ähnliche Weise auch Munition erhalten. Eine tragikomische Episode dieser Tage war der Tod einer Zahl
Tataren. Der Arzt des Königs, Skraggenstjerna, hatte seine bisherige
Wohnung verlassen und in das befestigte Lager ziehen müssen, und zwar
so schnell, daß er nicht all sein Eigenthum hatte mitnehmen können. Zu
diesem gehörten zwei kupferne Flaschen mit einem wohlschmeckenden, sehr
starken Abführungsmittel, das bald, trotz der Warnung des Arztes,
unter den das Haus besetzenden Tataren von Mund zu Mund ging und
entsetzliche Qualen zur Folge hatte, die mehrere der sich vergiftet Wäh-
nenden dazu brachten, sich den Bauch aufzuschlitzen, um einen frühern
Tod zu finden. Das ganze Lager war von allen Seiten mit starken tatarischen Feldwachen umringt, denen jedoch jede Gewaltthat gegen den
König und die Schweden streng verboten war. Karl ritt täglich in kleiner
Gesellschaft aus, meist in die Nähe der feindlichen Feldwachen, um
sie zu mustern, und sprengte rasch auf die aufgestellten Truppen zu, die
ihm ehrerbietig ihre Glieder öffneten. Alles dies bestärkte mehr und
mehr seine wahre oder verstellte Ueberzeugung, daß der Sultan den Befehl, Gewalt zu gebrauchen, nicht gegeben habe, oder wenn derselbe gegeben worden sei, weder Türken noch Tataren ihm Folge leisten würden.
Dies verkündete er durch eine am 15. Januar in seinem Lager er-

laffene Proclamation, worin er auch den Chan und den Pascha beschuldigte, vom Czaren und von König August bestochen zu sein. Eine Anzahl nach Bender geflüchteter Polen schenkte ihr wirklich Glauben und kehrte ins schwedische Lager zurück. Als Preis des Verraths des Chans und des Pascha's, die bei der Ankunft in Polen den König ausliefern sollten, nannte dieselbe zwei Millionen, und durch die Papiere eines polnischen Ver-räthers wurde der behaupteten Verschwörung so viel Wahrscheinlichkeit verliehen, daß Lubomirski und der französische Gesandte in Konstanti-nopel, Fierville, der Sache Glauben schenkten.

Als die Eilboten aus Bender in Konstantinopel anlangten, berief der Sultan wiederum einen Divan unter seinem Vorsitz zusammen, in dem die alten Beschlüsse erneut wurden und die Muftis allen Muselmän-nern eine Art Ablaß für den Fall ertheilten, daß sie in dem das Gast-recht verletzenden Kampfe Schweden tödteten. Die Aufgabe der gegen Karl zu verwendenden Truppen war, ihn lebend oder todt auf einem Wagen nach Salonichi, oder einer andern vom Großherrn zu bezeichnen-den Stadt zu führen. In einem eigenhändigen Briefe ermahnte Achmet noch einmal den König, „gleich nach dem Empfange des Schreibens nach Schweden zurückzukehren, wie es ihm der Chan und der Pascha vorschrie-ben, weil er sich anderntheils großen Unannehmlichkeiten aussetzen würde." Ein Kapidschi-Pascha mußte die Eilboten, welche Karl das Schreiben des Großherrn überbringen sollten, nach Bender zurückbegleiten. Sie langten am Abende des 29. Januars daselbst an. Am 30. ließ der Pascha im Voraus Karl die erhaltene Antwort mittheilen; sein Abge-ordneter wurde nicht empfangen, und Fabrice mußte die Vermittelung übernehmen. Karl blieb dabei, ihn hohnlachend zu versichern, der ganze Bericht von dem Briefe des Sultans sei eine neue Erdichtung. Am 31. langte der Kapidschi-Pascha selbst in Bender an und Fabrice wurde vom Chan und dem Pascha officiell von der erhaltenen Antwort benachrichtigt. Der Chan fügte dann hinzu: „Noch kann der König von Schweden durch freiwillige Abreise jeder Gewaltthat entgehen; fährt er aber fort, sich zu weigern, so müssen wir zum Schwerte greifen." Fabrice ritt sogleich ins Lager, um einen neuen Versuch zu wagen. Er begegnete dem Könige, der auf ihn zusprengte, ihm die Hand reichte und nach den neuen Nach-richten fragte. Allen seinen Versicherungen, daß er selbst des Großherrn

Schreiben gesehen, setzte Karl die Antwort entgegen, er halte dasselbe für verfälscht, und schloß endlich mit dem heftigen Ausruf: „Ich reise nicht, und wenn auch zehn Kapidschi-Paschas kämen!" Fabrice entgegnete: „Nun wohl, wenn sich Ew. Majestät nicht nach Dem richten wollen, was Gottesfurcht, gesunde Vernunft und eigene Ehre fordern, so habe ich Nichts weiter zu thun, als meiner Wege zu reiten." Karl antwortete, milder gestimmt und ihm die Hand reichend: „Lieber Fabrice, jetzt ist keine Zeit, sich zu ärgern und zu zanken," und setzte hinzu, wie er überzeugt sei, daß er es gut meine, änderte aber darum seinen Entschluß nicht.   Darauf ritt der König in seine Wohnung und Fabrice zu Grothusen, wo sich auch Müllern einfand.   Bald darauf langten die Gesandten des Chans und Paschas an, berichteten officiell über die von dem Kapidschi-Pascha überbrachten Befehle und verlangten, Karls Bescheid zu hören.   Müllern trug ihr Anliegen dem Könige vor und suchte noch im letzten Augenblicke seinen Sinn zu erweichen; vergeblich; er mußte den Bescheid zurückbringen, der König bleibe bei seinem Entschlusse und reise nur dann, wenn er seine Vorbereitungen beendet sähe.   Die kriegerischen Janitscharen, in ihrer alten Verehrung und Anhänglichkeit an Karl, legten, durch seine ihnen noch immer bewiesene Freigebigkeit ihm gewogen erhalten, viel Sorge für sein Bestes an den Tag und ließen durch Vertraute die Mittheilung ins schwedische Lager gelangen, daß, wenn sich der König ihnen anvertrauen wolle, ihm nichts Böses geschehen solle: ja, sie wären bereit, ihm dies schriftlich und durch Gestellung der beiden Söhne des Chans als Geiseln zu bekräftigen.   Der Secretair Celsing leitete die Unterhandlung und hinterbrachte Karl diesen Vorschlag, wobei er sich erlaubte, ihm das Wort zu reden.   Karl verwies ihm dies, als ungehörig, in barscher Weise, beauftragte ihn alsdann freundlicher, den Janitscharen zu danken, gleichzeitig aber zu erklären, daß er in ihrem Plane nicht hinreichende Sicherheit fände. Wiesnowiecki, Potocki und die übrigen vornehmen Polen, die bis jetzt treu an Karls Seite ausgehalten hatten, wurden durch den in Aussicht stehenden Kampf sehr beunruhigt und bestürmten ihn mit Bitten, der Nothwendigkeit nachzugeben.   Da auch dies Nichts half, sah man sie Alle, mit Ausnahme Grudzinski's, aus dem schwedischen ins türkische Lager übergehen. Dann versuchten die schwedischen Beamten und Geistlichen, unter Wortführung

des Hofpredigers Schult, mit ernsten und selbst tadelnden, strengen
Worten auf ihn einzuwirken; er unterbrach sie jedoch und sagte: „Wenn
Ihr Lust zu predigen habt, so wählt Euch einen andern Platz und andere
Zuhörer, hier wird Euer Geschäft, zu kämpfen;" darauf drehte er ihnen den
Rücken zu.   Als Fabrice zur Stadt zurückkehren wollte, überlieferten
ihm seine schwedischen Freunde ihre Habseligkeiten, wie es Einige schon
früher mit Jefferies gethan hatten.   Auch die Soldaten versteckten sorgfältig ihr Geld und ihre kleinen Kostbarkeiten, da Alle eine Erstürmung
und Plünderung des Lagers befürchteten. Zum Chan und dem Pascha zurückgekehrt, fand Fabrice sie mit kriegerischen Anordnungen beschäftigt,
wagte jedoch noch einmal, Unterhandlungen vorzuschlagen; Jener aber
unterbrach ihn mit den Worten: „Sehen Sie nicht, daß mit dem Eisen-
kopf unmöglich weiter zu kommen ist?   Gehen Sie nach Hause und verhalten Sie Sich still, bis der Streit vorüber ist." Gleichzeitig wurde im
Hause des Pascha's ein Zimmer prächtig eingerichtet, in dem Karl nach
seiner Gefangennehmung wohnen sollte.   Indessen rückten die türkischen
Truppen vor, und als sie zum Angriff bereit waren, wurde ein Janit-
scharenoberst beauftragt, den König zum letzten Male zu fragen, ob er im
Guten reisen wolle.   Karl inspicirte gerade, zu Pferde sitzend, seine Posten, nahm den Abgesandten nicht an und befahl Grothusen, ihm zu antworten, „daß er sich vertheidigen würde, falls die Türken angriffen." Die
Mehrzahl der hohen Officiere hörte diesen Bescheid und wagte, ehe der
Janitschar zurückgeschickt wurde, noch einen energischen Versuch.   Sie
wiesen darauf hin, wie die Unmöglichkeit eines Erfolgs mit ihrem Leben
die Ehre Schwedens blosstelle.   Daldorf enthüllte seine von Narben bedeckte Brust mit dem Ausrufe: „Hier sind die Beweise, daß wir stets
bereit waren, für unser Vaterland den letzten Blutstropfen zu vergießen,
und wir sind es auch noch; aber dieser Kampf wird ein Schandfleck für
den schwedischen Namen; denn nicht gegen Feinde, sondern gegen Freunde
und Wohlthäter kämpfen wir." Karl antwortete: „Bisher habt Ihr
als tapfere Krieger gekämpft, jetzt aber redet Ihr wie Prahler.   Ge-
horcht, wie es Eure Pflicht ist und zeigt Euch, wie Ihr es bisher gethan."
Grothusen mußte hierauf dem türkischen Obersten den letzten abschlägigen Bescheid des Königs bringen.   Kaum war dieser zu dem Chan und
dem Pascha gekommen, als die Trompeten- und Kanonensignale gegeben

wurden, worauf Grothusen mit des Königs Bewilligung noch einmal zu dem Chan ritt. Dieser rief ihm schon von Weitem zu: „Was giebt's? Will der König reisen?" Auf die Antwort Grothusens, wenn er mit den Vorbereitungen fertig sei, zu denen er noch drei Tage begehre, erwiderte Jener leidenschaftlich: „Das ist nur das alte Lied. Er muß, auf des Sultans Befehl, augenblicklich reisen und sich bei uns hier einfinden." Grothusen verlor seine Ruhe und entgegnete: „Glaubst Du, der schwedische König sei ein Mann, der sich einschüchtern läßt, und herkommt, um Deinen Pantoffel zu küssen?" Der Chan schrie ihm nun wüthend zu: „Scheer Dich fort, Ungläubiger!" und Grothusen kehrte in das Lager zurück.

Vorbereitungen zum Gefecht. Die Befestigung des Lagers, an der Karl seit dem 3. Januar, oft mit eigener Hand, arbeitete, war beendet, aber die Zahl der Schweden zu schwach, um sie hinreichend zu besetzen. Alle Anwesende jedes Standes und Alters bestimmte der König zur Theilnahme am Kampfe. Müllern mit seinen Schreibern und Wachtmeister sollten die Kanzleigebäude, der Hofmarschall Düben mit den Kammerdienern und dem Küchenpersonal des Königs Haus, und der Staatssecretair Feif und seine Untergebenen seine eigene Wohnung vertheidigen. Diese neugeschaffenen Krieger wurden mit Gewehren versehen und mußten sich täglich in deren Gebrauch üben. Auf die dicken Mauern des Königshauses wurde der meiste Werth gelegt; die Fenster desselben wurden bis zu halber Mannshöhe mit Erde und Sand gefüllt und andere mit Pfahlwerk versetzt. Hierher wurde auch das Silberzeug des Königs, alle vorhandenen Kostbarkeiten, Waffen-, Provisions- und Munitionsvorräthe geschafft. Die Zahl der anwesenden Schweden betrug noch nicht 700 Mann. Die Türken und Tataren zählten 30,000 Mann mit 12 Kanonen und 2 Mörsern. Mit dem Rufe: „Allah! Allah!" rückten sie an und wurden rund um das Lager aufgestellt. Der Pascha verhieß Jedem, der dazu beitragen würde, daß der König lebend gefangengenommen würde, acht Ducaten Belohnung. Karl ließ, zur Beantwortung der türkischen Musik, seine Trompeter von dem Altane seines Hauses blasen; einer derselben wurde erschossen; die übrigen Kanonen feuerten absichtlich zu hoch. Als Grothusen das letzte Mal in das schwedische Lager zurückkehrte, nahm er seinen Weg durch die aufgestellten Janitscharen,

redete sie, da er sich von ihnen, seiner Freigebigkeit wegen, sehr geliebt
wußte, in türkischer Sprache mit eindringlichen Worten an, und schilderte
ihnen das Benehmen des Chans und Pascha's als des Sultans Befehle
überschreitend, umsomehr, als sie nur noch drei Tage Zeit zur Vorbereitung ihrer Abreise brauchten.

Er erreichte seinen Zweck, da die Janitscharen versprachen, ihre
Waffen nicht gegen die Schweden zu richten. Auch Karl hatte sich persönlich auf der entgegengesetzten Seite des Lagers den Janitscharen genähert und ihnen zurufen lassen, daß er sie als seine Freunde betrachte
und nicht gegen sie kämpfen wolle. Als daher, nachdem die Kanonen den
König nicht geschreckt hatten, der Sturm von dem Pascha befohlen wurde,
verweigerten die Janitscharen denselben, mit der Erklärung, sie hielten die
Befehle des Sultans für erdichtet. Den Versuch eines ihrer Commandirenden, sie gewaltsam vorzutreiben, beantworteten sie mit seiner Verwundung; den Pascha drohten sie, zu erschießen, wenn er sie zum Angriff
zwingen wolle. Den Versicherungen, das großherrliche Schreiben sei
ächt, mistrauten sie, und verlangten, es selbst zu prüfen und Zeit für die
Schweden. Der Pascha versprach ihnen, die Verhaltungsbefehle, die er
empfangen habe, vorzulegen, worauf sie in guter Ordnung zu den Truppen und mit diesen nach Bender zurückkehrten, wo sie vor Fabrice's Haus
ihre Gewehre als Freudenbezeigung abschossen und ihn fragten, ob sie
sich nicht männlich und gut betrügen? Hierüber entstand ein Zwist zwischen dem Chan und dem Pascha, da jener diesem Schwäche und noch immer
zu große Nachsicht mit den Schweden vorwarf, und drohte, wenn er die
Janitscharen nicht bändigen könne, sich mit den Tataren allein gegen
Karl zu wenden. Die Vertröstung auf den folgenden Tag genügte ihm
nicht, und er verließ Bender zornig und blieb die ganze Nacht vor dem
Lager unter den Waffen, unerschütterlich entschlossen, es am andern Morgen anzugreifen. Der Pascha, der den Zorn des Sultans fürchtete, ließ
in der Nacht aus der Umgegend durch Eilboten eine große Schaar solcher
Janitscharen herbeirufen, die nie mit den Schweden in Berührung gestanden hatten. In der Dämmerung wurden die Thore der Stadt gesperrt und in der Nacht die aufrührerischen Janitscharen durch die neu-
angekommenen und die übrigen Truppen in ihren Betten überfallen, gefesselt und dreißig der wildesten, aufsässigsten in den Dniester geworfen.

Beim Morgengrauen des 1. Februars wurden die Officiere und die Ael-
testen und Angesehensten der Janitscharen versammelt und ihnen die Befehle mit der Unterschrift und dem Siegel des Sultans zu genauer
Prüfung vorgelegt, ihnen dann ihr Ungehorsam vorgeworfen, aber Verzeihung verheißen, wenn sie jetzt gehorchen würden. Ueberdies erklärte
der Pascha es als seinen höchsten Wunsch, wenn sie das Vertrauen, welches ihnen der König schenke, dazu benutzen wollten, ihn ohne Blutvergießen zur Reise zu veranlassen; erheische seine Hartnäckigkeit aber einen
Kampf, so sollten das schwedische Besitzthum und die Gefangenen ihre
Beute sein. Die Abgesandten versprachen für ihre Cameraden Gehorsam und
endlichen Erfolg im Guten oder Bösen. Am Abend des 31. Januars
langte Savary, ein Dolmetscher des Königs, aus Konstantinopel in
Bender an, mit Briefen von Funk und Ponitowski an den König, Müllern, Grothusen und Fabrice, die sie, trotz ihrer Verhaftung, zu schreiben
Gelegenheit gefunden hatten, und in denen sie warnten und den Zorn
und ernsten Willen des Sultans schilderten. Fabrice sendete die Briefe
sogleich weiter ins Lager; die Tataren fingen sie jedoch auf und brachten
sie dem Chan, der sie aber an Karl beförderte und auch Savary seine
Botschaft mündlich ausrichten ließ. Auch dies vermochte Nichts über
den König. Am Morgen des ersten Februars näherten sich funfzig bis
sechzig Janitscharen unbewaffnet, mit weißen Stäben, begleitet von dem
Lieblingsdolmetscher des Königs und einem andern schweden-freundlichen
Türken, dem Lager, um, nach dem Rath des Pascha's, den letzten gütlichen
Versuch zu wagen. Sie wendeten sich an Grothusen und Müllern, ließen
dem Könige ihre Freundschaft versichern und daß sie sich lieber in Stücke
hauen, als ihm ein Haar krümmen lassen wollten, wenn er sich ihnen an-
vertraue. Karl verweigerte ihnen den Vortritt und befahl, „sie sollten
sich sogleich zurückziehen, sonst würde er ihnen die Bärte absengen lassen,
denn jetzt sei die Zeit zum Kämpfen und nicht zum Reden." Müllern
und Grothusen milderten diese Antwort dahin, daß der König nur Zeit
zur Abreise verlange; Hård überlieferte sie aber, wie sie gegeben worden
war, sodaß die Janitscharen mit Wuth im Herzen und in den Blicken nach
Bender zurückkehrten. Unterweges begegneten sie Fabrice, der ängstlich
fragte, wie es stände. Ein Janitschar rief gerade heraus: „Der schwedische Karl ist närrisch geworden!" und ein anderer schüttelte ernst den

Kopf und sagte: „Der Eisenschädel! Der Eisenschädel!" Als Fabrice
die Sachlage erfahren hatte, schrieb er die gewonnene Ueberzeugung nieder,
daß Karl in seinem Eigensinne den Kampf haben wolle, um sich ein Ver=
gnügen und seiner Eitelkeit die Befriedigung zu verschaffen, eine so uner=
hörte That, auch bei sicherer Niederlage, zu wagen.   Ihren Cameraden
flößten die Janitscharen durch ihren Bescheid die Ueberzeugung ein, daß
Karl nicht, wie sie bisher geglaubt hatten, verleumdet worden sei, und
die ihnen zugefügte Drohung nahmen sie als Beleidigung auf, die der
König gewagt habe, weil er wähne, sie nicht fürchten zu müssen, und er=
klärten sich jetzt um so bereiter, dem Pascha zu gehorchen.

Das Gefecht (Kalabalik). Kurz darauf rückten die Janit=
scharen aus und schlossen sich den Tataren bei der Umzingelung des La=
gers an; die Kanonen wurden dem Königshause nähergerückt.   Karl
hatte seinerseits Alles zur Vertheidigung bestimmt angeordnet; die Un=
möglichkeit eines Erfolgs führte aber Desertionen herbei, nicht nur vom
Stall= und Hofpersonal, sondern auch von einem Oberstlieutenant, eini=
gen Rittmeistern, Capitainen, Trabanten und Anderen, sodaß der König
Jeden zu erschießen befahl, der den ihm angewiesenen Platz verließe.
Dieser Befehl fand keinen Gehorsam, und da die Zahl der Ueberläufer
wuchs, ließ Karl Hard versuchen, ob er durch Ermahnungen, sowie durch die
Versicherung, daß die Türken nicht wirklich angreifen würden, mehr aus=
richten könne. Gleichzeitig ließ der König wieder durch seine Trompeter die
türkische Musik beantworten. Noch einmal brachte Potocki, der Anhänger
Karls, vom Pascha die Bitte, sicheres Geleit und günstige Bedingungen
anzunehmen, statt sich nutzlos bloszustellen; die Antwort fiel abermals
verneinend aus. Da es Sonntag war, wurden die Schweden bald darauf
im Königshause zum Gottesdienst versammelt.   Derselbe wurde plötzlich
von dem türkischen Kriegsruf und Kanonendonner unterbrochen, und die
auf ihre Plätze eilenden Schweden fanden die Türken und Tataren in
vollem Anlauf.   Wenige Schweden leisteten Widerstand und nur zwei
oder drei erlagen dem mit wüthendem Allahruf ausgeführten ersten
Sturm; die Uebrigen streckten, wie auf Verabredung, da jeder Wider=
stand unnütz war, das Gewehr.   In einer halben Stunde waren Türken
und Tataren in den Verschanzungen, hatten das ganze Lager besetzt und
die Mannschaft, bis auf funfzig oder sechzig Schweden, gefangengenom=

men. Karl war beim Beginn des Angriffes mit zwanzig oder dreißig
Officieren umhergeritten, um seine Leute zur Gegenwehr zu ermuntern.
Erschreckt und zornig sah er jedoch, wie sich fast alle Schweden ergaben.
Da rief er aus: „Wer noch Treue und Muth in der Brust hat, folge
mir; ich werde es ihm später mit Beförderung lohnen!" Hård, einige
Leibtrabanten und Leute seiner nähern Bedienung gehorchten ihm; aber
die Mehrzahl der erprobten, heldenmüthigen Kampfgenossen, die unzäh=
lige Male unerschütterliche Tapferkeit und Liebe und Treue bewiesen hat=
ten, ergaben sich, wie die aus Civilbeamten zu Kriegern umgeschaffenen
Kanzler und Secretaire, ohne Widerstand.

Von etwa zwanzig Mann begleitet, suchte Karl, sich durch Feindes=
haufen in das Königshaus zu drängen, sah sich aber auf nur Degenlänge
von Feinden umringt, sodaß er sich mit dem Schwerte in der Hand den
Weg bahnen und mehrere Türken verwunden und durchbohren mußte,
ehe er es unverletzt erreichte. Um ihn lebend zu fangen, hieben weder,
noch stachen die Feinde nach ihm. Als er aber vom Pferde sprang, er=
griff ihn ein Janitschar bei dem großen Handschuhstulpen, um ihn fest=
zuhalten; der König sprang jedoch mit solcher Gewalt zurück, daß er
rücklings zu Boden fiel und der Stulpen vom Handschuh abriß. Der
Janitschar wollte sich auf ihn werfen, aber ein Trabant, Lieutenant Axel
Roos und Olof Åberg warfen sich dazwischen und deckten ihn mit ihren
Leibern. Andere Schweden trieben die nächsten Feinde zurück, halfen
dem König auf die Füße und wollten ihn in das Haus retten. Da schoß
ein wüthender Janitschar seine Pistole aus solcher Nähe auf Karl ab,
daß ihm die Augenbrauen verbrannt und die Nase und eine Ohrspitze
leicht verwundet wurden. Hätte er nicht im Augenblick sein Haupt umge=
wendet, so würde die Kugel es zerschmettert haben, während sie jetzt Hårds
Arm durchbohrte, sodaß derselbe, in seinem Blute zusammensinkend, ge=
fangengenommen wurde. Karl erreichte die Flurtreppe des Hauses und
wurde dort von Trabanten aufgenommen. Roos wollte die Thür ver=
sperren; der König sagte ihm aber: „Warte ein wenig; ich will stehen
bleiben und sehen, was die Türken vornehmen." Als aber Karl dann,
trotz der Bitte Roos', sich auf die Türken stürzen wollte, faßte ihn dieser
von hinten am Gürtel und hielt ihn fest, bis der König die vordere
Schnalle gelöst hatte und wüthend in den Feind sprang. Aber Axel Roos

blieb dicht hinter ihm, umklammerte seinen Leib und sagte: „Jetzt lasse ich Ew. Majestät nicht wieder los," worauf er ihn, mit Hilfe zweier anderen Schweden, gewaltsam in das Königshaus hineinzog. Dessen Vertheidigung war anfangs achtundzwanzig Mann anvertraut worden. Da sich aber gleich bei der Einnahme des Lagers, der reichen Beute halber, der größte Schwarm der Feinde hierher geworfen hatte, ergab sich schnell ein Theil der Besatzung; die Janitscharen drangen durch die Fenster ein und plünderten, namentlich des Königs Tafelsilber. Bis auf Dübens Zimmer, in welches sich zwei- oder dreiundzwanzig Schweden gerettet hatten, wurde das ganze Haus eingenommen und mit Janitscharen angefüllt. In jenes Zimmer warf sich jetzt der König und seine Begleitung, sodaß sechs Officiere, sechs Stalldiener und dreißig Soldaten beisammen waren. Karl musterte sogleich diese Schaar und ermahnte sie, tapfer zu kämpfen. Es war etwa um ein Uhr Mittags. Darauf ließ Karl die Thür öffnen und räumte, an der Spitze der Soldaten, durch einen wüthenden Ausfall das nebenanliegende, mit Türken und Tataren überfüllte Zimmer, sodaß diese sich vor den Schüssen und Hieben durch die Fenster zu retten suchten. In dem danebenliegenden Saale plünderten einige hundert Janitscharen. Karl wagte dennoch einen gleichen Versuch, der zu lebhaftem Schießen und Handgemenge führte. Der Pulverdampf erfüllte bald das Zimmer so, daß die Feinde nur noch ihre Beine zu erkennen vermochten. Einen Augenblick war der König von den Seinen getrennt und nahe daran, von drei Janitscharen gefangen zu werden, aber zwei derselben durchbohrte er und den von dem Dritten in blinder Wuth nach ihm geführten Hieb schwächten Tschammers vorgehaltener Carabiner und Karls eigene dicke Pelzmütze. Einen zweiten Hieb wehrte Karl mit der linken Hand ab, erhielt aber dabei eine Wunde zwischen Daumen und Zeigefinger. Darauf sprang ein anderer Janitschar, der den König erkannte, auf ihn zu, drückte ihn an die Wand und hielt ihn, um Hilfe rufend, am Kragen fest. Axel Sparre's Koch, der in der Nähe war, sprang auf des Königs Wink vor und erschoß den ihn haltenden Janitscharen, worauf er selbst sich des dritten seiner ersten Angreifer durch einen sichern Hieb entledigte. Hierauf wendete man sich gegen des Königs eigenes Zimmer, das schon ausgeplündert und von den Türken verlassen war. Nur zwei, die nicht fortgekonnt hatten, saßen, sich gegenseitig deckend, in einer Ecke, mit gespannten Pistolen: der König stürzte wüthend auf sie ein und durchbohrte Beide mit einem einzigen Stoße seines langen Degens. Ein Dritter hatte sich unter das Bett versteckt, und umfaßte, hervorgezogen, des Königs Kniee, um Gnade bittend. Er schenkte ihm das Leben, gegen das eidliche Versprechen, den Chan und den Pascha zu grüßen, ihnen zu erzählen, was er gesehen habe, und zu sagen, daß sie besser schießen müßten, um den Schwedenkönig zu fangen. Darauf ergriff er den Türken bei seinem Barte und ließ ihn daran zum Fenster hinab. Nach langwierigem Kampfe war das Haus, bis auf etwa zwanzig Leichen, von den Türken gesäubert. Von den Schweden waren noch zweiunddreißig Mann am Leben, die Karl so ver- theilte, daß fünf bis sechs an jedem Fenster des Hauses den Versuch, von Neuem einzudringen, abwehren sollten. Später wurden einige aus dem Kanzleigebäude verjagte Schweden durch die Fenster in das Königshaus gezogen. Karl ermahnte seine Leute, die Vertheidigung bis vier Uhr Morgens auszuhalten, da dies einen Frieden herbeiführen würde, der allen Schweden zur höchsten Ehre gereichen und die ganze Welt wegen ihrer Tapferkeit in Erstaunen setzen würde. Nun begann ein neuer Kampf mit dem Feuergewehr. Der König selbst leerte die Patrontaschen der gefallenen Türken und trug seinen Leuten die Munition zu. Dann begab er sich über den Flur in Dübens Stube, wo der Feind wieder eingedrungen war. Axel Roos eilte ihm nach und entdeckte in dem ganz mit Dampf gefüllten Zimmer den König von drei Türken so gegen die Wand gedrängt, daß er seinen hocherhobenen Arm nicht zu bewegen ver- mochte. Einen schoß er sogleich nieder, worauf Karl mit dem freigewor- denen Arm den andern durchbohrte und Roos den dritten tödtete. Jetzt erst erkannte der König seinen Retter und fragte: „Roos, sind Sie es, der mich rettete?" Dann wischte er sich das Blut aus dem Gesicht, ließ sich die Hand von Roos verbinden und forderte ihn auf, mit in den Saal zu kommen und das Beste zu thun, was sich mit der kleinen Mannschaft noch thun lasse. In den großen Saal tretend, fanden sie die Türken gerade bei dem Versuche, durch das Fenster einzudringen. Als sie zu- rückgeschlagen waren, schoben sie Schutzwehren von losen Thüren, Ton- nen, Wagen ꝛc. vor sich her und kamen, in solcher Weise gedeckt, näher an das Haus. Das sichere Schießen auf jeden sichtbaren Körpertheil

ließ sie aber auch bei diesem Versuch wenig Erfolg finden. Da der Durst
die Schweden jetzt fürchterlich plagte und kein Wasser im Hause war,
eilte Karl selbst auf den Boden und trug ein Faß Branntwein zur Erquickung der Leute hinunter. Auch wohlmeinende Bitten der Türken,
den nutzlosen Kampf aufzugeben und sich ihnen noch jetzt anzuvertrauen,
drangen während der Pausen des Gefechts zu des Königs Ohren; er
ließ jedoch die Bittenden niederschießen. Nach allen diesen vergeblichen
Versuchen wurde die Artillerie gegen das Königshaus aufgefahren, richtete
aber, theils schlechten Zielens, theils der Weichheit der Ziegelmauern
wegen, wenig aus und gab Karl Gelegenheit zu Hohn und Spott.
Um fünf Uhr Abends, als der König mit seinen wenigen Landsleuten
das Haus von dem ihm vielfach überlegenen Feinde gesäubert und
es drei Stunden lang gegen jeden Angriff gehalten hatte, beschloß der
ungeduldige Chan, es anzünden zu lassen. Die Tataren schossen mit
ihren Pfeilen brennende Lunten und getheertes Werg auf das Holzdach,
das sich bald entzündete, und die Türken häuften auch auf ihrer Seite
Heu, Holz und andere brennbare Stoffe an den Mauern auf und zündeten diese an, sodaß die Flammen bis zum Dache hinaufschlugen. Rauch
erfüllte bald das ganze Haus und Karl schickte Axel mit mehreren Mann
auf den Boden, um die Schindelbedeckung abzuwerfen und das Zwischendach vor dem Entzünden zu schützen, eilte auch später selbst hinauf, um
ihm bei dieser Arbeit zu helfen. Der vorhandene Wein sollte zum Löschen verwendet werden, aber aus Irrthum wurde auch Branntwein ins
Feuer gegossen und dies dadurch sehr vergrößert. Außerdem fehlte es
an den nöthigen Löschwerkzeugen, und mehrere sich bei ihrer Arbeit blos-
stellende Schweden wurden von den Türken erschossen. Als die Hitze
nicht mehr zu ertragen war und auch die Treppe zu brennen begann,
zogen sie die Röcke über den Kopf und stürzten hinunter in die unteren
Zimmer, wo Karl, vor Durst fast verschmachtet, ein großes Glas Wein
leerte, das erste seit langen Jahren. Inzwischen verzehrte das Feuer auf
dem Boden die reichen Vorräthe und Kostbarkeiten, die dorthin gerettet
waren; dann stürzte das obere Dach ein und das Haus glich einem
Scheiterhaufen; aber noch blieben der König und die Schweden darin,
zu großer Ueberraschung der erstaunt Allah rufenden Türken.

Als endlich auch das Zwischendach zu brennen begann und einstür-

zende Balken ein paar Schweden erschlugen, sagte der Trabant Wolberg:
„Majestät, dieser Platz kann nicht länger vertheidigt werden. Es wäre
grausam und ungerecht, wenn wir uns darin verbrennen ließen; wäre es
nicht besser, ihn zu räumen?“ Karl bezwang seinen Aerger und sagte:
„Nein, es ist besser, als tapfere Leute sich bis zum letzten
Athemzuge zu vertheidigen und so durch Muth und Tapferkeit unsterblich zu werden, als sich den Feinden zu ergeben,
um etwas länger zu leben. Es ist nicht eher gefährlich,
als bis die Kleider brennen.“ Dann versprach er wieder große
Beförderungen und ernannte Tschammer und Axel Roos zu Obersten.
Als bald darauf ein herabstürzender Balken des Zwischendaches ihn selbst
verletzte, zog er alle seine Leute in sein Schlafzimmer, wo die Decke noch
sicher war, und sagte: „Lieber Roos, laß uns jetzt mit der kleinen Mannschaft, die wir noch haben, uns so lange halten, bis Alles aus ist.“ Als
Roos erschüttert versprach, ihm auch den letzten Blutstropfen zu opfern,
sagte er: „Ich werde es nie vergessen, Roos!“ Dann wurde die Thür
des brennenden Saales versperrt; aber schon hatten die Kleider einiger
Leute Feuer gefangen, und die Türken schossen nach Jedem, der sich im
Fenster zeigte. Jetzt ergriff Karl, der bisher nur mit dem Degen gefoch-
ten hatte, einen Carabiner, stellte sich als Schußziel an das Fenster und
erschoß mehrere Türken. Roos sprang vor ihn und sagte: „Es ist besser,
daß die Kugeln mich treffen, als Ew. Majestät hohe Person;“ und kaum
hatte er ausgesprochen, als ihn eine Kugel mitten vor die Stirn traf,
aber in der dicken Wollverbrämung seiner Mütze stecken blieb, sodaß er
nur ohnmächtig dem Könige in die Arme sank. Ein paar Versuche, durch
das Fenster einzudringen, misglückten; aber das Feuer näherte sich jetzt
auch dem Schlafzimmer und die Saalthür sowie das Zwischendach geriethen in Brand; außerdem waren die Gewehrläufe so erhitzt, daß sie
nicht mehr geladen werden konnten. Da machte Roos den Vorschlag,
lieber, als sich elend verbrennen zu lassen, mit dem Degen und der Pistole
in der Hand einen Ausfall in die nur fünfzig Schritte entfernte neue
Kanzlei zu machen, die noch zu vertheidigen sei. Karl ging begierig auf
diesen Vorschlag ein, schlug Roos auf die Schulter und sagte: „Das ist
wahr, Jungen, wir wollen hinaus, um zu kämpfen!“ Dann wurde die
Thür aufgebrochen und an der Spitze der Seinen stürzte der König mit

den Worten hinaus: „So laßt uns fechten, bis sie uns nehmen, lebend oder todt!" Ein paar Schritte vorgekommen, verwickelte er sich in seine Sporen und fiel; sogleich warf sich ein Haufe Janitscharen über ihn, entwand ihm die Waffe und nahm ihn gefangen, seine Kleider in Stücke reißend, um Beweise in Händen zu haben, daß sie sich an der That betheiligt und Anspruch an die Belohnung hätten. Kaum sah sich Karl unrettbar gefangen, als sich sein heftiger Eifer legte und er eisige Ruhe und Stille zeigte, nur seine Freude äußernd, daß er Türken und nicht Tataren in die Hände gefallen sei. Des Königs Gefangenschaft beendete jeden Kampf, denn alle Schweden ergaben sich sogleich. In dem ganzen Gefecht waren funfzehn Schweden und zweihundert Türken und Tataren gefallen, von denen Karl neun bis funfzehn selbst getödtet hatte. Im Königshause und vor demselben fielen zehn bis zwölf Schweden und vierzig Janitscharen. Die Türken hatten ihre Waffen während des ganzen Kampfes schonend gebraucht und auf das Gewissenhafteste den Befehl befolgt, Karls Leben zu achten; nur ein paar vereinzelte Wuthausbrüche wurden gegen dasselbe gerichtet, und die häufige Gelegenheit, es zu beschädigen, nicht beachtet, sondern nur versucht, ihn gefangenzunehmen. Des Pascha's Befehle, wie die Ehrfurcht und Achtung vor Karls ausgezeichnetem Muth, führten gleich sehr dieses Verhältniß herbei. Sie legten dem Gefechte den Namen „Kalabalik," d. h. Löwenjagd, bei und nahmen es unter dieser ausschließlichen Bezeichnung in ihre Geschichte auf.

Karls Gefangenschaft in Bender. Der gefangene König wurde sogleich in das türkische Lager geführt und schenkte den ihn dorthin geleitenden Janitscharen beim Eintritt in das Zelt des Pascha's eine Hand voll Ducaten. Dieser empfing ihn ehrerbietig am Eingange und bot ihm den Platz auf dem Divan an. Der König wollte sich aber nicht setzen, sondern ging heftig auf und ab. Der Pascha wendete, sich entschuldigend, die Verantwortung für die ergriffenen äußersten Mittel von sich ab und erklärte in ernsten und würdigen Worten den leichtsinnigen Aeußerungen Karls gegenüber, daß nicht alle Schweden, wie er, seine Pflicht gethan hätten, um das Spiel mindestens auf zehn Tage auszudehnen, es sei beweinenswerth, „daß so viel Muth so übel angewendet werde." „Ich" — schloß er — „wünschte für mein Theil, daß dieses Blutbad zu veranstalten, nie nöthig geworden wäre." Das Aussehn des Königs war gräßlich; die Kleider waren zerrissen und blutig, die linke Hand, Ohr und Nase verwundet, die Augenbrauen verbrannt und das ganze Gesicht von Staub, Rauch und Pulver so geschwärzt, daß er kaum zu erkennen war. Dennoch erschien er während des ganzen Gesprächs so kalt und ruhig, als wäre Nichts vorgefallen, und heftete stolze und durchbohrende Blicke auf den Pascha. Als die Nacht nahte, ließ ihm dieser ein prächtig gesatteltes Pferd bringen und bat ihn, aufzusitzen und ihm zur Stadt zu folgen. Der König that es in tiefem Schweigen, begleitet von einer Menge türkischer Officiere und Janitscharen. In der Wohnung des Pascha's fand Karl ein ihm bereitetes Zimmer mit einem guten Bett. Kaum war er eingetreten, so riß er sich die zerhauene Mütze vom Kopfe, warf sich angekleidet auf den Ruhesitz und verlangte zu trinken. Man brachte ihm Scherbeth und Wasser. Von letzterem trank er ein Glas und fiel gleich darauf in einen tiefen Schlaf. Die Türken zogen sich zurück und nur ein Kammerdiener blieb, um ihn beim Erwachen zu entkleiden und ihm ins Bett zu helfen. Karl schlief aber so fest, daß er es nicht bemerkte, wie ihm der Kammerdiener eine Nachtmütze aufsetzte, eine Decke über ihn warf und die Lampe verhüllte, um ihm nicht lästig zu werden. Erst um drei Uhr Morgens, am 2. Februar, erwachte er, schleuderte sogleich die Nachtmütze von sich und stand auf. In der Nacht hatte der Pascha Grothusen und Ribbing, von denen er wußte, daß sie des Königs Lieblinge waren, von den Janitscharen, die sie gefangengenommen, losgekauft; sie stellten sich sogleich zur Aufwartung bei ihm ein. Kurz darauf langte auch Fabrice bei ihm an. Karl sah noch aus, als käme er eben erst aus dem Kampfe, und hatte sich weder gewaschen noch umgekleidet, erschien aber völlig ruhig und sogar vergnügt, und erzählte sogleich von den einzelnen Abenteuern des vorigen Tages, dabei erwähnend, „daß es nicht so gefährlich gewesen sei, als es ausgesehen.". Seine eigene Thätigkeit berührte er nicht; als aber Fabrice erzählte, daß er gehört, er habe funfzehn Janitscharen eigenhändig getödtet, antwortete er: „Das ist Geschwätz; man muß nur die Hälfte von Dem glauben, was die Leute sagen." Von Dreien wußte er, daß er sie niedergestoßen. Ueber seine Gefangenschaft äußerte er: „Ich bin doch noch König und werde König bleiben;" und über die Verwünschungen der Türken: „Ich will lieber, daß man mich für einen Narren, als für einen Prahler hält." Als

der Pascha später im Gespräch das Unrecht berührte, das er in der eigenhändigen Tödtung seiner Wirthe und Wohlthäter begangen habe, zeigte
er auf seine zersetzte Mütze und sagte: „Wer die Hand an ein gekröntes
Haupt legt, muß es mit dem Leben bezahlen." Hiermit entschuldigte er
später auch das Morden der Türken im Allgemeinen, obschon er und
jeder Schwede erkannt hatten, daß diese sein eigenes Leben geschont, und
höhnte sogar den Pascha mit den Worten: „Es würde mir noch ange-
nehmer gewesen sein, wenn mehrere Tausend Feinde gefallen wären."
Solchen Reden gegenüber ließ ihm der Pascha auch, trotz Fabrice's Vorstellungen, den Degen nicht zurückgeben, sondern entgegnete: „Glaubt
Ihr, ich sei solch ein Narr, ihn in Stand zu setzen, einen neuen Kampf
zu beginnen? Ich habe keine Lust, das Spiel, wie er es nennt, von
Neuem anfangen zu sehen." Die Anstrengungen des Kampfes, das Fa-
sten und die starke Gemüthsbewegung, wenngleich er sie zu unterdrücken
suchte, zogen dem Könige doch eine kleine Unpäßlichkeit zu, sodaß er zur
Ader lassen mußte. Dennoch blieb er ruhig, und als er hörte, er würde
nach Adrianopel geführt werden, äußerte er seine Freude und sprach die
Ueberzeugung aus, ein persönliches Zusammentreffen mit dem Sultan
würde ihm dessen Freundschaft und Unterstützung gewinnen. Die gefangenen Schweden wurden von den Janitscharen meist gut behandelt,
ihnen, aus Liebe zu Karl, sogar oft ihr Eigenthum gelassen und sie getröstet und ihrer Freundschaft versichert. Die anderen Türken und namentlich die Tataren behandelten sie schlecht, plünderten sie, koppelten sie
wie Hunde zusammen, und schleppten sie so hinter sich her, während sie
sich phantastisch in die erbeuteten Kleider und Perrücken kleideten und
wilder Ausgelassenheit überließen. Die Befehle des Pascha's und Mahnungen an die Vorschriften des Korans in Bezug auf Gastfreundschaft
setzten aber der zu schlechten Behandlung ein Ziel. Dennoch ließ es
Karl seine vornehmste Sorge sein, alle Gefangenen loszukaufen, und versuchte vielfach, bei Jedem, von dem er Hilfe zu erhalten glaubte, Geld
aufzutreiben. Da Fabrice, der schon 24,000 Thaler vorgestreckt und
keine Aussicht auf ihre Wiedererlangung hatte, sich unfähig zu weiteren
Darlehen erklärte, erließ der König einen strengen Befehl an die schwedische Regierung, ihm die alte Schuld und was er ferner noch für ihn
und in seinem Dienst ausgelegt habe, auf sein einfaches Wort und ohne

Karl XII.   20

weitere Anweisung von Karls Hand zurückzuerstatten. Nun wollte derselbe, unterstützt von Jefferies und Anderen, die Schweden loskaufen;
der Pascha, in gerechter Furcht, noch einen Kampf ausbrechen zu sehen,
gestattete dies jedoch nicht früher, als drei Tage nach des Königs Abreise;
Karl erlaubte er aber, funfzig bis sechzig seiner Leute zur Begleitung aus-
zuwählen. Dieser schrieb die Namen derselben auf und sie wurden sogleich losgekauft und nach Bender geführt.

An diesem Tage erfuhr man, daß König Stanislaus in der Moldau
sei. Ein in Norddeutschland entstandener Plan eines Friedens- und
engen Bündnisses zwischen Preußen, Sachsen, Polen und Schweden
gegen Rußlands jetzt drohende Uebermacht hatte Stenbock bewogen, einen
Waffenstillstand zu schließen, und Stanislaus ging selbst nach der Türkei,
Karls Beistimmung zu diesem Plan und seiner Thronentsagung auszu-
wirken. In Jassy wurde er, zum Schrecken des Pascha's, der nun den
zweiten flüchtigen Christenkönig auf dem Gebiete des Sultans sah, erkannt und festgenommen. Diese Nachrichten empörten Karl sehr, und
an Stenbock sendete er scharfe Verweise, an Stanislaus aber Fabrice, um
ihn zu bewegen, seine Identität, trotz der Erkennung, abzuleugnen und
nach Deutschland zurückzukehren, da er in keiner Weise einen Frieden
oder Vergleich mit König August eingehen dürfe. Inzwischen nahte der
Tag für Karls Abreise und es entstand die Frage, was aus den in der
Türkei zurückbleibenden Schweden werden solle. Im Ganzen lagen dreizehnhundert Mann in den Städten der Moldau, da nicht Alle bei Karl
in Bender gewesen waren. Trotz des Königs Befehl hatten sie sich, ohne
sich vorher auf einen Kampf einzulassen, ergeben. Jetzt wurden sie
sämmtlich in und um Bender gesammelt, unter Axel Sparre's Befehl
gestellt, und der Pascha versprach, sie auf Kosten des Sultans zu erhalten. Er, sowie der Tataren-Chan und Fabrice, kauften so Viele, als
ihnen möglich war, mit ihrem Privatvermögen frei und ordneten sie zu
einer besondern Truppe. Als sich das Gerücht verbreitete, Karl würde
nach Bender zurückkehren, floh ein Theil derselben, aus Furcht vor der
Möglichkeit eines neuen Gefechts, in die Heimath, wurde aber nach des
Königs Rückkehr mit Verbannung bestraft. Die Wendung, die Karls
Aufenthalt in Bender genommen hatte, erfreute die Feinde desselben sehr.
August schenkte dem Boten, der die Nachricht brachte, zweihundert Du-

caten und Peter sagte: „Nun sehe ich, daß Gott meinen Bruder Karl ganz verlassen hat, da er es unternimmt, auf solche Weise seinen einzigen Freund und Bundesverwandten zu reizen und anzugreifen." Die Türken verdammten theilweise die Undankbarkeit des Königs, wenn sie auch seinen Muth bewunderten, tadelten aber andererseits auch den Gebrauch der Waffen gegen ihn, dem Gott die Vernunft versagt habe. Von den auswärtigen Mächten sprach Frankreich einige tadelnde Worte über das Verfahren des Sultans aus; die anderen aber zogen ihre Hand von Karl ab; England sagte, es könne ihm nicht gegen seinen Willen helfen, und die deutschen Staaten wollten weder etwas für noch mit ihm zu thun haben, und erklärten sogar, man müsse ihn für wahnwitzig und den schwedischen Thron dadurch für erledigt halten. Die Protestanten Englands, die bisher für ihn, als den Helden und Versechter ihrer Lehre, gebetet, änderten dies Gebet in ein spitzfindiges, das Gottesgericht, das über ihn verhängt war, preisendes, da es ihn auf einen erfolgreichern Weg zurückführen würde. Andererseits fanden sich auch Viele, die in dem Gefecht in Bender eine entzückende That eines höchsten, gottähnlichen Heldenmuthes sahen, und Gedichte und Schaumünzen verherrlichten dies und den König in allen erdenklichen Allegorien. Dieser suchte jetzt, nach der That, die Entschuldigung festzuhalten, es sei der einzige Weg gewesen, um sich der Verrätherei des Tataren-Chans zu entziehen.

Reise nach Timurtasch. Am siebenten Tage nach dem Gefecht war Alles zur Abführung des Königs bereit; er selbst wußte nicht, wohin. Vorher sendete er noch den treuen Axel Roos an Meierfeld in Stralsund, um ihm die Sachlage mitzutheilen, und empfahl Fabrice die Obhut über die zurückbleibenden Schweden, worauf er, nach dem Wunsche des Königs, ihm folgen sollte. Hierbei sprach Karl noch die Ueberzeugung aus, daß Alles für ihn gut werden müsse, und schloß: „Ich kehre aus der Türkei nicht anders nach Schweden zurück, als an der Spitze eines Heeres von 100,000 Türken und Tataren." Obschon Karl beim Antritt der Reise frisch und gesund war, beschloß er doch, um veranstalteten Festlichkeiten und neugierigen Blicken zu entgehen, sich krank zu stellen. Er ließ sich, in einen Mantel gewickelt, aus dem Hause des Pascha's an den Wagen tragen, woselbst man ihm seinen Degen wiedergab, den er aber mit den Worten zurückwarf, so lange er gefangen sei, brauche er keine Waffe. Den-

ſelben Befehl gab er in die Türken verletzenden Worten ſeinen ſchwediſchen Begleitern, denen auch die Degen zurückerſtattet wurden. In den
Wagen gehoben, fand er hier den Degen niedergelegt und warf ihn eigenhändig, mit noch heftigeren Aeußerungen, hinaus. Grothuſen ſetzte ſich,
zu Füßen des Königs, in denſelben Wagen. In einem zweiten Gefährt
folgten Müllern und Feif; alle Uebrigen ritten, nach des Königs Willen
ohne Waffen. Hierauf folgten zweihundert türkiſche Reiter, mit ihrer
Muſik an der Spitze, als Bedeckung des Zuges, der ſich nach Süden
wendete. Den ganzen erſten Tag ritt Fabrice neben dem Wagen des
Königs her; unterweges erreichte den Zug ein Brief von Stanislaus,
worin er wiederum den Wunſch ausſprach, die Krone zu Gunſten Auguſts niederlegen zu dürfen. Als Karl dies geleſen, rief er heftig Fabrice
zu: „Sobald Sie Stanislaus wiederſehen, ſagen Sie ihm, daß ich,
wenn er nicht König von Polen bleiben will, einen Andern wählen laſſe."
Fabrice hielt jeden Einſpruch für unnütz und kehrte am folgenden Tage
nach Bender zurück. In langſamer Weiſe und durch häufige Nachtruhen
unterbrochen, ging der Zug immer weiter nach Süden. Die ihn begleitenden Schweden waren abgeriſſen und hatten kein Geld, um ſich neu
auszuſtatten, weshalb große Niedergeſchlagenheit unter ihnen herrſchte.
Karl ſuchte ſie zu ermuntern und zeigte ſich als Gefangener nicht anders,
als zur Zeit ſeines höchſten Siegesruhms, ſtand aber nicht einen Augenblick von ſeiner Matratze auf. Wenn er, um zu ſpeiſen, oder das Nacht-
lager zu beziehen, den Wagen verließ, trugen ihn ſchwediſche Officiere
auf derſelben hinein und ebenſo in den Wagen zurück, wobei er mit
einem kleinen Kiſſen ſein Geſicht den Blicken der Türken entzog. Das
allen Schweden unbekannte Ziel des Zuges ſoll dem Sultan ſelbſt anfangs nicht klar vor Augen geſtanden und er zwiſchen einer Art Exil in
Candia oder Nikomedia in Kleinaſien, oder auch einer Heimſchickung
über Salonichi und Frankreich geſchwankt haben, bis die Vorſtellungen
des franzöſiſchen Geſandten in ihm den Entſchluß erzeugten, den König
in das Luſtſchloß Timurtaſch, nahe bei Demotika, einzuquartieren. Nach
vollendeter Reiſe und einem Aufenthalt von ein paar Wochen in dieſer Stadt
langte Karl am 9. April in Timurtaſch an, wo er höchſt ehrenvoll empfangen
wurde. Der Name des Schloſſes bedeutet „Eiſenſtein," und der türkiſche Witz
ſchuf das Sprüchwort: „Der Eiſenkopf iſt auf den Eiſenſtein geſetzt."

Sechzehntes Kapitel.

Verhältniß Karls XII. zu den Türken. — Friedensunterhandlungen 1713. — Versuche, Karl zur Rückreise zu bewegen. — Lebensweise in Timurtasch. — Karls letztes Jahr in der Türkei. — Karl beschließt, nach Schweden zurückzukehren. — Karls Abschied von der Türkei. — Vorbereitungen zur Rückreise. — Karls Reise von Demotika nach Stralsund. — Resultat des Aufentbalts in der Türkei.

Verhältniß Karls XII. zu den Türken. In der Gesinnung der Türken, namentlich der niederen Claßen und der Weiber, die durch den im Gefecht bei Bender bewiesenen Muth neu für Karl entflammt waren, erzeugte sich wiederum ein Umschwung zu seinen Gunsten, der auch den Sultan selbst ergriff. Der König schrieb ihm, schilderte die Vorgänge so vortheilhaft als möglich für sich und schmeichelte ihm und der Volksmeinung. Die Stimme derselben wurde laut und so bedrohlich, daß der Großvezier rieth, ihr durch Absetzung der Männer, die gegen die Schweden operirt hatten, ein Opfer zu bringen. Da bei dieser Maßregel ihre reichen Einkünfte dem Sultan zufielen, und er ihnen, weil sie seine Befehle nicht buchstäblich ausgeführt, nicht wohlwollte, ging Achmet gern auf diesen Vorschlag ein, und schon im Frühjahre 1713 wurden der Chan und der Pascha von Bender abgesetzt. Ein Gedanke an die Erneuerung des Kriegs gegen Rußland und zu Gunsten der Wiedereinsetzung Stanislaus' lag nun nahe, und wurde durch Karl und Poniatowski, der darüber in Geheimen mit der Sultanin Valide correspondirte, neu belebt und erhalten. Auch der französische Gesandte wirkte in dieser Richtung und seine Secretaire wurden mit zweitausend Ducaten erfreut, die der König trotz seiner Armuth mühsam zusammengebracht hatte. Auch mit dem stets den Schweden zugethanen Kapudan-Pascha, Ibrahim, wurde intriguirt. Der Vezier Soliman wünschte um so mehr Frieden, als es sich um seine Stellung handelte, da er Miturheber der gegen Karl angewendeten Gewalt war. Er suchte sich bei dem König einzuschmeicheln und schickte ihm zweitausend Ducaten und andere reiche Geschenke. Alles kam zu spät; er wurde abgesetzt und Ibrahim erhielt seine Stelle. Dieser hatte als Straßenräuber begonnen, wurde dann Ruderer und Kahnführer und als solcher von dem Sultan bemerkt; seine Schönheit erwarb ihm die Liebe des Sultans und er

stieg nach und nach bis zum Kapudan=Pascha und jetzt bis zum Groß=
vezier empor. Er war roh, unwissend und äußerst gewaltsam, aber schlau
und thätig, und verdankte sein Glück, neben seinem Aeußeren, der schwe=
dischen Partei und dem Kriege. Anfangs schien er für Karl günstige An=
sichten zu hegen und man sprach von großen Rüstungen gegen Rußland
und Polen. Der König selbst sollte den Truppen zur Donau folgen und
dann mit 40,000 Mann gegen seine Feinde ziehen. Stenbocks Sieg über
die Sachsen und Dänen bei Gadebusch bestärkte ihn in diesen Ansichten.
— Im April 1713 hielt sich der Sultan in Adrianopel, unweit Timur=
tasch, auf. Der Großvezier verlegte seine prächtige Hofhaltung in das
schönste Zeltlager, dicht an dem Schloß des Königs, und ließ diesen durch
seinen Dolmetscher einladen, ihm seinen Besuch abzustatten. Karl wies
die ihn verletzende Aufforderung, ungeachtet der Abmahnungen des
französischen Gesandten und Anderer, entschieden zurück, und entschul=
digte sich damit, daß er noch durch Krankheit ans Bett gefesselt sei, ob=
schon Alle wußten, daß er an keinerlei Unpäßlichkeit litt. Eine wieder=
holte Aufforderung, motivirt durch den Wunsch, des Königs eigene Angele=
genheiten, sowie den Krieg und die Wiedereinsetzung Stanislaus', mit ihm
selbst besprechen zu wollen, führte zu einem heftigen Wortwechsel zwischen
dem Könige und dem sehr gemäßigt bleibenden Dolmetscher Ibrahims,
der dieselbe überbrachte. Karl warf dem Sultan darin die Nichterfüllung
der alten Versprechungen, den Raub des schwedischen Eigenthums in
Bender und die noch nicht erfolgte Wiedererstattung, und dem Großvezier
die beleidigende Zumuthung, ihn zu besuchen, während er Zeit und
Stunde erbitten müsse, in der er empfangen werden könne, und andere
der Lage nicht entsprechende Dinge, vor. — Eine halbe Stunde nachdem
der Dolmetscher dem Vezier diese Antwort zurückgebracht, ließ derselbe
seine Zelte abbrechen und zog aus der Gegend von Timurtasch hinweg.
Rache durch Meuchelmörder fürchtend, bewaffnete sich Karl fortan in
seinem Bett mit geladenen Pistolen. Andererseits glaubten er und seine
Partei, daß Ibrahim um so mehr seine Hand von ihren Plänen abziehen
würde, als er, in den Besitz der Macht gelangt, nicht mehr recht geneigt
war, durch Krieg das ihm nahestehende niedere Volk zu belasten. Kurz
darauf führte die Furcht vor dem gewaltsamen Manne, der seine Macht
mißbrauchen zu wollen schien, um den Sultan durch einen Aufruhr zu

stürzen, Ibrahims Fall herbei. Die Nachricht von der Gefangennehmung Stenbocks bei Tönningen, der einzigen Stütze Karls, der feindlichen Besetzung aller Ostseeländer Schwedens, sodaß die Türken den König gar nicht mehr in seine Provinzen zurückführen konnten, der Mißachtung der europäischen Souveraine und seines eigenen Volkes für denselben, und endlich dem Utrechter Frieden, der dem österreichischen Erbfeinde die Hände freimachte, bewirkten in Konstantinopel aufs Neue eine ungünstige Stimmung gegen Karl und zwar nicht nur bei der Regierung, sondern auch im Volke, das nach und nach zu klarerer Durchschauung des wahren Verhältnisses gelangte. Es wurde daher dem holländischen Gesandten leicht, den Krieg gegen Rußland abzuwenden, da im Sommer 1713 das Volk Konstantinopels in den Straßen ebenso laut nach Frieden mit den Russen schrie, wie es kurz zuvor nach Krieg gegen dieselben geschrieen hatte. Der Sultan und die hohen Beamten theilten aufrichtig diesen Wunsch und im August 1713 wurde der Pruth=Frieden aufs Neue bestätigt. — In Bezug auf die Behandlung Karls entschied man sich für die Meinung des Günstlings Kumurgi, der anrieth, ihn mit gänzlicher Gleichgiltigkeit zu behandeln, und ihm zu gestatten, zu bleiben oder abzureisen, ganz wie es ihm gutdünke, ihm jedoch blos den nothdürftigen Unterhalt und zwar nur in Lebensmitteln zu gewähren, dagegen das Versprechen sichern Geleites zurückzunehmen und ihn selbst für seine Sicherheit sorgen zu lassen. Funk und Poniatowski mußten Konstantinopel verlassen und zu Karl zurückkehren; sein im December kundgegebener Wunsch, einen neuen Gesandten senden zu dürfen, wurde abgeschlagen, und die Anzeige, daß er jetzt zu reisen und des Sultans Ansichten darüber zu vernehmen wünsche, dahin beantwortet, man habe ihm stets vergebens Wege angegeben; jetzt solle er seine Pläne darlegen und man würde sie in Erwägung ziehen. So gestaltete sich das Verhältniß zwischen Achmet und Karl am Schluß des Jahres 1713.

Friedensunterhandlungen 1713. Allen diesen Veränderungen zum Trotze verharrte der König bei seinen Ansichten und der Hoffnung auf einen türkisch=russischen Krieg. „Das Feuer," sagte er zu Fabrice, „glimmt noch unter der Asche: wenn man es kräftig anzublasen weiß, kann es wieder hervorbrechen." — Wie der Neutralitätsplan von 1709 und 10, der Waffenstillstand und Frieden von 1712, die

Stettiner Verpfändung und das Braunschweiger Friedensproject, scheiterten alle Einigungsversuche des Nordens an dem Vorsatz des Königs,
keinen Zoll schwedischer Erde vor dem Frieden abzutreten, die Türkei nur
an der Spitze eines Heeres zu verlassen und August nie als König von
Polen anzuerkennen. Schriftlich und mündlich arbeiteten der Rath in
Stockholm, Görz, Vellingk, Karls Umgebung und vor Allem selbst
Stanislaus, diese Pläne wanken zu machen. Nicht einmal die Erlaubniß
zur Annahme der Begnadigungen Augusts für die Anhänger Leszinski's
erreichten sie, trotz aller Hinweise auf den Vortheil des Königs und des
unglücklichen Schwedens. Erst der Uebergang Potocki's, Wiesnowiecki's
und Grudzinski's zu Augusts Partei und ihre Rückkehr nach Polen, sodaß nur noch Poniatowski und einige weniger Einflußreiche, auf Karls
Verheißungen einer Stanislaus zu leistenden Hilfe bauend, bei ihm blieben, erschütterten die Hoffnung des Königs auf eine mögliche baldige Aenderung der Umstände. Auch Fabrice bat im Namen seines Herzogs um
die Erlaubniß, den Hof in Timurtasch verlassen zu dürfen, da er dort
Nichts mehr ausrichten könne. Die eigene schwedische Umgebung ermüdete
gleichfalls und versank in Schlaffheit, Gleichgiltigkeit und eine Art stumme
Verzweiflung, da Jeder seine Bemühungen als vergeblich erkannte und
durch die Gefangenschaft und Annahme des Gnadenbrots, das ihnen die
Achtung der Türken kostete, sich gedrückt fühlte. Außerdem erzeugte die
lange Abwesenheit und ihre weite Entfernung vom Vaterlande bitteres
Heimweh, und ließ die einzige Hoffnung darin bestehen, daß „eine Ver-
schlimmerung nach dem letzten Acte des türkischen Trauerspiels nicht möglich sei.“ — Um den von Stanislaus hingeworfenen Gedanken, derselbe
möge selbstständig gegen Karls Willen die Krone niederlegen, nicht zur
Ausführung gelangen zu lassen, schlug Karl im September 1713 eine
Versöhnung mit August vor. Die Bedingungen, die daran geknüpft waren, machten ihre Annahme von vorn herein unmöglich. Sie waren:
Die Wahl Stanislaus' sollte anerkannt und ihm das Erbrecht zugespro-
chen, 200,000 Thaler Jahrgehalt und 100,000 Thaler Entschädigung
gezahlt, und den Anhängern desselben Verzeihung gewährt werden; ferner sollten August und die Republik dem Bündniß mit Rußland entsagen
und Karl beim Angriff auf dasselbe und bei der Rückeroberung aller von
Schweden gewonnenen Landschaften, sowie der Erzwingung von Schaden-

erſatz für Schweden und Polen, und ebenſo bei Erzwingung der Rückgabe der Holſtein=Gottorpſchen Erwerbungen beiſtehen. Im größten
Geheimniß, um den Schein zu vermeiden, daß er ſelbſt dieſe Friedens-
grundlagen anböte, mußte Friſendorf, Schwedens Geſandter in Berlin,
anonym Flemming, Auguſts Günſtling, nach Dresden ſchreiben: „Karl
habe erfahren, Auguſt wünſche Frieden, und zeige ſich dieſem geneigt.“
Die Autorſchaft dieſes Briefes ſollte dann von Friſendorf abgeleugnet,
aber die Wahrſcheinlichkeit ſeines Inhalts beſtätigt, doch jeder beſtimmte
Auftrag verleugnet werden. Trotz dieſer Vorſicht, dem Schein zu entgehen,
als ſuche man Frieden, glaubten Grothuſen und Fabrice in den Unterhandlungen nur ein Mittel zu erkennen, Zeit zu gewinnen und Mistrauen
zu ſäen. Die Höhe der Forderungen bei der Ohnmacht Schwedens ließen
Auguſt ſchnell alle Unterhandlungen abbrechen. — Stanislaus bedauerte
tief das Elend ſeines Vaterlandes und des ganzen Nordens, das ſein
Königthum herbeiführte, wagte ſich zwar nicht geradezu den Wünſchen
ſeines Wohlthäters zu widerſetzen, erklärte aber auf die Aufforderung
deſſelben, einen neuen Feldzug zu unternehmen, daß er nie mehr den Degen
ziehen wolle, um ſeine Krone wiederzugewinnen. Karl entgegnete: „Nun,
dann werde ich ihn ſtatt Ihrer ziehen, und bis wir wieder triumphirend in
Warſchau einrücken, können Sie in Zweibrücken bleiben, welches Fürſten-
thum ich mit allen Einkünften Ihnen überlaſſe. Ihre Einkünfte werden
dort nicht glänzend ſein; aber Sie können doch als Fürſt leben und meine
Unterthanen werden Ihnen immer als König von Polen begegnen.“
Wirklich überließ Karl dies Erbeigenthum Stanislaus, der ſich dort bis
zu dem letzten Jahre der Regierung deſſelben aufhielt.

Verſuche, Karl zur Rückreiſe zu bewegen. Die ſteten Verſuche der Türken, Karl zur Rückreiſe zu bewegen, wurden jetzt wieder von
allen Seiten unterſtützt, beſonders da Rußlands beginnendes Uebergе-
wicht Furcht bei allen ſeinen Nachbarn zu erregen anfing. Die drohende
Gefahr eines Verluſts von Finnland ließen beſonders jetzt den ſchwediſchen Rath Karl die erſchütterndſten Vorſtellungen von der Noth des Vaterlands machen, die aber ebenſo vergeblich blieben, wie die bei der Eroberung der ſchwediſchen Oſtſeeländer durch die Ruſſen 1710. Auch die
neuen Fortſchritte der Letzteren auf Koſten Schwedens, die in Privat-
briefen, namentlich Coſander von Göthe's, eines in preußiſchen Dienſten

oft zu Unterhandlungen verwendeten Schweden, enthaltenen Schilderungen der schrecklichen Noth im Vaterlande, ja des drohenden Bürgerkrieges, der mehrfach laut werdenden Absicht, sowohl der fremden Mächte, als Hoher und Niederer unter den eigenen Unterthanen, ihn auf dem Throne durch den jungen Herzog von Holstein zu ersetzen, vermochten Karls Eigensinn noch nicht zu beugen, und die Hoffnung, eine endliche türkische Hilfe abzuwarten, zu erschüttern.

Lebensweise in Timurtasch. Timurtasch war ein stattliches und gut eingerichtetes Schloß, mit hinreichenden Räumlichkeiten für Karl und seine Umgebung. Es hatte einen schönen Garten mit Wasserkünsten und anderen Zierden. Das Trinkwasser war aber kalkhaltig, die ganze Umgegend sumpfig und oft mit dicken, ungesunden Dünsten bedeckt, sodaß dadurch unter den des Klima's ungewohnten Nordländern Krankheiten erzeugt wurden und Viele starben. Der König lag seit seiner Abreise aus Bender, vom 6. Februar 1713 bis einschließlich den Weihnachtstag desselben Jahres, unter dem Vorwande einer Krankheit, ununterbrochen im Bett. Die Ursache dieses Benehmens theilte er Niemand mit und man vermuthete, es geschehe nur, um dadurch Zusammenkünften mit dem Großherrn und Vezier und hieraus entstehenden Rangstreitigkeiten zu entgehen, oder sich einen Vorwand zu fernerem Verbleiben zu schaffen. Selbst beim Wechseln des Bettes stand er nicht auf, sondern wälzte sich nur auf ein daneben stehendes Ruhekissen. Der Mittagstisch war in der Regel neben seinem Bett für acht Personen gedeckt. Morgen- und Abendgebet wurde in gewohnter Weise abgehalten, ebenso der Wechsel der Geschäfte bezüglich der Regierungsangelegenheiten und der Correspondenz, die jedoch beide nicht viel Zeit erforderten, da die Verbindungen mit Schweden meist unterbrochen waren, und die fremden Mächte Karl in ihren Verhandlungen übergingen. In den freien Stunden belustigte sich der König mit Schachspiel und dem Anhören der Erzählungen Enemans vom Orient und dem gelobten Lande, aus dem er eben zurückgekehrt, oder noch lieber der vom Tafeldecker Hultman vorgelesenen alten Sagen. Das früher besessene reiche Tischsilber war in Bender verloren gegangen, und es wurde daher von zinnernen Tellern gespeist, wie in Allem der große Geldmangel deutlich sichtbar war. — Die Türken zeigten sich sehr begierig, den oft erwähnten nordischen Löwen zu sehen; Karl empfing aber nie Fremde persönlich, sondern ließ alle Unterhandlungen durch seine Beamten mit ihnen führen. Später erlaubte er, daß sie zu zwei und zwei in sein Zimmer gelassen würden, um ihn, hinter einem Schirm stehend, durch ein kleines Loch desselben zu betrachten. Zweimal wurde der Sultan selbst, in der Verkleidung eines Janitscharen, durch den Tafeldecker Hultman unter Denen erkannt, die so ihre Neugierde befriedigten. — Fünf Wochen lang war übrigens der König während seines Aufenthalts in Timurtasch wirklich ernstlich krank. Man schob die Ursache auf die kalkige Substanz des Wassers, und den Aerger über getäuschte Hoffnungen und erlittene Demüthigungen, sowie das erschlaffende Stillliegen in der Bettwärme für einen an so heftige Bewegungen in freier Luft gewöhnten Körper. — Als im Herbst der Sultan nach Konstantinopel zurückkehren wollte, gab er Karl den Wunsch zu erkennen, daß dieser von Timurtasch nach Demotika übersiedeln möge. Es geschah am 8. November. Jeder Gelegenheit ausweichend, sich öffentlich zu zeigen, ließ der König sich in den Wagen tragen und fuhr im schärfsten Galopp, sodaß die ihn begleitenden Türken die Turbane verloren und bei der Ankunft in Demotika eins der Pferde todt niederstürzte.

Karls letztes Jahr in der Türkei. Nachdem der Sultan nach Konstantinopel zurückgekehrt und Karl von seiner Nachbarschaft befreit war, verließ dieser am Weihnachtsabende 1713 sein Krankenlager und am Neujahrstage 1714 sah man ihn seit dem Gefecht in Bender zum ersten Male zu Pferde. Jetzt machte er auch die Vor- und Nachmittagsritte und begann seine alte Lebensweise wieder. Die türkische Prachtliebe, die er in der letzten Zeit in Bender angenommen, gab er auf, da der Mangel an Mitteln zu dürftigerem Auftreten zwangen. Zuweilen ging die Noth soweit, daß der Hofkanzler Müllern den fehlenden Koch persönlich ersetzen mußte. Von Konstantinopel war keine Hülfe zu erwarten, und der Sultan und Vezier behandelten Karl mit andauernder Gleichgiltigkeit. Von Schweden war auch nicht viel zu erwarten; denn in Folge der Grothusen'schen Verwaltung des Haushalts waren im Jahre 1713 die unbezahlten Schulden schon auf 1,000,000 Thaler Silbermünze gestiegen, wozu noch ein Darlehn von 444,049 Kupferthalern kam, das ein Kaufmann Högger in Paris Karl für Ertheilung der Freiherrenwürde machte. Die Gläubiger hatten für diese Schulden Anweisungen auf die

Regierung in Stockholm erhalten, die neben den Kosten der Kriegsrüstungen die Kräfte des Landes völlig erschöpft hatten, sodaß die Wechsel nicht bezahlt wurden und Karls Credit gänzlich vernichtet war. Nach dem Gefecht in Bender suchte auch eine starke Partei auf dem Reichstage in Stockholm dahin zu wirken, den König ganz seinem Geschick zu überlassen, wie er Schweden verlassen habe, und vermehrte dadurch seine äußere Noth. Da endlich entschloß sich Karl, weil die nur in natura gelieferten Unterhaltsmittel knapp ausreichten, den Sultan um ein neues Darlehn von 3 oder 400 Beuteln anzugehen; derselbe schlug es ab, bot ihm aber ein Geschenk von 100 Beuteln an, das der König seinerseits wieder stolz zurückwies. So verschwand das Geld in Demotika gänzlich, und um nur die nothwendigsten Bedürfnisse zu befriedigen, fielen die Schweden Wucherern in die Hände, die bei so gewagten Darlehen zwanzig, zehn und gar nur fünf Thaler gaben und hundert dafür schreiben ließen. Im Ganzen wurden vierhundertundfunfzehn solcher Schuldzettel hier ausgestellt. Bei der endlichen Abreise der Schweden wollte die türkische Regierung durch strenge Untersuchung und eidliche Erhärtung diese Schuldzettel auf den wirklichen Betrag des Empfangenen und der gesetzlichen Zinsen reduciren; auf Grothusens Rath erklärte Karl dies für nicht ehrenhaft und versprach, bei seiner Ankunft in Schweden Alles zu bezahlen. Die letzte Abrechnung vor der Abreise ergab den Rest der Schulden auf nahezu 900,000 Reichsthaler. — Diese Summe sofort zu erstatten, war geradezu unmöglich, weshalb die Gläubiger aufgefordert wurden, auf des Königs Kosten mit nach Schweden zu reisen und dort so lange zu verweilen, bis sie zu ihrem Gelde gelangt seien. Es meldeten sich sechzig bis siebenzig Personen hierzu, erhielten jeder vom Könige ein Pferd und schlossen sich dem Zuge an. In Karlshamn wurden sie einquartiert und auf Staatskosten unterhalten, was bis zum Jahre 1717, wo man sie zu bezahlen begann, 87,422 Thaler kostete. Noch im Jahre 1719 fanden sich dreißig solcher Gläubiger unbefriedigt in Schweden. Im Jahre 1739 wurde von den Ständen für die türkische Schuld Karls eine Million Reichsthaler gezahlt. Der erwähnte Högger war 1747 noch nicht völlig befriedigt, und ein Engländer, dem zwei Vogteien in Bremen für eine bedeutende Summe verpfändet waren, ging letzterer verlustig, da Bremen in den Besitz des Kurfürsten von Hannover übergegangen war.

Karls Beschluß, nach Schweden zurückzukehren. Der immer hilfloser werdende Zustand Schwedens, in welchem die Noth und Unzufriedenheit den Gehorsam und die staatlichen Bande zu lösen begannen, führte den Rath zu einem letzten Mittel der Rettung, der Zusammenberufung eines Reichstages, an dessen Leitung die Prinzessin Ulrike Eleonore theilzunehmen bewogen wurde. Nach dem Zusammentritt der Stände war ihr und des Raths erstes Unternehmen die Abfertigung eines Gesandten nach Demotika, um sich Gewißheit über die dortigen Zustände zu verschaffen und die dringendsten Bitten der Königin Mutter, der Prinzessin, des Raths und der Stände um des Königs Rückkehr vorzutragen. Es wurde zu dieser Botschaft der Generalmajor Liewen erwählt, ein kluger, erfahrener, muthiger, ehrlicher und wohlwollender Herr, mit offenherzigem Wesen und der Gabe, die Menschen richtig zu behandeln. Er reiste am Tage vor Weihnachten 1713 von Stockholm ab, und langte im März 1714 in Demotika an. Nach Ablieferung der Briefe hatte er Gespräche unter vier Augen mit dem Könige. Er schonte ihn darin nicht, schilderte unumwunden die schlechte Lage des Vaterlandes, an der des Königs Abwesenheit Schuld trage, rechtfertigte die Zusammenberufung der Stände, die Einmischung der Prinzessin in die Regierung, zeigte die naheliegende Möglichkeit und Wahrscheinlichkeit einer Staatsumwälzung bei längerer Abwesenheit des Königs, und das Gefährliche in der Absicht des Königs, dem Prinzen Friedrich von Hessen, Verlobten der Prinzessin Ulrike Eleonore, das Heer anzuvertrauen, kurz die ganze Nothwendigkeit, selbst nach Schweden zurückzukehren, wenn Karl sich die Krone und das Reich retten wolle. — Die ganze in Demotika anwesende Kanzlei unterstützte, von Müllern geleitet, Liewen in seiner Absicht. Ein neuer Gesandter des Herzogs von Holstein langte zu gleichem Zwecke an, und brachte Fabrice einen Brief mit, worin ihm Görz die Wahrscheinlichkeit erklärte, daß in Schweden ein Aufruhr ausbrechen würde, falls Karl nicht zurückkehre. Diesen Brief las Fabrice dem Könige vor, und mußte die betreffende Stelle dreimal wiederholen. Am 6. April 1714 langte auch ein Brief von Moritz Vellingk, dem Karl in dieser Zeit das meiste Vertrauen schenkte, für diesen selbst an, in dem die einzige Möglichkeit einer Rettung Schwedens vom gänzlichen Untergange in einer geheimen und schleunigen Rückkehr durch Deutschland bezeichnet wurde. Gleichzeitig gelangte auch die Nach-

richt von den Reichstagsvorgängen aus dem Februar und März an, wo
die Stände, ohne den König zu befragen, Ulrike Eleonore mindestens bis
auf Weiteres zur Regentin des Landes ernennen wollten, was nur durch
den Rath Arvid Horns und Gustav Kronhjelms verhindert wurde, die
durch Zügelung des ständischen Eifers die Krone für Karl retteten
und den Bürgerkrieg am Ausbruch verhinderten. Auch der Plan Görz',
den jungen Herzog von Holstein mit einer russischen Prinzessin zu ver-
mählen und ihn zum Regenten Schwedens zu machen, blieb dem König
nicht verborgen. Dies Alles bewies ihm klar die Nothwendigkeit der Rückkehr, um seine wankende Krone, nach der seine Schwester und sein Schwe-
sterjohn griffen, zu retten. Ueberdies wurde der Aufenthalt in Demotika
für den König sehr unerquicklich. Der Sultan und die europäischen Höfe
übersahen ihn immer mehr und mehr, sodaß er fast gänzlicher Unbedeutendheit und Vergessenheit anheimfiel. Da begann er endlich Ende
Aprils und zu Anfang des Mai 1714, ernsthaft an seine Rückreise zu
denken. Viel trug auch die Hoffnung dazu bei, bald wieder einen Ehre
versprechenden Feldzug eröffnen zu können. Vellingk hatte ihm nämlich
die Möglichkeit vorgespiegelt, in Pommern 40,000 Mann unter seinen
Befehl zu erhalten, und Görz und Dücker versprachen auch, zu diesem
Zwecke zu arbeiten. Oft sprach Karl von diesen Truppen und diesem
Gedanken ist der endlich gefaßte Entschluß meist zuzuschreiben. — Noch
hielt der König aber den Weg durch Polen fest und verlangte eine Deckung
vom Sultan, erklärte sich jedoch mit 12000, endlich sogar mit 6000
Mann befriedigt. Die türkische Regierung wollte sich aber nun gar nicht mehr
durch eine Truppensendung das Mißvergnügen Polens zuziehen. Darauf
entgegnete der König: „er würde von seinen Ansprüchen abstehen und
einen anderen Weg wählen, weil die türkische Regierung sich durch seine
Rückreise durch Polen geängstigt fühle." Die Türken glaubten übrigens
so wenig an die Abreise, welche auch von den Feinden Schwedens zu hin-
tertreiben versucht wurde, daß sie hohe Summen und Nase, Ohren und
Bärte darauf verwetteten, der König würde nicht reisen.

Karls Abschied von der Türkei. Jetzt verlangte Karl nur
noch sichere Pässe für seine Rückreise seitens des Sultans, und der Vezier
erklärte, ihm dieselben zustellen zu wollen, sowie er durch einen eigenhändigen
Brief darum angegangen würde; diese Vorsicht sei nöthig, da er die oft

gegebenen Versprechungen seiner Beamten, bald abzureisen, nie erfüllt habe. Zu einer so tiefen Demüthigung, einem Unterthanen eines fremden Herrschers auf sein Verlangen zu schreiben, wollte sich der König nicht herablassen, und so schien der ersehnten Heimkehr wieder ein Hinderniß entgegenzutreten. Alle Schweden, Müllern an der Spitze, suchten Karl zu bereden, zeigten ihm, wie Ludwig XIV. und andere Könige fremden Unterthanen und namentlich dem Vezier geschrieben hätten, und er selbst ja mit diesem schon früher Briefe gewechselt habe. Endlich gab er, um seiner treuen Unterthanen Wohlfahrt und Bestens halber, an seinem Geburtstage, dem 17. Juni, unter der Bedingung nach, daß der Brief von einem ordentlich bevollmächtigten schwedischen Gesandten, der mit denselben Höflichkeitsbezeigungen, wie die anderer Mächte, empfangen werden sollte, überreicht würde. Der Sultan gab hierzu seine Einwilligung und daher sah Liewen Ende Juni 1714 die Rückreise Karls für so gesichert an, daß er der Prinzessin Ulrike Eleonore Mittheilung davon machte. — Trotz Müllerns Einwänden wurde Grothusen mit der Gesandtschaft an den Sultan beauftragt, theils um einen würdigeren Abschied von ihm zu nehmen und den Schein einer wiederangeknüpften Freundschaft zu wahren, theils aber auch um ein neues Anlehen zu versuchen. Die letzten Mittel wurden angestrengt, ihn und seine Begleitung von zweiundsiebenzig Personen mit prächtigen Pferden und Kleidern zu versehen. Er führte Briefe des Königs an den Sultan, Vezier und Mufti mit sich, sollte aber weder dem englischen noch holländischen Gesandten einen Besuch abstatten, weil diese immer gegen den Krieg der Türkei mit Rußland operirt hatten. Die Vorbereitungen bis zu Grothusens Abreise nach Konstantinopel währten bis Mitte Juli. Seine Aufnahme war anfangs sehr kalt, und der Vezier ließ so harte Worte hören, daß Grothusen sie nicht zu wiederholen wagte, und zur beschleunigten Abreise des Königs rieth, um die Sache nicht noch schlimmer werden zu lassen. Sobald es aber bekannt war, daß der König wirklich reisen wolle, wurde der Vezier milder und behandelte Grothusen freundlicher, als man erwartete. Der Sultan empfing ihn zweimal und versprach ihm die Pässe und Schutz bis zur türkischen Grenze; doch verrieth sich noch immer Mistrauen in die Wahrheit der Absichten des Königs, zu reisen. Die Geldpläne scheiterten; denn das Darlehen schlug der Vezier, als gegen die Vorschriften des

Korans, und die Annahme eines Geschenkes von 300 Beuteln Grothusen, als gegen die Gesetze der königlichen Ehre streitend, ab. Ernsterer Wort= wechsel hierüber wurde von beiden Seiten vermieden. Diese Verhandlun= gen und die feierlichen Besuche und Gegenbesuche nahmen so viel Zeit hinweg, daß die Gesandtschaft erst Ende September nach Demotika zu= rückkehrte. Karl ließ sie dort einen so feierlichen Einzug halten, als wenn es eine Gesandtschaft einer fremden Macht gewesen wäre; der Auf= tritt mit seinen Zurüstungen hatte 25,000 Kronen gekostet und vier Monate Zeit erfordert, während welcher Zeit die Russen weitere Erobe= rungen schwedischen Gebietes machten.

Vorbereitungen zur Rückreise. Der Geldmangel schien, sowohl in Betreff der Reisekosten als der drängenden Gläubiger, die Heimkehr noch einmal verzögern zu wollen. Ibrahim, der ehemalige Pascha von Bender, der Karl die 1300 Beutel, dem großherrlichen Befehl zuwider, ausgeliefert hatte, und nach seiner Absetzung nach Si= nope verbannt war, schickte eine Botschaft nach Demotika, um die 70 Beutel, die er außerdem noch Grothusen für den König geborgt hatte, zurückzufordern. Er konnte nicht befriedigt werden; denn Alles, was aufzutreiben gewesen war und einem Tropfen im Meere glich, bestand in 20,000 Kronen, die der französische Gesandte seinen in Konstantinopel anwesenden Landsleuten fast abzwang, und in 60,000 Thalern, die ein Engländer vorstreckte. Da schritt endlich der Sultan ein und lieferte das Geld zu den Zurüstungen zur Abreise für die Schweden und ihre sie begleitenden Gläubiger. Es wurden dreihundert Pferde und sechzig Wagen gestellt, um sie bis zur türkischen Grenze zu führen, und freier Unterhalt nicht nur für Karls Umgebung in Demotika, sondern auch für die unter Axel Sparre's Befehl in und um Bender liegende Mannschaft bewilligt. Diese belief sich noch immer auf fast dreizehnhundert Mann und wurde jetzt durch die Walachei geleitet, um Karl dort zu erwarten und zu begleiten.

Karls Reise von Demotika nach Stralsund. Am 20. September 1714, um zehn Uhr Vormittags, bestieg Karl XII. sein Pferd, um von Demotika nach Schweden zurückzukehren. Zum letzten Male hatte sich das Volk versammelt, um ihn zu sehen. Als er durch ihre Haufen ritt, riefen sie ihm ihre Segnungen zu. Am Abende langte der Zug in der Gegend von Timurtasch an. Hier erwartete ihn ein Beamter des Großherrn und überbrachte ihm, als Abschiedsgeschenk, ein kostbares Reisezelt, acht arabische Pferde und einen mit Juwelen besetzten Säbel. Der König schenkte dem Ueberbringer einen prächtigen Zobelpelz, den er sich von Grothusen dazu lieh. Dann ging der Zug weiter nach Norden und, nach türkischer Sitte, sehr langsam, anfangs nur vier französische Meilen den Tag. Dies wurde Karl lästig. Schon am vierten Tage ließ er um zwei Uhr in der Nacht zum Aufbruch blasen, sodaß die Türken ihren Schlaf abbrechen und sich der Fackeln bedienen mußten, um nur den rechten Weg zu finden. Am 8. October langte man in dem Städtchen Pitest in der Walachei an. Hier war man unweit des österreichischen Gebietes, aber die gänzliche Verausgabung des Reisegeldes führte bittere Verlegenheit herbei. Der König sendete den Trabanten Ehrenskjöld nach Siebenbürgen voraus, um dem höchsten kaiserlichen Beamten seine Lage zu schildern und von ihm eine ausreichende Summe zu leihen, für deren richtige Zurückzahlung er eigenhändige und kräftig abgefaßte Verpflichtungen mitgab. Ehrenskjöld wendete sich an den österreichischen General Steinville, und dieser übergab ihm sogleich, theils aus eigenen, theils aus Staatsmitteln, 50,000 Gulden. Während Karl in Pitest dieses Geld erwartete, kamen alle Schweden aus der Gegend von Bender dort an, sodaß die Mannschaft nahezu auf 800 Mann stieg. Von hier aus schrieb der König auch einen letzten Abschieds- und Danksagungsbrief an den Sultan und sendete seine letzten Anhänger unter den Zaporogern, die ihm die Treue seit der Zeit von Pultawa bewahrt hatten, zurück. In seinem Abschiedsbrief an dieselben schrieb er: „Wir sind fest überzeugt, daß Ihr unerschütterlich in Eurer Treue und Eurem Gehorsam gegen uns beharren werdet. Wir hoffen auch, nach der Rückkehr zu unseren Heeren, neue Siege zu gewinnen und dann Unsere Waffen mit den Euren zu vereinen, um die gemeinsamen Feinde, die Russen, zu bekriegen." Von Pitest ging auch ein Brief an Stanislaus ab, worin ihm Karl rieth, sich in den Versöhnungsunterhandlungen mit August nicht zu übereilen. Hier beabsichtigte der König, sich von der großen zurückkehrenden Schaar zu trennen und allein und ungekannt durch Deutschland zu reisen. Zu Begleitern auf diesem abenteuerlichen Ritt erwählte er erst sechsundzwanzig der muthigsten und schnellsten Herren seiner Umgebung. Mit ihnen und anderen Officieren stellte er nun verschiedene Uebungen und Reitproben an. So

wurde unter Anderm der Handschuh auf die Erde geworfen und im
schnellsten Galopp vom Pferde aus wieder aufgehoben, oder in die Luft
geschleudert und wieder aufgefangen, und endlich, als letzte Prüfung der
Reitkunst und Gabe, fest im Sattel zu sitzen und das Pferd zu lenken,
ein noch bei Weitem schwierigerer Versuch gemacht. Die vielen Wein=
gärten der Umgegend bildeten steile, schmale Terrassen, die durch enge
Pforten verbunden waren. Im schnellsten Tempo mußte das Pferd erst
durch die breiteren, dann durch die engeren, zuletzt kaum noch Durch=
gang gestattenden Thüren gelenkt werden. Der König nahm unter großer
Lust selbst daran Theil und ritt sich einmal mit solcher Gewalt in einer
engen Pforte fest, daß, um ihn zu befreien, das beide Pfosten verbindende
Querstück weggenommen werden mußte. Solcher Zeitvertreib füllte die
Tage bis zu Ehrenskjölds Rückkehr aus. Aus den sechsundzwanzig aus=
erwählten Herren bestimmte dann der König nur den Generaladjutanten
Gustav Friedrich von Rosen und den Oberstlieutenant Otto Friedrich
Düring zu seiner Begleitung, die anderen vierundzwanzig sollten ihm
und diesen nach einer Tagereise Vorsprung folgen, die ganze übrige
Truppe aber sich in gewöhnlicher Marschordnung durch Ostdeutschland
nach Stralsund begeben. Unter fremden Namen und dem Charakter
schwedischer Capitaine wurde die Weiterreise fortgesetzt. Karl nannte sich
Peter Frisch, setzte eine schwarze Perücke auf und zog einen braunen Rock
an. Am 26. October, um Ein Uhr Vormittags, ritten sie von Pitest ab,
Jeder noch ein besonderes Handpferd mit sich führend. Schon am Abend
des ersten Tages verirrten sie sich und gelangten in der Nacht in wilde,
ungebahnte Wälder, sodaß sie nicht weiterreiten konnten, sondern gehen
und ihre Pferde führen mußten. Am Morgen des 27. entdeckten sie einen
Feuerschein. Der König ging ihm nach und fand einen schlafenden
Schweinehirten. Er wurde geweckt und überredet, ihnen gegen gute Be=
zahlung den Weg zu zeigen. So kamen sie zu dem Rothen=Thurm=Paß
nach Siebenbürgen. Hier befahl der König Rosen, zurückzubleiben und
ihm so zu folgen, daß immer vier Stunden Zwischenraum blieben. Beide
sahen sich nämlich sehr ähnlich, was noch durch Rosens Art, des Königs
Haartracht, Wesen und Kleidung nachzuahmen, gehoben wurde, sodaß
Karl fürchtete, das Beisammensein zweier, seinen Portraits so gleichenden
Personen könne leichter Verdacht erregen. Er selbst und Düring bestiegen

um Mitternacht wieder die Pferde, und erreichten, von Führern mit Fackeln
durch den Paß geleitet, bald Hermannstadt.   Karl setzte die Reise ohne
Aufenthalt fort, aber Düring, der für so ununterbrochene, scharfe Ritte
doch noch nicht hinreichend abgehärtet war, sank beim nächsten Pferde-
wechsel ohnmächtig nieder.   Der König ließ ihn durch den begleitenden
Postknecht zu einem Wasser tragen, wo er eigenhändig durch Waschen
des Ermatteten Lebensgeister zu erfrischen suchte.   Endlich erkennend,
daß Düring nicht im Stande sei, ihm zu folgen, gab er ihm einen Theil
der Reisecasse, vertraute ihn dem ältern und erfahrenern Postknecht an,
und setzte mit dem jüngern, trotz des anbrechenden Dunkels, die Reise
fort.   Sie verirrten sich jedoch in der Finsterniß und kamen erst nach
langen Umwegen und großem Zeitverlust zur nächsten Poststation, wo
sie Düring, der sich nach kurzer Ruhe erholt hatte und auf dem nächsten
Wege hierhergekommen war, schon vorfanden.   Bald darauf kamen sie
in eine Gegend, in welcher sie sich, statt der Pferde, der Wagen bedienen
mußten; die Ueberzeugung, daß Düring nothwendig dieser Ruhe bedürfe,
milderte Karls Aerger über diese langsamere Beförderung.   In Klau-
senburg fühlte sich der König selbst etwas unwohl, aber ohne daß es län-
gern Aufenthalt verursachte, und in Somlyo ahnte man seinen wirklichen
Stand und Namen, wohl durch die Aehnlichkeit mit seinem dem ganzen
Europa genau bekannten Portrait.   Auch der Umstand, daß der König
keinen Wein trank, war allgemein bekannt; und da er nach den anstren-
genden Ritten auf den Poststationen nur Wasser verlangte, konnte dies
leicht zu Verdachtsgründen führen.   Auch die in der Vergeßlichkeit un-
bewachter Augenblicke bewiesenen Handreichungen und Ehrfurchtsbezei-
gungen Dürings erregten Aufsehen, da sie unter zwei gleichstehenden
Reisegenossen nicht passend waren.   Ueberdies erwartete man in ganz
Europa täglich und stündlich die Nachricht von Karls Abreise aus der
Türkei; die große Dürftigkeit und außerordentliche Eile, mit der der König
reiste, ließen aber keine wirkliche Gefahr aus dem Verdacht erwachsen,
daß der Capitain Frisch eine andere Persönlichkeit unter seinem Namen
bergen könne.

In Deutschland wurde die Reise wieder zu Pferde fortgesetzt, und
zwar über Wien, Regensburg, Nürnberg und Hanau nach Kassel, um
auf diesem Umwege der Nähe Sachsens zu entgehen, weil man fürchtete,

durch Augusts Spione, wie einst die Prinzen Sobieski, weggefangen zu werden.   In Frankfurt vergaß Düring seinen Mantel; gleich darauf wurde es bekannt, wer die Reisenden gewesen seien, und da man den Mantel für den des Königs hielt, zerschnitt und verkaufte man ihn an die große Zahl seiner Bewunderer.   In Berken bei Fritzlar erkannte der Wirth Karl und theilte ihm warnend die in Schweden bestehenden Aufruhrspläne mit, wofür ihm Karl in ein Buch in deutscher Sprache einschrieb:

> „Was zaget Ihr doch?
> Gott und ich leben ja noch!"

In Kassel stieg der König in einem noch heute „Stadt Stockholm" genannten Wirthshause ab.   Der Landgraf, dessen Sohn mit des Königs Schwester, Ulrike Eleonore, verlobt war, hatte befohlen, am Posthause auf alle Reisende genau zu achten, um den König, falls er darunter sei, zu erkennen.   Zu demselben Zwecke hatte er einen in hessischem Dienst befindlichen Schweden, Namens Kagg, dorthin geschickt.   Derselbe ließ sich wirklich in ein Gespräch mit dem Könige ein und schöpfte Verdacht. Düring merkte Unrath und begegnete Peter Frisch deshalb mit so großer Freiheit, wie man sich selbst nicht gegen einen verkleideten König erlaubt. Auch leerte Karl, auf Dürings Rath, ein großes Glas Wein, um Kaggs Muthmaßungen zu entkräften.   Kaum saß er aber wieder zur Abreise auf seinem Pferde, als er sich umwendete und ihm schwedisch zurief: „Lebe wohl, lieber Kagg; grüße den Landgrafen."   Ehe sich Kagg von dem Staunen über die gewonnene Ueberzeugung erholt hatte, waren Karl und Düring seinen Blicken entschwunden.   Ueber Braunschweig, Güstrow und Triebsees wurde der Weg nach Stralsund fortgesetzt, vor dessen Thoren der König am 11. November Ein Uhr Nachts anlangte.   Beide Reiter riefen: „Laßt uns ein, wir sind Eilboten und kommen vom Könige!"   Der wachthabende Officier bat sie, bis zum Morgen zu warten; sie gaben aber vor, Briefe zu haben, die sie sogleich Dücker vorlegen sollten.   Ein Corporal brachte dem General diese Meldung.   Er erwartete den König, und, wie von einer Ahnung ergriffen, befahl er, die Eilboten sogleich einzulassen und stand schnell auf, um selbst das Verhältniß zu untersuchen. In der Hausthür begegnete er Karl, der jedoch durch Staub und Anstrengungen so entstellt war, daß er ihn nicht gleich erkannte; er ließ aber sofort die Maske fallen und schenkte dem Führer von Triebsees eine Hand voll Ducaten, dem Soldaten, der ihn zu Dücker geführt hatte, seinen Mantel. Die Reise von Pitest nach Stralsund hatte durch ihre Beschwerlichkeiten den König sehr mitgenommen. So wie sie gemacht war, betrug sie 286 Meilen, die in sechzehnmal vierundzwanzig Stunden zurückgelegt worden waren. In den letzten acht Tagen waren die Stiefeln nicht von seinen Füßen gekommen und mußten jetzt von den geschwollenen und mit Quetschungen bedeckten Beinen geschnitten werden. Den ganzen ersten Tag hielt sich der König im Zimmer, um Kräfte zu sammeln und sich neue Kleider machen zu lassen. Rosen war von der siebenbürgischen Grenze ab der Spur des Königs mit solcher Gewissenhaftigkeit gefolgt, daß er nur einen Tag nach ihm in Stralsund anlangte. Der zweite Trupp, die vierundzwanzig auserwählten Herren, folgten gleichfalls auf demselben Wege. Sie erregten viel Aufsehen und man wähnte oft den König darunter. Als sie in Hanau bei Tisch saßen, erschienen eine Menge Personen, darunter eine fürstliche Prinzessin, um sie anzustaunen. Ein französischer Tapezirer glaubte, in Ture Bjelke den König zu erkennen, und empfahl ihm sich und seine Arbeiten. Bjelke antwortete ihm: „Ich bin nicht der König von Schweden; der kann nicht französisch sprechen." Der Tapezirer entgegnete aber bestimmt: „Der König von Schweden kann Alles, was er will." Die übrige größere Truppe marschirte auf dem kürzesten Wege, aber natürlich in langsamerer Weise. Sie langte erst im März 1715 in Stralsund nach schwierigem, unangenehmem Marsche an. Es waren viele hohe Officiere und Beamte darunter, aber meist so schlecht ausgerüstet und nur mit dünnen, zerrissenen Kleidern versehen, daß sie sich, der Ehre Schwedens halber, nicht zu erkennen gaben, sondern sich zu niederen Graden herabsetzten.

Resultat des Aufenthaltes in der Türkei. Die Episode des Aufenthaltes Karls in der Türkei war durch seine Rückkehr beendet, mit ihr sein eigenes und seines Reiches Unglück, das die Absetzungsfehde gegen August begonnen und der Zug in die Ukraine vollendet hatte. Das Land war fast regierungs- und zuchtlos, da Niemand des Königs Vollmacht und des Volkes Vertrauen zur Ausübung der Macht besaß. Dies, Pest und Noth hatten das größte Elend allgemein gemacht. Aeußere Feinde hatten Bremen, Pommern, Aland und Finnland überschwemmt

und die Eroberung von Esthland und Liefland vollendet. Karl fand
nur noch die Hälfte seines Landes vor und seinen Staat zu einem dritten
Ranges herabgedrückt. Wie aber in der ganzen Zeit seines Aufenthaltes
in der Türkei nur einmal sein Gedanke auf eine Rückkehr durch Rußland
fiel und sogleich wieder aufgegeben wurde, dagegen stets die Absicht fester
wurzelte, durch Polen zu ziehen, wie nie der Befehl nach Stockholm ging,
von Norden her Rußland anzugreifen, sondern immer nur der, in Polen ein=
zurücken, beseelte auch jetzt den König vorzugsweise dieser Gedanke. Das
Staunen ganz Europa's und des Orients hatten der nordische Helden=
könig und die Thaten seiner Genossen erregt, aber mit dem Ruin des
Vaterlandes bezahlt. Sein eigener Ruf war außerdem in den Augen
der Besonneneren gesunken, da ihnen die Königspflicht höher steht als
der Manneswille, und nur die rohen Naturvölker sahen in dem wahn=
witzigen Eigensinn, den die Umstände und gewissenlose Schmeichler
bis an die äußerste Grenze getrieben, eine der Achtung und Ehrfurcht
würdige Tugend. Der Khan der Bulgarei ging in seinem Entzücken
soweit, fortan, wo er es vermochte, mit großen Kosten Schweden und
Schwedinnen als Sklaven zu kaufen, um sie mit seinen Unterthanen zu
vermischen und einen kräftigern Volksstamm zu erzeugen. Karl selbst
wurde ein Gegenstand der wunderbarsten Märchen und Sagen des
Orients. Bei Bender zeigt man noch die grasbewachsenen Schutthaufen
des Königshauses von Warnitza, als den Sitz des vom Volke verehrten
„Schwetzky Koroll," der nach der Sage noch heute Schweden re=
giert, während seine verzauberte Tochter die unter den Ruinen befind=
lichen mit Gold und anderen Schätzen gefüllten Gewölbe bewacht, um
sich und diese, wie das halbe schwedische Reich, ihrem Befreier zu geben.

Siebzehntes Kapitel.

Die Regierung des Reiches während des Königs Abwesenheit. — Beamtenwesen. — Soldatenaushebung und Kriegskosten der Jahre 1700 bis 1709. — Mittel zur Geldbeschaffung und Landesnoth. — Benehmen des Rathes dem Könige gegenüber. — Thronfolgepläne. — Schweden bei der Nachricht der Niederlage bei Pultawa. — Aeußere Verhältnisse Schwedens.

Die Regierung des Reiches während des Königs Abwesenheit. Die Umstände, unter denen Karl im Jahre 1700 nach dem Sunde zog, ließen die Furcht entstehen, daß er sobald nicht in sein Reich zurückkehren würde. Es wurden daher nähere Bestimmungen über die Reichsregierung für die Dauer seiner Abwesenheit getroffen. Der Rath wurde in eine Defensionscommission, zur Vertheidigung des Landes, und in eine Justizcommission für Rechts- und innere Angelegenheiten getheilt. Diese Anordnung schwächte den Einfluß, den der Rath früher geübt und stets erstrebt hatte, und entsprach des Königs von seinem Vater ererbten und durch Piper bestärkten Ansichten und Beider Lust an unumschränkter Regierung. Bei dem Könige war der Rath zu seinem größten Verdruß nur durch ein Mitglied, nämlich durch Piper selbst, vertreten. Vor 1680 mußte jede Regierungsangelegenheit seinem Ermessen unterbreitet werden und nach 1680 geschah es nach Gutdünken des Herrschers; aber bei jeder wichtigen Handlung, nach 1700 verlangte Karl nur schriftliche Gutachten und vernahm über diese allein Pipers Meinung, den man spottweise den „schwedischen Großvezier" nannte. Eine ganz neue Behörde wurde 1700 in dem Contributionsrentamt geschaffen, dessen Mitglieder, aus Bevollmächtigten der drei ersten Stände bestehend, den eigenmächtig ausgeschriebenen Steuern einen Schein von Gesetzlichkeit leihen und das Bankwesen controliren mußten. Der Bauernstand nahm nicht Theil, da er sich bei der Einrichtung der Bank die Theilnahme und Verantwortlichkeit für dieselbe verbeten hatte. Alle in den Rathsabtheilungen und Kanzleien beendeten Angelegenheiten gingen zum König ins Lager. Im Kriegsfache beeinflußte Rehnskjöld dieselben; alles Uebrige ging meist nach Pipers Willen. Die Unmöglichkeit, aus der Ferne ein richtiges Urtheil zu erlangen, der Zeitverlust und das Zusammenlaufen aller Fäden in eines einzigen Günstlings Hand wirkte höchst nachtheilig auf alle Angelegenheiten, besonders aber solche, die schnelles Eingreifen erforderten, und erzeugten Glücksjägerei, Bestechungen und Ungerechtigkeiten. Die Kriegsbegebenheiten und die Unlust des Königs zu Regierungsarbeiten verzögerten oft auf Wochen und Monate die Entscheidung wichtiger Fragen. Königliche Verordnungen in Betreff innerer Angelegenheiten erreichten in den ersten Regierungsjahren die Zahl dreißig bis vierzig; im Jahre 1701 kamen nur dreizehn, 1702 nur fünf, 1703 nur sechs, 1704 wieder fünf, 1705 nur drei, 1706 wieder dreizehn, 1707 sogar dreiundzwanzig., 1708 nur eine und 1709 schon vor der Pultawaschlacht findet sich keine von Karl erlassene, mit Gesetzeskraft versehene Anordnung. Der Rath in Stockholm konnte und durfte nicht handeln, da er des königlichen Vertrauens entbehrte, in seiner Wirksamkeit künstlich gehemmt und zersplittert war und absichtlich in größter Unkenntniß erhalten wurde; ja, wenn er Rathschläge ertheilte, aus Laune denselben gerade entgegengehandelt sah. Späher, die das Thun der Rathsherren beobachten mußten, hielten die einzelnen Glieder in solcher Furcht, daß sie schließlich selbst von ihren unangetasteten Rechten ohne des Königs besondern Willen keinen Gebrauch zu machen wagten. Durch Nikodemus Tessin in Stockholm und Kasten Feif im Lager fand der Verrath seinen Weg. Die von Karl XI. eingeführte strenge und treffliche Ordnung und Pipers außerordentliche Erfahrung, Thätigkeit und Begabung hielten dennoch die Verwaltung in den ersten Jahren in vollkommener Ordnung. Das schwerste Unheil drohte nicht aus den Vernachlässigungen oder Unfähigkeiten der einzelnen Rathsglieder, sondern aus dem alten Uebel der Zwietracht und Bestechlichkeit. Es bestanden im Innern des Rathes zwei Parteien, eine französische und eine englisch-holländische, beide dem Gelde und den Ehren der fremden Mächte zugänglich, bis diese nach 1703 entdeckten, daß der Schwerpunkt und die Entscheidung jeder äußeren Politik bei Karl und Piper allein lägen und deshalb mit den Bestechungsgaben einhielten.

Beamtenwesen. Diese Zustände in der ersten Behörde des Reiches wirkten natürlich auch verschlechternd auf das Beamtenwesen. Die meisten jungen mit Ehrgeiz und Kraft ausgestatteten Leute wählten lieber die Kriegslaufbahn als die Civilcarriere, obschon die Gehalte der Staats

diener erhöht wurden.   Der Rath, dem die Beaufsichtigung des Beamtenstandes oblag, besaß in seinen Mitgliedern nicht Lust und Macht genug,
sich dieser Pflicht zu unterziehen, und ließ die Zügel immer schlaffer hängen, besonders in den Jahren, in denen ganz Schweden stets die Todesnachricht Karls erwartete, dessen waghalsiges Benehmen keinen andern
Ausgang des blutigen Spieles voraussehen ließ.   Dies und die verschiedenen Ansichten über die ungeregelte Thronfolge übten einen mächtigen
verderblichen Einfluß aus; jeder Staatsdiener befand sich auf dem
Punkte, Alles gehen zu lassen wie es wollte und die bevorstehenden großen Veränderungen abzuwarten.   Außerdem machte es sich schädlich fühlbar, daß der Civilstand von oben herab nicht in gehöriger Achtung erhalten wurde und seinen vollen und gesetzlichen Gehalt nicht ausgezahlt
bekam, sondern einen großen Theil dem Staate als unfreiwillige Kriegsauflage überlassen mußte.   Für diese Abzüge suchte sich Jeder möglichst
ungesetzlich zu entschädigen.   Die so allgemein gewordenen Erpressungen
und der oft blutige Druck gegen das untergebene Volk, die Betrügereien
und Prellereien, sowie Gewaltthätigkeiten bei den Ausschreibungen der
Kriegsbedürfnisse, das Vorenthalten der von den höchsten Behörden gesendeten Entschädigungssummen u. s. w. führten Tausende von Anklagen
herbei; aber dort, wo es bis zur Untersuchung kam, machten ähnliche
Mittel diese fruchtlos und die Schuldigen straffrei.   Es ging so weit,
daß im Jahre 1706 ein außerordentliches Gericht von dem Rathe auf
des Königs Befehl eingesetzt wurde, vor dem sich die höchsten und niederen
Beamten, des Betrugs und Diebstahls angeklagt, stellen mußten, und
als eine Menge mehr oder weniger schwerer Urtheile, bis zum Freiheits-
und Lebensverlust, gefällt waren, ergab es sich, daß der öffentliche Ankläger, der das Gericht durch unermüdliche Vertretung der Bedrückten
hervorgerufen, selbst zu den Verbrechern gehörte und nur gegen Diejeni-
gen aufgetreten war, die ihm die Anklage nicht abgekauft hatten.   Die
Urtheile wurden cassirt, das Gericht aufgehoben, da jeder Verklagte mehr
und höhere Staatsdiener hineinzuziehen drohte, und so wurde das Uebel
verschlimmert, statt gehoben zu werden.

**Soldatenaushebung und Kriegskosten der Jahre 1700
bis 1709.**   Wie viele Leute die See- und Landkriege Karls verschlan-

gen, ist nicht genau anzugeben. Der Nachweis aber, daß allein Åbo Län bis zum Schlusse des Jahres 1703 schon 17,000 Mann und bis Ende 1709 sogar 40,000 Mann gestellt hatte, giebt der Angabe, daß im Ganzen 400,000 Krieger zu jenem Zeitpunkte vom Lande aufgebracht worden, volle Glaubwürdigkeit. Fast kein Jahr ist ohne neue Aushebung von 20,000 Mann vergangen. Sie zu beschaffen, reichte natürlich das Eintheilungswerk Karls XI. nicht aus; das Gelübde, gegen diese schwere Bürde dem Lande jede andere Art Aushebung zu ersparen, wurde ge= brochen, und schon 1700 mußten je drei oder fünf Rotten oder Reiter= höfe statt der gewohnten Zahl Soldaten und Reiter einen Mann mehr stellen. Aus dieser fast die Hälfte der Zahl erreichenden Mehrerhebung wurden neue Regimenter gebildet, dann dem Lande die Last aufgebürdet, für den Troß der Officiere zu sorgen, da Karl mit den ausländischen Troßbuben unzufrieden war und die schwedischen zu Reservesoldaten er= ziehen wollte. Später mußten die Stände, die Beamten und endlich die Bürger und Handwerker Soldaten stellen, z. B. jeder Präsident, je vier Assessoren, sieben königliche Secretaire, je zwei größere Pastorate, je 800 Thaler Einkommen in den Städten oder Capitalsrente u. s. w. mußten einen Dragoner beritten und bewaffnet stellen. Dieses System wurde fast während der ganzen Regierung Karls beibehalten und erschöpfte das ohnehin noch an den Folgen der drei Jahre vor seinem Regierungsantritt ausgebrochenen Hungersnoth leidende Land. Die Werbungen hatten, obschon das Handgeld bis auf 80 Thaler für die Soldaten gestiegen war, keinen Erfolg; vielmehr desertirten die Ausgeschriebenen massen= haft über die Grenzen, und Hunderte von Gutsbesitzern mußten aus Mangel an Söhnen und Knechten die Güter verlassen und brach liegen lassen. Als auch die Handwerker die Hälfte der waffenfähigen Gesellen und Arbeiter stellen sollten, wendeten sie Gewalt gegen die Werber an, und die Gezwungenen zeigten sich später bei den Fahnen unzuverlässig. Trotz der Verordnungen, sonntäglich das ganze Landvolk in den Waffen zu üben, der Herabsetzung der erlaubten Dienerzahl u. s. w. wurde die ausgehobene und geworbene Mannschaft immer untauglicher und schwä= cher und gleiches Verhältniß herrschte bei den beschafften Pferden. Die stärkste Aushebung wurde 1705 verlangt: je der siebente Mann von den Bauern; vom Adel und den Ständen und Beamten die doppelte

Zahl der bisher gestellten. Die Militairausgaben hatten bis zur Kriegs=
eröffnung zwei Millionen für das Landheer und 700,000 Thaler für
das Seewesen gekostet; 1700 kamen drei und eine halbe Million Zu=
schuß dazu. Vom Sommer 1701 an mußten Polen und Sachsen, als
Kriegstheater, die Kosten desselben tragen und Schweden steuerte in dieser
Zeit nur 1,700,000 Thaler bei. Bis 1709 belief sich die ganze Summe,
einschließlich der Unterhaltungskosten des Königs Stanislaus, auf zwei=
undzwanzig Millionen. Von der reichen Beute, die namentlich in Sachsen
gemacht wurde, sendete Karl Nichts in die Staatscassen, nur kostbare
Kirchengeräthe aus den eroberten polnischen Klöstern an die Gemeinden
Schwedens, aber die meisten Generale sammelten große Schätze von
Gold, Silber und baarem Gelde, und Officiere und Soldaten wußten
sich gleichfalls zu bereichern.

Mittel zur Geldbeschaffung und Landesnoth. Die Mittel
zur Geldbeschaffung wurden die immer schwierigere Aufgabe für die Re=
gierung, denn von den bis 1700 genügenden gewöhnlichen Einkünften blieb
bald Nichts übrig. Liefland, Esthland und Ingermanland waren An=
fangs Kriegsschauplatz und dann ganz verheert; ähnlich litt Finnland,
und brachliegende Güter Schwedens selbst mußten steuerfrei erklärt wer=
den; die Zölle von Riga und Warnemünde wurden verpfändet und so
sank die Einnahme von 6,600,000 Thalern auf drei Millionen. Neben=
her wurde die Beamtenzahl und der Gehalt derselben um 600,000
Thaler jährlich erhöht. Zur Deckung des Mehrbedarfs wurden Steuern
auferlegt, die künstliche Manoeuvres mit dem Scheine der Gesetzlichkeit
bekleiden mußten; Besitz, Renten, Zahl der Dienstleute u. s. w. wurden
besteuert, die Staatsgehalte um zehn bis fünfundzwanzig Procent ein=
behalten und so eine Einnahme von Anfangs 1,100,000 Thalern be=
schafft, die aber selbstverständlich mit der zunehmenden Verarmung bald
auf die Hälfte sank, sodaß der Steuersatz wieder verdoppelt wurde und
neue Auflagen hinzutraten. Mit dem Mittel der Anleihen ging es nicht
besser; die Art der Befriedigung der Staatsgläubiger durch Karl XI.
hatte die Geldmänner erschreckt, und Holland und Mecklenburg hatten
nur eine geringe Summe gegen die Verpfändung der Zölle von Riga
und Warnemünde dargeliehen. Im Lande selbst waren für mehr als
zwei Millionen Thaler Kroneinkünfte und Güter verpfändet. Die

Bank, die von Bevollmächtigten der Stände verwaltet wurde, bestand vorzugsweise aus eingelegten Privatmitteln, welche die Vorsichtigeren zurückzogen, bis Karl durch einen Gewaltschritt verbot, sie anders denn als Darlehen an den Staat oder Rente für die Theilhaber auszuzahlen; so mußte er sich bis 1710 mehr als fünf und eine halbe Million Thaler daraus zu verschaffen, wogegen er ihr die Mehrzahl der Zölle verpfändete. Die Bürger und Privaten verweigerten, troß Schmeicheleien und Drohungen, Darlehen und ließen lieber ihren Besiß zinslos liegen, als ihn im Umlauf zu gefährden und sich neuen Besteuerungen auszusetzen; ja, von 1703 begannen sie ihre Capitalien ins Ausland zu retten. Der Rath und hohe Adel war selbst der Mittel entblößt und bekam nur sehr schwierig auf seine Güter und sein Silber Geld, das er dann willig oder nicht willig mit dem Könige, allerdings gegen Verdoppelung auf dem Schuldzettel, theilen mußte. Der Verkauf von vielen Krongütern brachte dennoch kaum eine halbe Million Thaler ein; England und Holland versagten jede neue Unterstützung, und die 1704 bis 1706 zu drei Viertheilen zurückgehaltenen Gehalte der Beamten, die 1706 und 1707 ganz ausgezahlt wurden, beliefen sich 1708 schon wieder auf eine Staatsschuld von 1,100,000 Thaler im eigenen Lande, die natürlich das größte Elend herbeiführte. Das Silber verschwand mehr und mehr; der Handel lag darnieder, da ihn Englands Kaper noch überdies bedrohten; die Acker lagen wüst aus Mangel an Arbeitern und Geld. Der schlechte, regnerische Sommer 1709 führte überdies Mißwachs und Mangel an Aussaat herbei, sodaß wirkliche Hungersnoth entstand, und Schaaren Hungernder und Kranker durchzogen das Land.

Benehmen des Rathes dem König gegenüber. Diese allgemeine Noth trieb den Rath stets von Neuem zu Versuchen, den König zunächst von dem Vorhaben gegen August abzuziehen und den das Land näher bedrohenden Russen zuzuwenden, nächstdem aber zum Frieden zu bewegen. Gemeinsam und einzeln schrieben die Mitglieder an Karl und schilderten ihm die Noth des Reiches; die Königin und Prinzessinnen wurden in ihre Pläne gezogen, auf eine Ehe Karls hingewirkt; doch Alles, wie seiner Zeit erwähnt, vergeblich. Nicht allein der Eigenwille des Königs und sein Wunsch, den Rath zu demüthigen, verschuldeten die Machtlosigkeit desselben, sondern auch die eigene Uneinigkeit, Bestechlichkeit und der Mangel an Muth bei seinen Gesammtschritten. Die Beschränkung von Seiten Karls und die Unterwerfung von des Rathes Seite ging so weit, daß sie in Stenbocks Worten: „Es bleibt uns jetzt nur noch die Ehre des Gehorsams übrig" Ausdruck fand. Außerdem setzten die stets zweideutig gefaßten Befehle, z. B. die unter allen Umständen von dem erschöpften Lande unerschwinglichen Summen aufzubringen, aber dabei doch nur Güte anzuwenden, in bittere Verlegenheiten. Vom Jahre 1703 ab wurden auch die Steuern nicht mehr in des Königs, sondern in des Rathes Namen erhoben, um das Gehässige derselben auf den letztern zu werfen. Dennoch blieb derselbe dem Könige und der Alleinherrschaft, die er Karl XI. zu errichten geholfen, treu, verheimlichte, so viel er es vermochte, die Abneigung Karls gegen den Frieden und suchte das Volk künstlich in kriegerischer Stimmung zu erhalten, wodurch er sich schließlich den Haß der unfreien und großen Masse, die in ihm die Ursache ihrer Leiden zu sehen glaubte, in eben dem Maße zuzog, wie das Mistrauen und die Unzufriedenheit des Königs zunahmen. Gleichzeitig begannen in dem hohen Adel, außerhalb des Rathes, die nie ganz erloschenen feindlichen Absichten, gegründet auf Rache wegen der Theilnahme desselben an der Reduction, sich mit aristokratisch-republikanischen Plänen zu verbinden, welche die Stellung desselben immer mehr erschwerten und spätere Uebelstände vorbereiteten. So wurden die größeren Massen des Volkes und die mittleren Stände künstlich in Unkenntniß der Denkart des Königs und der Ursachen des stets verlängerten Krieges erhalten. Die stark in Zaum gelegte Presse durfte nur mittheilen, was Rath und Regierung verbreitet wissen wollten, und briefliche wahre Nachrichten vom Heere hemmten strenge Verbote. Anfangs wurde der Haß gegen August und Peter geschürt und wuchs mit der Bewunderung für den muthigen, enthaltsamen und darbenden König, der nur gezwungen sein Reich gegen mächtige und drohende Feinde zu vertheidigen schien. Die Dauer des Krieges und seine vermehrten Bürden, wie die nie ganz zu unterdrückende Wahrheit, änderten jedoch nach und nach diese Anschauung, und von dem niedern, ganz verarmten Adel, der zum großen Theil als Beamter sich mit einem Viertel seines Gehaltes begnügen mußte, und der Bürgerschaft, die sich ohne Erwerb sah, begann die Unzufriedenheit, sich

auszubreiten, auch die vom Könige meist klug geschonten Priester zu ergreifen und sich auf die Bauern fortzupflanzen, nur daß diese ihre Abneigung mehr gegen die hohen Herren richteten.   In ähnlichen Schwankungen, wie die eines Fiebers, zeigte sich die Stimmung bei jeder neu ein-
gelaufenen Siegesnachricht und Friedenshoffnung entzückt und durch
Festlichkeiten, Schmeicheleien und dichterische Begeisterung entflammt, um
gleich darauf durch die nie ausbleibenden neuen Auflagen und Aushebungen, sowie Todesnachrichten der beim Heere gewesenen Angehörigen, in
dumpfe Trauer versetzt zu werden, oder sich den gewaltsamen Pfändun-
gen und der Führung zur Schlachtbank in stets unterdrückten kleinen
Aufständen zu widersetzen.

Thronfolgepläne.   Die gefährliche Unternehmung Karls, im
Spätherbst 1700 über die Ostsee zu segeln, hatte ihn zu der Aeußerung
geführt: „Im Falle mir etwas Menschliches geschieht, habt Ihr meinen
Nachfolger, den Herzog von Holstein, bei Euch.“   Dadurch zeigte sich
das Erbrecht der Holsteiner entschieden, und Hedwig Eleonore schien es
ebenso anzusehen und bezeichnete den noch in der Wiege liegenden Herzog
Karl Friedrich von Holstein als Stütze für den Fall, daß Karl den Gefahren unterläge.   Aber auch andere Parteien und Ansichten gab es.
Ulrike Eleonore hatte die meisten Anhänger, und alle vier Stände würden in jener Zeit, für die zwölfjährige Prinzessin kämpfend, gegen das
Haus Holstein aufgetreten sein.   Sie selbst wurde durch ihre Begünstigte, die Kammerfrau Emerentia Düben, in diese Absichten eingeweiht
und gefiel sich in dem Gedanken, für den Fall des Todes Karls die erst-
berechtigte Erbin Schwedens zu sein.   Das Unternehmen gegen Narwa
erneute und verstärkte diese Pläne und brachte Ulrike Eleonore's Anhänger zu einer förmlichen Verbindung gegen das holsteinische Haus.   Der
Herzog und die Herzogin besaßen zu dieser Zeit geringe Aussicht auf die
schwedische Krone und hatten sich bisher allein auf die Gunst des Königs
gestützt, die aber gerade jetzt abnahm und sich in Unwillen zu verwandeln
schien.   Sie suchten sich daher eine eigene Partei zu gründen und wählten
dazu den von Karl XI. in Besitz und Macht gekränkten hohen Adel, dem
sie sich mit Schmeicheleien und Versprechungen nahten.   Denselben Nils
Bjelke, den er als Führer dieses Adels zu stürzen geholfen hatte, besuchte der Herzog nun als Weib verkleidet in seinem Gefängnisse und

bat ihn um Verzeihung und Unterstützung in seinen Plänen. Auch schrieb er später von Polen aus an die Herzogin, im Falle der König stürbe, Bjelke sogleich auf freien Fuß und an die Spitze seiner Partei zu setzen. Im Sommer 1701 hatte sich der Herzog auch wirklich einen großen Anhang gebildet und konnte selbst auf Pipers Beistand rechnen. Sein Tod in der Schlacht bei Klissow änderte die Sachlage und erregte bei dem schwedischen Volke Freude, da er stets bei diesem und dem Rathe als böses Princip Karls galt und der Verdacht nie wieder ganz schwieg, daß er des Königs Tod herbeizuführen gesucht. Des Herzogs Wittwe, Hedwig Sophie, besaß als eingeborne Prinzessin und wegen ihres Verstandes, ihrer Entschlossenheit und ihres Muthes die Zuneigung des Volkes. In ihrer Jugend hatte sie sich zwar launisch und hochmüthig gezeigt, diese Fehler aber unter der Leitung ihrer Oberhofmeisterin, der Gräfin Wittenberg, abgelegt. Es gelang ihr daher nach dem Tode ihres Gemahls bald, in der öffentlichen Meinung ihre jüngere, an Erziehung und Seeleneigenschaften ihr nachstehende Schwester zu verdrängen, und im Jahre 1704 glaubte Hedwig Sophie so großen Anhang gewonnen zu haben, daß man sie im Falle des Todes Karls in vierundzwanzig Stunden zur Regentin ausrufen und die frühere Regierungsform wiederherstellen würde. Während des abenteuerlichen Zuges des Königs durch Lithauen, Polen und Volhynien 1706, als Schweden ohne alle Nachricht über ihn blieb, vertheilte die Herzogin, zur Ermunterung ihres Anhanges, im Geheimen große Geschenke. Nils Bjelke kam im Stillen nach Hornsberg, dicht bei Stockholm, und veranstaltete dort Zusammenkünfte seiner Partei unter dem hohen Adel mit Hedwig Sophie und ihrem allmächtigen Rathgeber Fritze, der im Falle des Gelingens ihrer Pläne fast Selbstherrscher geworden sein würde. Graf Brahe leitete die Unterhandlungen, und er und mehrere mächtige Glieder der Partei demüthigten sich tief vor dem Günstling Fritze und dem holsteinischen Hofe, im Hinblick auf die noch ungewisse Zukunft. Dieser Fritze war ursprünglich Hauslehrer und seine Frau Kinderwärterin im Brahe'schen Hause gewesen. Sie bestimmten Cederhjelm, einen Schreiber Pipers, zum Lehrer des jungen Herzogs, um sich auf diesem Wege Kenntniß von Pipers Plänen und Vorhaben zu verschaffen. Letzterer war jedoch, aus Anlaß eines Rangstreites seiner in Stockholm lebenden Gattin und einiger

Frauen des herzoglichen Hofes, der Partei desselben entfremdet und sogar feindlich gesinnt geworden, weshalb er sich an die Spitze des jungen Adels stellte, der die Partei Ulrike Eleonore's bildete. In diesem Sinne suchte er auch seinen Schwager, Arvid Horn, zum Gouverneur bei dem jungen Herzoge von Holstein zu ernennen. Wahrscheinlich war es die erlangte Kenntniß der Absichten Hedwig Sophie's und der Einfluß Pipers, der im Jahre 1707 Karl bewog, Ulrike Eleonore ein Vertrauen zu schenken, das um so mehr Aufmerksamkeit erregte, als er bisher stets die ältere Schwester vorgezogen. Er übergab ihrer Obhut einen Schrein voll wichtiger Papiere, als er den gefahrvollen Zug nach Rußland antrat. Nun entstand ein förmlicher Wettstreit zwischen beiden Schwestern, in dem aber die in Allem überlegene Hedwig Sophie bald Ulrike Eleonore zu gänzlicher Unbedeutendheit hinabdrängte. Wie sie den hohen Adel jetzt um so fester an sich gekettet, durch die Hoffnung, durch ihre Regentschaft Piper, den Rath und die Reductionsanhänger zu stürzen, suchte sie jetzt auch das Volk durch Theilnahmebeweise mit seinen Leiden und Tadel des langen Krieges und der Unversöhnlichkeit des Königs zu gewinnen. Wirklich wurde ihr bald von fast allen Seiten, als der aufgehenden Sonne geschmeichelt, und selbst die fremden Gesandten unterstützten ihre Absicht, die namentlich die Königin Anna von England begünstigt haben soll. Das Karl in Rußland ereilende Unglück schien die Herzogin ihrem Ziele immer näher zu bringen, als im December 1708 ihr Liebeshandel mit Olof Gyllenborg plötzlich ihren ehrgeizigen Plänen ein Ende machte, worauf sie ein schneller Tod ereilte. Waren die Parteiungen auch ursprünglich und hauptsächlich persönlich, so vertraten sie doch auch einen Grundsatz und ein Princip; die Hedwig Sophie's wollte die Ungerechtigkeiten der Reduction verwischen und zu Gunsten des alten und hohen Adels mit dem Frieden die alte Regierungsweise auf Kosten der Alleingewalt des Königs wiederherstellen; die Ulrike Eleonore's begünstigte dagegen die unfreien Stände und den neuen Adel und wollte daher die von Karl XI. eingeführten Grundsätze aufrechterhalten. Durch den Tod der Herzogin verlor die holsteinische Partei ihr Uebergewicht, denn wenn sich auch eine kleine Schaar um den jungen Herzog schaarte, ging doch der größere Theil augenblicklich an den Hof Ulrike Eleonore's über.

**Schweden bei der Nachricht der Niederlage von Pul=
tawa.** Die im Innern des Landes herrschende Unkenntniß der Vorgänge bei den Heeren erzeugte Hunderte sich widersprechender, übertrie-
bener und ängstigender Gerüchte. Vierteljahre und darüber vergingen
ohne Botschaften und Briefe vom Könige und häufig wurden seine Freiheit und sein Leben bezweifelt und geleugnet. Vielfach dachte man daher
Anfangs des Jahres 1709 daran, Ulrike Eleonore mindestens an die
Spitze einer provisorischen Regierung zu setzen; sie selbst war aber zu
unentschieden und die Rathsherren zu furchtsam und uneinig, solchen
Schritt zu wagen. Die aus der Ukraine eintreffenden Briefe Karls ver-
wirrten durch den Widerspruch, in dem sie mit anderen von außen gekommenen Nachrichten standen, und absichtliche Fälschungen machten die
Ansichten immer unklarer; der Rath schob seine Sitzungen auf und die
Bande der Ordnung wurden schließlich so gelockert, daß unruhige Auftritte in Stockholm vorkamen, die Häuser politisch misliebiger Personen
gestürmt und selbst der dänische Gesandte beleidigt wurde. Niemand
wagte, das Staatsruder mit fester Hand zu ergreifen. Da traf, etwa
einen Monat nach der Schlacht bei Pultawa, die Nachricht der gänzlichen
Niederlage des Heeres ein; vom Rathe und der Regierung Anfangs geleugnet, machten die von allen Seiten eintreffenden Berichte die Wahrheit
unumstößlich, und sie führte im Rathe und hohen Adel zu gegenseitigen
Anklagen der Verschuldung und Theilnahme an dem herbeigeführten Unglück durch Begünstigung der Alleinherrschaft und der Kriegspläne des
Königs. Pipers Gattin mußte aus Stockholm fliehen und im Rathe
selbst kam es zu den heftigsten Schritten, um so mehr, da man wochenlang noch nicht wußte, ob der König lebe, ob er todt, frei oder gefangen
sei. Wieder regten sich die Parteien, dem Lande einen Herrscher oder
eine Regentschaft und gleichzeitig einen Minister, als Nachfolger Pipers,
zu geben, wozu es nur wenige durch ihre persönlichen Eigenschaften be-
fähigte Männer im Lande gab. Zu dieser Unruhe und Noth, zu dem
Jammer, den der Verlust von Gatten, Vätern, Brüdern und Söhnen
über das ganze Vaterland gebracht hatte, der aus Schloß und Hütte
tönte, gesellten sich neue, drohende Gefahren von außen her. Dänemark
rüstete und man mußte sich, so gut es ging, in Vertheidigungsstand
setzen, Magazine anlegen, Soldaten zur Bewachung der eigenen Grenze

ausheben und Jedermann in den Waffen üben. Der Geldmangel vermehrte die Schwierigkeiten, troß wahrhaft edler Aufopferungen vieler Mitglieder des hohen Adels und Rathes, welcher einmüthig Dänemark und
Rußland bei deren schimpflichen Friedenserbietungen in einer Sprache
antwortete, die der ehrenreichsten Zeiten Schwedens würdig war. Des
Königs Briefe, auf der Flucht nach der Türkei geschrieben, verhüllten
lügnerisch den wahren Zustand der Dinge und heuchelten Zuversicht, bald
den Feind wieder überwinden und das Schicksal wenden zu können;
gleichzeitig befahl der König von Neuem, die Regierung in bisher gewohnter Weise fortzuführen, obschon zwei bis drei Monate erforderlich
waren, eine Vorlage aus Schweden vom Könige aus der Türkei bestätigt zurückzuerhalten. Von einer provisorischen Regierung konnte nun
nicht mehr die Rede sein; statt einer der Prinzessinnen mußte, auf ausdrücklichen Befehl Karls, der Rath auch ferner das Steuer übernehmen,
und seine Wirksamkeit wurde nicht nur durch die Entfernung und das
Mistrauen des Königs gehemmt, sondern dieser hatte durch die Hinein-
versetzung des schwärmerischen Grafen Fröhlich, der seine abenteuerlichsten
Kriegspläne unterstützte, den Samen innern Zwiespaltes gesäet, den
ohnehin die Geldfragen und die Ansichten über die Regierungsform hinreichend enthielten. In diese Zeit, in der selbst die verwitwete Königin,
Hedwig Eleonore, in ihren Einkünften auf das Nothwendigste beschränkt
werden mußte, fällt auch das dem Lande aufgebürdete wiederholte Gebot
Karls, die bisher in Pommern residirende Gemahlin König Leszinski's
mit dreihundert Personen in Stockholm aufzunehmen und königlich zu
bewirthen.

Aeußere Verhältnisse Schwedens. Die mit dem sinkenden
Glück Karls vom Czar Peter mit größerm Erfolg betriebenen Aufreizungen
König Augusts und Friedrichs von Dänemark waren bei einer Zusammenkunft im Juni 1709 in Dresden soweit gediehen, daß beide entschlossen waren, zum Angriffe zu schreiten, sobald sich die Gelegenheit
günstig zeigen würde; der Versuch, den König von Preußen zum
Theilnehmer ihrer Pläne zu gewinnen, scheiterte an der vorsichtigen
Politik desselben, Rußland gegenüber. Kurz nach der Niederlage
von Pultawa drang August, unter den nichtigsten Vorwänden und
dem Drohen Englands und Hollands, als Garanten des Altranstädter

Friedens, zum Trotze, in Polen ein, das von den Parteigängern Stanislaus' und den Schweden unter Krassau vertheidigt werden sollte. Gleichzeitig mit dem sächsischen von Westen in Polen eindringenden Heere
führte Peter von Osten her ihm die Russen entgegen; durch Krassau's
und seiner eigenen Leute schwere Erpressungen im Lande selbst verhaßt,
erbot sich Stanislaus, dessen Truppen in großen Schaaren zu August
übergingen, die Krone niederzulegen, erregte dadurch die Verachtung seiner Landsleute beider Parteien und zog sich den Unwillen und das Verbot Karls zu.   Den Befehl des Letztern, mit Krassau's Schweden in
Sachsen einzufallen und dieses soweit zu verheeren, als es möglich sein
würde, machten der schwedische Rath und Stanislaus' und Krassau's
Furcht, durch solchen Schritt den Kaiser und die deutschen Staaten zur Theilnahme an dem Kriege zu bewegen, unwirksam, und die
Schweden zogen sich nach Pommern zurück, wohin ihnen der Scheinkönig
folgte, da er sich unter ihnen sicherer hielt, als unter den eigenen Landsleuten und Unterthanen seines Reiches.   Auch er aß, Anfangs in
Stettin, dann in Christianstadt und endlich in Zweibrücken, das Gna-
denbrot des erschöpften Landes.   Mit seiner Räumung Polens fiel das
ganze Reich wieder August zu und erkannte ihn als gesetzlichen Herrscher
an.   Im Januar 1710 vertrieben die Russen die letzten in Polen anwesenden Schweden, die Besatzung von Elbing, und damit war der ganze
Gewinn des polnischen Feldzuges Karls X. verloren.

Rußland richtete schon im Herbste 1709 seine Waffen gegen das
jetzt von ihm für wehrlos gehaltene Schweden und führte den Kampf
in Liefland gleichzeitig mit dem Feldzuge Dänemarks, das 1710,
nach Intriguen und Wort- und Federkämpfen sich entgegenstehender Parteien, troz der Drohungen Englands und Hollands, als Garanten auch
des Travendahler Friedens, unter Scheingründen, da wirkliche fehlten,
den Krieg ausgesprochen hatte.

22*

Achtzehntes Kapitel.

Das Jahr 1710. — Der dänische Feldzug. — Dänische Landung in Schonen und Rüstungen in Småland. — Zug nach Helsingborg. — Rüstungen im Herbst. — Der Reichstag. — Die Neutralität. — Die Pest. — Der russische Krieg. — Kriegsbewegungen in Finnland und der Fall von Wiborg. — Das Kaperwesen. — Kriegsbewegungen 1711 und im Frühjahr und Sommer 1712. — Der Bruch zwischen Karl und dem Rathe.

Der dänische Feldzug 1710. Ein für Schweden glücklicher Umstand hatte schon seit einigen Jahren die Vertheidigung Schonens Magnus Stenbock, einer der bedeutendsten Persönlichkeiten dieser Zeit, anvertrauen lassen. Entgegenstehenden Ansichten zum Trotze waren umfassende Vorbereitungen zur Vertheidigung seiner Provinzen von ihm getroffen, sobald die Nachricht der Niederlage von Pultawa zu seiner Kenntniß gelangt war, und seine in Kopenhagen befindlichen Kundschafter ihm über die dort herrschende Stimmung und vorbereiteten Rüstungen Winke zukommen ließen. Der Rath billigte das Verfahren des gerade deshalb so vielfach angefeindeten Mannes und ließ ihn durch einige neue Regimenter gegen einen Angriff von Norwegen aus decken. In Schonen selbst hatte Stenbock nur 3 bis 4000 Reiter und 500 Mann Fußvolk, die meist aus übergegangenen sächsischen Gefangenen gewählt waren.

Dänische Landung in Schonen und Rüstungen in Småland. In Seeland waren bereits Anfangs October 12,000 Mann zu dem beabsichtigten Angriffe bereit, doch hinderte sie der Mangel an Pulvervorrath an augenblicklicher Abfahrt, und klug ausgesprengte Gerüchte der großen schwedischen Rüstungen ließen Friedrich erst sein Landheer auf 17,000 Mann bringen. Mit Allem, außer Proviant, den man in Folge der guten Ernte in Schonen selbst zu finden hoffte, gut versehen, landete nach glücklicher Ueberfahrt das dänische Heer im Anfang November 1709 beim Fischerdorfe Råå, begleitet vom russischen, polnischen und preußischen Gesandten. Helsingborg ließ durch Abgesandte die Oeffnung seiner Thore anbieten, und in wenigen Tagen hielt König Friedrich seinen Einzug und versuchte von dort aus, durch Proclamationen das alte dänische Land für sich zu stimmen. Stenbock hatte die Landung nicht verhindern können und bereiste die schonischen Städte, mit Feuereifer zur Vertheidigung mahnend und die nöthigsten Schritte zur Gegenwehr treffend. Reventlow, der die dänischen Truppen befehligte, führte, Landskrona und die Festungen bei Seite lassend, seine Truppen nach Karlskrona, um mit einem Schlage die Stadt und Flotte zu zerstören. Fehlerhafte Leitung und Mangel an Vorrathsmitteln ließen aber das Vordringen so langsam geschehen, daß erst Anfangs Januar der Uebergang über die Helgea bei Torssebro erzwungen werden konnte; die hier von Gyllenstjerna commandirten Schweden, theils gefangene Sachsen, theils neue Regimenter, gingen zu dem Feinde über oder flohen in größter Hast. Die Dänen nahmen darauf Christianstadt und zogen gegen Blekingen, eine Vertheidigungslinie der Schweden nach der andern erobernd. Am 19. Januar besetzten sie Karlshamn, dessen Bürgerschaft sich geweigert hatte, Stenbock bei der Vertheidigung mit einigen Opfern zu unterstützen. Brandschatzungen und Auflagen verschafften Reventlow nun hinreichenden Proviant. Inzwischen hatte Stenbock die Flotte im Hafen armirt, Batterien und Wälle errichtet und erwartete dort den Feind; in Smaland war es nur seinem Namen möglich geworden, die von Karl befohlene Aushebung neuer Regimenter zum Ersatz für die in der Ukraine verlorengegangenen auszuführen; sie entbehrten hinreichender Bewaffnung und Uniformirung, oft der Bekleidung, da sie in Lumpen und Holzschuhen kamen, und bestanden aus entweder zu alten oder zu jungen Leuten. Eine Bewaffnung und Erhebung des ganzen Volkes, zu der Stenbock mit Wärme trieb, scheiterte an dem geringen Willen desselben und namentlich an dem Widerstand und zuletzt sogar förmlichen Verbot des Rathes und des Königs, die Beide Nichts von Volksbewaffnungen wissen wollten.

Zug nach Helsingborg. Mitte Februar brach Stenbock von Wexiö auf und rückte ins nordöstliche Schonen ein. Bei Ousby zog er einige Reiterei aus Blekingen und drei Regimenter von der norwegischen Grenze und Laholm auf geheimen Waldwegen an sich, sodaß er ungefähr 14,000 Mann stark war. Diese Bewegung ließ die Dänen aus Karlshamn sich schnell zur Hauptmacht nach Christianstadt zurückziehen, um nicht abgeschnitten zu werden. Durch falsche Kundschafter hatte Stenbock sie glauben gemacht, dieser Stadt gelte sein Angriff, weshalb sie sich

durch Abbrechen der Brücken und Verschanzungen in Vertheidigungsstand setzten. Die wahre Absicht ging jedoch dahin, sie von Helsingborg abzuschneiden; das Ueberschreiten der Rönnea und das Besetzen
ihrer Uebergangspunkte verriethen dies den Dänen, die sich, äußerst erschreckt, südlich von Lund zurückzogen und so Helsingborg glücklich erreichten. Hier bezogen sie außerhalb der Stadt ein sehr vortheilhaftes
Lager und erhielten Verstärkung aus Dänemark; Reventlow erkrankte
und Rantzau übernahm den dänischen Oberbefehl. Friedrich IV. besuchte seine Truppen, die auf dem Rückzuge in Scharmützeln viel gelitten hatten, obgleich die Bevölkerung sie mehr als die schwedischen,
schlecht versehenen und geübten Soldaten begünstigte, und ermuthigte sie
zur Schlacht, vor welcher er jedoch nach Seeland zurückging.

Schlacht bei Helsingborg. Die Schweden nahten vom Norden her der Stadt, in der Stärke von über 14,000 Mann, in der bestimmten Schlachtordnung am 27. Februar. Die Nacht wurde bei schlech-
tem Wetter bivouakirt und frühmorgens am 28. gegen Helsingborg vorgerückt. Die Dänen standen in fast unangreifbarer Stellung, 17,000
Mann stark, in einem festen Lager. Gegen den Rath Friedrichs verließ
Rantzau dasselbe und ging in eine andere vortheilhafte, aber doch leichter
angreifbare Stellung über, um den Zusammenstoß herbeizuführen. Um
zwölf Uhr ließ Stenbock seine Truppen sich ausbreiten, um ihre Stellungen einzunehmen, und um ein Uhr begann der Kampf auf seinem linken
Flügel. Generallieutenant Burenskjöld drängte die dänische Reiterei
Anfangs mit Erfolg zurück, wurde aber, da er noch nicht seine ganze
Macht beisammen hatte, von Rantzau geworfen, wobei er sein Pferd
verlor und gefangen wurde, bevor der übrige Theil des Flügels vom
Generalmajor Gyllenstjerna herangeführt war, der dann das Gefecht
nach heftigen Schwankungen wieder zum Stehen brachte. Stenbock erkannte es als den entscheidenden Augenblick und führte sogleich vom
andern Flügel mehrere Schwadronen heran, worauf das Handgemenge
so mörderisch wurde, daß auch Rantzau Unterstützung von seinem andern
Flügel herbeiholen mußte, die jedoch, weil sie einen Umweg machen
mußte, zu spät kam und nach dem vollständigen Siege der Schweden mit
in die Flucht hineingerissen wurde. Auch für die Mitte war der Kampf
blutig, da die Dänen ihr Centrum durch einen gut benutzten Sumpf,

spanische Reiter und dahinter stehende Artillerie gedeckt hatten. Die Kanonen schossen zu hoch und die Schweden kamen ohne viel Verlust bis an den Sumpf; die Eisdecke desselben brach, und bis über den halben Leib im Wasser, mit vom Eise zerrissenen Kleidern erkletterten sie unter heftigem feindlichen Gewehrfeuer das andere Ufer, rissen die spanischen Reiter nieder und warfen sich mit der blanken Waffe auf den Feind. Fast zwei Stunden dauerte der Kampf, bis die schwedische Artillerie um den Morast herumgekommen war und die Dänen aus der Nähe beschoß, während gleichzeitig der linke schwedische Flügel nach entschiedenem Siege das dänische Centrum in die Flanke nahm. Dasselbe wurde umringt und fast gänzlich niedergemacht, da die jungen schwedischen Truppen Niemand schonten. Stenbock war in einen Morast gestürzt, wodurch eine alte Wunde noch verschlimmert und seine fernere Theilnahme an mühsamen Feldzügen sehr erschwert wurde. Die Dänen flohen, von schwedischer Reiterei so weit als möglich verfolgt, nach Helsingborg, wo sie Stenbock mit seinen halberfrorenen und erschöpften Truppen in den Verschanzungen nicht anzugreifen wagte. Er blieb die Nacht unter den Waffen auf dem Schlachtfelde und bezog am andern Morgen das unversehrte, wohlversehene Lager der Dänen. Die Dänen hatten ungefähr 4000 Todte, 2700 Gefangene, 4000 Verwundete, 29 Kanonen und ihr ganzes Lager verloren; die Schweden zählten 800 Todte und 2000 Verwundete. Am folgenden Morgen wurden die in Helsingborg befindlichen Dänen zur Uebergabe der Stadt aufgefordert. General Dewitz, der den Rückzug geleitet und dort commandirte, verweigerte sie, falls er nicht für seine Truppen freie Ueberfahrt nach Seeland bewilligt erhielte. Darauf ließ Kronstedt die Stadt mit Bomben beschießen; ein dänisches Magazin zündete und dreitausend Granaten sprangen in die Luft; trotzdem hielten sich die Dänen auf den Wällen und wurden von ihren außenliegenden Schiffen gut unterstützt. Zur Schonung seiner Kräfte und der Unzuverlässigkeit seiner Officiere halber, die schnell aus allen Ständen dazu ernannt waren, unternahm Stenbock keinen gewaltsamen Angriff auf die Stadt, sondern ließ die Dänen durch unausgesetztes Bombardement zum Rückzug zwingen. Auf Lastschiffen, die schnell von Kopenhagen herabkamen und auf gemietheten holländischen Fahrzeugen wurden die Reste des dänischen Heeres übergeschifft; nur die Mannschaft konnte befördert

werden; sechstausend Pferde wurden erstochen und große Vorräthe gewaltsam vernichtet. Nachdem dies geschehen, schifften sich die Truppen
in der Nacht zwischen dem 5. und 6. März nach Seeland ein.

Die Folgen dieses Sieges waren groß: Schonen vom Feinde befreit, die Staatscasse der Nothwendigkeit überhoben, ein starkes und
gerüstetes Heer im eigenen Lande zu halten, denn so gründlich war die
dänische Niederlage, daß die Truppen bis auf wenige Regimenter, welche
die norwegische Grenze decken mußten, in ihre Heimath entlassen wurden. Noch größer war der moralische Eindruck, welchen die Wehrkraft
des so lange und stark leidenden Volkes im Inlande und Auslande machte.
Die schwedischen und fremden Prinzessinnen, Marlborough, Stanislaus,
König Friedrich IV. selbst drückten Stenbock ihre Bewunderung aus; das
Volk vergötterte ihn und die Stände und der Rath zeigten sich dankbar
durch Geschenke und Belohnungen. Der Rath schlug ihn in seinem Sie-
gesbericht, den Stenbock nicht selbst dem Könige sendete, um die eigenen
Verdienste nicht hervorzuheben, zum Feldmarschall vor, welches jedoch
Karl nicht bestätigte, sondern ihn nur zum königlichen Rath ernannte,
nachdem er den am 17. Juni 1710 in Bender erhaltenen Bericht bis
zum 30. August dieses Jahres unbeantwortet gelassen, sodaß die verzögerte Absendung den Bescheid erst Ende Februar 1711 in Schweden
eintreffen ließ. Nicht diese Verweigerung der Feldmarschallswürde allein,
die Karl auf wiederholte Bitten des Rathes abermals abschlug, waren
Beweise der anhaltenden Ungnade, in welche der einst so in Gunst stehende verdiente General durch Lagerkrona's Verleumdungen und Piper's
Privathaß und Rache gefallen war, es traten noch Beleidigungen hinzu.
So wurde ihm zwar der Oberbefehl in Schonen gelassen, aber Burenskjöld, als Landeshauptmann, ihm beigesellt, sodaß fortan die Geschäfte
in zwei Händen ruhten und nicht von ihm allein abhingen; ferner wollte
der König den monatlichen Gehalt desselben von tausend Thalern auf
siebenhundert herabsetzen, was der Rath jedoch durch eigenen Beschluß
verweigerte, und endlich bestätigte Karl, der Stenbock persönlich keiner
schriftlichen Antwort würdigte, die Wahl desselben zum Kanzler der
Universität Lund vier Jahre lang nicht, bis seine spätere Gefangennehmung eine Neuwahl nöthig machte, die sogleich bestätigt wurde. Der
Grund zu dieser dauernden Ungnade und Undankbarkeit des Königs,

die noch anhielt, nachdem sein Feind Lagerkrona gefallen und sein Nebenbuhler Piper gefangen war, kann lediglich in der bestimmten Ansicht
Stenbocks gegen den polnischen Absetzungskrieg liegen.   Sie vermochte
seine Königstreue nicht zu erschüttern, wennschon er die ihm zugefügte Beleidigung so tief fühlte, daß er sie „den Nagel zu seinem Sarge" nannte.

Rüstungen im Herbste 1710.   Nach der Niederlage bei
Helsingborg bedurften die Dänen mehrerer Monate, um neue Kräfte zu
sammeln, und Stenbock sparte zu weiteren Rüstungen weder Zeit noch
Mühe, stieß aber immer auf neue Schwierigkeiten, um so mehr, als
das von Feindesanfall bedrohte Pommern, Finnland wo der Czar Key-
holm und Wiborg, Esthland und Liefland wo er Riga und Reval
nahm, gleichfalls Hilfe erheischten.   Zu einer neuen Landung in Schonen
hatte Friedrich IV. ein Lager von 36,000 Mann bei Kopenhagen gesammelt und außerdem der Czar 6000 und König August 4000 Mann
versprochen, die in dänischen Fahrzeugen geholt werden sollten.   Die
Schweden brachten 20,000 Mann in meist neu ausgeschriebenen Regimentern zusammen, die, in kleine Städte gelegt, neben dem Soldaten-
handwerk den Acker bestellen mußten; außerdem aber richtete Stenbock,
mindestens in Schonen selbst, eine Art Landwehr ein.   Die dänischen
Frachtschiffe, welche die russischen und polnischen Hilfstruppen holen sollten, kamen leer zurück, da König Friedrich fürchtete, die unter ihnen
herrschende Seuche in sein Land und Heer zu schleppen.   Da dieselbe inzwischen auch im mittlern Schweden ausgebrochen war, wurde auch die
neue Landung einstweilen verschoben.   Von Norwegen aus geschahen
jedoch einige Angriffe, bis die Pest auch hier die Dänen zurückscheuchte.
Der Seekrieg wurde mit ungefähr gleichen Kräften und abwechselndem
Glücke geführt, doch geschah auf keiner Seite etwas Hervorragendes, um
so mehr, als die schwedische Flotte wegen Mangel an Mitteln nur wenige
Wochen die See halten konnte.   In gegen Dänemark stets versöhnlicher
Stimmung hatte Karl nach dem Siege bei Helsingborg unter der Hand
den Frieden anbieten lassen, wenn König Friedrich darum bäte und
ihm die Kriegskosten ersetzen würde.   An diesen Bedingungen, an
Karls, in Folge des Pruth-Friedens trüber Lage und Peters Aufreizungen scheiterten aber die Unterhandlungen.

Der Reichstag von 1710.   Zu derselben Zeit hatte die Lan-

desnoth und der erschlaffte Gehorsam einen außerordentlichen Schritt
nothwendig gemacht, denn die mangelnden Nachrichten über des Königs
Leben und Gesundheit machten eine Staatsumwälzung nicht unwahrscheinlich, und schon stellten sich die fremden Gesandten und einige Rathsherren
bei Ulrike Eleonore, als künftiger Königin von Schweden, ein, an die
Absetzung Erifs XIV. durch die Stände erinnernd.   Die hier und dort
ausbrechenden Unruhen, die Auflösung aller Bande und die mangelnde
Macht des Rathes brachte denselben dahin, auf das Volk selbst, das allein, ohne den König gehört zu haben, entscheidende Schritte thun konnte,
zurückzugehen.   Am 9. Februar überlegte er den Plan, einen Reichstag zu berufen.   Die alten Parteien der unumschränkten und beschränkten Gewalt tauchten sogleich von Neuem auf und wogten gegen einander.
Letztere wirkte insofern, als sie den außergewöhnlichen Zustand des Landes dahin ausbeutete, den Plan zur Annahme zu bringen, das Volk,
dessen Existenz auf dem Spiele stand, für sich selbst reden zu lassen.   Die
Königspartei brachte es jedoch dahin, daß die Versammlung nicht Reichstag, sondern „Ausschuß der Stände Sr. Königl. Majestät" genannt werden und, um einer Beschränkung der Souverainetät vorzubeugen, in
ihren Berichten nicht vor die Zeit der Niederlage bei Pultawa zurückgehen sollte.   Zwischen die Berufung und den Zusammentritt der Versammlung fiel die Ankunft einer sicheren Nachricht, daß der König noch
lebe und geisteskräftig sei, wodurch die Staatsumwälzung und die Regentschaft Ulrike Eleonore's scheiterte, und von dem Siege bei Helsingborg, der
die alle Gemüther befangende Niedergeschlagenheit und Verzweiflung durch
seinen moralischen Eindruck verscheuchte und die Versammlung vor noch
stürmischeren Auftritten bewahrte, als sich in ihrem Schoose zeigten.   Sie
bestand aus dreiundneunzig Adeligen, zweiundvierzig Priestern, fünfund-
siebenzig Bürgern und achtzig Bauern.   Die Ritter bestanden nicht aus
den Geschlechtshäuptern, sondern waren districtweise erwählt.   Die
Hauptfrage war die Beschaffung der Mittel zur weiteren Landesvertheil-
digung, und es wurden viele Wege, wie Verpfändung von Landestheilen,
Beschlagnahme aller Staats- und Kirchenschätze und Kostbarkeiten, der
Glocken, des Privatbesitzes, Ausgabe von Papiergeld u. s. w. vorgeschlagen.   Viele Züge von Vaterlandsliebe kamen in dieser Noth vor,
aber andererseits wurde auch viel Mißvergnügen und Unwille sichtbar.

Das Ritterhaus war zu neuen Opfern ziemlich willig, die Priesterschaft nicht so, und auch die Bürger zu Bewilligungen träge, aber beim Klagen um so lauter, worin sie die, wirklich am härtesten betroffenen Bauern unterstützten, die sich schließlich jedoch auch willig zeigten, als der Sieg bei Helsingborg sie begeisterte. Bis zu diesen Tagen hatte das Bemühen des Rathes, die Steuern zu verdoppeln, statt Erfolg zu haben, viele Unruhe und den durch anonyme Schriften angeregten und eifrig verfolgten Plan erzeugt, den König zum Friedensschlusse mit August zu zwingen. Das Mistrauen wurde künstlich gegen den Rath gelenkt, da des Königs Partei diesen dadurch vor der Volksungunst zu schützen dachte und ihn als hintergangen und in Unwissenheit über die wahren Zustände des Landes gehalten darstellte. Die Stände beabsichtigten deshalb, gemeinsam eine Gesandtschaft nach Bender zu richten, um Karl zur Rückkehr zu bewegen, unterließen es jedoch, als der Rath durch seine Protokolle bewies, daß dies bereits von ihm mehrfach vergeblich geschehen. Hierdurch verbreitete sich auch im Lande die Erkenntniß des wahren Friedenshindernisses, und die Meinung wendete sich gegen den König und sprach sich in Klagschriften und Petitionen aus, die so entschieden hochverrätherische und majestätsverbrecherische Drohungen enthielten, daß sie der Rath nicht anzunehmen wagte. Die eigentliche Freiheitspartei hielt sich zurück und bereitete unter der Hand einen neuen Staatsstreich vor. Nichtsdestoweniger brachten die Fortschritte Rußlands in Finnland und die völlige Unmöglichkeit, ein anderes Mittel anzugeben, es dennoch dahin, daß die Verdoppelung der Steuern bewilligt wurde, die dadurch 1,182,594 Thaler erreichten, was aber so wenig genügend war, daß wiederum die Rathsgehalte ganz, die aller Beamten halb eingehalten, alle nur möglichen Abgaben verdoppelt und freiwillige Anleihen, wie Zwangseinziehung der Kirchengüter gegen zinstragende Schuldscheine, unternommen wurden. Anfangs Juni wurde die Versammlung aufgelöst. Bald darauf kam ein Brief des Königs an, worin er erklärte, daß er den Zusammenberufungen der Stände entgegen sei, da sie den Feinden die Noth des Landes verriethen; diesmal wolle er sie aber, theils der ihm vom Rathe angeführten Gründe halber, theils in der Hoffnung billigen, daß seine königlichen Rechte gegen alle Angriffe gewahrt seien.

Die Neutralität von 1710. Auch die auswärtige Politik vermehrte in diesem Jahre den Zwiespalt Karls und seines Rathes. Um das deutsche Reich vor den Flammen des nordischen und westlichen Krieges zu schützen, die in dieser Zeit an seinen Grenzen tobten, und die Seemächte zu entbinden, als Garanten der verletzten Travendahler und Altranstädter Friedensschlüsse thätig für Schweden aufzutreten und sich dadurch neben Frankreich noch Rußland, Polen und Dänemark auf den Hals zu ziehen, tauchte im Herbst 1709 ein Vorschlag zum Schutze Schwedens und zur Erhaltung des deutschen Friedens auf. Er enthielt folgende Punkte: Keine der kriegführenden Mächte sollte die andere im Umfange des deutschen Reiches und des damit zusammenhängenden Festlandes angreifen dürfen. So wurde Sachsen König August, Pommern, Wismar und Bremen Schweden, Holstein seinem Herzoge, Schleswig und Jütland Dänemark gesichert. Ferner sollten die Truppen Schwedens in Deutschland und die Dänemarks in Holstein, Schleswig und Jütland verbleiben, wo sie waren, und nicht nach Seeland oder Schweden geführt werden. Ein dritter selbstständiger Punkt schlug vor, sie Holland und England zum Kriege gegen Frankreich zu überlassen. Der Kaiser, die deutschen Fürsten und die Seemächte waren diesem Plane, der für sie nur vortheilhaft war, sehr geneigt; Dänemark, das sich dadurch in seinen Bewegungen gehemmt sah, und Rußland, welches energischeren Angriffen Schwedens, das seiner deutschen Länder dadurch sicher war, mehr ausgesetzt wurde, weniger; doch wagten sie nur, Beschränkungen vorzuschlagen, ohne sich England, Holland, Deutschland und Oesterreich zu widersetzen. Darauf wendeten sich die Seemächte mit demselben Vorschlage an die Regierung in Stockholm und versprachen für ihre Zustimmung Schutz der deutschen Lande. Es traf dieses Erbieten in die Zeit der Gerüchte über Karls Tod, der drohenden dänischen Landung in Schonen, des russischen Angriffes von Riga und Finnland, und noch bevor der Ständeausschuß Aushebungen und Steuer bewilligt hatte. Die günstige Gelegenheit, die gleichzeitig bedrohten Provinzen zu schützen und die dort befindlichen Truppen auf fremde Kosten zu erhalten, bewog als zwingender Umstand den Rath, ohne den König zu befragen, die Neutralität zu billigen, jedoch unter dem Vorbehalte, daß es Krassau im äußersten Nothfalle gestattet sei, von Pommern aus Jütland anzugreifen,

und daß Karl, dem die Festhaltung der Truppen in Pommern die Erneuerung des polnischen Krieges fast unmöglich machte, den Vertrag bestätigte.   Nach der Zustimmung des Rathes wurde im März 1710 der
Vorschlag von England, Holland, Oesterreich und Deutschland förmlich
aufgesetzt und von den meisten Mächten gebilligt.   Als Karl hiervon in
Kenntniß gesetzt wurde, gerieth er in heftigen Zorn.   Stets war er der
Verleihung seiner Truppen an andere Mächte entgegen gewesen und hatte
auf das Krassau'sche Heer zu neuen Operationen in Polen gerechnet,
welche nun die Neutralität durch die Ausschließung der pommernschen
Hilfe unmöglich machte.   Von dem französischen Gesandten noch mehr
gegen die Neutralität gereizt, erklärte er, indem er den Seemächten den
Bruch ihrer Friedensgarantien nachwies und dem Rathe mannigfache Vorwürfe machte, die Nichtanerkennung der Neutralität und den Vorbehalt
des Rechtes, seine Feinde allerorten anzugreifen, und verbot Krassau, den
Befehlen, die ihm vom Rathe in Stockholm zugingen, ferner zu gehorchen.   Hierauf verbanden sich die Mächte, welche die Neutralität ange-
regt, zur Aufstellung eines gemischten Heeres von 20,000 Mann, um
ihren Plan und den deutschen Frieden dadurch zu retten, daß sie Jeden,
der sich ihm widersetze, feindlich behandelten.   Der Rath verzögerte absichtlich die förmliche Verwerfung und Nichtanerkennung auch dieser Neutralität, wie Karl es befohlen hatte, allen betheiligten Mächten anzuzei-
gen, bis der König am 30. November 1710 selbst die Verwerfung
jedes Neutralitätsvorschlags feierlich aussprach, um durch das Versprechen, das pommersche Heer von Norden aus zum Angriff auf die Russen in
Polen einrücken zu lassen, den Sultan zum Kriege gegen Peter zu reizen.
Dem Hinweis auf das Neutralitätsheer begegnete er mit machtlosen Drohungen, die nur Hohn und Spott herbeizogen.   Der Tod des Kaisers Joseph ließ es übrigens nicht zur wirklichen Aufstellung dieses Heeres kommen,
und im Jahre 1711 fiel endlich der ganze Plan in Nichts zusammen, was
die Verheerung Pommerns und die Wegnahme Bremens zur Folge hatte.

Die Pest 1710. Zur Vermehrung der Noth und des Unheils
erreichte im Frühjahre 1710 die schon seit drei Jahren in Polen, Preußen, Kurland, Liefland und Esthland wüthende Pest auch Schweden.
Eine Anzahl Flüchtlinge aus Pernau schleppte sie nach Wermdö und im
August von dort nach Stockholm.   Der Hof mußte nach Sala fliehen

wo er bis ſpät im Winter 1711 verweilte; der Rath zog ſich nach Ar-
boga. Die ſchreckliche Seuche hatte auch hier, wie faſt überall wo ſie
auftrat, eine gänzliche Auflöſung aller Ordnung, jeder Bande des Ge-
ſetzes und der Sittlichkeit in ihrem Gefolge. Erſt am 30. April 1711 war
ſie in Stockholm als erloſchen zu betrachten, während ſie im übrigen
Lande noch während des ganzen Jahres 1711 und an manchen Orten
auch noch 1712 verhältnißmäßige Verheerungen anrichtete. Die ge-
ringſte Zahl der daran Erlegenen iſt für Schweden, ohne Finnland, auf
100,000 Seelen feſtzuſtellen.

Der ruſſiſche Krieg 1710. Nachdem das ſchwediſche Heer
bei Pultawa vernichtet war, konnte Peter ſchon im Herbſte 1709 ſeine
Kräfte ungehindert dem Norden zuwenden. Zur Unterſtützung Auguſts
ſendete er 30,000 Ruſſen nach Polen und 40,000 nach Liefland, um
die Eroberung deſſelben zu vollenden. Der damalige Gouverneur Stromberg ſammelte alle in der Nähe befindlichen Schweden in Riga, ſodaß er
endlich 10,414 Mann hatte. Eine von ihm erlaſſene ermuthigende Proclamation beantwortete Scheremetjeff mit einer anderen, die ſo viel bittere
Wahrheiten über Karls Verfahren enthielt, daß ſie tiefen Eindruck machte
und den Schweden ſehr ſchadete, da ſie die bisher ſchwediſch geſinnten
Bauern theils ſchreckte, theils durch Freiheits- und Friedensverſprechun-
gen gewann. Den Reſt bezwangen die Waffen und die Belagerung von
Riga begann durch den erſten von Peter ſelbſt gerichteten Mörſerſchuß.
Da die Eroberung der Stadt und des ganzen Landes für ſicher angeſehen
und die Gewinnung deſſelben durch Friedensſchluß in des Czaren Abſicht lag, ließ er die Belagerung in eine Blokirung verwandeln, um ſich
die Stadt zu ſchonen. Der aus Eigennutz bewirkte Verkauf der Getreide-
vorräthe im Sommer rächte ſich jetzt bitter an Liefland; denn ſchon im
Winter 1709 war kein Futter für die Pferde mehr da und dieſe mußten getödtet werden; im Frühjahr aber brach die Hungersnoth auch unter den
Menſchen aus, zu der ſich auch bald die Peſt verheerend geſellte. Stromberg verweigerte dennoch den Bitten der Stadt die Uebergabe und verfuhr mit äußerſter Strenge gegen den Rath und die Einwohner, unter
denen ruſſiſche Geſinnung überhandnahm. Selbſt bis in das Heer drang
der Verrath, da viele Officiere Eſthländer und Liefländer waren und
Scheremetjeff alle Mittel anwendete, Einfluß zu gewinnen. Im April

und Juni kamen Ersatztruppen aus Schweden an und Stromberg schlug einen russischen Sturm ab; endlich zwangen ihn aber die Pest und der Hunger, zu capituliren. Die Bewohner der Stadt und des Landes nahmen an den Verhandlungen Theil, um sich günstige Bedingungen zu sichern, da sie es als entschieden annahmen, nie wieder an Schweden zu kommen. Am 5. Juli zogen die Russen in Riga ein, unter dessen Mauern 20,000 Mann geblieben waren, während über 5000 Mann Schweden und 4000 Bewohner der Stadt ihr Leben eingebüßt hatten. Die Esthländer und Liefländer unter den Truppen muß= ten Peter Treue schwören; die übrigen Schweden erhielten freien Abzug, doch blieben die Generale Stromberg und Slodt gefangen. So verlor Schweden nach neunundachtzigjährigem Besitz Riga, dessen Eroberung Gustav Adolphs Ruhm begründete und die Ostseemacht des Reiches schützte; wenige Wochen darauf fiel auch die Schanze Düna= münde, dann Pernau, wo die Pest nur wenige Hundert Menschen am Leben gelassen, später Oesel mit der Festung Arensburg und schließlich auch Reval, wo die Besatzung, durch tägliche Verluste von 150 bis 170 Mann, von 1500 bald auf 80 geschmolzen und von der Bevölkerung bei der Uebergabe Ende Septembers 1710 nur noch der neunte Theil der Bewohner am Leben war. Hiermit war der letzte schwedische Besitz an der Südküste des finnischen Meerbusens mit der von Erik XIV. 1561 zuerst eroberten Stadt verloren. Die durch den langen Krieg und das in seinem Gefolge auftretende Elend erschöpften Bewohner der schönen Provinzen beugten sich gern unter Rußlands Scepter, um Frieden und Sicherheit zu gewinnen.

Kriegsbewegungen in Finnland und der Fall von Wi=borg. Gegen Finnland eröffnete der Czar gleich nach Stenbocks Sieg bei Helsingborg seine Operationen, um es zu verhindern, daß dieser über den Sund ginge und Dänemark zum Frieden zwänge. Es zogen 18,000 Mann mit 15 Kanonen über das Eis des finnischen Busens gegen Wi=borg, wo sie am 20. März die Belagerung begannen. Die Stadt war gut schwedisch gesinnt und Oberst Magnus Stjernstrale hatte sie mit 4000 Schweden besetzt und besaß gute Vorräthe aller Art. Die Ver=theidigung war sehr hartnäckig; dreimal schossen die Russen dieselbe in Brand, aber immer wurde das Feuer gelöscht. Die Belagerer litten un=glaublich, da sie nur Schnee= und Eishütten hatten, wodurch viele Krank=

heiten entstanden. Oberbefehlshaber von Finnland war Lybecker, der wegen Eigennuß, Unredlichkeit und Gewaltsamkeit verhaßt war und vom Rathe auf Klagen seiner Untergebenen abgesetzt, aber von Karl gehalten wurde. Der Zustand der Provinz war durch vorjährigen Miswachs und Hungersnoth sehr bedauernswerth; aus Mangel an Soldaten bewaffnete man die Bauern von Osterbottnien; da aber keine Ordnung in dieselben zu bringen war, wurden sie wieder aufgelöst, statt nach Wiborg geführt zu werden. Aushebungen unter der wehrfreien Studentenschaft in Åbo führten zu unruhigen Auftritten und vermehrten die Sorge, brachten auch nur 36 halberwachsene junge Leute zu den Fahnen. Mit dem ersten offenen Wasser beabsichtigte Peter, Wiborg auch von der Seeseite anzugreifen. Die fehlenden Lebensmittel für die Flotte schaffte der moskowitische hohe Adel durch großartige Opfer herbei, und noch während des Eisganges drang die russische Belagerungsflotte nach Wiborg vor. Sie verstärkte die Belagerer auf 23,000 Mann, 80 Kanonen und 26 Mörser, die sogleich die Stadt eng einschlossen und Lybecker durch falsche Nachrichten in eine andere Gegend lockten. Die Einfahrt in den Hafen wurde durch Strandbatterien und Versenkungen geschlossen. Der Czar selbst kehrte nach Petersburg zurück. Schweden rüstete 13 Schiffe aus und sendete sie Wiborg zu Hilfe; die durch Geldmangel verzögerte Ausrüstung ließ sie aber zu spät kommen und unverrichteter Sache umkehren. Am 14. Juli hatten die Russen Stjernstrale zur Capitulation gezwungen. Die Besatzung und die Stadtbewohner wurden nach Petersburg versetzt und 8 Mörser, 140 Kanonen und viel Kriegsvorrath aller Art genommen; Stjernstrale blieb elf Jahre russischer Kriegsgefangener. Nachdem dieses schwedische Bollwerk, das fünfhundert Jahre Rußland getrotzt hatte, gefallen, wurde das dahinter liegende Land überschwemmt und gräßlich ausgesogen. Trotz der unbeschreiblichen Noth der ganzen Provinz, der deutlich bewiesenen Rathlosigkeit und Furcht, der Schwäche Lybeckers, der nur 700 Reiter und 700 Infanteristen hatte und keinerlei Vorräthe besaß, setzte Peter den Angriff auf Finnland nicht fort, sondern wendete sich zurück gegen Esthland und Liefland. Die im Herbst 1710 auch Finnland verheerende Pest vollendete das Elend der Provinz, und kein General wollte der Nachfolger des wiederum vom Rathe auf Verlangen der Stände abgesetzten Lybecker werden. Der Czar rückte deshalb Ende des

Sommers mit 6000 Mann gegen Kexholm, das von 3 bis 500 Schweden besetzt war, beschoß dasselbe vierzehn Tage und sah am 9. September die für die Ladogaschifffahrt wichtige Festung mit reichen Vorräthen, 231 Kanonen, 40 Mörsern und 381,000 Pfund Pulver sich
ihm übergeben.

Das Kaperwesen. Durch die Verluste der Häfen an Rußland trat die schon 1704 aufgetauchte Frage, ob es den neutralen Seemächten gestattet sei, in denselben Handel zu treiben, in den Vordergrund.
Holland und England kauften und verkauften dort vortheilhaft direct
an Rußland und sparten die Zölle, wollten deshalb die schwache Bewachung der Einfahrten von Schweden aus nicht als Blockirung anerkennen. Karl stellte daher, unter der Anklage, auch Kriegsbedürfnisse würden den Russen zugeführt, Kaperbriefe auf alle Handelsfahrzeuge aus,
die russische und dänische Häfen besuchten, und die Seemächte schlugen
ein gleiches Verfahren ein, sodaß dadurch aller Handel auf den nordischen Meeren vernichtet wurde.

**Kriegsbewegungen 1710 und im Frühjahr und Som-
mer 1712.** Die schwebenden Neutralitätsunterhandlungen, gegenseitige Erschöpfung, die Pest und dadurch hervorgerufene Furcht und Unordnung machten die Unternehmungen des Jahres 1711 unbedeutend.
Außer Potocki's Einfall in die polnische Ukraine, den er im Januar von
der Moldau aus unternahm, brach im April Smigielski mit 5000 Polen von Pommern aus in Polen ein; aber Potocki war bereits in die
Moldau zurückgekehrt und auch er wurde wieder nach Pommern getrieben. — Dänemark suchte den ganzen Sommer, durch kleine Landungen
Schonen zu beunruhigen und zwang dadurch Schweden, eine ziemlich
starke Macht auf den Beinen zu halten. Auch von Norwegen aus fiel
es in die Grenzprovinzen ein, namentlich unter Löwendal in Bohus Län,
wo dieser plünderte und sengte, bis ihn Burenskjöld an der Spitze von
Truppen und eines starken Landsturms zurücktrieb. — In Finnland ersetzte im Sommer 1711 Nieroth Lybecker im Oberbefehl und entwickelte
viel Kraft. Er versuchte, als sich der Czar gegen die Türken wenden
mußte, Wiborg anzugreifen, mußte sich aber unverrichteter Sache zurückziehen, da es ihm an Mitteln und Mannschaft gebrach. — Nachdem Karl
den Neutralitätsantrag verworfen, bekamen seine Feinde auch in Deutsch-

land freie Hände, und weiter in den Sommer hinein schickte Dänemark ein bedeutenderes Heer zur Belagerung von Wismar. Die Stadt verthei= digte sich tapfer; auch machte die Besatzung einen Ausfall, der jedoch un= glücklich ablief und 2000 Schweden das Leben kostete. Als aber neue Truppen von Stralsund kamen, mußten die Belagerer sich zurückziehen. — Schädlicher war ein im August von Dänen, Sachsen und Russen in Pommern unternommener Einfall, da die Provinz verheert, Peenemünde genommen und Stralsund bedroht wurde. Trotz aller dieser Angriffe verlangte Karl beständig vom Rathe neue Truppen zu einem Einfall in Polen. Wirklich mußte Stenbock aus dem bedrängten Schonen sechs Regimenter dazu nach Pommern schicken. Die Flottenausrüstung zu ihrem Transport verzögerte sich aber, der dringenden Befehle des Kö= nigs ungeachtet, so sehr, daß dieselben erst im November nach schwerer Ueberfahrt in Pommern anlangten. Den Oberbefehl über die nun ver= sammelten 12,000 Mann mußte Krassau an Düker abtreten, der, mit guten Vorräthen versehen, sich um so mehr halten konnte, als die Feinde kein grobes Geschütz hatten, um die Festungen anzugreifen, auf die die Schweden jedoch beschränkt blieben, da Düker zu schwach war, das Land zu reinigen, geschweige in Polen einzudringen. — Anfang des Jahres 1713 starb Nieroth und auf Karl's wiederholt ausgesprochenen Befehl übernahm Lybecker wieder das Commando, an Stelle des auf den Wunsch des Landes vom Rath dazu ausersehenen Taube. Haß und ge= rechter Unwille gegen den Feldherrn lähmten alle seine Unternehmungen und nur der die Russen bindende Türkenkrieg schaffte Finnland einiger= maßen Ruhe. In Pommern suchten die verbündeten Mächte in der er= sten Jahreshälfte bessere Erfolge zu erzielen. Düker vertheidigte aber die Festungen so muthig, daß sie um so weniger Bedeutendes ausrichteten, als die Dänen später gegen Bremen zogen. Der Czar war nahe daran, von Düker selbst gefangen zu werden. — Gegen Wismar wurden in die= sem Jahre nur schwache Versuche gemacht, wogegen ein Theil der Be= satzung einen Plünderungszug in das dänische Holstein hinein unter= nahm. — Bremen, das bisher noch nicht direct vom Kriege berührt, aber durch Steuern und Aushebungen gedrückt und zur Unzufriedenheit ge= bracht war, empörte sich gegen neue gewaltsame Wegführung von Re= kruten, sodaß es zum Blutvergießen kam, und die Unterdrückung der

Empörung Haß und Bitterkeit erzeugte. Dies benutzte Dänemark, und Friedrich überschritt persönlich mit seinen Truppen, troß des schwedischen Rathes und der Einsprüche einiger deutschen Fürsten, die auf Grund der beabsichtigten Neutralität den Durchmarsch durch Lüneburg verweigern wollten, die Elbe. Die Schweden hatten wenig über 2000 Mann im Herzogthum; die Dänen griffen mit 16,000 Mann an. Die aufgebote= nen Bauern folgten nicht nur keinem Befehle, sondern begünstigten auch die Dänen durch Verhinderung der künstlichen Ueberschwemmung des Landes. Der Generalgouverneur Bellingk und Generallieutenant Kras= sau flohen vor den anrückenden Feinden von dem ungehindert erreichten Stade nach Bremen, worauf ihre Soldaten in großen Massen zu deser= tiren begannen. Friedrich betrieb die Belagerung von der anderen Seite mit Ernst und Eifer, sich selbst persönlich großen Gefahren aussetzend. Nachdem mehrmals Bomben gezündet, mußte die Festung im Septem= ber capituliren; das ganze Land fiel in die Hände der Dänen und mußte deren Könige huldigen. — Jenseit des Sundes geschahen nur schwache Einfälle an der norwegischen Grenze und unbedeutende Bewegungen zur See.

Der Bruch zwischen Karl und dem Rathe. Die Begeben= heiten der Jahre 1710—1712 brachten den gegenseitigen und lang= genährten Unwillen zwischen Karl und dem Rathe zum Ausbruche. Der Grund dazu lag besonders in dem Widerwillen des Leßteren, Truppen nach Pommern und zum Krieg in Polen zu schicken, statt sie zu Hause zur Vertheidigung Schwedens selbst zu benutzen. Der verlängerte Auf= enthalt des Königs in der Türkei und die Verwerfung der Neutralität bildeten den entscheidenden Wendepunkt in der Staatskunst des Raths, der von 1710 ab die Pläne des Königs zu durchkreuzen suchte. Auch Karl fing jetzt an, seine Abneigung deutlich zu beweisen, indem er den auswär= tigen Gesandten und seinen Generalen verbot, auf den Rath zu hören, dem er das Recht nahm, in äußeren Angelegenheiten zu entscheiden und ihm einige Canzleiräthe zur Theilnahme an den Sißungen aufzwang, was als deutliches Zeichen des Mistrauens und absichtliche Herabseßung seines Ansehens betrachtet wurde. Der wohlgemeinte Schritt, die Köni= gin Wittwe Hedwig Eleonore und Prinzessin Ulrike Eleonore zu be= wegen, ihr Gold und Silber zur Ausmünzung darzubringen, wurde

dem Rathe gleichfalls als eigenmächtiger Eingriff in die königlichen Vor-
mundschaftsrechte über die noch unmündige Prinzessin ausgelegt. Nach
dem am Pruth abgeschlossenen Frieden wurden den einzelnen Rathsherren bald Beweise des königlichen Misvergnügens gegeben und ihnen im
Allgemeinen das Recht genommen, ohne besonderen Befehl Civilämter
zu besetzen. Wrede und Gyllenstjerna wurden unter sehr durchsichtigen
Scheingründen entlassen und der den Rath demüthigende Schritt gethan,
zwei Ausländer, den Polen Tarlo und König Stanislaus, zur Anspor-
nung des Eifers und zur Beaufsichtigung der hohen Behörde nach Stockholm zu senden. Stanislaus wendete sich sogar in scharfen Worten erst
schriftlich an den Rath, besuchte ihn dann sogar persönlich und ließ sich
die Verhandlungen und Rechenschaftsberichte vorlegen, um mit tadelnden Aeußerungen zu einem neuen polnischen Kriege zu treiben, ließ sich
dann aber zeitweise, wie es sein schwankender Charakter erlaubte, von der
Unmöglichkeit und der Noth Schwedens überzeugen. Karl dagegen beharrte
bei dem Verlangen der Hilfesendung und fing an, Unzufriedenheit mit
seinem ganzen Volke und allem Schwedischen zu zeigen; seine vertrauteste
Umgebung wählte er jetzt aus mehr oder weniger ausländischem Blute,
z. B. Fabrice, Feif, Müllern, Grothusen und Poniatowski. Er beklagte
sich bitter, von seinem Volke verlassen zu sein, und setzte Stanislaus
förmlich zum Aufseher über die schwedische Regierung ein. Die Rathsherren empfingen scharfe Briefe; die von ihnen ernannten Oberofficiere
wurden abgesetzt und Düker das Recht ertheilt, Beamte einzusetzen, ohne
eine Behörde darüber zu vernehmen. Alles Dieses machte den Bruch fast
unheilbar und spaltete den Rath selbst in zwei Parteien, da ein Theil aus
Glücksjägerei zum König überging, ein anderer Theil es für schimpflich
ansah, ihn im Stiche zu lassen, und, die Unmöglichkeit des Gehorsams
übersehend, das Verfahren des Raths als Majestätsverbrechen betrachtete. Neue Ernennungen zu Rathsherren wurden vollzogen und brachten
ein Karl günstigeres Element in die Versammlung; da aber im Allgemeinen jeder Einzelne das Vaterland liebte und nur in den Ansichten über
die Rettungsmittel Verschiedenheit herrschte, wurde das Verhältniß wenig geändert. —

Außerhalb des Raths regte sich seit 1711 ein leicht erklärlicher Unwille gegen die unumschränkte und so misbrauchte Königsmacht, und

wurde durch französische und englische Schmähschriften genährt. Besonders der hohe Adel, doch auch ein großer Theil der Ritterschaft, die alle
mehr oder weniger durch die Reduction ihren Standesreichthum und ihre
Macht verloren hatten, zeigten sich der Alleingewalt abgeneigt, und die
Priester und Bürger wurden durch ihre Verbindungen mit jenen und
Ausländern zu gleichen Wünschen hingerissen. Ein Theil adeliger und
bürgerlicher Herren, besonders Rechtsgelehrter, blieb sogar nicht bei Gefühlen und Reden stehen, sondern hielt bereits seit 1710 geheime
Zusammenkünfte zur Vorbereitung einer Herbeiführung freierer Regie-
rungsformen. Der Bauernstand allein hielt noch in alter und unerschütterlicher Treue an der unumschränkten Macht und alle seine Leiden
und Erduldungen hatten seine Liebe zur Person des Königs wenig erschüttert, da er ihn schon als Sohn Karl's XI., der ihn von dem übermä-
ßigen Druck des Adels erlöst und frei gemacht, und als einfach und, wie
er in seiner Unkenntniß wähnte, gottesfürchtig lebenden König verehrte.
Erst das Gefecht in Bender und die Aufklärungen des Reichstages
1714 erzeugten auch in ihm ein Sehnen nach einer Aenderung.

Neunzehntes Kapitel.

Innerer Zustand Schwedens im Frühjahre 1712. — Stenbock's Ueberfahrt nach Pommern. — Zug nach Mecklenburg. — Friedensunterhandlungen und Waffenstillstand. — Schlacht bei Gadebusch. — Die
zweite Truppenabsendung. — Einfall in Holstein und Verbrennung von
Altona. — Stenbock's Zug nach Tönningen und seine Capitulation. —
Stenbock's Gefangenschaft und Tod.

Auch der Frühling des Jahres 1712 vermehrte die Noth und die
Unzufriedenheit Schwedens in Umfang und Tiefe; dabei nahm der Abgang an waffenfähigen Männern erschreckend zu und der Geldmangel
steigerte sich bis dahin, daß zur Truppenausrüstung die Hospital-, Ar-
men-, Schul- und Kirchengelder angetastet wurden, die Beamten wieder
nur den halben oder ein Viertel Gehalt bekamen und selbst die Gesandten
im Auslande so der Mittel entblößt waren, daß sie kaum wagen durften,

sich öffentlich zu zeigen; der Ackerbau gerieth so in Verfall, daß z. B. in
Schonen ein Sechstel des Landes wüst lag. Alles Dieses trieb das leidende
Volk zu wiederholtem verzweifelten Aufruhr und selbst die Mittelclassen
und bessern Stände zeigten sich widersetzlich gegen Gesetz und Obrigkeit,
da sie an Hab und Gut nicht mehr gestraft werden konnten; auch die
schon eingekleideten Soldaten ergriff gleiche Unzufriedenheit und sie warfen
die Waffen weg und desertirten, um der Absendung nach Pommern und
dem polnischen Grabe zu entgehen. Nichtsdestoweniger wendete sich der
König um diese Zeit mit immer schärferen Worten an den Rath, bestand auf einer größeren und schnelleren Truppenabsendung nach Pommern, und befahl, daß König Stanislaus das letzte entscheidende Wort
über alle Kriegsangelegenheiten im schwedischen Rathe führen sollte. Seinen gemessenen Befehlen mußte Folge geleistet werden und sie brachten
die heftigsten und widerlichsten Auftritte im Rathe und Lande hervor,
denn selbst die Partei, die dem Könige zu Willen sein wollte und der Regierung und dem Rathe schlechte Absichten, Nachlässigkeit und geringen
Eifer vorwarf, fand keine Mittel, dem Geldmangel abzuhelfen, da die
letzten Reservefonds auf Karl's wiederholte und auch jetzt noch geschärfte
Verbote nicht berührt werden durften. Diese Noth bewog den Rath, auf
den beliebtesten Mann im Reiche, Magnus Stenbock, zurückzugehen,
obschon sich das Verhältniß zwischen ihm und demselben getrübt hatte,
da er gleichfalls der Ansicht war, der Rath müsse dem Könige willfähriger
sein. Stenbock kam selbst nach Stockholm, und nachdem er die Entscheidung herbeigeführt, daß ein starkes Heer nach Pommern geführt werden
müsse, prüfte er die vorhandenen Mittel und suchte auf alle mögliche
Arten Geld und Provisionsmittel für dasselbe zu beschaffen. Neben ver-
wickelten Finanzoperationen wendete er sich an die Stockholmer Bevölkerung und dann auf Rundreisen und durch Proclamationen an das
übrige Land, und seinem Feuereifer, seiner ergreifenden Beredtsamkeit,
seinen ansteckenden sanguinischen Hoffnungen gelang es auch wirklich,
einen Enthusiasmus zu erzeugen, wie er unter den obwaltenden Verhältnissen kaum für möglich erachtet wurde, und dessen Resultat die Herbeischaffung von 398,000 Thalern war, die von der erschöpften Bevölkerung in freiwilligen Gaben, oft zu nur 10 Thalern, von der eigenen Armuth und Noth ihm und dem Könige, der ihn mit Undank behandelte

und dem er diente, wie kein Anderer, zu Liebe zusammengebracht wurden. Die zeit- und geldraubende Ausrüstung der Flotte in Karlskrona umging Stenbock, indem er durch Bitten und Gewalt die Fahrzeuge einer Menge Privatpersonen mit Beschlag belegte und sie zum Transport seiner Truppen und Vorräthe verwendete.

Stenbock's Ueberfahrt nach Pommern. Endlich waren im August die Truppen und Vorräthe größtentheils beisammen und sollten auf Karl's ausdrücklichen Befehl nach Pommern geführt werden, wo Stralsund schon von Russen, Sachsen und Dänen eng eingeschlossen und das enge Fahrwasser davor mit Kanonenbooten besetzt war. Die 9000 Mann bestanden meistens aus Knaben und Greisen, und die Matrosen waren Neulinge zur See. Admiral Wachtmeister, von Karl ebenso wie auch Stenbock dem Rathe und der Regierung gegenüber unabhängig gemacht, bestand trotz seines Greisenalters darauf, die Flotte selbst zu befehligen, und am 23. August stach er in See. Durch widrigen Wind aufgehalten, traf er am 14. September, im Norden Rügens ein, da die unterlegene dänische Flotte wich und die Fahrt frei gab. Die Landung auf Rügen wurde glücklich ausgeführt und die Frachtschiffe sollten sogleich nach Schweden zurückkehren, den Rest der Mannschaften und Vorräthe zu bolen. Die dänische Flotte ward inzwischen durch die an der norwegischen Küste liegenden Fahrzeuge verstärkt, welche die Götheborger-Flotte nicht aufzuhalten vermochte, da Admiral Lewenhaupt auf König Stanislaus' Befehl alle Matrosen Wachtmeister zugesendet hatte, um Stenbock's Ueberfahrt zu erleichtern; der dänische Admiral Gyldenlöwe führte sie nach Rügen, wo er die Schweden noch beim Ausschiffen der Vorräthe fand. Wachtmeister ließ sich aus Eitelkeit und durch List der Dänen verlocken, die Frachtschiffe sich selbst zu überlassen und eine Stellung zur Schlacht einzunehmen, in welcher Gegenwind ihn hinderte, zu den Frachtschiffen zurückzugehen, als Gyldenlöwe sie schnell und heftig durch 5 Fregatten angreifen ließ. Die großen vertheidigten sich so lange, daß 40 kleinere entkamen und mit Wachtmeisters Flotte später die schwedische Küste erreichen konnten, aber 30 wurden theils verbrannt, theils genommen oder in den Grund gebohrt. Zwei Drittel der sehr nöthigen Provision ging verloren oder konnte von Schweden nicht dem Heere zugeführt werden, wodurch dies auf der schon aufgezehrten Insel in große Noth ge-

rieth und namentlich auch Stralsund, das fast aller Nahrungsmittel entblößt war, um seine Hoffnungen kam, da der in Schweden zurückgeblie-
bene Rest von Mannschaft und Getreide nicht herbeizuschaffen war.

Zug nach Mecklenburg. Der Auftrag Stenbock's, Pommern
vom Feinde zu säubern, war unter diesen Umständen nicht zu erfüllen,
umsoweniger, als die polnischen Parteigänger schon von August's Anhängern besiegt waren, und Stanislaus selbst zum Frieden rieth. Stralsund von den davorliegenden Truppen zu befreien, verbot deren Uebermacht, denn Stenbock und Düker hatten zusammen nur über 18,000
Mann zu gebieten; den Winter aber in dieser Festung abzuwarten, gestattete der Mangel an Vorräthen nicht; alle Wege nach Polen von
dort aus waren durch eine Kette von Verschanzungen gesperrt und Preußen hatte überdies erklärt, jede Berührung seines Gebietes als Friedensbruch anzusehen. Stenbock beschloß daher, das kleine und schwache
Mecklenburg zu betreten, da dies die Verletzung seiner Neutralität nicht
rächen konnte und dem Heere reichen Unterhalt bot. Von Greifswalde
aus begannen die vereinigten feindlichen Truppen bereits Verschanzungen
nach Damgarten auszudehnen, sodaß Stenbock, nach abgehaltenem
Kriegsrath und mit Zustimmung Stanislaus', der ihn auf Karl's Befehl
begleitete, nach einem vierwöchentlichen Aufenthalte auf Rügen seine
Macht nach Stralsund zog und mit Zurücklassung einer Besatzung von
2000 Mann am 21. October mit 16,600 Mann nach Damgarten aufbrach. Die Wege waren durch Wetter und Märsche entsetzlich verdorben,
sodaß nur unter großer Mühe und sehr langsam der Paß bei Damgarten erreicht wurde. Hier war ein Trupp Sachsen aufgestellt, um den
Uebergang über die Recknitz zu verhindern. Südlich davon durchschritten
einige schwedische Regimenter mit Hilfe von Brettern einen bisher für
unzugänglich gehaltenen Morast, und kamen dann an einer unbewachten
Stelle über die Recknitz, sodaß die von Cronstedt beschossenen Sachsen
ihre Stellung räumen mußten und Düker nun auch bei Damgarten die
Recknitz überschreiten konnte. Stenbock, dem nun ganz Mecklenburg offen
lag, beschloß, sich gegen die von Westen drohenden Dänen und die im
Osten stehenden Sachsen und Russen in Rostock einen Stützpunkt zu suchen,
der ihm zugleich die Verbindung mit der Ostsee offen erhielte, mittelst deren er
die Verstärkung aus Schweden an sich zu ziehen hoffte. Die Bürger-

schaft verweigerte ihm den Einlaß, verschloß ihm die Thore und zog alle
Boote auf die Stadtseite, um das Ueberschreiten der Warne zu verhindern.
Einige schwedische Infanteristen ließen sich in der dunkeln Nacht, in Back=
trögen liegend, in die Stadt fahren, sandten in der Stille Boote zurück und
führten die Truppen so heimlich hinüber, daß die Bürger erst erwachten,
als Rostock schon in schwedischen Händen war.

Friedensunterhandlungen und Waffenstillstand. Inzwi=
schen suchte die Diplomatie eine Aenderung in der staatlichen Stellung
Schwedens und der kriegführenden Mächte herbeizuführen. Zuerst
versuchte man, England durch versprochene Handelsvortheile in den
Ostseeländern zur thätigen Theilnahme gegen Rußland zu bewegen,
es fand aber jene den sichern Nachtheilen nicht entsprechend genug. König
August war vielfach vom Czaren verletzt und mehr als Vasall, wie als
Bundesgenosse behandelt und daher sehr geneigt, die Waffen umzudrehen
und mit Karl gegen Peter zu kämpfen; alle seine Erbietungen scheiterten
aber, trotz Stanislaus' freiwilliger Einstimmung und Befürwortung, an
Karl's Haß gegen August und dem Eigensinn, die Türken gegen Rußland
zu hetzen. Dänemark, das sich im Allgemeinen nach dem Frieden sehnte,
war auch den Russen nicht günstig gesinnt, und vorzugsweise versuchte
Preußen, in richtiger Erkenntniß der in der wachsenden Machtstellung
des Czarenreiches drohenden Gefahr, eine Aenderung der Politik herbei=
zuführen. Es bot 10,000 Mann Hilfstruppen gegen Peter an, schlug
ein ewiges Bündniß zwischen Schweden, Sachsen, Polen und Preußen
vor, um mit 60,000 Mann die Russen zu vertreiben und Schweden seine
Ostseeländer wiederzuverschaffen, wofür es sich mit Elbing und West=
preußen entschädigen wollte, versprach auch eine Garantie, Polen dem Kö=
nig August zu erhalten, aber Alles vergeblich. Weder die Gesandt=
schaft Cosanders an Karl selbst nach Bender vermochte, dessen Hart=
näckigkeit zu beugen, noch waren die vernünftigen Vorschläge im Stande,
in Stockholm beim Rathe und der Regierung den Rausch der Begeiste=
rung und der erneuten Kriegswuth zu verwischen, den Stenbock so müh=
sam und künstlich erzeugt hatte. Auf Rügen wurde derselbe Plan noch
einmal zwischen Stenbock und dem sächsischen Günstling Flemming, un=
ter der Maske einer Zusammenkunft zur Verhandlung über Gefangenen=
austausch, vorgenommen; Mentschikoff's Gegenwart behinderte aber Kö=

nig August, sich Stenbock so offen zu geben, als er es wollte; doch kam
es zum Kriegsrath und Stanislaus erklärte sich bereit, seine Krone zu
opfern, was alle schwedischen Generale billigten und unterschrieben. In
Mecklenburg erneuten sich die Zusammenkünfte und Stanislaus schrieb
direct an Karl den einmal gefaßten Entschluß, reiste auch, troß der aus
Bender gekommenen entgegengesetzten Befehle, alle Vorschläge und Un=
terhandlungen abzuweisen, und der neuen Kriegshoffnungen des Königs,
am 18. November, verkleidet und auf Umwegen, nach der Moldau, wo er
zur Zeit des Gefechts in Bender am 1. Februar anlangte, und auch jetzt
keine Umstimmung in Karl's Ansicht und Willen erreichte. Am Tage nach
der Abreise Stanislaus' wurde eine von Flemming vorgeschlagene Waf=
fenruhe auf vierzehn Tage abgeschlossen, die Stenbock in einem allgemei=
nen Kriegsrathe als nöthig dargestellt hatte und ihm schriftlich von Sta=
nislaus anbefohlen war, obschon sie Karl's Pläne durchkreuzte und ein
Bruch des den Türken gegebenen Versprechens, Rußland durch Stenbock's
Truppen angreifen zu lassen, war. Gemeinschaftliche Feste wurden von
den Gegnern abgehalten und die allgemeine Losung „Frieden" gegeben,
Karl aber verwarf denselben und befahl in den härtesten Worten und
strengsten Verweisen, die allen Officieren mitzutheilen waren, Stenbock,
die gegebenen Versprechungen zurückzunehmen. Der Czar und der Kö=
nig von Dänemark waren ihrerseits ebensowenig mit dem Waffenstill=
stande zufrieden und der Letztere brach denselben zuerst durch seinen Ein=
fall in Mecklenburg. Stenbock's Lage wurde sehr gefährlich, da sich von
Holstein her die Dänen näherten, um sich mit den Russen und Sachsen
zu verbinden, und ihn mit vierfacher Uebermacht in Rostock einzu=
schließen.

Schlacht bei Gadebusch. Er brach deshalb von Rostock auf
und zog den Dänen entgegen, indem er zu seiner Deckung alle Brücken
hinter sich zerstörte und die Infanterie hinter die Reiter aufsitzen ließ. Erst
als die Russen und Sachsen sahen, daß er Wismar nördlich liegen ließ
und westwärts zog, erkannten sie seine Absicht und eilten ihm nach, mach=
ten auch den Versuch, ihn in neue Waffenstillstandsunterhandlungen zu
verwickeln, worauf Stenbock aber nicht einging, sondern am 8. Decem=
ber das dänische Lager bei Gadebusch überraschte, sodaß der König Frie=
drich erst eine Stunde vorher Nachricht von seiner Annäherung erhielt.

Am 9. recognoscirte Stenbock, obschon selbst heftig erkrankt. Die Dänen, die schnell eine sächsische Verstärkung an sich gezogen, standen 26,000 Mann stark theils hinter einem Walde, theils hinter einem Thale mit sumpfartigem Wasserlauf. Die Schweden, 16,000 Mann stark, mußten gegen Wind und Schneegestöber auf engen, schwierigen Wegen den dänischen Kanonen entgegengehen, hatten aber keine Wahl, da sie ohne Vorräthe waren und schon am Vormittage Flemming mit vier Reiterregimentern und zwei Bataillonen Fußvolk sich in ihrem Rücken zeigte und die übrigen Sachsen und Russen nahekamen. In der Mittagsstunde begann der Kampf. Stenbock nahm seine vortreffliche und der dänischen an Zahl überlegene Artillerie an die Spitze und eröffnete ein so mörderisches Feuer, daß sein rechter Flügel bald die Dänen zurücktrieb. Auf dem linken Flügel währte es länger und nur Stenbock's eigenem Wirken gelang es, die Ordnung zu erhalten. Die Infanterie drang geschlossen gegen die feindliche Linie vor, gab erst auf 15 Schritt Entfernung eine Salve und griff dann mit dem Bayonnet an. Die Dänen vertheidigten sich tapfer und fast auf der ganzen Linie war es ein Handgemenge. König Friedrich nahm selbst am Kampfe Theil und hielt ihn über zwei Stunden aufrecht, ehe er nach mörderischem Gemetzel den Rückzug befahl. Er verlor 4000 Gefangene und 2 bis 3000 Todte und Verwundete, 13 Kanonen und das ganze Lager; die Schweden hatten etwa 500 Todte und 1000 Verwundete. Dieser Sieg, statt der von ganz Europa sicher erwarteten Niederlage, zog wieder aller Augen auf Schweden, belebte dessen Hoffnungen neu und besänftigte den Zorn Karl's über den Waffenstillstand so, daß er Stenbock die Feldmarschallswürde ertheilte.

Die zweite Truppenabsendung. Die Absendung der von Stenbock noch in Schweden zurückgelassenen Truppen wurde durch Geld- und Schiffsmangel, eine unter den Seeleuten ausgebrochene Seuche und andere hereinbrechende Unglücksfälle und Widerwärtigkeiten so verzögert, daß erst in der Mitte December 2000 Reiter in 65 Lastfahrzeugen eingeschifft wurden, die eine große Zahl Kriegsfahrzeuge unter Admiral Wattway deckte. Am 16. stach die Flotte in See; am 20. zwang aber Gegenwind die Kriegsfahrzeuge, nach Hanö, die Lastschiffe, nach Karlshamn umzukehren; erst am 28. gelang es bei einem dritten Versuche letzteren, sich mit ersteren zu vereinigen und wieder in See zu gehen. An der

deutschen Küste erfaßte sie wieder Sturm und trieb 40 Frachtschiffe nach
Karlshamn, zerstreute 20 nach Karlskrona, Kalmar und Gottland und
ließ drei verloren gehen, auch die Kriegsflotte sehr leiden. Nur 6 kleine
Fahrzeuge erreichten deutsche Häfen und 40 darauf befindliche Reiter waren die einzige Verstärkung für Stenbock. Der Winter und der Zorn
Karl's über die Admiralität, der er Cronhjelm, der nichts vom Seewesen
verstand, als obersten und unumschränkten Befehlshaber vorsetzte, verhinderte jede weitere Hilfesendung auf der Ostsee.

Einfall in Holstein und Verbrennung von Altona. Gleich
nach der Schlacht von Gadebusch vereinigten sich die Russen und Sachsen
und nahmen weiter rückwärts eine günstige Stellung in der Stärke von
36,000 Mann ein. Sie mit seinen ermatteten, kaum von ihrem Sieg begei-
sterten 12,000 Mann anzugreifen, vermochte Stenbock nicht; in Wismar
wollte er sich nicht einschließen, da auch dort keine Vorräthe waren und er der
sichern Hungersnoth entgegensah: es blieb ihm also nichts übrig, als sich ins
dänische Holstein zurückzuziehen, und über Lübeck aus Schweden kommende Verstärkung zu erwarten. Nach abgehaltenem Kriegsrathe und
Zustimmung des in Hamburg residirenden Vellingk, zu jener Zeit Karl's
vorzüglichsten Günstlings, brach er in die Gegend von Oldeslohe auf und
nahm dort reiche und gute Quartiere, gleichzeitig schriftlich durch zweideutige Vorspiegelungen versuchend, die Polen zu einer Erhebung anzu-
stacheln, um Karl für die Verzögerung des Einfalls in Pommern und
Polen Ersatz zu bieten. In den letzten Tagen des Jahres 1712 ging
Stenbock nach Hamburg und Altona und hier gelang es Vellingk, ihn
zu bewegen, als Rache für die bei der Belagerung erfolgte Einäscherung
Stade's und um die Verbündeten zu verhindern, dort befindliche Magazine zu benutzen, die offene Stadt Altona zu verbrennen. Nach langer
Weigerung willigte Stenbock gegen seine bessere Ueberzeugung ein und am
27. December wurde Altona die schnelle Beschaffung einer Brandschatzung
von 100,000 Thalern aufgelegt oder mit Einäscherung gedroht. Tags
darauf fand sich Stenbock selbst in Altona ein, aber nach erschütternden
Unterhandlungen und Angeboten so hoher Summen, als sie in der Eile
zu beschaffen, ertheilte er, da die 100,000 Thaler nicht vorhanden,
aus Rücksichten auf Vellingk's entschiedenen Wunsch, selbst den Bitten
und Vorstellungen aller seiner untergebenen Officiere entgegen, den Be-

fehl zur Einäscherung der Stadt. Alle Plünderung war verboten, und
um elf Uhr Abends, am 28. December, einem Sonntage, wurden die
Weiber und Kinder aus der Stadt geführt und dieselbe mit dem Glocken-
schlage zwölf an verschiedenen Ecken angezündet. Um drei Uhr Morgens
stand sie in vollen Flammen und nur etwa 100 Häuser und 3 Kirchen
blieben vom Feuer verschont. Eine ansteckende Krankheit, die in der
Stadt herrschte, hatte Hamburg geboten, sich gegen dieselbe abzusperren,
sodaß die Bewohner in der kalten Winternacht auf den Feldern bleiben
mußten, wo viele Alte und Kranke der Noth erlagen, wie auch viele derselben verbrannt waren. Das ganze westliche Europa brach den Stab
über dieses Verfahren Stenbock's, der es nicht vertheidigte, sondern die
Schuld auf Bellingk schob. Czar Peter eilte bald darauf nach Altona
und suchte die auf ihre Schutthaufen zurückgekehrten Bewohner zu trösten
und zu unterstützen.

Stenbock's Zug nach Tönningen und seine Capitulation
Nach dem Brande von Altona zog sich Stenbock nordwärts gegen die
Grenze von Schleswig, um im Fall eines harten Winters über den Belt
gehen zu können. Das Wetter war mild und regnerisch und machte die
Wege fast unbrauchbar. Czar Peter drang ihm dennoch an der Spitze
von 40,000 Russen, Sachsen und Dänen nach und trieb ihn nach der
Eiderstedter Gegend, durchschritt, bis an die Brust im eisigen Wasser, die
Treene und erzwang, trotz der heftigsten Gegenwehr der Schweden, auch
den Eingang ins Eiderstedt'sche, ließ sich aber nicht darauf ein, die offene
Feldschlacht anzunehmen, zu der ihn Stenbock durch seine Stellung
mehrmals zu verführen suchte, sondern drängte ihn mehr und mehr auf
eine kleine Halbinsel, auf der er ihn einschloß. Inzwischen hatte der
Administrator Christian August, der, als Mitvormund des in Schweden
lebenden Herzogs Karl Friedrich, seit der Schlacht von Clissow das Herzogthum regierte, ein schwacher, wankelmüthiger, von Günstlingen gelei-
teter Fürst, der bisher mit Dänemark im besten Einverständniß stand
und es selbst mit Geld unterstützte, ohne es jedoch mit Schweden zu verderben, sich seit der Schlacht bei Gadebusch Stenbock sehr genähert.
Görtz, ein in jeder Hinsicht unlauterer Charakter, hatte sich durch Intriguen zum Minister Holsteins aufgeschwungen, seinen Vorfahren im
Amt Wedderkop verhaften lassen, und suchte das doppelte Spiel zwischen

Dänemark und Schweden aufrechtzuerhalten, knüpfte aber, die Möglichkeit eines schwedischen Sieges in Betracht ziehend, geheime Unterhandlungen an, ihm Geld und andere Hilfe bietend und im Stillen verabreichend. Vorzugsweise wichtig wurde ein Vertrag, der am 23. Januar 1713 zum Abschluß kam und den Schweden die Festung Tönningen als Stützpunkt öffnete. Christian August ließ seinem Commandanten officiell befehlen, die Schweden nicht einzulassen, im Stillen aber durch mündliche Weisungen andeuten, er solle einem durch Görtz und seine Creaturen gefälschten Befehl des zwölfjährigen Herzogs Karl Friedrich gehorchen, und Tönningen den Schweden übergeben. Am 3. Februar ließ der Commandant Wolf, nach einigen Gegenversuchen, vier Regimenter Stenbock's in die Festung; zwei Tage darauf kam ein neuer Bote mit dem Gegenbefehl und der Weisung, sich aufs schärfste zu vertheidigen und das gefälschte Schreiben des unmündigen Herzogs nicht anzunehmen, da die gefährliche fast unrettbare Lage Stenbock's Görtz's und des Administrators Sinn geändert hatten; nur zufällige Hindernisse hatten die Ankunft des Boten verzögert. — In dieser Zeit verschlimmerte sich wieder das Verhältniß zwischen Stenbock und dem Rathe, da Beide, wenn schon gleicher Ansicht, nicht wagten, ihre Ueberzeugung offen dem Willen des, sich mehr und mehr den Fremden in die Hände werfenden Königs entgegenzusetzen, sondern sich gegenseitig die Schuld der Unglücksfälle und des Mislingens der Pläne zuwälzten. Dies führte zu widerlichen, gegenseitigen Anklage- und Vertheidigungsschriften, die nur das Uebel der großen Menge zur Schau stellten und dieselbe gewaltig aufregten. Nebenher sah Stenbock, immer enger eingeschlossen, es deutlich vor Augen, daß er auf der kleinen Halbinsel und in Tönningen nicht hinreichenden Unterhalt finden würde, umsomehr, als die Feinde, die sich ihm nicht zur Schlacht stellten, wo seiner schwachen Kraft der Sieg überdies fast unmöglich war, beide Eiderufer besetzten und die Mündung blokirten, sodaß auch von der Nordsee keine Zufuhr anlangen konnte. Ein Versuch, sich nach Norden durchzuschlagen, mislang, da die große Uebermacht die Schweden zurücktrieb; ein zweiter nach Süden gerichteter scheiterte an der Ungunst des Wetters, da Sturm die geschickt und heimlich über die Eider gesetzte kleine Truppenzahl von der Hauptmasse, die nachfolgen sollte, trennte, und diese mehrere Tage zurückhielt, sodaß der dadurch hinter den Plan

gekommene Feind eine große Macht auf dem Südufer zusammenzog.
Die üble Lage Stenbock's und der Zorn der verbündeten Mächte, sowie
Dänemarks Racheschritte bewogen auch den Administrator und Görtz,
sich jetzt entschieden gegen das Verbleiben Stenbock's in Tönningen zu erklären und vermehrten so die Verlegenheit desselben; doch fuhr jener fort,
in geheimen Zusammenkünften mit diesem gegen Dänemark zu intriguiren.   Von Schweden aus waren wegen Mangel an Mitteln directe Hilfs-
leistungen nicht zu erwarten, umsoweniger als zügellose Uneinigkeit der
höchsten Beamten, namentlich der Admirale, die Thätigkeit hemmte.
Die Diplomatie bemühte sich aber rastlos, die fremden Mächte zu bewegen, Schweden nicht ganz untergehen zu lassen, und wirklich war England, trotz des Zorns über die Kapereien, nahe daran, eine Flotte zur
Unterstützung Stenbock's abzusenden, als die Nachricht von dem Gefecht in
Bender diese Absicht wieder aufgeben ließ. In England und Holland ausgerüstete Privatschiffe mit Provision für Stenbock fielen unterweges und
in der Eider den Dänen in die Hände, und auch Frankreichs Versprechen, 6000 Mecklenburger zu besolden, um Stenbock zu entsetzen, wurde
nach dem Gefecht in Bender zurückgezogen und der schwedischen Regierung nur eine Geldhilfe geleistet. Der Aufenthalt in Tönningen wurde
für die schwedische Besatzung zum Frühjahre hin immer qualvoller, da
sich zu der äußersten Hungersnoth auch Wassermangel gesellte und man
zu dem durch das eintretende Meer verdorbenen Eiderwasser seine Zuflucht nehmen mußte.   Dabei kamen strenge und den ganzen Zug mis-
billigende Verweise Karl's und fast gleichzeitig die Nachricht des Gefechtes
in Bender an.   Görtz versuchte seinerseits, durch Intriguen, sich von
allen Verpflichtungen gegen Schweden zu befreien und dieses in ein um
so sichereres Verderben zu führen.   So blieb Stenbock Nichts übrig, als
am 6. Mai 1713 aus der Festung zu ziehen und sich den Dänen gefangen zu geben.   Der holsteinische Commandant Wolf, der für seine Truppen hinreichende Vorräthe besaß, vertheidigte Tönningen noch bis zum
9. Februar 1714, wo dessen Einnahme die schriftlichen Beweise des Ver-
rathes Seitens des Administrators an Dänemark in die Hände der Er-
oberer spielte und ganz Holstein feindliche Behandlung zuzog.

Stenbock's Gefangenschaft und Tod. Stenbock wurde bei
seiner Gefangennehmung vom Könige von Dänemark mit Achtung und

Wohlwollen empfangen, stets an den Hof gezogen und sollte nach den Capitulationsbedingungen für eine gewisse Summe mit seinen Truppen freigegeben und auf schwedischen Schiffen heimgeholt werden. In Schweden, namentlich in Stockholm, und selbst in dem ihm nicht freundlich gesinnten Rathe wurden alle Anstrengungen gemacht, das Heer und namentlich Stenbock zu befreien; die größten Aufopferungen hatten auch schon am 15. Juni 2 Fregatten und 16 Frachtschiffe zur Abholung des Heeres und 84,000 Thaler zusammenbringen lassen. Da die ursprünglich genannte Summe aber nicht erreicht ward und außerdem täglich 1000 Thaler Unterhaltungskosten hinzukamen, fühlte sich Dänemark nicht bewogen, das Heer freizugeben, da es Schweden nicht gern wieder im Besitz von 10 bis 11,000 Mann sehen konnte. Es wurden jetzt auch die Gefangenen schlechter behandelt und theils überredet, theils gezwungen, Dienste bei den Dänen und ihren Verbündeten zu nehmen. Die von Ehrenskjöld zur Abholung der Gefangenen nach Schleswig, wohin dieselben geschafft waren, gesendeten Schiffe mußten unverrichteter Sache nach Karlskrona zurückgeführt werden. Stenbock wurde statt Schleswigs nun Kopenhagen zum Gefängniß angewiesen, er aber auch ferner gut behandelt, ihm der Degen gelassen und 4000 Thaler als jährlicher Unterhalt gezahlt. In seinem Drange nach Freiheit knüpfte er geheimen Briefwechsel mit Schweden und seinen Freunden in Hamburg und Stralsund an. Die Dänen schöpften, trotz aller Vorsicht, Verdacht, fingen Briefe auf, fälschten sie und kamen durch die Antworten hinter den Plan einer heimlichen Befreiung Stenbock's durch List, im Sommer 1714. Sie ließen die Ausführung beginnen und verhafteten die Helfenden erst im Augenblicke der That, versetzten aber in Folge dessen Stenbock in die Festung Fredrikshamn. Seine Theilnahme leugnend, da er nicht wußte, daß Beweise in dänischen Händen seien, fuhr derselbe fort, Briefe nach Schweden zu senden, die für den dänischen König höchst beleidigend waren, und wurde dafür aus dem Commandantenhause in ein enges, elendes und ungesundes Gefängniß versetzt, in dem er, trotz aller demüthigenden Bitten, drei Jahre ohne Linderung bleiben mußte, während das Lösegeld für seine Person auf 100,000 Thaler festgestellt wurde. Diese vermochten die Stände, trotz alles Eifers, nicht aufzubringen, und nach der Rückkunft des Königs stand es diesem und nicht

mehr dem Rathe und den Ständen zu, ihn zu befreien, Karl aber zeigte
wenig Eifer dafür, begünstigte und beförderte vielmehr die Feinde des
Gefangenen in dessen Würden, und sprach nur zum Schein von einer
beabsichtigten Auslösung.   Der Tod machte am 23. Februar 1717
nach qualvollen geistigen und körperlichen Leiden dieselbe unnöthig.

Zwanzigstes Kapitel.

Friedensunterhandlungen 1713. — Die Sequestration Stettins. —
Neues Besteuerungssystem. — Der finnische Krieg 1713 bis 1714. —
Lybecker's Feldzug. — Armfelt's Feldzug. — Schlacht bei Storkyro.
— Seekrieg gegen Rußland 1714. — Deutsch-dänischer Krieg 1714.
— Innerer Zustand Schwedens. — Eintritt Ulrike Eleonore's in
die Regierung und der Reichstag 1713 bis 1714. — Bruch zwischen
dem Könige und den Ständen. — Schluß des Reichstags. — Görtz's
Pläne für die holsteinische Thronfolge in Schweden. — Zustand
des Landes.

Friedensunterhandlungen 1713. Oesterreich, Preußen und
die norddeutschen Staaten versuchten, durch den Feldzug Stenbock's in
Mecklenburg bewogen, den Neutralitätsvorschlag von 1710 und 1711
auch jetzt wieder zur Annahme zu bringen und durch Stellung von
20,000 Mann unter Prinz Eugen aufrechtzuerhalten, aber obgleich
Schweden diesmal allein den Vortheil gehabt hätte, verwarf Karl, wegen
der Anerkennung August's als König von Polen, wieder den Vorschlag,
den auch die Verbündeten, und zwar mit größerem Rechte ablehnten. Nach
Bekanntwerden des Kampfes in Bender erklärten Holland und England sich jedes Bündnisses mit Schweden entbunden und letzteres wendete
sich, nachdem sogar die Frage eines gewaltsamen Auftretens, um Schweden zum Frieden zu zwingen, erwogen war, mit einem Vermittelungs-
vorschlag an die Regierung in Stockholm.   Der Rath erklärte sich, durch
ein Verbot, sich auf Unterhandlungen einzulassen, für unberechtigt, darauf
einzugehen, da ihn einschüchternde Briefe des Königs muthlos gemacht
und nur Karls Partei offen in ihm zu sprechen wagte.   Der König
selbst versuchte brieflich, England, als Bürgen des Altranstädter Frie-

dens, zum Auftreten zu Gunsten Stanislaus' zu bewegen, sah sich aber, wie er abermals ein Bündniß mit August von Polen gegen Rußland verweigerte, dem sich Preußen und Hessenkassel anzuschließen geneigt zeigten, kurz zurückgewiesen.

Die Sequestration Stettins. Die durch Rußlands Wachs= thum drohende Gefahr für Preußen und der Wunsch desselben, Stettin und die Odermündungen nicht in dessen Hände fallen zu lassen, erzeugten im Mai in Görtz, der mit dem Administrator durch die Entdeckungen in Tönningen ganz auf die Seite Schwedens geworfen war, den Plan, Christian August mit Beistand einer neutralen Macht in den Besitz der schwedischen Festungen Wismar und Stettin zu bringen, um sie bis nach beendetem Kriege mit hinreichender Macht besetzt zu halten. Preußen ging darauf ein und versprach, auch Pommern gegen Schwedens Feinde zu vertheidigen, wofür ihm im Geheimen vom Administrator Christian August der bleibende Besitz Stettins garantirt wurde, wogegen dieser ganz Holstein und Herzog Karl Friedrich nach Karl's Tode das Erb= recht in Schweden erhalten sollte. Der Plan scheiterte an der Weige= rung General Meierfelt's, Stettin ohne speciellen Befehl Karl's zu über= liefern. Da keine Bestechung von Görtz half, zog sich Preußen, das noch nicht Gewalt anwenden wollte, zurück, und Karl bestätigte und be= lobte Meierfelt's Verfahren, seinen Gesandten Vellingk, der, von ihm be= vollmächtigt, mit Görtz den Plan betrieben und Preußen gewonnen hatte, desavouirend. Görtz wandte sich darauf mit einem gleichen Plan an König August, der darauf einging und sächsische Truppen an Stelle der preußischen setzen wollte. Da inzwischen die von Tönningen zurück= kehrenden Russen und Sachsen Pommern und Rügen überschwemmten und Stralsund bedrohten, erkannte Preußen die Gefahr, Stettin in an= dere als seine Hände fallen zu lassen und schloß einen neuen Sequestra= tionsvertrag, wonach Russen und Sachsen Stettin einnehmen, es jedoch für je 400,000 Thaler an Christian August und Preußen zu gemeinschaftlicher Besetzung überlassen sollten. Dieser Plan kam zur Ausführung; Stet= tin wurde von Russen und Sachsen belagert und schon nach wenigen Tagen mußte Meierfelt capituliren, da die Bürgerschaft nicht kämpfen wollte, sondern ihn sogar bedrohte. Czar Peter wollte anfangs den von Mentschikoff geschlossenen Vertrag nicht anerkennen, genehmigte ihn aber, als Preußen ihm gegen das Gelöbniß, daß ihm Stettin beim Friedensschluß zufallen solle, Liefland und Esthland garantirte. Karl schwieg anfangs zu dem Vorfall, dankte sogar Preußen für den Schutz, den es den deutschen Staaten Schwedens angedeihen ließ, verlangte aber schon Ende 1713 Stettin zurück, ohne die Verpflichtung der Zurückerstattung der Summe von 400,000 Thalern anzuerkennen. Nach vergeblichen Unterhandlungen darüber und der Entdeckung, daß Karl mit dem Administrator intriguirte, um im Sommer 1714 nach Pommern zu kommen und sich mit den in Stettin befindlichen holsteinschen Truppen der Stadt zu bemächtigen, verstärkte Preußen im August 1714 seine Truppen in so bedeutendem Maße, daß fortan Stettin als ganz in seiner Macht anzusehen war.

Neues Besteuerungssystem. Ein neuer, sich noch dazu als unpraktisch und nutzlos zeigender Versuch, das ungeheure Deficit zu mindern und durch ein anders gestaltetes Besteuerungssystem die Einkünfte zu erheben, hatte das bedrückte schwedische Volk so erbittert, daß Aufstände aller Orten wieder nahe bevorstanden. Es wurde nämlich seit dem Juli 1712 das Land in Kreise und die Städte in Viertel getheilt und Jedermann sollte sein Vermögen vor versammeltem Volke angeben, eidlich die Wahrheit bekräftigen, dabei von der Gesammtheit controlirt werden und nach der letztern Abschätzung die geforderten Procente als Steuer leisten. Kein Einspruch der Staatsmänner, Beamten, der Geistlichkeit und Stände, die auf das Hervorrufen der falschen Angaben, das Verlocken zu Meineiden und das Entsittlichende des gegenseitigen Ausspähens und Angebens hindeuteten, kein Bitten der Kaufleute und Handwerker, die nachwiesen, daß ihre Geschäfte gehemmt würden, indem solche Rechnungsablegungen ihren Credit störten, und deshalb nachsuchten, wenigstens ihre Steuer nach Eid und Gewissen geheim niederlegen zu dürfen, bewog Karl, das neue System fallen zu lassen, dessen Urheber man nicht kannte und das man theilweise ihm selbst zuschrieb, wenngleich es wahrscheinlicher ist, daß es Jakob Steenstjerna erfunden, der seit dem Jahre 1710 vom schlichten Edelmann und Landeshauptmann in Dalarne bis 1714 alle Würden bis zum Präsidenten des Commerzcollegiums und Grafen mit Riesenschritten durchlief.

24*

Der finnische Krieg 1713 bis 1714. Feldzug unter Lybecker. In Finnland war im Juli des Jahres 1713 nach Nieroth's Tode der schon einmal abgesetzte General Lybecker von Karl zum Oberbefehlshaber neu ernannt. Alle Vorstellungen des Rathes und der Stände, alle gemeinsamen Schritte der Behörden, diesen verhaßten Mann durch einen andern zu ersetzen, scheiterten an des Königs Eigensinn: ja er ging in dieser Beziehung so weit, daß er ihn mit der außergewöhnlichen Ermächtigung versah, Officiere anzustellen, ohne irgend einer Bestätigung zu bedürfen. Ferner gestattete er ihm, da sein Heer viele unausgebildete Rekruten enthielt, von vornherein jeder größern Waffenthat auszuweichen und sich defensiv zu verhalten. Durch das Ereigniß in Bender jeder Besorgniß vor einem von Süden kommenden Feind enthoben, wendete sich Peter schon im Mai 1713 gegen Finnland, durch schlaue Proclamationen, die von den durch Karl XI. verlorenen Freiheiten und Rechten und der alleinigen Absicht, Frieden herbeizuführen, sprachen, und auf den Adel berechnet waren, sich den Weg bahnend. Der Waffenangriff war seewärts gegen Helsingfors und dessen große Magazine gerichtet. General Armfelt, der mit nur 1500 Mann die Stadt besetzt hatte, mußte sich zurückziehen und verbrannte die Stadt und die Magazine, um sie nicht in Feindeshände fallen zu lassen, nachdem er die Bewohner daraus vertrieben hatte. Er selbst vereinigte sich darauf in Borgå mit dem finnischen Hauptheere, welches nach einigen Tagen, vor Annäherung der russischen Flotte, durch Lybecker nach Mansälä, an der Grenze von Tavasteland, geführt wurde, von wo er später noch weiter nach Norden wich, sodaß die Küste und Gegend von Borgå wehrlos den russischen Verheerungen preisgegeben war. Volk, Heer und Rath murrten wegen dieses Rückzugs und des Brandes von Helsingfors, und Lybecker rückte nun, 9000 Mann stark, nach Süden, wagte aber, trotz Armfelt's und der Soldaten Bitten, keinen Angriff, da sich Peter inzwischen bis auf 34,000 Mann verstärkt und drei- bis viermal so viel Segel als die Schweden hatte. Das stete Hin- und Herziehen ermüdete das Heer und führte zu Desertionen und lauten Mißbilligungen von den höchsten Officieren bis zu den Soldaten herab, ja brachte es bis zu offenem Ungehorsam. Außerdem flüchteten die Behörden und Bewohner der ganzen, unvertheidigt gelassenen Küstenstrecken nach Schweden, und verbreiteten dort Angst und neuen Haß gegen Lybecker. Die Absicht desselben, Abo zu verbrennen, um es dem Feinde nicht in die Hände fallen zu lassen, verhinderten die Bewohner selbst, räumten es aber fast alle, als die Russen es am 28. August besetzten. Endlich faßte der Rath, nach mehrfachen Ueberlegungen, den Muth, ohne des Königs Einwilligung Lybecker's Absetzung auszusprechen und erst Ferſen zu bewegen, den Oberbefehl zu übernehmen, und als dieser bald darauf den gefährlichen Auftrag, wider Karl's Willen das Heer zu übernehmen, aufgab, Taube ihn gleichfalls verweigerte, den in Finnland gebliebenen Armfelt mit demselben zu betrauen. Lybecker wurde der Proceß gemacht und an die Spitze seiner Ankläger trat der Bischof Gezelius. Persönliche Feigheit und Verrath waren ihm nicht zu beweisen, und es beschränkte sich Alles auf seine durch die Verhaltungsbefehle des Königs verstärkte Unthätigkeit. Der Proceß dauerte bis zur Rückkehr Karl's, der einen eigenen Gerichtshof ernannte, von dem Lybecker, geschützt durch Feif und Karl's eigene, von früher her verbliebene Gunst, freigesprochen wurde, bis sich in einem von ihm angefangenen Gegenproceß wegen Schadenersatz Seitens des Bischofs die von ihm als Oberbefehlshaber gethane Aeußerung: „Wenn der Teufel den König nicht holt, bekommen wir keinen Frieden," beweisen ließ, worauf er verhaftet und bald nachher zum Verlust von Leben, Ehre und Gütern verurtheilt wurde. Das Leben wurde ihm am Neujahrstage 1718 geschenkt, doch starb er wenige Monate darauf.

Armfelt's Feldzug. Als Armfelt im November 1713 den Oberbefehl übernahm, war das finnische Heer in voller Auflösung und kaum noch 6000 Mann stark. Damit die auf der ganzen Küste von Wiborg bis Abo stehenden Russen anzugreifen, vermochte er nicht. Er stellte sich deshalb zum Schutz des Nordens bei Pälkäne, hinter dem zwischen zwei großen Strömen liegenden Kaakula-Paß, auf und erwartete dort die Russen. Lange vermochten sie nicht, ihn zu vertreiben und versahen sich erst mit Booten und Flößen, auf denen 7000 Mann am 6. October im Morgennebel über den einen See setzten und die Schweden in den Rücken nahmen. Armfelt ging ihnen bis zum Ufer entgegen und leistete hartnäckigen Widerstand, den eigentlichen Paß dem General de la Barre zur Vertheidigung überlassend. Vor der großen Uebermacht, die fast schwimmend durch das Wasser ging, befahl endlich Armfelt den

Rückzug, nach einem Verlust von 12 Kanonen, 8 Fahnen und 500 bis
1000 Mann.   Bei Tammerfors wollte er eine neue Stellung nehmen,
aber das hungernde, halbnackte Heer desertirte in so großen Massen und
war so niedergedrückt, daß an keinen Widerstand zu denken war.   Er zog
nun in die Gegend von Wasa, um Winterquartiere zu nehmen.   Bis auf
Oesterbotten und Kajana war nun ganz Finnland in russischer Gewalt.
Peter befahl aber Galizin, auch den Rest zu nehmen, koste es, was es
wolle.   Derselbe rückte daher nach Imola, Armfelt nach, und stellte sich
bei Storkyro auf, wo etwa 2000 bewaffnete Bauern aus Oesterbotten
und Bürger aus Wasa zu diesem stießen.   In einem Kriegsrathe war die
Meinung der Officiere über die Annahme einer Schlacht mit dem letzten
Heere Schwedens, ohne besondere Verstärkungen, getheilt, und neigte
sich mehr fortgesetzten Streifzügen und Ermüdung der Feinde durch
Märsche und Hinterhalte zu, aber die durch die aufgebotenen Bauern erzeugte Kriegslust bewog Armfelt, die günstige Stimmung zu benutzen
und die Schlacht anzunehmen.

Schlacht bei Storkyro.   In der Nähe der Kirche Storkyro,
beim Dorfe Stage, stellte Armfelt seine 5000 Soldaten und 2300
Bauern in Schlachtordnung auf, mußte aber drei Tage in schwerer Kälte
den Feind erwarten.   Am 19. Februar nahte er, gegen 20,000 Mann
stark. Armfelt ritt durch die Reihen seiner Armee und ermahnte zu tapferer
Gegenwehr. Um 11 Uhr Vormittag begann der Kampf. Das schwedische
Fußvolk griff, trotz ihm entgegenstehenden Windes und Schneetreibens, an,
drang, das feindliche Feuer nicht achtend, bis nahe an die russischen Reihen
vor und gab erst aus nächster Nähe eine Salve, worauf es die Feinde zweimal zurücktrieb. Auch den bewaffneten Bauern und Bürgern glückte es,
einen gegen sie gerichteten Kosakenangriff abzuschlagen. Galizin hielt
die Schlacht für verloren und wollte sich zurückziehen, schickte aber noch
einige Dragonerregimenter vor, um den Rückzug zu decken und die Reiterei des rechten schwedischen Flügels unter de la Barre zu bewachen.
Sowie dieser aber die Dragoner vorrücken sah, ließ er Kehrt machen
und das Schlachtfeld ohne Gegenwehr räumen. Hierdurch ward der
schwedische Flügel entblößt und die Russen warfen sich den Bauern
in den Rücken, die nun in Unordnung geriethen und flohen. So wurde
das schwedische Fußvolk umringt und, trotz der unglaublichsten Gegen-

wehr und unermüdlicher Anstrengung und Ermunterung Armfelt's, nie=
dergemacht. Auch der größte Theil der Reiterei des linken Flügels blieb,
und endlich mußte der Rest der Schweden sich zurückziehen. Armfelt,
nahe daran, von einem russischen Capitain gefangen zu werden, war fast
der Letzte auf dem Platze und schlug sich selbst, mit dem Degen in der
Faust, durch. Drei Stunden hatte der Kampf gewährt und die Schwe=
den hatten 3000 Mann und fast alle Oberofficiere verloren; der Infan=
terie waren nur 10 Stabsofficiere geblieben und bei einem Regiment
lebte vom ganzen Commando blos noch ein Unterofficier.

Nach dieser gewaltigen, entscheidenden Niederlage ging die Erobe=
rung des letzten Restes von Finnland leicht vor sich; Armfelt mußte
in das nördliche Oesterbottn weichen, und da er zur Gegenwehr zu
schwach war, im September 1714 auf Befehl des Rathes sich nach We=
sterbotten zurückziehen. Die Russen überschwemmten das ganze, fast
wüste und von der Bevölkerung in großer Angst verlassene Land, nah=
men am Johannistage die Festung Nyslott ein, segelten im September
über die Meerenge Quarken und plünderten und verbrannten den größten
Theil von Umeå und dessen Umgebung. Nur das entlegene Kajanaborg
verblieb von ganz Finnland allein den Schweden; erst im März 1716, bald
nach Karl's Heimkehr, eroberten es die Russen. Das ganze Land wurde
hart bedrückt, und besonders in entlegenen Gegenden, wohin der milde
und gerechte General Galitzin nicht kam, wahrhaft grausam verheert und
vernichtet, theils aus Rache für die vielen Heldenthaten, welche finnische
Parteigänger unter Major Lukänen, der bei einem Streifzuge den Czaren
selbst fast gefangen hätte, Capitain Långström, Fähnrich Sahle und Ki=
rikas verrichteten, theils um auf lange Zeit den Nutzen zu beeinträchti=
gen, welchen die voraussichtlich nicht bei Rußland bleibende Provinz
Schweden bringen könnte. Sieben Jahre, vom Herbst 1714 bis zum
Frieden 1721, behielten die Russen Finnland.

Seekrieg gegen Rußland 1714. Im Jahre 1713 fiel zur
See, außer einer vereinzelten Heldenthat eines Commodore Raab, der
sich durch Befreiung einiger schwedischen Schiffe von den Russen einen
Namen erwarb, nichts Wichtiges vor. Aber 1714 hatte der Czar 180
Galeeren und andere Ruderfahrzeuge zur Verheerung der finnischen und
bottnischen Küsten, so wie der Ålandsinseln ausgerüstet. Die schwedische

Orlogsflotte kreuzte aber in diesen Wassern und zwang die Russen, in den Scheeren zu bleiben. Bei der weit vorspringenden Landzunge Hangö Udd stellten sich die schwedischen Admirale so auf, daß die Russen, die hier ins offene Meer mußten, ihnen nicht entgehen konnten. Peter eilte selbst zu der arg gefährdeten Flottille, die in der Bucht von Tverminne, östlich von Hangö Udd, eingeschlossen war, und befahl, daß sie über die Landzunge hinweg in den westlichen Theil des Scheerengartens geschafft werden solle, um gerettet zu werden und ihre Aufgabe zu erfüllen. Diese Absicht wurde entdeckt und der Schoutbynacht Ehrenskjöld stellte sich mit einem 14 Kanonen tragenden Prahm, sechs Galeeren und zwei Scheerenbooten westlich von Hangö Udd auf, um dort die russischen Fahrzeuge in dem Augenblicke zu vernichten, wo sie wieder ins Wasser kämen. Der Versuch glückte aber nur mit einer Galeere, und die zweite brach schon während des Transportes über Land. Inzwischen hatte sich die schwedische Flotte, um eine Wendung zu machen, etwas von der Küste entfernt und wurde dort von einer plötzlichen Windstille so gefesselt, daß die russischen Galeeren Hangö Udd umrudern konnten und selbst so weit außer der Schußlinie blieben, daß sie nur ein Fahrzeug verloren, und nun Ehrenskjöld mit großer Uebermacht eingeschlossen hielten. Da derselbe, obschon 9 Fahrzeuge gegen 115 standen, kein Capitulationsangebot annehmen wollte, entspann sich am 17. Juli Nachmittags zwei Uhr ein Kampf, der fast wahnwitzig war und bis gegen fünf Uhr unterhalten wurde. Der erste Angriff mit 35 Galeeren wurde von den verzweifelten Schweden zurückgeschlagen, und selbst mehrere Enterversuche mißglückten an der übermenschlichen Gegenwehr, bis endlich die 900 Mann starke schwedische Besatzung auf 700 zusammengeschmolzen war. 9 Fahrzeuge mit 38 Kanonen fielen den Russen als Beute zu. Ehrenskjöld wurde ohnmächtig an Bord der russischen Galeere gebracht, auf der sich Peter befand; als er sich erholte, umarmte und küßte ihn der Czar, bewies ihm die größten Ehren, ließ ihn auch während der ganzen Dauer seiner Gefangenschaft ausgezeichnet behandeln und beschenkte ihn bei seiner Rückreise nach dem Friedensschluß mit seinem in Brillanten gefaßten Portrait. Nachdem die Galeeren bei Hangö Udd vorübergekommen waren, breiteten sie sich ungehindert in den Scheeren von Åbo, Aland und dem bottnischen Meere aus, da ihnen hier die Flotte nichts

anhaben konnte. Åland wurde im August 1714 eingenommen und
alle jungen Männer, die nicht nach Schweden entflohen waren, nach
Rußland geführt. Später wurde Umeå verbrannt und Stockholm nur
durch die schwedische Orlogsflotte geschützt.

Deutsch=dänischer Krieg 1713 und 1714. Außer der
Sequestration fiel 1713 in Deutschland Nichts vor und auch das
Jahr 1714 verfloß ziemlich ruhig, denn offensiv konnten die Besatzungen
Wismars und Stralsunds nicht verfahren, und die Feinde schienen, trotz
Karl's Mißbilligung, die Sequestration zu respectiren. Dänemark un=
ternahm seit Stenbock's Gefangennehmung 1713 auch nichts Wichtiges
gegen Schweden. Im Sommer 1714 wurde eine Landung in Schonen
beabsichtigt, wohin die ehemalige Stettiner Besatzung verlegt war und ein
Bauernaufgebot stattgefunden hatte; man schob sie aber in Rücksicht auf
die zu erwartende preußische Hilfe für Schweden auf, und im Herbst trat
wegen Karl's erwarteter Rückkehr Stillstand in der Kriegsbewegung und
den Unterhandlungen ein.

**Innerer Zustand Schwedens. Eintritt Ulrike Eleo=
nore's in die Regierung und der Reichstag 1713 bis 1714.**
In den inneren Verhältnissen Schwedens traten natürlich keine Besse=
rungen ein, und der König fuhr fort, neue Geldsendungen nach der
Türkei und Truppensendungen nach Pommern zu verlangen, erhielt sich
aber dennoch durch einzelne Freunde und deren auf verschiedene Motive
gegründetes Gebahren eine Partei, die in ihm den Dulder, in dem Rath
aber den Urheber der Leiden des Vaterlandes sah; doch schwanden die Ge=
treuen selbst in dem nicht weit sehenden Volke mehr und mehr aus derselben,
und zu einem Aufruhr und einer Regentenveränderung fehlte nur die ge=
eignete Persönlichkeit, um sich an die Spitze zu stellen. Die nach dem
letzten Aufflackern der Hoffnung, die der Sieg von Gadebusch erzeugt,
kurz nach einander eintreffenden Nachrichten des Ereignisses in Bender,
des Brandes von Altona, der Capitulation Stenbock's, des Verbrennens
Helfingfors, des Rückzugs Lybecker's und der russischen Besetzung von
Åbo regten neue Furcht vor den Folgen von Karl's Verfahren an und
man sprach in Stockholm so laut gegen die Alleinherrschaft, daß die
treuesten Freunde des Königs an denselben ängstlich nach der Türkei
schrieben, man könne nur mit Schrecken an diese Reden und die Zukunft

denken. Karl aber ließ die Briefe unbeantwortet liegen und that keinerlei
begütigende Schritte. Da veranlaßten die vielen Unglücksfälle am
30. Mai 1713 Nils Gyllenstjerna, im Rathe die Zusammenberufung
eines Reichstages vorzuschlagen, die Karl jedoch 1711 streng verboten
hatte. Frölich war der einzige Rathsherr, der sich dem widersetzte,
worauf auch die Stimmen der Abwesenden, Wachtmeister's und Cron=
hjelm's, eingeholt wurden, die schriftlich anriethen, den König erst um Er=
laubniß zu bitten; dies und die Erklärung Ulrike Eleonore's, die aus
Mistrauen gegen den Rath dem Vorhaben fern bleiben wollte, erregte
wieder Zweifel bei den Rathsherren, und im Anfang Juli 1713 sende=
ten sie ein dringendes Bittschreiben an Karl ab, die Berufung eines
Reichstages zu gestatten, erbaten auch im Voraus seine Verzeihung, falls
die Verhältnisse sie verhinderten, seine Antwort erst abzuwarten. Ein
Hauptgrund war wieder die Finanzlage, und sie wiesen nach, wie von
den gewöhnlichen Einkünften des Staates nur 314 Thaler zur Bestrei=
tung der Kosten für den Hof, die Gesandten, Beamten, die Garde, Ar=
tillerie und Garnisonen im Lande übrig blieben. Die zwei Procent vom
Vermögen, die als neue Kriegssteuer erhoben wurden, reichten bei Weitem
nicht zum Unterhalt des Königs Stanislaus, geschweige denn für die
wirklichen Kriegsbedürfnisse. Jetzt begann auch der Rath in der Mehr=
zahl seiner Mitglieder, um sich rein zu waschen und vielleicht auch um
eine Staatsumwälzung herbeizuführen, offen seine Unzufriedenheit aus=
zudrücken und vor der großen Masse des Volkes die Schuld alles Un=
heils auf den König zu wälzen und so die durch Schmähschriften und
fremde Zeitungen genährte Verzweiflung des Volkes zu drohendem
Grade zu schüren. Mehr und mehr setzte sich die Idee fest und gewann
Anhänger, selbst gegen den Willen Karl's einen Reichstag zu halten,
Frieden zu schließen und Ulrike Eleonore zur Regentin zu machen. Da
dieser Schritt ihr aber einen großen Vorsprung in der Thronfolgefrage
gegeben haben würde, rührte sich auch die Holsteiner Partei unter der
Königin Wittwe, mit der sich die sich nach der alten Freiheit sehnenden
Rathsherren, Horn's, Gyllenstjerna's und Piper's Verwandte, verbanden,
von Neuem, und zu ihr gesellten sich der Administrator Christian
August und Görtz, der für den jungen Herzog Karl Friedrich besonders
eine russische Ehe durchzusetzen suchte. Das Gefährlichste für Ulrike

Eleonore war hierbei, daß die Freiheitsmänner unter einer vormund=
schaftlichen Regierung ihren Wunsch nach Umsturz der Alleinherrschaft
eher durchzusetzen hofften, als unter ihrer, einer gesetzlichen Thronerbin
und Anhängerin derselben, Regentschaft. Da keine Partei von ihren
Absichten und Ansichten wich, verzögerte sich der entscheidende Schritt
noch den Sommer hindurch. Die stets näher tretende Gefahr von Ruß=
land, der allgemeine Volkshaß gegen die Holsteiner, der Uebertritt der
edleren Freiheitsfreunde zu Ulrike Eleonore's Partei, theils in Folge der
Anzettelungen Görtz's mit Rußland, theils durch Anerkennung des wirk=
lichen Erbrechts derselben, und auch die Abneigung Dänemarks, Schwe=
den und Holstein unter einem Herrscher zu sehen, brachten die Bürger=
schaft Stockholms dazu, im Herbst 1713 Ulrike Eleonore's Eintritt in
die Regierung zu verlangen. Die Prinzessin weigerte sich so lange, bis
die Königin Wittwe ihren Ausspruch gethan, und diese ließ, durch die große
Noth Schwedens bewogen, ihre holsteinischen Pläne fallen und billigte den
Entschluß. Der Rath sicherte sich gegen die etwaigen Absichten der Allein=
herrschaft durch das Uebereinkommen, daß die Prinzessin nicht auf dem
Throne, sondern daneben an einem Tische sitzen, der Kanzlei=Präsident
wie gewöhnlich das Wort führen, Beide Alles gemeinschaftlich unter=
schreiben und die Prinzessin nur zwei Stimmen führen sollte. Am 3.
November trat Ulrike Eleonore in dieser Weise zuerst nach feierlichem
Empfange in den Rath ein, bei welcher Gelegenheit Alles geschah, um
die Ehrfurcht vor dem abwesenden Könige zu beweisen. An demselben
Tage wurde auch der Beschluß der Einberufung des Reichstages gefaßt,
der von den inzwischen dazu bewogenen Anhängern des Rathes verlangt
worden war, die Reichstagsberufung auf den 14. December wirk=
lich ausgefertigt und gleichzeitig dem Könige die Nachricht über diesen
Schritt und den Eintritt der Prinzessin in die Regierung zugesendet.
Gleich bei der am festgesetzten Tage stattfindenden Eröffnung des Reichs=
tages zeigte sich eine für den König keinesweges günstige Stimmung und
besonders zählte er wenige bedeutende Anhänger im Ritterhause und
unter den Bauern. Der Bericht, den die Regierung ablegte, suchte das
Verfahren des Rathes in der ganzen Zeit zu rechtfertigen, und die Wah=
len von Königsgegnern in den geheimen Ausschuß zeigten deutlich die
Ansicht der Versammlung. Die erste Verhandlung betraf die Absendung

eines Abgeordneten an Karl, und nach einigen Debatten blieben die Stände
bei dem vom Rath dazu erfehenen General Lieven stehen und versahen
ihn mit Briefen an den König, worin sie die Reichslage ergreifend schil=
derten und um Rückkehr des Königs baten. Die Prinzessin, der Rath
und die Königin Mutter sandten ähnliche Briefe durch Lieven, der in den
ersten Tagen des Jahres 1714 nach Demotika abreiste. Bald darauf
langte vom Könige ein Schreiben an, welches er auf die zu seinen Ohren
gedrungenen Gerüchte einer Reichstagsberufung im August 1713 aus=
fertigen ließ, und worin er eine augenblickliche Auseinanderjagung der
Stände befahl. Es ist dies der Brief, von dem die Sage geht, daß er
Müllern befohlen habe, zu schreiben: „Wenn die Stände nicht gleich beim
Empfang dieses Briefes auseinandergingen, würde er ihnen einen seiner
alten Stiefel schicken, und zugleich befehlen, daß sie nichts Anderes unter=
nähmen, als was der Stiefel ihnen beföhle.“ Mündlich mag Karl in
seiner Erbitterung diese Aeußerung gethan haben, aber völlig unerwiesen
ist es, daß sie in einem nach Schweden gelangten Briefe enthalten war.
Ein gräßliches Gemälde von der Landesnoth wurde bei der Berathung
um Beschaffung der Geldmittel und Deckung des sieben Millionen über=
schreitenden Deficits vor den Ständen enthüllt und mehrte die Un=
zufriedenheit. Man machte die Karl's Willen schroff entgegenstehendsten
Vorschläge und griff zu dem Mittel, selbst neuerbeutete Kanonen einzu=
schmelzen und in Münzen zu prägen: trotz alledem war kaum ein Viertel
der nöthigen Summe zu beschaffen und kein Geldmarkt war bereit, der
schwedischen Krone ein Darlehen zu geben, sodaß Nichts übrigblieb, als,
trotz eines neueingetroffenen Gegenbefehls des Königs, zu der Wieder=
herstellung des alten Steuersystems und der Erhebung einer neuen
Noth= und Kriegssteuer zu schreiten, welche doppelt so hoch war als die
des Jahres 1710. Eine ebenso schwierige Frage war die der Truppen=
aushebung. Die Zahl derselben betrug jetzt 23,000, mußte aber zur
vollständigen Vertheidigung des Landes auf 50,000 erhöht werden, und
schon lag eine große Zahl Landgüter wüst, da alle Männer, selbst die
Bauern und Besitzer, fortgenommen waren. Vor neuen Aushebungen
flohen sie in die Wälder und Nachbarstaaten, und in den Städten, na=
mentlich in Stockholm, dessen Vertheidigung das Wichtigste war, wurden

Handwerker und Diener gewaltsam zum Soldatendienst und zur Arbeit für die Krone gezwungen.

Bruch zwischen dem König, den Ständen und dem Rathe. Ein Bruch zwischen dem Könige und den Ständen konnte bei der von vornherein in der Majorität herrschenden Mißstimmung nicht ausbleiben und wurde durch das erwähnte Schreiben aus Bender vom August 1713 beschleunigt, da es die Quellen der Unzufriedenheit erneute, Truppen und Geldsendungen für das Jahr 1714 verlangte und Stände und Rath höhnte und beleidigte. Der Brief blieb lange im Packhause verborgen, und der deshalb verhaftete Schiffer betheuerte, nichts von seinem Vorhandensein gewußt zu haben, und ward erst am 17. Januar vom Rath eröffnet. Derselbe wagte ihn nicht sogleich den Ständen mitzutheilen, da er voraussah, daß diese dem ersten aufrührerischen Schritte, dem Zusammentreten eines ungesetzlichen Reichstages, die weiteren, möglicherweise zur Absetzung des Königs und Bürgerkrieg führenden, folgen lassen würden. Es aber bis dahin kommen zu lassen, lag außer seinem Plane, da er keine Staatsumwälzungen wollte, ohne die alten Freiheiten zurückzugewinnen. Ulrike Eleonore aber, deren Erbrecht die einzig zu fürchtende Partei um sie geschaart hatte, entschiedene Anhängerin der Alleinherrschaft war und ihm, dem Rathe, mißtraute. Diese gegenseitige Stellung der drei Factoren und deren mangelnde Einigkeit spaltete die Kraft und wurde zur einzigen Rettung der Krone bei des Königs Partei. Den ersten großen Zwiespalt riefen die Berathungen über den Friedensschluß hervor, da der geheime Ausschuß, unterstützt von der Mehrzahl der Mitglieder aller Stände, schon am 18. Januar 1714 beschloß, Schweden solle England, Frankreich und Oesterreich um Vermittlung eines Friedens bitten. Dies schien dem Rath als entschiedener Aufruhrsschritt und um den Reichstag wieder in seine Hand zu bekommen, suchte er durch Intriguen von außen her auf dessen Mitglieder zu wirken und durch Wegsendung der Generale, Landeshauptleute und Beamte in demselben unter mannigfachen Vorwänden, ihn zu schwächen und aufzulösen. Die am 8. März anlangenden neuen Briefe Karl's, worin er abermals jede Friedensunterhandlung verwarf und dem Rath befahl, „das Aeußerste zu wagen!" stärkten die Stände nur noch mehr in ihrem Eifer und machten selbst den Rath schwankend. Derselbe setzte sich nach

einigen Tagen mit dem geheimen Ausschuß in officielle Verbindung, ver=
nahm seine Wünsche, die jetzt dahingingen, die Stände, die Prinzessin,
als nächstberechtigte Thronerbin, und der Rath sollten gemeinsam den
Frieden betreiben und müßten dabei auch Provinzen abgetreten werden,
und bestimmte ihn schließlich, Vertrauensmänner zu erwählen, die mit
der Prinzessin und dem Rathe dieses Werk betrieben.

Schluß des Reichstages. Am 15. März gelang es dem Be=
mühen der Königsfreunde, den Reichstag unter Vorspiegelung geänder=
ter Absichten des Königs zu bewegen, seine eigenen Friedensunterhand=
lungen aufzuschieben, bis er einen dahin zielenden Brief an den König
abgesendet und Antwort darauf erhalten habe. Karl hatte Arvid Horn
hierfür und für das gleichzeitige Scheitern der Ernennung Ulrike Eleo=
nore's zur Regentin zu danken. Dieser Vorschlag war von den gesamm=
ten Bauern als vereinter Stand ausgegangen, um im Reiche eine mit
voller Macht begabte Person zu haben. Ein Oberst Lewenhaupt, ein
Abenteurer und vielfach unzufriedener, gefährlicher Mensch, hatte sich an die
Spitze der Anhänger dieses Planes gestellt und vereinte die in sich über
die Form der Regentschaft vielfach gespaltene Partei zu gemeinsamem
Wirken für die damals vom Volk vergötterte Prinzessin. Horn ließ die
Hauptführer der Partei, welche im Bauerstand und Ritterhause un=
ter lebhaften Kämpfen und harten Auftritten ihren Plan durchgesetzt
hatte, vor den Rath berufen und deutete ihnen, in Gegenwart der Prin=
zessin, für die er stets das Wort nahm, und in der Weise eines ihrer ent=
schiedensten Anhänger sprach, der ihr Recht nur aus der königlichen
Quelle und nicht der der aufrührerischen Stände, herleiten wollte, daß
sie selbst den Wunsch hege, von dem ungesetzlichen Verfahren fernzublei=
ben und das gefahrvolle und verbrecherische Element in jener Vorhaben
nicht gutheißen könne. Seiner gewaltigen Ueberlegenheit gelang es, von
jedem Einzelnen das Geständniß eines Irrthums zu erhalten und so den
Plan scheitern zu machen, wenn er auch, vorzugsweise im Adels= und
Bauernstand, zu ferneren unruhigen Auftritten und dem mindestens be=
sprochenen Vorschlag einer Steuerverweigerung führte. Ulrike Eleono=
re's Benehmen war zweideutig geblieben; sie that keinen selbstständigen
Schritt, ihres Bruders Krone zu erhalten, ließ sich aber nur zwingen,
mit den einzigen Worten: „Eure gute Meinung von mir geht so weit,

mich in Verlegenheit zu setzen, aber ich kann nichts gegen die Vorschrift
des Königs unternehmen!" dem aufrührerischen Vorschlag entgegenzutreten und zog sich nach beendetem Auftritt zornig aus dem Rathe zurück, ließ sich auch erst nach mehreren Wochen bewegen, an seinen Sitzungen wieder Theil zu nehmen. Das Verfahren der meisten Unterthanen
war lediglich darauf gerichtet, sich selbst zu schützen und nicht einen Re-
gentenwechsel statt einer Staatsumwälzung herbeizuführen, die dem hohen Adel zu Gunsten die Alleingewalt stürzen sollte, und die wahren
Vaterlandsfreunde hatten sich neben Glücksjägern und Eigennützigen
der Partei der Prinzessin zugesellt; Arvid Horn aber, dem lediglich die
beiden Siege des Rathes am 15. März zu verdanken waren, suchte mit
demselben Eifer das Erbrecht und die königliche Macht der Prinzessin
auf gesetzlichem Wege zu erhalten und durch Karl's Vollmacht zuzuwenden.

Nach den Auftritten vom 15. März reisten viele Reichstagsmit-
glieder sogleich mit ihren getäuschten Hoffnungen ab; andere aber blieben
und brachten in ihrem Mismuthe neue gefährliche Fragen auf das Ta-
pet, weshalb der Rath entschloffen den Landtagsmarschallstab zurück-
forderte und damit den Reichstag factisch, aber mit Hintansetzung aller
Formen, schloß. Er selbst setzte sodann die Friedensunterhandlungen
fort, theils bei vermittelnden Mächten, theils beim Czaren selbst. Der
sichtliche Umstand, daß die Unterhandlungen nur betrieben wurden, um
Zeit zu gewinnen und die eigentlichen Kriegsbewegungen, der Russen namentlich, zu hemmen, sowie die nöthige Bestätigung Karl's ließen es aber
zu keinem Erfolge kommen. Vom Könige selbst erntete er statt des Loh-
nes ebensogut Undank und Verweise, wie er ihn von der Prinzessin und
Haß von den Ständen geerntet hatte. Selbst Horn, deffen Vertheidigung
eigentlich nur die Königsmacht erhalten, fand keinerlei Anerkennung,
sondern bittern Tadel, in seinem Eifer noch nicht weit genug gegangen
zu sein.

**Görtz's Pläne für die holsteinsche Thronfolge in
Schweden.** Gleichzeitig mit dem Reichstage webte Görtz's nie rasten-
der Intriguengeist ein unzerreißbares Netz von Plänen, das Holsteiner
Haus in Schweden herrschend zu machen, bald ihm die Thronfolge, bald
die Krone Karl's zu verschaffen. Ein Bündniß mit Rußland und die

Ehe des jungen Herzogs mit der Großfürstin Anna waren stets der Kern der verschiedenartigsten Vorschläge. Peter ging Anfangs nicht darauf ein und nahm Görtz's persönlichen Besuch schlecht auf; von dem Unterhänd= ler desselben, Bassewitz, verfolgt und nicht in Ruhe gelassen, wurde der Plan doch soweit in Erwägung gezogen und behandelt, daß die fremden Gesandten die Regierung in Stockholm davon benachrichtigten. Dies und die jetzt sicher bevorstehende Rückkunft Karl's ließ Görtz plötzlich den Plan verwerfen, und um sich sicherzustellen, wagte er den Versuch, sei= nem Unterhändler alle ihn bei Karl compromittirenden Papiere stehlen zu lassen. Der Versuch mißglückte zwar und gab zu den scandalösesten Correspondenzen Anlaß, dennoch wußte Görtz, der fast in den Augen aller Höfe entehrte und treuloseste Intriguant, durch seiner Helfer, na= mentlich Fabrice's, Bemühungen es dahin zu bringen, daß Karl ihn und den Administrator für unschuldig und die Pläne als für den Czaren ge= legte Schlingen, um Schweden Ruhe zu schaffen, hielt und die Schritte des Rathes, der, auf die Benachrichtigungen der fremden Gesandten und Bassewitz' Enthüllungen, bei den auswärtigen Höfen um Verhinderung der holsteinschen Intriguen gebeten hatte, mißbilligte und scharf tadelte.

Zustand des Landes. Der traurige Zustand des Landes nahm inzwischen noch mehr und mehr zu und die Zügellosigkeit wuchs mit der Mißachtung der Regierung, die sich selbst in den Augen des Volks einen argen Stoß versetzte, indem sie Freipässe zu Schmuggelgeschäften in rus= sische Häfen ertheilte, und so, durch Aufbringung von dergleichen Fahr= zeugen seitens schwedischer Kaper, Veranlassung zu einem ärgerlichen Proceß gab, der mindestens den Schein von Unehrlichkeit und Betrügerei auf einzelne Mitglieder des Rathes fallen ließ, während der Unwille des Volks und des Königs ohnehin große Abneigung auf die ganze Corporation übertrug. Rennstjerne fiel nach seiner fünfjährigen Laufbahn auf dem Wege des Glücks von dem erreichten höchsten Punkte durch diesen Han= del in Ungnade, die er nur bis zum Februar 1716 überlebte. Die durch einen Eilboten am 1. December anlangende Botschaft der Ankunft des Königs in Stralsund wendete die an der äußersten Grenze der Gefahr schwebende Stimmung zu Gunsten desselben in eine Art Enthusiasmus, ohne jedoch den allgemeinen Haß von dem Rathe abzuwehren.

Einundzwanzigstes Kapitel.

Görtz' und Bassewitz' Intriguen. Schwedens Stellung zum Ausland. Krieg gegen Preußen. Rüstungen in Schweden. Krieg mit Rußland 1715. Seekrieg mit Dänemark. Beginn der Belagerung von Stralsund und Zustände in Schweden. Die Schweden werden aus Rügen vertrieben. Die Belagerung von Stralsund. Rückkehr Karls nach Schweden. Stralsund und Wismar werden genommen.

Alle Parteien regten sich nun von Neuem und suchten auf den König ihren Einfluß geltend zu machen. Die beiden Todfeinde Görtz und Bassewitz beeilten sich Karl zu erreichen und sein Ohr zu gewinnen. Durch Krankheit und Widerwärtigkeiten aufgehalten stieß der Erstere auf seiner Reise auf Fabrice und erfuhr so Karls Rückkehr nach Stralsund, wohin er ihm nacheilte, und woselbst sich auch der Administrator Christian August auf sein Anrathen einstellte. Ihre Keckheit und geschickte Art ihre Intriguen in günstigen Farben darzustellen, ließen den schon in der Türkei von Fabrice zu ihren Gunsten bearbeiteten Karl Alles, selbst die Versuche, ohne ihn über seine Krone zu verfügen, vergessen, und nach einer dreist verlangten und leicht bewilligten Audienz war Görtz Karls Günstling, der fortan stets an der Seite desselben blieb. Bassewitz dagegen, der erst später Karl zu erreichen vermochte, erlangte dessen Gunst nicht wieder, zog sich nach Wien zurück und versuchte von dort aus vergeblich durch Aufdeckung Görtz'scher Intriguen diesen, der sich durch Unterstützung des Absetzungsplanes August's des Starken, und die Beistimmung zu den kriegerischen Plänen Karls immer aufs Neue und stärker in der Gunst desselben festsetzte, zu stürzen. Auch den Haß des Königs gegen den Rath wußte er zu schüren und zu benutzen, und wirklich brachte er es dahin, daß Karl den ganzen Rath wegen seines früheren Verhaltens schon am 14. December in Anklagestand versetzen ließ. So geräuschvoll die Angelegenheit eingeleitet war, wurde der Prozeß als allgemeiner nach einigen Monaten bereits niedergeschlagen und nur wegen einzelner Facta gegen einzelne Personen fortgeführt.

In Hinsicht auf die Wahl zwischen Frieden und Krieg zeigten schon die ersten Tage seines Aufenthalts in Stralsund, daß der König sich letz-

Karl XII.   **25**

terem zuneigte. Preußens und Sachsens Rathschläge hatte er 1712 verworfen; Englands Beistand gegen Rußland durch die festgehaltene Bedingung der Wiedereinsetzung Stanislaus' verscherzt und Frankreich ebensowenig für sich zu gewinnen vermocht. Seine Ankunft näherte Preußen,
das er durch Ueberlassung Stettins, das so gut wie in dessen Hand war,
für sich gewinnen konnte, der Freundschaft des Czaren, und brachte es
dahin, zu rüsten, um sich Stettins noch mehr zu versichern und die übrigen
deutschen Staaten an sich zu ziehen. Ein Versuch, Dänemark zu einem
Separatfrieden zu bewegen, war ebenfalls gescheitert und die Wiederaufnahme des alten Absetzungsbeschlusses König Augusts isolirte Karl von
Neuem immer mehr. Görtz, der dieses Verhältniß erkannte, versuchte nun
im Beginn seiner Günstlingsschaft einen Frieden zwischen Karl und August
herbeizuführen, scheiterte aber an des Ersteren Eigenwillen, wie er auch
denselben nicht zu bewegen vermochte, einen Gesandten nach Braunschweig
zu senden, wohin der neuerwählte Kaiser Karl VI. einen Congreß ausgeschrieben hatte, um die Zwistigkeiten zwischen den nordischen Fürsten beizulegen. Auch in der Kaperfrage, die in den Jahren 1712 und 1713 schon so
oft berührt war, wurde nichts geändert, und Englands und Hollands Unwille und Drohen vermehrte sich in hohem Grade. Dennoch gingen die
Seemächte nicht zum offenen Krieg über, sondern schickten nur starke Flotten ab, um ihre zu gleichen Zeiten in die Ostseehäfen gesendeten Handelsfahrzeuge zu schützen, was die schwedische Flotte und Kaper zwang, sichere
Verstecke zu suchen. Gleichzeitig stattete der englische Admiral Norris
einen Besuch bei Karl in Stralsund ab, der jedoch nur auf Englands
Drohung: die schwedische Flotte wegzunehmen, falls die Kapereien
fortgesetzt würden, die Antwort erzielte, Schwedens Heer würde dann
einen Besuch in Hannover abstatten.

Der Zwist zwischen Preußen und Karl wegen der Sequestration
Stettins, die dieser, als von ihm nicht bestätigt, nicht weiter anerkennen
wollte, bot die erste Gelegenheit zur Erneuerung des Krieges dar.
Schon im Februar 1715 wurde Wolgast von den Schweden mit bewaffneter Hand wiedergenommen, ohne daß Preußen deshalb den Krieg
erklärte. Als aber darauf einige Tausend Schweden auf die Insel
Usedom geworfen wurden, empfingen die Preußen dieselben mit scharfen Schüssen, wurden aber, da Karl die Seinigen durch persönliche An

führung begeisterte, besiegt, entwaffnet, gefangen, aber gleich darauf nach
Preußen zurückgesendet. Der Angriff geschah um so unerwarteter, als
der schwedische Gesandte gleichzeitig in Berlin versichert hatte, vor Beendigung der Unterhandlungen solle nicht zu Feindseligkeiten geschritten
werden. Friedrich Wilhelm ließ nunmehr die mit seinen Truppen an der
Sequestration Stettins theilnehmenden Holsteiner entwaffnen und gefangen nehmen und alle schwedischen Beamten durch Preußen ersetzen, wodurch Stettin nach siebenundsechszigjährigem Besitz für immer für
Schweden verloren war. Durch diese neu erstandenen Verlegenheiten
Schwedens wurde der Kurfürst von Hannover, der schon in seiner Eigenschaft als König von England die Bewegungen der dänischen Flotte in
der Ostsee mit acht Kriegsschiffen unterstützte zu einer besondern Kriegserklärung bewogen, um bei einer voraussichtlichen Theilung die ihm so
günstig liegenden Herrschaften Bremen und Verden zu erlangen. Um die
Mitte des Jahres 1715 standen sich also Rußland, Polen, Sachsen, Preußen, Hannover, Dänemark, Schweden im offenen Krieg gegenüber, England fast in gleichem Verhältniß und Oesterreich und Holland drohten
misvergnügt; für sich hatte Schweden nur das durch den spanischen Erbfolgekrieg erschöpfte Frankreich und den alternden König Ludwig XIV.,
mit dessen bald erfolgendem Tod auch diese Verbindung sich zu lösen begann. Eine August feindliche und Karls und Stanislaus' Plänen günstige polnische Partei konnte nicht zu rechter Thätigkeit gelangen und der
mit Preußen begonnene Krieg trennte sie gänzlich von einer möglichen
Verbindung mit schwedischen Truppen. Einige deutsche Fürsten die sich
Karl geneigt gezeigt hatten, vorzüglich das nahe verwandte hessische
Haus, wurden durch die verzweifelte Lage Schwedens zurückgehalten,
die geleisteten Versprechungen zur That werden zu lassen. Nur der Administrator Christian August führte Karl etwa 4000 Mann Hülfstruppen zu, was jedoch die Folge hatte, daß Dänemark sogleich das eigne
kleine Fürstenthum oder den Bischofssitz besetzte.

Rüstungen in Schweden. Allen diesen Feinden hatte Schweden nur seine eigenen Kräfte entgegenzusetzen, und diese waren fast erschöpft. Höherer Sold und die überraschende Kunde der wunderbaren
Heimkehr des Königs, sein dadurch aufgefrischter Kriegsruhm und die
Hoffnung auf neue glänzende Siege und dadurch zu bald gewinnenden

vortheilhaften Frieden lockten anfangs auf die sogleich begonnenen Werbungen Karls, namentlich in Deutschland, Abenteurer und Kriegslustige
herbei; da der Eifer aber sehr bald erkaltete, mußte zu neuen Ausschreibun-
nen in Schweden geschritten werden. Auch hier wurde höherer Sold bewilligt, da aber der bisherige nicht ordentlich ausgezahlt worden, und die
„Löhnungszettel," eine Nothmünze, keinen reellen Werth besaßen, vermehrten die neuen Ausschreibungen nur die Mißstimmung. Selbst unter
den älteren Truppen der Garde brach im April eine offene Meuterei aus,
indem eine Anzahl Soldaten das Gewehr niederlegte und sich weigerte,
sich einschiffen zu lassen, bevor nicht den alten Forderungen der Einzelnen Genüge gethan wäre. Das Erhängen des zehnten Mannes und
Spießruthen fruchteten wenig und in Wismar, sowie zweimal selbst in
Stralsund, fast unter den Augen des Königs, wiederholten sich diese Auftritte. Die mit Gewalt ausgehobenen und nur aus Furcht von Gegenwehr abgehaltenen Bauern flohen in großen Massen von denen ihnen anvertrauten Posten mit Wehr und Waffen. Erst spät und mühsam war
es gelungen in Stralsund 15—16000 Mann zu vereinigen, die, schlecht
gekleidet und bewaffnet, widerwillig waren, bis die persönliche Berührung
mit Karl sie diesem mit Liebe und Treue zugethan machte. Das immer
dringender werdende Geldbedürfniß war nicht zu befriedigen; Frankreich,
Spanien und Holland weigerten Darlehen, obschon Karl sein Erbfürsten-
thum Zweibrücken als Pfand anbot, und die Mittel, die Hessen gewährte,
reichten auch nicht weit. Die erhöhten Steuern und Abgaben erregten
laute Klagen und vermochten weder in Schweden selbst, noch in den nicht
schon ganz verlorenen fremden Provinzen die erschöpften Kassen zu füllen; zu den drückendsten und auf lange hin verderblich wirkenden Finanzmaßregeln, zu Nothmünze, Werthherabsetzungen u. dgl. m. mußte Karl
in seiner Verzweiflung greifen, ohne daß er jedoch mehr als völlig unzu-
reichende, lächerlich geringe Summen zusammenzuscharren vermochte.

Krieg mit Rußland. Mit Ausnahme von Kajaneborg war
ganz Finnland 1714 in die Hände der Russen gefallen, und im Frühjahr 1715 erschienen alsbald russische Kriegsfahrzeuge vor den Norlags-
Schären, wodurch die Stockholmer um so mehr in Unruhe geriethen, als die
Vertheidigungsmittel ebensowenig als die disponiblen Truppen zur Abwehr
ausreichten. Der Erbprinz von Hessen wünschte den Oberbefehl über die

Vertheidigungsanstalten und war dem Lande willkommener, als der zur Küstenvertheidigung bestimmte Generallieutenant Taube, aber Ulrika Eleonora vermochte weder den Rath zu bewegen, ihm die nöthige Vollmacht zu ertheilen, noch Karl in diesem Sinne zu leiten. Görtz wirkte ihm entgegen, aus Furcht in dem Erbprinzen einen Nebenbuhler für Herzog Karl Friedrich in Bezug auf die schwedische Krone zu erziehen. Schließlich ertheilte der König in einem Briefe an seine Schwester dem Rath den Befehl, den Oberbefehl über die Truppen deren Gatten zu verleihen. Hiermit war jedoch noch wenig geholfen, denn erst nach wiederholten Drohungen, das Commando niederzulegen, war der Prinz im Stande sich Unterstützungen zu schaffen, und die unvollständigen durch Krankheit decimirten Regimenter, die seit lange keinen Sold oder nur solchen in Nothmünzen erhalten hatten, auf die Höhe von 15,700 Mann zu bringen und marschfertig zu machen. Sie besetzten die Küste von Gefle bis Södertelje und konnten durch ihre Unzulänglichkeit die an verschiedenen Küstenpunkten unternommenen Landungen und Verheerungen nicht verhindern. Etwas Ernstliches unternahm der Czar im Laufe des Sommers nicht, trotz des Versprechens an seine Bundesgenossen, den Krieg in das alte Schweden hinüberzuspielen und die Bewegung der dänischen Flotte zu unterstützen. Einerseits bedurfte das russische Volk der Ruhe, und der Czar der Zeit, um die innern Angelegenheiten seines Reiches und die Verwaltung der neuen eroberten Ländereien anzuordnen, und andererseits war ihm das geschwächte Schweden weniger gefährlich, als die immer stärker werdenden Bundesgenossen Polen, Preußen und Dänemark. So blieb die Thätigkeit auf die Küstenverheerungen und Bedrohungen Stockholms, sowie auf eine vorübergehende Landung auf Gothland beschränkt, worauf sich die russische Flotte nach Kronstadt zurückzog, ohne sich um die ihm willkommene gegenseitige Schwächung der schwedischen und dänischen Flotte zu kümmern.

Seekrieg mit Dänemark. Schon mit Beginn des Jahres 1715 wurde viel Mühe und Geld an die schwedische Flotte verwendet und an des mit dem Mißfallen des Königs belasteten Cronhjelms Stelle Lieven zum obersten Chef des Seewesens ernannt, obschon derselbe ohne alle Sachkenntniß war. Was an Mitteln zusammenzubringen war, verwendete er dem Verlangen Karls gemäß zur Ausrüstung von Fahrzeugen. Admiral Lillia sollte mit siebzehn Linienschiffen zwei Fregatten und zwei

Brandern den Russen entgegen in die finnische Bucht gehen, gleichzeitig
sollten vier Linienschiffe, drei Fregatten und zwei kleine Fahrzeuge und
fünfzig bewaffnete Schärenboote in den Stockholmer Wassern zum Schutz
der Küste liegen bleiben; vier Linienschiffen und zwei Fregatten wurde der
Schutz der Segelschifffahrt zwischen Schweden und Pommern im meck-
lenburgischen und dänischen Fahrwasser anvertraut, und eine große Anzahl
kleiner Fahrzeuge, so wie von Gothenburg erwartete Orlogsschiffe soll-
nte, auf Stralsund gestützt, die Verbindung zwischen Pommern, Rügen und den angrenzenden Küsten erhalten. Die weitgesteckte Aufgabe verursachte eine fehlerhafte Zersplitterung der vorhandenen Kräfte, wodurch
den Feinden der Sieg über die einzelnen Theile erleichtert wurde, um so
mehr als die in Schweden herrschende Noth die befohlenen Rüstungen
nur mangelhaft zur Ausführung gelangen ließ. so daß z. B. die Go-
thenburger Schiffe nie ausliefen und die Flottenabtheilungen in der
finnischen Bucht und den Stockholmer Schären so schwach waren, daß
sie Nichts ausrichten konnten. Die das wichtige schwedisch-pommern'sche
Fahrwasser vertheidigende Flotille wurde von dem Schoutbynacht Grafen
Karl Hans Wachtmeister, einem Sohne des berühmten Generaladmiral
Grafen Hans, einem redlichen und tapferen Herrn, dem aber das Glück
des Vaters fehlte, befehligt. Karls Auftrag an denselben wies ihn an,
außer dem Schutz der schwedischen Schifffahrt auch noch durch Landungen auf den dänischen Inseln die Küsten zu verheeren und namentlich
möglichst viel Schiffe in den Häfen zu zerstören. Auf Femarn wurden
auch wirklich derartige Plünderungen ausgeführt und eine dänische Fre-
gatte weggenommen. In Folge dieser Unternehmung kam der Admiral Gabel mit sieben Linienschiffen und zwei Fregatten von Kopenhagen herab und suchte die Schweden in der Bucht westlich von Femarn
einzuschließen. Wachtmeister erkannte sich als zu schwach und versuchte
im Schutz der Dämmerung zu entkommen; Gabel aber durchschaute
diese Absicht und zwang ihn zum Treffen. Es begann am 13. April
und währte von zwei Uhr bis neun Uhr Abends, auf beider Seiten mit
gleich großer Tapferkeit geführt und ohne daß auf einer Seite ein ent-
entscheidender Vortheil errungen wäre; doch mißlang Wachtmeisters Versuch, durchzubrechen, und ebenso ein am folgenden Morgen wiederholtes
Manöver, den großen Belt zu gewinnen, letzteres vorzugsweise durch die

Bemühungen des dänischen Capitains Wessel, des nachmaligen berühmten Admirals Tordenskjold, der den Schweden den Rückzug abzuschneiden suchte. Der Wind legte sich und Wachtmeister, der zu nahe an die holsteinische Küste gekommen war, wurde durch die Strömung auf die Untiefen von Christianspriis geworfen, wo ihm die sogleich nachkommende ganze Macht des Feindes jede Aussicht auf Rettung abschnitt. Um die nunmehr sichere Beute so unbrauchbar als möglich zu machen, kappten die Schweden ihre Masten und warfen sie und die Geschütze ins Wasser und schossen sich gegenseitig Grundschüsse in den Rumpf. Diese Zerstörung hörte erst auf, als der dänische Admiral verkündete, daß er kein Leben der Gefangenen schonen würde, falls sie nicht die ihm anheimgefallenen Fahrzeuge zu erhalten trachteten. Da erst gab sich Wachtmeister gefangen und warf in der Verzweiflung seinen Degen in das Meer, worauf jedoch der Admiral Gabel seinen eigenen ab- und dem tapfern aber unglücklichen Gegner umschnallte. Der Verlust der Schweden belief sich auf fünf bis sechs Orlogsschiffe und etwa 2000 Mann, wogegen der der Dänen höchst gering war. — Der schwedische Officier, welcher den Befehl Karls zur Verheerung der dänischen Küste überbracht, hatte denselben bei seiner Gefangennehmung zwar zerrissen, doch behaupteten die Dänen, sichere Kenntniß von seinem blutigen Inhalte gehabt zu haben, und König Friedrich drohte nun seinerseits mit gleichem Verfahren, worauf Karl mit einem volltönenden Erlaß an seine Beamten antwortete. — Im späteren Laufe des Jahres hatten sich wieder eine dänische und eine schwedische Flotte, jede von ungefähr einundzwanzig Kriegsfahrzeugen gesammelt. Am 28. Juli stießen sie östlich von Rügen in der Pronervik aufeinander. Es entspann sich ein langer und blutiger Kampf, dem Karl von der Insel Rügen zusah. Die dänische Flotte behauptete den Wahlplatz und die schwedische kehrte nach Karlskrona zurück. Im October sowohl als im November versuchte dieselbe auf Karls Befehl noch einmal auszulaufen, wurde aber beide Male durch Sturm zurückgeworfen. Diese Bewegung und ein kleinerer Kreuzzug im Sommer 1716 waren die letzten Versuche, sich mit dem Feinde zu messen, da während der ganzen übrigen Regierungszeit Karls der Mangel an Mitteln und Mannschaft die Flotte unwirksam in Karlskrona zurückhielt.

Beginn der Belagerung von Stralsund und Zustände in Schweden. Nach den ersten Kriegsbewegungen zwischen Schweden und Preußen verflossen Wochen unter Beschuldigungen und Entschuldigungen. Karl war zu schwach zum Angriff und Friedrich Wilhelm wartete die Hülfstruppen seiner Verbündeten ab, um des Erfolgs um so sicherer zu sein. Im Juli sammelte er in Pommern etwa 60,000 Mann, Dänen, Preußen und Sachsen, während Hannoveraner und andere Truppen Wismar einschlossen und eine bedeutende russische Hülfe erwartet wurde. Zur Vertheidigung Pommerns hatte Karl nur 16,000 Mann, die er nach der neuen Art seiner Kriegsführung, welche ihn gern offene Schlachten vermeiden ließ, mit Aufgebung mehrerer wichtigen Pässe, gleich hinter die Mauern Stralsunds zog, das er auf alle Art zu verstärken suchte. Die verbündeten Mächte hätten sogleich die Stadt belagern können, entbehrten aber des von Stettin erwarteten groben Geschützes, weil die in Wolgast, Usedom und Peenemünde stehenden Schweden und die kleine Stralsunder Flotte den Seeweg versperrten. Im Laufe des Juli aber wurden diese drei festen Plätze einer nach dem anderen von dem Feinde angegriffen und nach hartnäckigem Widerstand erobert. Karl selbst nahm auf gewohnte Art an den Kämpfen Theil, so daß ihm zwei Pferde unter dem Leibe erschossen und er fast gefangen genommen worden wäre, wenn ihm nicht das eine Mal Rosen und das andere Mal Poniatowski ihre Pferde überlassen hätten. Im September wurde endlich die Stralsunder Flotte von den überlegenen Dänen zum Rückzuge gezwungen, so daß das grobe Geschütz aus Stettin vor Stralsund anlangen und im October die Laufgräben eröffnet werden konnten. Kurz vorher hatte die Bürgerschaft Stralsunds bei Karl flehentlich darum gebeten, durch einen Frieden sie vor den Gefahren der Belagerung zu schützen, diese Bitte war aber ebenso vergeblich wie das Flehen der Verwandten und treuesten Anhänger des Königs, mindestens nicht selbst diese Gefahren zu theilen, sondern in sein Reich zurückzukehren. Durch diese Weigerung wuchs übrigens das im Lande herrschende Mißvergnügen in hohem Grade und die feindlichen Mächte, namentlich England, wußten durch eingeschmuggelte Schriften die Unzufriedenheit zu nähren. Auch die schon seit Jahren betriebenen Pläne zur Regelung der Thronfolge, im Fall eines plötzlichen Todes des Königs, traten durch sein

Verharren in Stralsund wieder mehr in den Vordergrund und führten zu neuen Parteiungen und Intriguen. Gesetzliches Erbrecht besaßen weder Ulrika Eleonora noch Karl Friedrich von Holstein, da wie jene auch dessen Mutter ohne auf die Stände gehört zu haben sich vermählte. Der Ersteren Partei, die auch durch ihren Gemahl den Erbprinzen Friedrich von Hessen, den das Volk liebte und als Retter und Friedens= fürsten ansah, in mancher Beziehung an Macht gewonnen hatte, suchte mit allen Mitteln eine ihr günstige Stimmung zu erhalten, das reformirte Glaubensbekenntniß des Prinzen, welches nach dem Grundgesetze das Erbrecht auf die schwedische Krone unbedingt vernichtete, die Thätigkeit Görtz' und namentlich die Furcht des hohen Adels, daß der gereiftere und angesehene Erbprinz und seine Gemahlin, die vom Volke innig geliebte Ulrika Eleonora, im Falle es ihnen glücken würde, Karls Reich zu er= ben, die Alleinherrschaft aufrecht erhalten würden, trieb jetzt mehrere be= deutende Männer, wie Arved Horn, Niels Gyllenstjerna und die mehr und mehr an Wichtigkeit gewinnenden Brüder Ribbing in das Lager des jugendlichen unbedeutenden und nicht in der Volksgunst stehenden Karl Friedrich, dessen Gewalt wohl leicht zu Gunsten des Adels zu beschrän= ken gewesen wäre. Der offene Zwiespalt zwischen beiden Parteien brach wegen des von Horn als Gouverneur Karl Friedrichs für den Herzog begehrten Vortritts vor dem Erbprinzen, bei dem Begräbniß der Königin Hedwig Eleonore aus, zu welchem keiner von Beiden erschien. Karl kannte genau die Absichten und Pläne beider Parteien, wußte aber, da sie sich gegenseitig die Hände banden und hinderlich waren, die Abwesen= heit des Königs gegen diese zu benutzen, sich den Anschein völliger Un= kenntniß zu geben, und behandelte sie beide mit so genau abgewogener Gunst, daß Niemand nur vermuthen konnte, zu welcher er sich hinneigte.

Die Schweden werden von Rügen vertrieben. So lange die Besatzung Stralsunds sich in Rügen verproviantiren und rekrutiren konnte, war die Festung schwer einzunehmen, weshalb die Verbündeten mit aller Kraft eine Landung auf dieser Insel vorbereiteten. Ungefähr 40,000 Mann wurden vor Stralsund gelassen, und auf etwa 400 Schuten sollten unter der Führung Leopolds von Dessau 18—19,000 bei Greifswald gesammelte Truppen übergeschifft werden. Die Könige von Dänemark und Preu= ßen wollten den Zug begleiten. Diese Absicht war kein Geheimniß. Karl

verlangte durch Eilboten Verstärkung von Schweden, aber Stürme hinderten die Flotte Karlskrona zu verlassen. Inzwischen führte er selbst
6—7000 Mann nach Rügen hinüber, und verschanzte alle Stellen, wo
eine Landung zu erwarten stand. Versprochene Steuerfreiheit für zehn
Jahre und Aufhebung der Leibeigenschaft für die zu ihm stoßenden
Bauern führte so viele Insulaner zu den Fahnen Karls, daß man kaum
mehr als die Hälfte ordentlich bewaffnen konnte, und die Uebrigen zu
Sensen, Aexten und Dreschflegeln greifen mußten. Wirklichen Nutzen
leisteten übrigens diese Schaaren um so weniger, als ein anderer Theil der
Bauern, die Niederlage der Schweden voraussehend, sich mit den Feinden
in Verbindung gesetzt hatte. — Das Fahrwasser der Verbündeten hatte
Karl durch Versenkung alter Fahrzeuge versperren lassen, doch ließ sich
ein schwedischer Lootse bestechen und zeigte ihnen die zu vermeidenden
Stellen. Unter dieser Führung und vom Regenwetter begünstigt, langten die Feinde am 4. November südlich von Putbus vor der Küste an,
wo sich Karl zufällig persönlich befand. Da eine Landung vorbereitet zu
werden schien, sammelten sich die in der Nachbarschaft zerstreuten schwedischen Truppen und Kanonen, doch benutzte die preußische Flotille einen
günstigen Wind zur Abfahrt und landete Nachmittags um vier Uhr ein
beträchtliches Stück entfernt bei dem Dorfe Stresow, wo sich nur dreißig
schwedische Dragoner befanden. Hier wurde, vom Mondlicht begünstigt,
die Landung bewerkstelligt, so daß am späten Abend 10,000 Mann mit
Waffen und Schanzzeug auf der Insel waren und sich sogleich durch Wälle
und Gräben sicherten, die sie durch mit herbeigeführte spanische
Reiter verstärkten. Um drei Uhr Morgens am 5. November langten
2—3000 Mann unter Karls und Cronstedts Führung mit acht Geschützen vor den hinter ihren Verschanzungen sie erwartenden Preußen an.
Es entspann sich bald ein auf beiden Seiten mit seltener Tapferkeit ge-
führter Kampf, in seinen Greueln noch durch die Dunkelheit der Nacht
vermehrt. Wenigen schwedischen Leibgardisten war es unter der Führung
des Oberstlieutenants Torstensohn, Enkels des großen Feldmarschalls,
gelungen, in die Schanze einzudringen und mit dem Rücken gegen den
Wall gelehnt bis Tagesanbruch sich zu vertheidigen, mit der Weigerung,
sich einem Anderen als dem Dessauer selbst zu ergeben, der sie auch mit
wohlverdienten Ehren zu Gefangenen machte. Die übrigen Schweden

waren indessen noch in der Nacht von den Wällen vertrieben, und der
Dessauer ließ von der einen Seite seine Reiter und von der andern seine
Artillerie aus den Verschanzungen hervorrücken und dem Feinde in die
Flanke fallen. Der Kampf wurde ungemein blutig und Schweden verlor viele höhere Officiere der edelsten Namen, darunter den Günstling Karls,
den Generalmajor Grothusen, und den treuen Begleiter auf allen seinen
Zügen durch Polen, die Ukraine und die Türkei, Generalmajor von Daldorff. Der König schwebte selbst mehrere Male in größter Lebensgefahr,
wie ihn zum Beispiel ein dänischer Officier in dem Getümmel erkannte,
mit einer Hand bei den Haaren ergriff, mit der andern ihm den Degen
zu entwinden versuchte und ihm zurief: „Sire, geben Sie sich gefangen, sonst sind Sie ein todter Mann!" Karl vermochte mit
der linken Hand seine Pistole zu erfassen und schoß sie dem Dänen durch
den Leib, daß er sogleich todt vom Pferde sank. Gegen andere herbei-
eilende Feinde mußte ihn der gleichfalls heranstürmende Poniatowski zu
schützen. — Schon in der Nacht war ihm ein Pferd unter dem Leibe erschossen, worauf er sich auf das des Generalmajors von Strömfelt warf,
das aber in der Dunkelheit zwischen spanische Reiter gerieth und in diesen von einer Stückkugel getroffen wurde, so daß es sich überschlug und
der König unter das getödtete Pferd zu liegen kam. In dieser Lage wurde
seine Brust von einer Musketenkugel getroffen, die, obschon sie eine verlorene war, doch einen so starken Druck verursachte, daß er fast die Besinnung verlor. Er war nahe daran, im Finstern und in dem Schlacht-
gewühle überritten und getödtet zu werden, als ihn glücklicherweise
im Vorüberreiten beim Blitzen der Kanonen der Trabanten=Korporal
Niels von Baumgarten erkannte, ihm aufhalf und ihm sein eigenes Pferd
überließ. Die Schweden waren inzwischen auf allen Punkten zurückgeschlagen und Karl vermochte sie nicht wieder in den Kampf zurückzuführen,
wurde vielmehr schwach und halb besinnungslos nach Stralsund gebracht.
Der Rückzug ging nach dieser Festung, und da die Verbündeten zur Verfolgung noch nicht hinreichende Truppen gelandet hatten, ohne bedeutendere
neue Verluste. Ein Theil blieb als Besatzung der Schanze der alten
Fähre auf der Insel zurück und erhielt von Karl den Befehl, sich bis
auf den letzten Mann zu vertheidigen, da er Jeden, der capituliren
würde, hängen zu lassen beabsichtigte. Nichtsdestoweniger capitulirte die

1000 Mann starke Besatzung, da sie zu erfolgreicher Vertheidigung viel zu
schwach und weit lieber sich zu Kriegsgefangenen machen lassen, als sich
dem in Stralsund vorauszusehenden verzweifelten Kampf unterziehen
wollte. Der schwedische Verlust bei der Vertheidigung der Insel betrug
einen Generallieutenant, drei Generalmajore, ungefähr 15 Regiments-
und 61 Compagnie-Officiere und etwa 2000 Soldaten und 70 Kanonen, die in die Hände des Feindes gefallen waren. Von den 6—7000
Mann, die auf der Insel gestanden hatten, kamen nur 2000 nach Stralsund zurück.

Die Belagerung von Stralsund. Wie erwähnt, wurde die
Stadt Stralsund schon im Juli umstellt, und nach Ankunft des schweren Geschützes, Ende September, wurden im October die Laufgräben
kunstgemäß eröffnet, worauf Angriff und Vertheidigung gleich kräftig
geführt wurden. Karl beabsichtigte einen Kampf auf Leben und Tod,
versagte die Annahme und Ertheilung des Pardons und hatte vor allen
Thoren und Brücken der rings vom Wasser umgebenen Stadt starke Verschanzungen anlegen lassen, um den Angriff auf die innere Mauer so lange
als möglich aufzuhalten. Ein preußischer Officier, Namens Köppen, der
seine Jugend in Stralsund verlebt hatte, kannte vom Baden her das
Strandwasser und wies eine so seichte Furth vor dem Frankenthore nach,
daß sie ohne Gefahr passirt, der Wall umgangen und der Rücken des
schwedischen Brückenkopfes genommen werden könnte. In einer dunklen
Octobernacht wurde das Wagniß unternommen und es glückte. Düker
suchte vergebens den Brückenkopf wieder zu gewinnen, und die Lage der
Stadt wurde durch die nahe Nachbarschaft des Feindes sehr verschlimmert. Friedrich Wilhelm glaubte dadurch Karl mehr zum Frieden geneigt und ließ durch einen schwedischen Auditeur den Vergleich anbieten,
die Stadt freiwillig zu übergeben, wogegen er sie nur als Pfand betrachten und nach dem Friedensschluß wieder zurückgeben wollte. Die
Mehrzahl der vornehmen Schweden waren zur Annahme dieses Vorschlags
geneigt, aber die beiden Günstlinge des Königs, der damals noch lebende
Grothusen und der damalige französische Gesandte Croissy erhitzten denselben noch mehr, als er es schon war und so wurde der Vorschlag keiner
Antwort gewürdigt und der Auditeur, der ihn überbracht hatte, wegen
der darin bewiesenen niedrigen Gesinnung seines Amtes entsetzt. Das

Andringen, einen Friedensgesandten nach Wien zu senden, wies Karl
kurz zurück mit dem Hinweis, daß er erst Stralsund von der Belagerung
befreit haben müsse, um dem Schein zu entgehen, gezwungen zu sein auf
Frieden zu denken.

Nach dem bald darauf erfolgten Verlust von Rügen und des größten
Theils der darauf befindlichen Truppen wurde die Lage der nun auch von
der Seeseite eingeschlossenen Stadt noch mehr verschlimmert und auf die
Flotte und Verstärkungen aus Schweden war auch nicht mehr zu zählen.
Nach dem Gefecht bei Stresow und namentlich der Capitulation an der
alten Fähre, schien Karl leidend und gebrochen; von Außen durch persönliche Interessen aber aufgestachelt, gewann er bald seinen alten Muth
wieder und ein Kampf wie die Kalabalik in Bender, der nur mit gänzlicher Zerstörung der Stadt, von der schon viele Häuser in Trümmern und
Asche lagen, war vorauszusehen. Kniefällig baten deshalb die Magi-
stratsmitglieder darum, nicht durch einen fortgesetzten Kampf ihre Stadt
zu opfern, aber der König gab ihnen als einzigen Trost das Versprechen,
selbst in der Festung zu bleiben und sein Leben für sie zu wagen. Auch
Frankreich versuchte jetzt den Frieden zu vermitteln und der Günstling
Croissy redete theils auf Befehl, theils aus nunmehr gewonnener Ueberzeugung von der Unmöglichkeit eines längeren Widerstandes; Karl aber
entgegnete, wie stets: „Meine Sache ist gerecht. Lieber mit den Waffen in
der Hand sterben, als der Gewalt weichen." Croissy wurde mißgelaunt
und wollte abreisen; da bat ihn Karl, mindestens noch drei Tage zu weilen,
„in welcher Zeit" — lauteten seine Worte in altem Stolze — „ich den
Feinden weisen werde, daß es nicht die Noth ist, die mich zum Friedensangebot zwingt, sondern daß ich mich noch ganz wohl vertheidigen kann."
Eine Entgegnung Croissy's auf diese Rede führte zu einem Zwiegespräch,
nach welchem der kecke Günstling nach heftigen und scharfen Worten ohne
Weiteres das Zimmer des Königs verließ, um seine Abreise vorzubereiten.
Am folgenden Tage erschien in des Königs Namen Poniatowski mit ar-
tigen Worten bei ihm und bat nur noch um einige Tage Verzug. Croissy
blieb, vermochte aber nichts zu gewinnen und erklärte im Namen seines
Hofes, daß es unmöglich sei, Schweden zu retten, da der König es zu
einem solchen Aeußersten brächte." Mit der schließlichen Drohung, die

nutzlos fortgeworfenen Unterhaltungssummen für schwedische Truppen französischer Seits einzuziehen, verließ Croissy schließlich Stralsund.

Der persönliche Muth, den der König auf außerordentliche Weise in dieser Zeit zu Tage legte, entflammte Viele mehr als je für ihn, ohne jedoch seiner Sache Nutzen schaffen zu können. Während das Fahrwasser noch offen war, ließ er sich eines Tages dem Feinde entgegenrudern, um die Stellung desselben zu besichtigen. Bald umsausten die Kugeln die Schaluppe. Ein an Bord befindlicher Baumeister legte sich vor Schrecken auf den Boden. „Haben Sie Furcht?" fragte Karl, und um ein entgegengesetztes Beispiel zu geben, erhob er sich und winkte mit seinen Handschuhen zu den Feinden hinüber, sie gleichsam ermahnend, ihn zum Ziele ihrer Feuergewehre zu wählen. — Während der ganzen Belage-rung hielt er sich gewöhnlich auf den gefährlichsten Plätzen, am häufig-sten bei dem am Meisten blosgestellten Frankenthore auf. Mitunter ließ er sich unter dem Gewölbe dieses Thores seine dürftige Mahlzeit auftra-gen, und vom 8. October bis zum 9. December schlief er beinahe alle Nächte auf der bloßen Erde unter diesem Thorgewölbe, nur in seinen Mantel gehüllt, den Kopf auf einen Stein gelegt. — Einst stand er auf dem Markte, von mehreren Officieren umgeben, als eine Bombe mitten unter den Versammelten zu Boden schlug. Alle sprangen auseinander, nur Karl stieß schnell aber ruhig die Bombe mit dem Fuße in eine dicht dabei befindliche Grube, wo sie im nächsten Augenblick in Stücke sprang, ohne Schaden zu thun. — Ein anderes Mal diktirte er einen Brief, als eine Bombe in dem benachbarten Zimmer niederschlug; dem Schreiber entfiel vor Schrecken die Feder: „Was ist?" fragte der König; „warum schreiben Sie nicht?" „Ach!" stammelte der Erschrockene: „Maje-stät, die Bombe!" „Was hat die Bombe mit dem Briefe zu thun?" ant-wortete der König und setzte sein Geschäft fort, als sei Nichts vorgefal-len. — Ein anderes Mal ereignete es sich, daß ein alter Oberst, Namens Reichel, vom Wachen und Beschwerden ermüdet, sich auf eine Bank gelegt hatte, um einige Augenblicke Ruhe zu genießen. In demselben Augen-blicke kam ein Befehl, der ihn wieder hinaus in den Dienst rief. Der Alte stand auf, aber unter lautem und zornigem Fluchen über die vielen Beschwerden. Karl war nicht weit davon und hörte jedes einzelne Wort. Mit mildem Aussehen trat er hinzu und sagte: „Sie sind müde, lieber

Reichel, aber ich habe ausgeruht. Legen Sie sich auf meinen Mantel und machen Sie einen kurzen Schlaf! Ich will indessen den Dienst versehen und Sie wecken, wenn es Noth thut." Der Greis wollte sich widersetzen; Karl aber hüllte ihn in seinen Mantel und befahl, ihm zu gehorchen.

Trotz aller Tapferkeit und Selbstaufopferung wurde die Lage von Tag zu Tag schwieriger; die feindlichen Bomben verheerten die innere Stadt mehr und mehr; der gänzliche Fall der Festung war mit Sicherheit vorauszusehen und täglich gingen 20—30 Personen zu den Belagerern über. Am 2. December begab sich die Ortsgeistlichkeit noch einmal bittend zum König, die Zerstörung der Stadt zu verhindern; am folgenden Tag wiederholte die Bürgerschaft das Gesuch, erhielt aber wie jene die Antwort, daß keine Aussicht zum Frieden sei, und mußte im Gegentheil ihren Eid der Huldigung und Treue erneuern. Düker, Müller und Feif wiederholten wechselsweise vergebliche Bitten bei Karl, den auch die eintreffenden Verstärkungen der Belagerer nicht andern Sinnes machten. Am 7. und 8. December wurde hart um die Schanzen vor dem Knieperthore gekämpft und Karl nahm, als gemeiner Soldat gekleidet, am ärgsten Handgemenge Theil. Es war ein arges Blutvergießen, dem auch Oberst Düring, der dem Könige auf seinem abenteuerlichen Zuge durch Ungarn gefolgt war, erlag, nach welchem aber die Feinde im Besitz der Brückenschanze blieben.

Der Winter begann jetzt auch die Gräben mit Eis zu belegen und die Festung ganz unhaltbar zu machen. Da streckte Karl die Hand vermeintlich zur Versöhnung aus und bot dem König von Preußen an: Stettin, die Stadt, jedoch nicht den Umkreis, als Pfand bis zum Frieden zu behalten, dann wolle er August unter gewissen Bedingungen als König von Polen anerkennen und Dänemark Ersatz geben; Rußland wurde nichts Bestimmtes verheißen und Hannovers gar nicht erwähnt. Die Verbündeten sollten Vorpommern Karl ungestört überlassen. Selbstverständlich wurde dieses Angebot zurückgewiesen und erklärt, Stralsund solle mit Gewalt genommen werden; gleichzeitig auch der Befehl gegeben, bei der sicher bevorstehenden Einnahme der Stadt das Leben Karls zu schonen.

Karls Rückkehr aus Schweden. Trotz des Königs oft ausgesprochenem Entschluß, Stralsund nicht zu verlassen, hatten seine treuen

Anhänger zwei Fahrzeuge, die Brigantine „Schnapp=auf" und die Gal=
liot „Schneller=Sven" abgesendet, um ihm die Heimkehr zu ermöglichen.
Sie sollten bei Hiddensee auf der Westküste Rügens kreuzen und auf den
Flüchtenden aufpassen. Nach dem Verlust der Schanzen am Kniperthor,
dem abgeschlagenen Waffenstillstand und der Zunahme der Eislage blieb
dem Könige in Stralsund nur die Wahl zwischen Tod und Gefangen=
schaft. Endlich gelang es den treuen Anhängern desselben ihn hier=
von zu überzeugen und er gab ihrem Andringen nach, in die Flucht zu
willigen. Es wurde nun eine Rinne in das Eis gehauen, von der Stadt
bis zum Meere. Der König wählte eine Sechsruderschaluppe, von dem
Admiral=Capitain Kristofers, später als Ankarkrona geadelt, geführt und
bestieg sie am 11. December um zwei Uhr in der Nacht, begleitet
von einem Kammerpagen, dem Generaladjutanten Rosen, seinem Begleiter
auf der Flucht aus der Türkei und Johann Christoph von Düring, den
Bruder des Gebliebenen, der gleichfalls mit ihm den Ritt durch Ungarn
unternommen. Man hatte die dunkle Nacht gewählt, um bei Tagesanbruch
aus der Schußweite zu sein; da aber der scharfe Frost die Rinne wieder
stark festgelegt hatte, mußte man sich mit Piken und Aexten Bahn
brechen, worüber die ganze Nacht verging und der Feind in der Morgen=
dämmerung das Fahrzeug entdeckte. Er richtete seine Kanonen darauf,
doch ohne besondere Wirkung. Nach zwölfstündiger schwerer Arbeit war
man durch das feste Strandeis gekommen, vermochte aber die nach Hid=
densee geschickten Schiffe nicht zu entdecken. Glücklicher Weise lag eine
Lastgalliot, der „Walfisch", daselbst und diese bestieg der König, konnte
sich aber nur mit Schwierigkeit durch das viele Treibeis in völlig offene
See hinausarbeiten, die erst um Mitternacht gewonnen war, worauf man
nordwärts gegen Ystadt steuerte. Die Fahrt war schwierig, da Torden=
skjold umherkreuzte, um Flüchtlinge zu fangen, und am Vormittag des
12. December fing der Wind an scharf zu wehen, und Schnee und
Regen füllte die Luft. Karls persönliches Glück oder nach dänischen Ge=
schichtschreibern der Befehl König Friedrichs, ihn entschlüpfen zu lassen,
ließ Karl gerade als der Wind unbeständig wurde, die Brigantine
„Schnapp=auf" erreichen, an deren Bord er sogleich ging und die ihn an
die schonen'sche Küste führte, wo er mit seinen drei Gefährten in der

Gegend von Trelleborg am 13. September, vier Uhr früh, landete. Im heftigsten Regen und dunkler Nacht suchten sie Schutz unter einem alten Runenstein, und verließen erst in der Morgendämmerung den Strand und gingen unerkannt durch Trelleborg. Am östlichen Zollamt setzten sie sich auf gemiethete Bauerwagen und eilten Ystadt zu. Auf der letzten Station bestiegen sie Reitpferde und kamen um drei Uhr Nachmittags in dieser Stadt an, wo der König in dasselbe Haus trat, in dem er im October 1700 gewohnt hatte, als er, nachdem er Dänemark zum Travendahler Frieden gezwungen, sich vorbereitete, nach Liefland aufzubrechen und in den russischen und polnischen Krieg zu ziehen. — Die Versäumniß des „Schnapp-auf" und des „Schnellen-Sven" wurde trotz der Entschuldigung der Capitäne, durch das Treibeis verhindert gewesen zu sein Hiddensee zu erreichen, grausam bestraft. Der Fischer jenes, der doch Karl gefunden und heimgebracht hatte, erlitt eine Leibesstrafe und der des „Schnellen-Sven", welcher auf der Heimfahrt nicht gesehen war, wurde später an seinem Bord erschossen und die Mannschaft erhielt Ruthenhiebe.

Stralsund und Wismar werden genommen. Schon bevor Karl die Stadt verlassen, hatte Düker mit dem Feinde zu unterhandeln begonnen und öffnete bald nach seiner Abreise die Thore der Stadt. Etwa 1000 schwedische Soldaten und einige Officiere durften nach Schweden zurückkehren, die Uebrigen wurden als Kriegsgefangene behalten. Pommern südlich der Peene mußte dem Könige von Preußen, das nördliche und Rügen dem von Dänemark huldigen.

Fünf Orlogs- und vier Frachtschiffe mit 700 Mann und Vorräthen waren mühsam in Schweden zum Entsatze Stralsunds aufgebracht.

Nach verschiedenen vergeblichen Versuchen gegen die Herbststürme auszulaufen, glückte es ihnen erst zu spät. Vor Rügen traf sie der flüchtige König kreuzend, und ertheilte ihnen den Befehl, nach Wismar zu steuern. Doch auch so verstärkt konnten die Schweden sich nicht länger vertheidigen; im April 1716 mußten sie diese letzte der südlichen Seestädte den Feinden in die Hände liefern.

Ein Zeitraum von fünfzehn Jahren lag zwischen des Königs Abreise und seiner Rückkehr nach Ystadt. Während desselben hatte Schweden alle seine deutschen Länder verloren. Zu ihrer nutzlosen Vertheidigung waren große Geldsummen, mehrere bedeutende Flottenausrüstungen, 1710 Krassau's, 1712 Stenbock's und 1715 Karls eigenes Heer, zusammen zwischen 40—50,000 Mann geopfert worden.

Zweiundzwanzigstes Kapitel.

Karl nach seiner Rückkehr nach Schweden im December 1715. Görtz wird Minister. Aushebung und Besteuerung. Noth und Mißstimmung im Land. Finanzmaßregeln. Verwaltung. Zwangsmaßregeln. Staatsausgaben der letzten Jahre.

Der wieder aufs Neue kundgegebene Enthusiasmus über den persönlichen Heldenmuth des Königs, der nach dessen Rückkehr nach Stralsund Schweden zu neuen Opfern veranlaßt hatte, war während seines eigensinnigen Verfahrens in jener Stadt verflogen und die abermals fehlgeschlagenen Hoffnungen auf ein verständiges Einlenken und dadurch ermöglichte Linderung der schweren Leiden des Mutterlandes hatten nur der Ahnung noch schwereren Unglücks Platz gemacht. Ein Flüchtling vor den siegenden Feinden, war Karl nun in seinem Vaterlande gelandet, dessen eine Hälfte weggenommen und dessen andere in Armuth und Elend versunken war. Mannigfache aber stets getheilte Gefühle bewegten alle schwedischen Herzen bei der Nachricht von Karls Rückkehr; aber die angestellten Freudenbezeigungen trugen mehr den Charakter der amtlichen Anordnung als des freien Entschlusses. Zweifel und Angst vor der Zukunft waren die herrschenden Gefühle; wo der König sich selbst zeigte, empfing ihn Bewunderung, aber selten Herzlichkeit und wahre Freude. Mit Spannung harrte man des Benehmens Karls gegen die Vielen, die auf den Reichstagen oder sonst wo seinen Wünschen entgegengehandelt hatten. Aber auch hierin wurde das gewöhnliche Stillschweigen beobachtet und nur aus einzelnen Thatsachen ließen sich Vermuthungen schöpfen. So wich der König lange und sorgfältig einer Begegnung mit seiner Schwester Ulrika Eleonora aus; der Rath wurde bei Seite geschoben und in Unthätigkeit versetzt; der vielfach getadelte Kaperführer Gathenhjelm gleich nach

der Rückkehr des Königs in den Adelstand erhoben; ebenso mehrere sei=
ner Anhänger, während die anerkannt um das Volk verdientesten Leute
übergangen wurden.

In Wort und Haltung legte Karl seine gewöhnliche Ruhe zu Tage,
wenn er auch in der Tiefe seines Herzens den Unterschied zwischen dem
Sonst und Jetzt erkannte und die Denkungsart seiner Unterthanen ahnte.
Er schloß sich mehr und mehr in den Kreis seiner Auserwählten, und
suchte jeder Gelegenheit zu entgehen, mit eigenen Augen und Ohren Kennt=
niß von dem Zustande und der Stimmung im Inneren des Landes zu er=
halten. Man hoffte Anfangs, daß er bald nach der Landung nach Stock=
holm zurückkehren werde und bereitete Alles zu einem feierlichen Em=
pfange vor, aber er erfüllte diesen Wunsch nicht und kam nicht einmal
zum Begräbniß seiner Großmutter und Schwester dorthin. Nun wollte
Ulrika Eleonora selbst nach Schonen gehen, um ihn nach fünfzehn=
jähriger Abwesenheit wieder zu sehen, doch wies er auch diesen Vorschlag
zurück. Wie in Stralsund befahl er auch jetzt, daß nur Der an den Hof
kommen solle, der an denselben gerufen würde. Er vermied sogar die
größeren Städte und wählte Ystadt zu seiner Residenz, hielt sich über=
haupt gern in den südwestlichen Grenzorten seines Reiches auf, sehnsüch=
tig der Gelegenheit harrend, sich wieder gegen die Feinde zu wenden.

Görtz wird Minister. Gleich nach seiner Ankunft in Ystadt erhielt
der König Briefe vom Rath und seiner sterbenden Großmutter, mit Bit=
ten, sich zum Frieden bewegen zu lassen, und klaren Nachweisen, wie schon
ein großer Theil der Einkünfte des Jahres 1716 im Voraus verausgabt
wäre und weder die Bank noch die Stockholmer Bürgerschaft fernere
Vorschüsse zu geben vermöchten. Von allen Seiten und Beamten liefen
Klageschriften ein und suchten Karl die Unmöglichkeit der Fortsetzung des
Krieges klar zu machen; aber Alles war vergeblich. Karl beschloß den
murrenden Unterthanen zu trotzen und behauptete, von wenigen
Enthusiasten unterstützt, daß die Mittel gefunden werden würden
falls man sich nur zu neuen nothwendigen Opfern entschlösse. Hinter
dem eigenen Wunsch und Willen des Königs stand Görtz, der schon in
dieser Richtung in Pommern einen Vorschlag gemacht hatte, von welchem
er sich die Aufbringung der nöthigen Summen versprach. Kaum in
Ystadt angekommen berief der König seine neuorganisirten Spitzen der

Verwaltungsbehörden zusammen und legte ihnen, da sie erklärt hatten
keine Mittel zur Beschaffung neuer Kriegsbedürfnisse zu haben, den Vorschlag Görz' vor, nach welchem sechs bis zehn Millionen Thaler Silber
herbeizuschaffen sein würden. Als sie sämmtlich denselben für unaus-
führbar und schädlich erklärten, warf ihnen Karl zornig den Mangel an
Urtheil und gutem Willen vor und erklärte, daß nicht die Noth des Landes, sondern die schlechte Verwaltung die Ursache der Verlegenheit sei.
Da sich kein Schwede fand, der den Görz'schen Vorschlag oder einen andern ausführen wollte, forderte Karl Görz selbst dazu auf und nach er-
heuchelter Weigerung willigte derselbe unter folgenden Bedingungen ein.
Erstens sollte er in holsteinischen Diensten bleiben, nicht in schwedische
übertreten und nur als Privatwerkzeug des königlichen Willens dienen;
zweitens nur vom Könige und nicht vom Rath oder einem Collegium
abhängen; drittens aus eigener Macht seine untergebenen Beamten, aus
welchen Personen er wolle, selbst wählen können; viertens sollte der König
mit einigen seiner Feinde innerhalb eines Jahres Frieden schließen; fünftens solle er nur auf ein Jahr gebunden sein. Der König nahm alle
diese Bedingungen an und Görz trat im Februar 1716 sein Amt an.
Er war fast unumschränkter Leiter über Alles, was zur innern Verwaltung und zum Haushalt des Staates gehörte und erhielt Macht und Befehl über alle dahingehörenden Beamten. In jedes Collegium durfte er eintreten und den Präsidentenstuhl einnehmen; die Gouverneure und Landeshauptleute durften nur auf seinen Befehl Gelder auszahlen u. dgl. m.
Mit einem Worte, was nie zuvor in Schweden vorgekommen, der Fremde
war gleichsam Vicekönig; er brauchte weder dem König persönlich,
noch dem Lande einen Eid der Treue abzulegen; Karl vertraute
ganz seinem Ehrgefühl und seiner Klugheit.

Trotz der unerhörten und fast bis zur Erschöpfung gehenden Belastung
des Landes begann Karl am Tage vor Weihnachten, 14 Tage nach seiner
Ankunft in Schweden, sogleich mit neuen Befehlen zur Beschaffung von
Mannschaft und Aufbringung von Kriegsmaterialien. Mit nie dagewese-
nem Despotismus, Hintansetzung jedes Brauchs und selbst offenbarer
Gewalt, wurde auf die Erreichung dieser beiden Zwecke hingear-
beitet, ohne damit jedoch wirkliche Erfolge zu erzielen, und unter Demoralisirung der Beamten, die nach eigenem Gutdünken und Willkür

neu organisirt und gewählt wurden und des ganzen Volkes. Wie Görtz den sonst klaren Blick Karls so zu umnebeln wußte, daß er ihm die Möglichkeit vorspiegelte, aus dem schon lange in des Czaren Gewalt befindlichen Finnland 40,000 Soldaten und aus dem gleichfalls verlorenen Esth- und Liefland 20,000 Dragoner durch eigenmächtige Verfügung über alle in diesen Provinzen liegenden Güter zu beschaffen, ist unerklärlich. Die Gestellung der Leute sollte den Gütern als Wille des Königs auferlegt werden, und im Fall des nichtfreiwilligen Gehorsams das Recht des Königs in Anwendung gebracht werden, nach Gutdünken über dieselben zu verfügen, und sie Denen zu ertheilen, die geneigt wären, die gestellte Bedingung zu erfüllen.

Ebenso schwierig, wie die Aufbringung der Mannschaft, die auch durch hohes Werbegeld und Sold nicht anzulocken war, und selbst da, wo sie gesetzlich zum Kriegsdienst verpflichtet, lieber in Desertion und Selbstverstümmlung ihr Heil suchte, als sich den Plagen und Qualen und der sicheren Aussicht auf Tod in dem schwedischen Heere, an dessen Glück Niemand mehr zu glauben wagte, auszusetzen, war die Herbeischaffung des Kriegsmaterials. Die natürlichen Hülfsquellen des Staates waren erschöpft und die Adern desselben unterbunden. Alle Gewerbe lagen darnieder aus Mangel an Arbeitskraft, Betriebscapital, gesetzlichen Schutz gegen obrigkeitliche Willkür, Beamtenübermuth und Soldatenroheit; es mußten neue Hülfsquellen eröffnet und zu den sonderbarsten, oft ungerechtesten und drückendsten Maßregeln gegriffen werden, um so mehr als Frankreich durch den Thron- und Systemwechsel die seit 1712 gewährten und damals von Karls Stolz nur ungern entgegengenommenen 600,000 französischen Thaler jährlicher Hülfsgelder einzuziehen drohte. Karl ließ deshalb für 1716 die alten Steuern erhöhen und die rücksichtslose und wenig gerechte Art, mit welcher die eingesetzten Schätzungscommissionen verfuhren, erregte so viel böses Blut, daß selbst Görtz und seine ergebene Kreatur, von der Rath, später den König dahin bewogen, von dieser ohnehin geringen Erfolg habenden Art der Besteuerung zu Gunsten einer althergebrachten Kriegssteuer abzugehen. Eine neue zuerst im Februar 1716 auferlegte Besteuerung war eine nach Gutdünken allen Bewohnern Schwedens zugesprochene Abgabe von ihrem vermutheten Einkommen und ihrer gesellschaftlichen Stellung;

gleichfalls eine Erfindung Görtz' und des Königs, obschon dieser
hierzu und zu anderen Haß und Aerger erweckenden Maßregeln seinen
Namen nicht hergab, sondern den Ständen befahl, sie dem Volke auf-
zuerlegen. Ferner wurden alle Schankgerechtigkeiten, jede Handelsunter-
nehmung, der Besitz, nicht allein die Neubeschaffung, von überflüssigen Klei-
dungsstücken und Luxusgegenständen, hoch besteuert, so daß eine wohl-
habendere Bürgerfrau, welche ihren alten, oft ererbten Sonntagsstaat
an einem Winter benutzen wollte, 350 schwedische Thaler Münze zahlen mußte. Nebenbei wirkte die Handhabung dieser letzten Verordnung
auf das Nachtheiligste, da überall Aufsichtsbeamte eingesetzt wurden,
die für ihre Anzeigen auf Kosten des Angeschuldigten mit einer der
Strafe gleichen Summe entschädigt werden und andererseits auch an
Allen, die nachweislich etwa bei Festen den Gebrauch unversteuerter
Luxusgegenstände nicht angezeigt hatten, hohe Geldstrafen vollzogen werden mußten. Die wachsende Noth und namentlich der drohende
Hunger, die die in erschreckender Progression unbebaut und öde liegenden Aecker herbeiführen mußten, trieben Görtz zu immer leckeren Schritten, die der König gut hieß und durch einfache Befehle thatsächlich ins
Werk zu setzen suchte. So wurde 1718 wenige Monate vor seinem
Tode, zur Anlegung von Magazinen zur Abhülfe bei Hungersnoth die
Abgabe des sechsten Pfennigs, oder von $16\frac{2}{3}$ Procent alles Geldes ausgeschrieben. Da von der Rath von der Wahrscheinlichkeit gesprochen hatte,
die Zögernden zur Leistung dieser Steuer durch peinliche Mittel zu zwingen und der Zufall Görtz gleichzeitig eine größere Anzahl Schrauben
für das Heer bestellen ließ, drang das Gerücht in das Volk, dies seien
Daumschrauben und es sollte die Tortur gegen die widerspänstigen
Schweden angewendet werden. Die allgemeine Bestürzung würde
wahrscheinlich zu Gewaltthätigkeiten geführt haben, wenn nicht der Ausfertigung dieser verhaßten Verordnung nach wenigen Tagen die Nachricht vom Tode des Königs gefolgt wäre.

Eine neue ebenso schwere Bürde erwuchs dem Lande durch die
Unterbringung, Kleidung und Ernährung seines von allen Seiten in die
Heimath zurückgeworfenen Heeres, das natürlich unter den Waffen blieb,
truppweise untergebracht werden mußte, und durch die Gewohnheiten
des Feldlebens, durch Uebermuth, Rohheit und Gewaltthätigkeit selbst

die eigenen Landsleute nicht schonte. Auch die amtlich zu leistenden Zah-
lungen geschahen unordentlich, zu willkürlich festgestellten niedrigen
Preisen, und in Nothmünzen. Die Zwangsrequisitionen und Zwangs-
fuhren, die zwar schon lange üblich, jetzt aber durch den in das alte
Schweden und an seine nächsten Grenzen gerückten Krieg zu unglaublicher
Menge und Dauer gesteigert waren, wurden zu fast unerträglicher Last.
Der Bauer verzehrte oder verbarg lieber sein überflüssiges Getreide an
Orten, wo es dem Verderben ausgesetzt war, als daß er sich zwingen ließ,
es noch meilenweit gegen niedrige Bezahlung in Nothmünzen in die
Kriegsmagazine zu führen. Hier und dort veranlaßte das darüber ent-
standene Misvergnügen leicht erklärliche Aufstände der Bauern gegen die
Obrigkeiten.

Um Anleihen zu ermöglichen, wurde dem Inlande gegenüber zu den
unglaublichsten Mitteln gegriffen. So ging ein Vorschlag Görtz', zu
dessen Ausführung sich der König wieder, um seinen Namen demselben
nicht zu leihen, der Contributions-Rentenkammer bediente, die auf seinen
Befehl den Namen Ausschuß der Stände annahm, dahin, Obligationen
für ein freiwilliges Darlehen auszustellen in Höhe von 100 bis 10000
Thalern Reichsgeld mit laufenden Zinsen; zu deren Sicherheit sollte der
Gläubiger nicht nur auf das gesammte bewegliche und unbewegliche gemeinsame Eigenthum aller schwedischen Unterthanen, sondern zur größeren
Sicherheit auf auch alles Privateigenthum jeder Privatperson hypothekarisch
eingetragen werden. Demnach konnte der Gläubiger A sein Darlehen außer
der Sicherheit, die ihm die Hypothek auf ein Sechstel des Gemeinbesitzes
aller Schweden bot, auch noch auf das Privateigenthum einer von ihm
gewählten Privatperson B eintragen lassen. Wenn nun in der gesetzmä-
ßigen Zeit von vier Jahren die Krone ihre Schuld nicht tilgen sollte, besaß der Gläubiger A das Recht, den Belauf seines Darlehens aus dem
Besitz zu ziehen, auf welchen es eingetragen, während der Besitzer dieses
sich an den Staat zu halten hatte. Auch dieses Mittel und die Gewinnung eines großen Stockholmer Kaufmanns zu einem Scheingeschäft dieser Art verlockte keine Schweden zur Nachfolge im Darbringen von beträchtlichen Summen; Unvermögen und Unwillen zeigten sich gleich groß.
— Eine persönliche Reise Görtz' im Frühjahr 1716 nach Holland
führte zu einem Uebereinkommen mit einer Gesellschaft Holländern, die

2,000,000 Reichsthaler vorstrecken wollten gegen das Recht, in Schwe=
den Münzen zu prägen und die Rohprodukte des Landes zu den von der
Regierung, nicht den Producenten, festgesetzten Preisen zu kaufen. Trotz
dieser lockenden Bedingungen verzögerte sich die Ausführung dieses Con=
trakts, den Karl erst im December 1717 bestätigte und der nie zum Voll=
zug gekommen zu sein scheint. Die Geldmittel der Kirchen, Schulen,
Armen= und Mündel=Kassen wurden gegen Zusage von sechs Procent und
vermeintlicher Sicherheit durch die erwähnten Obligationen als Darlehen
verlangt, und zwar auf directen Befehl des Königs, datirt aus Ystadt
vom 1. Februar 1716. Da dieses Mittel auch schon in früheren Jahren
nicht gescheut war, fand sich auch hierzu kein guter Wille vor, und als
es zu einem Zwangsdarlehn erhoben wurde, vermochten auch die äußersten
Drohungen so wenig, daß man im folgenden Jahre mildere Saiten auf=
ziehen und davon gänzlich absehen mußte, wenngleich durch künst=
liche Veranstaltungen der Staat sich möglichst genaue Kenntniß über
den Belauf der vorhandenen derartigen Summen zu verschaffen wußte,
und alle Gemeinden und Behörden das Recht verloren hatten, ihre eige=
nen Kassen zu verwalten. Ende 1717 wurde noch einmal zu einem
durch des Königs Machtwort gebotenen zinstragenden Zwangsdarlehn
auf zwei Jahre geschritten. Die Behörden registrirten die Unterthanen
nach ihrem Vermögen und legten nach einer willkürlichen Schätzung ihnen
die Abgabe auf, die häufig durch Abpfändung des Hausgeräths eingetrie=
ben werden mußte, und deren Gesammtsumme sich auf wenig über 400000
schwedische Thaler belief.

Weitere Finanzoperationen waren die Herabsetzung der Beamtengehalte
um ein Viertel bis drei Viertel des Betrags, und endlich der Vorschlag,
die Baarzahlungen ganz einzustellen und durch erhöhte Sporteln, Pro=
centsätze bei den neuen Auflagen, Befreiung von Einfuhrzöllen, und Liefe=
rung von Landesprodukten zum beliebigen Verkauf zu ersetzen. Einzelne
Stellen, wie die der Distrikts=Armenärzte, gingen ein, die Zollfreiheit auf
Arzeneien wurde aufgehoben, die Landgüter, die gegen die Verpflichtung,
die Postverbindungen zu erhalten, privilegirt waren, wurden der ihnen für
diese Last bewilligten Vorrechte beraubt, mußten, wie alle übrigen, Rekruten
stellen u. dgl. m.; das Briefporto und Expeditionsgeld für Reisende wurde
erhöht und neue, das Volk drückende Anordnungen getroffen. Die schon

seit Jahren verpfändeten Krongüter sollten durch künstliche und gewagte Mittel, zum Theil geradezu gegen königliches Wort und Versprechen, in Umtausch gegen Obligationen eingezogen, höher verpfändet und verkauft, die verarmten und unbebaut liegenden Güter der Gemeinde zur Besteuerung zuertheilt werden; der große Seezoll wurde um des momentanen Gelderwerbs halber auf für den Staat höchst unvortheilhafte Weise an Private verpachtet. Die allergefährlichsten Operationen aber waren jedoch die Versuche, eingegangenen Verpflichtungen gegen die Bank und seinen Schuldzahlungen durch erzwungenen Austausch der Bankscheine gegen Obligationen, durch Umwandlung der eingezahlten Summen in Actien und Beschlagnahme des Silbers, und durch Verweigerung der Auszahlung anvertrauten Privatvermögens, anders als durch allmälige Tilgung mittelst eines hohen Procentsatzes, zu entgehen. Sie erregten Murren und Haß gegen die Regierung, und es war als ein Glück zu betrachten, daß des Königs Tod die Verwirklichung dieser Maßnahmen verhinderte.

Von nachhaltigeren traurigen Folgen waren auch die Versuche, die Kriegsbedürfnisse durch Nothmünzen zu beschaffen. Der erste Versuch dazu wurde schon 1705 in Riga vom Gouverneur Fröhlich gemacht, damals aber von Karl mißbilligt. In Stralsund, 1715, griff der König aber selbst zu einem ähnlichen Mittel und ließ Silbermünzen schlagen und ausgeben, die einen viermal größern Nennwerth, als Metallgehalt hatten; in Wismar geschah es ebenso, und die versprochene Einlösung dieses Geldes nach der Belagerung, unterblieb. Ferner erhielten die Beamten seit 1714 statt des baaren Geldes zinsberechtigte Löhnungszettel, die im Handel und Wandel gelten sollten, und anfangs auch, ebenso wie die schon erwähnten eingetragenen Obligationen, die gleichfalls von der Regierung als Zahlungsmittel verwendet wurden, einiges Vertrauen genossen, das jedoch bald schwand. Da diese Papiere aber nicht auf kleinere Summen als 100 Thaler lauteten, waren sie für das tägliche Leben unbrauchbar und wurden hierfür die sogenannten Münzzettel zu 25. 10 und 5 Thaler geschaffen, die keine Zinsen trugen, aber jederzeit von der Regierung gegen Hundertthaler-Obligationen umgetauscht werden sollten, aber dessenungeachtet alles Vertrauen entbehrten. Zu Gunsten der Darleiher des holländischen Anlehens mußte alles zur Ausfuhr bestimmte

Eisen in die Kronmagazine der Seestädte abgeliefert werden; der Werth desselben wurde den Producenten nur in einem Scheine erstattet, in dem die Menge und der Werth der Waare nach der festgesetzten Taxe von dem königlichen Waagemeister eingetragen war, und dieses „Gewichtszettel" genannte Papier hatte auf königlichen Befehl im Verkehr der Unterthanen gleichen Cours mit baarem Gelde. Ein eigenthümliches sinnreiches Mittel, um das Eingehen der Steuern zu beschleunigen, war auch das Gebot des Königs, auf die Höhe der Summe Wechsel auszustellen, die an dem bestimmten Tage, an dem die Steuer erlegt sein mußte, von dem Rentmeister der betreffenden Ort eingelöst werden mußte, wollte nicht derselbe dem Wechselinhaber für jeden Tag Verzugszeit 20 Thaler Strafe zahlen. Er hatte dafür das Recht, die nöthige Summe zu einem so hohen Zinsfuß als er es immer im Stande war, zu leihen, und das Geld und die Zinsen auf Kosten der Steuerpflichtigen einzutreiben. Diesem harten Gesetze wurde sogar für alle Steuerreste rückwirkende Kraft verliehen.

Im Winter 1716 begann die Ausprägung der berüchtigtsten Münzen, Kupferstücke vom geringsten Metallwerth, die für einen Thaler Silber genommen werden mußten, und denen aus Schamgefühl weder Karls Name noch das schwedische Wappen, sondern heidnische Götzenbilder und Namen u. s. w. aufgeprägt wurden. Zwei Millionen sollten es versprochenermaßen nur werden; auf Karl's Geheiß aber wurden gegen Görtz' Willen fünfzehn Millionen, und später von diesem selbst noch neunzehn Millionen geprägt, und so über vierunddreißig Millionen in Umlauf gesetzt. Noch gewaltigere Eingriffe in das Privateigenthum zu Gunsten der Einen und zum Nachtheil der Anderen wurden durch Umprägung und Verschlechterung der Kupferplatten, welche bis 1705 sechs Thaler Kupfergeld oder zwei Thaler Silbergeld galten und nun willkürlich auf neun Kupfer- oder drei Silberthaler Nennwerth erhöht wurden, durch welche Veränderung ein Thaler, der früher einen halben, jetzt nur einen Drittel-Reichsthaler in Silber galt, begangen. Durch Zurückgabe des alten Werths erfolgte eine neue Erschütterung des Eigenthumsrechts Ende 1717, und zwar nur, um nach Verlauf von vierzehn Tagen die zur Ausfuhr bestimmten Kupferplatten in der Zollrechnung wieder auf neun Thaler Kupfermünze zu erhöhen und dem Volke anzubieten, um dem neuen Verlust zu entgehen, bei Regierungskassen das Metall gegen Obligationen, Münzzeichen oder Zettel umzutauschen. Als auch dieses plumpe Mittel wenig fruchtete, wurde der Gebrauch von nicht umgestempelten Platten ganz verboten, nach wenigen Wochen aber wieder gestattet, doch nur zu einem niedrigern Werthe. Im Laufe von vier Monaten war so der Werth des Kupfergeldes drei Veränderungen unterworfen. Neben der Verarmung bewirkten diese Maßregeln aber auch noch Demoralisirung des Volks, denn um die verbotene Verweigerung der Annahme der Nothmünzen, oder die Preiserhöhung der Waare bei Zahlung in solcher zu verhüten, wurden auf Karls Befehl die Verkäufe an gewisse Stätten und Zeiten gebunden, und auf Märkten und in Läden Spione bestellt, die für Angabe derartiger Verbrechen die Hälfte der hohen Strafsumme erhielten, während die andere Hälfte in die Kriegskasse floß. Dennoch bedurfte es weiterer Zwangsmittel, der Nothmünze Geltung zu verschaffen, theils durch ungemein strenge Polizeiaufsicht und harte, aufregende Strafen, theils durch Hervorlockung und Beschlagnahme des vollgehaltigen Kupfers und Silbers. Es wurden daher alle Silbermünzen im Handel und Wandel verboten und befohlen, sie bei der Regierung zu wechseln; als Vergünstigung wurde jedoch gestattet, daß die nächste Steuer darin noch bezahlt werden dürfe. Später wurde der Besitz dieser Münzen oder eingeschmolzener, unverarbeiteter Metalle verboten und von einem bestimmten Tage an als der Krone verfallen erklärt; hierunter waren auch die gestempelten altüblichen Kupferplatten begriffen. Der Ersatz für die eingelieferten Metalle bestand in Obligationen und Münzzeichen, und wo diese anzunehmen verweigert wurden, waren jene der Krone verfallen. Gleichzeitig mit dieser Maßregel erging eine Verschärfung und Erneuerung eines früheren Ausfuhrverbots von Gold und Siber bei Verlust nicht nur der Waare, sondern des ganzen Besitzthums des Ungehorsamen. Reisende durften nur eine gewisse Summe guter Münze, die Reichsten nie mehr als 100 Thaler für die Person ins Ausland mitnehmen, minder Vornehme, je nach ihrer Lebensstellung, weniger. Die Consiskation alles Besitzes wurde dann bald auf alle Theilnehmer und schließlich auf die Mitwisser der Silberausfuhr, die nicht als Angeber aufgetreten waren, ausgedehnt. Da bei allen diesen Verboten dennoch dem Schmuggelhandel mit ausgeführtem Silber nicht zu steuern war, wurden schließlich die noch

härtern Strafen für Falschmünzer auf jeden Mitwisser des Schmuggels
verhängt, der nicht zeitig genug denselben angezeigt hatte.

Eine eigene, eben so aufregende Art der Besteuerung waren die verschiedenen Arten des Zwangshandels, der Zwang für die Unterthanen,
ihre Waaren und Arbeitskräfte der Krone für gewisse, von ihr selbst zu be-
stimmende, der Zukunft vorbehaltene Preise in Nothmünzen abzulassen.
Schon 1716 wurden sie in der Provinz Schonen ins Werk gesetzt, und stei-
gerten sich immer mehr und mehr. Untersuchungsbeamte zogen unter dem
Schutze von Soldaten umher und durchsuchten Scheuern und Vorraths-
kammern zur Anfertigung von Listen über die vorhandenen Vorräthe, die
dann, mit alleiniger Zurücklassung des Nothwendigsten, an bestimmten
Tagen und Orten bei Vermeidung strenger Strafen abgeliefert werden
mußten. Auch Einfuhr von Getreide und Vieh wurde den Städten als
Zwang auferlegt, und die so bezogenen Produkte mußten der Krone zu
dem von ihr festgesetzten Preise, ohne Rücksicht auf die höheren des Aus-
lands, abgelassen werden. Am Eingreifendsten und Nachtheiligsten für alle
Verhältnisse war die Uebertragung der Geschäfte der früheren einzelnen
Collegien an die schon erwähnte Contributionsrentenkammer, die neue Re-
gierungskanzlei und namentlich die Ankaufsdeputation. Dieser lag der An-
kauf der Bedürfnisse der Krone ob, wie die Aufbringung und Handhabung
ihrer Gelder. Görtz war nicht nur der Wortführer dieser Amtsstelle, sondern so allmächtig und alleingebietend, daß Karl selbst erklärte, er allein
sei die eigentliche Deputation und nur er dürfe über ihre Mittel verfügen.
Ihm oder seinem Stellvertreter bei dieser Deputation mußten die Landeshauptleute und Provinzialbehörden, denen übrigens in einem neuen Be-
amtenzweige, den Ordnungsmännern, Vorgesetzte gegeben wurden, gehorchen, weil nach des Königs Ausdruck „er Derjenige war, der am besten
von des Herrschers gnädigem Willen unterrichtet war." Bei Abwesenheit
ließ sich Görtz von dem Holsteiner von der Nath vertreten, wie er selbst,
ein Ausländer, der nie in schwedischen Dienst getreten, weder dem Reich
noch dem Könige vereidet war. Die erwähnten Ordnungsmänner standen
mit ihrer Spitze, dem Oberordnungsmann, dem Grafen Tessin, der sich
vier Tage diese Ehre verbeten hatte, über dem Generalgouverneur und
Oberstatthalter des Landes. Mit großer Macht ausgestattet, sollten sie alle

Prozesse, die nur Geld= und Leibes=, nicht aber Lebens= und Gutsconfis=
kationsstrafe erheischten, nach ihrem eigenen Ermessen schnell entscheiden
und durch die bewaffnete Macht unterstützt, die Strafen vollziehen lassen.
Es war eine gutgegliederte Art höherer Polizei unter des Königs beson=
derer Obhut und Schutz, von Görz, seinem eigenen Ausdruck nach, „mehr
nach ihrem guten Willen als nach ihrer Geschicklichkeit" ausgewählt, um
die despotischen Anordnungen zur Ausführung zu bringen und das Volk
in allen Classen zu beobachten und zu beherrschen. Ihr wurde auch ein
großer Theil der Gerichtsbarkeit übertragen, welche den bisher bestandenen
Obergerichten, von denen keine Appellation mehr möglich, entzogen war,
theils um die hohen Gehalte einzuziehen, theils weil sie unabsetzbar
waren.

Dieser vollständige Despotismus und die gewaltsam hervorgerufene
Verwirrung hatten in dem ganzen Volke einen Widerstand gegen alle
neue Verordnungen, die immer nur für den Augenblick bindend erschienen,
erzeugt, der die gänzliche Auflösung aller Bande voraussehen ließ. Die
Ahnung und Ueberzeugung baldigst bevorstehender Veränderungen lag in
der Luft und war allgemein, als des Königs Tod sie bewahrheitete. Die
jährlichen Staatsausgaben betrugen beim Tode Karl XI. wenig über
sechs Millionen. Im Jahre 1715 stiegen sie für das nur noch übrige
halbe Schweden über 15¼ Millionen Silberthaler, und unter Görz'
Herrschaft 1716 bis 1718 waren die gewöhnlichen Abgaben um das
Dreifache erhöht und hatten 9 Millionen eingetragen, wozu noch 5 Mil=
lionen außerordentliche Kronsteuern und 35 Millionen kamen, die das
arme Volk gezwungen war, für Dienstverrichtungen, Arbeit und gelie=
ferte Waaren in werthloser Nothmünze zu nehmen. Die übrigen Aus=
gaben, durch die Nothmünzen, Produktenablieferungen und Tauschspecu=
lationen bewirkt, lassen sich nicht näher schätzen, zählen aber auch
nach Millionen. Für das Jahr 1718 stiegen die Ausgaben über
34,700.000 Thaler Silber, so daß die gewöhnlichen Staatseinkünfte
nur auf vierzehn Tage reichten, wie Görz es selbst eingestand. Die
Staatsschuld war in diesen drei Jahren um mehr als 30 Millionen
Silberthaler angewachsen.

Dreiundzwanzigstes Kapitel.

Vorschlag zur Landung auf Seeland. Der norwegische Feldzug von 1716. Besuch in Karlstadt. Einfall in Norwegen. Rückzug von Christiania. Kampf in Fredrikshall. Seetreffen in der Dynekile. Rückzug aus Norwegen. Begegnung mit Ulrika Eleonora. Diplomatische Verhältnisse. Krieg mit Rußland. Aufenthalt in Lund von Herbst 1716 bis Frühjahr 1717. Plan zur Landung in Schottland. Unterhandlungen mit den Seeräubern auf Madagaskar. Anschlag gegen St. Thomas. Krieg gegen Rußland 1717. Krieg gegen Dänemark 1717. Angriff von Strömstad. Unterhandlungen.

Landung auf Seeland. Kaum war Karl 1715 in Schonen ans Land gestiegen, als er sich auch schon zu neuen Thaten zu rüsten begann. Seeland lag einem Angriff am nächsten und bot günstige Gelegenheit dazu. Der größere Theil des dänischen Heeres, der mit der Belagerung Stralsunds und Wismars beschäftigt gewesen, war noch in Deutschland, die übrigen Regimenter befanden sich theils in Holstein und Jütland, theils auf Fühnen und in Kopenhagen war nur eine unbedeutende Truppenmasse. Der Winter von 1715 war überdies so hart, daß er den Oeresund mit Eis bedeckte, so daß schwedische Gefangene die Gelegenheit benutzten und von Seeland nach Schonen flüchteten, die Schwäche der Stadt und die Stärke des Eises verrathend. In Gedanken an des Großvaters weltberühmten Zug über den Belt, sammelte Karl sogleich alle in der Nachbarschaft befindlichen Regimenter in Schonen und brachte ein Heer von fast 20,000 Mann zusammen. Die Herbeischaffung von Schlitten und die übrigen Vorbereitungen und Musterungen verbreiteten Angst und Schrecken in Seeland, und in Kopenhagen wurden Vorsichtsmaßregeln getroffen und ernster Widerstand vorbereitet. Inzwischen war eine schwedische Abtheilung nach Hveen hinübergeschickt, und machte von dort aus einen Versuch, Seeland zu erreichen, wobei aber Truppen und Kanonen in Folge des zu schwachen Eises verloren gingen. Ein Bettag war bereits angesetzt, um das Heer zum Uebergang einzuweihen und die gewählten Textesworte verkündeten strenge Rache gegen die Dänen, und verbreiteten die größeste Unruhe auf der Insel, als plötzlich Thauwetter

eintrat und jeder Gedanke an einen Zug über das Eis aufgegeben werden mußte.

Der norwegische Feldzug von 1716. An der norwegischen
Grenze hatten sich während des Kriegs mit Dänemark die Feindseligkeiten
auf wenige kurze Streifzüge beschränkt, aus denen während der Jahre von
1713 — 1715 ein sogenannter Bauernfriede zwischen beiden Nationen
hervorgegangen war. Auf Wunsch und Uebereinkommen von beiden
Seiten beobachteten der schwedische sowohl, als der norwegische Feldherr
eine fast ununterbrochene Waffenruhe. Jetzt nach dem gescheiterten
Landungsplan in Seeland beschloß Karl die um sich versammelten Truppen nach Norwegen zu führen. Alle Einwendungen der ältesten Generale,
die auf die Schwierigkeiten hinwiesen, im Februar und März durch die
Wälder und Gebirge des schneebedeckten Norwegens zu ziehen, wo es
jedenfalls an Lebensmitteln mangeln würde, die auch in dem erschöpften
Schweden nicht mehr aufzutreiben sein dürften, vermochten den König
nicht von seinem Vorhaben abzubringen und er dirigirte seine Hauptmacht, 12,000 Mann, gegen die Grenze.

Besuch in Karlstadt. Um sich an die Spitze der versammelten
Truppen zu stellen, fuhr Karl am 16. Februar in Begleitung Rosens
und Poniatowski's früh ab, Tag und Nacht hindurch gegen Westen von
Wenern. In Christianhamn ahnte die Frau des Gastwirths, wer hinter
dem Major Karl verborgen sei, und ließ ihm ein Kissen in seinen Schlitten legen, kaum aber bemerkte er es, so warf er es mit den Worten:
„Ich will keine Bagage haben!" wieder hinaus, und ließ sich ein Bund
Heu geben, auf das er sich setzte. Am 18. Februar nach Mitternacht
kam er, nur von einem Skjutsjungen geführt, in Karlstadt an, die Anderen waren zurückgeblieben. Mit Mühe machte er es durch Lärmen möglich,
daß er im Gasthause Einlaß fand, von wo aus er sich die Wohnung des in
der Stadt befindlichen Generals Dalwig zeigen ließ. Dieser bot ihm ein
Bett an, Karl aber verweigerte die Annahme desselben und breitete statt
dessen seinen Mantel auf die Diele und schlief fest und ruhig von zwei bis
fünf Uhr Morgens. Trotz der fast ununterbrochenen Winterreise während
dreier Tage und Nächte ließ Karl nach dieser kurzen Ruhe doch kein
Zeichen von Ermattung mehr verspüren, sondern ordnete sogleich den
Abzug der Truppen an und begab sich hierauf nach der Kirche, wo er

unter dichtgedrängter Menschenmenge stehend, dem Gottesdienst bei=
wohnte. Das Mittagsmahl nahm er bei dem Superintendenten Rudén
ein, worauf er nach kurzem Gruß in sein Zimmer ging und anderthalb
Stunde auf einer Matte auf dem Fußboden schlief. Später ritt er mit
den Generalen in der Stadt und Umgegend umher und als man die
ihn umgebenden Jungen wegjagen wollte, verbot er dies und sagte:
„Es schadet nicht, daß die Jugend bei Zeiten gewöhnt wird, ihrem
Könige zu folgen." Mehrere Tage verweilte er unter militärischen Be=
schäftigungen und vergnügte sich damit auf so steile und kahle Berge zu
reiten, daß ihm Niemand zu folgen wagte. Kleider um zu wechseln besaß
er nicht, und die Frau des Superintendenten Rudén die den gänzlichen
Mangel ganzer und reiner Wäsche bemerkte, ließ einige Hemden verfer=
tigen. Da sie es aber nicht wagte sie ihm anzubieten, beabsichtigte sie,
dieselben ihm heimlich in seinen Schlitten zu legen. Am Abend des 22.
fuhr jedoch unerwartet ein Bauerschlitten vor und Karl nahm so schnel=
len Abschied, daß die Frau Rudén ihr Vorhaben nicht unbemerkt aus=
führen konnte, weshalb sie dem König liebevoll das Paket anbot, er warf
dasselbe aber, gleich dem Kissen in Christianhamn, zum Schlitten hinaus.
Die Reise wurde westwärts nach Nordmarken in die Gegend von Holmer
dal fortgesetzt.

Einfall in Norwegen. Eine Heeresabtheilung sollte unter Asche=
berg von Strömstad, eine andere unter Mörner von Vestra Ed aus die
Grenze überschreiten, beide aber, vereint etwa 6000 Mann stark, längs
der Küste nach Christiania marschiren. Sie stießen auf kein Hinderniß und
kamen bei Fredrikshall und Fredriksstad vorüber bis an den Glommen.
Weitere 3000 Mann sollten unter Karls eigener Führung durch die
Gebirge und Wälder von Westwärmland aus gerade von Norden her
auf Christiania losgehen. Am 26. Februar wurde nach abgehaltenem
Gottesdienste in das Nachbarreich eingerückt. Karl befahl den Schweden
Schonung und ließ den Norwegern, um sie Dänemark abwendig zu
machen, Steuererleichterungen und andere Vortheile bieten. Die Ueber=
fall war so abenteuerlich und so schnell und geheimnißvoll betrieben, daß
man dem voraneilenden Gerüchte kaum Glauben schenkte, doch gingen ei=
nige dänische Truppen, etwa 1200 Mann unter Befehl des Obersten Kruse
an die Grenze. Der Vortrapp wurde vom König der mit 6—700

Reitern vorausgeeilt war, beim Predigerhofe Höland, überrascht, noch spät am Abend angegriffen und gefangen genommen. Kruse durch das Schießen aufmerksam gemacht, raffte schnell zwei bis dreihundert Mann zusammen und griff noch in derselben Nacht die siegenden Schweden an. Durch den Kampf mit der fünfundzwanzig Mann starken Feldwacht wurde Karl munter, und eilte mit einigen Officieren, noch ehe die Soldaten erwacht waren, ins Gefecht. Es entspann sich in einer engen Gasse, an einem Gitterthor, ein entsetzliches Handgemenge, an dem Karl mit unglaublicher Tapferkeit und Glück Theil nahm. Sein Hut und Mantel wurden von Kugeln, Stößen und Hieben zerfetzt. Er selbst blieb unverletzt und wurde, fast schon gefangen, von Rosen befreit. Von beiden Seiten eilten mehr Truppen herbei und das Gefecht wurde sehr blutig. Der Erbprinz von Hessen gerieth in persönlichen Kampf mit Kruse, der ihn durch die Hüfte schoß, auch kam Letzterer, nachdem er sieben Schweden getödtet, mit dem Könige selbst zusammen, doch das Gedränge trennte sie wieder von einander. Karl erlegte fünf Norweger und durchbohrte zwei Schweden, die aus dem Kampfe fliehen wollten. Schließlich wurde der schwer verwundete Kruse entwaffnet und gefangen genommen und die Norweger mußten sich vor den nun zur Uebermacht angewachsenen Schweden zurückziehen. Kruse wurde von Karl mit großer Auszeichnung behandelt und ihm die Gefangenschaft leicht gemacht.

Der beabsichtigte Zug gegen Christiania sollte nun westwärts fortgesetzt werden. Die Anerbietungen Karls hatten das norwegische Volk nicht vermocht auf schwedische Seite zu treten, vielmehr zeigte es sich den Eindringlingen durchaus feindlich. Die völlige Unwegsamkeit der verschneiten Wälder und Gebirge, in denen erst Bahn getreten werden mußte, was der vorauseilende König wie ein Tagearbeiter gern selbst that, und auf deren Pfaden höchstens zwei Mann nebeneinander bleiben konnten, bot unüberwindliche Schwierigkeiten dar. Die ausnahmsweise starke Winterkälte und der Mangel an menschlichen Wohnungen ließ die aus funfzehn- bis achtzehnjährigen Jünglingen bestehende Mannschaft entsetzlich leiden, und oft mußten Kanonen, Troßwagen und Pferde zurückgelassen werden. Endlich sah Karl ein, daß es unmöglich sei, Christiania auf dem eingeschlagenen Wege zu erreichen und wendete sich deshalb nach Süden, zum Glommen, um sich mit Mörner auf dem Strandwege zu vereinigen. Der so verstärkten Macht wagte Lützow, der dänische Befehlshaber, nicht zu wiederstehen, er verbrannte die vorhandenen Kriegs- und Mundvorräthe, legte gegen 2000 Mann als Besatzung in die Festung Aggerhus, verließ die offene Stadt, und zog mit der Hauptmacht nach Westen. Die meisten Bürger folgten ihm und der nachrückende König nahm die Stadt ohne Hinderniß ein. Die anfangs sogleich beabsichtigte Einnahme der Festung Aggerhus mußte aus Mangel an schwerem Geschütze aufgegeben werden.

Von allen Seiten strömte nun das norwegische Landvolk um Christiania zusammen und führte aus sicheren Verstecken in den Wäldern und Gebirgen einen so erfolgreichen kleinen Krieg gegen die Schweden, daß nicht eine Unternehmung nach dem Innern gelang; eine wichtige und starke Expedition gegen die Kongsberger Silbergruben und eine andere gegen Krogkleven scheiterte an diesem Widerstande. Weder blutige Drohungen, noch überraschende Großmuth gegen überwältigte Angreifer der Person des Königs änderten dies Verhältniß, und unter dem fortgesetzten Buschkrieg schmolz das ohnehin schwache Heer täglich mehr zusammen. Eine in Moß zur Erhaltung der Verbindung mit dem Vaterlande zurückgelassene kleine Truppenzahl, wurde vom Feinde überrascht und zerstreut. Karl schickte den Obersten Falkenberg mit achthundert Mann dahin ab, derselbe nahm den Platz wieder, später aber von Neuem angegriffen, verlor er einige hundert Mann und die bedeutenden Magazine daselbst. — Generallieutenant Ascheberg lag mit einer beträchtlichen Macht als Verbindung zwischen dem Glommen und der schwedischen Grenze; falsche Gerüchte und Mangel an Lebensmitteln zwangen ihn jedoch, um nicht abgeschnitten zu werden, über den Svinesund zurückzugehen, so daß nun zwischen den Schweden vor Christiania und in Bohuslän keine Verbindung mehr bestand, weshalb man in Stockholm fünf Wochen lang keine Nachricht vom Könige bekam.

Rückzug von Christiania. Aller Verluste ungeachtet war Karl lange Zeit nicht zum Rückzuge zu bewegen, sondern schickte Delvig nach Schweden, um Vorräthe und Truppen zu holen. Das Dal-Regiment, welches derselbe herbeibrachte, bestand aber aus ungeübter, schlecht ausgerüsteter junger Mannschaft. Die Dänen zogen gleichfalls Verstärkungen an sich und landeten bei Moß und Fredrikstad etwa 7000 Mann stark, so daß sie zusammen gegen 13,000 Mann zählten, worauf sie

Karl und Delvig von Schweden abschnitten und, vom Terrain begünstigt, den kleinen Krieg mit großem Erfolge fortsetzten. Gleichzeitig
kam die für Schweden entmuthigende Nachricht des Verlustes von
Wismar, des letzten festen Platzes in Deutschland, an. Ein von Daldorf, einem Parteigänger Karls, aufgefangener Briefwechsel, der
die Ankunft der dänischen Verstärkungen und die verlorene Verbindung
mit Delvig meldete, bestimmte endlich den König, nachzugeben und
am 18. April unter heftigen Scharmützeln den Rückzug anzutreten.
Auf schnell erbauten Flößen und in Kisten und Fässern wurde bei Oden-
stalund unter lebhaftem Gefechte auf beiden Ufern der Glommen überschritten, und der Rückzug ungehindert bis Fredrikshall fortgesetzt. Das
übergroße Elend, das Hunger und Kälte und den Verlust von 4000
Mann herbeigeführt und dem König selbst drei Tage lang nur Hafer-
brot und erst am vierten Tage zwei Häringe zu genießen gestattete, hatte
alle Bande der Mannszucht gelöst, und das durchzogene Feindes- und
Freundesland wurde in gleicher Weise geplündert.

Kampf in Fredrikshall. Endlich sah sich Karl mit Delvig vereint und Görtz' Bemühungen und kühnen Mitteln war es geglückt, Verstärkungen und Vorräthe herbeizuschaffen. Nach einiger Ruhe setzte sich
Karl am Svinesund fest, überbrückte denselben, versperrte die Einfahrt
nach Fredrikshall und bereitete sich zum Kampfe vor. In der Nacht
zum 24. Juni wagte Karl an der Spitze von 2500 Mann einen
Ueberfall, und nach heftigem Stadtkampfe von 2 bis 5 Uhr Morgens
war Fredrikshall in den Händen der Schweden. Die Bürgerschaft wurde
in die Festung Fredriksten und in die Berge gejagt. Sogleich begann von
dieser aus, auf Verlangen der eigenen Bürgerschaft, das Bombardement
auf die Stadt, die auch an mehreren Stellen in Brand gerieth; Karl
hielt einen Kriegsrath mit den Stadtbehörden, durch Verrath wurde das
feindliche Feuer auf dieses Haus gerichtet, dasselbe zerstört und der König
selbst im Gesichte verwundet. Er begehrte nun eine Waffenruhe, die man
ihm aber nicht bewilligte. Die Bürger zündeten hierauf selbst die Stadt
an und stürmten von allen Seiten auf die Schweden los, daß der König
endlich in den Rückzug willigte, der über die dem feindlichen Feuer
ausgesetzte Brücke ausgeführt werden mußte und ungeheure Verluste herbeiführte. Der König war einer der letzten Flüchtigen und wurde auf

dem anderen Ufer von Dalberg mit gesatteltem Pferde erwartet. Das Unternehmen hatte den Dänen die Stadt Fredrikshall und 100 bis 200 Todte und Gefangene, den Schweden etwa 200 Gefangene und 1200 Todte, darunter zwei Generalmajore, gekostet.

Seetreffen in der Dynekile. Die Kriegsbewegungen zur See waren zu Anfang des Jahres unbedeutend. Der Versuch einer dänischen Flotte, in den Svinesund einzudringen, um Fredrikshall zu entsetzen, ward abgeschlagen, und die in Bohus gesammelten Vorräthe wurden auf kleinen Fahrzeugen durch die Schären bis in eine im Norden von Strömstad gelegene tiefe Bucht, die Dynekile geführt, von wo sie zu Lande an den Svinesund und über die Brücke geschafft werden mußten. Der Hafen der Dynekile wurde durch Batterien befestigt und von Götheborg neun Kriegschiffe zu seinem Schutze herbeigeholt. Die Dänen suchten sich dieses Stützpunktes aller Bewegungen Karls zu bemächtigen, und Peder Tordenskjold segelte trotz der großen Gefahren am 27. Juni früh acht Uhr mit starkem Wind durch den engen befestigten Sund in die Bucht und griff die darin befindlichen Fahrzeuge an. Es entspann sich ein heftiger, verzweifelter Kampf, der bis zum Nachmittag währte, und aus dem Tordenskjold vollständig als Sieger hervorging. Fünf schwedische Fahrzeuge wurden verbrannt oder in Grund geschossen, sechzehn andere sowie alle Vorräthe erbeutet, und neunhundert Mann gefangen genommen. Ein Versuch, Tordenskjold und seinen Raub in der engen Einfahrt des Sundes zurückzuhalten, mißglückte, da er schon vor Abend und noch bevor die schwedischen Mannschaften und Kanonen herbeigeführt werden konnten, entkommen war.

Rückzug aus Norwegen. Gleichzeitig mit diesen in Norwegen erlittenen Niederlagen trafen die Drohungen der Russen mit Landungen in Uppland und Schonen zusammen; auch verlangte das vielfach verletzte England zu Anfang Juni, Karl solle Norwegen verlassen, widrigenfalls es Dänemark beistehen würde. So mußte denn Karl, obgleich gegen seinen Willen, am 28. und 29. April den Rückzug mit seinem ganzen Heere antreten. Die Truppen erreichten Schweden in einem Zustande größten Elends, der das tiefste Mitleid erweckte. Der König blieb im Süden des Svinesunds zurück und ließ die dort angelegte Schanze Sundsborg verbessern, um die Einfahrt nach Fredrikshall zu schließen. Das norwegische Heer unternahm aus Er-

mattung gleichfalls Nichts gegen den abrückenden Feind und es trat mit unbedeutenden Unterbrechungen eine Art Waffenruhe bis zum Jahresschluß
ein. Trotz der, Uppland und Schonen bedrohenden feindlichen Landungen
blieb Karl doch den ganzen Juli und August in dem Bauerhofe Norrby
am Svinesund. In den letzten Tagen dieses Monats konnte er nicht umhin,
in das bisher noch immer hinausgeschobene Wiedersehen mit seiner Schwester
Ulrika Eleonora einzuwilligen. Sie hielt sich mit ihrem noch an einer in
Norwegen erhaltenen Wunde leidenden Gemahl in Medevi auf und erbat dringend eine Zusammenkunft, die Karl endlich in Wadstena bewilligte. Er ritt von Norrby gerade hinüber nach Hjo, wo er allein und unerkannt ankam. Er wollte sich von einem Fischer nach der Ostgothaseite
übersetzen lassen, aber der Wenern ging zu hoch und es stürmte und regnete so, daß der Fischer nur durch Zwang und hohe Versprechungen zu
dem Unternehmen der Fahrt gezwungen werden konnte. Dennoch ging
die Fahrt glücklich ab, Karl landete bei Hästholmen, verschaffte sich sogleich ein Pferd und ritt nach Wadstena, wo er naß und beschmutzt in
das Zimmer der Prinzessin trat. Der Inhalt des Gesprächs der königlichen Geschwister ist nie bekannt geworden, es währte bis zum Abend,
und am folgenden Tage, einem Freitage, wurde öffentlicher Gottesdienst
abgehalten. worauf sich am Abende der König zu Pferde setzte und allein
südwärts nach Schonen ritt.

Diplomatische Verhältnisse. Während dieser Zeit des Unglücks hatte sich das große Bündniß gegen Schweden in seinem festen
Verbande immer mehr und mehr gelöst, da die eigensüchtigen Interessen
in Bezug auf die zur Vertheilung kommende große Beute einander kreuz-
ten. Görtz wußte das Eisen zu schmieden und suchte es zum offnen Bruch
zwischen den Verbündeten zu bringen. Des Czaren Pläne, sich in Deutschland festzusetzen, und Stimme auf dem Reichstage zu gewinnen, seine
Uebermacht und die Aufmerksamkeit Hannovers und Preußens auf die
von Rußland drohende Gefahr, gaben die Veranlassung hierzu. Die absichtliche Ausschließung russischer Hilfstruppen von der Einnahme und
Besatzung Wismars, die ohne das entschiedene Auftreten der dänischen
Truppen zu Gewaltthätlichkeiten geführt haben würde, erregten den
Haß und die Rachgier Peters und machten ihn den Plänen Görtz', ihn
zu Schweden hinüberzuziehen, geneigt, wofür auch die Czarin Katharina,

die durch ein Ehebündniß Karl Friedrichs von Holſtein mit ihrer Tochter Anna, und durch die Zuſicherung der ſchwediſchen Thronfolge für
dieſen Prinzen gewonnen war, ſowie Menſchikow und des Kaiſers Leibarzt außerordentlich thätig waren. Schriftlich wurde Nichts abgemacht,
äußerlich auch noch die alten Verhältniſſe aufrecht erhalten, und das früher
dem Nachbar gebietende Schweden, erhielt auf ſeine erſte Bitte um Freund-
ſchaft und Unterſtützung nur auf die Zukunft verweiſende Hoffnungen und
Verſprechungen. Ein augenblicklicher Vortheil für Karl waren die nicht
zur Ausführung kommenden, vom Czaren Dänemark verſprochenen Trup-
penſendungen, um ſich mit deren Hilfe der ſüdlichen Provinzen Schwedens wieder zu bemächtigen. Preußen war ſchon im Mai 1716 als
Gegner dieſes Plans aufgetreten, um Dänemark nicht zu ſtärken und
beide Sundufer in eine Hand gerathen zu laſſen. Peter hatte aber dem
Könige Friedrich in perſönlicher Zuſammenkunft gelobt, mit einer bedeutenden Flotte und 20,000 Ruſſen im Juli zu ihm zu ſtoßen. Auch England war dem Plane Dänemarks entgegen und bot Schweden Frieden
unter günſtigen Bedingungen an, die aber an Karls altem Starrſinn ſchei-
terten, weshalb es ſich mit Holland dahin einte, daß es ſeinerſeits zwanzig,
von Seiten Hollands zwölf Schiffe in die Oſtſee ſendete, um keine der
kämpfenden Mächte daſelbſt ausſchließliche Gewalt erlangen zu laſſen.

Im Juli kamen der Czar und ſeine Gemahlin Katharina von einer
ruſſiſchen Flotte von zwanzig Kriegsſchiffen und 40,000 Mann, obſchon
nur 24,000 ausbedungen waren, nach Kopenhagen. Dänemark hatte mit
unſäglicher Mühe etwa ſechzehn Schiffe und 18,000 Mann aufgebracht.
Anfangs herrſchte ſcheinbar Einigkeit unter den Verbündeten und Freu-
denfeſte gingen der beabſichtigten Landung in Schonen voraus, als es
aber zu dieſer kommen ſollte, ſchob Peter dieſelbe unter allen möglichen
Scheingründen immer weiter hinaus, ſo daß endlich König Friedrich den
10. September als letzten Termin aufſtellte, wodurch die ruſſiſchen Abſichten, ſich in Dänemark feſtzuſetzen, ſtatt gegen die Schweden zu ziehen, klar
ans Licht traten. Die Dänen waren nun auf die drohende Gefahr auf-
merkſam und machten gegen dieſelbe Front; Peter durch die Anwe-
ſenheit der engliſchen und holländiſchen Flotte im Sunde in ſeinem Vorhaben gehemmt, entſendete ſchließlich ſeine Truppen nach Mecklenburg
und verließ Kopenhagen, woſelbſt der König ſchon über vierzehn Tage

allen Verkehr mit ihm abgebrochen hatte. Karl hatte zwar einige Vertheidigungsanstalten in Schonen getroffen und einige Truppen dorthin zu senden befohlen, blieb aber selbst so ruhig und sicher in Norby, daß
daraus genugsam hervorleuchtete, wie er im Voraus davon unterrichtet
war, daß aus der drohenden, gemeinsamen Landung Nichts werden
würde. Erst zu Anfang September ging er persönlich nach Schonen.

Krieg mit Rußland. In Osterbotten hatten die Russen im
Winter 1716 entsetzliche Verheerungen verübt, durch Raub und Brand
das Küstenland auf eine Strecke von vierzig Meilen heimgesucht, und
Vieh und Menschen fortgeschleppt oder getödtet. In Westerbotten stand
zwar Generalmajor von Armfelt mit einigen Truppen, aber in zu geringer Anzahl, um Widerstand leisten zu können, so daß Norwegens halber
Finnland geopfert wurde. Im Frühjahr ruhte der Kampf auf der Ostseite,
im Juni aber verbreitete sich das Gerücht eines beabsichtigten Ueberfalls
der Hauptstadt und verursachte Angst und Schrecken. Alles wurde zur
Flucht vorbereitet, eine kleine Flotte kreuzte in den Schären, aber mit unzureichender und ungeübter Bemannung: Armfelt und de la Barre
kamen mit ihren Truppen aus Westerbotten zurück, konnten die Russen
aber nicht von verheerenden Besuchen in den Roslags-Schären und an
einer Landung und einem Menschenraub bei Oeregrund verhindern. Im
December 1716 überfielen die Russen das nunmehr ganz von Truppen
entblöste Westerbotten und plünderten es ungestört und nachdrücklich,
mußten aber schließlich vor dem aufgestandenen Landvolke sich gegen
Neujahr über Torneå nach Finnland zurückziehen. Die Besatzung der
Provinz hatte Karl nach Götheborg gezogen, um im Frühjahre 1717
einen Einfall in Schottland zu versuchen.

**Aufenthalt in Lund von Herbst 1716 bis Frühjahr
1718.** Ende August 1716 verließ, wie erwähnt, Karl die norwegische Grenze und verlegte sein Hauptquartier nach Lund, obgleich gerade diese Stadt durch Erpressungen ungemein gelitten hatte, an und für
sich klein und in Folge einer Feuersbrunst halb in Asche gelegt war. Er
nahm im Hause des Professors Hegart Quartier, und behielt seine einfache
Lebensart mit größter Strenge bei. Früh am Morgen, um ein oder zwei
Uhr, stand er auf, gestattete den Nachsuchenden Audienz und arbeitete von
vier bis sieben Uhr Morgens mit den Generalen oder Beamten. Darauf

stieg er, mochte das Wetter sein, wie es wollte, zu Pferde und ritt bis zwei Uhr Nachmittags und oft bis zum Abend umher. Die Mahlzeiten waren noch mäßiger als je, und das Tischsilber, das meist schon durch Zinn ersetzt war, wurde nun gegen Eisenblech umgetauscht. Um neun oder zehn Uhr Abends ging der König zur Ruhe; auch hier meist auf einfachen Strohlagern und unter dem ausgebreiteten Mantel. In der Geschäftsführung waltete die größte Unordnung da Karl grundsätzlich mit den Beamten wechselte und nach Gutdünken ihre Kräfte benutzte, so daß bald die obersten Beamten, bald die Staatssekretäre, oder auch wieder einfache Kanzlisten oder Kopisten die Personen waren, durch welche die wichtigsten Regierungs- und Verwaltungs-Maßregeln, deren wir im vorigen Kapitel gedachten, ins Werk gesetzt wurden. Sonst waren Musterungen die Beschäftigung des Königs bei denen er besonders streng verfuhr, und trotz des vorhandenen Mangels an Pferden ließ er den nicht gut befundenen das linke Ohr abschneiden, um zu verhindern, daß sie einem weniger streng Untersuchenden untergeschoben werden könnten. Sein Zeitvertreib waren weite und kecke Ritte, Jagden und Vorträge und Disputations-Uebungen der Professoren. Im Jahre 1717 unternahm der König einen Ritt nach Norden und über die norwegische Grenze, aber in einer solchen Eile, daß er nirgends über vierundzwanzig Stunden weilte, und nur einen Monat von Lund entfernt blieb, das er sonst in den anderthalb Jahren bis zum März 1718 nicht verließ, obschon die ruhenden Kriegsbewegungen ihm Zeit genug gelassen hätten, seine Hauptstadt oder die Kriegshäfen zu besuchen, und nähere Kenntniß über deren Flotten und Vertheidigungseinrichtungen zu nehmen. Im Winter von 1716 auf 1717 fing die Gesundheit des Königs ernstlich an zu schwanken, theils durch die Art wie er sie auf's Spiel setzte, theils durch Aufbruch der alten Wunde von Pultawa. An Brustbeschwerden war er einigemale ernstlich krank, wurde aber bald wieder hergestellt. Bei dem Gebrauche der Arzneien benahm er sich so eigensinnig wie stets. Von einer Medizin, von der er vier Tropfen nehmen sollte, nahm er vierzig auf einmal, legte sich zu Bett, schwitzte die Nacht hindurch übermäßig, genoß dann in der Frühstunde Milch und Wasser und bestieg hierauf trotz des Winterwetters ein Pferd und ritt mehrere Stunden in den schärfsten Gangarten, worauf er in der That ziemlich hergestellt zurückkehrte.

Plan zur Landung in Schottland. Die bereits seit 1715
begonnenen Unterhandlungen mit den Jakobiten Englands, die von Görtz
im Geheimen geführt wurden, und ihm als Mittel dienten, fremde Geld=
hülfe herbeizuschaffen, den König Georg zu schrecken, in der englischen
Presse und im Parlamente Stimmen zu gewinnen, waren nun dahin ge=
diehen, daß sie jetzt von Seiten Karls ein thatsächliches Auftreten zu
Gunsten der Partei der Stuarts verlangten. Im Januar 1717 wurden
die Truppen aus Schonen mehr und mehr in der Gegend von Gothen=
borg zusammengezogen, und der berühmte Kaperführer Gathenhjelm mit
der Ausrüstung einer Transportflotte beauftragt, alles jedoch unter dem
größten Geheimniß und scheinbar nach anderen Seiten bestimmt. Frank=
reichs geänderte Politik ließ den Regenten seine neue Freundschaft für
England durch den Verrath der schwedischen Pläne beweisen, denen der
Zufall und durch Späher herbeigeführte weitere Entdeckungen solche Glaub=
würdigkeit verschafften, daß die Korrespondenz des schwedischen Gesandten in
London, Gyllenborgs, des Urhebers und Leiters der ganzen Angelegenheit,
aufgefangen und er selbst verhaftet wurde, wodurch König Georgs Sache
im englischen Parlament und Volke statt des beabsichtigten Schadens
großen Nutzen gewann. Görtz befand sich zu dieser Zeit im Haag, ver=
nichtete bei der Nachricht von Gyllenborgs Verhaftung die Beweisstücke
und flüchtete, ward aber von der holländischen Behörde in Arnheim auf
Englands Requisition verhaftet. Karl zeigte sich sehr entrüstet, ergriff
Repressalien gegen den englischen Gesandten und suchte die euro=
päische Diplomatie für sich zu gewinnen; die englische Regierung
wußte aber den Vorwand eines Bruchs des Völkerrechts von sich ab und
auf Schweden, als Anstifter einer Revolution, zurückzuwälzen, und schadete
namentlich Karl durch den Hinweis, wie Er, der bisherige natürliche
Schutz der Protestanten, jetzt zu Gunsten der Katholiken in England
auftrete und sich auf eines Königs unwürdige Intriguen einlasse. Ob=
schon er sich höhnend darauf stützte, daß nichts Schriftliches von seiner
Hand zum Beweis einer Landung zu finden sei, konnte Karl doch die Frei=
gebung der Gefangnen nur durch wiederholte Erklärungen seiner per=
sönlichen Unkenntniß der Pläne, und durch die Zusicherung, Untersu=
chung und Bestrafung der ihre Vollmachten überschritten habenden
Gesandten und Minister zu veranstalten, erlangen. Im Sommer

1717 wurden sie in Freiheit gesetzt; Gyllenborg traf bald darauf bei Karl ein, und Görtz, der nicht über See nach Schweden zurückzukehren wagte, aus Furcht vor englischen Schiffen, ging durch Deutschland, Rußland und Finnland, Åland und Schweden, so daß er erst im Spätherbst beim Könige ankam. Beide wurden sehr wohl empfangen, mit Gunstbezeigungen überhäuft und befördert, von einer Untersuchung aber war nicht weiter die Rede. Schon auf der Reise und auch nach seiner Rückkehr setzte Görtz seine Unterhandlungen mit den Jakobiten und den sie unterstützenden Spaniern fort, doch nahm Karl nicht weiter persönlichen Antheil daran, und gleich nach dem Tode des Königs trat der Prätendent mit einer Forderung einer Summe von 175,000 Pfund Sterling auf, die er Görtz auf Karls Vollmacht vorgestreckt, und die auch 1757 von Schweden gezahlt wurde.

Unterhandlungen mit den Seeräubern auf Madagaskar. Gleichzeitig mit diesen Intriguen mit den Jakobiten gingen die wenig ehrenvollen Unterhandlungen mit den Flibustiern, die sich auf Madagaskar festgesetzt hatten, vor sich. Schon 1713 hatten dieselben begonnen und währten bis nach Karls Tode fort, ohne jedoch ein Resultat herbeizuführen. Diese Räuber boten eine halbe Million Pfund Sterl., fünfundzwanzig bewaffnete Schiffe für den Schutz gegen andere Mächte und Straflosigkeit für ihre Vergangenheit, und später noch Uebergabe einzelner ihrer indischen Niederlagsorte und Schlupfwinkel, und Uebersiedlung eines Theils ihrer Schätze nach Gothenborg, so wie Ablegung eines Huldigungseids an Schweden. Auf ähnliche Bedingungen hin fertigte Karl ihnen im Sommer 1718 einen Schutzbrief aus, verlieh ihnen den ganzen ostindischen Handel in Schweden, und ernannte einen ihrer an ihn Abgesandten, Namens Morgan, zum schwedischen Gouverneur in Ostindien.

Anschlag gegen St. Thomas. Auch gegen Westindien richteten sich 1717 die abenteuerlichen schwedischen Pläne und man beabsichtigte, die Insel St. Thomas den Dänen wegzunehmen. Da Karl auf Widerspruch im Rath stieß, gedieh der Plan nicht weiter als bis zur Ausfertigung der Vollmachten für die Befehlshaber der Expedition und bis zu der Anordnung, daß die Flibustier auf der Reise von Madagaskar nach Schweden erst Amerika ansegeln und die Eroberung der dänischen Antille vollziehen sollten.

Krieg gegen Rußland 1717. Theils die geheimen Unterhandlungen Görtz' mit dem Czaren, theils der Mangel an Mitteln verhinderte die Ansammlung größerer schwedischer Truppenmassen an den Ost-
küsten des Reichs. Im Mai und Juni verheerten russische und dänische
Flotten Aland und die Küste von Blekingen, besetzten Hanö und bedrohten Karlshamn und Karlskrona, zu dessen Vertheidigung der Erbprinz
von Hessen Anstalten traf. Im Juli segelten die Russen nach dem un-
vertheidigten Gotbland und brandschatzten es unter harten Bedrohungen
ohne jedoch zum Angriff überzugehen, da der Landhauptmann von Phi-
lander durch Muth und List die Russen nach kurzen Plünderungen zum
Abzug zu nöthigen wußte. Andere Unternehmungen fielen russischer
Seits nicht vor, um so großartiger waren aber die gegen Stockholm gerichteten Vorbereitungen des Czaren. So wurden auf den Ålandinseln
dreitausend Häuser zur Unterbringung einer beträchtlichen Kriegsmacht
errichtet, doch gelang es einigen schwedischen Truppen, die Inseln im Geheimen zu überraschen und das ganze beabsichtigte feindliche Lager
niederzubrennen.

Krieg gegen Dänemark 1717. Für Dänemark begann das
Jahr mit unvorhergesehenen Unglücksfällen, da ein Theil der Ende 1716
nach Norwegen abgesendeten Verstärkungen durch Stürme in die Bohus-
Schären und die Hände der Schweden gerieth. Auf den Czaren
und seine versprochene Hilfe wollte es sich nach den vorjährigen Erfahrungen nicht weiter verlassen, und so zwang es seine Erschöpfung mit
Preußen in Unterhandlung wegen des jetzt von ihm innegehabten Theils
von Pommern zu treten, dieselben gelangten aber zu keinem Resultat. Der
Schutz und die Unterstützung durch eine von England gesendete Flotte und die
noch größere Erschöpfung Schwedens ersparten ihm auch größere Rüstungen. Gegen die wenigen in Bohuslän versammelten Truppen richtete Tordenskjold einen Angriff. In den ersten Tagen des Mai nahte er
sich mit etwa zwanzig Segeln Götheborg. Widriger Wind hielt ihn auf und
ließ in Schweden das Unternehmen bekannt werden, so daß man den Hafen mit Ketten und Bäumen sperrte, und der Erbprinz von Hessen und
Mörner mit zwei- bis dreitausend Mann zur Vertheidigung herbeieilten.
Es entspann sich ein in Angriff und Vertheidigung gleich heftiger und
wohlgeführter Geschützkampf und schließlich mußten sich die Dänen mit

großem Verlust zurückziehen und hätten ohne einen den Rückzug begün-
stigenden Landwind vielleicht die ganze Flotte eingebüßt.

Angriff auf Strömstad. Ein ähnlicher Angriff auf Strömstad und seine neue Festung Sundsborg wurde von Karl vorausgesehen und Generalmajor Gjerta, der ihm bei Pultawa das Leben geret-
tet, zum Befehlshaber ernannt. Dieser ließ Strömholm und die davor
liegende Insel Laholm befestigen und nannte das neue Werk „Carolus".
Kaum war es fertig, als in der Nacht zum achten Juli Tordenskjold
schon in den Hafen einsegelte und von zwei Uhr Morgens an während
acht Stunden die Insel und Stadt beschoß. Sein eignes Fahrzeug wurde
in dem mörderischen Kampfe ruderlos und von vierzehn Geschützen im Carolus wurden zehn zum Schweigen gebracht. Schließlich ging den Schweden die Munition aus und Tordenskjold, der dies erkannte, beschloß mit
zwei Galeeren und acht stark bemannten Böten behufs des Sturmes zu
landen. Auf Laholm standen ein Bataillon Grenadiere und ein Bataillon Westerbotten, die Gjerta hinter den Felsen sich verbergen ließ; Tordenskjold landete in Siegeshoffnung und wurde erst in der Entfernung
von zwanzig Schritten aus diesem Hinterhalt mit einer so mörderischen
Salve empfangen, daß die Boote und Galeeren ruderlos vom Ufer ab-
trieben. Tordenskjold sprang in eins derselben, richtete sich hoch auf und
rief laut Hilfe von der dänischen Flotte herbei, wurde aber sogleich von
drei Kugeln getroffen und sank schwer verwundet ins Boot zurück. Die
Dänen geriethen in Unordnung und entkamen auch diesmal mit Hilfe
eines günstigen Windes. Tordenskjold wurde durch einen anderen
Befehlshaber ersetzt. Dieser segelte mit der Flotte wiederum nach Strömstad, um es von den aus Götheborg seewärts erwarteten Verstärkungen
abzuschneiden, aber auch ihn wies der Muth und die kluge Besonnenheit
und Voraussicht Gjertas unverrichteter Sache zurück. Karl, der nach dem
Sieg am 8 Juli einen berühmten Danksagebrief an Gjerta gesendet
hatte, eilte nun selbst nach Strömstad und traf gerade während eines
Gottesdienstes ein, der zur Feier des Sieges abgehalten wurde. Er nahm
sogleich daran Theil, besuchte die Verwundeten und das Schlachtfeld
und beschäftigte sich mit Vertheidigungsmaßregeln der Grenze. Am
15. September ritt er mit wenigen Begleitern über die norwegische
Grenze, entkam mit Mühe der Gefangennahme, gelangte von hier aus

nach Vestra Ed, wo er auf einen Tag die Befestigungen von Götheborg besuchte und kehrte am 20 September nach Lund zurück. Unter den Vertheidigungsmitteln befanden sich an den Straßenkreuzungen zwei= stöckige Thürme, unten neun Ellen oben elf Ellen im Geviert, mit einer Feuerstelle in der Mitte und Schießscharten in den Wänden. Sie hatten keine Thüren und waren nur mit Leitern zu ersteigen, die innen verwahrt wurden. Jeden Thurm umgab ein dichtes Pfahlwerk, zur Vertheidigung von innen eingerichtet; der Raum in den Thürmen war für eine halbe Compagnie berechnet, die darin eine Kalabalik auszuhalten bestimmt waren.

Im Jahre 1717 ging ein Plan Görtz' auch noch dahin, durch den irischen Kaperführer John Norris den Kronprinzen von Dänemark heim= lich an der Küste von Dänemark gefangen zu nehmen, glückliche Zufälle verhinderten die Ausführung desselben. Der Volksstimme entgegen wurde Norris von Gathenhielm, den Karl Trotz seiner Gewaltthätigkeiten so= wohl gegen den schwedischen wie gegen den feindlichen Handelsstand zum Commandeur in der Flotte ernannte, als Unterbefehlshaber angestellt, und erst nach des Königs Tode wurde er als ein in England mehrmals verurtheilter Seeräuber verhaftet.

Unterhandlungen. Die politischen Verhältnisse, der Eigennutz der einzelnen Staaten und namentlich das Mistrauen Englands gegen Rußland ließen einen 1717 gemachten Vorschlag Dänemarks, Schweden durch gemeinsame Absperrung vom europäischen Handel zum Frieden zu zwingen, scheitern, und jede Macht begann für sich, da sie alle des Krieges müde waren, Unterhandlungen. Im Frühjahr 1717 begonnen und im Sommer nach Görtz' Befreiung aus der holländischen Gefangenschaft wieder aufgenommen, scheiterten sie doch sämmtlich an den übertriebenen und wahrhaft lächerlichen Forderungen Karls, die theils Rückgabe aller Eroberungen, theils auch noch Schadenersatz bezweckten. Bis in den Winter 1718 hinein währten die Unterhandlungen, Rußland gegenüber falscher denn je, denn Görtz entblödete sich nicht, während er im Geheimen mit Peter um Frieden und Bündniß unterhandelte, gleichzeitig mit dessen aufrührerischem und landesflüchtigem Sohn Alexei zu intriguiren. Eng= lands sowohl wie Preußens und Dänemarks Bemühungen, einen Sepa= ratfrieden zu erzielen, blieben erfolglos. Bündnisse dieser Mächte unter einander zum Schutz gegen den Prätendenten, machte Schwedens Freund=

schaft weniger werthvoll und Preußen lehnte sich jetzt an Rußland, da
dies durch Alexei's Tod von den es bedrohenden Gefahren befreit wurde.
Ernster betrieben wurde das Friedenswerk 1718 durch den Czaren. Er
sendete Ostermann und Bence nach der Insel Åland, wo mitten unter
den Ruinen und Trümmern der vorjährigen Verheerungen zwei Holzpa-
läste erbaut waren, und abgeschlossen von jedem Späher, der Separatfrieden geschlossen werden sollte. Das Geheimniß war dennoch nicht bewahrt
und rief aufs Neue Rüstungen selbst von Englands Seite hervor, die zu
geheimen Unterhandlungen in London führten. Auch Dänemark trat wieder
mit einem neuen Bündnißplan zu Tage, nach welchem es von Norwegen
und Seeland aus in Schweden einfallen wollte, während Rußland gleichzeitig von Åland und England von der See her angreifen sollte. Rußland war aber so zum Frieden mit Schweden geneigt, daß es selbst nach
Entdeckung der in London gepflogenen Unterhandlungen seine Abgesandten, die nun schon drittehalb Monat in Åland auf die verheißenen schwedischen Friedensgesandten harrten, nicht abrief. Mehr an der Weigerung Karls, England das geringste Zugeständniß zu machen, als an Peters Drohung, ein Bündniß mit Dänemark gegen Schweden einzugehen und
einen gemeinsamen Angriff von Hannover aus zu unternehmen, scheiterten die
Londoner Unterhandlungen; endlich traf Görtz mit großem Gefolge und vielem Prachtaufwande im Mai auf Åland ein. Ein Angebot von 100,000
Thalern machte ihn den Frieden geneigt, seine Schlauheit, die ihn stets
zögern und mit Nichts hervortreten ließ, brachten Ostermann schließlich
dahin, wahrhaft überraschend günstige Friedensanerbietungen zu machen.
Nach allen erdenklichen Verzögerungen überbrachte er dieselben dem Könige
nach Strömstad, schon einen großen Vortheil dadurch erzielend, daß
während der hinausgezogenen Unterhandlungen die Russen Schweden gegenüber eine Waffenruhe bewahrten. Karl nahm die Vorschläge, so lok-
kend sie auch waren, um so weniger an, als sich einige vornehme Polen
gerade zu dieser Zeit wieder bei ihm eingestellt und ihn für sich gewonnen hatten, so daß er nun wieder die Herstellung des polnischen Throns für Stanislaus als unumgängliche Bedingung aufstellte. Görtz, so sehr er sich
auch dem vortheilhaften Frieden zugeneigt, opferte seine Ansicht bald dem
Willen des Königs und kehrte anfangs Juli nach Åland zurück. Aber
die russische Friedensliebe ließ Peter auch die neue Bedingung der Her-

stellung Polens für Stanislaus annehmen, um so mehr, da er August
wegen der gegen ihn an den Tag gelegten Falschheit haßte, und in dem
neuen Friedensvorschlag lagen für die Abtretung der von ihm eroberten
und innegehabten Ostseeprovinzen so ungeheurer Entschädigungen durch
Norwegen, Mecklenburg, Pommern und andere deutsche Länder, die er sich
sämmtlich mit für Karl zu erobern verpflichtete, wie er ihm auch ein bedeutendes Hilfsheer ganz unter seinen Befehl geben wollte, daß auch bei
vorausgesetzter Falschheit der Russen, der Plan nicht nur Görtz, sondern
selbst der Mehrzahl in Schweden annehmbar erschien. Peter hatte den
Vorschlag schon unterzeichnet und Karl war bereit dazu, als es Möller
noch durch Hinweis darauf, daß die Abtretungen sichere Nachtheile bräch-
ten, die Vortheile aber nur leere Verheißungen seien, gelang, Karl zur Verwerfung dieses und zur Aufstellung eines neuen Planes zu bewegen.
Diesem lag aber die unverzügliche Rückgabe Lief-, Esth- und Finnlands zu
Grunde und zwar vor Beginn jeder Unterhandlung, als so selbstverständ-
liche Sache, daß es nicht einmal in dem Friedensvertrag zu erwähnen nöthig
sei, wohingegen über Ingermanland und Karelen als einstmals russische Gebiete, vor Rückgabe derselben in aller Form verhandelt werden könnte.
Für Polen sollte der Altranstädter Frieden einfach anerkannt werden.
Im August kam Karl mit diesem Vorschlag hervor und Görtz mußte abermals zu ihm nach der norwegischen Grenze kommen, um die Russen hinzu
halten. Als er aber im November wieder nach Åland zurückkehrte und statt
des abgeschlossenen Friedens den neuen unannehmbaren Plan vorlegte,
riß Ostermann die Geduld und er drohte die Verhandlungen abzubrechen
und nach Petersburg zurückzukehren. Doch noch einmal gelang es der
Schlauheit Görtz', durch Lüge und Trug, ihn zu überlisten und
durch Unterhandlungen über Spezialpunkte des zweiten Vorschlags, dessen gänzliches Verwerfen durch Karl er verschwieg, hinzuhalten, so daß
er den 1. Januar 1719 abzuwarten versprach und Görtz gestattete,
Åland am 22. November noch einmal zu verlassen, um vom König
Instruktionen zu holen, ob er statt des verlangten, durch Rußland ihm zu verschaffenden Stralsunds, Danzig als Stützpunkt für seine
Unternehmung gegen Deutschland annehmen wolle. In Petersburg bewirkte dieses Benehmen aber um so mehr einen gewaltigen Umschwung,
als inzwischen der Verkehr der Gesandten bewiesen, wie Görtz durch Falsch-

heit mit allen Staaten gleichzeitig unterhandelt, um sie gegeneinander zu reizen und alle zu lähmen. Die alten Zwistigkeiten zwischen dem Czaren und König Georg wurden vergessen und ein Bündniß zu gemeinsamem Angriff gegen Schweden abgeschlossen.

Vierundzwanzigstes Kapitel.

Beschluß, Norwegen anzugreifen. — Armfelts Zug gegen Drontheim. — Karls Zug gegen den Glommen. — Landtransport der Bootsflotte. — Belagerung von Fredriksten. — Tod König Karls.

Beschluß, Norwegen anzugreifen. Das Jahr 1717 war ohne bedeutende Kriegsbewegungen verflossen, theils trugen hierzu die Noth des Landes, theils Karls Kränklichkeit, theils Görtz' Abwesenheit bei. Als jener genesen, und dieser zurückgekehrt, wurden sogleich alle Kräfte angespannt, neue Mannschaft und neues Material herbeizuschaffen. Im Januar 1718 hoffte Karl auf eine Eisbedeckung des Sundes, um Seeland anzugreifen und falls die Kälte nicht bedeutend genug wäre, sollte der Angriff gegen Norwegen gerichtet werden. Während der Rüstungen, die, da die Kälte ausblieb, gegen Norwegen gerichtet wurden, hielt sich Karl, mit Ausnahme einer Reise nach Lund und einem kurzen Aufenthalt in Christinehamn von 15. März bis Ende October, an der Grenze, meist in Strömstad auf. Oft überschritt er, nur von wenigen Personen begleitet, die Grenze, und stets wohnte er in Bauerhäusern, zur Ueberraschung und zum Entzücken der Bewohner sich den Sitten derselben fügend. Die hier und dort mitunter vorfallenden Scharmützel waren der einzige Zeitvertreib, der den König an die Grenze fesselte und ihn verhinderte nach Stockholm zu gehen und die Zügel der Regierung zu übernehmen. Im Herbst endlich waren die Rüstungen beendet, gleichzeitig aber auch jede Aussicht auf einen Frieden mit Rußland verschwunden und daher für Stockholm zu fürchten, aber nichtsdestoweniger beharrte der König auf einen Angriff auf Norwegen.

Armfelts Zug gegen Drontheim. Schon im August war Armfelt mit 13—14000 Mann von Jemtland aus in das Nachbarreich eingefallen. Vom Wetter und anderen Umständen begünstigt, brachte er die ihm entgegengestellten Truppen unter dem General Budde überall zum Weichen und drang bis in die Nähe von Drontheim vor, doch vermochte er diese mit etwa 8000 Mann besetzte feste Stadt nicht anzugreifen.

Karls Zug gegen den Glommen. An den Grenzen von Bohuslän, Dal- und Wermland hatte Karl endlich 22,000 Mann aufgebracht, mit denen er in den letzten Octobertagen in Norwegen einbrach. Das Wetter schuf unglaubliche Schwierigkeiten und Hindernisse, doch trotzten ihnen die Schweden, den König an der Spitze, und trieben die ungefähr 15,000 Mann starken Dänen bis über den Glommen zurück. Sowohl bei dieser südlichen, als bei der nördlichen dänischen Armee, war der schnelle Rückzug in sichere Positionen mit hinreichenden Hilfsquellen ein wohlberechneter Plan, um Karls und seines Heeres Kräfte zu ermatten, den Wirkungen des Hungers, der Kälte und des Winterfeldzugs zu überlassen, und später zur Offensive übergebend, ihn leichter bewältigen zu können. Der Plan bewährte sich auch bald, und schon im ersten Monat verlor Karl bereits viertausend Mann durch Hunger, Krankheit und Feindeshand; hierdurch und durch umlaufende Gerüchte über Mißstimmung des Königs verwandelte sich die anfänglich noch durch sein Beispiel erzeugte Begeisterung in Mismuth und Unzufriedenheit im Heere. So soll er einem Obersten, der ihm den Mangel an Lebensunterhalt für sein Regiment meldete, entgegnet haben: „Können die Soldaten so nicht leben, so mögen sie sterben!" Um diese Zeit geschahen auch alle die Angriffe auf die Bank, die Mündel- und Armenkassen und die Erhebung der Abgabe des sechsten Pfennigs.

Landtransport der Bootsflotte. Auf der See hatten im Frühjahre einige schwedische Kriegsfahrzeuge sich zu zeigen versucht, mußten aber bald Schutz in ihren Häfen suchen, da eine überlegene dänisch-englische Flotte das ganze Fahrwasser beherrschte. Auf dem bis nach Fredrikshall hineinreichenden tiefen Arm des Svinesunds, dem Idefjord, lagen einige kleine dänische Fahrzeuge, die kräftig zur Vertheidigung dieser Festung beitrugen und die Dänen mit Lebensmitteln versahen. Zu ihrer Zerstörung hatte Karl in den Strömstader Schären mehrere Galeeren gesammelt, die er, da er sie der dänischen Flotte halber nicht aufs offne

Meer zwischen den Svinesund und Strömstad zu bringen wagte, von hier aus fünf Stunden weit über Land in den Svinesund führen ließ. Im Juli begann das von Polhem entworfene gewaltige Unternehmen unter Swedenborgs Leitung und durch Karls persönliche Betheiligung angefeuert und wirklich gelang es, eine kleine Bootsflotte in den Idefjord zu bringen, welche die Dänen wiederholt anzugreifen und zu zerstören versuchten, dabei aber jedesmal abgeschlagen wurden.

Belagerung von Fredriksten. In Besitz dieses wichtigen Hilfsmittels wendete sich Karl in den ersten Tagen des Septembers, wo er bereits am Glommen stand, gegen die seit 1716 sehr verstärkte und jetzt mit 2000 Mann besetzte, mit Munition und Proviant wohlversehene Festung Fredriksten, zu deren Unterstützung außerdem 1300 Mann hinter dem Glommen standen. Der Angriff sollte von Norden her erfolgen, und mußte mit der Eroberung eines frei stehenden Außenwerks, Namens Gyllenlöwe beginnen. Obgleich eine unbedeutende Schanze leistete sie mehrere Tage Widerstand, wurde aber am 27. November durch zweihundert Grenadiere, geführt vom Obersten Bousquet und Karl selbst an der Spitze, mitten im feindlichen Feuer auf Leitern erstürmt. Hierbei und während der ganzen Belagerung setzte Karl sein und seiner Begleiter Leben muthwillig und nutzlos auf's Spiel und ritt herausfordernd mitten in den Kugelregen der feindlichen Batterien hinein.

Des Königs Tod. Gleich nach der Eroberung Gyllenlöwe's eröffneten die Schweden die Laufgräben, um sich Fredriksten selbst zu nähern. In der ersten Nacht wurden nur zwei von hundert Arbeitern erschossen, da man noch ziemlich weit von den Wällen entfernt war. In der Nacht zum 29. brachten zweihundert Arbeiter den Graben um 180 Schritt vorwärts und fünfundfünfzig Personen davon wurden verwundet oder getödtet. In der Nacht zum 30. wurde 210 Schritt vorgeschritten zur Eröffnung der Parallele, von vierhundert Arbeitern wurden trotz schützender dicker Nebel dreißig verwundet oder getödtet. Karl, dessen Hauptquartier in Tystedalen war, ließ sich, um die Arbeit besser betreiben und die Gefahr theilen zu können, näher an der Festung eine kleine Bretterhütte aufführen und hielt sich hier Tag und Nacht auf, ertheilte von hier aus seine Befehle und nahm seine einfachen Mahlzeiten ein, obschon die Kugeln stets hier umhersausten. Am 30. November, dem ersten Adventsonntage, ritt er in das

Hauptquartier nach Tydtedalen, wechselte die Kleider, las mehrere Papiere, verbrannte verschiedene derselben und zeigte sich barsch und unmuthig; dann wohnte er dem Gottesdienste und später dem Abendgebete bei; rief die Oberbefehlshaber zusammen und ertheilte Befehle für den Abend und die Nacht. Um vier Uhr Nachmittags ritt er, von den Franzosen Maigret und Siere begleitet, nicht zu seiner Bretterhütte zurück, sondern zu dem vordersten Punkt des während der Nacht zuvor aufgeworfenen Laufgrabens, stieg ab, ging umher, besah die Arbeit, sprach mit Mehreren und war wieder guter Laune.

Indessen brach die Dämmerung herein und die neue Erdarbeit sollte beginnen. Die kommandirten Arbeiter verzögerten ihr Kommen etwas, und der König wurde ungeduldig. Maigret bat ihn, sich zu beruhigen und versprach innerhalb acht Tage die Festung in seine Hände zu liefern. „Wir wollen sehen!" antwortete der König.

Endlich kamen die Soldaten. Maigret stellte sich an ihre Spitze und führte sie in der Richtung des neuen Grabens, wo sie sich, da sie in Flintenschußweite gekommen, und die Außenwerke der Festung auch mit Infanterie besetzt waren, sogleich hinter Schanzkörben eingraben mußten, wobei auch Viele blieben.

Inzwischen und etwa um acht Uhr Abends nahm der König sein Abendessen, stehenden Fußes und in dem Laufgraben selbst ein. Er faßte während desselben seinen alten Tafeldecker Hultmann beim Rockknopf und . ernannte ihn zum Küchenmeister und befahl, daß das Patent sogleich ausgefertigt würde.

Der Laufgraben, in welchem sich der König befand, lag in Musketenschußweite zweihundert bis vierhundertfünfunddreißig Ellen von der Festung; die Stelle wo derselbe fiel, ist nicht genau anzugeben, da der einfache Denkstein versetzt worden ist. Die Dunkelheit des Abends erlaubte dem Feinde kein sicheres Zielen, obschon von der Festung her Pechkränze und geworfene Leuchtkugeln etwas Licht zu verschaffen suchten und der unlängst voll gewesene Mond bald aufgehen mußte.

Aus allen diesen Gründen befürchtete Karl einen Ausfall. Um selbst auf Alles achten zu können, was vorfiel, verließ er den tiefen Graben und stieg auf die innere Böschung seiner Brustwehr, mit dem Kopf und den Armen über die Krone hinaus, sodaß er ungehindert seine Soldaten und die Festung übersehen konnte, aber den feindlichen Kugeln in gleicher Weise ausgesetzt war. Maigret sagte ihm: „Das ist keine Stelle für Eure Majestät, Kartätschen, Musketen- und Kanonenkugeln haben nicht mehr Achtung vor einem Könige, als vor dem geringsten Soldaten." „„Habe keine Furcht!"" sagte Karl. Maigret, der unten im Laufgraben stand, entgegnete: „Ich habe keine Furcht für mich selbst, denn mich schützt die Brustwehr, aber Ew. Majestät benutzen sie nicht zu Ihrem Schutz sondern zu Ihrem Schaden." Nun antwortete der König mit dem Befehle, er und die anderen Officiere sollten weggehen und nach den Arbeitern sehen.

Es war fast neun Uhr; der Mond war schon aufgegangen. Der König lag immer noch mit erhobenem Kopfe auf der Brustwehr, das Kinn auf die linke Hand gestützt, die linke Seite des Körpers gegen die Böschung des Walls gelehnt und die Knice wie es schien gegen einen Absatz der Brustwehr gestützt. Dicht hinter ihm, unten im Laufgraben, hatten sich acht bis zehn Officiere gesammelt, unter Andern Kaulbars, Schlippenbach, Marchetti, Schults, Karlberg und Maigret; der letzte so nahe, daß sein Kopf zwischen des Königs Absätzen war. Eine kleine Strecke davon standen der Generalmajor Schwerin und einige andere Officiere, in der Nachbarschaft viele Soldaten. Auch der Herzog von Holstein war unweit. Die Herren im Laufgraben beriethen eben, wie sie den König von dem gefährlichen Platz weglocken sollten, als sie plötzlich einen Laut vernehmen, als ob ein Stein in eine Pfütze fiele, wobei des Königs Kopf in den Mantel niedersank, und die linke Hand seitwärts nach unten fiel, der Körper aber in ungefähr derselben Stellung liegen blieb als vorhin. „Herr Jesus! Der König ist erschossen!" rief Kaulbars aus, schlug den Lieutenant Karlberg auf die Schulter und bat ihn, zum General Schwerin zu laufen. Maigret zupfte den König am Mantel, aber keine Antwort, keine Bewegung wurde verspürt. Schwerin eilte, stumm vor innerer Erschütterung sogleich zur Stelle. Die nächst beschäftigten Soldaten wurden, um Unruhe und Verwirrung zu vermeiden, weiter weggeführt, und die Leiche sodann herabgezogen. Es fand sich, daß wahrscheinlich eine Kartätschenkugel durch die linke Schläfe neben dem Auge ein- und durch die rechte etwas tiefer ausgegangen war, eine Wunde zurücklassend, so groß, daß man drei Finger hätte hineinlegen können. Das linke Auge war eingedrückt, das rechte herausgesprengt; die linke Hand war auf den Degengriff gefallen, als habe sie noch im letzten Augenblicke denselben zu erfassen gesucht.

Um das Unglück zu verbergen, wurde der Körper mit einem Mantel bedeckt, ihm des hinzugekommenen Sicre's Hut und Perrücke aufge= setzt und von herbeigerufenen Soldaten die Leiche in das Hauptquartier getragen. Dort versammelten sich sogleich alle hohen Officiere und be= trachteten mit thränenden Augen den gefallenen Helden. Das Gefühl des Heimgangs einer höchst ungewöhnlichen Persönlichkeit durchbebte die Anwesenden und bald das ganze Heer, ganz Schweden, ganz Europa. In Folge seiner Tugenden, wie seiner Fehler ist er das Ziel der Blicke und Gedanken, der Liebe und des Unwillens, der Bewunderung und des Tadels eines Welttheils gewesen. Jetzt hinterließ er eine Leere, eine große Leere, von der man deutlich erkannte, daß sie spät, vielleicht nie ausgefüllt wer= den würde.

Die königliche Leiche wurde aus dem Hauptquartier nach Uddewalla geführt, dort einbalsamirt und später nach dem Lustschloß Karlsberg ge= bracht wo sie beigesetzt wurde, um die feierliche Beerdigung später zu vollziehen. Ueber diese erhob sich noch eine Meinungsverschiedenheit, da eine große Partei im Rathe, wegen der Noth und des Geldmangels des Landes ein stilles Begräbniß wollte, wie es Karl XII. selbst 1716 seiner Großmutter und Schwester veranstaltet hatte; Ulrika Eleonora aber widersetzte sich dem und gewann eine Partei für sich, die die Veranstaltung eines großen feierlichen Begräbnisses am 26. Februar 1719 durchsetzte. Es wurden die sterblichen Reste in der sogenanten Karolinischen Grabkapelle an der Riddarholmskirche, die von Karl dem Eilften für die Glieder des Hauses Pfalz=Zweibrücken zu bauen begonnen, jetzt aber noch unvollendet war, und erst unter Ulrika Eleonora ausgebaut wurde, beigesetzt; dieselben um= schließt ein aus schwarzem Marmor gehauener Sarkophag, den ein golde= ner Löwenkopf schmückt. Der Name Carolus XII. ist die einzige Inschrift, und Krone, Scepter und Schwert der einzige weitere Schmuck; aber in der Kirche wehen noch heut fast zweitausend Standarten und Fahnen, deren größter Theil in den Feldzügen dieses Königs erobert wurde.

Fünfundzwanzigstes Kapitel.

Armfelt's Rückzug von Drontheim. — Der Prozeß und das Ende Görtz'. — Folgen der Regierung Karls XII. für Schweden. — Das Andenken und die Beurtheilung Karls. — Einwirkungen des Andenkens an Karl. — Gerüchte über eine Ermordung des Königs.

Armfelt's Rückzug von Drontheim. Armfelt wagte, wie erwähnt wurde, nicht, die gut befestigte und günstig gelegene Stadt Drontheim anzugreifen. Auch seinen übrigen Bewegungen stellte die Natur des Landes im Verein mit dem ungünstigen Wetter und der feindlichen Stimmung der ganzen Bevölkerung unübersteigliche Hindernisse in den Weg. Dessenungeachtet beantwortete Karl alle seine Berichte darüber mit dem gemessensten Befehle, in Norwegen weiter vorzudringen und unter keinen Umständen nach Schweden zurückzukehren. So war die Noth in beständigem Wachsen. Die im Lande vorhandenen Lebensmittel waren von der flüchtigen Bevölkerung mitgenommen oder versteckt und die Zufuhr aus Schweden vermochte nur langsam und aus Pferdemangel bald gar nicht mehr herbeigeschafft zu werden. Das von den Soldaten von den Aeckern genommene Getreide mußte, da alle Mühlen von den Norwegern zerstört waren, zwischen Steinen zermalmt werden. Mit der zunehmenden Kälte nahm die Brauchbarkeit der Bekleidung der Truppen ab, und so war es begreiflich, daß die Disciplin locker wurde und die Noth zu Desertionen und Uebergang zum Feinde in Massen Veranlassung gab. Endlich führte das Misvergnügen zu offener Meuterei und blutiger Bestrafung. Armfelt meldete es Karl, wagte aber nicht nach Schweden zurückzukehren, sondern unternahm bis in den November hinein Streifzüge, wobei er durch die im Hinterhalt liegenden bewaffneten Bauern viele Leute verlor und Nichts weiter als die Plünderung des Kupferwerks Röraas auszurichten vermochte. Die Verheerungen durch Hunger und Krankheit stiegen ins Unglaubliche. Am 30. November, dem Sterbetage Karl's, waren von 15,932 Mann nur noch 5527 und von 6730 Pferden 1454 am Leben, und dennoch wagte Armfelt nicht nach Schweden aufzubrechen, sondern versuchte durch kleine Detachements, die fast sämmtlich dem Schnee und Unwetter erlagen, den Rückweg durch's Gebirge offen zu halten.

Um die Mitte des Decembers wurde ein dänischer Eilbote von Fre-
deriksball nach Drontheim von den Schweden aufgefangen. Armfelt hielt
aber die bei diesem vorgefundene Depesche von des Königs Tod für eine
Kriegslist, um ihn zum Aufbruch nach Jemtland zu veranlassen. Diese
Nachricht bewog ihn im Gegentheil zu neuen Streifzügen, die aber an
den Schneemassen des Gebirges scheiterten. In den letzten Tagen des
Jahres erreichte ihn die sichere Botschaft vom Tode des Königs und nun
befahl er de la Barre, der in der Gegend von Röräs stand, sonder Ver-
zug nach Schweden zu marschiren, was dieser auch mit einigen Truppen-
abtheilungen ohne großen Verlust bewerkstelligte. Armfelt selbst brach
erst um die Neujahrszeit 1710 mit dem nur noch 5250 Mann starken
Hauptheere auf und wandte sich nach Osten, um durch das Gebirge nach
Jemtland zurückzukehren. Schon auf den ersten Märschen erfroren einige
Mann. Im Gebirge selbst waren aber acht schwedische Meilen zwischen
Tydalen, dem letzten norwegischen und Handöl, dem ersten schwedischen
Dorfe zurückzulegen. Eintretender Schneesturm und fürchterliche Kälte
ließen in den ersten 24 Stunden mehrere hundert Menschen und Pferde,
und darunter den norwegischen Wegweiser erfrieren, wodurch die Verwirrung und das Elend grenzenlos wurden. In baum- und strauchloser
Schneewüste verirrte sich das Heer, versuchte vergeblich aus den Gewehr-
schäften und Kanonenlaffetten hinreichende Feuer zu machen, um sich zu
erwärmen und kam in großen Massen im Schneetreiben und in den Ab-
gründen des wilden Gebirges um. Einem kleinen Trupp gelang es am
dritten Tage zu entdecken, daß unter dem Eise ein brausender Strom floß,
sie hieben Löcher in die Eisdecke, um die Richtung desselben zu ergründen
und verfolgten dieselbe sodann. Es war die nach schwedischer Seite strö-
mende Enaelf, die sie in die Gebirgsgegend von Enbogen führte, wo abermals ein Schneetreiben einem großen Theile der Mannschaft das Leben
raubte, so daß nur etwa 1500 Mann das Dorf Handöl, die meisten davon mit erfrorenen Gliedern, erreichten. Handöl bestand nur aus drei
Bauergehöften, so daß die vorhandenen Häuser bei weitem nicht alle Angekommenen zu fassen vermochten, weshalb noch Viele an Ort und Stelle
erfroren und nur etwa 870, meist abgehärtete Finnen, von den 5250
Mann bis zum nächsten Orte kamen, durch das erlittene Elend und den
Frost jedoch für ihr ganzes Leben untauglich geworden.

Der dänische Befehlshaber sendete den Abziehenden einen Trupp Schneeschuhläufer nach, die die traurigen Spuren des verloren gegangenen Heeres auf dem Wege fanden und mit Beute beladen bald zu ihrem Standort zurückkehrten, worauf mit dem kommenden milderen Wetter norwegische Bauern die Plünderung der Leichen vervollständigten, die dann den Bären, Wölfen, Füchsen und Raben eine so reiche Mahlzeit boten, daß man noch 1742 viele Gebeine auf den nackten Felsen bleichen sah.

Der Prozeß und das Ende Görß'. Einer der ersten Beschlüsse, der nach dem Tode des Königs von dem Erbprinzen Friedrich und seiner Partei gefaßt wurde, war, Görß, seine Freunde und Helfer gefangen zu nehmen. Der Ursachen waren viele, theils Erbitterung und Rachgier, theils die Besorgniß, daß Görß sich dem Herzog von Holstein anschließen könne, um diesem die Krone zu verschaffen, theils die Möglichkeit, daß er außer Landes gehen und sich der Rechenschaft entziehen könnte. Kaum hatte daher Siere die Todesbotschaft nach Stockholm gebracht, so wurden von der Rath und die andern Kreaturen Görß' verhaftet, noch ehe die Todesnachricht zu ihnen hatte dringen können. Einer der wichtigsten, Stambke, war auf Åland, faßte dort aus einigen Umständen Verdacht und begab sich unter den Schutz des russischen Gesandten. Görß selbst wurde stündlich im Lager erwartet, um Karl Bericht von Åland zu bringen. Der Erbprinz von Hessen schickte ihm ein Commando von Officieren unter Leitung des persönlich von ihm beleidigten Trabanten, des Obersten Baumgarten, demselben, der bei Stresow Karl das Leben gerettet hatte, nach Bohuslän entgegen, mit dem Befehl, ihn lebend oder todt einzubringen. Wie gewöhnlich reiste Görß mit zahlreichem Gefolge, mit nicht weniger als 85 Pferden, trotz des großen Mangels an solchen, sodaß er nicht leicht zu verfehlen war. Die Schwierigkeit, diese Pferde herbeizuschaffen, hatte aber bewirkt, daß das Gefolge zurückgeblieben war und Baumgarten den Minister in der Nähe von Tanum allein auf der Landstraße antraf; er kehrte unter Vorwänden mit ihm um, zu dem Predigerhof, wo das Nachtquartier genommen werden sollte. Hier zog er den Prediger ins Vertrauen, der dem Vorhaben seinen Beistand lieh. Görß' Diener weglockte und so die Verhaftung ohne jeden Widerstand ermöglichte, aus welcher der Unglückliche sogleich

des Königs Tod, troß der Ableugnung desselben, erkannte. Vorgeschützte
Krankheit wurde nicht berücksichtigt und der Gefangene unter sicherer Be=
deckung, mehr zu seinem Schutz gegen den Ausbruch der Volkswuth, als
aus Furcht vor Befreiung nach Stockholm abgeführt und im Stadthause
in sicheren und so strengen Gewahrsam gesetzt, daß jedem etwa beabsich=
tigten Selbstmorde vorgebeugt war.

Die Stimmung gegen Görtz gab sich in unzähligen Schmähschrif=
ten, in Predigten von der Kanzel herab und in stets erneuten Volksauf=
läufen, wenn er durch die Straßen geführt werden mußte, kund und
sprach sich so unzweideutig aus, daß alle Anhänger des ehemals Allmäch=
tigen von ihm abfielen und seine Schmeichler im Rathe, wie Tessin,
Höpken und Bellingk augenblicklich zur andern Partei übergingen und
am lautesten auf ihn schmähten. Die Anhänger des Königshauses und
der Selbstherrschaft schürten ihrerseits den Haß gegen den Minister, um
ihn von Karl und seiner Regierungsweise abzuwälzen. Dies, sowie die
Ankunft Bassewitz', des Todfeindes des Gestürzten und dessen Intriguen,
erhöhten die Erbitterung immer mehr und mehr gegen ihn.

Anfangs sollte der Prozeß vor dem Hofgerichte geführt werden, da
man aber wußte, daß die Formen des Gesetzes von dem schlauen Minister
so gestaltet worden waren, daß er die Verantwortlichkeit von sich ab und
auf des Königs Schultern gewälzt hatte, und da er ferner weder Schwe=
den, noch dem Könige vereidet war, sondern als Ausländer lediglich im
Privatdienste Karl's gestanden hatte, dieser ihm auch durch besondere
Verfügungen für seine Handlungsweise Befreiung von aller Rechenschaft
zugestanden hatte, so bezweifelte man, ihm etwas anhaben zu können.
Ferner suchte man einer etwaigen Einmischung des Auslandes, nament=
lich der des Czaren, durch Vermeidung eines langwierigen Prozesses vor=
zukommen. Ungeachtet des Einspruchs des Erbprinzen von Hessen, dessen
Vater, der alte Landgraf, dringend um genaueste Beobachtung aller Vor=
schriften des Gesetzes bat, wurde eine Commission von vierzehn Mitglie=
dern aus verschiedenen Ständen zur Führung eines kurzen Prozesses nie=
dergesetzt. Nach drei Wochen hatte die Commission durch ihren Ankläger
die Klage erhoben, daß Görtz dem Könige Haß gegen die Schweden ein=
geflößt, das Vertrauen desselben misbraucht, mehre höchst reichsverderb=
liche Maßregeln veranlaßt und endlich den König zu fortgesetzter Führung

des Krieges ermuntert habe, während Frieden die einzige Rettung des Staates hätte werden können. Während des nun eröffneten Rechtsganges beging man eine Menge Ungesetzlichkeiten, indem man die Einwürfe nicht beachtete, daß der Angeklagte kein schwedischer Unterthan sei; daß er stets auf besonderen Befehl des Königs und von diesem mit Unverantwortlichkeit ausgestattet, gehandelt habe; ferner, daß man ihm einen rechtskundigen Vertheidiger als unnöthig versagte, seine Antworten auf Ja und Nein beschränkte, den Gebrauch der schriftlichen Vertheidigung und die Vernehmung noch anderweit vorgeschlagener Zeugen abschnitt, ja nicht einmal die genaue Durchlesung der schriftlichen Anklage und ihrer Beilagen gestattete.

Diesem Verfahren gegenüber setzte der Angeklagte bei den einzelnen Punkten bald Vergessen der Details, bald entschiedene Ableugnung mit Hinweis auf seine früheren zweideutigen oder in Rücksicht auf eine geahnte derartige Zukunft bezüglich seiner Handlungsweise in Widerspruch stehenden Aeußerungen und Schriftstücke entgegen, suchte später mit vieler Klarheit und Richtigkeit die Schuld von sich ab und auf den König zu wälzen und stellte dabei beabsichtigte noch härtere und schädlichere Maßregeln als lediglich durch sein Wirken verhindert, in den Vordergrund. Anfangs Februar 1719 war die Untersuchung beendet und es handelte sich nur noch um einen Aufschub behufs der Rechenschaftsablage über die Finanzen, um wo möglich noch verborgene und außer Landes geführte Schätze zu retten. Ulrika Eleonora aber drängte zur schnellen Entscheidung und Beendigung des Prozesses. Am 9. Februar traten die Commissionsmitglieder zum Urtelsspruch zusammen, da der Rath, die Bürger, Geistlichen und endlich auch der Adel in die Beendigung der Angelegenheit gewilligt. Alle stimmten für Todesstrafe, selbst die Mitglieder der Commission, welche die begangenen Ungesetzlichkeiten in dem Verfahren anerkannten und ihn in einzelnen Anklagepunkten freigesprochen hatten. Bei der Verkündigung des Urtheils im Gefängniß benahm sich Görtz würdevoll, bat jedoch um Aufschub wegen Rechnungsablegung, der ihm aber aus Haß und Rachsucht verweigert wurde.

Görtz' Benehmen während der Gefangenschaft war mannhaft und fest; in der Philosophie Epikurs, dessen Anhänger er stets gewesen, fand er Trost und Erholung und seine spätere Umkehr zur Religion wurde

von Denen, die ihm näher gestanden, mehr für einen Versuch, seinem
Geschicke eine günstigere Wendung zu geben, als für eine wirkliche Ueber-
zeugungssache gehalten. Die meiste Hoffnung hatte er wohl auf das her-
zoglich holsteinische Haus gesetzt, dessen Fürsprecher und Vertheidiger er
stets gewesen. In der Stunde der Noth wurde er aber von dem Herzog
Karl Friedrich verlassen, der, um dem Unwillen der Schweden zu entgehen,
in ihm seit seiner Verhaftung den Verurtheilten erblickend, ihn sofort aller seiner Rechte als Holsteiner entkleidete, wodurch er ihn der Möglichkeit beraubte, sich auf seine Eigenschaft als fremder Staatsdiener und
Unterthan zu berufen und zu einem schutzlosen Opfer allgemeinen Abscheu's machte. Um Begnadigung zu bitten, hatte der Angeschuldigte in
der Ueberzeugung der Verweigerung derselben, von Anbeginn an verschmäht,
die Strafverschärfung aber, am Fuße des Galgens beerdigt zu werden,
suchte er von sich abzuwenden; doch auch diese Bitte fand bei den Ständen, namentlich wegen des Widerstandes der Bürger, kein Gehör. Mit
Seelenruhe bereitete er sich zum Tode vor, schrieb wahrhaft antik gedachte,
philosophische Sentenzen an seine Gefängnißmauern und verfaßte sich
eine geistvolle Grabschrift. Ein Gerücht, welches seine Hinrichtung ein
paar Tage vor dem wirklich festgesetzten Zeitpunkt verkündet hatte, lieferte
ihm noch den Beweis, welche Stimmung das schwedische Volk gegen ihn
hegte. Die Zögerung nicht begreifend und für eine Begnadigung haltend,
hatten sich Tausende vor dem Gefängniß eingefunden und drohten dasselbe zu erstürmen, gingen auch zur That über, und nur das Einschreiten
der aufgebotenen bewaffneten Macht vermochte das Vorhaben zu verhindern. Die letzten vierundzwanzig Stunden widmete der Verurtheilte der
Abfassung seines Testaments und ernsten Gesprächen über die Unsterb-
lichkeit der Seele, benahm sich würdevoll und liebreich gegen seine wenigen
treuen Freunde und Diener, ertrug still die Beschimpfungen des Volks
auf seinem letzten Gange, bestieg kräftigen Schrittes das Schaffot, entkleidete sich und legte das Haupt selbst auf den Block, wo es unter
dem ersten Hiebe fiel. Die Leiche wurde unter dem Galgen begraben,
aber bald darauf, in den Stunden, in welchen das Leichenbegängniß Karls
des Zwölften die Bevölkerung Stockholms beschäftigte, mit oder ohne
Bewilligung der Regierung von seinen treuen Dienern ausgegraben und
fortgeführt.

Den Beamten der verhaßten, neu eingeführten Verwaltungszweige wurde gleichfalls der Prozeß gemacht, sie mußten aber alle darzuthun, wie sie keine Rechenschaft ablegen könnten, da sie nur vom Könige zu willenlosen Werkzeugen des hingerichteten Görtz gemacht seien, sodaß die Commission nach Anfangs harter Behandlung, bald mildere Saiten aufziehen und sie schließlich freisprechen mußte. Graf von der Nath glückte es erst nach längerer schwerer Haft, und nachdem der Tod durch Henkershand auch ihm nahe gestanden, zu beweisen, daß er Görtz' Thaten gemisbilligt, von ihnen abgerathen, auch so viel als möglich abgewendet und nur als treuer Diener gehandelt habe. Schließlich wurde er freigesprochen und da er in Armuth starb, widerlegte er die Gerüchte, die ihn aus Eigennutz an der Beraubung Schwedens hatten Antheil nehmen lassen. Der Prozeß gegen Eckleff, der bis 1727 fortgeführt wurde, endigte, da inzwischen die Gemüther ruhiger geworden, mit vollständiger Freisprechung des Angeschuldigten und sogar mit der Nachzahlung des ausgebliebenen Gehaltes und mit Entschädigung für die lange Haft und erlittene Ungerechtigkeit.

Folgen der Regierung Karls XII. für Schweden. Mit dem vom Blocke rollenden Haupte Görtz' war die unmittelbare Geschichte Karls XII. für Schweden beendet. Die Folgen seiner Regierung waren wichtig und traten so klar zu Tage, daß sie in wenige Worte zu fassen sind. Das Uebergewicht Schwedens sank schon während des Feldzuges von 1710 und mit dem 1715 war es völlig vernichtet, nicht minder die schon seit langem angestrebte und auch mehr als halb erworbene Herrschaft auf der Ostsee, und schon 1716 waren die südlichen und östlichen Bestandtheile des Reichs, Wismar, Pommern, Liefland, Esthland, Ingermanland, Karelen, Finnland und Aland verloren. Was es später davon zurückerhielt, hatte Schweden nicht seiner eigenen, auf lange erschöpften Kraft, sondern mehr dem Neid der Nachbarn gegen Rußland zu danken. Auf die Geschicke Europas wirkte die Epoche Karls XII. in so fern umgestaltend ein, als von nun an die slavischen Russen statt der germanisch-gothischen Schweden als das mächtigste Volk des Nordens auftraten, dadurch daß sie an der Ostsee festen Fuß zu fassen vermochten und mit der Schwächung des schwedischen Reiches gleichzeitig die Widerstandskraft Polens zusammenbrach, in der vorher der Hauptgrenzschutz gegen Rußland und des Slaventhums Uebermacht überhaupt lag. Bis zu der neuen Wendung der schwedischen Geschichte waren das katholische Oesterreich und der wachsende Nachbarstaat Brandenburg die natürlichen Feinde Schwedens, so wie Frankreich der natürliche Bundesgenosse desselben war. Nach derselben wurde Rußland mehr und mehr der gefährlichste Feind, Preußen, Oesterreich und die Türkei dagegen die natürlichen Bundesgenossen.

Ebenso große Veränderungen hatte die verhältnißmäßig kurze Regierung für den inneren Zustand Schwedens herbeigeführt. Es sank so tief, daß viele Jahrzehnte dazu gehörten, bevor es sich einigermaßen wieder zu einer seinem verringerten Umfang entsprechenden Stärke und einigem Wohlstand erheben konnte. Das durch die langen Kriege und die Abwesenheit des Königs in seinem geregelten Gange vielfach gehemmte Verwaltungs- und Regierungswesen wurde während der Görtz'schen Periode mit vollkommner Auflösung bedroht und das Beamtenthum über den Haufen geworfen und neu gestaltet. Aber diese neue Organisation war zu unzusammenhängend, zu schnell vorübergehend, um sich erhalten zu können. Nach des Königs Tode trat fast Alles in das frühere Geleis und die alte Wirksamkeit zurück.

Eine unleugbar wohlthätige Folge der traurigen Leidenszeit war, daß die schon durch Karls XI. Reduktion und Alleinherrschaft verminderte Kluft zwischen dem Adel und dem unfreien Stande noch mehr vermindert wurde. Die auf alle Gesellschaftsklassen gleich drückende Noth und Gefahr, die ausgebildetste aller Despotieen machte alle Unterthanen gleich arm, unglücklich und ohnmächtig und jeden Standesunterschied verschwinden. Die allgemeine Hungersnoth verdrängte die frühere Uneinigkeit und verband zu gemeinsamem Kampf gegen den gemeinsamen Feind: die Alleinherrschaft. Unter Karls XII. Vater war das Volk vor der es bedrohenden Adelsherrschaft in die schützenden Arme des königlichen Autokraten geflohen, und als Karl XII. die wohlthätige Autokratie in einen Alles auflösenden Despotismus verwandelte, suchten die drei aufgeklärten Gesellschaftsklassen, die drei höheren Stände, ihre Rettung in einer durch Gesetze gebundenen Staatsverfassung und gelangten so zu einer halbrepublikanischen Selbstregierung.

Das Andenken und die Beurtheilung Karls. Die scharf hervortretenden Gegensätze in der Gemüthsart, dem Betragen und Geschicke Karls ebensowohl, wie der Umstand, daß man in ihm den Repräsen-

tanten einer Weltanschauung sah, die dem Wechsel der Zeiten erlag, bewirkten, daß man sein Andenken bald hoch pries, bald scharf tadelte. Die
bei königlichen Hintritten officiellen Trauernden, die nicht als freiwilliger
Ausdruck einer allgemeinen unabhängigen Denkweise betrachtet werden
können, erkannten wohl die unlengbar großen Anlagen und mannigfach
guten Eigenschaften Karls als Menschen an, enthielten sich aber um so weniger bittren Tadels, als sein Andenken nicht von dem Görtz' zu trennen war, der wenige Tage vor der Leichenfeier des Königs unter dem
Henkerbeile fiel. Ein bedeutungsvolles Anzeichen ist es auch, daß selbst
im Heere wenige Personen durch den plötzlichen Tod des Königs im
Herzen schmerzlich berührt wurden, wenn derselbe auch nicht ohne tiefen
Eindruck an ihnen vorüber gehen konnte. Folge hiervon war auch, daß
kein einziger der hervorragenden Krieger sich gegen die neue Regierungsart
äußerte, vielmehr alle schnell und eifrig der Freiheit und der sehr beschränkten Königsmacht Ulrika Eleonora's huldigten. Die einzigen wirklichen
Bewunderer des dahingegangenen Helden waren die jugendlichen Dichter
des Landes, aber auch sie hoben blos den Soldaten und Krieger in ihm
hervor, beklagten in seinem Tode nur den eines Waffenbruders, und
übergingen den Verlust des Reiches mit Stillschweigen, wenn sie ihn nicht gar
wegleugneten, oder als Gewinn betrachteten. Letzteres war die vielfach aus-
gesprochene Ansicht des Beamtenstandes, die in den einzelnen Collegien,
wie auch in den nächsten Reichstagsversammlungen ausgesprochen ward,
Eingang in die Protokolle fand, und selbst von den Kanzeln herab gehört
wurde. Die niedern Volksklassen hatten dieselben Beschimpfungen und
Verwünschungen, die sie für Görtz an den Tag gelegt, auch für Karls Andenken. Das Ausland selbst fühlte eine gewisse Befriedigung über den
Tod des Königs, dessen Ruf und Ansehen jetzt ziemlich tief stand, und
nur Wenige vertheidigten die guten Anlagen, die von Eigensinn und Ehrgeiz überwuchert, zum Verderben des eignen Reiches und Nordeuropas
ausgeschlagen waren.

Mit den allmälig heilenden Wunden und den absterbenden Gene-
rationen, die durch die endlose Kriegszeit gelitten, wirkte gleichzeitig die
Macht des Vergessens und die Beflissenheit mit der Ulrika Eleonora durch
strenge Ueberwachung der Meinungsäußerung in Rede und Schrift das
Andenken Karls zu reinigen suchte, nicht minder die Art der Geschicht-

schreibung für die auf diese Periode folgende Zeit, welche die innere Re=
gierungsgeschichte, ja selbst die Friedensunterhandlungen wenig berücksich=
tigte und es außerdem für patriotische Pflicht hielt, die Schattenseiten
der Herrscher zu verbergen und die Glanzpartien in helleres Licht zu setzen.
Dadurch fiel endlich auch die Görtz'sche Mißherrschaft der Vergessenheit
anheim und Karls Andenken trat in den geschichtlichen Darstellungen sei=
ner Heldenthaten, Kriegertugenden und Siege reiner hervor, und bildete
eine für dasselbe schwärmende Partei in der Nation, die jener, in deren
Gedanken die Verluste und Leiden des Reichs die Oberhand behielten, ent=
gegentrat und ihr einen heftigen und langen Kampf bereitete. Ehrgeiz
und Vaterlandsliebe ließen diese Partei die Wiedererwerbung der ver=
lorenen Provinzen und Kriegsehre als Ziel hinstellen, und Haß gegen
Rußland predigen, und obschon sie den sie bezeichnenden Hut gerade
als Sinnbild der Freiheit gewählt hatten, konnten sie ihrem Ziele nur
dadurch näher kommen, daß sie Karls Namen und sein ehrenvolles An=
denken auf ihr Pannier schrieben. Die entgegengesetzte, mit dem Spottna=
men der Mützen bezeichnete Partei, suchte dagegen, um des angestrebten
Friedens willen, das Andenken an die durch Karl bewirkten Leiden des
Landes aufzufrischen und in ihrer ganzen Schrecklichkeit im Andenken zu
erhalten. Jener gelang es bereits im Jahre 1738 mit der Ehre Karls
als Lösungswort den Krieg gegen Rußland hervorzurufen und sogar
eine Partei in Polen zur Wiedereinsetzung Stanislaus Lescinski's als
König, zu gründen. Der gerechte Haß gegen den natürlichen Feind
Rußland wuchs durch das erhabene Dichterwort in dem berühmten Sin=
clairs=Lied mit dem Ruhme Karls so zu einem Ganzen, daß er noch jetzt
Eins ist, und die Mehrzahl des Volks den Heldenkönig in keiner andern
Gestalt kennt, als in der, die ihm die Einbildungskraft des entzückten
Dichters anzauberte. Auch auf Görtz' Ehrenrettung dehnte sich die
Thätigkeit der Partei der Hüte aus, und sie deckt in Schrift und Wort
die Ungesetzlichkeiten auf, die in seinem Processe begangen waren und be=
schuldigte Personen der Regierung von 1719 und der damaligen Staats=
umwälzung absichtlich begangener Ungerechtigkeit und blutiger That.
Als endlich im Jahre 1743 Herzog Adolph Friedrich von Holstein=Got=
torp zum schwedischen Thronfolger ernannt und das langersehnte Ziel
erreicht war, verband sich Dankbarkeit und Staatsklugheit in der herr=

schenden Partei noch fester zur Reinwaschung ihres Helfers Görtz, und
eine aufs Neue vorgenommene Revision des Processes zu Gunsten der
Verwandten, endete damit, daß sie von den meisten Forderungen der be=
trächtlichen Schuld an die Krone freigesprochen wurden und sogar noch
Rückzahlungen erhielten. Nach dem Sturz der Freiheitszeit unter dem
geistreichen und schwärmerischen Gustav, der in den Anschauungen der
Anhänger Karls und Görtz' aufgewachsen war, geschah noch mehr für
das bessere Andenken des Letzteren, und so wurde es möglich, daß durch
Parteischriften zu seinen Gunsten im schwedischen Volke schimpfliche Un=
wahrheiten Eingang fanden und Görtz, den die Geschichtschreiber des
Auslandes der Wahrheit gemäß als leichtsinnigen und gewissenlosen Aben=
teurer darstellen, bei ihm noch als unschuldiges und redliches Opfer
für das Königthum und das Haus Holstein gilt.

Nach der die Alleinherrschaft zurückführenden Revolution begann
der Kampf der Ansichten für und wider Karls ruhmreiches Andenken
von Neuem und die königliche Partei der Hüte machte alle Anstrengun=
gen, durch kriegerische und poetische Verherrlichung nicht nur den Helden
selbst, sondern seine Grundsätze und Handlungen ins beste Licht zu
setzen. Die forschende Vernunft aber und der Freiheitsinn ließen sich
nicht mehr zum Verstummen bringen, und der Zeitgeist Europa's begann
überhaupt den Werth der Regenten nicht mehr einseitig in der Bewun=
derung des Muths und der Kriegsehre zu schätzen, sondern sein Wirken
für das zeitliche Glück und geistige Fortschreiten zum Maßstab zu neh=
men. Voltaire's Geschichtswerk trat an die Spitze der neuen Auffassung
und wirkte, die Fehler und Misgriffe Karls aufdeckend, vom Auslande
aus auch auf Schweden zurück, bezüglich einer richtigern Beurtheilung
der selbstredenden Thatsachen, des Absetzungskriegs, des Zugs nach der
Ukraine, des Benehmens in der Kalabalik, des Bettliegens in der Türkei,
des Kampfes in Stralsund u. A. m. War die verderbliche Art der Regie=
rung im Innern des Landes bereits dem Gedächtniß des Einzelnen ent=
schwunden und wurde sie durch Absicht der herrschenden Partei ferner im
Dunkel der Archive begraben, wirkten doch die Thatsachen des Verlusts
des halben Reichs und die Hinterlassung einer Staatsschuld von sechzig
Millionen Silberthalern, als lebende Zeugen am Ende des vorigen und
im Beginn des jetzigen Jahrhunderts dahin, daß das Urtheil über Karl

immer weniger günstig ausfiel. Als aber im ersten Jahrzehnt des neuen
Jahrhunderts der Zeitgeist wieder einen Umschwung zu Gunsten der
Kriegsthaten und Helden hervorrief, sie für nützlich und dem Leben der
Völker zu rechtzeitiger Auffrischung nothwendig erklärte, trat auch um
und nach 1810 in Schweden ein neues Aufflammen des Entzückens über
den Heldenkönig Karl hervor. Dichter und Gelehrte bemühten sich alle
seine Fehler zu verwischen, zu verkleinern, zu rechtfertigen oder zu entschuldigen: der Schleier über die innern Angelegenheiten wurde nicht ge-
lüftet, sondern dichter gezogen, so daß selbst Tegnér, der größte Dichter
jener Zeit und sonst entschiedener Fortschritts- oder Aufklärungsmann,
ihn „Schwedens größten Sohn" nannte und durch sein begei-
stertes Lied und Wort ihm neue Tempel in den Herzen des größeren
Theiles des schwedischen Volkes baute. Von 1818 an, begann man ihm,
und lange Zeit ihm nur allein unter allen schwedischen Königen, und erst
später auch Gustav Wasa und Gustav II. Adolf zu Ehren Gedächtniß-
feste zu feiern, und nur in der neuesten Zeit gelang es der gewissenhaften
Forschung, durch Erschließung aller historischen Quellen, das heilsame
Licht der Wahrheit über die tiefe Unkenntniß in den wichtigen inneren
Angelegenheiten jener Periode aufgehen zu lassen, das bisher lediglich
durch Parteilichkeit und politische Zwecke zu Tage gebrachte Urtheil über
Karl den Zwölften zu klären und mehr mit dem gerechteren des Auslandes in Einklang zu bringen.

Einwirkungen des Andenkens an Karl. Das Andenken an
die so gewaltige Persönlichkeit Karls hat eben durch das schiefe Urtheil über
dieselbe, wie die spätere Geschichte beweist, noch lange nachdem er vom
Schauplatz abgetreten war, einen gewaltigen Einfluß auf das Schicksal
Schwedens geübt. Sein Andenken hat nach seinem Tode als Warnung
gegen Krieg und abenteuerliche Vorhaben gedient, so lange es in frischen
Farben vor Augen stand; aber durch Vergessenheit und künstliche Maßregeln in nebelhaftes Dunkel gehüllt, ist es jedesmal, wenn Schweden
in Zwiespalt mit dem Auslande gerieth, der Hebel der Partei gewesen,
deren Zwecken es entsprach, die Bevölkerung, namentlich gegen Rußland,
kriegerisch zu stimmen. Zweimal ist es auch leider zum Nachtheil Schwedens dahin gekommen, daß diese Mahnung an das Andenken Karls ihre
Wirkung hervorbrachte und ebenso traurige Folgen hervorrief, wie der

Eigenwille des Königs es seiner Zeit gethan. Wie er persönlich Lief-, Esth- und Ingermanland an die Russen verlor, bewirkte sein Andenken, indem es das Volk 1740 zum Kriege hinriß, 1743 den Verlust von Ost-Karelen, und als es 1808 den König gleichfalls zum Kampfe auf stachelte, 1809 den Verlust von ganz Finnland, beide Male zur Erweiterung des Ländergebietes des gefährlichen Nachbars Rußland.

Auf den unglücklichen letzten gekrönten Sproß des Wasageschlechts hat das glänzende Andenken des Heldenkönigs höchst verderblich eingewirkt. Im Charakter jenem ähnlich, namentlich im Eigenwillen und der Unbeugsamkeit, war er es auch in vielen anderen Dingen. Er legte den Maßstab Jenes an die Thaten, die ihn sein erhabener Beruf zu wählen frei stellte. Er schätzte weniger das segensreiche Wirken des Friedens, als die Ehre und den Glanz der Kriegsunternehmungen, achtete Klugheit geringer als Muth und selbst Hochmuth, weniger den Zweck, als die Höhe der Kraftanstrengung. Während seiner letzten Unglücksjahre besuchte Gustav IV. im Geheimen oft das Grab Karls XII., um sich durch das Beschauen seiner sterblichen Reste neuen Muth zu holen, und wies, wie jener, alle vom Gegner gemachten Friedensvorschläge zurück. War es Berechnung, war es ein Spiel des Zufalls, in der Geschichte beider Fürsten, in den meisten Stücken sonst himmelweit verschieden, finden sich viele Vergleichungspunkte einzelner Thatsachen; die Hauptsache des Unglücks Beider war die Unversöhnlichkeit, des Einen die gegen August, des Andern die gegen Napoleon.

Wie aber Alles was an sich selbst rein und edel ist, trägt auch die gigantische Gestalt des von der Zeit verklärten Königs auf die Gemüthsentwicklung der schwedischen Jugend ihre herrliche Frucht. In der dichterischen Verschönerung der großen Skalden, welche die Schattenseiten sorglich verbergen, wirkt das erhabene Vorbild, den unleugbaren Tugenden des Heldenkönigs bewundernd nachzustreben. Seine einfache Lebensart, Sittenreinheit, Festigkeit in Vorsätzen, Standhaftigkeit im Unglück und seine fromme Innigkeit im Gebet sieht jeder Schwede als eine von Karl XII. ererbte Pflicht an, und das Andenken weniger Könige hat in dieser Beziehung eine so segensreiche Wirkung hervorgebracht.

Ermordungsgerüchte. Eine Unklarheit in der Geschichte Karls XII., die ein Werk der Zeit durch die Macht der Zeit dem scharf beleuchtenden Forschergeist unserer Tage weichen mußte, ist das Gerücht, welches sein tragisches Ende zu einer That düstren Verbrechens stempelt. — Des Königs in dem Augenblick des Todes den Kugeln ausgesetzte Lage, die großen Oeffnungen der Wunde, die Beschreibungen des Vorfalls durch die vielen damals anwesenden Officiere, alles dies hat genügend bewiesen, daß die Todesursache ein aus der Festung gekommenes Wurfgeschoß war. In den ersten Wochen wurde auch nicht ein einziger Verdacht eines Meuchelmords ausgesprochen. Hierin lag auch wohl die Ursache, weshalb die Zeitgenossen keine genauere durch Zeugen erhärtete Beschreibung der Wunde, der Lage und der Umgebung des Königs in der Todesstunde niedergeschrieben haben, die veröffentlicht jeden Gedanken an Meuchelmord widerlegt haben würde. Man hielt diese Vorsichtsmaßregel für unnöthig, und doch hat gerade ihre Außerachtlassung unangenehme Folgen herbeigeführt, da sie der Einbildungskraft, dem Mistrauen, dem Parteihaß Spielraum ließ, ja diesen selbst zur Thätigkeit anspornte. Schon während des Reichstages von 1719 ließen sich dunkle Muthmaßungen und Anklagen vernehmen; doch noch lose und ungenau. Erst 1722 befestigten sie sich, gestalteten sich bestimmter und nahmen durch folgende Umstände ihre Richtung gegen Sicre.

Franzose von Geburt, diente derselbe seit 1704 in der Armee und der Flotte seines Vaterlands, wurde durch einen Schiffbruch nach der Türkei verschlagen, lernte dort Karl XII. kennen, trat in dessen Dienste und folgte ihm nach Stralsund. Von den Sachsen gefangen, dann freigelassen, kehrte er mit Erlaubniß nach Schweden zurück, wo er als Generaladjutant und Secretär des Erbprinzen von Hessen Verwendung fand, lag als solcher mit vor Frederikshall und vermittelte die Correspondenz mit Ulrika Eleonora. Er eilte von der Leiche des Königs sogleich zum Erbprinzen und wurde von ihm als Eilbote weiter zu Ulrika Eleonora geschickt. Noch mehrere Jahre in schwedischen Diensten verbleibend, gerieth er 1721 in den Verdacht gewaltsamer Anschläge gegen das Leben Karl Friedrichs von Holstein. In den Phantasien eines schweren Fiebers soll er 1722 vor Zeugen ausgerufen haben, daß er es gewesen, der den König erschossen habe. Genesen, zeigte er den höchsten Kummer über diesen Vorfall und nahm seine Worte zurück. Etwas später, nach dem Frieden von 1722, kehrte ein schwedischer Gefangener Schoultz aus Rußland nach Stockholm zurück, wendete sich aber bald wieder nach Petersburg, wo er als Tanzmeister sein Brot spärlich verdiente, und sprengte dort das Gerücht aus, wie er in Stockholm es aus einem Gespräche Siere's mit einigen Großen auf offener Straße vernommen, Jener der Mörder Karls sei und dafür 1000 Ducaten erhalten habe. Trotz der Unwahrscheinlichkeit des Gerüchts benützte es die holsteinische Partei gegen Ulrika Eleonora und Friedrich von Hessen. Durch die Gesandtschaft nach Stockholm berichtet, wurden genaue Untersuchungen angestellt und die Erzählungen Schoultz' als Lügen befunden. Gleichzeitig ging durch den Gesandten in Paris Maigrets Zeugniß darüber ein, daß der König durch eine Kugel von der Festung aus gefallen. Schoultz selbst wurde auf Requisition in Petersburg verhaftet, nach Stockholm geführt und nahm Alles zurück, so daß der ganze Rath, gegen den Willen König Friedrichs, der zu seiner Ehrenrettung und zum Beweise seiner Unschuld gründliche Untersuchung verlangte, bestimmte, dem Geschwätz keine Wichtigkeit beizulegen und Schoultz frei zu lassen. — Fortan aber schwieg das Gerücht nicht mehr, sondern wurde mit allen möglichen Ausschmückungen und gehässigen Verdächtigungen der Königin und anderer Personen erneut; Siere blieb von Jedermann unangefochten bis 1728 in Schweden und kehrte dann nach Frankreich zurück, wo er an Stanislaus und des Königs Hofe, wohin ihn eine persönliche Botschaft führte, so aufgenommen wurde, daß unmöglich das Gerücht dort Glauben gefunden haben konnte; auch hatte kein Gesandter aus Stockholm dasselbe irgend einem Hofe gemeldet. In Paris fragte Voltaire den Betreffenden selbst danach, und er bekannte sich zu der im Fieber gemachten Aeußerung, betheuerte aber seine Unschuld, mit dem Zusatz, daß er gar oft Gelegenheit zu solcher That gehabt hätte, aber die habe seine Ehrfurcht vor diesem großen Fürsten nur den leisesten Gedanken daran aufkommen lassen. Zeitgenossen schildern den Mann als vorzugsweise heiteren und munteren Gesellschafter, aber den Charakter bald als falsch und betrügerisch, bald als redlich und unschuldig. Er starb in so großer Armuth, daß er fremder Hilfe bedürftig wurde.

Auf Anlaß der Mordgerüchte wurde 1746 eine Untersuchung der Todeswunde veranstaltet und der Befund niedergelegt, leider aber nicht von Männern der Wissenschaft und mit gehöriger Genauigkeit. Indem

man sich auf die Wunde der durch die Balsamirung veränderten Haut
beschränkte und nicht auch die des Knochengerüstes untersuchte, kam man
zu einem Resultate, das der Vermuthung Raum gab, daß ein Degen=
oder Dolchstoß des Königs Schläfen durchbohrt und zwar von der rech=
ten zur linken Seite. Ein neues Gerücht legte Siere nun auch ein diese
Vermuthung bestätigendes Geständniß zur Last.

Aber selbst mit diesen Vermuthungen hatte es noch nicht sein Be=
wenden. Fünfzig Jahre nach Karls Tode erneueten sich die Mordgerüchte
und hefteten sich an zwei berühmte, von Karl begünstigte Schweden, die
durch ihr ganzes Leben hindurch als tadellose Männer bekannt waren,
an Karl Kronstedt, den ausgezeichneten Verbesserer der schwedischen Ar=
tillerie, und an den Obersten und Trabantencorporal Magnus Stjernroos,
den eilfjährigen treuen Kriegsgenossen des Königs. Beide hatten aus=
schließlich ihre Stellungen ihren Verdiensten zu verdanken. Jener sollte
das Mordgewehr geladen, dieser es abgedrückt und fünfhundert Ducaten
dafür empfangen haben. Eine Broschüre ließ Kronstedt nach zweiund=
dreißig Jahren Reue auf dem Todbette empfinden und das Geständniß
ablegen und auch Stjernroos sollte er zu einem solchen aufgefordert, der=
selbe aber dieses beharrlich verweigert haben. Die vom Gerücht als Zeuge
genannte Person, ein Graf Lagerberg, ist historisch nachweisbar vier
Jahre vor Kronstedt gestorben, und das ganze Gerücht hat so viel Un=
glaubliches, daß selbst im Falle einer möglichen durch krankhafte Phan=
tasie erzeugten Selbstanklage dieselbe in Nichts zerfällt, und ihre
Grundlosigkeit nirgends die Ueberzeugung von Kronstedts Unschuld er=
schütterte.

Ein ferneres Beispiel einer solchen Selbstanklage des Mordes
Karls XII. gab der Günstling aus der Zeit des Aufenthalts in der Tür=
kei, Fabrice, der an seinem Lebensende in Schwermuth und Wahnsinn
verfiel, und sich in solchem Zustande für den Mörder Karls ausgab,
während man wußte, daß er zur Todeszeit desselben in Deutschland ab=
wesend war.

Im Jahre 1816 und 1817 wurden zwei von Augenzeugen des
Todes des Königs niedergeschriebene Berichte veröffentlicht. Aus beiden
geht ziemlich deutlich hervor, daß er von einer Kugel aus der Festung
getroffen ward. Dessenungeachtet waren im Volke, wie im Auslande,

ja selbst in historischen Werken noch immer die Ansichten herrschend geblieben, daß ein Mord an ihm vollzogen worden sei, und gehässige
und blutige Beschuldigungen fielen auf Ulrika Eleonora und König Friedrich. Paludan Müller, ein Däne, war der erste Historiker, der in
einer besonderen Abhandlung die Unwahrscheinlichkeit dieser und die
Widersinnigkeit jener Mordgerüchte nachwies und die besten Gründe für
die Annahme eines tödtlichen Schusses von der Festung aus aufstellte.
Volle Gewißheit ergab aber erst eine am 31. August 1859 von Fach-
männern angestellte Untersuchung über die Einwirkung, welche der tödtliche Schuß nicht nur auf die äußere Haut des Kopfes, sondern auf das
Knochengerüst desselben hervorgebracht hatte. Die Größe, Form und
Beschaffenheit des in demselben befindlichen Loches im Verein mit anderen Umständen ergaben als Resultat:

1) daß die tödtliche Wunde von einer Schußwaffe herrührt;

2) daß der Schuß auf der linken Seite eingedrungen ist; also auf
der Seite, die nach allen Berichten der Festung zugekehrt war;

3) daß das tödtende Geschoß wahrscheinlich eine Musketen= oder
Kartätschenkugel gewesen ist;

4) daß dieselbe aus so weiter Entfernung abgeschossen zu sein scheint,
daß die Kraft schon bedeutend abgeschwächt war als sie des Königs Haupt traf;

5) daß die Richtung des Schußcanals durch den Kopf und die Sen-
kung desselben gegen die Ausgangsstelle anzudeuten scheint, daß
der Schuß von einem Punkt abgeschossen, der höher als der Platz
gelegen war, auf dem sich der König befand, als er von demselben aus getroffen wurde.

In allen diesen Punkten liegt eine Bestätigung der gleichzeitigen
Angaben der Augenzeugen und ein Beweis der Annahme, daß der König nicht meuchlings, sondern durch eine feindliche Kugel von der Festung
aus getödtet worden ist.